U0216160

吉林人民出版社

简体字本二十六史

明史

卷二九三——卷三三二

（八）

[清] 张廷玉等 撰

王天有等 标点

明史卷二九三
列传第一八一

忠义五

武大烈 徐日泰等	**钱祚徵**	**盛以恒**	
高孝志等 **颜日愉**	艾毓初等 **潘弘**		
刘振世等 **陈预抱**	许宣等 **刘振之**		
杜邦举 费曾谋等 **李乘云**	余爵等		
关永杰 侯君擢等 **张维世**	姚若时等		
王世琇 颜则孔等 **许永禧**	高斗垣等		
李贞佐 周卜历等 **鲁世任**	张信等		
刘禋 陈显元等 **何燮**	左相申等		
赵兴基 郑元缓等			

武大烈，临潼人。举天启七年乡试。崇祯中，授永宁知县。奸人倚万安郡王恣不法，大烈痛惩之。十三年十二月，李自成自南阳陷宜阳，知县唐启泰被害，遂攻永宁。大烈与乡官四川巡抚张论协力捍御。论殁，子吏部郎中鼎延及从父治中赞继之。有狱囚勾贼入，都司马有义弃城走。大烈、鼎延等固守三日，贼夜半登城，执大烈。自成以同乡欲活之，大烈不屈，索印又不予，乃燔灼以死。鼎延匿瞽

井免。赞及子国学生祚延死之。主簿魏国辅、教谕任维清、守备王正己、百户孙世英并不屈死。万安王采铿亦被害。

贼移攻偃师，一日而陷。知县徐日泰大骂不屈，为贼脔割死。启泰，掖县人。日泰，金溪人。并起家乡举。

明年正月，贼陷宝丰，知县朱由械死之。陷密县，知县朱敏汀及里居太仆卿魏持衡、举人马体健死之。由械，益府镇国将军常澈子，敏汀，亦宗室，并由贡生。敏汀妾张，一女一孙及臧获数人俱死，与由械并赠金事。

是月，陷洛阳，乡官来秉衡、刘芳奕、常克念、郭显星、韩金声、王明、杨萃、荀良翰等抗节死。秉衡，天启四年举于乡，未仕。城陷，为贼将刘宗敏所执，令易服，欲官之，不可。羁南郊民舍，顾见其友，谓之曰：“贼勒我以官，我义不受辱，恨母老子幼，死不瞑目尔。”贼闻，烧铁索加其胫，终不从，遂被杀，并其母刘、姜吴及幼子俱杀之。芳奕，慷慨负智略，与秉衡同举于乡，为昌乐知县。解官归，岁大歉，人相食，倾囊济之。贼渐逼，集义士为干城社，佐有司保障。及城陷，缢死西城戍楼。克念，举进士，为平阳推官，有声。显星举于乡，为翰林待诏。金声、明，皆进士。金声，官邯郸知县，明，官行人。萃、良翰皆举人。萃官辰州知府，良翰未仕。

钱祚徵，字锡吉，掖县人。崇祯中，由乡举历官汝州知州。汝为流贼往来孔道，土寇又窃据山中。祚徵欲先除土寇，募壮士千人训练，而遣人为好言招抚，夜半取间道直捣其巢，寇大败。乃令民千家立一大寨，有急鸣钲相救，寇势衰息，其魁遂降。

十四年正月，李自成骤来犯，祚徵乘城守，身中流矢，守益力。月余，大风霾，炮炸楼焚，城遂陷，骂贼而死。汝人立庙祀之。

盛以恒，潼关卫人。崇祯十三年举人。知商城县。视事月余，流贼突至，却之。明年，张献忠陷襄阳，邻境大恐。以恒已迁开封同知，将行，士民恳留之，乃登陴，与乡官杨所修、洪允衡、马刚中、段增辉共城守。二月中，贼奄至，适雨雪，守者冻馁不能战。以恒督家众射贼十七人坠马，贼怒，併力攻，矢中以恒右额，犹裹创拒敌。贼登北城，家众巷战死且尽，乃被执。骂贼不屈，为贼支解。孙觉及典史吕维显、教谕曹维正皆死。

所修，故魏忠贤党也。历左副都御史，入逆案，赎徒为民，至是骂贼死。允衡，万历中进士。历官阳和兵备副使，分守北门，力战死。刚中，字九如。崇祯七年进士。除大同知县，行取授检讨，乞假归。贼入，大骂，被磔死。增辉，字含素。为诸生，以学行称。朝廷下保举令，被荐，不乐为吏，拟除教授，未谒选归。遇变，骂贼死。

贼既陷商城，即疾驱犯信阳。城陷，知州高孝志，训导李逢旭、程所闻，里居静海知县张映宿死之。其陷光山，典史魏光远亦死之。所司请赠恤，未报。

十五年七月，帝下诏曰："比州县有司不设守备，贼至即陷，与冲锋陷阵，持久力诎者殊科。若概援天启间例，优予赠荫，何由旌劝劳臣。自今五品以下，止赠监司；四品及方面，始赠京卿。著为令。"乃赠以恒副使，孝志参议，维显等赠恤有差。天启中，州县长吏殉难者，率赠京卿。荫锦衣世职，赐祭葬，有司建祠。崇祯初，改荫国子生，俟之出仕，而京卿之赠如故，至是始改赠外僚云。

颜日愉，字华阳，上虞人。万历中，举于乡。崇祯初，除知叶县，有惠政，为上官所恶，劾罢。部民争诣阙讼免，乃获叙用。后为静宁知州。猡贼乱，驰请固镇五道兵合剿。而先率敢死士数人招谕之，贼弛备，遂遣精卒捣其营，贼仓皇溃，斩数百级。黎明，五道兵继至，复大破之。迁开封同知。流贼势方炽，上官以南阳要冲，举日愉为知府，大治守具，人心稍固。

十四年五月，贼猝至，百余人冒雨登城。日愉击杀之几尽，余贼引去，城获全。日愉手中一矢，头项被二刃，死城上。事闻，赠太仆卿。

贼既不得志去，遂纵掠旁近州县。其冬再围南阳，攻陷之，参议艾毓初死焉。

　　毓初，字孩如，米脂人，户部侍郎希淳曾孙也。崇祯四年进士。授内乡知县。生长边陲，习战事。六年冬，流寇来犯。埋大炮名"滚地龙"者于城外，城中燃线发之，贼死无算，遂解去。内乡与邻邑淅川多深山邃谷，为盗窟，民居懔懔。毓初至，为设守备，民得少安。

　　明年冬，唐王聿键上言：“祖制，亲王所封地，有司早晚必谒见。今艾毓初等皆不谒。”帝怒，悉逮下法司，而敕礼部申典制。已而王被逮，毓初获补官。屡迁至右参议，分守南阳，与日愉却贼有功。自成用宋献策计，欲取南阳以图关中，复率大众来寇。毓初偕总兵官猛如虎等坚守。贼攻入南门，会总督杨文岳援军至，贼引退。文岳去，贼复攻之，食尽援绝，毓初题诗城楼，遂自缢。南阳知县姚运熙、主簿门迎恩、训导杨气开亦死之。

　　明年十月，自成再陷南阳，知府邱懋素骂贼不屈，阖门被害。是月，贼过扶沟，众议城守，举人刘恩泽初尝以策干当事，多见用。县令骏不解事，恩泽痛哭曰：“吾不幸从木偶人死。”自题楼壁曰：“千古纲常事，男儿肯让人。”明日，城陷，掷楼下以死。

　　潘弘，字若稚，淮安山阳人。起家贡生。崇祯十三年为舞阳知县。时流贼披猖，土寇亦间发，弘数讨败之。明年十一月，李自成、罗汝才既陷南阳，纵兵覆所属州县，将攻舞阳，弘谕士民共拒。诸生虑贼屠城，请委曲纾祸，弘叱之去。贼薄城，发炮击之，多毙。有小校善射，屡却贼。诸生潜遣人约降，贼复至。弘作告先圣文，自誓必死。诸生潜开门，缚弘以献。贼索印，弘不予。胁降，怒骂不屈，乃支解之。子澄澜痛愤大哭，投井死。

　　时邓州、镇平、内乡、泌阳、新野相继陷。邓州知州刘振世，吏目李国玺，千户余承荫、李锡，诸生丁一统、张五美、王锺、王子章、海宽、傅彦皆抗节死。镇平知县成县锺其硕被执，骂贼死。内乡知县南昌龚新、新野知县四川韩醇，并不屈死。

　　泌阳凡再陷。是年五月，张献忠破信阳，获左良玉旗帜，假之以登城。知县云南南宁王士昌怀印端坐，被缚，谩骂死。临昌姚昌祚代之，甫数月，复陷。昌祚手斩数贼，力屈死。典史雷晋遍率捕卒战死。又有武职王衍范、钱继功、海成俱死难。而邓州于十年春为张献忠所破，知州孙泽盛、同知薛应龄皆战死，至是，亦再陷云。

　　陈预抱，舞阳人。母段早寡，抚豫抱及其弟豫养、豫怀，皆为诸生，力田好学，善承母志。崇祯十四年，流贼陷舞阳，母先赴井，三子从之。豫抱妻黄携其子默通，豫养妻马携子默恒、默言俱从之。三世九人，一时尽节。

　　时郡邑诸生死者甚众，录其著者。内乡许宣及二弟寀、宫，慷慨好义。贼陷邓州，宣兄弟结里中壮士，直入其城，擒伪官，坚守许家寨。贼怒，攻破之，寀从母常先投井死，宣、宫皆詈贼被杀，宫妻锺、寀妻陈并自经，其妹亦骂贼被杀。时称"许氏七烈"。

　　贼之攻偃师也，张毓粹率二子佐有司固守，城陷，大骂，俱被杀。妻蔺与三女、二孙悉赴井死。贼杀武同芳母，同芳喷血大骂，支解而死。刘芳名、刘芳世、蔺之粹、乔于昆、蔺完馥、王光显、乔国屏、王邦纪、蔺相裔、张一鹭、张一鹏、牛一元皆抗节死。芳名、完馥妻皆张氏，与邦纪妻高并从死。一鹭、一鹏父亦骂贼死。

　　唐县许曰琼，早丧父。母殁，庐墓三年。城破，遁居南山。贼征之不出，胁以死，镌其背曰"誓不从贼"，遂呕血而死。

　　刘振之，字而强，慈谿人。性刚方，教学行，乡人严重之。崇祯初，举于乡，以教谕迁鄢陵知县。十四年十二月，李自成陷许州。知州王应翼被害，都司张守正，乡官魏完真，诸生李文鹏、王应鹏皆死。自许以南无坚城。有奸人素通贼，倡言城小宜速降，振之怒叱退。典史杜邦举曰："城存与存，亡与亡，人臣大义，公言是。"振之乃与集吏民共守。贼大至，城陷，振之秉笏坐堂上。贼索印，不与，缚置雪中三日夜，骂不绝口，乱刃交下乃死。

　　初，振之书一小简，藏箧中，每岁元旦取视，辄加纸封其上。及死,家人发箧,乃"不贪财、不好色、不畏死"三语也,其立志如此。赠光禄寺丞。

邦举,富平人。许被屠,鄢陵人恟惧,守者或遁走,邦举捕得,斩以徇。及城陷,自成欲降之,邦举骂曰:"朝廷臣子,岂为贼用!"贼抉其舌,含血喷之,遂遇害。

开封属邑多陷,殉难者,有费曾谋、魏令望、柴荐禋、杨一鹏、刘孔晖、王化行、姚文衡之属。

曾谋,铅山人,少师宏裔也。由乡举知通许,甫四旬,贼猝至。曾谋召父老曰:"我死,若辈以城降,可免屠戮。"北向再拜,抱印投井死。令望,字子野,武乡人。举进士,授商邱知县,调太康。寇至,固守不下。贼怒,攻破之,屠其城,令望阖门自焚。荐禋,江山举人,知洧川,城陷,大骂死。一鹏,河津人。举崇祯九年乡试,为尉氏知县,甫数月,政声四起。城破,骂贼死。孔晖,邵阳人。举天启元年乡试,知新郑,固守不能支,遂死之。士民祀之子产祠。化行,知商水,城陷,被杀。代者文衡,莅任数月,贼复至,携印赴井死。

其小吏,则临颍千总贾荫序、长葛典史杜复春,乡居则长葛举人孟良屏、诸生张范孔等,汜水举人张治载、马德茂,皆死之。

李乘云,高阳人,举于乡。崇祯初,知浮山县。流贼数万来寇,乘云手发一矢毙其魁,众遂遁。屡迁山西佥事。十四年秋,以才调河南大梁道,驻禹州。十二月,李自成连陷鄢陵、陈留诸县,遂寇禹州。乘云誓死固守,贼多毙于炮。俄以十万众攀堞登,执乘云使跪,乘云怒叱贼,贼捽而杖之,大骂不绝声。缚诸树攒射之,骂不已,断其舌,乱刃交下而死。赠光禄卿。州先有徽王府,嘉靖时,王载埨有罪,爵绝,而延津等五郡王皆被难。

明年,贼犯开封,监军主事余爵、监军佥事任栋先后战死。

栋,永寿人,由贡生为莱州通判。崇祯四年,李九成等叛,栋佐知府朱万年共守。万年与巡抚谢琏为贼所诱执,栋与同知寇化、掖县知县洪恩焟助大帅杨御蕃力拒。围解,论功进秩,屡迁保定监军金事。十四年从总督杨文岳南征，鸣皋镇之捷，与有功。寻与总兵虎大威破贼平峪，再破之邓州。明年正月，从解开封围。寻战郾城，大捷。后从援开封，会左良玉大溃于朱仙镇，贼来追，栋力战，殁于阵。

余爵，禹州人。崇祯元年进士。历知抚宁、章邱。迁职方主事，罢归。杨嗣昌出督师，请爵以故官参谋军事。嗣昌入蜀，命与张克俭同守襄阳。城陷，爵脱走，从督师丁启睿于河南，破贼邓州。十五年，开封围急，监左良玉军往援，战败被执，骂贼死。侄敦华亦遇害。

栋赠太仆卿，爵太仆少卿。

关永杰，字人孟，巩昌卫人。世官百户。永杰好读书，每遇忠义事，辄书之壁。状貌奇伟，类世人所绘壮缪侯像。崇祯四年会试入都，与侪辈游壮缪祠。有道士前曰："昨梦神告：'吾后人当有登第者，后且继我忠义，可语之。'"永杰愕然，颇自喜。已果登第，授开封推官，强植不阿，民畏爱之。忧归，起官绍兴。迁兵部主事，督师杨嗣昌荐其才，请用之军前，乃擢睢陈兵备金事，驻陈州。陈故贼冲，岁被蹂躏，永杰日夜为徼备。

十五年二月，李自成数十万众来攻，永杰与知州侯君擢、乡官崔泌之、举人王受爵等率士民分堞守。贼遣使说降，斩其头，悬之城上。贼怒，攻破之，永杰格杀数贼，身中乱刃而死。

君擢，字际明，成安人，起家举人。城围时，身先士卒，运木石击贼，城濠皆满。后被缚，骂不绝口死。泌之，鹿邑人，进士。知雄县，调清苑，多所建竖。旧令黄宗昌为御史，劾周延儒，延儒属保定知府摭宗昌罪。知府以属泌之，泌之曰："杀人媚人可乎？"知府愧且怒。会泌之迁户部主事，知府谓其侵隐钱粮三万，不听行。御史行部至，泌之直前与知府角。御史以闻，下狱遣戍，久之释还。至是，遭变，用铁杖毙贼数人，自刭死。守备张鹰扬力战被擒，不屈。受爵亦击杀数贼，大骂，并死之。

赠永杰光禄卿，君擢右参议，泌之复故官。受爵，宛平知县。

有龚作梅者,年十七,父母俱亡,殡于舍。贼火民居,作梅跪枢前焚死。

张维世,太康人。万历四十四年进士。历平阳知府,捕治绛州奸猾数十人,迁副使。累官右佥都御史,代陈新甲巡抚宣府,视事甫旬日,坐失防,削籍遣戍,已而释还。崇祯十五年二月,李自成陷睢州,犯太康。维世佐知县魏令望竭力拒守。城陷,抗节死。

时中州缙绅先后死难者甚众。十三年,登封土寇李际遇因岁饥倡乱,旬日间众数万。前凤阳通判姚若时居鲁庄,被执,诱之降,大骂死。族诸生不显亦死之。若时子诸生城,思报父雠,数请兵讨贼。贼执之于路,亦抗骂死。陕州赵良栋,仕蓬莱教谕,罢归,寓渑池。寇陷渑池,父子挺身骂贼死,子妇与孙亦赴井以殉。陕州之陷,平定知州梁可栋大骂而死,淮安同知万大成投井死。商水陷,临汾知县张质抗贼死。西平陷,怀仁知县杨士英死之,子妇王亦死。睢州陷,太平知府杜时髦不屈死。时髦,字观生,崇祯七年进士。息县陷,贼召前项城教谕王多福欲官之,坚拒不赴。贼逼之,投缳死。

其后以国变死者,有洛阳阮泰,知广灵,解职归,闻京师陷,不食死,妻朱氏从之。睢州杨汝经,崇祯十年进士。授户部主事,擢井陉兵备佥事。十七年,甘肃陷,巡抚林日瑞殉难,超拜汝经右佥都御史,代之。行次林县,闻京师陷,将赴南京,至东明,率壮士百余骑还讨林县伪官。遇贼,战败被执。伪官释其缚,屡说之降,不从,毙之狱。

王世琇,字昆良,清苑人。崇祯十年进士。授归德推官,迁工部主事。十五年二月,李自成陷陈州,乘胜犯归德。世琇将行,僚属邀共守,慨然曰:“久官其地,临难而去之,非谊也。”遂与同知颜则孔、经历徐一源、商邱知县梁以樟、教谕夏世英、里居尚书周士朴等誓众坚守。贼攻围七日,总督侯恂家商邱,其子方夏率家众斩关出,伤守者,众遂乱。贼乘之入,世琇、则孔并遇害。则孔女闻之,即自缢。

一源分守北城,杀贼多,城陷巷战,骂贼死。以樟中贼刃,久而复苏,妻张及子女仆从皆死,以樟竟获免。世英持刀骂贼,死于明伦堂,妻石亦自刭。

同死者,尚书士朴,工部郎中沈试,主事朱国庆,中书侯忻,广西知府沈仔,威县知县张儒及举人徐作霖、吴伯允、周士美等六人,官生沈佖、侯晙等三人,贡生侯恒、沈诚、周士贵等八人,国学生侯惊、沈倜等四人,诸生吴伯裔、张渭、刘伯愚等一百十余人。试,商邱人,大学士鲤之孙。作霖、伯允、伯裔、渭、伯愚,皆郡中名士。则孔,忻州人。一源,海盐人。世英,祥符人。士朴自有传。贼既破归德,寻陷鹿邑,知县纪懋勋死之。陷虞城,署县事主簿孔亮死之。

许永禧,曲沃人。由乡举为上蔡知县,多惠政。性耿介,颦笑无所假。崇祯十五年春,李自成遣数骑抵城下,胁降,永禧即督吏民城守。贼大呼曰:"今日不降,明日屠!"众惧,永禧叹曰:"贼势披猖,弹丸邑岂能守,吾一死尽职而已!"众皆泣。明日,贼果大至,守者惊溃。永禧具袍笏,北面再拜,据案秉烛端坐。贼入,遂自刭。

时西平、遂平先后皆陷。西平知县高斗垣,繁峙人。崇祯十二年由贡生授官。为人孤鲠,以清慎得名。城陷,被执不屈死。遂平知县刘英,贵州贡生,誓众死守。城陷,骂贼死。

上蔡既陷,有官篆者,以汝宁通判往摄县事。城中民舍尽毁,篆广招流亡,众观望不敢入。会左良玉驻城南,兵士恣淫掠,众始入城依篆。村民遭难来诉,篆即入良玉营,责以大义,夺还之。悍卒挟弓刃相向,篆坦腹当之,不敢害,民获完家室者甚众。是年冬,汝宁陷,贼党贺一龙掠地上蔡。讹传土寇剿掠,篆出御之,陷阵死。篆,胶州人,起家任子。

李贞佐,字无欲,安邑人。少受业同里曹于汴之门,以学行著,后举于乡。崇祯十四年,除知郏县。初,李自成焚掠至郏,土寇导之,害前令邵可灼。贞佐至,则练乡兵,括土寇财充饷,时出郊劳耕者,月课士。邑有姊妹二人抗贼死，拜其冢，祀以少牢。民王锡允有孝行，造庐礼之。士民大悦。

明年二月，自成复来寇，贞佐集众死守。汝州吏目顾王家，仁和人，抚贼有功，当迁，汝人乞留以助之。城陷，贞佐走拜其母曰："儿不忠不孝，陷母至此。"有劝微服遁者，不可，贼执之去，大骂。见贼杀人，辄厉声曰："驱百姓固守者，我也，妄杀何为！"贼割其舌，支解而死，母乔亦死。友人王昱，相随不去，贼义之。昱收葬贞佐于南郊。岁寒食，乡人倾邑祭奠，广其冢至二亩余。赠河南佥事。王家亦大声叱贼，贼乱刃斫死。子国，诱贼发金墟墓间，用巨石击杀之，贼遂尽杀郏人。

郏有陈心学者，授知县，不谒选而归。其友周卜历举乡试，知内黄，以父丧归里。自成陷郏，执两人欲官之，心学不从被杀。自成谓卜历曰："为我执知县来，可代汝死。"曰："戕人以利己，仁者不为。"贼怒，并杀之。

汝所辖四邑并陷。宝丰知县张人龙，遵化人。城陷，不屈死。妻年少，悍奴四人欲乱之。妻饮以酒俾极欢，潜遣婢告丞尉，捕杀奴，乃扶榇旋里。鲁山知县杨呈芳，山海卫人，有惠政。练总詹思鸾与进士宗麟祥等谋不轨，呈芳捕斩之。城陷，死。伊阳知县孔贞璞，曲阜人。贼薄城，以守御坚，解围去。他日有事汝阳，道遇贼，被执，亦不屈死。

宝丰之陷也，举人李得筹短衣难众中，为所执。贼谋主牛金星者，故举人也，劝贼重用举人，贼所至获举人，即授以官。得筹终不自言，贼莫知其为举人也，役使之，不肯，伺贼寐将刺之，贼觉，被杀。或告贼曰："此举人也。"贼惧，弃其尸而去。

时中州举人尽节者，南阳张凤翱、王明物，洛阳张民表，永城夏云醇，商城余容善，光州王者珆，光山胡植，嵩县王翼明，并骂贼死。

鲁世任，字愧尹，垣曲人。性端方，事亲孝。从安邑曹于汴学，又交绛州辛全，学日有闻。天启末举于乡。崇祯十年知郑州，建天

中书院，集士子讲肄其中，远近从学者千人。十三年秋，给事中范士
髦荐世任及临城诸生乔己百、内邱太原通判乔中和于朝，称为德行
醇儒，堪继薛瑄、陈献章之后。乞召试平台，置左右备顾问，不报。十
五年，流贼来犯，世任勒民兵御之河干，战败自刭死。士民祀之书院
中。

其年正月，贼陷襄城，知县曹思正被杀，训导张信骂贼不屈死，
典史赵凤豸拒贼死。复陷西华，知县刘伯骕怀印投井死。明年，汜
水陷，知县周腾蛟亦死焉。

伯骕，河间人。由岁贡生得官。贼信急，遣妻奉母归。及城被
困，有劝出降者，立斩之，登陴死守。贼驱其下为十覆，迭攻之，城遂
陷，抗节死。

腾蛟，香河举人。邑兵荒，抚字有术，以其间厘定徭役，民甚便
之。城孤悬河畔，县人吴帮清等于城南立七寨相犄角，摩天寨最险。
土寇李际遇伺腾蛟往河北，急据之，遂攻县城。腾蛟闻，力请于上
官，救兵至，始解去。腾蛟念故城难守，迁县治于摩天寨以扼贼冲。
未几，贼大至，持十余日，势且不支，寨临河，可渡以免。腾蛟曰："吾
何忍舍众独生！"遂自投于河。贼退，人从河滨获其尸，印悬肘间。

河南凡八郡，三在河北，自六年蹂躏后，贼未再犯。其南五郡十
一州七十三县，靡不残破，有再破三破者。城郭邱墟，人民百不存
一。朝廷亦不复设官。间有设者，不敢至其地，遥寄治他所。其遗
黎仅存者，率结山寨自保，多者数千人，少者数百。最大者，洛阳则
际遇，汝宁则沈万登，南阳则刘洪起兄弟，各拥众数万，而诸小寨悉
归之。或附贼，或受朝命，阴阳观望。独洪起尝官副总兵，颇恭顺。
其后诸人自相吞并，中原祸乱于是为极。至十六年四月，帝特下诏
蠲五郡赋三年，谕诸人赦其罪，斩伪官者受职，捕贼徒者赉金，复城
献俘者不次擢用，然事已不可为矣。

刘理，字诚吾，中部人。祖仕，刑部郎中，以诤大礼廷杖。后与
定李福达狱，下吏遣戍。穆宗朝起太仆少卿，不就。父尔完，历知商

邱、名山,有学行。

裡性孝,母殁于名山,四千里扶榇,过剑阁云栈,以肩任之。父少寐,爱听《史记》,裡每夕朗诵,俟父熟寝乃已。崇祯四年,贼陷中部,裡负父走免。十四年由乡举授登封知县。土寇为乱,裡练壮士,且守且战,寇不敢近。十五年,李自成陷其城,裡被缚。自成以同郡故欲降之,裡叱曰:“岂有奕世清白吏,肯降贼耶!”自成义之,遣贼将反覆说,裡执弥厉,乃见杀。赠佥事。

陈显元者,由副榜授新安知县。恶衣粝食,徒步咨疾苦。以城堞倾颓,寇至不能守,率士民入保阙门寨。贼檄降,立碎其檄。及来犯,死守月余,力竭而陷。见贼怒骂。贼大杀寨中人,显元叱曰:“守寨者,我也。百姓何辜,宁杀我!”贼怒,遂支解而死。

当是时,河南被贼尤酷,故死事者尤多,其传录未详者,开封之陷,则同知苏茂均,通判彭士奇,大使徐陞、阎生白皆死之。士奇,高要人,由乡举。河南之陷,则先后知府兀孟桧、王荫长,通判白守文,训导张道脉,灵宝知县朱挺,或被执不屈,或陷城自尽。孟桧,临汾人。荫长,吴桥人。并由乡举。南阳之陷,则叶县知县张我翼被害,新野先后知县陈公、丘茂表皆死之。汝宁之陷,武臣则游击朱崇祖,千户刘懋勋、杨绍祖、袁永基同子世荫,百户叶荣荫、张承德、李衍寿、阎忠国,皆力战死。崇祖妻孙、永基母王亦死之。岁贡生林景旸、国学生赵得庚、杨道临等,诸生赵重明、费明栋、杨应祯、李士谔等,皆死之。巡按御史苏京奉诏录上,凡二百四十九人。后因国变,诸籍散佚。盖武职及州县末秩、举贡诸生,所遗者几什之五六。

何燮,字中理,晋江人。举于乡。崇祯中,知亳州。州自八年后,寇贼交横,益以饥馑,民死徙过半。燮尽心拊循,营战守具甚备。未几,山东、河南土寇迭至,燮战卢家庙,生擒贼魁二人,刳其肠示众,抚降者数千人。十五年二月,李自成陷河南,居民望风逃窜,城空不能守。贼至,执燮欲降之,骂不屈,断足剖胸而死。悬首市上三日,耳鼻犹动。贼遂纵兵四出，霍邱、灵璧、盱眙皆陷。

霍邱，八年春尝陷，至是再陷。知县左相申率兵巷战，力屈死之。巡检吴姓者，斗死。灵璧知县唐良锐，全州举人。城陷，抗骂死。盱眙，先被陷，贼至，士民悉走，独主簿胡渊不去。县故无城，渊持戟至龟山寺力斗，殪数人。贼骇欲遁，会马蹶被执，奋骂而死。渊，永年人，起家贡生。

赵兴基，云南太和人。崇祯初，以乡举通判庐州。贺一龙、左金王等五部据英、霍二山，暑入秋出以为常。督师杨嗣昌遣监军佥事杨卓然招之，受侮而返。十四年六月袭陷英山，知县高在仑抗贼死。十二月陷潜山，知县李胤嘉、典史沈所安素苛急，奸民导贼执之，并不屈死。所安子亦死焉。

十五年，张献忠为左良玉所败，走与诸部合，遂以三月攻舒城。逾月城陷，改为得胜州，据之。遣其党分掠旁邑，游骑日抵庐州城下。兴基与知府郑履祥、经历郑元绶、合肥知县潘登贵、指挥同知赵之璞、里居参政程楷分门守。监司蔡如蘅贪戾，民不附，贼谍满城中不能知。五月，提学御史徐之垣以试士至，献忠遣其徒伪为诸生，袭儒冠以入，夜半举炮，城中大扰。之垣、如蘅及履祥、登贵并缒城走。兴基时守水西门，闻变，挺刃下戍楼与斗，斩数人，被创死。元绶、楷共守南薰门，元绶力斗死，楷不屈死。之璞守东门，巷战死。

贼乘势连陷含山、巢县、庐江及无为、六安，又陷太湖。知县杨春芳、典史陈知训、教谕沈鸿起、训导娄懋履并死焉。

庐州城池高深。八年春，贼百方力攻，知府吴太朴坚守不下。后屡犯，终不得志，至是以计得之。履祥、登贵惧罪，委之兴基。总督史可法察其冤以闻，乃治守命罪，而赠兴基河南佥事，楷光禄卿，元绶亦赠恤。

方贼攻舒城，县令适以忧去，里居编修胡守恒与游击孔廷训督民兵共守。会游击纵所部淫掠，士民遂叛降贼。城将陷，悍卒杀守恒。事闻，赠少詹事，谥文节。

明史卷二九四
列传第一八二

忠义六

夏统春　薛闻礼等　　陈美　郭裕等
谌吉臣　张国勋等　　卢学古　朱士完等
陈万策　李开先　　许文岐　李新等
郭以重　岳璧　郭金城　　崔文荣　朱士鼎
徐学颜　李毓英等　　冯云路　熊霁　明睿
易道暹等　蔡道宪　周二南等　　张鹏翼
欧阳显宇等　刘熙祚　王孙兰
程良筹　程道寿　黄世清　杨暄
朱一统等　唐时明　薛应玢　唐梦鲲
段复兴　靳圣居等　　简仁瑞　何相刘等
司五教　张凤翮　都任　王家录等
祝万龄　王徵等　　陈瑸　周凤岐
王徵俊　宋之儁等　　丁泰运　尚大伦等

夏统春,字元夫,桐城人。为诸生,慷慨有才志。用保举授黄陂丞,尝摄县事,著廉能声。十五年,贼犯黄陂。统春已迁麻阳知县,未赴,乃督众拒守,凡十五昼夜,贼忽解去。统春度贼必再至,而众已疲甚,休于家。阅五日,贼果突至,城遂陷。统春巷战,力竭被执,欲屈之。统春指贼魁大骂,贼怒,断其右手。复以左手指贼骂,贼又断之。骂不已,乃割其舌。目怒视,眦欲裂,贼又剜其目。犹以头触贼,遂支解之。

有薛闻礼者,武进人。由府吏官黄陂典史。岁歉,民逋漕粟。闻礼奉使过汉口,贷于所知得千金,以代民逋。十六年,张献忠陷黄陂,爱闻礼才,挟与俱去,暮即亡归。会贼所设伪官为士民杀死,闻礼曰:“祸大矣。”令士民远避,而已独留以当之。俄,贼至,将屠城。闻礼挺身曰:“杀伪官者,我也。”贼欲活之,詈不止,乃见杀。

当是时,贼延蔓中原,覆名城不可胜数。其以小吏死难,有何宗孔、贾儒秀、张达、郝瑞日诸人。宗孔,紫阳典史。十一年五月,流贼再陷其城,死之。儒秀,商南典史,城陷,抗节死。达,兴山典史。十四年二月,张献忠自蜀来攻,都司徐日耀战殁,达被缚,骂贼不屈死。瑞日,陕西人,为固始巡检。罗山为贼陷,上官令瑞日摄县事。单骑携二童以往,至则止僧寺,将招流移为守御计。未逾月,贼遣伪官至,土寇万朝勋与之合。诱执瑞日,说之降,不从,拘于家。一日,朝勋置酒宴群贼,醉卧,瑞日潜入其室,杀之。将奔凤阳,雨阻,复见絷。贼爱其勇,欲留之,叱曰:“我虽小吏,亦朝廷臣子,肯为贼用耶!”遂被害,二仆亦死。

有朱耀者,固始人。与父允义,兄炳、思成,并以勇力闻。八年,贼来犯,耀父子力战却之。明年,贼复至。耀出战,手馘数十人,追之,陷伏中,大骂死。允义曰:“我必报子仇。”炳谓思成曰:“我二人必报弟仇。”三人率众奋击,贼解去,城获全。

陈美,字在中,新建人。崇祯时由乡举知宜城县。兵燹之余,民生凋瘵。及张献忠据谷城,人情益惧,美安辑备至。襄阳陷,贼兵来犯。美偕守备刘相国迎击,贼中伏败去。巡按御史上其功,获叙录。

抚治都御史王永祚以六等课所部有司，美居上上。荐于朝，未及擢
用。

十五年冬，李自成长驱犯襄阳，左良玉先奔，永祚及知府以下
俱遁。贼入城，乡官罗平知州蔡思绳、福州通判宋大勋殉节。贼分
兵寇宜城、枣阳、谷城、光化、均州。美守宜城，固拒八昼夜。城陷，
抗骂不已，为贼磔死。训导阳城田世福亦死之。

枣阳知县郭裕，清江举人。甫视事，张献忠至。左良玉屯近邑，
裕单骑邀与共御，贼却去。至是，贼将刘福来攻，裕发炮石，击伤多。
贼愤，攻益力，城陷。身被数槊，大骂。贼支解之，阖门遇害。

光化知县万敬宗，南昌人，贡生，到官以死自誓。贼薄城，遂自
尽。贼义之，引去，城获全。乡官韩应龙，举人，历长芦盐运使，不受
伪职，自缢死。谷城知县周建中亦殉节。均州知州胡承熙被执不屈，
与其子尔英俱死。承熙有能声，永祚课属吏，亦列上上，迁刑部员外
郎，未行，遇难。贼犯郧阳，同知刘璇死之。保康陷，知县万惟坛与
妻李氏俱死之。璇，永年人。惟坛，曹县人。俱贡生。

谌吉臣，字仲贞，南昌人。父应华，万历时，以参将援朝鲜，战
殁。吉臣由举人为云梦知县。崇祯十五年十二月，李自成陷襄阳，
其党贺一龙陷德安。吉臣急遣孥归，身誓死勿去。明年正月，云梦
陷，被执，不食累日。贼临以兵，吉臣乞速死。贼壮之，授以官，不屈。
驱上马，曰："我失守封疆，当死此，更安往。"乃见杀。福王时，赠太
仆寺丞。

贼分兵犯旁邑，应城陷，训导张国勋死之。国勋，黄陂人。城将
陷，诣文庙抱先师木主大哭，为贼所执，大骂不屈，支解死。妻、子十
余人皆殉节。

袁启观者，云梦诸生也。贼据城，启观立寨自守。贼执去，出题
试之。启观曰："汝既知文，亦知乱臣贼子，人人得而诛之耶？"贼怒，
杀之。

安陆城陷，知县分水濮有容，一门十九人皆死。乡民结寨自保，贼将白旺连破数十寨，诸生廖应元守益坚。奸人执送旺，旺问："汝欲何为？"厉声曰："欲杀贼耳！"贼怒，射杀之。应山举人刘申锡养死士百人，城陷，谋恢复。兵败，为旺所杀，百人皆战死。沔阳陷，同知马飙死之。

卢学古，夏县人。举人。历承天府同知，摄荆门州事。崇祯十五年十二月，李自成寇荆门，学古誓死守。学正黄州张郊芳、训导黄冈程之奇亦盟诸生于大成殿，佐城守。贼环攻四日，无援，城陷。学古骂贼不绝口，剖腹而死。郊芳、之奇亦不屈死。

有朱士完者，潜江举人。乡试揭榜夕，梦黑帜堕其墓门，粉书"乱世忠臣"四字。至是，贼破承天，长驱陷潜江。士完被执，械送襄阳，道由泗港，啮指血书已尽节处，遂自经。贼所过焚毁，士完所题壁独存。

彭大翮者，竟陵之青山人。贼逼承天，大翮出所著《平贼权略》上之当事，不能用。遂自集一旅保乡曲，邀斩贼过当。贼怒，雨夜袭之。大翮太息曰："吾子孙阵亡已尽，吾何用生为！"赴水死。

贼既陷荆门，遂向荆州。巡抚陈睿谟急渡江入城，奉瑞王常润南奔，监司以下皆奔，士民遂开门迎贼。训导撒君锡正衣冠端坐明伦堂。贼至，欲屈之，诟骂而死。君锡，字宾王，绛县人。贼大索缙绅，故相张居正子尚宝丞允修不食死。户部员外郎李友兰不屈死。诸生王维藩率妻朱及二女避难，为贼所掠。维藩令妻、女赴井死，遂见杀。诸生王图南被执，抗骂死。

夷陵李云，由乡举知淅川州，州人祠祀之。谢事归，流贼炽，大书"名义至重，鬼神难欺"二语于牖以自警。及城陷，不屈。执至江陵，绝食死。吕调元者，归州千户也。城陷，士民悉归附，调元独率部卒格斗，陷重围中。招之降，大骂，死乱刀下。

陈万策，江陵人。天启中，与同邑李开先先后举于乡，并有时名。崇祯十六年正月，李自成据襄阳，设伪官。其吏政府侍郎石首喻上猷，先为御史，降贼，荐两人贤可用。自成遣使具书征之。万策隐龙湾市，贼使至，叹曰："我为名误，既不能奋身灭贼，尚可惜顶踵耶？"夜自经。贼使至开先家，开先瞋目大骂，头触墙死。福王时，俱命优恤。

许文岐，字我西，仁和人。祖子良，巡抚贵州右佥都御史。父联枢，广西左参政。文岐，崇祯七年进士。历南京职方郎中。贼大扰江北，佐尚书范景文治戎备，景文甚倚之。迁黄州知府，射杀贼前锋一只虎，夺大蠹而还。狱有重囚七人，纵归省，克期就狱，皆如约至，乃请于上官贷之。

十三年迁下江防道副使，驻蕲州。贼魁贺一龙、蔺养成等萃蕲、黄间，文岐设备严。贼党张雄飞将南渡，命游击杨富焚其舟，贼乃却。巡抚宋一鹤上其功。副将张一龙善驭兵，文岐重之。尝共宿帐中，军中夜呼噪，文岐曰"此奸人乘夜思遁耳"，坚卧不出。质明，叛兵百余人夺门遁，一龙追获尽斩之，一军肃然。杨富既久镇蕲，一鹤复遣参将毛显文至，不相得，兵民汹汹。文岐会二将，以杯酒释之，始无患。

十五年，左良玉溃兵南下大掠。文岐立马江口迎之，兵莫敢犯。时警报日急，人无固志，会擢督粮参政当行，文岐叹曰："吾为天子守孤城三载矣，分当死封疆，虽危急，奈何弃之。"遣妻奉母归，檄富、显文出屯近郊，为固守计。无何，荆王府校郝承忠潜通张献忠。明年大举兵来攻，文岐发炮毙贼甚众。夜将半，雪盈尺，贼破西门入，文岐巷战。雪愈甚，炮不得发，遂被执。献忠闻其名，不杀，系之后营。时举人奚鼎铉等数十人同系，文岐密谓曰："观贼老营多乌合，凡此数万卒皆被掠良民，若告以大义，同心协力，贼可歼也。"于是阴相结，期四月起事，以柳圈为信。谋泄，献忠索之，果得柳圈，缚文岐斩之。将死，语人曰："吾所以不死者，志灭贼耳。今事不成，天也。"含笑而死，时文岐陷贼中已七十余日矣。事闻，赠太仆卿。

贼既陷蕲州,遂屠其民。乡官陕西佥事李新举家被执,贼欲屈之。新叱曰:"我昔官秦中,尔辈方为厮养,今日肯屈膝厮养耶!"贼怒,新抱父尸就刃。其时属吏死节者,惟麻城教谕定远萧颂圣、蕲水训导施州童天申。

郭以重,黄州人。世为卫指挥。崇祯十六年,城陷,自他所来赴难。其妻欲止之,叱曰:"朝家畀我十三叶金紫,不能易一死哉!吾将先杀汝。"妻乃不敢言。既至,遇贼欲胁之去,坚不从。露刃慑之,乃好谓贼曰:"从汝非难,但抱小儿者,吾妻也,汝为我杀之,吾无累矣。"贼如其言。以重即夺贼刀击斩一贼,群贼拥至,遂赴水死。

先是,蕲州破,指挥岳璧自屋堕地,不死。贼执以城上,欲降之。厉声曰:"我世臣也,城亡与亡,岂降贼!"贼刃之,仆地。气将绝,瞋目曰:"我死为鬼,当灭汝!"时大雪,血流丈余,目眦不合。

同时,郭金城为罗田守将,贼逼城,率所部五百人战,斩级百余,追之英山。贼大集,困三日,突围不得出,被执。胁降不从,见杀。

崔文荣,海宁卫人。世指挥佥事,举武会试,授南安守备。崇祯中,临、蓝盗起,逼桂阳,桂王告急。文荣督所部会剿,却贼四万人。以功,擢武昌参将。

十六年四月,张献忠犯汉阳,文荣渡江袭斩六百级。已而城陷,武昌震惧。巡抚宋一鹤既死,承天新任巡抚王聚奎未至,武昌素不宿重兵,城空虚。或议撤江上兵以守,文荣曰:"守城不如守江,团风、煤炭、鸭蛋诸洲,浅不及马腹,纵之飞渡,而坐守孤城,非策也。"当事不从,贼果从团风渡江,陷武昌县。县无人,贼出营樊口,文荣军洪山寺扼之。既,敛兵入城,以他将代守。贼全军由鸭蛋洲半渡,抵洪山,守将亦退入城。文荣以武胜门当贼冲,偕故相贺逢圣协守,故贼攻之不能下。

监军参政王扬基,时已擢右佥都御史,巡抚承天、德安二郡,未闻命,尚驻武昌。见势急,与推官傅上瑞诡言有事汉阳,开门遁去,人情益汹汹。先是,楚王出资募兵,应募者率蕲、黄溃卒及贼间谍,至是开文昌、保安二门纳贼。文荣方出斗还,阖城扉不及,跃马大呼,杀三人。贼攒槊刺之,洞胸死。

有朱士鼎者,起家武进士,为巡江都司。城陷被执,贼喜其勇敢,欲大用之。戟手大骂,贼断其右手,乃以左手染血洒贼,贼又断之,不死。贼退,令人缚笔于臂,能作楷字。招集旧卒,训练如常。

徐学颜,字君复,永康人。母疾,祷于天,请以身代。夜梦神人授药,旦识其形色,广觅之,得荆沥,疾遂愈。父为中城兵马指挥,忤权要人下吏。学颜三疏论冤,所司格不上,遍叩诸公卿莫为雪,将置重辟。学颜号泣争于刑部,不能得,至啮血溅于庭,乃获释归。推所居大宅让其弟,尚义疏财,族党德之。崇祯三年建东宫,诏举孝友廉洁、博物洽闻可励俗维风者,有司以学颜应,寝不行。十二年以恩贡生授楚府左长史,引义匡辅,王甚敬之。

十五年冬,诸司长官及武昌知府、江夏知县并以朝觐行,学颜摄江夏事,缮修守具。楚府新募兵,即令学颜将之。明年五月晦,新军内叛,城陷。学颜格斗,断左臂,大骂不屈,为贼支解,一家二十余人殉之。通判固安李毓英亦举家自缢。

武昌知县邹逢吉被害。同死者,武昌卫经历汪文熙、巡检戴良瑄及僧官一人,俱骂贼不屈,腰斩。贼既陷武昌,分兵陷属邑,于是嘉鱼知县霍山王良鉴、蒲圻知县临川曾栻俱抗节死。事闻,学颜赠金事,毓英等赠恤有差。

冯云路,字渐卿,黄冈人。好学励行;年三十,即弃诸生,从贺逢圣讲学,遂寓居武昌,著书数百卷。崇祯三年,巡按御史林鸣球荐其贤,并上所著书,不用。及贼将渡江,云路贻书逢圣曰:“在内,以宁湖为止水;在外,以汉江为汨罗。”宁湖者,云路谈经处也。城既陷,乘桴入宁湖。贼遣使来聘,遥应曰:“我平生只读忠孝书,未尝读降贼书也。”遂投湖死。从游诸生汪延陛亦死焉。

其同邑熊霆,字渭公,亦移居武昌。喜邵子《皇极书》,颇言未来事。十六年元旦,尽以所撰《性理格言》、《园书悬象》、《大易参》诸书付其季弟,曰:"善藏之。"城破前一日,贻书云路,言"明日当觅我某树下。"及期行树傍,贼追至,入荷池以死。

有诸生明睿者,江夏人。城破,贼独不入其门。睿慨然曰:"安有父母之邦覆,而偷生苟活者!"语家人:"速从我入井,否则速去。"于是妻及二子、二女并诸婢以次投井。睿笑曰:"吾今旷然无累矣。"从容榜诸门,赴井死,时人号为明井。

先是,贼陷黄冈,诸生易道暹者,字曦侯。好学尚气节,居深山中,积书满家。贼氛渐逼,道暹惜其积书,又以己所著书多,不忍弃,逡巡未行。及贼至,子为瑃急奉母走青峰岩,道暹携幼子为琏担书以行。遇贼,绐曰:"余书贾也。"贼笑曰:"汝易曦侯,何绐我?"道暹曰:"若既知我,当听我一言,慎毋杀人焚庐舍。"贼曰:"若身不保,尚为他人言耶!"道暹厉色叱贼,贼怒,杀之。为琏请代,贼并杀之。未几,为瑃亦被杀。

时黄陂诸生傅可知亦以叱贼死。可知幼丧父,卧柩下三年。六十丧母,啜粥三年。黄陂陷,被执,可知年已逾八十。贼悯其老不杀,俾养马,叱曰:"我为士数十年,肯役于贼耶!"延颈就刃,贼杀之。

蔡道宪,字元白,晋江人。崇祯十年进士,为长沙推官。地多盗,察豪民通盗者,把其罪而任之。盗方劫富家分财,收者已至。召富家还所失物,皆愕不知所自。恶少年闭户谋为盗,启户,捕卒已坐其门,惊逸去。吉王府宗人恣为奸,道宪先治而后启王。王召责之,抗声曰:"今四海鼎沸,寇盗日滋。王不爱民,一旦铤而走险,能独与此曹保富贵乎?"王悟,谢遣之。

十六年五月,张南忠陷武昌,长沙大震。承天巡抚王扬基率所部千人,自岳州奔长沙。道宪请还驻岳州,曰:"岳与长沙唇齿也,并力守岳则长沙可保,而衡、永亦无虞。"扬基曰:"岳,非我属也。"道宪曰:"弃北守南,犹不失为楚地。若南北俱弃,所属地安在?"扬基语塞,乃赴岳州。及贼入蒲圻,即遁去。湖广巡抚王聚奎远驻袁州,惮贼不敢进。道宪亦请移岳,聚奎不得已至岳,数日即徙长沙。道宪曰:"贼去岳远,可缮城以守。彼犯岳,犹惮长沙援。若弃岳,长沙安能独全。"聚奎不从。贼果以八月陷岳州,直犯长沙。

先是,巡按御史刘熙祚令道宪募兵,得壮丁五千训练之,皆可用。至是亲将之,与总兵官尹先民等扼罗塘河。聚奎闻贼逼,大惧,撤兵还城。道宪曰:"去长沙六十里有险,可栅以守,毋使贼逾此。"又不从。

时知府堵允锡入觐未返,通判周二南攸县事,城中文武无几。贼薄城,士民尽窜。聚奎诡出战,遽率所部遁。道宪独拒守,贼绕城呼曰:"军中久知蔡推官名,速降,毋自苦。"道宪命守卒射之毙。越三日,先民出战,败还。贼夺门入,先民降。道宪被执,贼哜以官,嚼齿大骂。释其缚,延之上坐,骂如故。贼曰:"汝不降,将尽杀百姓。"道宪大哭曰:"愿速杀我,毋害我民。"贼知终不可夺,磔之,其心血直溅贼面。

健卒林国俊等九人随不去,贼亦令说道宪降。国俊曰:"吾主畏死去矣,不至今日。"贼曰:"尔主不降,尔辈亦不得活。"国俊曰:"我辈畏死亦去矣,不至今日。"贼并杀之。四卒奋然曰:"愿瘗主尸而死。"贼许之,乃解衣裹道宪骸,瘗之南郊醴陵坡,遂自刎。道宪死时年二十九,赠太仆少卿,谥忠烈。

二南,字汝为,云南人。由选贡为长沙通判,尽职业,与道宪深相得。擢岳州知府,士民固留,乃以新秩还长沙,后亦死。

邑中举人冯一第走湘乡,将乞师他所,贼系其母与兄招之。一第归就缚,贼将斩之,一老僧伏地哭请免。贼乃去其两手置营中,一夕死,母兄获免。贼陷东安,举人唐德明仰药死。犯耒阳,诸生谢如珂拒战死。

张鹏翼,西充人。崇祯中,由选贡生授衡阳知县。十六年八月,张献忠逼衡州,巡抚王聚奎、李乾德及监司以下皆遁,士民尽奔窜。

鹏翼独守空城,贼至即陷。胁使降,戟詈诟詈,贼缚而投诸江,妻子赴水死。

贼之趋岳州也,巴陵教谕桂阳欧阳显宇时摄县事,死焉。其趋临湘也,知县莆田林不息抗骂不屈,断其两手杀之。湘阴陷,知县大埔杨开率家属十七人投水死。其丞赖万耀摄醴陵县事,城破亦死之。长沙府照磨莫可及,宜兴人,摄宁乡县事,殉城死。二子若鼎、若钰号恸奔赴,遇害。衡州既陷,属县衡山亦失守,知县富顺董我前、教谕分宜彭允中,皆尽节。府教授永明蒋道亨摄武陵县事,抱印骂贼,见杀。其他文武将吏,非降则逃。长沙史可镜,官给事中,丁艰归,降贼,贼用为湖广巡抚。及贼弃湖广入四川,李乾德复还长沙,执可镜,加榜掠,械送南都伏法。

乾德者,亦鹏翼同邑人。崇祯四年进士。十六年历右佥都御史抚治郧阳,未赴,改湖南。时武昌已陷,乾德守岳州。献忠攻急,乾德弃城走长沙,岳州遂陷。转徙衡、永,贼至,辄先避,长沙、衡、永皆随陷。献忠入四川,乃还长沙,以失地,谪赴督师王应熊军前自效。永明王立,擢兵部侍郎,巡抚川南。乾德入蜀,其乡邑已陷,父亦被难,乃说诸将袁韬攻佛图关,复重庆。韬及武大定久驻重庆,食尽。乾德说嘉定守将杨展与大定结为兄弟,资之食。已而恶展,搆韬杀之,据嘉定,蜀人咸不直乾德。会刘文秀自云南至,擒韬,陷嘉定,乾德乃驱家人及其弟御史升德,俱赴水死。

刘熙祚,字仲缉,武进人。父纯仁,泉州推官。熙祚举天启四年乡试。崇祯中,为兴宁知县。奸民啖断肠草,胁人财物。熙祚令赎罪者必以草,以是致死者勿问,草以渐少,弊亦止。课最,征授御史。

十五年冬巡按湖南。李自成陷荆、襄诸郡,张献忠又破蕲、黄,临江欲渡。熙祚以明年二月抵岳州,檄诸将分防江浒,偏沅、郧阳二抚联络形势。会贼马守应据澧州,窥常德,土寇甘明扬等助之。熙祚驰至常德,击斩明扬。五月还长沙。

及武昌、岳州相继陷,急令总兵尹先民、副将何一德督万人守

罗塘河,扼要害。而巡抚王聚奎乃撤守长沙,贼遂长驱至。聚奎率
溃将孔全彬、黄朝宣、张先璧等走湘潭,长沙不能守。惠王避地至长
沙,与吉王谋出奔,熙祚奉以奔衡州。衡州,桂王封地也,聚奎兵至,
大焚劫,王及吉、惠二王皆登舟避乱。熙祚单骑赴永州为城守计。未
几,聚奎复走祁阳,衡州遂陷。永士民闻之,空城逃。三王至永州,
聚奎继至,越日全彬等亦至,劫库金去。熙祚乃遣部将护二王走广
西,而已返永州拒守。贼骑追执之,献忠踞桂王宫,叱令跪,不屈。贼
群殴之,自殿城曳至端礼门,肤尽裂。使降将尹先民说之,终不变,
见杀。事闻,赠太常少卿,谥忠毅。

弟永祚,字叔远,由选贡生屡迁兴化同知,擒贼曾旺。后以副使
知兴化府事。大清兵入城,仰药死。弟绵祚,字季延。崇祯四年进
士,为吉安永丰知县。邻境九莲山,界闽粤,贼窟其中,绵祚请会剿。
贼怒,率众攻。绵祚出击,三战三捷。贼益大至,绵诈伏兵黄牛峒,
大破之。积劳得疾,请告归,卒。兄弟三人并死王事。

王聚奎既失永州,后伺贼退,潜还武昌,为代者何腾蛟所劾,夤
缘免。

王孙兰,字畹仲,无锡人。崇祯四年进士。累迁成都知府。蜀
宗人虐民,民相聚将焚内江王第。孙兰抚谕之,乃解。父忧,服阕,
起官绍兴,修荒政。迁广东副使,分巡南雄、韶州二府。连州猺贼为
乱,驰剿,三战皆捷。十六年,张献忠大乱湖南,湖南之郴州宜章与
韶接壤。孙兰乞援督府,不应,最后以七百人至,一宿复调去。及贼
陷衡州,肆屠戮。韶所辖乐昌、乳源、仁化,遭窜一空,连州守将先据
城叛,韶士民闻之,空城逃,而贼所设伪官传檄将至。孙兰仰天叹
曰:“失封疆当死,贼陷城又当死,吾盍先死乎!”遂自缢。既死,贼竟
不至,朝廷悯其忠,予赠恤。

程良筹,字持卿,孝感人,工部尚书注子也。天启五年进士。时
注为太常少卿,不附魏忠贤。御史王士英劾其为赵南星、李三才私

党,忠贤遂矫旨并良筹除名,永不叙录。未出仕而除名,前此未有
也。崇祯元年起官,历文选员外郎,掌选事。麻城李长庚为尚书,以
同乡故,甚倚之。正郎久缺不推补,同列多忌,朝论亦少之。长庚用
推举失当削籍,良筹亦下吏遣戍,久乃释归。

十六年,李自成犯承天,孝感亦陷。良筹以白云山险峻,与同邑
参政夏时亨筑垒聚守。贼使说降,良筹毁其书。贼怒,设长围攻之,
相持四十余日,解去。时汉阳、武昌亦为张献忠所陷,四面皆贼,独
白云孤处其间,贼颇患之。已,武昌为官军所复,良筹号召远近诸
寨,犄角进兵。其冬,遂复孝感、云梦。十二月,进薄德安,兵败,退
保白莲寨。寨中人素通贼,为内应,良筹遂被执。说降,不屈,羁之
密室。明年正月,左良玉遣将攻德安。贼惧,拥良筹令止外兵,不从。
贼弃城去,逼良筹皆行,又不从,遂被杀。赠太常少卿。

程道寿者,良筹里人也,尝为来安知县。贼陷孝感,置掌旅守
之。道寿结里中壮士,击杀掌旅。贼复至,杖之,系狱,令为书招良
筹。道寿曰:"我不能助白云灭汝,肯助汝耶?"遂见杀。

黄世清,字澄海,滕县人。父中色,吏部员外郎。世清登崇祯七
年进士,除户部主事,榷浒墅关,有清操。历员外郎,屡迁右参议,分
守商、洛,驻商州。城屡遭兵,四野萧然,民皆入保城中。而客兵所
过淫掠,民苦兵甚于贼。世清下令兵不得阑入城。未几,关中兵经
其地,有二卒挏门,榜以徇。督抚发兵,诫毋犯黄参议令。李自成蹒
荆、襄,远近震动。世清一子方幼,属友人养之,誓身殉。

十六年十月,自成败孙传庭军,长驱入关,遣右营十万人从南
阳犯商州。世清凭城守,有奸民投贼,至城下说降,世清佯与语,发
炮毙之,悬其首城上曰:"怀二心者,视此!"士民皆效死,矢尽,继以
石;石尽,妇人掘街砌继之。

城陷,世清坐堂上,麾其仆朱化凤去,化凤愿同死。贼牵世清
下,化凤叱曰:"奴才不得无礼!"贼批其颊,化凤声色愈厉。执至贼
帅袁宗第营,世清植立。贼欲屈之,化凤曰:"吾主堂堂宪司,肯拜贼

耶!"贼先杀之,授世清以防御札。骂不受,与一家十三人皆遇害。赠光禄卿。

杨暄,高平人。崇祯十三年进士。授渭南知县。岁大凶,毕力拯救,民稍获安。十六年冬,李自成入潼关,兵备佥事杨王休降。教授许嗣复分守上南门,城破,持梃斗,詈贼死,妻女被掠皆自杀。贼遂抵渭南。暄已擢兵部主事,未行,与训导蔡其城同守。会举人王命诰开门迎贼,暄被缚,索印不与,诟骂死。其城亦死之。

贼遂陷西安,咸阳知县赵跻昌被害。属邑望风降。蒲城知县朱一统独谋拒守,曰:"吾家七世衣冠,安可臣贼!"或言他州县甲榜者皆已纳款。一统曰:"此事宁论资格耶?"以体肥,令家人扩并口以待。会饷兵叛,夺印趣迎降。一统瞋目叱曰:"吾一日未死,印不可得!"日暮,左右尽散,从容赴井死。县丞沁源姚启崇亦死焉。一统,平定人,起家乙榜。

有朱迥㳃者,沈府宗室也。由宗贡生为白水知县。明习吏事,下不敢欺。贼潜入城,犹手弓射贼,与学官魏岁史、刘进并被难。

唐时明,字尔极,固始人。举于乡。崇祯中,为长垣教谕。子路墓祀田为豪家夺,时明复其故。由国子学正屡迁凤翔知府。十六年十月,闻李自成入潼关,亟治战守备。俄,溃兵大掠,西人无固志。及自成据西安,分兵来寇,典史董尚质开门迎贼,时明被执。伪相牛金星曰:"吾主求贤若渴,君至西京,不次擢用。"时明诟曰:"我天朝命吏,肯臣贼耶!"金星令尚质说降,厉声责之。贼令缚赴西安,时明诧妻子于友人,至兴平,乘间自缢。

凤翔既陷,属城叛降。陇州同知薛应玢,武进人。时摄州事,勒兵守城。城陷,詈贼死。宝鸡知县唐梦鲲,番禺举人。历知仙居、天台、富川、分水四县。在富川,有抚猺功。坐累,谪池州经历,摄贵池县事。左良玉拥兵下,乡民奔入城,守者拒,梦鲲令悉纳之。及改宝鸡,贼已过潼关,星驰抵任。贼逼县,知不可守,自经死。

段复兴，字仲方，阳谷人。崇祯七年进士。历右参议，分守庆阳。十六年十月，李自成据西安，传檄谕降。复兴裂其檄，集众守。逾月，贼薄城，围数匝，发炮石杀贼满濠。久之，势不支。拜辞其母，聚妻妾子女于楼，置薪其上，复乘城督战。城陷，趋归火其楼，母亦赴火死。乃持铁鞭走北门，击杀数贼，遂自刎。士民葬之西河坪，立祠祀之。

同时死难者，庆阳推官靳圣居、安化知县袁继登。圣居，字淑孔，长垣人。崇祯元年进士，历知济源、莱阳二县。屡谪复起。莅庆阳时，已授刑部主事，未行，遇贼，佐复兴死守。城破被执，骂不绝口死。继登，南畿人。起家选贡，莅任未浃岁即遭变，见贼求速死，贼杀之。

其陷宁州也，知州董琬死之。宗室朱新镙者，以贡生授中部知县。自成使人持檄招降，新镙碎之。叹曰："城小无兵，空令士民受祸，计惟自靖耳。"令妻妾子女尽缢，乃投缳死。

简仁瑞，字季麟，荣县人。由举人历官西安同知，迁平凉知府。十六年冬，贼入关，诸王及监司以下官谋遁走。仁瑞谒韩王曰："长安有重兵，讹言不足信。殿下轻弃三百年宗社，欲何之？纵贼压境，延、宁、甘、凉诸军足相援，必不能支，同死社稷，亦不辱二祖列宗。"王不从。是夕，其护卫卒噪，挟王及诸郡王、宗室斩关出奔，胁仁瑞行。仁瑞曰："吾平凉守也，吾去，谁与守？"众遂去。仁瑞乃撤四关居民入城，以土石塞门为死守计。未几，贼檄至，乃召所活死囚数辈，谓之曰："吾昔尝生汝，汝亦有以报我乎？"皆对曰："唯命。"即托以幼子，令卫出。明日，贼抵城下，士民数人草降书，乞金名署印。仁瑞怒叱责之，正衣冠，自经堂上。

平凉既陷，属城悉降。华亭教谕邹姓者，援曾子居武城义，欲避去。训导何相刘止之曰："吾辈委质为臣，安可以宾师自待？"乃率诸生共守，及城陷，与教谕皆殉难。

司五教，字敬先，内黄人。笃学有志行。崇祯时，以岁贡为内邱训导。十一年，邑被兵，佐长吏拒守有功。迁城固知县，剿山寇灭之。十六年冬，贼据关中，郡县风靡，五教激士民固守。有诸生谋内应，捕斩之，竿其首城上。无何，伪帅田见秀拥兵至，五教且战且守。贼悉兵攻四日而城陷。既见执，贼去其冠带，辄自取冠之，骂益厉，乃被磔。

乡官张凤翮，字健冲。天启五年进士。崇祯中官御史，极论四川巡抚王维章贪劣，而请召还给事中章正宸，不纳。出按云南，还朝，言："陛下议均输再征一年，民力已竭，讨贼诸臣泄泄沓沓，徒糜数百万金钱。"帝纳其言，敕兵部飞骑勒熊文灿进兵，而张献忠已叛矣。十五年迁浙江右参政，未任而罢。贼陷城，胁之仕，不屈死。

都任，字弘若，祥符人。万历四十一年进士。授南京兵部主事，进郎中，屡迁四川右参政。天启五年大计，左迁江西佥事，复屡迁陕西左布政使。

崇祯五年又谪山东右参政。再迁山西按察使。任性刚严，多忤物，数谪徙，终不变。月朔，同僚朝晋王，任据《会典》争，不赴。巡按御史张孙振诬劾提学佥事袁继咸，任数慰问继咸，赆其行。孙振怒，复以大计，贬秩归。后复起，历右布政使兼副使，饬榆林兵备。

十六年九月，巡抚崔源之罢去，代者张凤翼未至，总兵官王定从孙传庭出关，大败奔还，远近震恐。李自成遂据西安，遣其将李过以精卒数万徇三边，延安、绥德相继陷。定惧，诡言讨河套寇，率所部遁去，榆林益空虚。任急集军民，慷慨流涕，谕以大义，与督饷员外郎王家录、副将惠显等议城守。城中多废将，任以尤世威知兵，推为主帅，率诸将王世钦等数十人誓死守。贼遣使招降，任斩以徇。贼大众麋至，十一月望，城被围，至二十七日城陷，任犹巷战，力不支，被执。欲降之，大骂不屈，遂见杀。世威等皆死，详见《世威传》中。

家录，黄冈人，举于乡。时已擢关南兵备佥事，未行，与任协守。

围急，男子皆乘城，家录令妇人运水灌城，冰厚数寸，贼不能攻。及城陷，家录自刭死。

　　一时同死者，里居户部主事张云鹗，知州彭卿、柳芳，湖广监纪赵彬，皆不屈死。指挥崔重观自焚死，傅祐与妻杜氏自缢死。中军刘光祐骂贼死。材官李耀，善射，矢尽，自刭死。同营李光裕趣家人死，亦自刭死。张天叙焚其积贮，自缢死。指挥黄廷政与弟千户廷用、百户廷弼奋力杀贼，同死。千户贺世魁偕妻柳氏自缢死。参将马鸣节聚妻、子室中，自焚死。里居战死则山海副总兵杨明、定边副总兵张发、孤山副总兵王永祚、西安参将李应孝。在官死事则游击傅德、潘国臣、李国奇、晏维新、陈二典、刘芳馨、文侯国，都司郭遇吉，中军杨正桦、柳永年、马应举，旗鼓文经国，守备尤勉、惠渐、贺大雷、杨以伟，指挥李文焜、文灿。而副将常怀、李登龙，游击孙贵、尤养鲲，守备白慎衡、李宗叙，亦以守乡土遭难。诸生则陈义昌、沈浚、沈演、白拱极、白含章骂贼死，张连元、连捷、李可柱、胡一奎、李荫祥自经死。一城之中，妇女死义者数千人，井中尸满，贼遂屠其城。

　　榆林为天下雄镇，兵最精，将材最多，然其地最瘠，饷又最乏，士常不宿饱。乃慕义殉忠，志不少挫，无一屈身贼庭，其忠烈又为天下最。事闻，天子嗟悼，将大行褒恤，国亡不果。

　　祝万龄，咸宁人。父世乔，有至行。以父远游不归，年十五即独身访求，濒死，历数千里，卒得之。后由选贡通判南康，以清慎著。

　　万龄师乡人冯从吾，举万历四十四年进士。累官保定知府。天启六年，魏忠贤尽毁天下书院，万龄愤。逆党李鲁生遂劾万龄倡讹言，谓天变、地震、物怪、人妖，悉由毁书院所致，非圣诬天实甚。万龄遂落职。

　　崇祯初，用荐起黄州知府，集诸生定惠书院，迪以正学。居三年，迁河南副使，监军磁州。辉县之北与山西陵川之南，有村曰水峪，回贼窃据数十年，大为民患。万龄与山西监司王肇生合兵击，六战焚其巢三百余，贼遂平。录功，加右参政。

流贼自山西入河北，掠新乡。万龄邀击之，贼走陵川。已，复大至，坐失事，削籍归。汤开远讼其冤，不纳。久之，廷臣交荐，未及用，而西安陷。万龄深衣大带，趣至关中书院，哭拜先圣，投缳死。佥事泾阳王徵、太常寺卿耀州宋师襄、怀庆通判咸宁窦光仪、仪封知县长安徐方敬、芮城知县咸宁徐芳声、举人宗室朱谊巢及席增光皆里居，城破，并抗节死。

陈瑸，漳浦人。天启五年进士。授慈谿知县。崇祯十年为袁州推官，拒楚贼有功。屡迁右参议，分守湖南，讨平八排贼。十六年，张献忠陷长沙，围参政周凤岐于澧州。瑸督兵往救，军败被执。欲降之，不屈，断手割肝而死。

凤岐，永康人。万历末年进士。历工部郎中，掌节慎库，忤奄人，落职归。崇祯初，起故官，进四川副使。苗人争界，为立碑画疆以定之。改右参政，分守澧州。贼来犯，援军败没，城遂陷。贼帅亲解其缚，说以降，怒骂而死。

王徵俊，字梦卜，阳城人。天启五年进士。授韩城知县。崇祯初，流贼来犯，御却之。坐大计，谪归德照磨。巡按御史李日宣荐于朝，给事中吕黄钟请用天下必不可少之人，亦及徵俊，乃量移滕县知县。累官右参政，分守宁前，以忧归。十七年二月，贼陷阳城，被执不屈，系之狱。士民争颂其德，贼乃释之。抵家北面再拜，投缳卒。

其时士大夫居家尽节者，灵石宋之儁、翼城史可观、阳曲朱慎镂。之儁举进士，历官登莱监军副使，忤巡按谢三宾，互讦于朝，落职归。三宾亦贬秩。及遇变，之儁受刑死。妻乔詈贼撞阶死。女敛尸毕，拔簪刺喉死。可观，太常少卿学迁子。官中书舍人，加鸿胪少卿。城陷，自缢死。慎镂，晋府宗室，摄灵邱郡王府事。贼陷太原，冠带祀家庙，驱家人入庙中，焚之，已亦投火死。

丁泰运，字孟尚，泽州人。崇祯十三年进士。除武陟知县，调河内，著廉直声。十七年二月，贼将刘方亮自蒲坂渡河。巡按御史苏京托言塞太行道，先遁去，与陕西巡抚李化熙同抵宁郭驿。俄兵变，化熙被伤走。兵执京，披以妇人服，令插花行，稍违，辄挟之以为笑乐。叛将陈永福引贼至，京即迎降。贼遂逼怀庆，监司以下皆窜。泰运独守南城，力不支，被执。贼拥见方亮，使跪不屈，烧铁锁炙之，亦不从，乃遇害。

贼既陷怀庆，寻陷彰德。安阳人尚大伦，字崇雅。由进士历官刑部郎中。有国学生白梦谦以救黄道周系狱，大伦议宽之，忤尚书意，遂罢归。城陷，抗节死。参将榆林王荣及其子师易，皆死之。又有王橪徵，由乡举历官蒲州知州，忤豪宗，谢事归。为贼所执，传诣李自成，道愤恨不食死。

明史卷二九五
列传第一八三

忠义七

何复 邵宗元等　　张罗俊 弟罗彦等

金毓峒 韩东明等　　汤文琼 范篯昕等

许琰 曹肃等　　王乔栋　　张继孟

陈其赤等　　刘士斗 沈云祚等　　王励精

刘三策等　　尹伸 庄祖诰等　　高其勋

王士杰等　　张耀 吴子骐　曾异撰等

米寿图　　耿廷箓 马乾　　席上珍

孔师程等　　徐道兴 罗国瓛等　　刘廷标

王运开　　王运闳

　　何复，字见元，平度人。邵宗元，字景康，砀山人。复，崇祯七年进士。知高县，有却贼功。忤上官，被劾谪戍。后廷臣多论荐，起英山知县，累迁工部主事，进员外郎。十七年二月擢保定知府。宗元，由恩贡生历保定同知，有治行。

　　李自成陷山西，遣伪副将军刘方亮由固关东犯，畿辅震动。及真定游击谢嘉福杀巡抚徐标反，遣使迎贼，人情益汹汹。宗元时摄府事，亟集通判王宗周，推官许曰可，清苑知县朱永康，后卫指挥刘忠嗣及乡官张罗彦、尹洗等,议城守。复闻,兼程驰入城,宗元授以印。复曰:"公部署已定,印仍佩之,我相与僇力可也。"乃谒文庙,与诸生讲《见危致命章》,词气激烈。讲毕,登城分守。

都城陷之次日,贼使投书诱降,宗元手裂之。明日,贼大至,络绎三百里。有数十骑服妇人衣,言:"所过百余城,皆开门远迎,不降即屠。且京师已破,汝为谁守?"城上人闻之,发竖眦裂。贼环攻累日,宗元等守甚坚,贼稍稍引却。

督师大学士李建泰率残卒数百,辇饷银十余辆,叩城求人。宗元等不许。建泰举敕印示之,宗元等曰:"荷天子厚恩,御门赐剑,酌酒饯别。今不仗钺西征,乃叩关避贼耶?"建泰怒,厉声叱呼,且举尚方剑胁之。或请启门,宗元曰:"脱贼诈为之,若何?"众以御史金毓峒尝监建泰军,识建泰,推出视之信,乃纳之。

建泰入,贼攻益厉。建泰倡言曰:"势不支矣,姑与议降。"书牒,迫宗元用印。宗元抵印厉声曰:"我为朝廷守土,义不降,欲降者任为之。"大哭,引刀将自刎,左右急止之,皆雨泣。罗彦前曰:"邪说勿听,速击贼。"复自起爇西洋巨炮,火发,被燎几死。贼攻无遗力,雉堞尽倾。俄,贼火箭中城西北楼,复遂焚死。南郭门又焚,守者多散。南城守将王登洲缒城出降,贼蜂拥而上。建泰中军副将郭中杰等为内应,城遂陷。宗元及中官方正化不屈死。建泰率曰可、永康出降。忠嗣分守东城,城将陷,召女弟适杨千户者归,与妻毛、子妇王同处一室,俱以弓弦缢杀之。复登城拒守。城破被执,怒詈,夺贼刀杀二贼。贼麇至,剜目劓鼻支解死。

一时武臣死事者,守备则张大同与子之坦,力战死。指挥则文运昌、刘洪恩、戴世爵、刘元靖、吕九章、吕一照、李一广,中军则杨儒秀,镇抚则管民治,千户则杨仁政、李尚忠、纪勋、赵世贵、刘本源、侯继先、张守道,百户则刘朝卿、刘悦、田守正、王好善、强忠武、王尔祉,把总则郝国忠、申锡,皆殉城死。

有吕应蛟者,保定右卫人,历官密云副总兵,谢事归。贼至,总监正化知其能,延与共守,昼夜戮力。城破,短兵斗杀十余贼而死。

张罗俊，字元美，清苑人。父纯臣，由武进士历官署参将、神机营左副将。生六子：罗俊、罗彦、罗士、罗善、罗喆、罗辅。

罗俊娶瞽女，终身不置妾。罗彦，字仲美，举崇祯二年进士。累迁吏部文选郎中。杨嗣昌数借封疆事引用匪人，罗彦多驳正。帝疑吏部行私，厂卒常充庭，曹郎多罹谴者，罗彦独无所染。秩满，迁光禄少卿，被诬落职归。罗俊以十六年秋举进士，罗辅亦以是年举武进士。而罗彦少从父塞上，习兵事。初官行人，奉使旋里，乡郡三被兵，佐当事守御，三著功。给事中时敏奉使过其地，夜半欲入城，罗彦不许。敏劾其擅司锁钥，罗彦疏辩，帝不问。

十七年二月，贼逼京师，众议守御。罗彦兄弟与同知邵宗元等歃血盟，誓死守。总兵官马岱谒罗彦曰："贼分两道，一出固关，一趋河间。吾当出屯蠡县扼其冲，先杀妻、子而后往，其城守悉属公。"罗彦曰："诺。"诘旦，岱果杀妻孥十一人，率师去。罗彦等纠乡兵二千分陴守。罗俊守东城，罗彦西北，罗辅为游兵。公廪不足，出私财佐之。贼遣骑呼降，罗俊顾其下曰："欲降者，取我首去。"后卫指挥刘忠嗣挺剑曰："有不从张氏兄弟死守者，齿此剑。"怒目，发上指。闻者咸愤厉，守益坚，贼为引却。

已，闻京师变，众皆哭，北向拜，又罗拜相盟誓。而贼攻益急，城中多异议。罗彦谓宗元曰："小民无知，非鼓以大义，气不壮。"乃下令人缀崇祯钱一枚于项，以示戴主意。贼谓罗彦主谋，呼其名大诟，且射书说降，罗彦不顾。贼死伤多，攻愈力。李建泰亲军为内应，城遂陷。罗俊犹持刀砍贼，刀脱，两手抱贼啮其耳，血淋漓口吻间。贼至益众，大呼"我进士张罗俊也。"遂遇害。罗彦见贼入，急还家，大书官阶、姓名于壁，投缳死；子晋与罗俊子伸并赴井死。

罗善，字舜卿，为诸生，佐两兄守城。城将陷，两兄戒勿死，罗善曰："有死节之臣，不可无死节之士。"妻高携三女投井死，罗善亦投他井死。

罗辅多力善射，昼夜乘城，射必杀贼。城破，与罗俊夺围走，罗俊不可，罗辅连射杀数人，矢尽，持短兵杀数人乃死。

张氏兄弟六人，罗士早卒，其妻高守节十七年，至是自经死。惟罗喆从水门走免，其妻王亦缢死。罗俊伯母李骂贼死。罗彦妻赵、二妾宋、钱及晋妻师，当围急时，并坐井傍以待。贼入，皆先罗彦投井死，独赵不沉，家人出之。罗辅妻白在母家，闻变欲死，侍者止之，绐以汲井，推幼女先人，已从之。罗俊再从子震妻徐，巽妻刘，亦投井死，一门死者凡二十三人。

金毓峒，字稚鹤，保定卫人。父铨，户部员外郎。毓峒举崇祯七年进士。授中书舍人。十四年面陈漕务，称旨，授御史。疏论兵部尚书陈新甲庸才误国，户部尚书李待问积病妨贤。又请涣发德音，自十五年始，蠲除繁苛，与海内更新。因言复社一案，其人尽缝掖，不可以一夫私怨开祸端。帝多采纳。

明年出按陕西。孙传庭治兵关中，吏民苦征缮，日夜望出关，天子亦屡诏督趣。毓峒独谓将骄卒悍，未可轻战，抗疏争。帝不纳，师果败。

十六年冬，期满得代，甫出境，而贼入关。复还至朝邑，核上将吏功罪而后行。明年三月召对，命监李建泰军。驰赴山西，抵保定，贼骑已逼，遂偕邵宗元等共守。毓峒分守西城，散家赀千余金犒士，其妻王亦出簪珥佐之。

京师变闻，贼射书说降，众颇懈。毓峒厉声曰："正当为君父复仇，敢异议者斩！"悬银牌，令击贼者自取。众争奋，毙贼多。城陷，一贼挽毓峒往谒其帅，且骂且行，遇井。推贼仆地，自堕井死。妻闻，即自经。其从子振孙有勇力，以武举佐守城。贼至，众皆散，独立城上，大呼曰："我金振孙，前日杀数贼魁者，我也。"群贼支解之。振孙兄肖孙、子妇陈与侍儿桂春，亦投井死。肖孙匿毓峒二子，为贼搒掠无完肤，终不言，二孤获免。

同时守城殉难者，邠州知州韩东明、武进士陈国政赴井死。平凉通判张维纲，举人张尔翚、孙从范，不屈死。举人高经负母避难，

遇贼求释母,母获释而经被执,乘间赴水死。贡生郭鸣世寝疾,闻城
陷,整衣端坐。贼至,持棒奋击而死。诸生王之瑼,先城陷一日,置
酒会家人,饮达旦。城破,偕妻齐及三子、二女入井死。诸生韩枫、
何一中、杜日芳、王法等二十九人,布衣刘宗向、田仲名、刘自重等
二十人,或自经,或溺,或受刃,皆不屈死。妇人尽节者一百十五人。
他若都给事中尹洗、举人刘会昌、贡生王联芳,以城陷次日为贼收
获,亦不屈死。贼揭其首于竿,书曰:"据城抗节,恶官逆子"。见者
饮泣。

　　汤文琼,字兆鳌,石埭人。授徒京师,见国事日非,数献策阙下,
不报。京师陷,慨然语其友曰:"吾虽布衣,独非大明臣子耶？安忍
见贼弑君篡国。"乃书其衣衿曰:"位非文丞相之位,心存文丞相之
心"。投缳而卒。

　　福王时,给事中熊汝霖上疏曰:"北都之变,臣传询南来者,确
知魏藻德为报名入朝之首。梁兆阳、杨观光、何瑞徵为从逆献谋之
首。其他皆稽首贼庭,乞怜恐后。而文琼以闾阎匹夫,乃能抗志捐
生,争光日月。贼闻其衣带中语,以责陈演,即斩演于市。文琼布衣
死节,贼犹重之,不亟表章,何以慰忠魂,励臣节。"乃赠中书舍人,
祀旌忠祠。

　　时都城以布衣尽节者,又有范箴听、杨铉、李梦禧、张世禧辈。
福王建国,丧乱益甚,且见闻不详,未尽表章。

　　箴听,端方有义行。高攀龙讲学都下,受业其门。魏国公徐允
祯延为馆宾,数进规谏。允祯或倨见他客,箴听至,辄敛容。贼入,
置一棺,偃卧其上,绝食七日死。铉,善写真。京师陷,携二子赴井
死。梦禧,负志节,与妻杜、二子、二女、一婢俱缢死。世禧,儒士也,
亦与二子懋赏、懋官俱缢死。

　　又有周姓者,悲愤植胸,呕血数升而死。而柏乡人郝奇遇,居京
师,闻变,谓妻曰:"我欲死难,汝能之乎？"妻曰:"能。"遂先死。奇遇
瘗毕,服药死。

许琰，字玉仲，吴县人。幼有至性，尝刲臂疗父疾。为诸生，磊落不羁。闻京师陷，帝殉社稷，大恸，誓欲举义兵讨贼。走告里荐绅，皆不应。端午日过友人，出酒饮之，琰掷杯大诟曰：“今何日，我辈读圣贤书，尚纵酒如平日耶！”拂衣径去。已，聚哭明伦堂，琰衰杖擗踊，号泣尽哀。御史谒文庙，犹吉服。琰率诸生责以大义，御史惶悚谢罪去。及南都颁监国诏，而哀诏犹未颁。琰益愤恸，趋古庙自经，为人所解，乃步至胥门，投于河。潞王舟至，拯之出，询其故，嗟叹良久。识琰者掖以归，家人旦夕守，不得死，遂绝粒。寻闻哀诏至，即庭中稽首号恸，并不复言，以六月三日卒。乡人私谥曰潜忠先生。南中赠《五经》博士，祀旌忠祠。

是时诸生殉义者，京师则曹肃、蔺卫卿、周说、李汝翼，大同则李若葵，金坛则王明灏，丹阳则王介休，鸡泽则殷渊，肥乡则宋汤齐、郭珩、王拱辰。

肃，曾祖子登，仕为甘肃巡抚。贼入，肃与祖母姜、母张、嫂李及弟持敏、妹持顺、弟妇邓并自缢。卫卿止一幼女，托其友，亦自缢。说被执，骂贼，不屈死。汝翼，布政使本纬子，亦骂贼，被磔死。若葵，与亲属九人皆自缢，题曰“一门完节”。明灏闻变，日夕恸哭，家人解慰之。托故走二十里外，投水死。介休，不食七日死。

渊，字促弘。父大白，官监军副使，为杨嗣昌所杀。渊负奇气，从父兵间，善技击，尝欲报父仇。及贼破鸡泽，谋起兵恢复。俄闻京师陷，即同诸生黄祐等悲号发丧，约山中壮士，诛贼所置官。伪令秦植踉跄走，乃入城，行哭临礼，义声大震。为奸人所乘，被杀，远近悼之。汤齐、珩、拱辰亦起兵讨贼，为贼将张汝行所害。

王乔栋，雄县人。举进士，授朝邑知县。县人王之寀为魏忠贤党所恶，坐以赃，下乔栋严征。乔栋不忍，封印于库而去。巡抚怒，将劾之。士民拥署号呼，乃止。崇祯初，起顺天教授，累迁湖广参政。

楚中大乱,诸道监司多不至,乔栋兼缉数篆。乙酉夏,李自成据武昌,乔栋时驻兴国州。城为贼陷,自经城楼上。

张继孟,字伯功,扶风人。万历末年进士。知潍县。天启三年擢南京御史,未出都,奏筹边六事,末言己被抑南台,由钱神世界,公道无权,宜严禁馈遗。帝令实指,继孟以风闻对,诏诘责之。左都御史赵南星言:"今天下进士重而举贡轻,京官重而外官轻,在北之科道重而南都轻。乞因继孟言,思偏重之弊。敕下吏部极力挽回,于用人不为无补。"于是忌者咸指目继孟为东林。寻以不建魏忠贤祠,斥为邪党,削夺归。

崇祯二年起故官,上言:

近见冢臣王永光"人言踵至"一疏,语语谬戾。其曰"惠世扬等借题当议"。夫云借者,无其事而借名也。世扬与杨涟、左光斗同事同心,但未同死耳。今杨、左业有定议,世扬方昭揭于天下后世,奈何以借名之,谬一。

又曰"高捷、史䜣发奸已验,特用宜先"。夫捷、䜣之纠刘鸿训也,为杨维垣等报仇耳。鸿训辅政,止此一事快人意。其后获罪以纳贿,非以捷、䜣劾也。今指护奸者为发奸,谬二。

又曰:"诸臣所拥戴者,钱谦益、李腾芳、孙慎行"。夫谦益本末,陛下近亦洞然。至腾芳、慎行,天下共推服。会推之时,永光身主其议。乃指公论为拥戴,谬三。

又曰"欲诸臣疏一面网,息天下朋党之局"。信斯言也,则部议漏张文熙等数十人,是为疏网,而陛下严核议罪,反开朋党之局乎? 谬四。

且永光先为御史李应昇所纠,今又为御史马孟正、徐尚勋等所论。而推毂永光者先为崔呈秀、徐大化,今则霍维华、杨维垣、张文熙,其贤不肖可知矣。

后又劾南京兵部尚书胡应台贪污。帝并不纳。永光深疾之,出为广西知府。土酋普名声久乱未靖,继孟设计烛之,一方遂安。稍迁浙江盐运使，忤视盐内官崔璘，左迁保宁知府。寻进副使，分巡川西。

十七年八月，张献忠寇成都，与陈其赤、张孔教、郑安民、方尧相等佐巡抚龙文光协守，城陷被执。献忠僭帝号，欲用诸人备百官。继孟等不为屈，乃被杀，妻贾从之。

其赤，字石文，崇仁人。崇祯元年进士。历兵备副使，辖成都。城陷，投百花潭死。家人同死者四十余人。

孔教，字鲁生，会稽人。举于乡，历四川金事，不屈死。子以衡，奉母孔南窜，匿不使知。逾年母诣以衡书室，见副使周梦尹请孔教恤典疏，陨绝，骂以衡曰："父死二载，我尚偷生，使我无颜见汝父地下！"遂取刀断喉死。

安民，浙江贡生，历蜀府左长史。贼围成都，分守南城，城陷，不屈死。

尧相，字绍虞，黄冈人。官成都同知，监纪军事，兵食不足，泣请于蜀王，王不允，自投于池，以救免。次日城陷，被杀于万里桥下。总兵刘佳胤亦尽节。

刘士斗，字瞻甫，南海人。崇祯四年进士。知太仓州，有政声。忤上官，中计典，谪江西按察司知事，擢成都推官。十六年，御史刘之勃荐为建昌兵备金事。明年八月，贼将入境，之勃促之行。士斗曰："安危生死与公共，复何往？"城陷被执，见之勃与张献忠语，大呼曰："此贼也，公不可少屈！"献忠怒，命捽以上，士斗又返顾之勃，语如前，遂阖门被杀。

同时，沈云祚，字子凌，太仓人。崇祯十三年进士。知华阳县。有奸民为猺、黄贼耳目，设策捕戮之。贼破夔门，成都大震，云祚走谒蜀王，陈守御策，不听。闻内江王至渌贤，往说之曰："成都危在旦夕，而王府货财山积，不及今募士杀贼，疆场沦丧，谁为王守？"至渌言于王，不听。贼迫成都，王始出财佐军，已无及。城陷，献忠欲用之，幽之大慈寺，而遣其党馈食，以刃胁降，不屈，遂遇害。

王励精，蒲城人。崇祯中，由选贡生授广西府通判，仁恕善折狱。岁凶，毁银带易粟，减价粜。富人闻之，争出粟，价遂平。迁崇庆知州，多善政。

十七年，张献忠陷成都，州人惊窜。励精朝服北面拜，又西向拜父母，从容操笔书文信国“成仁取义”四语于壁，登楼缚利刃柱间，而置火药楼下，危坐以俟。俄闻贼骑渡江，即命举火，火发，触刃贯胸而死。贼叹其忠，敛葬之。其墨迹久逾新，涤之不灭。后二十余年，州人建祠奉祀，祀甫毕，壁即颓，远近叹异。

先是，十三年贼犯仁寿，知县鄱阳刘三策拒守，城陷不屈死，赠尚宝司丞。及是再陷，知县顾绳贻遇害。贼陷郫县，主簿山阴赵嘉炜守都江堰，贼诱降，不从，投江死。陷绵竹，典史卜大经与其仆俱缢死，乡官户部郎中刁化神亦死之。

他若荣县知县汉阳秦民汤、莆田知县江夏朱蕴罗、兴文知县汉川艾吾鼎、南部知县郑梦眉、中江教谕摄剑州事单之宾，皆殉难。梦眉夫妇并缢。蕴罗、吾鼎阖家被难。宗室朱奉钟，由进士历御史，劾督师丁启睿诸疏，为时所称。时里居，并及于难。

尹伸，字子求，宜宾人。万历二十六年进士。授承天推官。屡迁南京兵部郎中、西安知府、陕西提学副使、苏松兵备参政。公廉强直，不事娖阿，三任皆投劾去。天启时，起故官，分守贵州威清道。贵阳围解，巡抚王三善将深入，伸颇赞之，监军西征。三善败殁，伸突围归，坐夺官，戴罪办贼。四年，贼围普安，伸赴援，贼解去，遂移驻其地。贼复来攻，率参将范邦雄破走之，逐北至三岔河。总督蔡复一上其功，免戴罪，贬一秩视事。

崇祯五年，历河南右布政使，以失御流贼，罢归。伸所至与长吏迕，然待人有始终，笃分义，工诗善书，日课楷书五百字，寒暑不辍。张献忠陷叙州，匿山中，搜得之，骂不肯行。贼重其名，不杀。至井研，骂益厉，遂攒杀之。福王时，起太常卿，伸已先死。

蜀中士大夫在籍死难者，成都则云南按察使庄祖诰，广元则户科给事中吴宇英，资县则工部主事蔡如蕙，郫县则举人江腾龙。而安岳进士王起峨、渠县礼部员外郎李含乙，皆举义兵讨贼，不克死。

高其勋，字懋功。初袭千户，后举武乡试，为黔国公标下中军。吾必奎反，擢参将，守御武定。及沙定洲再反，分兵来攻。固守月余，城陷，衣冠望北拜，服毒死。

时有陈正者，世为大理卫指挥，未嗣职。沙贼陷城，督众巷战，手馘数贼而死。

王承宪者，袭祖职为楚雄卫指挥，擢游击，为副使杨畏知前锋。定洲来攻，凡守御备悉，畏知深倚之。贼去复至，承宪偕土官那篇等出城冲击，贼皆披靡，俄为流矢所中死。弟承琪力战死，一军尽殁。

贼进围大理时，太和县丞王士杰佐上官毕力捍御，城陷，死城上。同死者，大理府教授段见锦、经历杨明盛及子一甲、司狱魏崇治。而故永昌府同知萧时显，解任，以道阻，寓居大理，亦自经。

士人同死者，举人则高拱极投池死，杨士俊同母妻妹自焚死。诸生则尹梦旗、梦符、冯大成倡义助守，骂贼死，杨宪偕妻女、子妇、侄女、孙女、弟妇一门自焚死。杨愍既死复苏，妻竟死。人称太和节义为独盛云。

单国祚者，会稽人，为通海典史。城陷，握印坐堂上，骂贼被杀，印犹在握。县人葬之诸葛山下。

张耀，字融我，三原人。万历中，举于乡。知闻喜县，慈惠抚民，民为立祠。崇祯中，历官贵州布政使。张献忠死，其部将孙可望、李定国等率众奔贵州。耀急言于巡抚，请发兵民守御，巡抚以众寡不敌难之。俄，贼众奄至，耀率家众乘城拒击。城陷被执，贼帅与耀皆秦人，说之曰：“公若降，当用为相。”耀怒詈不屈，贼执其妾媵怵之曰：“降则免一家死。”耀詈益甚，贼杀之，并其家属十三人。

时乡官吴子骐、刘琯、杨元瀛等率乡兵败贼，贼来益众，战败被执，俱不屈死。

子骐，字九逵，贵阳人。万历中，举于乡，知兴宁县。天启时，安邦彦围贵阳，子骐以母在城内，仓皇弃官归。崇祯十年，蛮贼阿乌谜叛，陷大方城，逐守将。总督朱燮元属子骐诣六广，走书召诸目，晓以利害，果乞降。燮元上其功，优旨奖赏。

琯户部主事，元瀛府同知，并起家乡举。同时谭先哲，平坝卫人，子骐同年生也。官户部郎中。贼陷其城，与里人石声和皆阖家殉难。声和，天启中，举于乡，官宁前兵备参议。

有顾人龙者，定番州人，尝出仕，解职家居。流贼来犯，率士民拒守，杀贼甚众。城破，大骂而死。可望寇安平，佥事临川曾益集众拒守，城陷死之。

曾异撰，荣昌人。举于乡，知永宁州。可望既陷贵州，将长驱入云南。异撰与其客江津进士程玉成、贡生龚茂勋谋曰："州据盘江天险，控扼滇、黔，弃之不守，事不可为矣。"遂集众登陴守，城陷，自焚死。

米寿图，宛平人。崇祯中，由举人知新乡县。土寇来犯，督吏民破走之，斩首千二百余级。以治行征授南京御史。

十五年四月，极论监军张若骐罪，言："若骐本不谙军旅，谄附杨嗣昌，遂由刑曹调职方。督臣洪承畴孤军远出，若骐任意指挥，视封疆如儿戏。虚报大捷，躐光禄卿，冒功罔上，恃乡人谢陞为内援。陞奸险小人，非与若骐骈斩，何以慰九庙之灵。"会廷臣多纠若骐，遂论死，陞亦除名。初，嗣昌倡练兵之议，扰民特甚。寿图疏陈十害，又言："往时督抚多用京卿，今封疆不靖，遇卿贰则争先，推督抚则引避。宜严加甄别，内外兼补。"因劾偏沅巡抚陈睿谟、广西巡抚林赞贪黩。帝纳其言。

十七年五月，福王立，马士英荐用阮大铖，寿图论劾。七月，出按四川。时川地已为张献忠所据，命吏部简堪任监司守令者从寿图西行。至则与督师王应熊、总督樊一蘅等联络诸将，号召远近，渐复川南郡县。

唐王立，擢右佥都御史，巡抚贵州。大清顺治四年，献忠遗党孙可望等陷贵阳，寿图出奔沅州。十一年，沅州亦陷，寿图死之。

耿廷箓，临安河西人。天启四年举于乡。崇祯中，知耀州，有能声。十五年夏，疏陈时政，言："将多不若将良，兵多不若兵练，饷多不若饷核。"又言："诸臣恩怨当忘，廉耻当励。小怨必报，何不大用于断头饮血之元凶；私恩必酬，何不广用于鹄面鸠形之赤子。"优旨褒纳。擢山西佥事，改监宣府军。

十七年，京师陷，走南都。十一月，以张献忠乱四川，命加太仆少卿，赴云南监沙定洲军，由建昌入川讨贼。明年三月，四川巡抚马乾罢，即拜廷箓右佥都御史代之。未赴，而定洲作乱，蜀地亦尽失，遂止不行。后李定国掠临安，过河西，廷箓闻之赴水死。妻杨被执，亦不屈死。

马乾者，昆明人。举崇祯六年乡试，为四川广安知州。夔州告警，巡抚邵捷春檄乾摄府事。张献忠攻围二十余日，固守不下。督师杨嗣昌兵至，围始解。擢川东兵备佥事。成都陷，巡抚龙文光死，蜀人共推乾摄巡抚事。贼陷重庆，留其将刘廷举戍守。乾击走之，复其城。督师王应熊劾乾淫掠，夺职提讯。会蜀地大乱，诏命不至，乾行事如故。乃传檄远近，协力讨贼。廷举既败去，贼遣刘文秀等以数万众来攻，乾固守。曾英等援兵至，贼败还。及献忠死，其党孙可望等南奔，大清兵追至重庆，乾战败而死。

席上珍，姚安人。崇祯中，举于乡。磊落尚节义，闻孙可望、李定国等入云南，与姚州知州何思、大姚举人金世鼎据姚安城拒守。可望遣张虎攻陷之，世鼎自杀，上珍、思被执至昆明。可望呵之，上珍厉声曰："我大明忠臣，肯为若屈耶！"可望怒，命引出斩之，大骂不绝，遂磔于市。思亦不屈死。

有孔师程者，昆明人，以从军得官。至是纠合晋宁、呈贡诸州县，起兵拒贼。定国率众奄至，师程遁，晋宁知州石阡冷阳春、呈贡知县嘉兴夏祖训并死之。晋宁举人段伯美，诸生余继善、耿希哲助阳春城守，亦殉难。

贼陷富民，贡生李开芳妻及二子俱赴井死。开芳走至松花坝自经，其友王朝贺掩埋讫，亦自经。在籍知县陈昌裔不受伪职，为贼杖死。

楚雄举人杜天祯，初佐杨畏知拒沙贼，频有功。后畏知督兵击可望败绩，天祯闻之即自尽。

临安之陷，进士廖履亨赴水死。

徐道兴，睢州人。崇祯末，官云南都司经历，署师宗州事，廉洁爱民。孙可望等入云南，破曲靖。巡按罗国瓛方按部其地，与知府焦润生被执。可望欲降之，国瓛不屈，携至昆明，自焚死。润生亦不屈死。

道兴见贼逼，集士民谕之曰："力薄兵寡，不能抗贼，吾死分也。若等可速去。"民请偕行，道兴厉声曰："封疆之臣死封疆，吾将安之！"众雨泣辞去。舍中止一仆，出俸金二锭授之曰："一以赐汝，一买棺敛我。"仆大哭，请从死。道兴曰："尔死，谁收吾骨？"仆叩头号泣乃去。及贼入署，令出迎其将。道兴大骂，掷酒杯击之，骂不绝口，遂被杀。

国瓛，嘉定州人，崇祯十六年进士。润生，修撰竑子。同时张朝纲，广通人，由贡生授浑源州同知，解职归。可望等兵至，与其妻冯并缢死，子诸生耀葬亲讫，亦缢死。

刘廷标，字霞起，上杭人。王运开，字子朗，夹江人。廷标由贡生历永昌府通判。运开举于乡，授永昌推官。

沙定洲之乱，黔国公沐天波走永昌。及孙可望等入云南，驰檄谕天波降。时运开摄监司事，廷标摄府事，方发兵守澜沧，而天波将遣子纳款，谕两人以印往。两人坚不予，各遣家人走腾越。永昌士民闻贼所至屠戮，号泣请运开纳款纾祸，运开不可，慰遣之。又诣廷标,廷标亦不可,众大哭。廷标取毒酒将饮,乃散去。两人相谓曰:"众情如此,吾辈惟一死自靖耳。"是夕,运开先自经。廷标闻之曰:"我老当先死,王乃先我。"遂沐浴,赋诗三章,亦自经。两家子弟自腾越来奔丧,厝毕复返。

　　可望等重两人死节,求其后,或以运开弟运阂对,即聘之。行至潞江,谓其仆曰:"吾兄弟可异趣耶!吾死,若收吾骨与兄合葬。"遂跃入江死。

明史卷二九六
列传第一八四

孝义一

郑濂 王澄　　徐允让 石永寿　　钱瑛
曾鼎　姚玭　邱铎 李茂　崔敏 刘镐
顾琇　周琬　虞宗济等　伍洪 刘文焕
朱煦 危贞昉　刘谨　李德成
沈德四　谢定住 包实夫　苏奎章　权谨
赵绅 向化　陆尚质　麴祥

　　孝弟之行，虽曰天性，岂不赖有教化哉。自圣贤之道明，谊辟英
君莫不汲汲以厚人伦、敦行义，为正风俗之首务。旌劝之典，贲于闾
阎，下逮委巷。布衣之甿、匹夫匹妇、儿童稚弱之微贱，行修于闺闼
之中，而名显于朝廷之上。观其至性所激，感天地，动神明，水不能
濡，火不能爇，猛兽不能害，山川不能阻，名留天壤，行卓古今，足以
扶树道教，敦厉末俗，纲常由之不泯，气化赖以难持。是以君子尚
之，王政先焉。至或刑政失平，复仇泄忿，或遭时不造，荒盗流离，誓
九死以不回，冒白刃而弗顾。时则有司之辜，民牧之咎，为民上者，
当为之恻然动念。故史氏志忠孝义烈之行，如恐弗及，非徒以发侧
陋之幽光，亦以觇世变，昭法戒焉。

　　明太祖诏举孝弟力田之士，又令府州县正官以礼遣孝廉士至京师。百官闻父母丧，不待报，得去官。割股卧冰，伤生有禁。其后遇国家覃恩海内，辄以诏书从事。有司上礼部请旌者，岁不乏人，多者十数。激劝之道，綦云备矣。实录所载，莫可殚述，今采其尤者辑为传。余援《唐书》例，胪其姓氏如左。

　　其事亲尽孝，或万里寻亲，或三年庐墓，或闻丧殒命，或负骨还乡者，洪武时，则有丽水祝昆，上元徐真童、李某女，龙江卫丁歪头，怀宁曹镛、镛妻王氏，徐州王僧儿，广德姚观寿，广武卫陈礼关，桃源张注，江浦张二女胜奴，上海沈德，溧阳史以仁，丹徒唐川，邳州李英，北平东安王重，遵化张拾，保定顾仲礼，乐亭杜仁义妻韩氏，昌平刘驴儿，保定新城王兴，祁阳郝安童，山东宁海姜瑜，汶上侯昱，孟县李德，巩县给事中魏敏，登封王中，舞阳周炳，临桂李文选。而钧州张宗鲁以瞽子有孝行，十七年被旌。

　　永乐间，则有大兴王万僧奴，东光回满住，金吾右卫何黑厮，金吾后卫包三，武功中卫蒋小保、周阿狗，锦州卫赵兴祖，旗手卫周来保，大宁前卫滑中，保安卫徐宗贤，羽林前卫孙志，汉府左护卫千户许信男斌，江宁浦阿住、沈得安、严分保，上元冯添孙、邵佛定，上海沈氏妙兰，仪真韩福缘，江阴卫徐佛保，府军卫浦良儿，府军后卫王保儿、潘丑儿，水军右卫黄阿回，广武卫百户刘玉，苏州卫张阿童，广洋卫郑小奴，大河卫朱阿金，兴武卫张彦昇，龙江提举司匠张贵、胡佛保、聂广，永新左兴儿，济阳张思名，泰安张翼，肥城赵让，安邑张普圆，永宁王仕能，阳武刘大，灵宝贺贰，钧州袁节，肤施陈七儿，凤翔梁准。

　　洪熙间，则有江阴赵铉。

　　宣德间，则有庆都边靖，南乐康祥、杨铎，内黄崔克升，江宁张继宗，定远王绸，舒城钱敏，徐州卫张文友，归德卫任贵，浮梁洪信文，堂邑赵岩，汶上马威，翼城刘原真，太康顺孙陈智，钧州杨萹，延安卫指挥王永、安岳、李遇中。

正统间，则有大兴刘怀义，元城谷真，邢台刘镛，献县崔鉴，通州左卫总旗孙雄，昌黎侯显，新乐孙礼，定兴魏整，交河田畯，柏乡张本，归德杨敬，井陉毕鸾，永年杨忠，永清右卫穆弘，武骧左卫成贵，江宁顾旸，舒城吏部主事胡纪、御史王绍，庐江张政，武进胡长宁，徐州金𣇉、王豫，桐城檀郁，归德卫吕仲和，麻城赵说，聊城裴俊，陵县虎贲左卫经历张让，费县葛子成，乐安孙整，冠县陈勉，临清贾贵，郯城郭秉，东平张琛，德州张泰，平阴王福缘，猗氏王约，高平王起孝、太仆丞王璲，介休杨智，兴县郭安，朔州卫吴顺，杞县高朗，太康轩茂良，郑州邢恭，祥符李斌，凤翔石玫，肤施刘友得、张信，邠州郭元，延安卫薛广，兰州吴仕坤。

景泰间，则有成安张宪，威县傅海，邳州岑义，凤阳李忠，徐州朱环，宿州郭兴、李宽，泗州卫蔡兴，龙泉顾佛僧，龙游常州通判徐珙，武昌卫吴绶，靖州卫方观，郓城李逵，朝城王礼，聊城朱举，洛阳昌黎训导阎禹锡。

天顺间，则有宛平龚然胜，迁安蒋盛，永清贾懋，任邱黄文，唐县寇林、大宁指挥张英，平山卫房镇，忠义卫总旗锺通，潼关卫杨顺通、顺素，蒙城汪泉，六合胡琛，合肥高兴、张俊，和州获嘉知县薛良，上元龙景华，杭州姚文、姚得，平湖夔州知府沈琮，金华宗祉，德州尹纶，东昌许通，临汾续凤，绛州陈玺，鄢陵解礼、顺孙张缙，上蔡朱俭，同州侯智，醴泉张琏，西安前卫张轸，延安卫指挥柏英，太和杨宁，金齿卫徐讷。

成化间，则有神机营指挥方荣，太医院生安阳郭本，顺天举人万盛，顺天东安昌乐训导周尚文，武清柳芳，玉田李茂，无极李皑，开州任勉、陈璋、金事侯英及弟侃、副使甘泽，赞皇刘哲，平山光禄署丞李杰，莘县李志及子忱，邢台井澍，丰润马敬，柏乡高明，定州窦文真、王达，平乡张翱、史谏、史谊，永平秦良、朱辉，武平卫成纲、杨昇，隆庆左卫卫瑾，宣府左卫何文玘，潼关卫千户蓝瑄，辽东定辽左卫刘定、东宁卫序班刘鼎，江宁福建参议卢雍，徐州吴友直、路车、张栋，山阳杨旻，顺孙王铉，滁州黄正，长洲朱灏，无锡秦永孚、仲孚，合肥沈諲，六安黄用贤，沭阳支俭，休宁吴仲成，怀宁吴本清，沛县蔡清，归德卫沈忠，杭州右卫金洪，黄岩项茂，富阳何讷，浙江西安锦衣百户郑得，丽水叶伯广，海宁董谦，浙江建德蔡廷璪，奉化陆洪，余干桃源训导张宪，永丰吕盛，晋江史惠，平溪汪浩，江夏傅实、周玺，监利刘祥，湘阴邵敏，东昌张锐，莘县孔昭、赵全，恩县王弘，汶上张鄘，堂邑王懽，阳谷钱道，单县徐洲，聊城王安、孙良，历城湖广布政使王允，曹州黄表、张伦、临清刘端，寿阳吴宗，潞州张伦，大同杨茂、杨瑞、焦鉴，浑源庆都县丞王诚，高平李振民，平阳卫指挥佥事杨辅，安东中屯卫王经，许州何清，汜水张俊，信阳王纲、袁洪，汲县张琛，封邱陈瑛，光州太平通判刘进，罗山王宾，卫辉徐宁，郏县刘济，西平尹冕，新乡王兴，确山刘政，长葛蒙阴训导罗贵，阳武举人萧盛，弘农卫习润，泾阳赵谧、骆森、赵毬，同州张鼎，洋县武全，甘州左卫毛纲，华阴周禄，保安李端，合州陈伯刚，临桂刘本，姚州土官高紫、潼赐。

弘治间，则有大兴钱福，宛平序班夏琮，青县张俸，南和张彪，曲周赵象贤，长垣王鼐，开州甘润、马宗范，蓟州孟振，迁安韩廷玉，元氏王懋，深州王宁，天津卫郑海，武平卫王矩，广宁右卫李周，霍邱徐汝楫，海州定边卫经历徐谧，邳州丁友，怀远徐本忠、刘澄，宣城吴宗周，颍上王翊，凤阳卫张全，凤阳张钦、王澄，嘉定县沈辅、沈理，昆山徐协祥，丰县周潭，徐州权宇、杨辅，绩溪许钦，英山段弘仁，六安张时厚，萧县唐鸾、南杰，钱塘朱昌，仁和陈璋、璋妻钱氏，余姚黄济之，桐庐王瑁，江西乐安谢绅，南昌左卫黄琏，安福刘珍，丰城余寿，湖广宁乡同知刘端，湘阴甘准，祁阳张机，闽县高惟一，龙溪王彝，济南序班谷珍，莘县白溥，邹平辛恕，堂邑李尚质，益都冀琮，文登致仕县丞刘鉴，临清王祐，宁海州卜怀，陵川徐河、徐瑛，平遥赵澄，泽州宋甫、裴春、举人李用，兴县白好古，解州李锦，阳曲薛敬，榆次赵复性，屯留卫李清，仪封谢钦，祥符陈铠、周府仪宾史经，西平张文佐，河南唐县李扩，登封王祺，嵩县杜端，裕州刘宗周，阌乡薛璋，洛阳护卫军余章瀚，钧州陈希全，新郑张遂，郏县黄锦，咸宁举人杨时敷,泾阳熊玻、张宪,陇西李琦,甘州后卫徐行,博罗何宇新,云南荗城李锦及子泽、泽子柄,太和杨谪仙,靖安陈伯瑄及子恩。

正德间,则有高邑湘潭驿丞董玹,藁城刘强,定州赵鹏,吴桥段兴,直隶新城李瑟,沙河王得时,青阳李希仁,永康归德训导应刚,进贤赵氏郡珍,宜春易直,善化陈大用,湘阴苏纯,侯官黄文会,邵武谢思,长山许嗣聪,聊城梁瑾,曲阜孔承夏,日照张旻,临汾李大经及子承芳,新郑王科,薄城雷瑜,嵩明陈大韶。

嘉靖以后,国史不详载,姓名所可考者,嘉靖间,则有直隶赵进、黄流、张节,冀州王国臣,六安顺孙李九畴,望江顺孙龙涌,太湖吕腆,沛县杨冕,颍上王敷政,华亭徐亿,浙江龚昷、王晃、孙堪、楼阶、邱叙、吴爋,江西余冠雄、曾柏,福建吴毓嘉、孙炳、邱子能,莆田举人方重杰,山东宫守礼、王选,河南冯金玉、刘一魁,信阳赵谟,孝妇韩氏、安氏,杞县边云鹳,陕西黄骥、张琛、李宝,环县赵璋,新会容璠,四川李应麒,嘉定州举人王表,禄丰唐文炳、文蔚,蒙化举人范运吉、黄岩。又有旌表天下孝子鲍灿、陆爻、徐亿等,俱轶其乡里。

隆庆间,则有大兴李彪,静海周一念、周斐,迁安杨腾,松江举人冯行可,新乡张登元,兴业何世锦,崇善何程。

万历间,则有直隶韩锡,深州林基,井陉张民望,清丰侯灿,河间吴应奎,平山举人邢云衢,邳州张缜,直隶华亭杨应祈、高承顺,太湖顾槐,盱眙蒋胪,六安何金,遂安毛存元,江西余钥、徐信,都昌曹珊,万安刘静,新建樊微、舒泰,会昌欧于复,鄱阳李岐,奉新周勃,南昌曹必和,湖广贾应进,光化蔡玉、蔡佩,黄冈唐治,浦城徐彪,泉州训导王熺及熺子文昇,晋江韦起宗,山东马致远,冠县申一琴、一攀,岳阳王应科,河南侯鹤龄,归德贾洙,密县陈邦宠,舞阳杨愈光,汜水王谦,淅川刘待徵,陕西刘爕,泾阳韩汝复,宁州周大贤,成都后卫杨茂勋,井研曾海,大姚金鲤,蒙化范润,四川孝女解氏。又有马锦、张浩、杜惠、孝女杨氏等,不详邑里。

天启间，则有安州邵桂，枣强先自正，晋州张兰，高邑孙乔，上海张秉介，高淳葛至学，旌德江景宗，山阳张致中，歙县吴荣让、孝童女胡之宪、玉娥，慈谿冯象临，吉水郭元达，宜春锺名扬，峡江黄国宾，临川傅合，万载彭梦瑞，南康杨可幸，万安罗应赍，江西乐安曹希和，安福孝妇王三重妻谢氏，孝感施文星，福建李跃龙，瓯宁陈荣，晋江邱应宾，浦城吴昂，禹城给事中杨士衡，泰安范希贤，曹县王治宁，曲阜孔弘传，德州纪绍尧，闻喜张学孔，陈州郭一肖，虞城吕桂芳，浙川何大缙，华州孙绳祖，梁山李资孝，又有王锡光不详邑里。

崇祯间，则有应天王之卿，故城李华先，仁和沈尚志，江西王之范，福建吴宗烜，山东朱文龙，忻州赵裕心，稷山举人史宗禹，淳化高起凤，云南赵文宿。又有王宅中、任万库、武世捷、孔维章、浦某、褚咸、孙良辅等，不详邑里。皆以孝行旌其门。

其同居敦睦者，则有洪武时龙游夏文昭，四世同居。成化间，霸州秦贵，建德何永敬，蒲圻李玘，句容戴睿，饶阳耿宽，俱七世同居，石首王宗义五世同爨，宿迁张宾八世同爨，安东苏勒、潞城韩锦、李昇，永州唐汝贤，丰城刘志清，俱六世同居。弘治间，密云李琚，合肥郑元，陵川徐梁，安东朱勇，五世同居。庆都黄锺，定边卫韩鹏，俱六世同居，孝感程昂七世同居，泰州王玉八世同爨。正德间，山阳丁震五世同居。嘉靖间，石伟十一世同居，遂安毛彦恭六世同居。万历间，萧梅七世同居。滁州卢守一，长治仇大，六世同居，先后得节烈贞女二十三人。太平杨乙六累世同居。天启间，南城吴焕八世同居。皆旌曰义门。

其输财助官振济者，则有正统间千户胡文郁，训术李炳，训科刘文胜，吉安胡有初、谢子宽，浮梁范孔孙，榆次于敏，邠州巩得海、岑仲晖、高兴、叶旺、高宗泰，沭阳葛祯，清河王仲英，山阳鲍越，怀还廖冠平、张简，石州张雷，淮安梁辟、李成、俞胜、徐成，潞州李廷玉，罗山王必通，溧阳陆旺，余干舒彦祥，温州李伦、邹有真，四安何仕能、王清。景泰间，江阴陈安常。天顺间，潮阳郭吾，太原栗仲仁、代州李斌。弘治中，归善吴宗益、宗义及宗义子璋。隆庆间，永宁王洁、胥瓒。万历间，少卿吴炯，浙江董钦等，临清张氏，江西胡士琇、丁果、娄世洁、黎金球，山西孙光勋、高自修，亳州李文明，顺义杨惟孝。天启间，南城吴焕。崇祯间，席本桢等。皆旌为义门，或赐玺书褒劳。

郑濂，字仲德，浦江人。其家累世同居，几三百年。七世祖绮，载《宋史·孝义传》。六传至文嗣，旌为义门，载《元史·孝友传》。弟文融，字太和，部使者余阙表为东浙第一家。郑氏家法，代以一人主家政。文融卒，嗣子钦继之，尝刺血疗本生父疾。钦卒，弟钜继。钜卒，弟铭当主家政，以兄子渭宗子也，相让久之，始受事。铭受业于吴莱。铭卒，弟铉继。父丧，恸哭三日，发须尽白。元末兵起，大将数入其境，相戒无犯义门。枢密判官阿鲁灰军夺民财，铉以利害折之，引去。明兵临婺州，铉挈家避，右丞李文忠为扃钥其家，而遣兵护之归。至正中卒，渭继。渭卒，弟濂继。

濂受知于太祖，昆弟由是显。濂以赋长诣京师，太祖问治家长久之道。对曰："谨守祖训，不听妇言。"帝称善，赐之果，濂拜赐怀归，剖分家人。帝闻嘉叹，欲官之，以老辞。

时富室多以罪倾宗，而郑氏数千指独完。会胡惟庸以罪诛，有诉郑氏交通者，吏捕之，兄弟六人争欲行，濂弟湜竟往。时濂在京师，迎谓曰："吾居长，当任罪。"湜曰："兄年老，吾自往辨。"二人争入狱。太祖召见曰："有人如此，肯从人为逆耶？"宥之，立擢湜为左参议，命举所知。湜举同郡王应等五人，皆授参议。湜，字仲持，居官有政声。南靖民为乱，讹误者数百家，湜言于诸将，尽释免。居一岁，入觐，卒于京。

十九年，濂坐事当逮，从弟洧曰："吾家称义门，先世有兄代弟死者，吾可不代兄死乎？"诣吏自诬服，斩于市。洧，字仲宗，受业于宋濂，有学行，乡人哀之，私谥贞义处士。

濂卒，弟溁继。二十六年，东宫缺官，命廷臣举孝弟敦行者，众以郑氏对。太祖曰："其里王氏亦仿郑氏家法。"乃徵两家子弟年三十上者，悉赴京，擢濂弟济与王懃为春坊左、右庶子。后又徵濂弟沂，自白衣擢礼部尚书，年余，致仕。永乐元年入朝，留为故官。未几，复谢去。濂从子干官御史，棠官检讨。他得官者复数人，郑氏愈显。济、棠皆学于宋濂，有文行。

初，溁尝仕元，为浙江行省宣使，主家政数年。建文帝表其门，溁朝谢，御书"孝义家"三字赐之。燕兵既入，有告建文帝匿其家者，遣人索之。溁家厅事中，列十大柜，五贮经史，五贮兵器备不虞。使者至，所发皆经史，置其半不启，乃免于祸，人以为至行所感云。成化十年，有司奏郑永朝世敦行义，复旌以孝义之门。

自文融至溁，皆以笃行著。文融著《家范》三卷，凡五十八则，子钦增七十则，从子铉又增九十二则，至濂弟涛与从弟泳、澳、湜，白于兄濂、源，共相损益，定为一百六十八则，刊行焉。

王澄，字德辉，亦浦江人。岁俭，出粟贷人，不取其息。有鬻产者，必增直以足之。慕义门郑氏风，将终，集子孙诲之曰："汝曹能合食同居如郑氏，吾死目瞑矣。"子孙咸拜受教。澄生三子：子觉、子麟、子伟，克承父志。子觉生应，即为郑湜所举擢参议者。子伟生懃，即与郑济并擢庶子者。义门王氏之名，遂埒郑氏。

又有王煮者。蕲水人，七世同居，一家二百余口，人无间言。洪武九年十一月，诏旌为孝义之门。

徐允让，浙江山阴人。元末，贼起，奉父安，走避山谷间。遇贼，欲斫安颈。允让大呼曰："宁杀我，勿杀我父！"贼遂舍安，杀允让。将辱其妻潘，潘绐曰："吾夫已死，从汝必矣。若能焚吾夫，则无憾也。"贼许之，潘聚薪焚夫，投烈焰中死。贼惊叹去，安获全。洪武十六年，夫妇并旌。

同时石永寿者，新昌人。负老父避贼，贼执其父将杀之，号泣请代,贼杀永寿而去。

钱瑛,字可大,吉水人。生八月而孤,年十三能应秋试。及长,值元季乱,奉祖本和及母避难,历五六年。遇贼,缚本和,瑛奔救,并缚之。本和哀告贳其孙,瑛泣请代不已,贼怜而两释之。时瑛母亦被执,瑛妻张从伏莽中窥见,即趋出,谓贼曰:"姑老矣,请缚我。"贼从之,既就缚,掷中鞋与姑,诀曰:"妇无用此矣。"且行且睨姑,稍还即骂贼不肯行。贼持之急,骂益厉,贼怒,攒刃刺杀之。事定,有司知瑛贤,凡三荐,并以亲老辞。子遂志成进士,官山东佥事。

同时曾鼎,字元友,泰和人。祖怀可、父思立,并有学行。元末,鼎奉母避贼。母被执,鼎跪而泣请代。贼怒,将杀母,鼎号呼以身翼蔽,伤顶肩及足,控母不舍。贼魁继至,悯之,携其母子入营疗治,获愈。行省闻其贤,辟为濂溪书院山长。洪武三年,知县郝思让辟教设学。鼎好学能诗,兼工八分及邵子数学。

姚玭,松江人。元至正中,苗帅杨完者兵入境。奉母避于野,阻河不可渡。母泣曰:"兵至,吾誓不受辱。"遂沉于水。玭急投水救之,负母而出。已,数遇盗,中矢,玭佯死伏尸间以免,乃奉母过湖、淮。后母疾,思食鱼,暮夜无从得,家养一乌,忽飞去,攫鱼以归。洪武初,行省闻其贤,辟之,以亲老不就。

邱铎,字文振,祥符人。元末,父为湖广儒学提举。值兵乱,铎奉父母播迁,卖药供甘旨。母卒,哀恸几绝。葬鸣凤山,结庐墓侧,朝夕上食如生时。当寒夜月黑,悲风萧瑟,铎辄绕墓号曰:"儿在斯!儿在斯!"山深多虎,闻铎哭声避去。时称真孝子。铎初避寇庆元,从祖父母居故乡者八人,贫不能自存,铎悉迎养之。有姑年十八,夫亡守节,铎养之终身。

后有李茂者,澄城诸生也。母患恶疮,茂日吮脓血,夜则叩天祈代。及卒,结庐墓旁,朝夕悲泣。天大雨,惧冲其墓,伏墓而哭,雨止乃已。父卒，庐墓如之。成化二年旌。二子表、森，森为国子生。茂卒，兄弟同庐于墓。弘治五年旌。表子俊亦国子生，表卒，俊方弱冠，庐墓终丧。母卒，亦如初。正德四年旌。

崔敏，字好学，襄陵人。生四十日，其父仕元为绵竹尹，父子隔绝者三十年。敏依母兄以居。元季寇乱，母及兄俱相失。乱定，入陕寻母不得。由陕入川，抵绵竹，求父冢，无知者。复还陕，访诸亲故，始知父殡所在，乃启攒负骸归。时称崔孝子。

同时刘镐，江西龙泉人。父允中，洪武五年举人，官凭祥巡检，卒于任。镐以道远家贫，不能返柩，居常悲泣。父友怜之，言于广西监司，聘为临桂训导。寻假公事赴凭祥，莫知葬处。镐昼夜环哭，一苍头故从其父，已转入交阯。忽墓至，若有凭之者，因得冢所在。刺血验之良是，乃负归葬。

有顾琇者，字季粟，吴县人。洪武初，父充军凤翔，母随行，留琇守丘墓。越六年，母殁。琇奔赴，负母骨行数千里，寝则悬之屋梁，涉则戴之于顶。父释归卒。水浆不入口五日，不胜丧而死。

周琬，江宁人。洪武时，父为滁州牧，坐罪论死。琬年十六，叩阍请代。帝疑受人教，命斩之，琬颜色不变。帝异之，命宥父死，谪戍边。琬复请曰："戍与斩，均死尔。父死，子安用生为，愿就死以赎父戍。"帝复怒，命缚赴市曹，琬色甚喜。帝察其诚，即赦之，亲题御屏曰"孝子周琬"。寻授兵科给事中。

同时子代父死者，更有虞宗济、胡刚、陈圭。宗济，字思训，常熟人。父兄并有罪，吏将逮治。宗济谓兄曰："事涉徭役，国法严，往必死。父老矣，兄冢嗣，且未有后，我幸产儿，可代死。"乃挺身诣吏，白父兄无所预。吏疑而讯之，悉自引伏。洪武四年竟斩于市，年二十二。刚，浙江新昌人。洪武初，父谪役泗上，以逃亡当死，敕驸马都尉梅殷监刑。刚时方走省，立河上俟渡。闻之，即解衣泅水而往，哀号泣代。殷悯之，奏闻，诏宥其父，并宥同罪者八十二人。圭，黄岩人。父为仇人所讦当死，圭诣阙上章曰："臣为子不能谏父，致陷不义，罪当死，乞原父使自新。"帝大喜曰："不谓今日有此孝子，宜赦其父，俟四方朝觐官至，播告之，以风励天下。"刑部尚书开济奏曰："罪有常刑，不宜屈法开侥幸路。"乃听圭代，而戍其父云南。

十七年，左都御史詹徽奏言："太平府民有殴孕妇至死者，罪当绞，其子请代。"章下大理卿邹俊议，曰："子代父死，情固可嘉。然死妇系二人之命，冤曷由申；犯人当二死之条，律何可贷。与其存犯法之父，孰若全无罪之儿。"诏从其议。

伍洪，字伯宏，安福人。洪武四年进士。授绩溪主簿，擢上元知县。丁外艰，服除，以母老不复仕。推资产与诸弟，而己独隐居养母。有异母弟得罪逃，使者捕弗获，执其母，洪哭诉求代。母曰："汝往必死，莫若吾自当之。"洪曰："安有子在而累母者。"遂行，竟死于市。

时有刘文焕者，广济人。与兄文辉运粮愆期，当死。兄以长坐，文焕诣吏请代，叩头流血。所司上其状，命宥之，则兄已死矣。太祖特书"义民"二字奖之。

时京师有兄坐法，两弟各自缚请代。太祖遣使问故，同词对曰："臣少失父，非兄无以至今日。兄当死，弟安敢爱其生。"帝阳许之，而戒行刑者曰："有难色者杀之，否则奏闻。"两人皆引颈就刃，帝大嗟异，欲并其兄贳之。左都御史詹徽持不可，卒杀其兄。

朱煦，仙居人。父季用，为福州知府。洪武十八年，诏尽逮天下积岁官吏为民害者，赴京师筑城。季用居官仅五月，亦被逮。病不能堪，谓煦曰："吾办一死耳，汝第收吾骨归葬。"煦惶惧不敢顷刻离。时诉枉令严，诉而戍极边者三人，抵极刑者四人矣。煦奋曰："诉不诉，等死耳，万一父缘诉护免，即戮死无恨。"即具状叩阙。太祖悯其意，赦季用，复其官。

有危贞昉者，字孟阳，临海诸生。父孝先，洪武四年进士。官陵川县丞，坐法输作江浦。贞昉诣阙上疏曰："臣父绖，吏议输作，筋力向衰,不任劳苦。而大母年逾九十,恐染霜露之疾,贻臣父终天之恨。臣犬马齿方壮,愿代父作劳,俾父获归养,死且不朽。"诏从之。贞昉力作不胜劳,阅七月病卒。

刘谨,浙江山阴人。洪武中,父坐法戍云南。谨方六岁,问家人"云南何在?"家人以西南指之,辄朝夕向之拜。年十四,矍然曰:"云南虽万里,天下岂有无父之子哉!"奋身而往,阅六月抵其地,遇父于逆旅,相持号恸。俄,父患疯痹,谨告官乞以身代。法令戍边者必年十六以上,嫡长男始许代。时谨未成丁,伯兄先死,乃归家携兄子往。兄子亦弱未能自立,复归悉鬻其产畀兄子,始获奉其父还,孝养终身。

李德成,涞水人。幼丧父。元末,年十二,随母避寇至河滨。寇骑迫,母投河死。德成长,娶妇王氏。抟土为父母像,与妻朝夕事之。方严冬,大雪,冰坚至河底。德成梦母曰:"我处冰下,寒不得出。"觉而大恸,且与妻徒跣行三百里,抵河滨。卧冰七日,冰果融数十丈,恍惚若见其母,而他处坚冻如故。久之,乃归。

洪武十九年举孝廉,屡擢尚宝丞。二十七年旌为孝子。建文中,燕兵逼济南。德成往谕令还兵,燕兵不退。德成归,以辱命下吏,已而释之。永乐初复官,屡迁陕西布政使。

沈德四,直隶华亭人。祖母疾,刲股疗之愈。已而祖父疾,又刲肝作汤进之,亦愈。洪武二十六年被旌。寻授太常赞礼郎。上元姚金玉、昌平王德儿亦以刲肝愈母疾,与德四同旌。

至二十七年九月,山东守臣言:"日照民江伯儿,母疾,割胁肉以疗,不愈。祷岱岳神,母疾瘳,愿杀子以祀。已果瘳,竟杀其三岁儿。"帝大怒曰:"父子天伦至重。《礼》父服长子三年。今小民无知,灭伦害理,亟宜治罪。"遂逮伯儿,杖之百,遣戍海南。因命议旌表例。

礼臣议曰:"人子事亲,居则致其敬,养则致其乐,有疾则医药吁祷,迫切之情,人子所得为也。至卧冰割股,上古未闻。倘父母止有一子,或割肝而丧生,或卧冰而致死,使父母无依,宗祀永绝,反为不孝之大。皆由愚昧之徒,尚诡异,骇愚俗,希旌表,规避里徭。割股不已,至于割肝,割肝不已,至于杀子。违道伤生,莫此为甚。自今父母有疾,疗治罔功,不得已而卧冰割股,亦听其所为,不在旌表例。"制曰:"可。"

永乐间,江阴卫卒徐佛保等复以割股被旌。而掖县张信、金吾右卫总旗张法呆援李德成故事,俱擢尚宝丞。追英、景以还,即割股者亦格于例,不以闻,而所旌,大率皆庐墓者矣。

谢定住,大同广昌人。年十二,家失牛。母抱幼子追逐,定住随母后。虎出噬其母,定住奋前击之,虎逸去。取弟抱之,扶母行。虎复追啮母颈,定住再击之,虎复去。行数武,虎还啮母足。定住复取石击,虎乃舍去,母子三人并全。永乐十二年,帝召见嘉奖,赐米十石、钞二百锭,旌其门。

先是,洪武中,有包实夫者,进贤人。授徒数十里外,途遇虎,衔衣入林中,释而蹲。实夫拜请曰:"吾被食,命也,如父母失养何?"虎即舍去。后人名其地为拜虎冈。

其后,嘉靖中,筠连诸生苏奎章,从父入山,猝遇虎。奎章仓皇泣告,愿舍父食己,虎曳尾徐去。后为岷府教授。

权谨,字仲常,徐州人。十岁丧父,即哀毁,奉母至孝。永乐四年荐授乐安知县,迁光禄署丞,以省侍归。母年九十终,庐墓三年,致泉涌兔驯之异。有司以闻,仁宗命驰驿赴阙,出其事状,令侍臣朗诵大廷,以示百僚,即拜文华殿大学士。谨辞,帝曰:"朕擢卿以风天下为子者,他非卿责也。"寻扈从皇太子监国南京。宣宗嗣位,以疾乞归,改通政司右参议,赐白金文绮致仕。

子伦,举永乐中乡试。养亲二十年,亲终不仕。伦子宇,父母卒,皆庐墓。成化十二年亦获旌。

赵绅，字以行，诸暨人。父秩，永乐中为高邮州学正，考满赴京，至武城县堕水。绅奋身下救，河流湍悍，俱不能出。明日尸浮水上，绅两手抱父臂不释。宣德五年旌其门。

有向化者，静海卫人。父上，为卫指挥，堕海死。化号泣求尸不得，亦投于海。忽父尸浮出，衣服尽脱。天方晴霁，雷雨骤作。既息，化首顶父衣，浮至一处。众异而收葬之。

陆尚质者，山阴人。父渡江遇风，飘舟将入海，尚质自崖见之，即跃入涛中，欲挽舟近岸。父舟获济，而尚质竟溺死。里人呼其处为陆郎渡。

翔祥，字景德，永平人。永乐中，父亮为金山卫百户。祥年十四，被倭掠。国王知为中国人，召侍左右，改名元贵，遂仕其国，有妻、子，然心未尝一日忘中国也，屡讽王入贡。宣德中，与使臣偕来，上疏言：“臣凤遭俘掠，抱衅痛心，流离困顿，艰苦万状。今获生还中国，夫岂由人。伏乞赐归侍养，不胜至愿。”天子方怀柔远人，不从其请，但许给驿暂归，仍还本国。

祥抵家，独其母在，不能识，曰：“果吾儿，则耳阴有赤痣。”验之信，抱持痛哭。未几别去，至日本，启以帝意。国王允之，仍令入贡。祥乃复申前请，诏许袭职归养。母子相失二十年，又有华夷之限，竟得遂其初志，闻者异之。

明史卷二九七
列传第一八五

孝义二

王俊 <small>刘准 杨敬</small>　石萧 <small>任镗</small>　史五常
周敖 郑馣 <small>荣瑄 叶文荣</small>　傅楫
杨成章 谢用 何竞 王原 黄玺
归钺 <small>族子绣</small> 何麟 孙清 <small>宋显章</small>
李豫 刘宪 <small>罗璋等</small> 容师偃 <small>刘静</small>
温钺 俞孜 <small>张震 孙文</small> 崔鉴 唐俨
邱绪 张钧 <small>张承相等</small> 王在复
<small>王镭等</small> 夏子孝 阿寄 赵重华
<small>谢广</small> 王世名 李文咏 <small>王应元等</small>
孔金 <small>子良</small> 杨通照 <small>弟通杰 浦邵等</small>
张清雅 <small>白精忠等</small>

　　王俊，城武人。父为顺天府知事。母卒于官舍，俊扶榇还葬，刈草莱为茇舍，寝处茔侧。野火延爇将及，俊叩首恸哭，火及茔树而止。正统三年被旌。

　　刘准者，唐山诸生。父丧，庐墓。冬月野火将及冢树，准悲号告天,火遂息。正统六年旌表。

杨敬者,归德人。父殁于阵,为木主招魂以葬。每读书至战阵之事,辄陨涕不止。母殁,枢在堂。邻家失火,烈焰甚迫,敬抚枢哀号,风止火灭。正统十三年旌表。

石彌,浑源诸生。父殁,庐墓。墓初成,天大雨,山水骤涨。彌仰天号哭,水将及墓,忽分两道去,墓获全。弘治五年旌表。

任铠,夏邑人。嫡母卒,庐于墓。黄河冲溢,将啮茔域。铠伏地号哭,河即南徙。嘉靖二十五年旌表。

史五常,内黄人。父萱,官广东佥事。卒,葬南海和光寺侧。五常方七岁,母携以归。比长,奉母至孝,常恨父不得归葬。母语之曰:"尔父杉木椟内,置大钱十,尔谨志之。"母殁,庐墓致毁,既终丧,往迎父椟。时相去已五十年,寺没于水久矣。五常泣祷,有老人以杖指示寺址。发地,果得父椟,内置钱如母言,乃扶归,与母合葬,复庐墓侧。正统六年旌表。

周敖,河州卫军家子也。正统末,闻英宗北狩,大哭,不食七日而死。其子诸生路,方读书别墅,闻父死,恸哭奔归,以头触庭槐亦死。乡人异之,闻于州。知州躬临其丧,赙麦四十斛、白金一斤。路妻方氏,厉志守节,抚子堂成立,后为知县。

郑懿,石康人。父赐,举人,兄護,进士。天顺中,母为猺贼所掠。懿年十六,挺身入贼垒,绐之曰:"吾欲丐吾母,岂惜金,第金皆母所瘗,愿代母归取之。"贼遂拘懿而释母,然其家无金也,懿遂被杀。廉州知府张岳建祠礼之。

荣瑄,琼州人。三岁而孤,与兄琇并以孝闻。天顺四年,土贼据琼城,瑄兄弟扶母走避。遇贼,琇谓瑄曰:"我以死卫母,汝急去。"瑄从之,琇与母遂陷贼中。官军至,琇被执。主将将杀琇,瑄趋至,叩头流血，泣请曰："兄以母故陷贼，母老家贫，恃兄为命，愿杀瑄存兄养母。"主将不察，竟杀瑄。

后有叶文荣，海宁人。弟杀人论死，母日悲泣不食。文荣谓母曰："儿年已长，有子，请代弟死。"遂诣官服杀人罪，弟得释，而文荣坐死。

　　傅楫，字定济，泉州南安人。祖凯，父浚，并进士。为部郎。楫年十六举乡试，二十成进士。弘治中，授行人，出行襄府。半道闻母病，请入京省视再往竣事。礼部尚书刘春曰："无害于若，而可教孝。"奏许之。

浚后迁山东盐运司同知。娶继妻，私其二奴。浚闻将治之，遂暴卒。楫心疑未发，奴遽亡去。久之，侦一奴逃德化县，佣巨姓家。楫微行往伺奴出，袖铁椎击杀之，而其一不可迹矣。

楫不欲见继母，葬父毕，号恸曰："父仇尚在，何以为人！"乃裂衣冠，屏妻、子，出宿郊墟间，蓬首垢面，饥寒风雨，不知就避。亲戚故人率目之为狂，楫终不自明也。子煮卒，不哭。或诘之，则垂涕曰："我不能为子，敢为父乎！"继母卒，乃归。盖自废自罚者三十五年，又十五年而卒。

　　杨成章，道州人。父泰，为浙江长亭巡检。妻何氏无出，纳丁氏女为妾，生成章。甫四岁，泰卒。何将扶榇归，丁氏父予之子，而夺其母。母乃剪银钱与何别，约各藏其半，俟成章长授之。越六年，何临殁，授成章半钱，告之故。成章呜咽受命。既冠，娶妇月余，即执半钱之浙中寻母。母先已适东阳郭氏，生子曰珉，而成章不知也。遍访之，无所遇而还。

弘治十一年，东阳典史李绍裔以事宿珉家。珉母知为道州人，遣珉问成章存否，知成章已为诸生，乃令珉执半钱觅其兄。会有会稽人官训导者，尝设教东阳，为珉师，与成章述珉母忆子状。成章亦往寻母，遇珉于江西舟次。兄弟悲且喜，各出半钱合之，益信，遂俱至东阳，母子始相聚。自是成章三往迎母不遂，弃月廪，赴东阳侍养。及母卒，庐墓三载始返。

至嘉靖十年，成章以岁贡入都，珉亦以事至，乃述成章寻亲事，上之吏部，请进一官。部臣言："成章孝行，两地已勘实，登之朝觐宪纲，珉言非谬。昔朱寿昌弃官寻母，宋神宗诏令就官。今所司知而不能荐，臣等又拘例而不请旌，真有愧于古谊。请量授成章国子学录，赐珉花红羊酒。"制曰："可。"

谢用，字希中，祁门人。父永贞。生母马氏方妊，永贞客外，嫡母汪氏妒而嫁之，遂生用。永贞还，大恨，抱用归，寄乳邻媪。汪氏收而自鞠之，逾年亦生子，均爱无厚薄。

用既冠，始知所生。密访之，则又改适，不知其所矣。用遍觅几一载。一夕宿休宁农家，有寡妪出问曰："若为谁？"用告以姓名，及寻母之故。曰："若母为谁？"曰："马氏。"曰："若非永贞之子乎？"曰："然。"妪遂抱用曰："我即汝母也。"于是母子相持而哭，时弘治十五年四月也。用归告父，并其同母弟迎归，居别室。孝养二母，曲尽其诚。后汪感悔，令迎马同居，讫无间言。

永贞卒，用居丧以孝闻。邻人失火，延数十家，将至用舍，风反火息。用时为诸生，督学御史廉其孝，列之德行优等，月廪之。

何竞，字邦植，萧山人。父舜宾，为御史，谪戍广西庆远卫，遇赦还。好持吏短长。有邹鲁者，当涂人。亦以御史谪官，稍迁萧山知县，贪暴狡悍。舜宾求鲁阴事讦之，两人互相猜。县中湘湖为富人私据，舜宾发其事于官，奏核之。富人因奏舜宾以戍卒潜逃，擅自冠带。章并下所司核治。鲁隐其文牒，诡言舜宾遇赦无验，宜行原卫查核。上官不可，驳之。会舜宾门人训导童显章为鲁所陷论死，下府覆验，道经舜宾家，人与谋。鲁闻之，大诟曰："舜宾乃敢窜重囚。"发卒围其门，辄捕舜宾，径解庆远。又令爪牙吏屏其衣服。至余干，宿昌国寺，夜以湿衣闭其口，压杀之。鲁复捕舜宾妻、子。竞与母逃常熟，匿父友王鼎家。

已而鲁迁山西佥事，将行。竞乃潜归与族人谋，召亲党数十人饮之酒，为舜宾称冤。中坐，竞出叩首哭以请，皆踊跃愿效命。乃各持器伏道旁，伺鲁过，竞袖铁锤奋击，驺从骇散。仆其舆，裸之，杖齐下，瞩两目，须发尽拔。竞拔佩刀砍其左股，必欲杀之，为众所止。乃与鲁连锁赴按察司，而预令族父泽走阙下诉冤。佥事萧翀故党鲁，严刑讯竞。竞大言曰："必欲杀我，我非畏死者。顾人孰无父母，且我已讼于朝，非公辈所得擅杀。"噬臂肉掷案上，含血翀翀面，一堂皆惊。

会竞疏已上，遣刑部郎中李时、给事中李举，会巡按御史邓璋杂治。诸人持两端，拟鲁故屏人衣食至死，竞部民殴本属知县笃疾，律俱绞，余所逮数百人，拟罪有差。竞母朱氏复挝登闻鼓诉冤，鲁亦使人驰诉，乃命大理寺正曹廉，会巡按御史陈铨覆治。廉曰："尔等何殴县官？"竞曰："竞知父仇，不知县官，但恨未杀之耳。"廉以致死无据，遣县令揭棺验之。验者报伤，而解役任宽慷慨首实，且出舜宾临命所付血书。于是众皆辞伏，改拟鲁斩，竞徒三年。法司议竞遣戍，且曰："鲁已成笃疾，竞为父报仇，律意有在，均俟上裁。"帝从其议，戍竞福宁卫，时弘治十四年二月也。后武宗登极肆赦，鲁免死，竞赦归，又九年卒。竞自父殁至死，凡十六年，服衰终其身。

王原，文安人。正德中，父珣以家贫役重逃去。原稍长，问父所在。母告以故，原大悲恸。乃设肆于邑治之衢，治酒食舍诸行旅。遇远方客至，则告以父姓名、年貌，冀得父踪迹。久之无所得。既娶妇月余，跪告母曰："儿将寻父。"母泣曰："汝父去二十余载，存亡不可知。且若父旽耳，流落何所，谁知名者？无为父子相继作羁鬼，使我无依。"原痛哭曰："幸有妇陪母，母无以儿为念，儿不得父不归也。"号泣辞母去，遍历山东南北，去来者数年。

一日，渡海至田横岛，假寐神祠中，梦至一寺，当午，炊莎和肉羹食之。一老父至，惊觉。原告之梦，请占之。老父曰："若何为者？"

曰："寻父。"老父曰："午者,正南位也。落根附子,肉和之,附子脍也。求诸南方,父子其会乎!"原喜,谢去,而南逾洺、漳,至辉县带山,有寺曰梦觉,原心动。天雨雪,寒甚,卧寺门外。及曙,一僧启门出,骇曰："汝何人?"曰："文安人,寻父而来。"曰："识之乎?"曰:"不识也。"引入禅堂,怜而予之粥。珣方执爨灶下,僧素知为文安人,谓之曰:"若同里有少年来寻父者,若倘识其人。"珣出见原,皆不相识。问其父姓名,则王珣也。珣亦呼原乳名。相抱持恸哭,寺僧莫不感动。珣曰:"归告汝母,我无颜复归故乡矣。"原曰:"父不归,儿有死耳。"牵衣哭不止。寺僧力劝之,父子相持归,夫妻子母复聚。后原子孙多仕宦者。

黄玺,字廷玺,余姚人。兄伯震,商十年不归。玺出求之,经行万里,不得踪迹。最后至衡州,祷南岳庙,梦神人授以"缠绵盗贼际,狼狈江汉行"二句。一书生告之曰:"此杜甫春陵行诗也,春陵今道州,曷往寻之。"玺从其言,既至,无所遇。一日入厕,置伞道旁。伯震适过之曰:"此吾乡之伞也。"循其柄而观,见有"余姚黄廷玺记"六字。方疑骇,玺出问讯,则其兄也,遂奉以归。

归钺,字汝威,嘉定县人。早丧母。父娶继妻,有子,钺遂失爱。父偶挞钺,继母辄索大杖与之,曰:"毋伤乃翁力也。"家贫,食不足,每炊将熟,即诶诶数钺过,父怒而逐之,其母子得饱食。钺饥困,匍匐道中。比归,父母相与言曰:"有子不居家,在外作贼耳。"辄复杖之,屡濒于死。及父卒,母益摈不纳,因贩盐市中,时私其弟,问母饮食,致甘鲜焉。正德三年,大饥,母不能自活。钺涕泣奉迎,母内自惭不欲往,然以无所资,迄从之。钺得食,先母弟,而已有饥色。弟寻卒,钺养母终其身,嘉靖中卒。

族子绣,亦贩盐,与二弟纹、纬友爱。纬数犯法,绣辄罄赀护之,终无愠色。绣妻朱,制衣必三袭,曰:"二叔无室,岂可使郎君独暖耶?"里人称为归氏二孝子。

何麟，沁水人，为布政司吏。武宗微行，由大同抵太原，城门闭，不得入。怒而还京，遣中官逮守臣不启门者，巡抚以下皆大惧。麟曰：“朝廷未知主名。请厚赇中官，麟与俱往。即圣怒不测，麟一身独当之。”及抵京，上疏曰：“陛下巡幸晋阳，司城门者实臣麟一人，他官无预也。臣不能启门迎驾，罪当万死。但陛下轻宗庙社稷而事巡游，且易服微行，无清道警跸之诏，白龙鱼服，臣下何由辨焉。昔汉光武夜猎，至上东门，守臣郅恽拒弗纳，光武以恽能守法而赏之。今小臣欲守郅恽之节，而陛下乃有不敬之诛。臣恐天下后世以为臣之不幸不若郅恽，陛下宽仁之量亦远逊光武也。”疏入，帝怒稍解，廷杖六十，释还，余不问。巡抚以下郊迎，礼敬之。

孙清，睢阳诸生也。幼孤，事母孝。母殁未葬，流贼入其境，居民尽逃，清独守柩不去。贼两经其门，皆不入，里人多赖以全。

正德九年四月，河南巡按御史江良贵奏闻，并言：“清同邑徐仪女雪梅、严清女锐儿，皆不受贼污，愤骂见杀。沭阳诸生沈麟，以知府刘祥、县丞程俭为贼所执，挺身诣贼，开陈利害，愿以身代。贼义之，二人获释。凡此义烈，有关风化，且如制旌表。”章下礼官。

先是，八年二月，山东巡按御史张璇奏，贼所过州县，有子救父，妇卫夫，罹贼兵刃者，凡百十九人，皆宜旌表。时傅珪代费宏为礼部，言：“所奏人多，费广。宜准山西近例，于所在旌善亭侧，建二石碑，分书男妇姓名、邑里及其孝义、贞烈大略，以示旌扬，有司量给殡殓费。厥后地方有奏，悉以此令从事。”帝可之。至是，良贵奏下，刘春代珪为礼部，竟不请旌，但用珪前议，并给银建坊之令亦不复行，而旌善之意微矣。

当是时，濮州诸生宋显章、淅川诸生李豫，皆以孝行著闻，流贼过其门不敢犯，里人亦多赖以全。而显章之死也，其妻辛氏自缢以殉。知州李缉为建孝节坊，并祠祀。嘉靖七年，豫独被旌。

　　刘宪,灵石诸生也。父先亡。母年七十余,两目俱瞽,宪奉事惟谨。正德六年,流贼入城,宪负母避之城外。贼追至,欲杀母,宪哀告曰:"宁杀我,毋害我母。"贼乃释之,行至岭后,宪竟为他贼所杀。贼纵火焚民居,独宪宅随爇随灭。

　　同时罗璋,遂宁诸生。大盗乱蜀中,母为贼所获,璋手挺长枪,连毙三贼,贼舍母去。后贼追至,璋力捍贼,久之力疲,竟被执。贼愤甚,剜心剖肝,裂其尸。并正德中旌表。

　　有李壮丁者,安定县人。嘉靖中,北寇入犯,从父母奔避山谷。遇贼缚母去,壮丁取石奋击,母得脱。前行复遇五贼,一贼缚其母,母大呼曰:"儿速去,毋顾我!"壮丁愤,手提铁器击仆贼,母得逃,而壮丁竟为贼所杀。

　　正德中,贼掠钜鹿,执赵智、赵慧之母,将杀之。智追至,跪告曰:"母年老,愿杀我。"慧亦至,泣曰:"兄年长,愿留养母而杀我。"智方与争死,而母复请曰:"吾老当死,乞留二子。"群贼笑曰:"皆好人也。"并释之。

　　容师偃,香山人。父忠瘫疾,扶持不离侧。正德十二年,寇掠其乡,师偃负父而逃。追者急,父麾使遁,泣曰:"父子相为命,去将安之。"俄被执,贼灼其父,师偃号泣请代。贼从之,父得释,而师偃焚死。

　　后有刘静者,万安诸生。嘉靖间,流贼陷其县,负母出奔。遇贼,将杀母,静以身翼蔽求代死。贼怒,攒刃杀之,犹抱母不解,尸阅七日不变。万历元年旌表。

　　又有温钺者,大同人。父景清有胆力。嘉靖三年,镇兵叛,杀巡抚张文锦。其后,巡抚蔡天祐令景清密捕首恶,戮数人,其党恨之。十二年复叛,杀总兵李瑾,因遍索昔年为军府效命者。景清深匿不出,遂执钺及其母王氏以去,令言景清所在。钺曰:"尔欲杀我父,而使我言其处,是我杀父也。如仇不可解,则杀我舒愤足矣。"贼不听,逼母使言,母骂不辍。贼怒,支解以怵钺。钺大哭且骂,并被杀。事平,母子并获旌。

俞孜,字景修,浙江山阴人。为诸生,敦行谊。嘉靖初,父华充里役,解流人徐铎至口外。铎毒杀华,亡走。孜扶榇归,誓必报仇,踪迹数十郡不可得。后闻已还乡,匿其甥杨氏家。乃结力士十数人,佯为卖鱼,往来侦伺,且谒知府南大吉乞助。大吉义之,遣数健卒与俱,夜半骤率卒入杨氏家,呼铎出见,缚送于官,置诸法。孜自是不复应举,养继母以终。

有张震者,余姚农家子也。生周岁,父为人所陷将死,啮震指语曰:"某,吾仇也,汝勿忘。"震长而指疮不愈,母告以故,震誓必报。其友谓曰:"汝力弱,吾为汝杀之。"未几,仇乘马出,友以田器击之,即死。震喜,走告父墓。已而事发,有司伤其志,减死论戍,遇赦归。

孙文,亦余姚人也。幼时,父为族人时行棰死。长欲报之,而力不敌,乃伪与和好,共武断乡曲。时行坦然不复疑。一日,值时行于田间,即以田器击杀之。坐戍,未几,遇赦获释。

崔鉴,京师人。父嗜酒狎娼,召与居。娼恃宠,时时陵鉴母,父又被酒,数侵辱之。一日,娼恶言詈母,母复之,娼遂击败母面。母不胜愤,入室伏床而泣,将自尽。鉴时年十三,自学舍归,问之,母告以故。曰:"母无死。"即走至学舍,挟刃还。娼适扫地,且扫且詈。鉴拔刃刺其左胁,立毙,乃匿刃牖下,亡走数里,忽自念曰:"父不知我杀娼,必累我母。"急趋归,父果诉于官,将絷其母矣。鉴至,告捕者曰:"此我所为,非母也。"众见其幼,不信。鉴曰:"汝等不信,请问凶器安在?"自出刃示之,众乃释母,絷鉴置狱。事闻,下刑部谳。尚书闻渊等议,鉴志在救母,且年少可矜,难拘常律。帝亦贷其罪。

唐俨,全州诸生也。父荫,郴州知州,归老得危疾。俨年十二,潜割臂肉进之,疾良已。及父殁,哀毁如成人。其后游学于外,嫡母寝疾。俨妻邓氏年十八,奋曰:"吾妇人,安知汤药。昔夫子以臂肉疗吾舅,吾独不能疗吾姑哉?"于是割胁肉以进,姑疾亦愈。俨闻母疾,驰归,则无恙久矣,拜其妻曰:"此吾分也,当急召我,何自苦如此!"妻曰:"子事父,妇事姑,一也。方危急时,召子何及。且事必待子,安用妇为。"俨益叹异。嫡母殁二十年,而生母殁,俨庐墓三年。嘉靖四年贡至京,有司奏旌其门。

邱绪,字继先,鄞县诸生也。生母黄,为嫡余所逐,适江东包氏。未几转适他所,遂不复相闻。绪年十五,父殁,事余至孝。余疾,谨奉汤,不解衣带者数月。余重感其孝,病革,与诀曰:"我即死,汝无忘若母。"时母被逐已二十年矣。

一夕,梦人告曰:"若母在台州金鳌寺前。"觉而识之。次日,与一人憩于途,诘之,则包氏故养马厮也。叩以母所向,曰:"有周平者曾悉其事,今已戍京卫矣。"绪姊婿谒选在京,遗书嘱访平,久之未得。一日,有避雨于邱门者,其声类鄞人,叩之,即周平也,言黄已适台州李副使子。

绪得报,即之台,而李已殁,其嗣子漫不知前事。绪彷徨掩泣于道,有伤之者,导谒老媒妁王四,曰已再适仙居吴义官。吴,仙居巨族也。绪至,历晌数十家,无所遇。已而抵一儒生吴秉朗家,语之故。生感其意,留止焉。有叔母闻所留者异乡人也,恚而咻之。生告以绪意。叔母者,黄故主母也,颇忆前事,然不详所往。呼旧苍头问之,云金鳌寺前,去岁经之,棺已殡寺旁矣。绪以其言与梦合,信之,行且泣,牛触之坠于沟,则舆夫马长之门也。骇而出,问所从来。绪以情告。长曰:"吾前舆一妇至缙云苍岭下,殆是也。"舆绪至其处。绪遍物色,无所遇,怅怅行委巷中。一媪立门外,探之,知为鄞人,告以所从来。妪亦转询邱氏耗,则绪母也。抱持而哭,闾里皆感动。寺旁棺者,盖其妣氏云。所适陈翁,贫而无子,且多负。绪还取偿赏之,并迎翁以归,备极孝养。嘉靖十四年,知县赵民顺入觐,疏闻于朝,获旌表。

张钧，石州人。父赦，国子生。以二亲早亡，矢志不仕，隐居城北村。钧，正德末举于乡。以亲老亦不仕，读书养亲，远近皆称其孝。嘉靖二十年，俺答犯石州。钧虑父遭难，自城中驰一骑号泣赴救。寇射中其肩，裹疮疾驰，至则父已被杀。钧殒绝，尽餂父血，水浆不入口三日，不胜悲痛而卒。越二年，有司上其状，获旌。

是时杀掠甚惨，石州为亲死者十一人，而张承相、于博、张永安尤著。承相少孤，及长为诸生，养母二十余年，以孝闻。寇至，负母出逃，为所得，叩头号泣，乞免其母。寇怒，并杀之，抱母首死。博，二岁而孤，奉母尽孝。寇抵城下，博方读书城中。母居村舍，吁下城号泣求母。母已被执，遇诸途，博取石奋击寇。寇就剖其心，母得逸去，年止十有八。永安，石州吏也。父为寇所逐，永安持梃追击之，伤二贼，趣父逸去，而身自后卫之，被数十创死。与钧同被旌。

有温继宗者，沁州诸生。父卒，不能葬，日守柩哀泣。嘉靖二十一年，寇入犯，或劝出城避难，以父殡不肯去。寇至，与叔父渊等力御，击伤一贼，中矢死柩旁，渊等皆死。亦与钧同被旌。

王在复，太仓人。年二十一，从父读书城外。倭寇入犯，父子亟奔入城。父体肥不能速行，中道遇贼，遂相失。在复走二里许，展转寻父。闻父被执，急趋贼所，叩头求免。贼不听，拔刃拟其父，在复以身蔽之，痛哭哀求。贼怒，并杀之，两首坠地，而手犹抱父不释。时嘉靖三十三年五月也。

当是时，倭乱东南，孝子以卫父母见杀者甚众，其得旌于朝者，在复及黄岩王镭、慈谿向叙、无锡蔡元锐、丹徒殷士望。镭，随父显避贼。显被执，将杀之。镭亟趋前请代，贼遂杀镭而释显。叙为慈谿诸生。倭入寇，以县无城，掖母出避。遇贼，蹹叙而斫其母，叙急起抱母颈，大呼曰："宁杀我，毋杀我母！"贼如其言，母获全。俱嘉靖三十五年旌表。元锐，无锡人，与弟元铎并孝友。倭犯无锡，入元锐家，兄弟急扶父升屋避匿。而元锐为贼执，令言父所在，坚不从，遂见杀。元铎不知兄死，明日持重赏往赎，并见杀。嘉靖三十八年旌表。士望,丹徒人,事亲孝。倭犯京口,父被掠,士望请代死。贼笑而试之,火炙刀刺,受之怡然,贼两释之。嘉靖四十三年旌表。

其他未及旌表者,又有陈经孚、龚可正、伍民宪。经孚,平阳人。倭至,负母出逃,遇贼索母珥环,欲杀之。经孚以身翼蔽,贼怒,挥刃截耳及肩而死,手犹抱母颈不解。可正,嘉定诸生。负祖母避贼,天雨泥泞,猝遇贼。贼恶见妇人,欲杀其祖母,叱可正去。可正跪泣请代,贼不从。可正以身覆祖母,贼并杀之。民宪,晋江人。扶父避难,遇贼,长跪哀告曰:“勿惊我父,他物任取之。”贼不听,竟杀其父。民宪愤,挺身杀二贼,伤数贼。贼至益多,断民宪右手。卧草中,犹一手执戈,呼其父三日而绝。

夏子孝,字以忠,桐城人。六岁失母,哀哭如成人。九岁父得危疾,祷天地,刲股六寸许,调羹以进,父食之顿愈。翌日,子孝痛创,父诘其故,始知之。里老以闻于官,知府胡麟先梦王祥来谒,诘旦而县牒至,诧曰:“孺子其祥后身耶?”召见,易其旧名“恩”曰“子孝”。督学御史胡植即令入学为诸生,月廪之。麟复属贡士赵简授之经。

嘉靖末,父卒,庐墓,独居荒山,身无完衣,形容槁瘁。后历事王畿、罗汝芳、史桂芳、耿定向,获闻圣贤之学。定向为督学御史,将疏闻于朝,固辞曰:“不肖不忍以亡亲贾名。”乃止。将死,命其子曰:“葬我父墓侧。”

阿寄者,淳安徐氏仆也。徐氏昆弟析产而居,伯得一马,仲得一牛,季寡妇得阿寄,时年五十余矣。寡妇泣曰:“马则乘,牛则耕,老仆何益。”寄叹曰:“主谓我不若牛马耶!”乃画策营生,示可用状。寡妇尽脱簪珥,得白金十二两,畀寄。

寄入山贩漆,期年而三倍其息,谓寡妇曰:“主无忧,富可致矣。”历二十年,积资巨万,为寡妇嫁三女,婚二子,赍聘皆千金。又延师教二子,输粟为太学生。自是,寡妇财雄一邑。

及寄病且死,谓寡妇曰:“老奴牛马之报尽矣。”出枕中二籍,则家钜细悉均分之,曰:"以此遗两郎君,可世守也。"既殁,或疑其有私,窃启其箧,无一金蓄。所遗一妪一儿,仅敝缊掩体而已。

赵重华,云南太和人。七岁时,父廷瑞游江湖间,久不返。重华长,谒郡守请路引,榜其背曰"万里寻亲"。别书父年貌、邑里数千纸,所历都会州县遍张之。西祷武当山,经太子岩,岩阴有字曰:"嘉靖四十四年十二月十二日,赵廷瑞朝山至此。"重华读之,恸曰:"吾父果过此,今吾之来月日正同,可卜相逢矣。"遂书其后曰:"万历六年十二月十二日,赵廷瑞之子重华,寻父至此。"久之竟无所遇。过丹阳,盗攫其资,所遗独路引。且行且乞,遇一老僧呼问其故,笑曰:"汝父客无锡南禅寺中。"语讫忽不见。重华急趋至寺,果其父,出路引示之,相与恸哭。留数日,乃还云南。

是时,有谢广者,祁门人。父求仙不返,广娶妇七日即别母求父,遇于开封逆旅中。父乘间复脱去。广跋涉四方者垂二十年,终不得父,闻者哀之。

王世名,字时望,武义人。父良,与族子俊同居争屋,为俊殴死。世名年十七,恐残父尸,不忍就理,乃佯听其输田议和。凡田所入,辄易价封识。俊有所馈,亦佯受之。而潜绘父像悬密室,绘己像于旁,带刀侍,朝夕泣拜,且购一刀,铭"报仇"二字,母妻不知也。服阕,为诸生。及生子数月,谓母、妻曰:"吾已有后,可以死矣。"一日,俊自外醉归,世名挺刃迎击之,立毙。出号于众,入白母,即取前封识者诣吏请死。时万历九年二月,去父死六年矣。

知县陈某曰:"此孝子也,不可置狱。"别馆之,而上其事于府。府檄金华知县汪大受来讯。世名请死,大受曰:"检尸有伤,尔可无死。"曰:"吾惟不忍残父尸,以至今日。不然,何待六年。乞放归辞母乃就死。"许之。归,母迎而泣。世名曰:"身者,父之遗也。以父之遗为父死,虽离母,得从父矣,何憾。"顷之,大受至,县人奔走直世名者以千计。大受乃令人舁致父棺,将开视之。世名大恸,以头触阶石，血流殷地。大受及旁观者咸为陨涕，乃令舁柩去，将白上官免检尸，以全孝子。世名曰："此非法也，非法无君，何以生为。"遂不食而死。

妻俞氏，抚孤三载，自缢以殉，旌其门曰孝烈。

李文咏，昆山诸生。父大经，沂水知县。万历二十七年，父寝室被火。文咏突入，将父抱出，而榱栋尽覆，父子俱焚死。火息，入视，尸犹覆其父，父存全体，文咏但余一股。

王应元，武隆人。力农养父。父醉卧，家失火。应元自外趋烈焰中，竟不能出，抱父死。

唐治，黄冈人。父柩在堂，邻居火，治尽出资财募人舁柩，人各自顾，无应者。或挽之出，泣曰："父柩在此，我死不出。"火息，后堂岿然独存，柩亦无恙，而治竟熏灼伏柩死。万历中旌表。

许恩，蕲水人。夜半邻家失火，恩惊出，遍寻母不得，复突入，遂与母俱焚。

冯象临，慈谿诸生。家被火，遍觅父母，烟焰弥空，迷失庭户。象临大呼，初得母，即从火中负出。再入负父，并一弟以出，半体已焦烂。闻妹尚留卧内，母号呼，将自入，亟止之，触烈焰携妹出，竟灼烂而死。事闻，赐旌。

后有龚作梅者，陈州人。年十七，父母俱亡，殡于舍。闻贼火民居，作梅跪柩前焚死。

孔金，山阳人。父早亡，母谢氏，遗腹三月而生金。母为大贾杜言逼娶，投河死。金长，屡讼于官，不胜。言行贿欲毙金，金乃乞食走阙下，击登闻鼓诉冤，不得达。还墓所，昼夜号泣。里人刘清等陈其事于府，知府张守约异之，召言族媒氏质实，坐言大辟。未几守约卒，言夤缘免。金复号诉不已，被箠无完肤。已而抚按理旧牍，仍坐言大辟，迄死狱中。

金子良亦有孝行，父病，刲股为羹以进，旋愈。比卒，庐墓哀毁。

万历四十三年,父子并得旌。

杨通照、通杰,铜仁人。母周氏有疾,兄弟争拜祷,求以身代。阅三年,不入内室。万历三十六年,群苗流劫,至其家,母被执去。二人追斗数十里,被伤不顾。至鬼空溪,见贼絷母,大骂,声震山谷,横击万众中,为贼所磔死。通照年二十五,通杰年二十二。泰昌元年,巡抚李橒、巡按史永安上其事,旌曰双孝之门。

时无锡民浦邵,贼缚其父虞,将杀之。邵以首迎刃而死,父得免。宁化民林上元,贼掠其继母李氏出城,上元从城上持枪一跃而下,直奔贼垒,刺死二人。贼避其锋,立出李氏,因引去,城赖以全。皆万历四十三年旌。

崇祯七年,流贼陷竹溪,执知县余霄将杀之。子诸生伯麟请代,乃免。

张清雅,潜山人。家贫,力学养亲。崇祯十年,张献忠来犯。清雅以父年老卧病,守之不去。无何,父卒。敛甫华,贼入其家,疑棺内藏金银,欲剖视之。清雅据棺哀泣,贼断其手,仆地。幼子超艺年十六,号哭求代。贼复砍之,父子俱死,而棺得不剖。仆云满,具两棺敛之,亦不食死。

时有白精忠者,颍州人。五岁而孤,母袁氏抚之。家贫,母食糠核,而以精者哺儿。精忠知之,每餐必先啖其恶者。天启中,举于乡。崇祯八年,流贼陷颍州,家人劝逃匿。精忠以母年老,不忍独去,遂遇害。

州有檀之槐者,护母柩不去。与贼格斗,杀数人,被磔死。

又有李心唯,素敦孝行。贼至,泣守母丧。贼掠其室,将缚之,不出,被杀。子果,见父死,厉声骂贼,贼又杀之。

有余承德者,无为人。崇祯十五年,流贼突至,掖其祖母刘氏、母魏氏及妻杨氏、妹玉女出避。祖母、母行迟,为盗所获,欲刃之。承德号呼救护,并遇害。杨氏见之,急投河死。贼将犯玉女,玉女大骂,坚不从,寸磔而死。

明史卷二九八
列传第一八六

隐　逸

张介福　倪瓒　徐舫　杨恒 陈洄
杨引　吴海　刘闵　杨黼　孙一元
沈周　陈继儒

韩愈言:"《蹇》之六二曰'王臣蹇蹇',而《蛊》之上九曰'高尚其事',由所居之时不一,而所蹈之德不同。"夫圣贤以用世为心,而逸民以肥遁为节,岂性分实然,亦各行其志而已。

明太祖兴礼儒士,聘文学,搜求岩穴,侧席幽人,后置不为君用之罚,然韬迹自远者亦不乏人。迨中叶承平,声教沦浃,巍科显爵,顿天网以罗英俊,民之秀者无不观国光而宾王廷矣。其抱瑰材,蕴积学,槁形泉石,绝意当世者,靡得而称焉。由是观之,世道升降之端,系所遭逢,岂非其时为之哉。

凡徵聘所及,文学行谊可称者,已散见诸传。兹取贞节超迈者数人,作《隐逸传》。

张介福,字子祺,自怀庆徙吴中。少受学于许衡。二亲早终,遂无仕进意。家贫,冬不能具夹襦,或遗以纩絮,不受,纤介必以礼。张士诚入吴,有卒犯其家,危坐不为起。刀斫面,仆地,醒复取冠戴之,坐自若。卒怪，以为异物，走去。介福恐发其先墓，往庐焉。士诚闻而欲致之，不可。使其弟往问，答曰："无乐乱，无贪天祸，无忘国家。"馈之，力辞。已，病革，谓其友曰："吾志希古人，未能也。惟无污于时，庶几哉。"遂卒。

倪瓒，字元镇，无锡人也。家雄于赀，工诗，善书画。四方名士日至其门。所居有阁曰清閟，幽迥绝尘。藏书数千卷，皆手自勘定。古鼎法书，名琴奇画，陈列左右。四时卉木，萦绕其外，高木修篁，蔚然深秀，故自号云林居士。时与客觞咏其中。为人有洁癖，盥濯不离手。俗客造庐，比去，必洗涤其处。求缣素者踵至，瓒亦时应之。

至正初，海内无事，忽散其赀给亲故，人咸怪之。未几兵兴，富家悉被祸，而瓒扁舟箬笠，往来震泽、三泖间，独不罹患。张士诚累欲钩致之，逃渔舟以免。其弟士信以币乞画，瓒又斥去。士信惠，他日从宾客游湖上，闻异香出葭苇间，疑为瓒也，物色渔舟中，果得之。抶几毙，终无一言。及吴平，瓒年老矣，黄冠野服，混迹编氓。洪武七年卒，年七十四。

徐舫，字方舟，桐庐人。幼轻侠，好击剑、走马、蹴踘。既而悔之，习科举业。已，复弃去，学为歌诗。睦故多诗人，唐有方干、徐凝、李频、施肩吾，宋有高师鲁、滕元秀，号睦州诗派，舫悉取步骤之。既乃游四方，交其名士，诗益工。行省参政苏天爵将荐之，舫笑曰："吾诗人耳，可羁以章绂哉。"竟避去。筑室江皋，日苦吟于云烟出没间，倏然若与世隔，因自号沧江散人。

宋濂、刘基、叶琛、章溢之赴召也，舟溯桐江，忽有人黄冠鹿裘立江上，招基而笑，且语侵之。基望见，急延入舟中。琛、溢竞谨谯，各取冠服服之，欲载上黟川，其人不可乃止。濂初未相识，以问。基曰："此徐方舟也。"濂因起共欢笑，酌酒而别。舫诗有《瑶林》、《沧江》二集。年六十八，丙午春，卒于家。

　　杨恒，字本初，诸暨人。外族方氏建义塾，馆四方游学士，恒幼往受诸经，辄领其旨要。文峻洁，有声郡邑间。浦江郑氏延为师，阅十年退居白鹿山，戴棕冠，披羊裘，带经耕烟雨间，啸歌自乐，因自号白鹿生。

　　太祖既下浙东，命栾凤知州事。凤请为州学师，恒固让不起。凤乃命州中子弟即家问道。政有缺失，辄贻书咨访。后唐铎知绍兴，欲辟起之，复固辞。宋濂之为学士也，拟荐为国子师，闻不受州郡辟命，乃已。

　　恒性醇笃，与人语，出肺肝相示。事稍乖名义，辄峻言指斥。家无儋石，而临财甚介，乡人奉为楷法焉。

　　时有陈洄者，义乌人。幼治经，长通百家言。初欲以功名显，既而隐居，戴青霞冠，披白鹿裘，不复与尘事接。所居近大溪，多修竹，自号竹溪逸民。常乘小艇，吹短箫，吹已，叩舷而歌，悠然自适。宋濂俱为之传。

　　杨引，吉水人。好学能诗文，为宋濂、陶安所称。驸马都尉陆贤从受学，入朝举止端雅。太祖喜，问谁教者，贤以引对，立召见，赐食。他日，贤以亵服见，引太息曰：“是其心易我，不可久居此矣。”复以纂修徵，亦不就。其教学者，先操履而后文艺。尝揭《论语·乡党》篇示人曰：“吾教自有养生术，安事偃仰吐纳为。”乃节饮食，时动息，迄老视听不衰。既殁，安福刘球称其学探道原，文范后世，去就出处，卓然有陶潜、徐稚之风。

　　吴海，字朝宗，闽县人。元季以学行称。值四方盗起，绝意仕进。洪武初，守臣欲荐诸朝，力辞免。既而徵诣史局，复力辞。尝言：“杨、墨、释、老，圣道之贼；管、商、申、韩，治道之贼；稗官野乘，正史之贼；支词艳说，文章之贼。上之人，宜敕通经大臣，会诸儒定其品目，颁之天下，民间非此不得辄藏，坊市不得辄鬻。如是数年，学者生长不涉异闻，其于养德育才，岂曰小补。”因著书一编曰《书祸》，以发明之。

与永福王翰善。翰尝仕元，海数劝之死，翰果自裁。海教养其子称，卒底成立。平居虚怀乐善，有规过者，欣然立改，因颜其斋曰闻过。为文严整典雅，一归诸理，后学咸宗仰之。有《闻过斋集》行世。

刘闵，字子贤，莆田人。生而纯悫。早孤，绝意科举，求古圣贤褆躬训家之法，率而行之。祖母及父丧未举，断酒肉，远室家。训邻邑，朔望归，则号哭殡所，如是三年。妇失爱于母，出之，独居奉养，疾不解衣。母或恚怒，则整衣竟夕跪榻前。祭享奠献，一循古礼，乡人莫不钦重。副使罗璟立社学，搆养亲堂，延闵为师。提学佥事周孟中捐俸助养。知府王弼每祭庙社，必延致斋居，曰："此人在座，私意自消。"置田二十余亩赡之，并受不辞。及母殁，即送田还官，庐墓三年。弟妇求分产，闵阖户自挝，妇感悟乃已。

弘治中，佥都御史林俊上言："伏见皇太子年逾幼学，习处宫中，罕接外傅，豫教之道似为未备。今讲读侍从诸臣固已简用，然百司众职，山林隐逸，不谓无人。以臣所知，则礼部侍郎谢铎、太仆少卿储瓘、光禄少卿杨廉，可备讲员。其资序未合，德行可取者二人，则致仕副使曹时中、布衣刘闵是也。闵，臣县人，恭慎醇粹，孝行高士。日无二粥，身无完衣，处之晏如。监司刘大夏、徐贯等恒敬礼之。臣谓可礼致时中为宫僚，闵以布衣入侍，必能涵育薰陶，裨益睿质。"时不能用。其后，巡按御史宗彝、饶瑭欲援诏例举闵经明行修，闵力辞。知府陈效请遂其志，荣以学职。正德元年，遥授儒学训导。

杨黼，云南太和人也。好学，读《五经》皆百遍。工篆籀，好释典。或劝其应举，笑曰："不理性命，理外物耶？"庭前有大桂树，缚板树上，题曰桂楼。偃仰其中，歌诗自得。躬耕数亩供甘脆，但求亲悦，不顾余也。注《孝经》数万言，证群书，根性命，字皆小篆。所用砚乾，将下楼取水，砚池忽满，自是为常，时人咸异之。父母殁，为佣营葬毕,入鸡足,楼罗汉壁石窟山十余年,寿至八十。子孙迎归,一日沐浴,令子孙拜,曰:"明日吾行矣。"果卒。

　　孙一元,字太初,不知何许人,问其邑里,曰:"我秦人也。"尝楼太白之巅,故号太白山人。或曰安化王宗人,王坐不轨诛,故变姓名避难也。一元姿性绝人,善为诗,凤仪秀朗,踪迹奇谲,乌巾白帢,携铁笛鹤瓢,遍游中原,东逾齐、鲁,南涉江、淮,历荆抵吴越,所至赋诗,谈神仙,论当世事,往往倾其座人。铅山费宏罢相,访之杭州南屏山,值其昼寝,就卧内与语。送之及门,了不酬答。宏出语人曰:"吾一生未尝见此人。"

　　时刘麟以知府罢归,龙霓以佥事谢政,并客湖州,与郡人故御史陆昆善,而长兴吴珫隐居好客,三人者并主于其家。珫因招一元入社,称"苕溪五隐"。一元买田溪上,将老焉。举人施侃雅善一元,妻以妻妹张氏,生一女而卒,年止三十七。珫等葬之道场山。

　　沈周,字启南,长洲人。祖澄,永乐间举人材,不就。所居曰西庄,日置酒款宾,人儗之顾仲瑛。伯父贞吉,父恒吉,并抗隐。搆有竹居,兄弟读书其中,工诗善画,臧获亦解文墨。邑人陈孟贤者,陈五经继之子也。周少从之游,得其指授。年十一,游南都,作百韵诗,上巡抚侍郎崔恭。面试《凤凰台赋》,援笔立就,恭大嗟异。及长,书无所不览。文摹左氏,诗拟白居易、苏轼、陆游,字仿黄庭坚,并为世所爱重。尤工于画,评者谓为明世第一。

　　郡守欲荐周贤良,周筮《易》,得《遁》之九五,遂决意隐遁。所居有水竹亭馆之胜,园书鼎彝充牣错列,四方名士过从无虚日,凤流文彩照映一时。奉亲至孝。父殁,或劝之仕,对曰:"若不知母氏以我为命耶! 奈何离膝下。"居恒厌入城市,于郭外置行窝,有事一造之。晚年匿迹惟恐不深,先后巡抚王恕、彭礼咸礼敬之,欲留幕下,并以母老辞。

　　有郡守徵画工绘屋壁。里人疾周者,入其姓名,遂被摄。或劝周谒贵游以免，周曰：“往役，义也，谒贵游，不更辱乎！”卒供役而还。已而守入觐，铨曹问曰：“沈先生无恙乎？”守不知所对，漫应曰：“无恙。”见内阁，李东阳曰：“沈先生有牍乎？”守益愕，复漫应曰：“有而未至。”守出，仓皇谒侍郎吴宽，问：“沈先生何人？”宽备言其状。询左右，乃画壁生也。比还，谒周舍，再拜引咎，索饭，饭之而去。周以母故，终身不远游。母年九十九而终，周亦八十矣。又三年，以正德四年卒。

　　陈继儒，字仲醇，松江华亭人。幼颖异，能文章，同郡徐阶特器重之。长为诸生，与董其昌齐名。太仓王锡爵招与子衡读书支硎山。王世贞亦雅重继儒，三吴名下士争欲得为师友。继儒通明高迈，年甫二十九，取儒衣冠焚弃之。隐居昆山之阳，构庙祀二陆，草堂数椽，焚香晏坐，意豁如也。时锡山顾宪成讲学东林，招之，谢弗往。亲亡，葬神山麓，遂筑室东佘山，杜门著述，有终焉之志。

　　工诗善文，短翰小词，皆极风致，兼能绘事。又博文强识，经史诸子、术伎稗官与二氏家言，靡不较核。或刺取琐言僻事，诠次成书，远近竞相购写。征请诗文者，无虚日。性喜奖掖士类，屡常满户外，片言酬应，莫不当意去。暇则与黄冠老衲穷峰泖之胜，吟啸忘返，足迹罕入城市。其昌为筑来仲楼招之至。黄道周疏称“志尚高雅，博学多通，不如继儒”，其推重如此。侍郎沈演及御史、给事中诸朝贵，先后论荐，谓继儒道高齿茂，宜如聘吴与弼故事。屡奉诏征用，皆以疾辞。卒年八十二，自为遗令，纤悉毕具。

明史卷二九九
列传第一八七

方　伎

滑寿　葛乾孙　吕复　倪维德
周汉卿　王履　周颠　张中
张三丰　袁珙　子忠彻　戴思恭
盛寅　皇甫仲和　仝寅　吴杰
许绅　王纶　凌云　李玉　李时珍
缪希雍　周述学　张正常　刘渊然等

　　左氏载医和、缓、梓慎、禆灶、史苏之属，甚详且核。下逮巫祝，亦往往张其事以神之。论者谓之浮夸，似矣。而《史记》传扁鹊、仓公，日者，龟策，至黄石、赤松、仓海君之流，近于神仙荒忽，亦备录不遗。范蔚宗乃以方术名传。夫艺人术士，匪能登乎道德之途。然前民利用，亦先圣这之绪余，其精者至通神明，参造化，讵曰小道可观已乎。

　　明初，周颠、张三丰之属，踪迹秘幻，莫可测识，而震动天子，要非妄诞取宠者所可几。张中、袁珙，占验奇中。夫事有非常理所能拘者，浅见鲜闻不足道也。医与天文皆世业专官，亦本《周官》遗意。攻其术者，要必博极于古人之书，而会通其理，沈思独诣，参以考验，不为私智自用，乃足以名当世而为后学宗。今录其最异者，作《方伎传》。真人张氏，道家者流，而世蒙恩泽。其事迹关当代典故，撮其大略附于篇。

　　滑寿，字伯仁，先世襄城人，徙仪真，后又徙余姚。幼警敏好学，能诗。京口王居中，名医也。寿从之学，授《素问》《难经》。既卒业，请于师曰："《素问》详矣，多错简。愚将分藏象、经度等为十类，类抄而读之。《难经》又本《素问》《灵枢》，其间荣卫藏府与夫经络腧穴，辨之博矣，而缺误亦多。愚将本其义旨，注而读之可乎？"居中跃然称善。自是寿学日进。寿又参会张仲景、刘守真、李明之三家而会通之，所治疾无不中。

　　既学针法于东平高洞阳，尝言："人身六脉虽皆有系属，惟督任二经，则苞乎腹背，有专穴。诸经满而溢者，此则受之，宜与十二经并论。"乃取《内经骨空》诸论及《灵枢篇》所述经脉，著《十四经发挥》三卷，通考隧穴六百四十有七。他如《读伤寒论抄》、《诊家枢要》、《痔瘘篇》及采诸书本草为《医韵》，皆有功于世。

　　晚自号撄宁生。江、浙间无不知撄宁生者。年七十余，容色如童孺，行步矫捷，饮酒无算。天台朱右撼其治疾神效者数十事，为作传，故其著述益有称于世。

　　葛乾孙，字可久，长洲人。父应雷，以医名。时北方刘守真、张洁古之学未行于南。有李姓者，中州名医，官吴下，与应雷谈论，大骇叹，因授以张、刘书。自是江南有二家学。

　　乾孙体貌魁硕，好击刺战阵法。后折节读书，兼通阴阳、律历、星命之术。屡试不偶，乃传父业。然不肯为人治疾，或施之，辄著奇效，名与金华朱丹溪埒。富家女病四支痿痹，目瞪不能食，众医治罔效。乾孙命悉去房中香奁、流苏之属，掘地坎，置女其中。久之，女手足动，能出声。投药一丸，明日女自坎中出矣。盖此女嗜香，脾为香气所蚀，故得是症。其疗病奇中如此。

　　吕复，字元膺，鄞人。少孤贫，从师受经。后以母病求医，遇名医衢人郑礼之，遂谨事之，因得其古先禁方及色脉药论诸书，试辄有验。乃尽购古今医书，晓夜研究，自是出而行世，取效若神。其于《内经》、《素问》、《灵枢》、《本草》、《难经》、《伤寒论》、《脉经》、《脉诀》、《病原论》、《太始天元玉册元诰》、《六微旨》、《五常政》、《元珠密语》、《中藏经》、《圣济经》等书，皆有辨论。前代名医如扁鹊、仓公、华佗、张仲景至张子和、李东垣诸家，皆有评骘。所著有《内经或问》、《灵枢经脉笺》、《五色诊奇眩》、《切派枢要》、《运气图说》、《养生杂言》诸书甚众。浦江戴良采其治效最著者数十事，为医案。历举仙居、临海教谕，台州教授，皆不就。

　　倪维德，字仲贤，吴县人。祖、父皆以医显。维德幼嗜学，已乃业医，以内经为宗。病大观以来，医者率用裴宗元、陈师文《和剂局方》，故方新病多不合。乃求金人刘完素、张从正、李杲三家书读之，出而治疾，无不立效。

　　周万户子，八岁昏眊，不识饥饱寒暑，以土炭自塞其口。诊之曰：“此慢脾风也。脾藏智，脾慢则智短。”以疏风助脾剂投之，即愈。顾显卿右耳下生瘿，大与首同，痛不可忍。诊之曰：“此手足少阳经受邪也。饮之药，逾月愈。刘子正妻病气厥，或哭或笑，人以为祟。诊之曰：“两手脉俱沉，胃脘必有所积，积则痛。”问之果然，以生熟水导之，吐痰涎数升愈。盛架阁妻左右肩臂奇痒，延及头面，不可禁，灼之以艾，则暂止。诊之曰：“左脉沉，右脉浮且盛，此滋味过盛所致也。”投以剂，旋愈。林仲实以劳得热疾，热随日出入为进退，暄盛则增剧，夜凉及雨则否，如是者二年。诊之曰：“此七情内伤，阳气不升，火渐炽。故温则进，凉则退。”投以东垣内伤之剂，亦立愈。他所疗治，多类此。

　　常言：“刘、张二氏多主攻，李氏惟调护中气主补，盖随时推移，不得不然。”故其主方不执一说。常患眼科杂出方论，无全书，著《元机启微》，又校订《东垣试效方》，并刊行于世。洪武十年卒，年七十五。

周汉卿，松阳人。医兼内外科，针尤神。乡人蒋仲良，左目为马所踶，睛突出如桃。他医谓系络已损不可治，汉卿封以神膏，越三日复故。华州陈明远瞽十年，汉卿视之，曰："可针也。"为翻睛刮瞖，欻然辨五色。武城人病胃痛，奋掷乞死。汉卿纳药于鼻，俄喷赤虫寸许，口眼悉具，痛旋止。马氏妇有娠，十四月不产，尫且黑。汉卿曰："此中蛊，非娠也。"下之，有物如金鱼，病良已。永康人腹疾，伛偻行。汉卿解衣视之，气冲起腹间者二，其大如臂。刺其一，砉然鸣，又刺其一亦如之，加以按摩，疾遂愈。长山徐妪痫疾，手足颤掉，裸而走，或歌或笑。汉卿刺其十指端，出血而痊。钱塘王女生瘰疬，环头及腋，凡十九窍。窍破白沸出，将死矣。汉卿为剔窍母深二寸，其余烙以火，数日结痂愈。山阴杨翁项有疣如瓜大，醉仆陛下，溃血不能止。疣溃者必死。汉卿以药糁其穴，血即止。义乌陈氏子腹有块，扪之如罌。汉卿曰："此肠痈也。"用大针灼而刺之，入三寸许，脓随进出有声，愈。诸暨黄生背曲，须杖行。他医皆以风治之，汉卿曰："血涩也。"刺两足昆仑穴，顷之投杖去。其捷效如此。

王履，字安道，昆山人。学医于金华朱彦修，尽得其术。尝谓张仲景《伤寒论》为诸家祖，后人不能出其范围。且《素问》云"伤寒为病热"，言常不言变，至仲景始分寒热，然义犹未尽。乃备常与变，作《伤寒立法考》。又谓《阳明篇》无目痛，《少阴篇》言胸背满不言痛，《太阴篇》无嗌乾，《厥阴篇》无囊缩，必有脱简。乃取三百九十七法，去其重复者二百三十八条，复增益之，仍为三百九十七法。极论内外伤经旨异同，并《中风》、《中暑辨》，名曰《溯洄集》，凡二十一篇。又著《百病钩玄》二十卷，《医韵统》一百卷，医家宗之。

履工诗文，兼善绘事。尝游华山绝顶，作图四十幅、记四篇、诗一百五十首，为时所称。

自滑寿以下五人,皆生于元,至明初始卒。

周颠,建昌人,无名字。年十四,得狂疾,走南昌市中乞食,语言无恒,皆呼之曰颠。及长有异状,数谒长官,曰"告太平"。时天下宁谧,人莫测也。后南昌为陈友谅所据,颠避去。太祖克南昌,颠谒道左。洎还金陵,颠亦随至。一日驾出,颠来谒。问何为,曰:"告太平。"自是屡以告。太祖厌之,命覆以巨缸,积薪煅之。薪尽启视,则无恙,顶上出微汗而已。太祖异之,命寄食蒋山僧寺。已而僧来诉,颠与沙弥争饭,怒而不食且半月。太祖往视颠,颠无饥色。乃赐盛馔,食已闭空室中,绝其粒一月,比往视,如故。诸将士争进酒馔,茹而吐之,太祖与共食则不吐。

太祖将征友谅,问曰:"此行可乎?"对曰:"可。"曰:"彼已称帝,克之不亦难乎?"颠仰首视天,正容曰:"天上无他座。"太祖携之行,舟次安庆,无风,遣使问之。曰:"行则有风。"遂命牵舟进,须臾风大作,直抵小孤。太祖虑其妄言惑军心,使人守之。至马当,见江豚戏水,叹曰:"水怪见,损人多。"守者以告。太祖恶之,投诸江。师次湖口,颠复来,且乞食。太祖与之食,食已,即整衣作远行状,遂辞去。友谅既平,太祖遣使往庐山求之,不得,疑其仙去。洪武中,帝亲撰《周颠仙传》,纪其事。

张中,字景华,临川人。少应进士举不第,遂放情山水,遇异人,授数学,谈祸福,多奇中。太祖下南昌,以邓愈荐召至,赐坐。问曰:"予下豫章,兵不血刃,此邦之人其少息乎?"对曰:"未也。旦夕此地当流血,庐舍煨且尽,铁柱观亦仅存一殿耳。"未几,指挥康泰反,如其言。寻又言国中大臣有变,宜豫防。至秋,平章邵荣、参政赵继祖伏甲北门为乱,事觉伏诛。

陈友谅围南昌三月,太祖伐之,召问之。曰:"五十日当大胜,亥子之日获其渠帅。"帝命从行,舟次孤山,无风不能进。乃以洞元法祭之,风大作,遂达鄱阳。大战湖中,常遇春孤舟深入,敌舟围之数重,众忧之。曰:"无忧,亥时当自出。"已而果然。连战大胜,友谅中流矢死,降其众五万。自启行至受降,适五十。始南昌被围,帝问"何日当解",曰"七月丙戌"。报至,乃乙酉,盖术官算历,是月差一日,实在丙戌也。其占验奇中,多若此。

为人猖介寡合。与之言,稍涉伦理,辄乱以他语,类佯狂玩世者。尝好戴铁冠,人称铁冠子云。

张三丰,辽东懿州人,名全一,一名君宝,三丰其号也。以其不饰边幅,又号张邋遢。颀而伟,龟形鹤背,大耳圆目,须髯如戟。寒暑惟一衲一蓑,所啖,升斗辄尽,或数日一食,或数月不食。书经目不忘,游处无恒,或云能一日千里。善嬉谐,旁若无人。尝游武当诸岩壑,语人曰:"此山,异日必大兴。"时五龙、南岩、紫霄俱煨于兵,三丰与其徒去荆榛,辟瓦砾,创草庐居之,已而舍去。

太祖故闻其名,洪武二十四年遣使觅之不得。后居宝鸡之金台观,一日自言当死,留颂而逝,县人共棺殓之。及葬,闻棺内有声,启视则复活。乃游四川,见蜀献王。复入武当,历襄、汉,踪迹益奇幻。

永乐中,成祖遣给事中胡濙偕内侍朱祥赍玺书香币往访,遍历荒徼,积数年不遇。乃命工部侍郎郭琎、隆平侯张信等,督丁夫三十余万人,大营武当宫观,费以百万计。既成,赐名太和太岳山,设官铸印以守,竟符三丰言。

或言三丰金时人,元初与刘秉忠同师,后学道于鹿邑之太清宫,然皆不可考。天顺三年,英宗赐诰,赠为通微显化真人,终莫测其存亡也。

袁珙,字廷玉,鄞人。高祖镛,宋季举进士。元兵至,不屈,举家十七人皆死。父士元,翰林检阅官。

珙生有异禀,好学能诗。尝游海外洛伽山,遇异僧别古崖,授以相人术。先仰视皎日,目尽眩,布赤黑豆暗室中,辨之,又悬五色缕窗外,映月别其色,皆无讹,然后相人。其法以夜中燃两炬,视人形状气色，而参以所生年月，百无一谬。

珙在元时已有名，所相士大夫数十百，其于死生祸福，迟速大小，并刻时日，无不奇中。南台大夫普化帖木儿，由闽海道见珙。珙曰："公神气严肃，举动风生，大贵验也。但印堂司空有赤气，到官一百十四日当夺印。然守正秉忠，名垂后世，愿自勉。"普署台事于越，果为张士诚逼取印绶，抗节死。见江西宪副程徐曰："君帝座上黄紫再见，千日内有二美除。但冷笑无情，非忠节相也。"徐于一年后拜兵部侍郎，擢尚书。又二年降于明，为吏部侍郎。尝相陶凯曰："君五岳朝揖而气色未开，五星分明而光泽未见，宜藏器待时。不十年以文进，为异代臣，官二品，其在荆、扬间乎。"凯后为礼部尚书、湖广行省参政。其精类如此。

洪武中，遇姚广孝于嵩山寺，谓之曰："公，刘秉忠之俦也，幸自爱。"后广孝荐于燕王，召至北平。王杂卫士类己者九人，操弓矢，饮肆中。珙一见即前跪曰："殿下何轻身至此。"九人者笑其谬，珙言益切。王乃起去，召珙宫中，谛视曰："龙行虎步，日角插天，太平天子也。年四十，须过脐，即登大宝矣。"已见藩邸诸校卒，皆许以公侯将帅。王虑语泄，遣之还。及即位，召拜太常寺丞，赐冠服、鞍马、文绮、宝钞及居第。帝将建东宫，而意有所属，故久不决。珙相仁宗曰："天子也。"相宣宗曰："万岁天子。"储位乃定。

珙相人即知其心术善恶。人不畏义，而畏祸患，往往因其不善导之于善，从而改行者甚多。为人孝友端厚，待族党有恩。所居鄞城西，绕舍种柳，自号柳庄居士，有《柳庄集》。永乐八年卒，年七十有六。赐祭葬，赠太常少卿。

子忠彻，字静思。幼传父术。从父谒燕王，王宴北平诸文武，使忠彻相之。谓都督宋忠面方耳大，身短气浮，布政使张昺面方五小，行步如蛇，都指挥谢贵拥肿蚤肥而气短，都督耿瓛颧骨插鬓，色如飞火，金都御史景清身短声雄，于法皆当刑死。王大喜，起兵意益决。及为帝，即召授鸿胪寺序班，赐赉甚厚。

迁尚宝寺丞，已，改中书舍人，扈驾北巡。驾旋，仁宗监国，为谗言所中，帝怒，榜午门，凡东宫所处分事，悉不行。太子忧惧成疾，帝命蹇义、金忠偕忠彻视之。还奏，东宫面色青蓝，惊忧象也，收午门榜可愈。帝从之，太子疾果已。帝尝屏左右，密问武臣朱福、朱能、张辅、李远、柳升、陈懋、薛禄，文臣姚广孝、夏元吉、蹇义及金忠、吕震、方宾、吴中、李庆等祸福，后皆验。九载秩满，复为尚宝司丞，进少卿。

礼部郎周讷自福建还，言闽人祀南唐徐知谔、知海，其神最灵。帝命往迎其像及庙祝以来，遂建灵济宫于都城，祀之。帝每遘疾，辄遣使问神。庙祝诡为仙方以进，药性多热，服之辄痰壅气逆，多暴怒，至失音，中外不敢谏。忠彻一日入侍，进谏曰："此痰炎虚逆之症，实灵济宫符药所致。"帝怒曰："仙药不服，服凡药耶？"忠彻叩首哭，内侍二人亦哭。帝益怒，命曳二内侍杖之，且曰："忠彻哭我，我遂死耶？"忠彻惶惧，趋伏阶下，良久始解。帝识忠彻于藩邸，故待之异于外臣。忠彻亦以帝遇己厚，敢进谠言，尝谏外国取宝之非，武臣宜许行服，衍圣公诰宜改赐玉轴，闻者韪之。

宣德初，睹帝容色曰："七日内，宗室当有谋叛者。"汉王果反。尝坐事下吏罚赎。正统中，复坐事下吏休致。二十余年卒，年八十有三。

忠彻相术不殊其父，世所传轶事甚多，不具载。其相王文，谓"面无人色，法曰沥血头"。相于谦，谓"目常上视，法曰望刀眼。"后果如其言。然性阴险，不如其父，与群臣有隙，即缘相法于上前龃龉之。颇好读书，所著有《人相大成》及《凤池蒙》、《符台外集》，载元顺帝为瀛国公子云。

戴思恭，字原礼，浦江人，以字行。受学于义乌朱震亨。震亨师金华许谦，得朱子之传，又学医于宋内侍钱塘罗知悌。知悌得之荆山浮屠，浮屠则河间刘守真门人也。震亨医学大行，时称为丹溪先生。爱思恭才敏，尽以医术授之。

　　洪武中，徵为御医，所疗治立效，太祖爱重之。燕王患瘕，太祖遣思恭往治，见他医所用药良是，念何以不效，乃问王何嗜。曰："嗜生芹。"思恭曰："得之矣。"投一剂，夜暴下，皆细蝗也。晋王疾，思恭疗之愈。已，复发，即卒。太祖怒，逮治王府诸医。思恭从容进曰："臣前奉命视王疾，启王曰：'今即愈，但毒在膏肓，恐复作不可疗也。'今果然矣。"诸医由是免死。思恭时已老，风雨辄免朝。太祖不豫，少间，出御右顺门，治诸医侍疾无状者，独慰思恭曰："汝仁义人也，毋恐。"已而太祖崩，太孙嗣位，罪诸医，独擢思恭太医院使。

　　永乐初，以年老乞归。三年夏，复徵入，免其拜，特召乃进见。其年冬，复乞骸骨，遣官护送，赍金帛，逾月而卒，年八十有二，遣行人致祭。所著有《证治要诀》、《证治类元》、《证类用药》诸书，皆櫽括丹溪之旨。又订正丹溪《金匮钩元》三卷，附以己意。人谓无愧其师云。

　　盛寅，字启东，吴江人。受业于郡人王宾。初，宾与金华戴原礼游，冀得其医术。原礼笑曰："吾固无所吝，君独不能少屈乎？"宾谢曰："吾老矣，不能复居弟子列。"他日伺原礼出，窃发其书以去，遂得其传。将死，无子，以授寅。寅既得原礼之学，复讨究《内经》以下诸方书，医大有名。

　　永乐初，为医学正科。坐累，输作天寿山。列侯监工者，见而奇之，令主书算。先是有中使督花鸟于江南，主寅舍，病胀，寅愈之。适遇诸途，惊曰："盛先生固无恙耶！予所事太监，正苦胀，盍与我视之。"既视，投以药立愈。会成祖较射西苑，太监往侍。成祖遥望见，愕然曰："谓汝死矣，安得生？"太监具以告，因盛称寅，即召入便殿，令诊脉。寅奏，上脉有风湿病，帝大然之，进药果效，遂授御医。一日，雪霁，召见。帝语白沟河战胜状，气色甚厉。寅曰："是殆有天命耳。"帝不怿，起而视雪。寅复吟唐人诗"长安有贫者，宜瑞不宜多"句，闻者咋舌。他日，同官对弈御药房。帝猝至，两人敛枰伏地，谢死罪。帝命终之，且坐以观，寅三胜。帝喜，命赋诗，立就。帝益喜，赐象牙棋枰并词一阕。帝晚年犹欲出塞，寅以帝春秋高，劝毋行。不纳,果有榆木川之变。

　　仁宗在东宫时,妃张氏经期不至者十月,众医以妊身贺。寅独谓不然,出言病状。妃遥闻之曰:"医言甚当,有此人何不令早视我。"及疏方,乃破血剂。东宫怒,不用。数日病益甚,命寅再视,疏方如前。妃令进药,而东宫虑堕胎,械寅以待。已而血大下,病旋愈。当寅之被系也,阖门惶怖曰:"是殆磔死。"既三日,红仗前导还邸舍,赏赐甚厚。

　　寅与袁忠彻素为东宫所恶,既愈妃疾,而怒犹未解,惧甚。忠彻晓相术,知仁宗寿不永,密告寅,寅犹畏祸。及仁宗嗣位,求出为南京太医院。宣宗立,召还。正统六年卒。两京太医院皆祀寅。寅弟宏亦精药论,子孙传其业。

　　初,寅晨直御医房,忽昏眩欲死,募人疗寅,莫能应。一草泽医人应之,一服而愈。帝问状,其人曰:"寅空心入药房,猝中乐毒。能和解诸药者,甘草也。"帝问寅,果空腹入,乃厚赐草泽医人。

　　皇甫仲和,睢州人。精天文推步学。永乐中,成祖北征,仲和与袁忠彻扈从。师至漠北,不见寇,将引还,命仲和占之,言:"今日未申间,寇当从东南来。王师始却,终必胜。"忠彻如之。比日中不至,复问,二人对如初。帝命械二人,不验,将诛死。顷之,中官奔告曰:"寇大至矣。"时初得安南神炮,寇一骑直前,即以炮击之,一骑复前,再击之,寇不动。帝登高望之曰:"东南不少却乎?"亟麾大将谭广等进击,诸将奋斫马足,寇少退。俄疾风扬沙,两军不相见,寇始引去。帝欲即夜班师,二人曰:"明日寇必降,请待之。"至期果降,帝始神其术,授仲和钦天监正。

　　英宗将北征,仲和时已老,学士曹鼐问曰:"驾可止乎?胡、王两尚书已率百官谏矣。"曰:"不能也,紫微垣诸星已动矣。"曰:"然则奈何?"曰:"盍先治内。"曰:"命亲王监国矣。"曰:"不如立储君。"曰:"皇子幼,未易立也。"曰:"恐终不免立。"及车驾北狩,景帝遂即位。寇之薄都城也,城中人皆哭。仲和曰:"勿忧,云向南,大将气至,

寇退矣。"明日,杨洪等入援,寇果退。一日出朝,有卫士请占。仲和
辞,卫士怒。仲和笑曰:"汝室中妻妾正相斗,可速返。"返则方斗不
解。或问:"何由知?"曰:"彼问时,适见两鹊斗屋上,是以知之。"其
占事率类此。

　　仝寅,字景明,安邑人。年十二岁而瞽,乃从师学京房术,占祸
福多奇中。父清游大同,携之行塞上。石亨为参将,颇信之,每事咨
焉。英宗北狩,遣使问还期。筮得乾之初,曰:"大吉。四为初之应,
初潜四跃,明年岁在午,其干庚。午,跃候也。庚,更新也。龙岁一
跃,秋潜秋跃,明年仲秋驾必复。但繇勿用,应在渊,还而复,必失
位。然象龙也,数九也。四近五,跃近飞。龙在丑,丑曰赤奋若,复
在午。午色赤,午奋于丑,若,顺也,天顺之也。其于丁,象大明也。
位于南方,火也。寅其生,午其王,壬其合也。至岁丁丑,月寅,日午,
合于壬,帝其复辟乎?"已而悉验。

　　石亨入督京营,挟自随。及也先逼都城,城中人恟惧,或请筮
之,寅曰:"彼骄我盛,战必胜。"寇果败去。明年,也先请遣使迎上
皇,廷臣疑其诈。寅言于亨曰:"彼顺天仗义,我中国反失奉迎礼,宁
不贻笑外蕃。"亨乃与于谦决计,上皇果还。

　　景泰三年,指挥卢忠告变,事连南宫。帝杀中官阮浪,犹穷治不
已,外议汹汹。忠一日屏人请筮,寅叱之曰:"是兆大凶,死不足赎。"
忠惧而佯狂,事得不竟。已而忠果伏诛。

　　英宗复辟,将官寅,寅固辞。命赐金钱金卮诸物。其父官指挥
佥事,将赴徐州。英宗虑寅偕行,乃授锦衣百户,留京师。寅见石亨
势盛,每因筮戒之,亨不能用,卒及于祸。寅以筮游公卿贵人间,莫
不信重之,然无一语及私。年几九十乃卒。

　　吴杰,武进人。弘治中,以善医征至京师,试礼部高等。故事,
高等入御药房,次入太医院,下者遣还。杰言于尚书曰:"诸医被征,
待次都下十余载,一旦遣还,诚流落可悯。杰愿辞御药房,与诸人同

入院。"尚书义而许之。

正德中，武宗得疾，杰一药而愈，即擢御医。一日，帝射猎还，愈甚，感血疾。服杰药愈，进一官。自是，每愈帝一疾，辄进一官，积至太医院使。前后赐彪虎衣、绣春刀及银币甚厚。帝每行幸，必以杰扈行。帝欲南巡，杰谏曰："圣躬未安，不宜远涉。"帝怒，叱左右掖出。及驾还，渔于清江浦，溺而得疾。至临清，急遣使召杰，比至，疾已深，遂扈归通州。时江彬握兵居左右，虑帝晏驾已得祸，力请幸宣府。杰忧之，语近侍曰："疾亟矣，仅可还大内。倘至宣府有不讳，吾辈宁有死所乎！"近侍惧，百方劝帝，始还京师。甫还而帝崩，彬伏诛。中外晏然，杰有力焉。未几致仕。子希周，进士，户科给事中；希曾，举人。

又有许绅者，京师人。嘉靖初，供事御药房。受知于世宗，累迁太医院使，历加工部尚书领院事。二十年，宫婢杨金英等谋逆，以帛缢帝，气已绝。绅急调峻药下之，辰时下药，未时忽作声，去紫血数升，遂能言，又数剂而愈。帝德绅，加太子太保、礼部尚书，赐赉甚厚。未几，绅得疾，曰："吾不起矣。曩者宫变，吾自分不效必杀身，因此惊悸，非药石所能疗也。"已而果卒，赐谥恭僖，官其一子，恤典有加。明世，医者官最显，止绅一人。

其士大夫以医名者，有王纶、王肯堂。纶，字汝言，慈谿人。举进士。正德中，以右副都御史巡抚湖广，精于医，所在治疾，无不立效。有《本草集要》、《名医杂著》行于世。肯堂所著《证治准绳》，为医家所宗，行履详父樵传。

凌云，字汉章，归安人。为诸生，弃去。北游泰山，古庙前遇病人，气垂绝，云嗟叹久之。一道人忽曰："汝欲生之乎？"曰："然。"道人针其左股，立苏，曰："此人毒气内侵，非死也，毒散自生耳。"因授云针术，治疾无不效。

里人病嗽，绝食五日，众投以补剂，益甚。云曰："此寒湿积也，穴在顶,针之必晕绝,逾时始苏。"命四人分牵其发,使勿倾侧,乃针,果晕绝。家人皆哭,云言笑自如。顷之,气渐苏,复加补,始出针,呕积痰斗许,病即除。

有男子病后舌吐,云兄亦知医,谓云曰:"此病后近女色太蚤也。舌者心之苗,肾水竭,不能制心火,病在阴虚。其穴在左股太阳,是当以阳攻阴。"云曰:"然。"如其穴针之,舌吐如故。云曰:"此知泻而不知补也。"补数剂,舌渐复故。

淮阳王病风三载,请于朝,召四方名医,治不效。云投以针,不三日,行步如故。

金华富家妇,少寡,得狂疾,至裸形野立。云视曰:"是谓丧心,吾针其心,心正必知耻,蔽之帐中,慰以好言,释其愧,可不发。"乃令二人坚持,用凉水喷面,针之果愈。

吴江妇临产,胎不下者三日,呼号求死。云针刺其心,针出,儿应手下。主人喜,问故。曰:"此抱心生也。手针痛则舒。"取儿掌视之,有针痕。

孝宗闻云名,召至京,命太医官出铜人,蔽以衣而试之,所刺无不中,乃授御医。年七十七,卒于家。子孙传其术,海内称针法者,曰归安凌氏。

有李玉者,官六安卫千户,善针灸。或病头痛不可忍,虽震雷不闻。玉诊之曰:"此虫唼脑也。"合杀虫诸药为末,吹鼻中,虫悉从眼耳口鼻出,即愈。有跛人扶双杖至,玉针之,立去其杖。两京号神针李玉。

兼善方剂。或病痿,玉察诸医之方,与治法合而不效,疑之。忽悟曰:"药有新陈,则效有迟速。此病在表而深,非小剂能愈。"乃熬药二锅倾缸内,稍冷,令病者坐其中,以药浇之,逾时汗大出,立愈。

李时珍,字东璧,蕲州人。好读医书,医家《本草》,自神农所传,止三百六十五种,梁陶弘景所增亦如之,唐苏恭增一百一十四种,宋刘翰又增一百二十种,至掌禹锡、唐慎微辈,先后增补合一千五百五十八种,时称大备。然品类既烦,名称多杂,或一物而析为二三,或二物而混为一品,时珍病之。乃穷搜博采,芟烦补阙,历三十年,阅书八百余家,藁三易而成书,曰《本草纲目》。增药三百七十四种,厘为一十六部,合成五十二卷。首标正名为纲,余各附释为目,次以集解详其出产、形色,又次以气味、主治附方。书成,将上之朝,时珍遽卒。未几,神宗诏修国史,购四方书籍。其子建元,以父遗表及是书来献。天子嘉之,命刊行天下,自是士大夫家有其书。时珍官楚王府奉祠正,子建中,四川蓬溪知县。

又吴县张颐、祁门汪机、杞县李可大、常熟缪希雍,皆精通医术,治病多奇中。而希雍常谓《本草》出于神农,朱氏譬之《五经》,其后又复增补别录,譬之注疏。惜碎墨错互。乃沈研剖析,以本经为经,别录为纬,著《本草单方》一书,行于世。

周述学,字继志,山阴人。读书好深湛之思,尤邃于历学,撰《中经》。用中国之算,测西域之占。又推究五纬细行,为《星道五图》,于是七曜皆有道可求。与武进唐顺之论历,取历代史志之议,正其讹舛,删其繁芜。又撰《大统万年二历通议》,以补历代之所未及。自历以外,图书、皇极、律吕、山经、水志、分野、舆地、算法、太乙、壬遁、演禽、风角、鸟占、兵符、阵法、卦影、禄命、建除、葬术、五运、六气、海道针经,莫不各有成书,凡一千余卷,统名曰《神道大编》。

嘉靖中,锦衣陆炳访士于经历沈炼,炼举述学。炳礼聘至京,服其英伟,荐之兵部尚书赵锦。锦就访边事,述学曰:“今岁主有边兵,应在乾艮。艮为辽东,乾则宣、大二镇,京师可无虞也。”已而果然。锦将荐诸朝,会仇鸾闻其名欲致之,述学识其必败,乃还里。总督胡宗宪征倭,招至幕中,亦不能荐,以布衣终。

张正常,字仲纪,汉张道陵四十二世孙也。世居贵溪龙虎山。元时赐号天师。太祖克南昌,正常遣使上谒,已而两入朝。洪武元年入贺即位。太祖曰:“天有师乎?”乃改授正一嗣教真人,赐银印,秩视二品。设寮佐，曰赞教，曰掌书。定为制。

长子宇初嗣。建文时，坐不法，夺印诰。成祖即位，复之。宇初尝受道法于长春真人刘渊然，后与渊然不协，相诋讦。永乐八年卒，弟宇清嗣。宣德初，渊然进号大真人，宇清入朝恳礼部尚书胡濙为之请，亦加号崇谦守静。

再传至曾孙元吉，年幼，敕其祖母护持，而赠其父留纲为真人，封母高氏为元君。景泰五年入朝，乞给道童四百二十人度牒。濙复为请，许之。寻欲得大真人号，濙为请，又许之。天顺七年，再乞给道童三百五十人度牒，礼部尚书姚夔持不可，诏许度百五十人。

宪宗立，元吉复乞加母封，改太元君为太夫人，以吏部言不许，乃止。初，元吉已赐号冲虚守素昭祖崇法安恬乐静元同大真人，母慈惠静淑太元君，至是加元吉号体元悟法渊默静虚阐道弘法妙应大真人，母慈和端惠贞淑太真君。然元吉素凶顽，至僭用乘舆器服，擅易制书。夺良家子妇女，逼取人财物。家置狱，前后杀四十余人，有一家三人者。事闻，宪宗怒，械元吉至京，会百官廷讯，论死。于是刑部尚书陆瑜等请停袭，去真人号，不许。命仍旧制，择其族人授之。有妄称天师，印行符箓者，罪不贷。时成化五年四月也。元吉坐系二年，竟以贿缘免死，杖百，发肃州军，寻释为庶人。

族人元庆嗣，弘治中卒。子彦𬩽嗣，嘉靖二年进号大真人。彦𬩽知天子好神仙，遣其徒十余人乘传诣云南、四川采取遗经、古器进上方，且以蟒衣玉带遗镇守中贵，为云南巡抚欧阳重所劾，不问。十六年祷雪内庭有验，赐金冠玉带、蟒衣银币，易金印，敕称卿不名。彦𬩽入朝所经，邮传供应或后期，常山知县吴襄等至下按臣治。

传子永绪，嘉靖末卒，无子。吏部主事郭谏臣乘穆宗初政，上章请夺其世封。下江西守臣议，巡抚任士凭等力言宜革，乃去真人号，改授上清观提点，秩五品，给铜印，以其宗人国祥为之。万历五年，冯保用事，复国祥故封，仍予金印。国祥传至应京。崇祯十四年，帝以天下多故，召应京有所祈祷。既至，命赐宴。礼臣言："天顺中制，真人不与宴，但赐筵席。今应京奉有优旨，请仿宴法王佛子例，宴于灵济宫，以内官主席。"从之。明年三月，应京请加三官神封号，中外一体尊奉。礼官力驳其谬，事得寝。

张氏自正常以来，无他神异，专恃符箓，祈雨驱鬼，间有小验。顾代相传袭，阅世既久，卒莫废去云。

刘渊然者，赣县人。幼为祥符宫道士，颇能呼召风雷。洪武二十六年，太祖闻其名，召至，赐号高道，馆朝天宫。永乐中，从至北京。仁宗立，赐号长春真人，给二品印诰，与正一真人等。宣德初，进大真人。七年乞归朝天宫，御制山水图歌赐之。卒年八十二，阅七日入殓，端坐如生。渊然有道术，为人清静自守，故为累朝所礼。

其徒有邵以正者，云南人，早得法于渊然。渊然请老，荐之，召为道箓司左元义。正统中，迁左正一，领京师道教事。景泰时，赐号悟元养素凝神冲默阐微振法通妙真人。天顺三年，将行庆成宴。故事，真人列二品班末，至是，帝曰："殿上宴文武官，真人安得与。"其送筵席与之，遂为制。

又有沈道宁者，亦有道术。仁宗初，命为混元纯一冲虚湛寂清静无为承宣布泽助国佐民广大至道高士，阶正三品，赐以法服。

时有浮屠智光者，亦赐号圆融妙慧净觉弘济辅国光范衍教灌顶广善大国师，赐以金印。智光，武定人。洪武时，奉命两使乌斯藏诸国。永乐时，又使乌斯藏，迎尚师哈立麻，遂通番国诸经，多所译解。历事六朝，宠锡冠群僧，与渊然辈淡泊自甘，不失戒行。迨成化、正德、嘉靖朝，邪妄杂进，恩宠滥加，所由与先朝异矣。

明史卷三〇〇
列传第一八八

外　戚

陈公　马公　吕本　马全　张骐

<small>子旻　昇等</small>　胡荣　孙忠　<small>子继宗</small>　吴安

钱贵　汪泉　杭昱　周能　<small>子寿　彧</small>

王镇　<small>子源等</small>　万贵　邵喜　张峦

夏儒　陈万言　方锐　陈景行

李伟　王伟　郑成宪　王昇

刘文炳　<small>弟文耀等</small>　张国纪　周奎

　　明太祖立国，家法严。史臣称后妃居宫中，不预一发之政，外戚循理谨度，无敢恃宠以病民，汉、唐以来所不及。而高、文二后贤明，抑远外氏。太祖访得高后亲族，将授以官。后谢曰："国家爵禄宜与贤士大夫共之，不当私妾家。"且援前世外戚骄佚致祸为辞。帝善后言，赐金帛而已。定国之封，文皇后谓非己志，临终犹劝帝，毋骄畜外家。诒谋既远，宗社奠安，而椒房贵戚亦藉以保福庆逮子孙，所全不已多乎。

　　惟英宗时，会昌侯孙继宗，以夺门功，参议国是。自兹以下，其贤者类多谨身奉法，谦谦有儒者风。而一二怙恩负乘之徒，所好不过田宅、狗马、音乐，所狎不过俳优、伎妾，非有军国之权，宾客朋党之势。而在廷诸臣好为危言激论，汰如寿宁兄弟，庸驽如郑国泰，已逐影寻声，抨击不遗余力。故有明一代，外戚最为孱弱。然而惠安、新乐，举宗殉国，呜呼卓矣！

成祖后家详《中山王传》，余采其行事可纪者，作《外戚传》。

陈公，逸其名，淳皇后父也。洪武二年追封扬王，媪为王夫人，立祠太庙东。明年有言王墓在盱眙者，中都守臣按之信。帝乃命中书省即墓次立庙，设祠祭署，奉祀一人，守墓户二百一十家，世世复。帝自制《扬王行实》，谕翰林学士宋濂文其碑，略曰：

王姓陈氏，世维扬，人不知其讳。当宋季，名隶尺籍伍符中，从大将张世杰扈从祥兴。至元己卯春，世杰与元兵战，师大溃，士卒多溺死。王幸脱死达岸，与一二同行者，累石支破釜，煮遗粮以疗饥。已而绝粮，同行者闻山有死马，将共烹食之。王疲极昼睡，梦一白衣人来曰："汝慎勿食马肉，今夜有舟来共载也。"王未之深信，俄又梦如初。至夜将兰，梦中仿佛闻橹声，有衣紫衣者以杖触王胯曰："舟至矣。"王惊寤，身已在舟上，见旧所事统领官。

时统领已降于元将，元将令来附者辄掷弃水中。统领怜王，藏之舰板下，日取乾糇从板隙投之，王掬以食。复与王约，以足撼板，王即张口从板隙受浆。居数日，事泄，彷徨不自安。飓风吹舟，盘旋如转轮，久不能进，元将大恐。统领知王善巫术，遂白而出之。王仰天叩齿，若指麾鬼神状，风涛顿息。元将喜，因饮食之。至通州，送之登岸。

王归维扬，不乐为军伍，避去盱眙津里镇，以巫术行。王无子，生二女，长适季氏，次即皇太后。晚以季氏长子为后，年九十九薨，遂葬焉，今墓是已。

臣濂闻君子之制行，能感于人固难，而能通于神明为尤难。今当患难危急之时，神假梦寐，挟以升舟，非精诚上通于天，何以致神人佑至于斯也。举此推之，则积德之深厚，断可信矣。是宜庆钟圣女，诞育皇上，以启亿万年无疆之基，于乎盛哉！

　　臣濂既序其事，复再拜稽首而献铭曰：皇帝建国，克展孝思。疏封母族，自亲而推。锡爵维扬，地迩帝畿，立庙崇祀，元冕衮衣。痛念宅兆，卜之何墟，间师来告，今在盱眙。皇情悦豫，继以涕洟，即诏礼官，汝往葺治，毋俾菱竖，跳踉以嬉。惟我扬王，昔隶戎麾，狞风荡海，粮绝阻饥。天有显相，梦来此衣，挟以登舟，神力所持，易死为生，寿跻期颐。积累深长，未究厥施，乃毓圣女，茂衍皇支。萝图肇开，鸿祚峨巍，日照月临，风行霆驰。自流徂源，功亦有归，无德弗酬，典礼可稽。聿昭化原，扶植政基，以广孝治，以惇民彝。津里之镇，王灵所依，于昭万年，视此铭诗。

　　马公，逸其名，高皇后父也，宿州人。元末杀人，亡命定远。与郭子兴善，以季女属子兴，后归太祖，即高皇后也。

　　公及妻郑媪皆前卒，洪武二年追封徐王，媪为王夫人，建祠太庙东。皇后亲奉安神主，祝文称"孝女皇后马氏，谨奉皇帝命致祭"。四年命礼部尚书陶凯即宿州茔次立庙，帝自为文以祭。

　　文曰："朕惟古者创业之君，必得贤后以为内助，共定大业。及天下已安，必追崇外家，以报其德。惟外舅、外姑实生贤女，正位中宫。朕既追封外舅为徐王，外姑为王夫人，以王无继嗣，立庙京师，岁时致祭。然稽之古典，于礼未安。又念人生其土，魂魄必游故乡，故即茔所立庙，俾有司春秋奉祀。兹择吉辰，遣礼官奉安神主于新庙，灵其昭格，尚鉴在兹。"

　　二十五年设祠祭署，奉祀、祀丞各一人。王无后，以外亲武忠、武聚为之，置洒扫户九十三家。永乐七年北巡，亲谒祠下。守塚武戡为建阳卫镇抚，犯法，责而宥之。十五年，帝复亲祭，以戡为徐州卫指挥佥事。

吕本，寿州人，懿文太子次妃父也。仕元，为元帅府都事。后归太祖，授中书省令史。洪武五年历官吏部尚书。六年改太常司卿。明年四月，御史台言：“本奉职不谨，郊坛牲角非茧栗，功臣庙坏不修。”诏免官，罚役功臣庙。已，释为北平按察司佥事。帝召本及同时被命杨基、答禄与权，谕之曰：“风宪之设，在肃纪纲，清吏治，非专理刑名。尔等往修厥职，务明大体，毋效俗吏拘绳墨。善虽小，为之不已，将成全德；过虽小，积之不已，将为大愆。不见干云之台，由寸土之积，燎原之火，由一爝之微，可不慎哉！”本等顿首受命，寻复累迁太常司卿。逾二年卒，无子，赐葬钟山之阴。

马全，洪武中为光禄少卿。其女，乃惠帝后也。燕兵陷都城，全不知所终。

张骐，永城人。洪武二十年以女为燕世子妃，授兵马副指挥。世子为太子，进京卫指挥使，寻卒。仁宗即位，追封彭城伯，谥恭靖，后进侯。二子昹、昇，并昭皇后兄也。

昹从成祖起兵取大宁，战郑村坝，俱有功，授义勇中卫指挥同知。已，援蓟州，败辽东军，还佐世子守北平。永乐初，累官锦衣卫指挥使。昹尝有过，成祖戒之曰：“戚畹最当守法，否则罪倍常人。汝今富贵，能不忘贫贱，骄逸何自生。若奢傲放纵，陵虐下人，必不尔恕，慎之。”昹顿首谢。仁宗立，擢中军都督府左都督，俄封彭城伯，子孙世袭。洪熙改元，命掌五军右哨军马。英宗嗣位，年幼，太皇太后召昹兄弟诫谕之，凡朝政弗令预。昹兄弟素恭谨，因训饬益自敛。正统三年卒。

长子辅病废，子瑾嗣。以伯爵封辅，命未下而辅卒。初，昹私蓄奄人，瑾匿不举。事发，下狱，已，获释。瑾从弟𤩰，天顺中，官锦衣卫副千户。饮千户吕宏家，醉抽刀刺宏死，法当斩，有司援议亲末减。诏不从，迄如律。成化十六年，瑾卒，子信嗣。其后裔嗣封，见

《世表》。

昇，字叔晖。成祖起兵，以舍人守北平有功，授千户，历官府军卫指挥佥事。永乐十二年从北征。仁宗即位，拜后府都督同知。宣德初，进左都督掌左府事。四年二月敕谕昇曰："卿舅氏至亲，日理据务，或以吏欺谩连，不问则废法，问则伤恩，其罢府事，朝朔望，官禄如旧，称朕优礼保全之意。"九年北征，命掌都督府事，留守京师。英宗立，太皇太后令勿预政。大学士杨士奇称昇贤，宜加委任，终不许。正统五年，兄㝶已前卒，太后念外氏惟昇一人，封惠安伯，予世袭。明年卒。

子轼早亡，孙琮嗣。琮卒，弟瑛嗣。瑛卒，无子，庶兄瓒嗣。瓒卒，子伟嗣。弘治十二年充陕西总兵官，镇守固原。明年五月，孝宗御平台，出兵部推举京营大将疏，历询大学士刘健等，佥称伟才。命提督神机营，御书敕以赐。正德元年，令参英国公张懋、保国公朱晖提督团营。三年加太子太保。六年三月充总兵官，偕都御史马中锡督京兵讨流贼刘六等。朝议以伟拥兵自卫，责其玩寇殃民，召还。御史吴堂复劾其罪，兵部请逮伟及中锡，下狱论死。遇赦获释，停禄闲住。十年请给禄，诏给其半。十五年复督神机营。嘉靖初，兼提督团营。二年叙奉迎防守功，加太子太傅。十四年卒，赠太傅，谥康靖。

子镧嗣。二十年，言官劾勋戚权豪家置店、房科私税诸罪，镧亦预，输赎还爵。二十七年掌后府事。居三年卒。子元善嗣。隆庆四年佥书府事。万历三十七年卒。

子庆臻嗣。四十八年掌左府事。崇祯元年七月命提督京营。庆臻私请内阁，于敕内增入兼管捕营。捕营提督郑其心讦庆臻侵职，帝怒，诘改敕故。大学士刘鸿训至遣戍，庆臻以世臣停禄三年。后复起，掌都督府。十七年，贼陷都城，庆臻召亲党尽散赏财，阖家自燔死。南渡时，赠太师、惠安侯，谥忠武，合祀旌忠祠。初，世宗嘉靖八年革外戚世爵，惟彭城、惠安获存，庆臻卒殉国难。

胡荣，济宁人。洪武中，长女入宫为女官，授锦衣卫百户。永乐

十五年将册其第三女为皇太孙妃,擢光禄寺卿,子安府军前卫指挥
佥事,专侍太孙,不涖事。后太孙践阼,妃为皇后,安亦屡进官。宣
德三年,后废,胡氏遂不振。

孙忠,字主敬,邹平人。初名愚,宣宗改曰忠。初,以永城主簿
督夫营天寿山陵,有劳,迁鸿胪寺序班,选其女入皇太孙宫。宣宗即
位,册贵妃,授忠中军都督佥事。三年,皇后胡氏废,贵妃为皇后,封
忠会昌伯。尝谒告归里,御制诗赐之,命中官辅行。比还,帝后临幸
慰劳。妻董夫人数召入宫,赐赉弗绝。

正统中,皇后为皇太后。忠生日,太后使使赐其家。时王振专
权,祭酒李时勉荷校国学门,忠附奏曰:"臣荷恩厚,愿赦李祭酒使
为臣客。坐无祭酒,臣不欢。"太后立言之帝,时勉获释。忠家奴贷
子钱于滨州民,规利数倍,有司望风奉行,民不堪,诉诸朝,言官交
章劾之。命执家奴戍边,忠不问。景泰三年卒,年八十五,赠会昌侯,
谥康靖。英宗复辟,加赠太傅、安国公,改谥恭宪。成化十五年再赠
太师、左柱国。子五人:继宗、显宗、绍宗、续宗、纯宗。

纯宗官锦衣卫指挥佥事,早卒。

继宗,字光辅,章皇后兄也。宣德初,授府军前卫指挥使,改锦
衣卫。景泰初,进都指挥佥事,寻袭父爵。天顺改元,以夺门功,进
侯,加号奉天翊卫推诚宣力武臣,特进光禄大夫、柱国,身免二死,
子免一死,世袭侯爵;诸弟官都指挥佥事者,俱改锦衣卫。复自言:
"臣与弟显宗率子、婿、家奴四十三人预夺门功,乞加恩命。"由是显
宗进都指挥同知,子琏授锦衣卫指挥,婿指挥使武忠进都指挥佥
事,苍头辈授官者十七人。五月,命督五军营戎务兼掌后军都督府
事。

左右又有为绍宗求官者,帝召李贤谓曰:"孙氏一门,长封侯,
次皆显秩,子孙二十余人悉得官,足矣。今又请以为尉太后心,不知
初官其子弟时,请于太后,数请始允,且不怿者累日,曰:'何功于

国,滥授此秩,物盛必衰,一旦有罪,吾不能庇矣。'太后意固如此。"贤稽首颂太后盛德,因从容言祖宗以来,外戚不典军政。帝曰:"初内侍言京营军非皇舅无可属,太后实悔至今。"贤曰:"侯幸淳谨,但后此不得为故事耳。"帝曰:"然。"已,锦衣逮杲奏英国公张懋、太平侯张瑾及继宗、绍宗并侵官地,立私庄。命各首实,懋等具服,乃宥之,典庄者悉逮问,还其地于官。石亨之获罪也,继宗为显宗、武忠及子孙、家人、军伴辞职,帝止革家人、军伴之授职者七人,余不问。五年,曹钦平,进太保。寻以疾奏解兵柄,辞太保,不允。

宪宗嗣位,命继宗提督十二团营兼督五军营,知经筵事,监修《英宗实录》。朝有大议,必继宗为首。再核夺门功,惟继宗侯如故。乞休,优诏不许。三年八月,《实录》成,加太傅。十年,兵科给事中章镒疏言:"继宗久司兵柄,尸位固宠,亟宜罢退,以全终始。"于是继宗上疏恳辞,帝优诏许解营务,仍莅后府事,知经筵,预议大政。复辞,帝不许,免其奏事承旨。自景泰前,戚臣无典兵者,帝见石亨、张轨辈以营军夺门,故使外戚亲臣参之,非故事也。又五年卒,年八十五,赠郯国公,谥荣襄。再传至曾孙杲,详《世表》中。

吴安,丹徒人。父彦名,有女入侍宣宗于东宫,生景帝。宣德三年册为贤妃,彦名已卒,授安锦衣卫百户。景帝嗣位,尊妃为皇太后,安进本卫指挥使。屡迁前府左都督,弟信亦屡擢都督佥事。景泰七年封安安平伯。信早亡,官其弟敬为南京前军左都督。英宗复辟,太后复称贤妃,降安为府军前卫指挥佥事。敬及其群从南京锦衣卫指挥佥事智、府军前卫指挥同知喜山、指挥佥事广林、锦衣卫千户诚,俱革职原籍闲住。寻命安为锦衣卫指挥使,子孙世袭。

钱贵,海州人,英宗睿皇后父也。祖整,从成祖起兵,为燕山护卫副千户。父通嗣职,官至金吾右卫指挥使。贵嗣祖职,数从成祖、宣宗北征,屡迁都指挥佥事。正统七年,后将正位中宫,擢贵中府都督同知。英宗数欲封之,后辄逊谢,故后家独不获封。

贵卒,长子钦为锦衣卫指挥使,与弟钟俱殁于土木。钦无子,以钟遗腹子雄为后,年幼,以父锦衣故秩予优给。天顺改元,累擢都督同知。成化时,后崩。宪宗优生母外家周氏,而薄钱氏,故后家又不获封。雄卒,子承宗亦屡官锦衣卫都指挥使。弘治二年,承宗祖母王氏援宪宗外家王氏例,请封。乃封承宗安昌伯,世袭。先是,勋臣庄田租税皆有司代收,至是王氏乞自收,始命愿自收者听,而禁管庄者横肆。嘉靖五年,承宗卒,谥荣僖。

子维圻嗣。寻卒,承宗母请以庶长子维垣嗣,诏授锦衣卫指挥使。已又请嗣伯爵。世宗以外戚世封非祖制,下廷臣议。八年十月上议曰:"祖宗之制,非军功不封。洪熙时,都督张泉封彭城伯,弟昇亦封惠安伯,外戚之封,自此始。循习至今,有一门数贵者,岁縻厚禄,逾分非法。臣等谨议:魏、定二公虽系戚里,实佐命元勋,彭城、惠安二伯即以恩泽封,而军功参半。其余外戚恩封,毋得请袭。有出特恩一时宠锡者,量授指挥,千、百户之职,终其身。"制曰:"可。"命魏、定、彭城、惠安袭封如故,余止终本身,著为令。维垣遂不得袭,以锦衣终。

汪泉,世为金吾左卫指挥使,家京师。正统十年,其子瑛有女将册为郕王妃,授瑛为中城兵马司指挥,食禄不视事。妃正位中吕,进泉都指挥同知府军卫,带俸,瑛锦衣卫指挥使。寻并擢左都督,瑛弟亦授锦衣千户有差。英宗复位,泉仍居金吾旧职,瑛锦衣旧职,其四弟皆夺官还故里。寻命瑛锦衣指挥佥事,子孙世袭。

杭昱,女为景帝妃,生子见济。景泰三年,帝欲废英宗子而立己子,乃废皇后汪氏,册妃为后。昱累官锦衣卫指挥使。兄聚授锦衣千户。聚寻卒,赐赙及祭葬。七年,后崩,官其弟敏锦衣百户。英宗复辟,尽夺景帝所授外亲官,尤恶杭氏,昱已前卒,敏削职还里。

周能,字廷举,昌平人。女为英宗妃,生宪宗,是为孝肃皇太后。

英宗复位,授能锦衣卫千户,赐赉甚渥。

　　能卒,长子寿嗣职。宪宗践阼,擢左府都督同知。成化三年封庆云伯,赠能庆云侯。寿以太后弟,颇恣横。时方禁勋戚请乞庄田,寿独冒禁乞通州田六十二顷,不得已与之。尝奉使,道吕梁洪,多挟商艘。主事谢敬不可,寿与哄,且劾之,敬坐落职。十七年进侯,子弟同日授锦衣官者七人,能追赠太傅、宁国公,谥荣靖。孝宗立,寿加太保。时寿所赐庄田甚多,其在宝坻者已五百顷,又欲得其余七百余顷,诡言以私财相易。部劾其贪求无厌,执不许,孝宗竟许之。又与建昌侯张延龄争田,两家奴相殴,交章上闻。又数挠盐法,侵公家利,有司厌苦之。十六年加太傅,弟长宁伯彧亦加太保,兄弟并为侯伯,位三公,前此未有也。武宗立,汰传奉官,寿子侄八人在汰中,寿上章乞留,从之。正德四年卒,赠宣国公,谥恭和。

　　子瑛嗣,封殖过于父。嘉靖中,于河西务设肆邀商货,虐市民,亏国课,为巡按御史所劾,停禄三月。而瑛怙恶如故,又为主事翁万达所劾,诏革其廛肆,下家人于法司。时已革外戚世爵,瑛卒,遂不得嗣。

　　彧,太后仲弟也。成化时,累官左府都督同知。二十一年封长宁伯,世袭。弘治中,外戚经营私利,彧与寿宁侯张鹤龄至聚众相斗,都下震骇。九月九日,尚书屠滽偕九卿上言:

　　　宪宗皇帝诏,勋戚之家,不得占据关津陂泽,设肆开廛,侵夺民利,违者许所在官司执治以闻。皇上践极,亦惟先帝之法是训是遵。而勋戚诸臣不能恪守先诏,纵家人列肆通衢,邀截商货,都城内外,所在有之。观永乐间榜例,王公仆从二十人,一品不过十二人。今勋戚多者以百数,大乖旧制。其间多市井无赖,冒名罔利,利归群小,怨丛一身,非计之得。

　　　迩者长宁伯周彧、寿宁侯张鹤龄两家,以琐事忿争,喧传都邑,失戚里之观瞻,损朝廷之威重。伏望纶音戒谕,俾各修旧好。凡有店肆,悉皆停止。更敕都察院揭榜禁戒,扰商贾、夺民利者,听巡城巡按御史及所在有司执治。仍考永乐间榜例,裁

　　定勋戚家人，不得滥收。

科道亦以为言，帝嘉纳之。十八年进太保。或求为侯，吏部言封爵出自朝廷，无请乞者，乃止。武宗立，悉擢或子瑭等六人为锦衣官。或寻卒，传子瑭，孙大经，及曾孙世臣，降授锦衣卫指挥同知。

　　先是，孝肃有弟吉祥，儿时出游，去为僧，家人莫知所在，孝肃亦若忘之。一夕，梦伽蓝神来，言后弟今在某所，英宗亦同时梦。且遣小黄门，以梦中言物色，得之报国寺伽蓝殿中，召入见。后且喜且泣，欲爵之不可，厚赐遣还。宪宗立，为建大慈仁寺，赐庄田数百顷。其后，周氏衰落，而慈仁寺庄田久犹存。

　　王镇，字克安，上元人，宪宗纯皇后父也。成化初，授金吾左卫指挥使。未几，后将正位中宫，拜中军都督同知。四年进右都督。镇为人厚重清谨，虽荣宠不改其素，有长者称。十年六月卒。弘治六年追封阜国公，谥康穆。子三人：源，清，浚。

　　源，字宗本，后弟也。父卒，授锦衣卫都指挥使。外戚例有赐田，源家奴怙势，多侵静海县民业。十六年，给事中王垣等言：“永乐、宣德间，许畿辅八郡民尽力垦荒，永免其税，所以培国本重王畿也。外戚王源赐田，初止二十七顷，乃令其家奴别立四至，占夺民产至二告二百余顷。及贫民赴告，御史刘乔徇情曲奏，致源无忌惮，家奴益横。今户部郎中张祯叔等再按得实，乞自原额外悉还民，并治乔罪。”帝不悦，切责之。后诏禁外戚侵民产，源悉归所占于民，人多其能改过。十八年擢中军都督同知。二十年封瑞安伯。弘治六年进侯。十六年加太保。武宗登极，进太傅，增禄至七百石。嘉靖三年卒，赠太师，谥荣靖。

　　清，成化十八年授锦衣卫千户，累官中军都督同知。弘治十年封崇善伯。武宗嗣位，加太保，嘉靖十三年卒。

　　浚，成化十八年授锦衣卫百户。兄清每迁职，辄以浚代，历官中军左都督。正德二年封安仁伯，逾月卒，赠侯。浚兄弟三人并贵显，皆谦慎守礼，在戚里中以贤称。

源子桥、浚子桓,皆嗣伯。嘉靖中并清子极,皆以例降革。

万贵,宪宗万贵妃父也,历官锦衣卫指挥使。贵颇谨饬,每受赐,辄忧形于色曰:"吾起掾史,编尺伍,蒙天子恩,备戚属,子姓皆得官。福过灾生,未知所终矣。"时贵妃方擅宠,贵子喜为指挥使,与弟通、达等并骄横。贵每见诸子屑越赐物,辄戒曰:"官所赐,皆著籍。他日复宣索,汝曹将重得罪。"诸子笑以为迂。成化十年卒,赙赠祭葬有加。

十四年进喜都指挥同知,通指挥使,达指挥佥事。通少贫贱,业贾。既骤贵,益贪黩无厌,造奇巧邀利。中官韦兴、梁芳等复为左右,每进一物,辄出内库偿,辇金钱络绎不绝。通妻王出入宫掖,大学士万安附通为同宗,婢仆朝夕至王所,谒起居。妖人李孜省辈皆缘喜进,朝野苦之。通死,帝眷万氏不已,迁喜都督同知,达指挥同知。通庶子方二岁,养子方四岁,俱授官。宪宗崩,言官劾其罪状。孝宗乃夺喜等官,而尽追封诰及内帑赐物,如贵言。

邵喜,昌化人,世宗大母邵太后弟也。世宗立,封喜昌化伯,明年卒。子蕙嗣,嘉靖六年卒,无子,族人争嗣。初,太后入宫时,父林早殁。太后弟四人:宗、安、宣、喜。宗、宣无后,及蕙卒,帝令蕙弟萱嗣。蕙侄锦衣指挥辅、千户茂言,萱非嫡派,不当袭,蕙母争之,议久不决。大学士张璁等言:"邵氏子孙已绝,今其争者皆旁枝,不宜嗣。"时帝必欲为喜立后,乃以喜兄安之孙杰为昌化伯。明年,《明伦大典》成,命武定侯郭勋颁赐戚畹,弗及杰。杰自请之,帝诘勋。勋怒,录邵氏争袭章奏,讦杰实他姓,请覆勘,帝不听。会给事中陆粲论大学士桂萼受杰赂,使奴隶冒封爵。帝怒,下粲狱,而尽革外戚封,杰亦夺袭。

张峦,敬皇后父也。弘治四年封寿宁伯。立皇太子,进为侯。卒赠昌国公,子鹤龄嗣侯。十六年,其弟延龄亦由建昌伯进爵侯。峦起诸生,虽贵盛,能敬礼士大夫。

鹤龄兄弟并骄肆,纵家奴夺民田庐,篡狱囚,数犯法。帝遣侍郎屠勋、太监萧敬按得实,坐奴如律。敬复命,皇后怒,帝亦佯怒。已而召敬曰:"汝言是也。"赐之金。给事中吴世忠、主事李梦阳皆以劾延龄几得罪。他日,帝游南宫,鹤龄兄弟入侍。酒半,皇后、皇太子及鹤龄母金夫人起更衣,因出游览。帝独召鹤龄语,左右莫得闻,遥见鹤龄免冠首触地,自是稍敛迹。正德中,鹤龄进太傅。世宗入继,鹤龄以定策功,进封昌国公。时敬皇后已改称皇伯母昭圣皇太后矣。帝以太后抑其母蒋太后故,衔张氏。嘉靖十二年,延龄有罪下狱,坐死,并革鹤龄爵,谪南京锦衣卫指挥同知,太后为请不得。

初,正德时,日者曹祖,告其子鼎,为延龄奴,与延龄谋不轨。武宗下之狱,将集群臣廷鞫之,祖仰药死。时颇以祖暴死疑延龄,而狱无左证,遂解。指挥司聪者,为延龄行钱,负其五百金。索之急,遂与天文生董杲子至谋,讦祖前所首事,胁延龄贿。延龄执聪幽杀之,令聪子昇焚其尸,而折所负券。昇噤不敢言,常愤愦至。至虑事发,乃摭聪前奏上之。下刑部,逮延龄及诸奴杂治。延龄尝买没官第宅,造园池,僭侈逾制。又以私憾杀婢及僧,事并发觉。刑部治延龄谋不轨,无验,而违制杀人皆实,遂论死。

系狱四年,狱囚刘东山发延龄手书诅上,东山得免戍,又阴构奸人刘琦,诬延龄盗宫禁内帑,所告连数十百人。明年,奸人班期、于云鹤又告延龄兄弟挟左道祝诅,辞及太后。鹤龄自南京赴逮,瘐死,期、云鹤亦坐诬谪戍。又明年,东山以射父亡命,为御史陈让所捕获,复诬告延龄并构让及遂安伯陈鏸等数十人,冀以悦上意而脱己罪。奏入,下锦衣卫穷治,让狱中上疏言:"东山扇结奸党,图危宫禁。陛下有帝尧既睦之德,而东山敢为陛下言汉武巫蛊之祸。陛下有帝舜底豫之孝,而东山敢导陛下以暴秦迁母之谋。离间骨肉,背逆不道,义不可赦。"疏奏,帝颇悟。指挥王佐典其狱,钩得东山情,奏之。乃械死东山,赦让、鏸等,而延龄长系如故。太后崩之五年,延龄斩西市。

　　夏儒，毅皇后父也。正德二年，以后父，封庆阳伯。为人长厚，父瑄疾，三年不去左右。既贵，服食如布衣时，见者不知为外戚也。十年以寿终，子臣嗣伯。嘉靖八年罢袭。

　　陈万言，肃皇后父也，大名人，起家诸生。嘉靖元年授鸿胪卿，改都督同知，赐第黄华坊。明年诏复营第于西安门外，费帑金数十万。工部尚书赵璜以西安门近大内，治第毋过高。帝怒。逮营缮郎翟璘下狱。言官余瓒等谏，不省。寻封万言泰和伯，子绍祖授尚宝司丞。

　　又明年，万言乞武清、东安地各千顷为庄田，诏户部勘闲地给之。给事中张汉卿言：“万言拔迹儒素，联婚天室，当躬自检饬，为戚里倡，而僭冒陈乞，违越法度。去岁深冬沍雪，急起大第，徒役疲劳，怨咨载道。方今灾诊相继，江、淮饿死之人，掘穴掩埋，动以万计。万言曾不动念，益请庄田。小民一廛一亩，终岁力作，犹不足于食，若又割而畀之贵戚，欲无流亡，不可得也。伏望割恩以义，杜渐以法，一切裁抑，令保延爵禄。”帝竟以八百顷给之。巡抚刘麟、御史任洛复言不宜夺民地，弗听。七年，皇后崩，万言亦绌。十四年卒，子不得嗣封。

　　方锐，世宗孝烈皇后父也，应天人。后初为九嫔，锐授锦衣正千户。嘉靖十三年，张后废，后由妃册为皇后，迁锐都指挥使。扈跸南巡，道拜左都督。既封安平伯，寻进封侯，卒，子承裕嗣。隆庆元年用主事郭谏臣言，罢袭。

　　陈景行，穆宗继后陈皇后父也。先世建昌人，高祖政以军功世袭百户，调通州右卫，遂家焉。景行故将门，独嗜学，弱冠试诸生高等。穆宗居裕邸，选其女为妃，授景行锦衣千户。隆庆元年，封固安伯。景行素恭敬，每遇遣祀、册封诸典礼，必斋戒将事。家居，试诸子以退让。万历中卒，太后、帝及中宫、潞王、公主賻赠优厚，人皆荣之。

子昌言、嘉言、善言、名言，皆官锦衣。昌言先景行卒，其子承恩引李文全例，请袭祖封。帝曰："承恩，孙，文全，子也，不可比。"以都督同知授之。

李伟，字世奇，漷县人，神宗生母李太后父也。儿时嬉里中，有羽士过之，惊语人曰："此儿骨相，当位极人臣。"嘉靖中，伟梦空中五色彩辇，旌幢鼓吹导之下寝所，已而生太后。避警携家入京师。居久之，太后入裕邸，生神宗。隆庆改元，立皇太子，授伟都督同知。神宗立，封武清伯，再进武清侯。太后能约束其家，伟尝有过，太后召入宫切责之，不以父故虬祖宗法。以是，伟益小心畏慎，有贤声。万历十一年卒，赠安国公，谥庄简。

子文全嗣侯，卒，子铭诚嗣。天启末，铭诚颂魏忠贤功德，建祠名鸿勋。庄烈帝定逆案，铭诚幸获免。久之，大学士薛国观请勒勋戚助军饷。时铭诚已卒，子国瑞当嗣爵，其庶兄国臣与争产，言父遗赀四十万，愿输以佐军兴。帝初不允，至是诏借饷如国臣言，国瑞不能应。帝怒，夺国瑞爵，遂悸死，有司复系其家人。国瑞女，字嘉定伯周奎孙，奎请于庄烈后，后曰："但迎女，秋毫无所取可也。"诸戚畹人人自危。会皇五子疾亟，李太后凭而言。帝惧，悉还李氏产，复武清爵，而皇五子竟殇。或云中人构乳媪，教皇五子言之也。未几，国观遂以事诛。

王伟，神宗显皇后父也。万历五年授都督。寻封永年伯。帝欲加恩伟子栋，及其弟俊，阁臣请俱授锦衣正千户。帝曰："正德时，皇亲夏助等俱授锦衣指挥使，世袭，今何薄也？"大学士张居正等言："正德时例，世宗悉已厘革，请授栋锦衣卫指挥佥事，俊千户，如前议。"帝意未慊，居正固奏，乃止。伟卒，传子栋及曾孙明辅，袭伯如制。

　　郑承宪，神宗郑贵妃父也。贵妃有宠，郑氏父子、宗族，并骄恣，帝悉不问。承宪累官至都督同知，卒。子国泰请袭，帝命授都指挥使。给事中张希皋言："指挥使下都督一等，不宜授任子。妃家蒙恩如是，何以优后家。"不报。

　　是时，廷臣疑贵妃谋夺嫡，群以为言。国泰不自安，上疏请立太子，其从子承恩，亦言储位不宜久虚。大学士沈一贯左右于帝，弗听。诏夺国泰俸，而斥承恩为民，然言者终不息。

　　万历二十六年，承恩复上疏劾给事中戴士衡、知县樊玉衡，妄造《忧危竑议》，离间骨肉，污蔑皇贵妃。帝怒。《忧危竑议》者，不知谁所作，中言会郎吕坤构通宫掖，将与国泰等拥戴福王。而士衡前尝论坤与承恩相结，玉衡方抗言贵妃沮立太子，疏并留中，故承恩指两人。帝怒，士衡、玉衡皆永戍。廷臣益忿郑氏。久之，皇太子立。

　　四十三年，男子张差持梃入东宫，被擒。言者皆言国泰谋刺皇太子。主事王之寀鞫差，差指贵妃宫监。主事陆大受、给事中何士晋遂直攻国泰。帝以贵妃故，不欲竟事，详之寀等传。国泰官左都督，病死，子养性袭职。天启初，光禄少卿高攀龙、御史陈必谦追论其罪，且言养性结白莲贼将为乱。诏勒养性出京师，随便居住。魏忠贤用事，宥还。

　　王昇，熹宗生母孝和太后弟也。父钺。天启元年封昇新城伯，寻以皇子生，进侯。卒，子国与嗣。崇祯十七年，京师陷，被杀。

　　刘文炳，字淇筠，宛平人。祖应元，娶徐氏，生女，入宫，即庄烈帝生母孝纯皇太后也。应元早卒，帝即位，封太后弟效祖新乐伯，即文炳父也。崇祯八年卒，文炳嗣。是年，文炳大母徐年七十，赐宝钞、白金、文绮。帝谓内侍曰："太夫人年老，犹聪明善饭，使太后在，不知若何称寿也。"因怆然泣下。九年进文炳为新乐侯，其祖、父世赠爵如之。

十三年，宫中奉太后像，或曰未肖。帝不怿，遣司礼监太监王裕民同武英殿中书至文炳第，敕徐口授，绘像以进，左右咸惊曰："肖。"帝大喜，命卜日具卤簿，帝俯伏归极门，迎入，安奉奉慈殿，朝夕上食如生。因追赠应元瀛国公，封徐氏瀛国太夫人，文炳晋少傅，叔继祖，弟文耀、文照俱晋爵有差。

文炳母杜氏贤，每谓文炳等曰："吾家无功德，直以太后故，受此大恩，当尽忠报天子。"帝遣文炳视凤阳祖陵，密谕有大事上闻。文炳归，奏史可法、张国维忠正有方略，宜久任，能灭贼，后两人果殉国难。文炳谨厚不妄交，独与宛平太学生申湛然、布衣黄尼麓及驸马都尉巩永固善。时天下多故，流贼势益张，文炳与尼麓等讲明忠义，为守御计。及李自成据三秦，破榆林，将犯京师。文炳知势不支，慷慨泣下，谓永固曰："国事至此，我与公受国恩，当以死报。"

十七年正月，帝召文炳、永固等问国事。二人请早建藩封，遣永、定二王之国。帝是之，以内帑乏，不果行。

三月初一日，贼警益急，命文武勋戚分守京城。继祖守皇城东安门，文耀守永定门，永固守崇文门。文炳以继祖、文耀皆守城，故未有职事。十六日，贼攻西直门，势益急。尼麓踉跄至，谓文炳曰："城将陷，君宜自为计。"文炳母杜氏闻之，即命侍婢简箐缒于楼上，作七八缳，命家僮积薪楼下，随遣老仆郑平迎李氏、吴氏二女妇，曰："吾母女同死此。"又念瀛国太夫人年笃老，不可俱烬，因与文炳计，匿之申湛然家。

十八日，帝遣内使密召文炳、永固。文炳归白母曰："有诏召儿，儿不能事母。"母拊文炳背曰："太夫人既得所，我与若妻妹死耳，复何憾。"文炳偕永固谒帝，时外城已陷。帝曰："二卿所纠家丁，能巷战否？"文炳以众寡不敌对，帝愕然。永固奏曰："臣等已积薪第中，当阖门焚死，以报皇上。"帝曰："朕志决矣。朕不能守社稷，朕能死社稷。"两人皆涕泣，誓效死，出驰至崇文门。须臾贼大至，永固射贼，文炳助之，杀数十人，各驰归第。

十九日，文照方侍母饭，家人急入曰："城陷矣！"文照碗脱地，直视母。母遽起登楼，文照及二女从之，文炳妻王氏亦登楼。悬孝纯皇太后像，母率众哭拜，各缢死。文照入缳堕，拊母背连呼曰："儿不能死矣，从母命，留侍太夫人。"遂逃去。家人共焚楼。文炳归，火烈不得入，入后园，适湛然、尼籭至，曰："巩都尉已焚府第，自刎矣。"文炳曰："诺。"将投井，忽止曰："戎服也，不可见皇帝。"湛然脱己帻冠之，遂投井死。继祖归，亦投井死。继祖妻左氏见大宅火，亟登楼自焚，妾董氏、李氏亦焚死。初，文耀见外城破，突出至浑河，闻内城破，复入，见第焚，大哭曰："文耀未死，以君与母在。今至此，何生为！"遂觅文炳死所，大书版井旁曰"左都督刘文耀同兄文炳毕命报国处"，亦投井死，阖门死者四十二人。

是时，惠安伯张庆臻，集妻、子同焚死。新城侯王国兴亦焚死。宣城伯卫时春怀铁券，阖门赴井死。与永固射贼杨光陞者，驸马都尉子也，被甲驰突左右射，与永固相失，矢尽，投观象台下井中死。而湛然以匿瀛国为贼所拷掠，终不言，体糜烂以死。福王时，谥文炳忠壮，文耀忠果。

张国纪，祥符人，熹宗张皇后父也。天启初，封太康伯。魏忠贤与客氏忌皇后，因谋陷国纪，使其澡刘志选、梁梦环先后劾国纪谋占宫婢韦氏，矫中宫旨鬻狱。忠贤将从中究其事，以撼后。大学士李国楈曰："君后，犹父母也，安有劝父构母者？"国纪始放归故郡，忠贤犹欲掎之，庄烈帝立，乃得免。崇祯末，以输饷进爵为侯，旋死于贼。

周奎，苏州人，庄烈帝周皇后父也。崇祯三年封嘉定伯，赐第于苏州之葑门。帝尝谕奎及田贵妃父弘遇、袁贵妃父祐，宜恪遵法度，为诸戚臣先。祐颇谨慎，惟弘遇骄纵，奎居外戚中，碌碌而已。

李自成逼京师，帝遣内侍徐高密谕奎倡勋戚输饷，奎坚谢无有。高愤泣曰："后父如此，国事去矣。"奎不得已奏捐万金，且乞皇后为助。及自成陷京师，掠其家得金数万计，人以是笑奎之愚云。

明史卷三〇一
列传第一八九

列女一

月娥　刘孝妇 甄氏　诸娥　丁氏

石氏　杨氏 张氏等　贞女韩氏 黄善聪

姚孝女 蔡孝女 招远孝女　卢佳娘

施氏 吴氏 毕氏　石孝女　汤慧信

义婢妙聪　徐孝女　高氏　孙义妇

梁氏　马氏　义姑万氏 陈氏

郭氏 幼溪女　程氏　王妙凤 唐贵梅

张氏 杨泰奴 张氏　陈氏 秀水张氏

欧阳金贞 庄氏 唐氏　王氏 易氏

钟氏四节妇　宣氏 孙氏　徐氏

义妾张氏　龚烈妇 江氏

范氏二女 丁美音　成氏 兴安二女子

章银儿 茅氏　招囊猛　凌氏 杜氏

义妇杨氏　史氏 林端娘　汪烈妇

窦妙善　石门丐妇　贾氏　胡氏

陈宗球妻史氏　叶氏　胡贵贞
孙氏　江氏　严氏

　　妇人之行,不出于闺门,故《诗》载《关雎》、《葛覃》、《桃夭》、《茱
苢》,皆处常履顺,贞静和平,而内行之修,王化之行,具可考见。其
变者,《行露》、《柏舟》,一二见而已。刘向传列女,取行事可为鉴戒,
不存一操。范氏宗之,亦采才行高秀者,非独贵节烈也。魏、隋而降,
史家乃多取患难颠沛,杀身殉义之事。盖輓近之请,忽庸行而尚奇
激,国制所褒,志乘所录,与夫里巷所称道,流欲所震骇,胥以至奇
至苦为难能。而文人墨客往往借俶傥非常之行,以发其伟丽激越跌
宕可喜之思,故其传尤远,而其事尤著。然至性所存,伦常所系,正
气之不至于沦澌,而斯人之所以异于禽兽,载笔者宜莫之敢忽也。

　　明兴,著为规条,巡方督学岁上其事。大者赐祠祀,次亦树坊
表,乌头绰楔,照耀井闾,乃至僻壤下户之女,亦能以贞白自砥。其
著于实录及郡邑志者,不下万余人,虽间有以文艺显,要之节烈为
多,呜呼!何其盛也。岂非声教所被,廉耻之分明,故名节重而蹈义
勇欤。

　　今掇其尤者,或以年次,或以类从,具著于篇,视前史殆将倍
之。然而姓名湮灭者,尚不可胜计,存其什一,亦足以示劝云。

　　月娥,西域人,元武昌尹,职马禄丁女也。少聪慧,听诸兄诵说
经史,辄通大义。长适芜湖葛通甫,事上抚下,一秉礼法。长姒卢率
诸妇女,悉受其教。

　　太祖渡江之六年,伪汉兵自上游而下,卢曰:"太平有城郭,且
严兵守,可恃。"使月娥挟诸妇女往避之。未几,寇至,城陷,月娥叹
曰:"吾生诗礼家,可失节于贼邪!"抱幼女赴水死。诸妇女相从投水
者九人,方盛暑,尸七日不浮,颜色如生。乡人为巨穴合葬之故居

南,题曰十女墓。娥弟丁鹤年,幼通经史,皆娥口授也。后通甫与卢皆死于寇。

刘孝妇,新乐韩太初妻。太初,元时为知印。洪武初,例徙和州,挈家行。刘事姑谨,姑道病,刺血和药以进。抵和州,夫卒,刘种蔬给姑食。越二年,姑患风疾不能起,昼夜奉汤药,驱蚊蝇不离侧。姑体腐,蛆生席间,为啮蛆,蛆不复生。及姑疾笃,刲肉食之,少瘥,逾月而卒,殡之舍侧。欲还葬舅塚,力不能举丧,哀号五载。太祖闻之,遣中使赐衣一袭、钞二十锭,命有司还其丧,旌门闾,复徭役。

同时甄氏,栾城李大妻,事姑孝。姑寿九十一卒,甄庐墓三年,旦暮悲号,亦被旌。

孝女诸娥,山阴人。父士吉,洪武初为粮长。有黠而逋赋者,诬士吉于官,论死,二子炳、焕亦罹罪。娥方八岁,昼夜号哭,与舅陶山长走京师诉冤。时有令,冤者非卧钉板,勿与勘问。娥辗转其上,几毙,事乃闻,勘之,仅戍一兄而止。娥重伤卒,里人哀之,肖像配曹娥庙。

唐方妻,浙新昌丁氏女,名锦孥。洪武中,方为山东佥事,坐法死,妻子当没为官婢。有司按籍取之,监护者见丁色美,借梳掠发,丁以梳掷地,其人取掠之,持还丁。丁骂不受,谓家人曰:“此辈无礼,必辱我,非死无以全节。”肩舆过阴泽,崖峭水深,跃出赴水,衣厚不能沈,从容以手敛裙,随流而没,年二十八,时称其处为夫人潭。

郑堪妻石氏。堪,浦江郑泳孙也。洪武初,李文忠荐诸朝,屡迁藏库提点,坐法死。石当遣配,泣曰:“我义门妇也,可辱身以辱门乎!”不食死。

杨氏,慈谿人,字同邑郑子珱。洪武中,子珱父仲徽戍云南。明制，子成丁者随遣，子珠亦在戍中。杨年甫十六，闻子珠母老弟幼，请于父母，适郑养姑，以待子珠之返。子珠竟卒戍所，杨与姑抚诸叔成立，以夫从子孔武为嗣，苦节五十余年。

其后，郑焕妻张氏，嫁未旬日；泰然妻严氏生子一兰，方孩抱；栻妻王氏事夫痼病，狂不省人事，服勤八年弗怠；三人皆杨氏夫族，先后早寡，皆以节闻。万历中，知府邹希贤题曰郑氏节门，以比浦江郑氏义门云。

贞女韩氏，保宁人。元末明玉珍据蜀，贞女虑见掠，伪为男子服，混迹民间。既而被驱入伍，转战七年，人莫知其处女也。后从玉珍破云南还，遇其叔父，赎归成都，始改装而行，同时从军者莫不惊异。洪武四年嫁为尹氏妇。成都人以韩贞女称。

其后有黄善聪者，南京人。年十三失母，父贩香庐、凤间，令善聪为男子装从游数年。父死，善聪习其业，变姓名曰张胜。有李英者，亦贩香，与为伴侣者逾年，不知其为女也。后偕返南京省其姊。姊初不之识，诘知其故，怒詈曰："男女乱群，辱我甚矣。"拒不纳。善聪以死自誓。乃呼邻妪察之，果处子也。相持痛哭，立为改装。明日，英来，知为女，怏怏如失，归告母求婚。善聪不从，曰："若归英，如瓜李何？"邻里交劝，执益坚。有司闻之，助以聘，判为夫妇。

姚孝女，余姚人，适吴氏。母出汲，虎衔之去，女追掣虎尾，虎欲前，女掣益力，尾遂脱，虎负痛跃去。负母还，药之获愈，奉其母二十年。

后成化间，武康有蔡孝女，随母入山采药。虎攫其母，女折树枝格斗三百余步。虎舍其母，伤女，血敷丈许，竹叶为赤，女亦获全。

后招远有孝女，不知其姓。父采石南山，为蟒所吞。女哭之，愿见父尸同死。俄顷大雷电击蟒堕女前，腹裂见父尸。女负土掩埋，触石而死。

卢佳娘，福清李广妻。婚甫十月，广暴卒，卢恸绝复甦，见广口鼻出恶血，悉餂食之。既殓，哭辄僵仆，积五六日，家人防懈，潜入寝室自经。后其县有游政妻倪氏，殉夫亦然。

又有施氏，滁州彭禾妻。正德元年，禾得疾不起，握手诀曰："疾急甚，知必死。汝无子，择婿而嫁，毋守死，徒自苦也。"施泣曰："君尚不知妾乎！愿先君死。"禾固止之，因取禾所呕血尽吞之，以见志。及禾殁，即自经。

吴氏，潞州廪生卢清妻。舅姑殁于临洺，寄瘗旅次。清授徒自给，后失廪，充拣于汴，愤耻发狂死。吴闻讣，痛绝，哭曰："吾舅姑委骨于北，良人死，忍令终不返乎！"乃寄孤于姊兄，鬻次女为资，独抵临洺，觅舅姑瘗处不得，号泣中野。忽一丈夫至，则清所授徒也，为指示，收二骸以归。复冒暑之汴，负夫骨还。三丧毕举，忍饿无他志。学正刘崧言于知州马暾，赎其女，厚恤之。年七十五乃卒。

后有毕氏，河间邓节妻。年饥，攜家景州就食，舅姑相继亡，节亦寻殁，俱藁葬景州。氏年三十三，无子女，独归里中，忍饥冻，昼夜纺织，积数年，市地城北八里庄，独之景州，负舅姑及夫骨还葬。

石孝女，新昌人。襁褓时，父潜坐事籍没，系京狱。母吴，以漏籍获免，依兄弟为生。一日，父脱归，匿吴家。吴兄弟惧连坐，杀置大窖中，母不敢言。及女长，问母曰："我无父族何也？"母告之故，女大悲愤。

永乐初，年十六，舅氏主婚，配族子。女白母曰："杀我父者，吴也。奈何为父仇妇？"母曰："事非我主，奈何？"女颔而不答。嫁之日，方礼宾，女自经室中。母仰天哭曰："吾女之死，不欲为仇人妇也。"号恸数日亦死。有司闻之，治杀潜者罪。

汤慧信，上海人。通《孝经》、《列女传》，嫁华亭邓林。林卒，妇年二十五，一女七岁。邓族利其居，迫使妇家。妇曰："我邓家妇，何归乎？"族知不可夺，贸其居于巨室。妇泣曰："我收夫骨于兹土，与同存亡，奈何弃之。"欲自尽，巨室义而去之。妇寻自计曰："族利我财耳。"乃出家资，尽畀族人，躬绩纴以给。

岁大水，居荒野沮洳中。其女适人者，操舟来迎，不许。请暂憩舟中，亦不许，曰："我守此六十年，因巨浸以从汝父，所甘心焉，复何往！"母女方相牵未舍，水至，汤竟溺死。

义婢妙聪，保安右卫指挥张孟哲家婢也。永乐中，调兵操宣府，孟哲在行。北寇入掠，妻李谓夫妹曰："我命妇，与若皆宦门女，义不可辱。"相挈投井中，妙聪亦随入，见二人俱未死，以李有娠，恐水冷有所害，遂负之于背。贼退，孟哲弟仲哲求三人井中，以索引嫂妹出，而婢则死矣。

徐孝女，嘉善徐远女也。年六岁，母患臁疮。女问母，何以得愈，母谩曰："儿吮之，乃愈。"女遂请吮，母难之。女悲啼不已，母不得已，听之吮，数日果愈。

高氏女，武邑人，适诸生陈和。和早卒，高独持门户，奉翁姑甚孝。及宣德时，翁姑并殁，氏以礼殡葬，时年五十矣。泣谓子刚曰："我父洪武间，举家客河南虞城。父死，旅葬城北，母以枣木小车辀识之。比还家，母亦死，弟懦不能自振。吾三十年不敢言者，以汝王母在堂，当朝夕侍养也。今大事已毕，欲舁吾父遗骸，归合葬。"刚唯唯，随母至虞城，抵葬所，塚累累不能辨。氏以发系马鞍逆行，自朝及夕，至一小塚，鞍重不能前，即开其塚，所识车辀宛然。远所观者，咸惊异，助之归，启母窆同葬。

孙义妇，慈谿人。归定海黄谊昭，生子湑。未几夫卒，孙育之成立，求兄女为配。甫三年，生二子，湑亦卒。

时田赋皆令民自输，孙姑妇相率携幼子输赋南京，诉尚书蹇义,言:"县苦潮患,十年九荒,乞筑海塘障之。"义见其孤苦,诘曰:"何为不嫁?"对曰:"饿死事极小,失节事极大。"义嗟叹久之,次日即为奏请,遣官偕有司相度成之,起自龙山,迄于观海,永免潮患。慈谿人庙祀之塘上。

梁氏,大城尹之路妻。嫁岁余,夫乏食出游山海关,卖熟食为生。又娶马氏,生子二,十余年不通问。氏事翁姑,艰苦无怨言。夫客死,氏徒步行乞,迎夫丧,往返二千里,迄扶枢携后妻二子以归,里人叹异。

余侮妻马氏,吴县人。归五年,夫死无子,家酷贫。姑欲夺其志,有田二亩半,得粟不以与妇,马不为动。姑潜纳他人聘,一夕鼓吹临门,趣治妆,马入卧室自经死,几上食器,糠粃尚存。

义姑万氏,名义颛,字祖心,鄞人,宁波卫指挥佥事钟女也。幼贞静,善读书。两兄文、武,皆袭世职,战死,旁无期功之亲。继母曹氏,两嫂陈氏、吴氏,皆盛年孀居。吴遗腹仅六月,姑旦暮拜天哭告曰:"万氏绝矣,愿天赐一男,续忠臣后。我矢不嫁,共抚之。"已果生男,名之曰全。姑喜曰:"万氏有后矣。"乃与诸嫠共守,名阀来聘,皆谢绝之,训全读书,迄底成立。全嗣职,传子禧、孙椿,皆奉姑训惟谨。姑年七十余卒。姑之祖斌,及父兄并死王事,母及二嫂守贞数十年,姑更以义著。乡人重之,称为四忠三节一义之门。

后有陈义姑者,沙县陈穗女。年十八,父母相继卒,遗二男,长七岁,次五岁。亲族利其有,日眈眈于旁。姑矢志抚弟,居常置帚数十。族兄弟暮夜叩门,姑燃帚照之,亟启户具酒食款。叩者告曰:"吾辈夜行灭火,就求烛耳。"自此窥伺者绝意。及二弟毕婚,年四十五乃嫁,终无子。二弟迎归,母事之。

郭氏,大田人。邓茂七之乱,乡人结寨东岩。寨破,郭裸幼儿走,且有身,为贼所驱。郭奋骂,投百尺岩下,与儿俱碎乱石间,胎及肠胃进出,狼籍岩下。贼据高瞰之,皆叹曰:"真烈妇也!"瘗之去。

同时有幼溪女,失其姓名。茂七破沙县,匿草间,为二贼所获。遇溪桥,贞女曰:"扶我过,当从一人而终。"二贼争趋挽,至桥半,女视溪流湍急,拽二贼投水中,俱溺死。

程氏,扬州胡尚绸妻。尚绸婴危疾,妇刲腕肉啖之,不能咽而卒。妇号恸不食二日。怀孕四月矣,或曰:"得男可延夫嗣,徒死何为?"答曰:"吾亦知之,倘生女,徒苟活数月耳。"因复食,弥月果生男。

明年殇,即前语翁姑曰:"媳不能常侍奉,有娣姒在,无悲也。"复绝食,越二日,其姑抚之曰:"尔父母家二百里内,若不俟面诀乎?"妇曰:"可急迎之。"日饮米渖一匙以待。逾十有二日,父母遗幼弟至,妇曰:"是可白吾志。"自是滴水不入口,徐简匜中簪珥,令辨后事,以其余散家人并邻妪尝通问者,复自卜曰:"十八、九日皆良,吾当逝。向曾刲肉救夫,夫不可救,以灰和之置床头,附吾左腕,以示全归。"遂卒。

王妙凤,吴县人。适吴奎。姑有淫行。正统中,奎商于外。姑与所私饮,并欲污之,命妙凤取酒,挈瓶不进。频促之,不得已而入。姑所私戏缭其臂。妙凤愤,拔刀斫臂不殊,再斫乃绝。父母欲讼之官,妙凤曰:"死则死耳,岂有妇讼姑理邪?"逾旬卒。

唐贵梅者,贵池人。适同里朱姓。姑与富商私,见贵梅悦之,以金帛赂其姑,诲妇淫者百端勿听,加箠楚勿听,继以炮烙,终不听。乃以不孝讼于官。通判某受商赂,拷之几死者数矣。商冀其改节,复令姑保出之。亲党劝妇首实,妇曰:"若尔,妾之名幸全,如播姑之恶何?"夜易服,自经后园梅树下。及旦姑起,且将挞之。至园中乃知其死,尸悬树三日,颜如生。

其后,嘉靖二十三年,有嘉定张氏者,嫁汪客之子。其姑多与人私,诸恶少中有胡岩者,最桀黠,群党皆听其指使。于是与姑谋,遣其子入县为卒,而岩等日夕纵饮。一日,呼妇共坐,不应。岩从后攫其梳,妇折梳掷地。顷之,岩径入犯妇。妇大呼杀人,以杵击岩。岩怒走出,妇自投于地,哭终夜不绝,气息仅属。诘旦,岩与姑恐事泄,縶诸床足守之。明日召诸恶少酣饮。二鼓共缚妇,槌斧交下。妇痛苦宛转曰:“何不以利刃刺我。”一人乃前刺其颈,一人刺其胁,又椓其阴。举尸欲焚之,尸重不可举,乃火其室。邻里救火者踊门入,见嚇然死人,惊闻于官。官逮小女奴及诸恶少鞠之,具得其实,皆以次受刑。妇死时年十九。邑故有烈妇祠,妇死前三日,祠旁人闻空中鼓乐声,火炎炎从祠柱中出,人以为贞妇死事之征云。

杨泰奴,仁和杨得安女。许嫁未行。天顺四年,母疫病不愈。泰奴三割胸肉食母,不效。一日薄暮,剖胸取肝一片,昏仆良久。及甦,以衣裹创,手和粥以进,母遂愈。母宿有膝挛疾,亦愈。

后有张氏,仪真周祥妻。姑病,医百方不效。一方士至其门曰:“人肝可疗。”张割左胁下,得膜如絮,以手探之没腕,取肝二寸许,无少痛,作羹以进,姑病遂瘳。

陈氏,祥符人。字杨瑄,未嫁而瑄卒。女请死,父母不许,欲往哭,又不许。私剪发,属媒氏置瑄怀。汴俗聘女,以金书生年月日畀男家,号家婚帖。瑄母乃以帖裹其发,置瑄怀以葬。女遂素服以居。亡何,父母谋改聘,女缢死。后五十三年,至正德中,瑄侄永康改葬瑄,求陈骨合焉。二骨朽矣,发及定婚帖鲜完如故。葬三年,岐谷、丫瓜产墓上。

张氏,秀水人。年十四,受同邑诸生刘伯春聘。伯春负才名,必欲举于乡而后娶。未几卒,女号泣绝发,自为诗祭之。持服三年,不逾阃,不茹荤。服阕,即绝饮食,父母强谕之,终不食,旬日而卒。年二十,舅姑迎枢合葬焉。

又有江夏欧阳金贞者,父梧,授《孝经》、《列女传》。稍长,字罗钦仰，从梧之官柏城。梧艰归，舟次仪真，钦仰坠水死。金贞年甫十四，惊哭欲赴水从之，父母持不许。又欲自缢，父母曰："汝未嫁，何得尔？"对曰："女自分无活理，即如父母言，愿终身称未亡人。"大声哀号不止。及殓，剪发系夫右臂以殉。抵家，告父母曰："有妇以事姑也。姑既失子，可并令无妇乎？愿归罗，以毕所事。"父母从之。后父知广元县，姑病卒，女乃归宁。有讽他适者，曰："事姑毕矣，更何待？"女曰："我昔殓罗郎时，有一束发缠其手，谁能掘塚开棺，取发还我，则易志矣。"遂止。生平独卧一楼，年六十余卒。

庄氏，海康吴金童妻。成化初，广西流寇掠乡邑。庄随夫避新会，佣刘铭家。铭见庄美，欲犯之，屡诱不从。乃令党梁狗同金童入海捕鱼，没水死。越三日不还，庄求之海滨，尸浮岸侧，手足被缚，肿腐莫可辨。庄以衣识之，归携女赴水，抱夫尸而没。翼日，三尸随流迤铭门，去而复还。土人感异，殡祭之，然莫知铭杀也。后梁狗漏言，有司并捕考，处以极刑。

唐氏，汝阳陈旺妻，随其夫以歌舞逐食四方。正德三年秋，旺携妻及女环儿、侄成儿至江夏九峰山。有史聪者，亦以傀儡为业。见妇、女皆艳丽，而旺且老，因绐旺至青山夜杀之。明日，聪独返，携其妇、女、幼侄入武昌山吴王祠，持利刃胁唐。唐曰："汝杀吾夫，吾不能杀汝以复仇，忍从汝乱邪？"遂遇害。贼裹以蕝，置荆棘中。明日，徙蕝衣园，贼又迫环儿，临以刃，环儿哭且詈，声振林木，贼亦杀之，瘗粪壤中而去。其年冬至，贼被酒，成儿潜出告官，擒于葛店市，伏诛。

王氏，慈谿人。聘于陈，而夫佳病，其父母娶妇以慰之。及门，即入侍汤药。未几，佳卒，王年甫十七，矢志不嫁。姑张氏曰："未成礼而守，无名。"女曰："入陈氏门，经事君子，何谓无名？"姑乃使其二女从容讽之。妇不答，截发毁容。姑终欲强之，窘辱万状。二小姑陵之若婢，稍不顺即爪其面，姑闻复加箠楚。女口不出怨言，曰：

"不逼嫁,为婢亦甘也。"夜寝,处小姑床下,受湿得伛疾,私自幸曰:"我知免矣。"鞠从子梅为嗣,教之。成化初领乡荐,卒昌其家。

后有易氏,分宜人,嫁安福王世昌。时世昌已遘疾,奄奄十余月,易事之,衣不解带。世昌死,除丧犹缟素。姑怜之,谓:"汝犹处子,可终累乎?"跪泣曰:"是何言哉? 父母许我王氏,即终身王氏妇矣。"自是独处一楼,不窥外户四十余年。方世昌疾,所吐痰血,辄手一布囊盛之。卒后,用所盛囊为枕,枕之终身。

钟氏,桐城陶镛妻。镛以罪被戍,卒于外。钟年二十五,子继甫在抱,负镛骨四千余里归葬。乃断发杜门,年八十二以节终。

继亦早卒,妻方氏年二十七,子亮甫二岁。其兄怜之,微叩其意,方以死誓。

景泰中,亮举乡试,业于太学,卒。妻王氏,年二十八,妾吴氏二十二,皆无子,扶榇归葬。贫不能支,所亲劝之嫁,两人哭曰:"而不知我之为节妇妇乎!"乃共以纺绩自给。越二十六年,县令陈勉以闻,诏旌三代。人称之曰四节里。

宣氏,嘉定张树田妻。夫素狂悖,与宣不睦。夫病,宣晨夕奉事。及死誓身殉。时树田友人沈思道亦死,其妇孙与宣以死相要,各分尺帛。孙自经,或劝宣曰:"彼与夫相得,故以死报,汝何为效之?"宣叹曰:"予知尽妇道而已,安论夫之贤不贤。"卒缢死。

徐氏,慈谿人,定海金杰妻也。成化中,杰兄以罪逮入京,杰往请代。濒行,徐已有身,杰谓曰:"予去,生死不可知,若生男善抚之,金氏鬼庶得食也。"已而悔曰:"我几悞汝,吾去无还理,即死,善事后人。"徐泣曰:"君以义往,上必义君,君兄弟当同归,无过苦也。即如君言,妾有死耳,敢忘付托乎?"已果生男,无何兄得还,杰竟瘐死。徐抚孤恸曰:"我本欲从汝父地下,奈金氏何?"强营葬事。服阕,父母劝他适,截发断指自誓,食澹茹苦六十余年,视子孙再世成立,乃卒。

　　义妾张氏,南京人。松江杨玉山,商南京,娶为妾。逾月以妇妒,遣之归。张屏居自守,杨亦数往来,所赠千计。后二十余年,杨坐役累,罄其产,怏怏失明。张闻之,直造杨庐,拜主母,捧杨袂大恸。乃悉出向所憎金珠,具装,嫁其二女,并为二子娶妇,留侍汤药。逾年杨死,守其枢不去。既免丧,父母强之归,不从,矢志以殁,终身不见一人。

　　龚烈妇,江阴人。年十七嫁刘玉,家贫,力作养姑。姑亡,相夫营葬。夫又亡,无以为敛。里有羡妇色者,欲助以棺。龚觉其意,辞之。既又强之,龚恐无以自脱,乃以所生六岁男、三岁女寄食母家。是夜,积麦稿屋中,举火自焚,抱夫尸死。

　　又江氏,蒙城王可道妻。夫贫,负贩糊口,死不能敛。比邻诸生李云蟾合钱敛之,卜日以葬。及期,率众至其家,阒然无声,厨下灯微明,趋视之,饮食毕具,盖以待舁棺者,妇已缢死灶旁矣。众惊叹,复合钱并葬之。

　　会稽范氏二女,幼好读书,并通《列女传》。长适江,一月寡。次将归傅,而夫亡。二女同守节,筑高垣,围田十亩,穿井其中,为屋三楹以居。当种薅,父启圭窦率佣以入,余日则塞其窦,共汲井灌田。如是者三十年。自为茔于屋后,成化中卒,竟合葬焉。族人即其田立祠以祀。

　　又有丁美音,溆浦丁正明女。幼受夏学程聘,年十八将嫁,学程死,美音誓不再嫁。父母曰:"未嫁守节,非礼也。何自苦如此?"美音啮指滴血,吁天自矢。当道交旌之,赉以银币约百金,乃构室独居,鬻田自赡,事舅姑,养父母。乡人名其田为贞女田。

　　成氏,无锡人,定陶教谕缙女,登封训导尤辅妻也。辅游学靖江，成从焉。江水夜溢，家人仓卒升屋，成整衣欲上，问："尔等衣邪？"众谢不暇。成曰："安有男女裸，而尚可俱生邪？我独留死耳。"众号哭请，不应。厥明，水退，坐死榻上。

后崇祯中，兴安大水，漂没庐舍。有结筏自救者，邻里多附之。二女子附一朽木，倏沉倏浮，引筏救之，年皆十六七，问其姓氏不答。二女见筏上男子有裸者，叹曰："吾姊妹倚木不死，冀有善地可存也，今若此，何用生为！"携手跃入波中死。

章银儿，兰谿人。幼丧父，独与母居。邑多火灾，室尽毁，结茅以楼母。母方疾，邻居又火，银儿出视，众呼令疾避。银儿曰："母疾不能动，何可独避。"亟返入庐，欲扶母出，烈焰忽覆其庐，众莫能救。火光中，遥见银儿抱其母，宛转同焚死。时弘治元年三月也。

义妹茅氏，慈谿人。年十四，父母亡，独与兄嫂居。其兄病痿卧。值倭入县，嫂出奔，呼与偕行。女曰："我室女，将安之？且俱去，谁扶吾兄者！"贼至纵火，女力扶其兄避于空室，竟被燔灼并死。

招囊猛，云南孟琏长官司土官舍人刁派罗妻也。年二十五，夫死，守节二十八年。弘治六年九月，云南都指挥使奏其事。帝曰："朕以天下为家，方思励名教以变夷俗。其有趋于礼义者，乌可不亟加奖励。招囊猛贞节可嘉，其即令有司显其门闾，使远夷益知向化，无俟核报。"

张维妻凌氏，慈谿人。弘治中，维举于乡，卒。妇年二十五，子四岁亦卒。其兄讽之改图，妇痛哭啮唇，唈血洒地，终身不归。宁舅姑慰之曰："不幸绝嗣，日计无赖，吾二人景逼矣，尔年尚远，何以为活？"妇曰："耻辱事重，饿死甘之。"乃出簪珥，为舅纳妾，果得子，喜曰："张氏不绝，亡夫墓门且有寒食矣。"后舅病疯，姑双目瞽，妇纺绩供养，二十年不衰。

后有杜氏，贵池曹桂妻。年二十四，夫亡，遗腹生女，悲苦无计。

日讽姑为舅纳妾，果生一子。产后妾死，杜以己女托于族母，而自乳其叔。逾年翁丧，劝者曰："汝辛苦抚孤，宁能以叔后汝乎？"杜曰："叔后吾翁，异日生二子，即以一子后我夫，吾志毕矣。"后卒如其言。

义妇杨氏，王世昌妻，临漳人。弘治中，世昌兄坐事论死。世昌念兄为嫡子，请代其刑。时杨未笄，谋于父母宗族曰："彼代兄死为义士，我顾不能为义妇邪？愿诉于上代夫死。"遂入京陈情，敕法司议，夫妻并得释。

史氏，杞县人。字孔弘业，未嫁而夫卒。欲往殉之，母不许。女七日不食，母持茗逼之饮，双蛾适堕杯中死，女指示曰："物意尚孚我心，母独不谅人邪！"母知不可夺，翌日制素衣缟裳，送之孔氏。及暮，辞舅姑，整衣自经死。白气缕缕腾屋上，达旦始消。

又月林端娘者，瓯宁人，字陈廷策。闻廷策讣，寄声曰："勿殓，吾将就死。"父曰："而虽许字，未纳币也。"对曰："既许矣，何币之问？"父谨防之。曰："女奚所不可死，顾死夫家鵕耳。"父曰："婿家贫，无以周身。"曰："身非所邮。"又曰："婿家贫，孰为标名？"曰："名非所求。"遂往哭奠毕，自尅死期，理帛自经，三拱而绝。陈故家青阳山下，山下人言妇将尽时，山鸣三昼夜。

汪烈妇，晋江诸生杨希闵妻也。年二十三，夫死，无子，欲自经。家人防之谨，不得间。氏闻茉莉有毒能杀人，多方求之，家人不知也，日供数百朵。逾月，家人为亡者斋祭，妇自撰祭文，辞甚悲。夜五鼓，防者稍懈，取所积花煎饮之，天明死。

窦妙善，京师崇文坊人。年十五，为工部主事余姚姜荣妾。正德中，荣以瑞州通判摄府事。华林贼起，寇瑞，荣出走。贼入城，执其妻及婢数人，问荣所在。时妙善居别室，急取府印，开后窗，投荷池。衣鲜衣前曰："太守统援兵数千,出东门捕尔等,且夕授首,安得执吾婢?"贼意其夫人也,解前所执数人,独舆妙善出城。适所驱隶中,有盛豹者父子被掠,其子叩头乞纵父,贼许之。妙善曰:"是有力,当以舁我,何得遽纵。"贼从之。行数里,妙善视前后无贼,低语豹曰:"我所以留汝者,以太守不知印处,欲藉汝告之。今当令汝归,幸语太守,自此前行,遇井即毕命矣。"呼贼曰:"是人不善舁,可仍纵之,易善舁者。"贼又从之。行至花坞遇井,妙善曰:"吾渴不可忍,可汲水置井傍,吾将饮。"贼如其言,妙善至井傍,跳身以入,贼惊救不得而去。

豹入城告荣取印,引至花坞,觅井,果得妙善尸。越七年,郡县上其事,诏建特祠,赐额贞烈。

石门丐妇,湖州人,莫详其姓氏。正德中,湖大饥,妇随其夫及姑走崇德石门市乞食。三人偶相失。妇有色,市人争挑之。与之食不顾,诱之财亦不顾。寓东高桥上,不复乞食者二日。伺夫与姑皆不至,聚观者益众,妇乃从桥上跃入水中死。

贾氏,庆云诸生陈俞妻。正德六年,兵变,值舅病卒,家人挽之避,痛哭曰:"舅尚未敛,妇何惜一死。"身服斩衰不解。兵至,纵火迫之出,骂不绝口,刃及身无完肤,与舅尸同烬。年二十五。

鄞县诸生李珂妻胡氏,年十八归珂。阅七年,珂死,遗男女各一,胡誓不逾阈。邻火作,珂兄珮往救之,曰:"阿姆来,吾乃出。"珮使妻陈往,妇以七岁男自牖付之,属曰:"幸念吾夫,善视之。"陈曰:"姊将何如?"绐之曰:"取少首饰即出。"陈去,胡即累衣箱塞户,抱三岁女,端坐火中死。

陈宗球妻史氏,南安人。夫死将殉有期矣,尚为姑酿酒。姑曰:"妇已决死,生存岂多日,何辛苦为?"曰:"政为日短,故酿而奉姑。"

将死，告舅曰：“妇有丧，幸毋槥棺。”遂缢。

叶氏，定海人。许聘慈谿翁姓，而父母俱殁，遂育于翁。年十四，翁资产日落，且失其姑，舅待之如奴，劳勚万状，略无怨色。舅以子幼，欲鬻之罗姓者，叶恚曰：“我非货也，何辗转贸易为？”日哽咽垂涕。既知不可免，伪为喜色，舅遂宽之。夜月上，绐诸姒曰：“月色甚佳，盍少犹夷乎？”趋门外良久。诸姒并劝曰：“夜既半矣，盍就寝。”遂入，及晨觅之，则氏已浮尸于河矣，起之色如生。

胡贵贞，乐平人。生时，父母欲不举，其邻曾媪救之归，与子天福同乳，欲俟其长而配焉。天福年十八，父母继亡，家甚落。贵贞父将夺以姻富家，女曰：“我鞠于曾，妇于曾，分姑媳，因母子，可以饥寒弃之邪？”乃依从姑以居，荜舍单浅，外人未尝识其面。其兄乘天福未婚，曳以归，出视求聘者金宝笄饰。女知不免，潜入房缢死。

孙氏，吴县卫廷珪妻。随夫商贩，寓浔阳小江口。宁王陷九江，廷珪适他往，所亲急邀孙共逃。孙谓两女金莲、玉莲曰：“我辈异乡人，汝父不在，逃将安之？今贼已劫邻家矣，奈何？”女曰：“生死不相离，要当为父全此身耳。”于是母子共一长绳自束，赴河死。

江氏，余干夏璞妻。正德间，贼至，抱方晬弟走，不得脱。贼将缚之，曰：“诚愿与将军俱，顾吾父年老，惟一弟，幸得全之。”贼以为信，纵令置所抱儿，出诮大声骂贼，投桥下死。

后隆庆中，有高明严氏，贼掠其境，随兄出避，遇贼，刃及其兄。女跪泣曰：“父早丧，孀母坚守，恃此一兄，杀之则祀殄矣，请以身代。”贼悯然为纳及。既而欲污之，则曰：“请释吾兄即配汝。”及兄去，执不从，竟剖腹而死。

明史卷三〇二
列传第一九〇

列女二

欧阳氏 徐氏 冯氏 方氏 叶氏 潘氏
杨氏 张烈妇 蔡氏 郑氏 王烈妇
许烈妇 吴氏 沈氏六节妇 黄氏
张氏 张氏 叶氏 范氏 刘氏二女
孙烈女 蔡烈女 陈谏妻李氏 胡氏
戴氏 胡氏 许元忱妻胡氏
邰阳李氏 吴节妇 杨氏 徐亚长
蒋烈妇 杨玉英 张蝉云 倪氏
彭氏 刘氏 刘氏二孝女 黄氏
邵氏婢 杨贞妇 倪氏 杨氏
丁氏 尤氏 李氏 孙氏
方孝女 解孝女 李氏 项贞女
寿昌李氏 玉亭县君 马氏 王氏
刘氏 杨氏 谭氏 张氏 李烈妇
黄烈妇 须烈妇 陈节妇 马氏

谢烈妇　张氏　王氏　戚家妇　金氏
杨氏　王氏　李孝妇　洪氏　倪氏　刘氏

　　欧阳氏,九江人,彭泽王佳傅妻也。事姑至孝。夫亡,氏年方十八,抚遗腹子,纺绩为生。父母迫之嫁,乃针刺其额,为誓死守节字,墨湼之,深入肤里,里人称为黑头节妇。

　　又徐氏,乌程人。年十六,嫁潘顺。未期而夫病笃,顾徐曰:"母老,汝年少,奈何?"徐泣下,即引刀断左小指,以死誓。夫死,布衣长斋。年七十八卒。遗命取断指入棺中。家人出其指,所染爪红色尚存。

　　冯氏,宣城刘庆妻。年十九,夫亡,誓守节。其娣姒讽之曰:"守未易言,非咬断铁钉者不能。"冯即投袂起,拔壁上钉啮之,割然有齿痕。复抉臂肉,钉著壁上,曰:"脱有异志,此即狗彘肉不若。"已而遗腹生子,曰大贤。长娶李氏,大贤又夭,姑妇相守至老。卒,取视壁钉肉,尚韧不腐,齿痕如新。

　　方氏,金华军士袁坚妻。坚嗜酒败家,卒殡城北濠上。方贫无所依,乃即殡处置棺,寝处其中,饥则出饮于濠。久之不复出,则死矣。郡守刘蘁为封土祭之。

　　又叶氏,兰谿人。适神武中卫舍人许伸。伸家素饶于财,以不检,荡且尽,携妻投所亲,卒于通州。氏守尸,昼夜跪哭。或遗之食,或馈金,或劝以改嫁,俱却不应。水浆不入口者十四日,竟死尸傍,年二十余。州人为买棺合葬。

　　潘氏,海宁人。年十六,归许钊,生子淮。甫期年,钊卒,既殓,潘自经。死已两日矣,有老妪过之曰:"是可活也。"投之药,更甦。钊族兄欲不利于孤,嗾潘改适,潘毁容自矢。族兄者,夜率势家仆数十人诬以债,捶门入。潘负子,冒风雨,逾垣逸。前距大河,追者迫,潘号恸投于河。适有木浮至，凭以渡，达母家，遂止不归。淮年十九，始归。

淮补诸生，娶妇生五子。潘年五十，宗人聚而祝，族兄者亦至。潘曰："氏所以得有今日，赖伯氏玉成。"目淮酌酒饮伯，卒爵，北向拜曰："未亡人，三十年来濒死者数矣，而顾强生，独以淮故耳。今幸成立，且多子，复何憾。"语毕入室。顷之宴彻，诸宗人同淮入谢，则缢死室中矣。

杨氏，桐城吴仲淇妻。仲淇卒，家贫，舅欲更嫁之。杨曰："即饥死，必与舅姑俱。"舅不能夺。数年，家益贫，舅谋于其父母，将以偿债。杨仰天呼曰："以吾口累舅姑，不孝。无所助于贫，不仁。失节，则不义。吾有死而已。"因咽发而死。

张烈妇，芜湖诸生缪釜妻。年十八，归釜。越四年，釜病，属张善自托。张泣曰："夫以吾有二心乎？有子则守志奉主，妻道也。无子则洁身殉夫，妇节也。"乃沐浴更衣，阖户自缢。阅日，而釜乃卒。

又蔡烈妇，松阳叶三妻。三负薪为业，蔡小心敬事。三久病，织纴供药饵。病笃，执妇手诀曰："及我生而嫁，无受三年苦。"妇梳洗更衣，袖刀前曰："我先嫁矣。"刎颈死。三惊叹，寻死。

又郑氏，安陆赵钰妻。性刚烈，闺房中言动不涉非礼。某寡妇更适人，馈以茶饼。郑怒，命倾之。夫戏曰："若勿骂，幸夫不死耳。"郑正色曰："君勿忧，我岂为此者。"后钰疾，将死，回视郑，瞪目不瞑。郑曰："君得毋疑我乎？"即自缢于床楣。钰少甦，回盼，出泪而绝。

王烈妇，上元人。夫嗜酒废业，僦居破屋一间，以竹篷隔内外。妇日塞户，坐门扉，绩麻自给。夫与博徒李游。李悦妇姿，谋乱之。夫被酒，以狂言恬妇，妇奔母家避之。夫逼之归，夜持酒脯与李俱至，引妇坐，妇骇走且骂。夫以威挟之，妇坚拒，大被搒笞。妇度不免,夜携幼女,坐河干恸哭,投河死。是夜,大风雨,尸不漂没。及曙,女尚熟睡草间。

又许烈妇,松江人许初女。夫饮博,不治生。诸博徒聚谋曰:"若妇少艾,曷不共我辈欢,日可得钱治酒。"夫即以意喻妇,妇叱之,屡加箠挞不从。一日,诸恶少以酒肴进。妇走避邻妪家,泣顾怀中女曰:"而父不才,吾安能觍颜自存,俟汝之成也。"少间,闻阖户声。妪觇之,则拔刀刎颈仆地矣。父挈医来视,取热鸡皮封之,复抓去。明旦气绝,年二十五。

吴氏,永丰人,名姞姞。年十八,适宁集略。未一年,夫卒,六日不食。所亲百方解譬,始食粥,朝暮一溢米。服除,母怜其少,欲令改适。往视之,同寝食三年,竟不敢出一语。归谓诸妇曰:"此女铁石心,不可动也。"

慈谿沈氏六节妇。章氏,祚妻。周氏,希鲁妻。冯氏,信魁妻。柴氏,惟瑞妻。孟氏,弘量妻。孙氏,琳妻。所居名沈思桥,近海。族众二千人,多骁黠善斗。嘉靖中,倭贼入犯,屡歼其魁,夺还虏掠。贼深仇之。一日,贼大至,沈氏豪誓于众曰:"无出妇女,无辇货财,共以死守,违者诛。"章亦集族中妇女誓曰:"男子死斗,妇人死义,无为贼辱。"众竦息听命。贼围合,群妇聚一楼以待。既而贼入,章先出投于河,周与冯从之。柴方为夫砺刃,即以刃斫贼,旋自刃。孟与孙为贼所得,夺贼刃自刺死。时宗妇死者三十余人,而此六人尤烈。

黄氏,沙县王珣妻。嘉靖中,倭乱,流劫其乡。乡之比邻,皆操舟为业。贼至,众妇登舟,匿舱中,黄兀坐其外。众妇呼之曰:"不虞贼见乎?"黄曰:"篷窗安坐,恐贼至不得脱,我居外,便投水耳。"贼至,黄跃入水中死。

时同县罗举妻张氏,从夫避乱岩穴间。贼至,张与姜及姜子俱为所获。贼见张美,欲犯之,不从。至中途,张解发自缢,贼断之。张又解行缠，贼又觉之，徒跣驱至营。贼魁欲留之，张厉声曰："速赐一死。"贼曰："不畏死，吾杀汝妾。"张引颈曰："请代妾，留抚孩婴。"贼曰："吾杀孩婴。"张引颈曰："请代孩婴，存夫嗣。"贼令牵出杀之。张先行，了无惧色。贼方犹豫，张骂不绝口，遂遇害。投尸于河，数日尸浮如生。

张氏，政和游铨妻。倭寇将至，妇数语其女曰："妇道惟节是尚，值变之穷，有溺与刃耳，汝谨识之。"铨闻，以为不祥。妇曰："使妇与女能如此，祥孰大焉。"未几，贼隐政和，张度不脱，连呼女曰："省前诲乎？"女颔之，即赴井。张含笑随之，并死。

又叶氏，松溪江华妻，陈氏，叶弟惠胜妻，偕里人避倭长潭。值岁除，里妪觅刀为幼男薙发弗得，叶出诸怀中。众问故，曰："以备急耳。"及倭围长潭，执二妇，共系一绳。叶谓陈曰："我二人被絷，纵生还，亦被恶名，死为愈。"陈唯唯。叶探刀于怀，则已失，各抱幼女跳潭中死。

同时林寿妻范氏，亦与众妇匿山坞。倭搜得众妇，偕至水南，范独与抗。或谓姑顺之，家且来赎。答曰："身可赎，辱可赎哉！我则宁死。"贼闻言，杀其幼女恐之，不为动。曰："并及汝矣。"厉声曰："固我愿也！"贼杀之。

刘氏二女，兴化人。嘉靖四十一年与里中妇同为倭所掠，系路傍神祠中。倭饮酺，遍视系中，先取其姊。姊厉声曰："我名家女也，肯污贼乎？"倭笑慰之曰："若从我，当询父母归汝。"女曰："父母未可知，此时尚论归耶？"倭尚抚背作款曲状。女怒，大骂。时黄昏，倭方给纵火，女即赴火死。已复侵其妹，妹又大骂。倭露刃胁之，不为动，曰："欲杀即杀。"倭欲强犯之。女给曰："吾固愿从，俟姊骨烬乃可，否则不忍也。"倭喜负薪益火，火炽，女又赴火死。时同死者四十七人，二女为最。

　　孙烈女，五河人。性贞静，不苟嬉笑。母朱卒，继母李携前夫子郑州儿来。州儿恃母，欲私女，尝以手挑之，忿批其颊。一日，女方治面，州儿从后搂之。女揪发觅刃，州儿啮其臂得脱。女奔诉于姊，触地恸哭曰：“母不幸，父又他出，贼子敢辱我，必刃之而后死。”姊曲抚慰，乃以臂痕示李，使戒饬之。州儿不悛，绐李曰：“儿采薪，臂力不胜，置遗束于路。”李往取之，归则户扃甚严。从母舒氏亦趋至，曰：“初闻如小犊悲鸣，继又响震如雷，必有异。”并力启之，州儿死阈下，项几断，女亦倚壁死。盖州儿诳母出，调女。女阳诺，而使之闭门，既蹴其后杀之也。

　　又蔡烈女，上元人。少孤，与祖母居。一日，祖母出，有逐仆为僧者来乞食，挑之，不从。挟以刃，女徒手搏之，受伤十余处，骂不绝，宛转死灶下。贼遁去，官行验，忽来首伏。官怪问故。贼曰：“女拘我至此。”遂抵罪。

　　陈谏妻李氏，番禺人。谏，嘉靖十一年进士。为太平推官，两月卒，其弟扶榇归。李曰：“吾少嫠也，岂可与叔万里同归哉！”遂不食死。

　　胡氏，会稽人。字同里沈裒。将嫁，而裒遭父铼难，二兄衮、褒杖死塞上，裒与兄襄并逮系宣府狱。总督杨顺逢严嵩意，必欲置二子死，搒掠数百，令夜分具二子病状。会顺为给事中吴时来所劾，就槛车去，襄等乃得释。自是病呕血，扶父丧归，比服阕始婚，胡年已二十七。逾六月，裒卒，胡哀哭不绝声，尽出奁具治丧事。有他讽者，断发劐面绝之。终日一室中，即同产非时不见。晚染疾，家人将迎医，告其父曰：“寡妇之手，岂可令他人视。”不药而卒，年五十一。以襄子嗣。

　　戴氏，莆田人，名清。归蔡本澄，年甫十四。居二年，本澄以世籍戍辽东，贾姜代妇行。戴父与约曰：“辽左天末，五年不归，吾女当改嫁矣。”至期，父语清如约。泣不从，独居十有五年。本澄归，生一子，未晬，父子相继亡。清哀毁几绝。父潜受吴氏聘，清闻之曰：“人呼女蔡本澄妇耳，何又云吴耶？”即往父家，使绝婚。吴讼之官，令守节，表曰寡妇清之门。

时莆又有欧茂仁妻胡氏，守节严苦，内外重之。郡有狱久不断，人曰：“太守可问胡寡妇。”守乃过妇问之，一言而决。

胡氏，鄞许元忱妻。元忱为徐祝师养子，习巫祝事。胡鄙之，劝夫改业，且劝归许宗。未果，而元忱疫死。氏殡之许氏庐，苫卧柩傍，夜拥一刀卧。里某求氏为偶，氏毁面截鬓发，断左手三指，流血淋漓，某惊遁。族妇尊行抱持之，大恸，因立应后者，令子之。氏服丧三年，不浣不栉。毕葬，乃为子娶妇。夫有弟少流移于外，复为返之，许氏赖以复起。

李氏，郃阳安尚起妻。尚起商河南，病亡。氏闻讣，尽变产完夫债，且置棺以待夫榇归，跪告族党曰：“烦举二棺入地。”闭户将自缢，邻妇欲生之，排闼曰：“尔尚有所逋，何遽死？”氏启门应曰：“然吾资已尽，奈何？请复待一日。”乃纫履一双往畀之，曰：“得此足偿矣。”归家，遂缢死。

吴节妇，无为周凝贞妻。凝贞卒，妇年二十四，毁容誓死，不更适，佣女工以奉孀姑。姑老卧病，齿毁弗能食。妇绝其儿乳以乳姑，冬月卧拥姑背以暖之，宛转床席者三年。姑卒，哀毁骨立，年七十五终。

又杨氏，清苑刘寿昌妻。年十九，夫卒，誓死殉。念姑病无依，乃不死。母家来迎，以姑老不忍去侧，竟不归宁。阅三十年，姑卒，葬毕，哀号夫墓曰：“妾今得相从地下矣。”遂绝粒。家人问遗曰。曰：“姑服在身，殓以布素。”遂瞑。

徐亚长,东莞徐添男女。添男为徐姓仆,生亚长四岁而死。母以亚长还其主,去而别适。比长,贞静寡言笑,居群婢事,凛然有难犯之色。家童进旺欲私之,不可。亚长奉主命薙草豆田中,进旺迹而迫之,力拒获免,因哭曰:"闻郎君读书,有寡妇手为人所引,斧断其手,兑我尚女也,何以生为!"遂投江死。

蒋烈妇,丹阳姜士进妻。幼颖悟,喜读书。弟文止方就外傅,夜归,辄以饼饵啖之,令诵日所授书,悉能记忆,久之遂能文。归士进数年,士进病瘵死。妇屑金和酒饮这,并饮盐卤。其父数侦知,奔救免。不食者十二日,父启其齿饮之药,复不死。

礼部尚书宝,士进从父也,知妇嗜读书,多置古图史于其寝所,令续刘向《列女传》。妇许诺,家人备之益谨。一日,妇命于穗帐前掘坎埋大缸贮水,笑谓家人:"吾将种白莲于此,此花出泥淖无所染,令亡者知予心耳。"于是日纂辑不懈。书将成,防者稍不戒,则濡首缸中死矣。

为文脱稿即毁,所存《烈女传》及《哭夫文》四篇,《梦夫赋》一篇,皆文止窃而得之者。御史闻于朝,榜其门曰文章贞节。初,其兄见女能文,以李易安、朱淑真比这,辄嚬蹙曰:"易安更嫁,而淑真不慊其夫,虽能文,大节亏矣。"其幼时志操已如此。

杨玉英,建宁人。涉猎书史,善吟咏。年十八,许字官时中。时中有非意之狱,父母改受他聘。玉英闻之,嘱其婢曰:"吾箧有佩囊、布鞡诸物,异日以遗官官人。"婢弗悟,诺之。于是窃入寝室,自经死,目不瞑。时中闻讣,具礼往祭,以手掩之,遂瞑。婢出所遗物,付父母启之,得诗云:"昆山一片玉,既售与卞和。和足苦被刖,玉坚不可磨。若再付他人,其如平生何!"

又张蝉云,蒲城人,许字俞桧。万历中,桧被诬系狱。女闻可贿脱,谋诸母,欲货妆奁助之。母不可,曰:"汝未嫁,何为若此。"女方食,即以碗掷地,恚不语。入暮自缢死。

陈襄妻倪氏。襄为鄞诸生，早卒。妇年三十，无子，家贫，力女红养姑。有慕其姿者，遣媒白姑。妇煎沸汤自渍其面，左目爆出，又以烟煤涂伤处，遂成狞恶状。媒过之，惊走，不敢复以聘告。历二十年，姑寿七十余卒，妇哀恸不食死。

彭氏，安兵人。幼字王枚皋。未嫁，枚皋卒，誓不再适。潍县丁道平，密嘱其父，欲娶之。彭察知，六日不食。道平悔而止，心敬女节烈，后闻其疾革不起，赠以棺。彭语父曰："可束苇埋我，亟还丁氏棺，地下欲见王枚皋也。"遂死。

又刘氏，颍州刘梅女，许聘李之本。之本殁，女泣血不食，语父曰："儿为李郎服三年，需弟稍长，然后殉。寄语翁，且勿为郎置椁。"遂尽去铅华，教弟读书，亲正句读。越一年，梅潜许田家女闻，中夜开箧，取李币，挑灯制衣，衣之，缢死。知府谢诏临其丧，邻里吊者如市。田家亦具奠赙，举酒方酹，柩前承灌瓦盆划然而碎，起高丈余，逶檐如蝶坠。观者震色。

刘氏二孝女，汝阳人。父玉生七女，家贫力田。尝至陇上，叹曰："生女不生男，使我扶犁不辍。"其第四、第六女闻之恻然，誓不嫁，著短衣代父耕作。及父母相继卒，无力营葬，二女即屋为丘，不离亲侧。隆庆四年，督学副使杨俊民、知府史桂芳诣其舍请见，二女年皆逾六十矣。

黄氏，江宁陈伯妻。年十八，归伯。父死，母欲改节，氏若谏不从。一日，母来省，女闭门不与相见，母惭去。后伯疾笃，黄誓不独生。一日，姑扶伯起坐，黄熟视曰："嗟乎！病至此，吾无望矣。"走灶下，碎食器刺喉不殊，以厨刀自刎死，年二十一。

邵氏，丹阳大侠邵方家婢也。方子仪，令婢视之。故相徐阶、高拱并家居,方以策干阶,阶不用,即走谒拱,为营复相,名倾中外。万历初,拱罢,张居正属巡抚张佳胤捕杀方,并逮仪。仪甫三岁,捕者以日暮未发,闭方所居宅,守之。

方女夫武进沈应奎,义烈士,负气有力,时为诸生,念仪死,邵氏绝,将往救之。而府推官与应奎善,固邀饮,夜分乃罢。武进距方居五十里,应奎逾城出,夜半抵方家,逾墙入,婢方坐灯下,抱仪泣曰:"安得沈郎来,属以此子。"应奎仓卒前,婢立以仪授之,顿首曰:"邵氏之祀在君矣。此子生,婢死无憾。"应奎匿仪去,晨谒推官。

旦日,捕者失仪,系婢毒掠,终无言。或言于守曰:"必应奎匿之。"奎所善推官在坐,大笑曰:"冤哉!应奎夜饮于余,晨又谒余也。"会有为方解者,事乃寝,婢抚其子以老。

杨贞妇,潼关卫人,字郭恒。万历初,客游湖南,久不归。父议纳他聘,女不可,断发自守。家有岩壁,穴墙居之,垂橐以通饮食,如是者二十六年。恒归,乃成礼。

又有倪氏,归安人,许聘陈敏。敏从征,传为已死,逾五十载始归。倪守志不嫁,至是成婚,年六十一矣。

杨氏,宁国饶鼎妻。鼎以单衣溺死湖中,杨招魂葬之,课二子成立,冬不衣夹。万历初,年八十,竟单衣入宅旁池中,端坐死。

丁氏,五河王序礼妻。序礼弟序爵客外,为贼所杀,其妻郭氏怀孕未即殉。及生子越月,投缳死。时丁氏适生女,泣谓序礼曰:"叔不幸客死,姊复殉,弃孤不养,责在君与妾也。妾初举女,后尚有期,孤亡则斩叔之嗣,且负姊矣。"遂弃女乳侄。未几,序礼亦死,竟无子女。氏年方少,抚侄长,绝无怨悔。

尤氏,昆山贡生镛女。嫁诸生赵一凤,早死,将殉之,顾二子方褓襁,为强食。二子复殇,恸曰:"可以从夫矣。"痛夫未葬,即营窆歺。恶少年艳其色，訾其目曰："彼盼美而流，乌能久也。"妇闻之，夜取石灰手捼目，血出立枯。置棺自随。夫葬毕，即自缢，或解之，乃触石裂额，趋卧棺中死。

李氏，王宠麟继妻。宠麟仕知府卒，氏年二十余，哭泣不食，经四十日疾革。知族人利其资，必以恶语倾前妻子，预戒家人置已棺中，勿封殓。众果蝟集，谍杀母。氏从棺中言："已知汝辈计必出此也。"众大惭而去，然后瞑。

孙氏，瓯宁人。幼解经史，字吴廷桂。廷桂死，孙欲奔丧，家人止不得，父为命舆。曰："奔丧而舆，可乎？"入夜，徒步往，挟纳采双金雀以见舅姑。拜毕，奠枢侧，遂不离次，期必死。吴家故贫，所治棺，取具而已。好事者助以美椁，孙视之曰："木以美逾吾夫，非礼矣。"却之，以槽楼来，乃许。届期缢死。书衣带中云："男毋附尸，女毋启衣。"

方孝女，莆田人。父澜，官仪制郎中，卒京师。女年十四，无他兄弟，与叔父扶榇归。渡扬子江，中流舟覆，榇浮。女时居别舟，皇遽呼救，风涛汹怒，人莫敢前。女仰天大哭，遂赴水死。经三日，尸浮，傍父榇，同泊南岸。

又有解孝女，宁陵人。年十四，同母浣衣。母误溺水，女四顾无人，号泣投水。俄兄绍武至，泅而得之，母女皆死。女手挽母甚坚，兄救母，久之复甦。女手仍不解，兄哭抚之曰："母已生，妹可慰矣。"乃解。

李氏，东乡何璇妻。璇客死。李有殊色，父迫之嫁。遂以簪入耳中，手自拳之至没，复拔出，血溅如注，姑觉，呼家人救，则已死矣。

项贞女，秀水人。国子生道亨女，字吴江周应祁。精女工，解琴瑟，通《列女传》，事祖母及母极孝。年十九，闻周病瘵，即持斋、燃香灯礼佛，默有所祝，侍女辈窃听，微闻以身代语。一日，谓乳媪曰："未嫁而夫亡，当奈何？"曰："未成妇，改字无害。"女正容曰："昔贤以一剑许人，犹不忍负，况身乎？"及讣闻，父母秘其事，然传吴江人来，女已喻。祖母属其母入视，女留母坐，色甚温，母释然去。夜伺诸婢熟睡，独起以素丝约发，衣内外悉易以缟，而纫其下裳。检衣物当劳诸婢者，名标之，列诸床上。大书于几曰："上告父母，儿不得奉一日欢，今为周郎死矣。"遂自缢。两家父母从其志，竟合葬焉。

李氏，寿昌人。年十三，受翁应兆聘。应兆暴卒，女尽取备嫁衣饰焚之，以身赴火，为父母救止。乃赴翁家，哀告舅姑乞立嗣，复乞一小楼，设夫位，坐卧于旁，奠食相对，非姑不接面。舅亡，家落，忍饥纺绩以养姑。未几，姑亦亡，邻火大起，夜半达旦，延百余家。邻妇趋上楼，劝之避，妇曰："此正我授命时也。"抱夫木主待焚。须臾四面皆烬，小楼独存。

玉亭县君，伊府宗室典柄女。年二十四，适杨仞。不两月仞卒，号恸不食。或劝以舅姑年老，且有遗孕，且有遗孕，乃忍死襄事。及生男，家日落。万历二十一年，河南大饥，宗禄久缺，纺绩三日，不得一餐，母子相持恸哭。夜分梦神语曰："汝节行上闻于天，当有以相助。"晨兴，母子述所梦皆符，颇怪之。其子曰："取屋后土作坯，易粟。"其日掘土，得钱数百。自是，每掘辄得钱。一日，舍傍地陷，得石炭一窖，取以供爨。延两月余，官俸亦至，人以为苦节所感。

马节妇，年十六，妇平湖诸生刘濂。十七而寡。翁家甚贫，利其再适，必欲夺其志。不与饮食，百计挫之，志益厉。尝闭门自经，或救之，则系绝而坠于地死矣。急解之，渐苏，翁又阴纳沈氏聘，其姑诱与俱出，令女奴抱持纳沈舟。妇投河不得，疾呼天救我。须臾风雨昼晦，疾雷击舟，欲覆者数四。沈惧，乃旋舟还之。事闻于县，县令妇别居。时父兄尽殁，无可归，假寓一学舍，官赡之以老。

王氏，东莞叶其瑞妻。其瑞贫，操舟往来邻境，一月一归。妇纺织易食。万历二十四年，岭南大饥，民多鬻妻子。其瑞将鬻妇博罗民家，券成，载其人俱来。入门见氏羸甚，问之，不餽数日矣。其瑞泣语之故，且示之金，妇笑而许之。及舟发宝潭，跃入潭中死。两岸观者如堵，皆谓水迅尸流无所底。其瑞至，从上流哭数声，尸忽涌出，去所投处，已逆流数十步矣。

刘氏，博平吴进学妻。杨氏，进性妻。进学凤死，既葬，刘夜匐匍缞于墓所。未几，进性亦疫死，杨一恸几绝。姑议嫁之，杨曰："我何以不如姒。"遂缢死。

谭氏，南海方存业妻。生子三月，夫亡，悲号欲殉。母及姑交止之，且讽改适。氏垂涕曰："吾久不乐生，特念姑与儿耳。"哽咽流涕不止，二人不敢复言。及子七岁，遣就塾师，先令拜姑，微示付托意，窃自喜曰："吾今可以遂志矣。"一日，媒氏至，复劝改适，氏愈愤，中夜缢死。

又张氏，临清林与岐妻。夫亡，欲自缢，舅姑慰之曰："尔死，如遗孤何？"氏以衣物倩乳妪育其子，三月，知子安乳妪，遂不食死。

李烈妇，余姚吴江妻。年二十，夫与舅俱卒，家酷贫，妇纺绩养姑，已恒冻馁。有黄某者，谋娶之，赂夫族某，使饵其姑，未即从。某乃阴与黄及父家约，诡称其母暴病，肩舆来迎。妇仓卒升舆，既及门，非父家也。姑亦寻至，布几席，速使成礼。妇佯曰："所以不欲嫁者，为姑老无依耳。姑既许，复何言。然妾自夫殁未尝解带，今愿一洗沐。"又问："聘财几何？"姑以数对。曰："亟怀之去。姑在，我即从人，殊赧颜也。"众喜，促姑行，为具汤。汤至，久不出，辟户视之，则缢死矣。

其后,崇祯十五年,余姚又有黄烈妇者,金一龙妻。夫早殁,黄截指自誓,立从子为嗣,与姑相依。熊氏子欲娶之,母党利其财,绐令还家,间道送于熊。黄知势不可挽,愿搜括所有以偿聘金,不听,相持至夜深,引刀自刿未殒。其姑闻之,急趋视,黄曰:“妇所以未即死者,欲姑一面耳,今复何求。”遂刎喉以绝。郡邑闻之,毙熊氏子狱中。

须烈妇,吴县人。夫李死,市儿悦其色,争欲娶之。妇泣曰:“吾方送一夫,旋迎一夫。且利吾夫之死而妻我,不犹杀我夫耶!”市儿乃纠党聚谋,将掠之。妇惊奔母,母惧不敢留。返于姑,姑惧如母。投姊,姊益不敢留,妇泣而归。邻人劝之曰:“若即死,谁旌若节者,何自苦若此?”妇度终不免,自经死。

陈节妇,安陆人,适李姓,早寡,孑然一身,归父家守志,坐卧小楼,足不下楼者三十年。临终,谓其婢曰:“吾死,慎勿以男子舁我。”家人忽其言,令男子登楼举之,气绝逾时矣,起坐曰:“始我何言,而令若辈至此。”家人惊怖而下,目乃瞑。

马氏,山阴刘晋啸妻。万历中,晋啸客死,马年二十许,家无立锥。伯氏有楼,遂与母寄居其上,以十指给养,不下梯者数十年。常用瓦盆贮新土,以足附之。邻妇问故,曰:“吾以服土气耳。”年六十五卒。

谢烈妇,名玉华,悉禺曹世兴妻。世兴为冯氏塾师,甫成婚,即负笈往。亡何病归,不能起,妇誓不改适。曹族之老嘉之,议分祭田以赡。或谓妇年方盛,当俟襄事毕,令归宁,妇佯诺。及期,驾舆欲行,别诸姒,多作诀语,徐入室闭户,以刀自断其颈。家人亟穴板入,血流满衣,尚未绝,见诸人入,亟以左手从断处探喉出之,右手引刀一割,乃瞑。

张氏,桐城李栋妻。栋死无子,张自经于床。母救之,奋身起,引斧斫左臂者三。家人夺斧,抑而坐之蓐间,张瞪闷不语。家人稍退,张遽掩身出户投于水。水方冰,以首触穴入,遂死。

邑又有烈妇王氏,高文学妻。文学死,父道美来吊,谓王曰:"无过哀。事有三等,在汝自为之。"王辍泣问之,父曰:"其一从夫地下为烈,次则冰霜以事翁姑为节,三则恒人事也。"王即键户,绝粒不食,越七日而死。

又有戚家妇者,宝应人。甫命卺,而夫暴殁。妇哭之哀,投门外汪中死。后人名其死所为戚家汪云。

金氏,通渭刘大俊妻。年十九,夫病风痹,金扶浴温泉。暴风雨,山水陡发,夫不能动,令金急走。金号泣坚持不肯舍,并溺死。尸流数十里而出,手犹挽夫不释云。

又应山诸生王芳妻杨氏。芳醉坠塘中,氏赴水救之。夫入水益深,氏追深处偕死。

王氏,山阴沈伯燮妻。议婚数年,伯燮病厉,手挛发秃,父母有他意。女问:"沈郎病始何日?"父曰:"初许时固佳儿,今乃病。"女曰:"既许而病,命也,违命不祥。"竟归之。伯燮病且愈,王奉事无少怠。居八年卒,嗣其从子。更出簪珥佐舅买妾,更得子。逾年,舅姑相继亡,王独抚二幼孤,鬻手食之,并成立。

李孝妇,临武人,名中姑,适江西桂廷凤。姑邓患痰疾,将不起,妇涕泣忧悼。闻有言乳肉可疗者,心识之。一日煮药,爇香祷灶神,自割一乳,昏仆于地,气已绝。廷凤呼药不至,出视,见血流满地,大惊呼救,倾骇城市,邑长、佐皆诣其庐,命赆治。俄有僧踵门曰:"以室中蕲艾傅之,即愈。"如其言,果甦,比求僧不复见矣。乃取乳和药奉姑,姑竟获全。

又洪氏，怀宁章崇雅妻。崇雅早卒，洪守志十年。姑许，疾不能起，洪剜乳肉为羹而饮之，获愈，余肉投池中，不令人知。数日后，群鸭自水中衔出，鸣噪回翔，小童获以告姑。姑起视之，乳血犹淋漓也。其夫兄崇古亦早亡，姒朱氏誓死靡他，姒娌相守五十年云。

倪氏，兴化陆鳌妻。性纯孝，舅早世，悯姑老，朝夕侍寝处，与夫暌异者十五年。姑鼻患疽垂毙，躬为吮治，不愈，乃夜焚香告天，割左臂肉以进，姑啖之愈。远近称孝妇。

刘氏，张能信妻，太仆卿宪宠女，工部尚书九德妇也。性至孝，姑病十年，侍汤药不离侧。及病剧，举刀刲臂，侍婢惊持之。舅闻，嘱医言病不宜近腥腻，力止之。逾日，竟刲肉煮糜以进，则姑已不能食，乃大悔恨曰："医绐我，使姑未鉴我心。"复刲肉寸许，恸哭奠篮前，将阖棺，取所奠置棺中曰："妇不获复事我姑，以此肉伴姑侧，犹身事姑也。"乡人莫不称其孝。

明史卷三〇三
列传第一九一

列女三

徐贞女　刘氏　余氏　虞凤娘

林贞女　王贞女　倪美玉　刘烈女

上海某氏　谷氏　白氏　高烈妇

于氏　台氏　胡氏　王氏　刘孝女

崔氏　高陵李氏　烈妇柴氏

周氏　王氏　荆娲　宋氏

李氏陈氏　蕲水李氏　万氏

王氏五烈妇　明伦堂女　陈氏

鸡泽二李氏　姜氏　六安女

石氏女　谢氏　庄氏　冯氏

唐烈妻陈氏　刘氏　唐氏　颜氏　卢氏

于氏　萧氏　杨氏　仲氏女　何氏

赵氏　倪氏　王氏　韩氏　邵氏　李氏

江氏　杨氏　张氏　石氏　王氏等

郭氏　姚氏　朱氏　徐氏女

定州李氏　　胡敬妻姚氏　　熊氏

邱氏 <small>乾氏　黄氏</small>　　洗马贩妇　　向氏

雷氏　　商州邵氏　　吕氏　　曲州邵氏

王氏　　吴之瑞妻张氏

韩鼎允妻刘氏　　江都程氏六烈

江都张氏 <small>兰氏等</small>　　张秉纯妻刘氏

陶氏　　田氏　　和州王氏　　方氏

陆氏 <small>子道弘妻</small>　　于氏　　项淑美 <small>王氏</small>

甬上四烈妇　　夏氏

　　徐贞女，宣城人。少字施之济。年十五，里豪汤一泰艳之，倚从子祭酒宾尹，强委擒焉。女父子仁不受，夜趣施异女归。一泰恚甚，胁有司摄施妇，欲庭夺以归，先使人捽之济父子及媒妁数人，殴之府门，有司莫能制。徐氏被摄，候理，次城东旅舍，惧不免。夜伺人静，投池中死，衣上下缝纫，不见寸体。观者皆泣下，共舁古庙，盛夏郁蒸，蝇不敢近。郡守张德明临视，立祠城东祀之。

　　刘氏，京师人。有松江人戍边者，诈称无妻，娶刘。既而遇赦归，绐刘曰："吾暂归省。"久之不复至，刘抵松访之，夫拒不纳。刘哭曰："良人弃我，我将安归。"乃翦发为尼，行乞市上，人多怜而周之。刘置一棺，夜卧棺中数十年。邻火起，刘入棺，呼曰："乞与阇棺，以毕吾事。"遂焚死。

　　余氏，黄冈宋蒙妾。蒙妻刘，举子女各一人，余无所出。及蒙卒，刘他适，妾辛勤育之。日事纺绩，非丙夜不休。壸政严肃，亲属莫敢窥其门。逾二十年,忽谓子女曰:"吾命将尽,不能终视若辈,惟望若辈为上流人尔。"越数日,无疾而逝。

虞凤娘,义乌人。其姊嫁徐明辉而卒,明辉闻凤娘贤,恳其父欲聘为继室。女知,泣谓父母曰:"兄弟未尝同妻,即姊妹可知。"父执不听,女绝口不言,自经死。

林贞女,侯官人。父舜道,官参政。女幼许长乐副都御史陈省子长源,既纳币,长源卒。女蓬首削脂泽,称疾卧床,哭无声而神伤。或谓未成妇,何自苦。答曰:"予名氏,岁月饰而椟之以归陈,忍自眜哉!"固请于父,欲赴陈丧,父为达其意。陈父答曰:"以凶归,所不忍,以好妇,畴与主之?姑俟丧除。"女大悲咤曰:"是欲缓之,觊夺吾志也。"遂不食,积七日,呕血死。

王贞女,昆山人,太仆卿宇之孙,诸生述之女,字侍郎顾章志孙同吉。未几,同吉卒。女即去饰,白衣至父母前,不言亦不泣,若促驾行者。父母有难色,使妪告其舅姑,舅姑扫庭内待之。女既至,拜枢而不哭,敛容见舅姑,有终焉之意。姑含泪曰:"儿不幸早亡,奈何累新妇。"女闻姑称新妇,泪簌簌下,遂留执妇道不去。早晚跪奠枢前,视姑眠食外,辄自屏一室,虽至戚遣女奴候视,皆谢绝,曰:"吾义不见门以外人。"后姑病,女服勤,昼夜不懈。及病剧,女入候床前,出视药灶,往来再三,若有所为。群婢窥之而莫得其迹,姑既进药则睡,觉而病立间,呼女曰:"向饮我者何药?乃速愈如是。"欲执其手劳之,女缩手有难进之状。姑怪起视,已断一指煮药中矣。姑叹曰:"吾以天夺吾子,常忧老我所倚。今妇不惜支体以疗吾疾,岂不胜有子耶!"流涕久之。人皆称贞孝女云。

倪美玉,年十八归董绪。绪居丧过毁得疾,谓妻曰:"吾无兄弟,又无子。吾死,父母祀绝矣。当以吾屋为小宗祠,置祀田数亩,小宗人递主之,春秋享祀,吾父母获与焉,吾无憾矣。汝必以此意告我叔父而行之。"绪卒,倪立从子为后。治丧毕,携其女及田二十亩,嘱其姒曰:"以此累姆。"及夫叔父自外郡至,泣拜致夫命,叔父如其言。事竣,妇出拜谢,即入室卧不食。居数日,沐浴整衣曰:"亡夫召我矣。"举手别父母亲属而逝,年二十二。

刘烈女,钱塘人。少字吴嘉谏。邻富儿张阿官屡窥之,一夕缘梯入。女呼父母共执之,将讼官。张之从子倡言刘女诲淫,缚人取财。人多信之。女呼告父曰:"贼污我名,不可活矣,我当诉帝求直耳。"即自缢。盛暑待验,暴日下无尸气。嘉谏初惑人言,不哭。徐察之,知其诬也,伏尸大恸。女目忽开,流血泪数行,若对泣者。张延讼师丁二执前说,女傅魂于二曰:"若以笔污我,我先杀汝。"二立死。时江涛震吼,岸土裂崩数十丈,人以为女冤所致。有司遂杖杀阿官及从子。

上海某氏,既嫁,夫患疯癫,舅姑谋夺以妻少子。妇觉,密告其夫,夫泣遣之归宁。妇潜制殓具,夫既死,舅姑不以告,不阖棺,露置水滨,以俗忌恶疾也。妇闻,盂饭瀹鸡,偕幼妹至棺所,抱尸浴之,敛以衣衾,阖棺设祭。祭毕,与妹诀,以巾幂面,投水死。

谷氏,余姚史茂妻。父以茂有文学,赘之于家。数日,邻人宋思征责于父,见氏美,遂指逋钱为聘物,讼之官。知县马从龙察其诬,杖遣之。及谷下阶,茂将扶以行。谷故未尝出闺阁,见隶人林立,而夫以身近己,惭发颊,推茂远之。从龙望见,以谷意不属茂也,立改判归思。思即率众拥舆中而去,谷母随之至思舍。谷呼号求速死,断发属母遗茂。思族妇十余人,环相劝慰,不可解,乘间缢死。从龙闻之大惊,捕思,思亡去。茂感妻义,终身不娶。

白氏,清涧惠道昌妻。年十八,夫亡。怀娠六月,欲以死殉。众谕之曰："胡不少待,举子以延夫嗣。"氏泣曰："非不念良人无后,但心痛不能须臾缓耳。"七日不食而死。

高烈妇,博平诸生买埏妻。埏卒,氏自计曰："死节易,守节难,况当兵乱之际,吾宁为其易者。"执姑手泣曰："妇不能奉事舅姑,反遗孤孙为累。然妇殉夫为得正,勿过痛也。"遂缢。

于氏,颍州邓任妻。任病,家贫,药饵不给,氏罄嫁筶救之。阅六月病革,氏聘簪二,绾于夫发,自绾其一,抚任颈哽咽曰："妾必不负君。"纳指任口中,令啮为信。任殁三日,缢死。

州又有台氏,诸生张云鹏妻。夫病,氏单衣蔬食,祷天愿代,割臂为糜以进。夫病危,许以身殉,订期三日。夫付红帨为诀,氏号泣受之。越三日,结所授帨就缢,侍婢救不死,恨曰："何物奴,败我事!令我负三日约。"自是,水浆不入口,举声一号,热血迸流。至七日,顿足曰："迟矣,郎得毋疑我。"母偶出栉沐,扃户缢死。

胡氏,诸城人,遂平知县丽明孙女也。年十七,归诸生李敬中,生一女而夫卒。初哭踊甚哀,比三日不哭,盥栉拜舅姑堂下,家人怪之,从容答曰："妇不幸失所天,无子,将从死者地下,不得复事舅姑,幸强饭自爱。他日叔有子,为亡人立嗣,岁时奠麦饭足矣。"姑及其母泣止之,不可,乃焚香告柩前,顾家人曰："洗含汝等亲之,不可近男子。"遂入户自经,母与姑捶门痛哭疾呼,终不顾而死。

王氏,淄川成象妻。夫死,痛哭三日,唇焦齿黑。父不忍,予之水,谢勿饮。又三日,气息渐微,强起语父曰："翁姑未葬,夫亦露殡,奈何?"父许任其事,氏就枕叩头而瞑,年十七。

刘孝女,京师人。父兰卒,矢志不嫁,以养其母。崇祯元年,年四十六矣,母病殁,女遂绝粒殉之。

　　崔氏，香河王锡田妻。崇祯二年，城破，氏与众诀曰："我义不受辱。"涕泣乳其女，将自缢，家人力持不得遂。兵及门，众俱奔，氏仓皇缢于户后，恐贼见其貌，或解之也。

　　高陵李氏，镇抚刘光灿妻。夫殁，励志苦守。崇祯四年，贼陷高陵。年七十九，其家掖之走，曰："未亡人弃先夫室何往？"语未已，贼露刃入。即取刀自刺，流血淋漓。贼壮其烈，与饮食，怒不受，以碗击贼，骂曰："吾忍死四十九年，今啜贼食耶！"遂遇害。

　　烈妇柴氏，夏县孙贞妻。崇祯四年，夫妇避贼山中。贼搜山，见氏悦之，执其手。氏以口啮肉，弃之曰："贼污吾手。"继扳其肱，又以口啮肉，弃之曰："贼污吾肱。"贼舍之去，氏骂不绝声，还杀之。

　　周氏，新城王永命妻，登州都督遇吉兄女也。幼通《孝经》、《列女传》。崇祯五年，叛将耿仲明、李九成等据登州反，纵兵淫掠。一小校将辱之，氏绐之去，即投缳死。明日，贼至，怒其诳己，支解之。事平，永命侦贼所在，击斩之，以其首祭墓。

　　时蓬莱浦延禧妻王氏，年二十，守节抚孤。九成叛，城陷，叔允章至其家，问所向。答曰："儿岂向患难中求活。"时有麻索在床头，叔以手振之曰："欲决计于此乎？"氏首肯，从容就缢。

　　荆娵，陕西淳化人，姓高氏。兄起凤，邑诸生。崇祯五年，流贼掠继母秦氏及荆娵去，起凤驰赴贼营请赎。贼索二马，起凤倾赀得一马，予之。贼止还其母。起凤与妹诀曰："我去，汝即死。"贼令劝妹从己，且欲留为书记。起凤大骂不从，被杀。百计胁荆娵，大骂求死。贼悦其色，割发裂衣以恐之。娵益骂不已，贼乃杀之，年甫十六。巡按吴甡上其事，兄妹皆旌。

陈丹余妻宋氏。丹余为郧阳诸生。崇祯六年,贼至被掠,并执其女,迫令入空室。前有古槐,母女抱树立,骂曰:"吾母子死白日下,岂受污暗室中。"大骂不行。贼断其手,益大骂,俱被害。

黄日芳妾李氏、陈氏。日芳知霍丘县,崇祯八年,赍计簿入郡。流贼突至,围城。二人相谓曰:"主君未还,城必不守,我两人独有一死耳。"密缝内外衣甚固,城陷,南望再拜,携赴藏天涧死。越三日,日芳至,号哭涧侧。两尸应声浮出,颜色如生,手尚相援。

蕲水李氏,诸生何之旦妻。流贼至蕲,执而逼之去,不从,则众挟之。李骂益厉,啮贼求死。贼怒,刺之,创遍体,未尝有惧色,贼断其颈死。

从婢阿来抱李幼女,守哭。贼夺女将杀之,不与,伏地以身庇之。刺数十创,婢、女俱死。

万氏,和州儒士姚守中妻,泉州知府庆女孙也。生六子,皆有室。崇祯八年,流贼陷其城,恸哭孀姑前,命诸妇曰:"我等女子也,誓必死节。"诸子环泣,急麾之曰:"汝辈男子,当图存宗祀,何泣焉?"长子承舜泣曰:"儿读书,惟识忠孝字耳,愿为厉鬼杀贼,何忍母独死。"遂负母投于塘。诸妇女孙相随死者十数人,仅存子希舜,求其尸,共聚塘坳,无一相离者。

流贼陷和州,王氏一时王烈妇:王用宾妻尹氏,用贤妻杜氏,用聘妻鲁氏,用极妻戴氏,又王氏良器女,刘台妻也。五人同匿城西别野,誓偕死。及贼登陴,呼声震地。五人相持泣曰:"亟死亟死,毋污贼刃。"结缳,缳断,适用贤所佩剑挂壁上,杜趋拔之,争磨以刭,次第死。

州又有女,失其姓,与诸妇共匿明伦堂后。其四人已为贼执,用帛牵之。独此女不肯就执,多方迫之不得。四妇劝之,泣曰:"我处女也,可同男子去耶?"以头抢地。贼搴其足而曳之,女大骂。贼怒,一手搴足，以刀从下劈之，体裂为四。

　　陈氏，泾阳王生妻。有子方晬，生疾将死，以遗孩属陈。陈曰：
"吾当生死以之。"流贼至，陈抱子避楼上。贼烧楼，陈从楼檐跳下，
不死。贼视其色丽，挟之马上，陈跃身坠地者再。最后以索缚之，行
数里，陈力断所系索，并鞚坠焉。贼知不可夺，乃杀之。贼退，家人
收其尸，子呱呱怀中，两手犹坚抱如故。

　　鸡泽二李氏。一同邑田蕴玺妻。遇乱，蕴玺兄弟被杀。李抱女
同姒王抱男而逃。王足创难行，令李速去。李曰："良人兄弟俱死，
当存此子，以留田氏后。"遂弃己女，抱其子赴城，得无恙。一嫁曲周
郭某。遭乱，举家走匿。翁姑旋被杀，李携幼男及夫弟方七岁者共
逃，力罢，不能俱全。或教之舍叔而抱男，李曰："翁姑死矣，叔岂再
得乎！子虽难舍，然吾夫在外，或未死，尚可期也。"竟弃男，负叔而
走。

　　宋德成妻姜氏，临清人。德成知赞皇县，寇入署，姜投井。贼出
之，逼令食，骂曰："待官兵剿汝，醢为脯，吾当食之。"以簪自剔一目
示贼曰："吾废人也，速杀为幸。"贼怒杀之。

　　六安女，失其姓。崇祯中，流贼入境，见其美，将犯之。以帕蒙
其头，辄坏之，曰："毋污我发。"被以锦衣，又掷之曰："毋污吾身。"
强拥诸马上，复投地大骂请死。贼怒刃之，既而叹曰："真烈女。"

　　石氏女，失其邑里，随父守仁寓五河。崇祯十年，流贼突至，执
欲污之。女抱槐树，厉声骂贼。贼使数人牵之不解，斮其两手，骂如
初。又断其足，愈骂不绝，痛仆地佯死。贼就褫其衣，女以口啮贼指，
断其三，含血升许喷贼，乃瞑。贼拥薪焚之，厥后所焚地，血痕耿耿，
遇雨则燥，旸则湿。村人骇异，掘去之，色亦入土三尺许。

又当涂举人吴昌祚妻谢氏,为乱卒所掠。谢以后抱树,大骂不止。卒怒,断其附树之指,复拾断指掷卒面,卒磔杀之。

周颜敬妻庄氏。彦敬,楼霞知县。氏读书知大义,乱起,乡人悉窜山穴中。庄以男女无别,有难色。颜敬强之曰:“不入,且见杀。”庄曰:“无礼不如死,君疑我难死乎!”即引刀自裁。彦敬感其义,终身不复娶。

梁凝禧妻冯氏。凝禧,随州诸生。崇祯十年,闻贼警,夫妇买舟避难。行至西河,贼追急,登岸奔魏家砦。夫妇要同死,氏诀凝禧曰:“同死固甘,但君尚无子,老母在堂,幸速逃,明早可于此地寻我。”凝禧遂逃,次早果得尸于分手处。

唐烈妻陈氏。烈,孝感诸生。崇祯十年,从夫避难山砦。贼突至,夫与子俱奔散,陈独行山谷间。砦人曰:“非唐氏妪乎?事迫矣,可急入保。”陈问夫与子至未,曰:“未也。”陈泣曰:“我茕茕一妇人,靡因而至。诸君虽怜而生我,我何面目安兹土耶!夫存亡未知,依人以生不贞,弃夫之难不义。失贞与义,何以为人!吾其行也。”卒不入。已,贼至,逼去不从,大骂死。

又刘氏,怀宁人,应天府丞颜素之孙妇也。崇祯末,乱兵焚掠江市。其舅与夫先在南京。刘子身出避,仓皇无所之,见男妇杂走登舟,慨然曰:“吾侪妇人,保姆不在,义不出帏,敢乱群乎!”遂投江死。

唐氏,广济潘龙跃妻。崇祯十三年避贼灵果山。贼至,加刃龙跃颈,索钱。唐跪泣,乞以身代夫,不许。女巽跪泣,乞以身代父,不许。唐知夫不免,投于塘,女从之。贼怆然释其夫。

又颜氏,长乐诸生黄应运妻。城陷,兵至其家,欲杀应运生母詹氏,颜泣诉,愿身代。及颜方受刃,妾曾又奔号曰:“此我主母,无所出，愿杀我以全其命。"卒感其义，两释之。

颍州卢氏，王瀚妻。家贫，舂织终岁。崇祯十四年大饥，夫患疫。氏语夫曰："君死，我当从。"及夫死，时溽暑，氏求亲戚敛钱以葬曰："我当死，但酷热无衣棺，恐更为亲戚累，迟之秋爽耳。"闻者哂之。及秋，尽粜其新谷，置粗布衣，余买酒蔬祀夫墓。归至家，市梨数十进姑，并贻姒娌，语人曰："我可死矣。"夜半自缢。

于氏，汝州张铎妻。崇祯十四年，贼破城，氏谓两婢曰："吾辈今日必死，曷若先出击贼，杀贼而毙，不失为义烈鬼。"于是执梃而前，贼先入者三，出不意，悉为所踣。群贼怒，攒刺之，皆死。

萧氏，万安赖南叔妻。夫早丧，无子，遗一女。寇大起，筑室与女共居。盗突至，率女持利刃遮门。詈曰："昔宁化曾氏妇，立砦杀贼。汝谓我刃不利邪！犯我必杀汝。"贼怒，纵火焚之，二人咸烬。

又杨氏，安定举人张国绂妾。崇祯十六年，贼贺锦攻城急。国绂与守者议，丁壮登陴，女子运石。杨先倡，城中女子从之，须臾四城皆遍。及城陷，杨死谯楼旁。事定，家人获其尸，两手犹抱石不脱。

仲氏女，湖州人，随父贾汉阳。崇祯中，汉阳陷，从群妇将出城，贼守门者止之。有顷，贼大肆淫掠，见女美，执之。女劖面披发，大骂。贼具马，命二贼挟之上，连坠伤额，终不肯往。贼露刃迫之曰："身往何如头往？"笑曰："头往善。"遂被害。

邝抱义妻何氏。抱义，临武诸生。崇祯末，氏为贼所执，乃垢面蓬发绐以病疫，贼惧释之。及贼退，家人咸喜，何泣曰："平昔谒拜伯叔，犹赧颜汗发。今匿身不固，以面目对贼，牵臂引裾，虽免污辱，何以为人！"竟忿恚不食死。

汤祖契妻赵氏。祖契，睢州诸生。氏知书，有志节。崇祯十五年,贼陷太康,将抵睢。氏语家人曰:"州为兵冲,未易保也。脱变起,有死耳。"及城破,属祖契负其母以逃,而已阖户自经,家人解之,投井,复为家人所阻,怒曰:"贼至不死,非节也,死不以时,非义也。"贼至,环刃相向,牵之出,厉声诃贼,遂遇害。

萧来凤妻倪氏。来凤,商城贡生,慷慨有大节。贼逼受职,不屈死,倪自经从之。

又有宋愈亨,深泽举人,寇至投井死。妻王氏曰:"夫既如此,吾敢相负。"媳韩,生男甫六日,愿从死,相对缢。

邵氏,邹县张一桂妻,同妾李氏遇贼。欲迫李行,邵骂曰:"亡夫以妾托我,岂令受贼辱。"贼怒杀之。李知不免,绐曰:"我有簪珥埋后园井旁。"贼随李发之,至则曰:"主母为我死,我岂独生。"即投井。贼下井扶之,李披发破面骂不已,扭其衣欲令并死井底,叫声若雷。贼知不可强,乃刃之。

宗胤芳妻江氏,鲁山人。子麟祥,进士。流贼之乱,江与麟祥妻袁氏率孙女、孙妇九人登楼,俱悬于梁。视其已死,乃引刀自到。

曹复彬妻杨氏。复彬,江都诸生。城破,复彬创仆地,杨匿破屋中。长女茜文,年十四,趣母决计。次女茜红,年十二,请更衣死。杨止之,复彬执不可,乃为三缳,次第而缢。

梁以樟妻张氏,大兴人。以樟知商丘县。崇祯十五年,流贼围商丘,急积薪楼下,集婢女其上,俱令就缢。谓子燮曰:"汝父城守,命不可知,宗祀惟汝是赖。"属乳媪匿民家。自缢死。家人举火,诸尸俱烬。

郑完我母石氏,甘州卫人。完我,南阳府同知,既之官,妻王氏奉石家居。崇祯十六年，贼围甘州，石预戒家人积薪室中。及城陷，携王及一孙女纵火自焚。寇退，出尸灰烬间，姑媳牵挽不释手。女距三尺许，覆以瓮，启视色如生。

郭氏，长治宋体道妻。崇祯十五年，任国琦作乱，同居诸妇皆罗跪，呼郭不出，独匿垠。贼怒，诘其不跪，瞪目厉声曰：“我跪亦死，不跪亦死，已安排不活矣。”贼加数刃，迄死骂不绝口。

姚氏，桐城人，湘潭知县之骐女，诸生吴道震妻。年十九，夫亡，以子德坚在襁褓，忍死抚之。越二十六年，至崇祯末，流贼掠桐城。兄孙林，奉母避潜山，氏偕行。贼奄至，孙林格斗死，德坚负氏逃。氏曰：“事急矣，汝书生焉能负我远行，倘贼追及，即俱死，汝不能全母，顾反绝父祀乎！”叱之去，德坚泣弗忍，氏推之坠层厓下。须臾贼至，叱曰：“出金可免。”氏曰：“我流离远道，安得有金。”贼令解衣验之，骂曰：“何物贼奴，敢作此语！”贼怒，刃交下死。

朱氏，无为人徐毕璋妻。年十七，归璋。璋有妹名京，年十五，未字。崇祯十五年，流贼破城。朱方怀孕，奔井边谓京曰：“吾姪在怀，井口狭，可推而纳之。京曰：“唯。”纳毕，即哭呼曰：“父母安在乎，吾伴嫂死矣！”一跃而入。

李氏，定州人，广平教授元荐女，归同里郝生。崇祯十六年，州被兵。生将奉亲避山中，留李与二子居其母家。生控马将发，李哭拜马前，指庭中井诀曰：“若有变，即洁身此中，以衣袂为识，旁有白线一行者，即我也。”比城破，藏二子他所，入井死。兵退，生出其尸，颜色如生。

胡敬妻姚氏。敬，孝感贡生。流贼陷孝感，姚乘舟避难南湖，歘歔不已。邻舟妇解之曰：“贼入黄，从未杀人，何畏也？”姚曰：“我非畏杀,畏其不杀耳。"闻贼将入湖,叹曰:"贼至而死,辱矣。"遂携二女僮投水死。

熊氏,武昌李荩臣妻,大名知县正南女。荩臣父周华,官赣州知府,荩臣从父之任,留妇于家。崇祯十六年,武昌陷,妇匿林薮中,为贼所得,夺刀自刎。贼去,邻妪救活之。明年,李自成率残卒南奔,妇只身窜山谷。有胡姓者,欲为子娶之。妇曰:"吾颈可断,汝不闻前事乎!"已,荩臣自江西归,遇贼被杀。妇恸三日,自缢死。

邱氏,孝感刘应景妻。崇祯末,为贼所执,逼从,不可。贼曰:"刃汝。"丘曰:"得死为幸。"贼注油满瓮,渍其衣,语同类曰:"此妇倔强,将爇之。"丘哂曰:"若谓死溺、死焚、死刃有间乎?官兵旦夕至,若求如我,得哉!"贼怒,束于木爇之,火炽,骂不绝口。

同邑乾氏,年十七,归高文焕。文焕卒,无子,拔刀自裁。母及姑救之,越三日复甦。自是断荤,日不再食。崇祯十六年,闻贼陷德安,将及孝感。从子高骞将扶避山砦,氏曰:"吾老矣,岂复出门求活。行吾四十年前之志,可也。"投后园池中死。

邑又有黄氏,张挺然妻。崇祯末,贼帅白旺陷德安,授挺然伪掌旅。黄泣止之,不听。贼令挺然取妇为质,黄携十岁儿匿青山砦。挺然诱以利,劫以兵,且使亲戚招之,皆不应。已而破砦,焚已居以穷黄,黄匿愈深,竟不可得。挺然寄儿金簪,儿以绾发,黄怒,拔弃之曰:"何为以贼物污首!"久之,贼败,挺然走死襄阳,黄耕织以抚其子,乡人义之。

蕲水洗马畈某氏,为贼所执,不从。贼刃其腹,一手抱婴儿,一手捧腹,使气不即尽,以待夫。夫至,付儿,放手而毙。

向氏,黄陂人。年十八,归王旦士。未久,贼陷黄陂,被执。贼持刀迫之,氏骂不绝口。贼指众曰:"若非汝父母,即舅姑兄弟,必尽杀,而后及汝。"氏曰:"我义不辱,与家人何与!"夺刃自刭。贼怒,立磔之。

刘长康妾雷氏。长庚为同州诸生。贼陷潼关,将及州,长庚拜家庙,召妻及二子曰:"汝年长,且有子,当逃。"召雷及所生女曰:"汝年少,当从吾死。"雷曰:"妾志也。"长庚携酒登楼,谓妾曰:"汝平日不饮,今当共醉。"妾欣然引满。长庚且饮且歌,夜半遍题四壁,拔刀示妾曰:"可以行乎?"对曰:"请先之。"夺刀自刭。长庚乃解所系绦,缢于梁。女方七岁,横刀于壁,以颈就之而死。

邵氏,商州人,布政使可立女,侍郎雒南薛国用子匡伦妻也。流贼将至,避之母家。商州陷,贼驱使执爨,骂曰:"吾大家女,嫁大臣子,肯为狗贼作饭耶!"贼怒,斫其足,骂益厉,断舌,寸磔之。

关陈谏妻吕氏。陈谏,云梦诸生。族有安氏者,殉其夫关坤,吕每谈及,辄感慨歔欷曰:"妇人义当如是。"崇祯末,寇陷邻郡,吕谓夫曰:"贼焰方张,不如早为之所。"取鱼网结其体甚固。俄寇至,俾缝衣,吕投剪破贼面,骂曰:"贼敢辱我针黹乎!手可断,衣不可缝。"贼怒,磔之,投于水。

邵氏,曲周李纯盛妻。寇至,姑姊妹俱避地洞中。邵为寇所得,问洞所在。绐之行,寇喜随之,径往井傍,投井死。洞中五十余俱获免。

王氏,宛平刘应龙妻。年十六,嫁应龙。家贫,以女红养舅姑。应龙父子相继亡,王事姑抚子。阅二十年,贼陷都城,泣拜其姑曰:"留长孙奉事祖母,妇死已决。"遂携幼子投井死。

吴之瑞妻张氏。之瑞,宿松诸生。福王时,城陷,军士欲污之。

张恐祸及夫与子,绐曰:"此吾家塾师,携其子在此。吾丑之,若遣去,则惟命。"夫与二子去已远,张乃厉声唾骂,撞石死。

韩鼎允妻刘氏。鼎允为怀宁诸生。福王时,城溃。舅姑双柩殡于堂,刘守不去。贼欲剖棺,刘抱棺号哭,贼释之。一女年十三,贼欲纵火,而数盼其女。刘绐之曰:"苟不惊先柩,女非所惜也。"贼喜投炬,携女去。刘送女,目门外池示之,女即投池死。贼怒,刃刘,刘骂不绝口死。

江都程氏六烈。程煜节者,江都诸生也。其祖姑有适林者,其姑有适李者,其叔母曰刘氏、邹氏、胡氏。而煜节之妹曰程娥,未字。城被围,与刘约俱死,各以大带置袖中。城破,女理发更衣,再拜别其母,遂缢死。刘有女甫一岁,啼甚惨。刘乳之,复以糕饵一器置女侧,乃死。邹与胡亦同死。适林者,投井死。适李者,遭掠,绐卒至井旁,大骂投井死。时称一门六烈。

张氏,江都史著馨妻。年二十六,夫亡。及城陷,抚其子泣曰:"向也抚孤为难,今也全节为大。儿其善图,吾不能顾矣。"前赴水死。

又兰氏,孙道升继妻。其前妻女曰四,兰所生女曰七,皆嫁古氏。次曰存,孙女曰巽,皆未嫁。其弟道乾、道新并先卒。道乾妻王氏,子天麟妻丁氏,道新妻古氏,其从弟子启先妻董氏。江都之围,诸妇女各手一刃一绳自随。城破,巽先缢死。兰时五十四,引绳自缢死。王氏、丁氏投舍后汪中死。古氏亦五十四,守节三十年,头尽白,投井死。有女嫁于吴,生女曰睿,方余岁,适在外家,从死于井。董氏以带系门枢,缢死。存病足,力疾投井死。董氏之娣,有祖母曰陈氏,方寄居,与董氏同处,亦自缢死。四与七同缢于床死。

同时有张廷铉者,妻薛氏,城破自缢死。廷铉之妹曰五,遇卒鞭挞使从己,大呼曰:"杀即杀,何鞭为!"遂杀死。

张秉纯妻刘氏。秉纯，和州诸生。家故贫，氏操井臼，处之怡然。国亡，秉纯绝粒死。氏一勺水不入口，阅十有六日，肌骨销铄，命子扶至柩前祭拜，痛哭而绝。

陶氏，当涂孙士毅妻，守节十年。南都覆，为卒所掠，缚其手介刃于两指之间，曰：“从我则完，否则裂。”陶曰：“义不以身辱，速尽为惠。”兵不忍杀，稍创其指，血流竟手，曰：“从乎？”曰：“不从。”卒怒，裂其手而下，且剜其胸，寸磔死。陶母奔护，亦被杀。

田氏，仪真李铁匠妻，姿甚美。高杰步卒掠江上，执犯之，田以死拒。挟马上，至城南小桥，马不能渡。田绐卒牵衣行，睹中流急湍，曳二卒赴水，并溺死。

王氏，和州诸生张侣颜妻。南都不守，刘良佐部卒肆掠。氏同母匿朝阳洞，卒攻洞急，氏以子付母曰：“贼势汹汹，我少妇，即苟免，何面目回夫家。此张氏一线，善抚之。”言讫，挺身跳洞外，洞高数十仞，乱石巉岩若锋刃，碎身死焉。

方氏，桐城钱秉镫妻。避寇寓南都。岁祲，饘粥不给，以女红易米食其夫，已与婢仆杂食糠籺。客过，洁茗治馔，取诸簪珥，与秉镫游者，未尝知其贫也。秉镫与阮大铖同里，有隙，避吴中。方挈子女追寻，得之。已而吴中亦乱，方知不免，乃密纫上下服，抱女赴水死。

陆氏，嘉定黄应爵妻。少丧夫，家贫，纺绩自给逾三十年。甫殁，嘉定城破。子道弘妻，亡其姓，持二女仓卒欲赴井。长女曰：“若使母先投，必恋念吾二女，不如先之。”乃挽妹亟入，道弘妻继之，并溺死。

于氏，丹阳荆溓妻。溓父大澈为乱兵所杀。于闻变，知不免，谓溓曰："请先杀妾。"溓不忍，怒曰："君不自杀，欲留为乱兵污耶！"溓恸哭从之。

项淑美，淳安人，适方希文。希文好蓄书。杭州不守，大帅方国安溃兵掠江浒，数百里无宁宇。希文避山间，载书以往。会幼子病疹，希文出延医，淑美与一妪一婢处。是夕，乱兵突至，纵火肆掠。婢挽淑美衣，欲与俱出，正色叱曰："出则死于兵，不出死于火，等死耳，死火不辱。"时妪已先去，见火炽复入，呼曰："火至，奈何弗出？"淑美不应，急取书堆左右，高与身等，坐其中。须臾火迫，书尽焚，遂死。贼退，希文归，则余烬旋而成堆，若护其骨者。一恸，灰即散，乃收骨瘗先兆。

先是，有慈谿王氏，归同里方姓。甫逾月，火起，延及其屋。夫适他出，氏坚坐小楼不下，遂被焚，骸胥俱烬，惟心独存。夫妇，捧之长号，未顷即化。

甬上四烈妇。钱塘张，鄞县举人杨文瓒妻。国变后，文瓒与兄文琦，友华夏、屠献宸，俱坐死。张纫箴联其首，棺殓毕，即盛服题绝命诗，遍拜族戚。吞脑子不死，以佩带自缢而卒。文琦妻沈氏亦自缢。夏继妻陆氏结帨于梁，引颈就缢，身肥重，帨绝堕地。时炎暑，流汗沾衣，乃坐而摇扇，谓其人曰："余且一凉。"既复取帨结之而尽。有司闻杨、华三妇之缢，遣丐妇四人至献宸家，防其妻朱氏甚严。朱不得间，阳为欢笑以接之，且时时诮三妇之徒自苦也。数日，防者稍懈，因谓之曰："我将一浴，汝侪可暂屏。"丐妇听之，阖户自尽。时称"甬上四烈妇"。

夏氏，黔国公沐天波侍女也。沙定州之乱，天波出走，母陈、妻焦亦避外舍。惧贼迫，焦谓姑曰："吾辈皆命妇，可陷贼手乎！"举火自焚死。夏归其母家，获免。后天波自永昌还，夏复归府，则已薙为尼矣。天波感其义,俾佐内政。及天波从亡缅甸,夏遂自经。时城中大乱,死者载道,尸为乌犬所食,血肉狼籍,夏尸弃十余日,独无犯者。

明史卷三〇四
列传第一九二

宦官一

郑和 侯显　**金英** 兴安 范弘等　**王振**
曹吉祥 刘永诚　**怀恩** 覃吉　**汪直**
梁芳 钱能等　**何鼎** 邓原等　**李广**
蒋琮　**刘瑾**　**张永**　**谷大用**
魏彬等

　　明太祖既定江左,鉴前代之失,置宦者不及百人。迨末年颁《祖
训》,乃定为十有二监及各司局,稍称备员矣。然定制,不得兼外臣
文武衔,不得御外臣冠服,官无过四品,月米一石,衣食于内庭。尝
镂铁牌置宫门曰:"内臣不得干预政事,预者斩。"敕诸司不得与文
移往来。有老阉供事久,一日从容语及政事,帝大怒,即日斥还乡。
尝用杜安道为御用监。安道,外臣也,以镊工侍帝数十年,帷幄计议
皆与知,性缜密不泄,过诸大臣前一揖不启口而退。太祖爱之,然亡
他宠异,后迁出为光禄寺卿。有赵成者,洪武八年以内侍使河州市
马。其后以市马出者。又有司礼监庆童等,然皆不敢有所干窃。建
文帝嗣位,御内臣益严,诏出外稍不法,许有司械闻。
　　及燕师逼江北,内臣多逃入其军,漏朝廷虚实。文皇以为忠于
己,而狗儿辈复以军功得幸,即位后遂多所委住。永乐元年,内官监

李兴奉敕往劳暹罗国王。三年,遣太监郑和帅舟师下西洋。八年,都督谭青营有内官王安等。又命马靖镇甘肃,马骐镇交址。十八年置东厂,令刺事。盖明世宦官出使、专征、监军、分镇、刺臣民隐事诸大权,皆自永乐间始。

初,太祖制内臣,不许读书识字。后宣宗设内书堂,选小内侍,令大学士陈山教习之,遂为定制。用是多通文墨,晓古今,逞其智巧,逢君作奸。数传之后,势成积重,始于王振,卒于魏忠贤。考其祸败,其去汉、唐何远哉。虽间有贤者,如怀恩、李芳、陈矩辈,然利一而害百也。今摭其有关成败者,作《宦官传》。

郑和,云南人,世所谓三保太监者也。初事燕王于藩邸,从起兵有功,累擢太监。

成祖疑惠帝亡海外,欲踪迹之,且欲耀兵异域,示中国富强。永乐三年六月,命和及其侪王景弘等通使西洋。将士卒二万七千八百余人,多赍金币。造大舶,修四十四丈、广十八丈者六十二。自苏州刘家河泛海至福建,复自福建五虎门扬帆,首达占城,以次遍历诸番国,宣天子诏,因给赐其君长,不服则以武慑之。五年九月,和等还,诸国使者随和朝见。和献所俘旧港酋长。帝大悦,爵赏有差。旧港者,故三佛齐国也,其酋陈祖义,剽掠商旅。和使使招谕,祖义许降,而潜谋邀劫。和大败其众,擒祖义,献俘,戮于都市。

六年九月,再往锡兰山。国王亚烈苦奈儿诱和至国中,索金币,发兵劫和舟。和觇贼大众既出,国内虚,率所统二千余人,出不意攻破其城,生擒亚烈苦奈儿及其妻子官属。劫和舟者闻之,还自救,官军复大破之。九年六月献俘于朝。帝赦不诛,释归国。是时,交址已破灭,郡县其地,诸邦益震詟,来者日多。

十年十一月,复命和等往使,至苏门答剌。其前伪王子苏干剌者,方谋弑主自立,怒和赐不及己,率兵邀击官军。和力战,追擒之喃渤利,并俘其妻、子,以十三年七月还朝。帝大喜,赉诸将士有差。

十四年冬,满剌加、古里等十九国咸遣使朝贡,辞还。复命和等偕往,赐其君长。十七年七月还。十九年春复往,明年八月还。二十二年正月,旧港酋长施济孙请袭宣慰使职,和赍敕印往赐之。比还,而成祖已晏驾。洪熙元年二月,仁宗命和,以下番诸军守备南京。南京设守备,自和始也。宣德五年六月,帝以践阼岁久,而诸番国远者犹未朝贡,于是和、景弘复奉命历忽鲁谟斯等十七国而还。

和经事三朝,先后七奉使,所历占城、爪哇、真腊、旧港、逻罗、古里、满剌加、渤泥、苏门答剌、阿鲁、阿枝、大葛兰、小葛兰、西洋琐里、琐里、加异勒、阿拨把丹、南巫里、甘把里、锡兰山、喃渤利、彭亨、急兰丹、忽鲁谟斯、比剌、溜山、孙剌、木骨都束、麻林、剌撒、祖法儿、沙里湾泥、竹步、榜葛剌、天方、黎伐、那孤儿,凡三十余国。所取无名宝物,不可胜计,而中国耗废亦不赀。自宣德以还,远方时有至者,要不如永乐时,而和亦老且死。自和后,凡将命海表者,莫不盛称和以夸外番,故俗传三保太监下西洋,为明初盛事云。

当成祖时,锐意通四夷,奉使多用中贵。西洋则和、景弘,西域则李达,迤北则海童,而西番则率使侯显。

侯显者,司礼少监。帝闻乌思藏僧尚师哈立麻有道术,善幻化,欲致一见,因通迤西诸番。乃命显赍书币往迓,选壮士健马护行。元年四月奉使,陆行数万里,至四年十二月始与其僧偕来,诏驸马都尉沐昕迎之。帝延见奉天殿,宠赉优渥,仪仗鞍马什器多以金银为之,道路烜赫。五年二月,建普度大斋于灵谷寺,为高帝、高后荐福。或言卿云、天花、甘露、甘雨、青鸟、青狮、白象、白鹤及舍利祥光,连日毕见,又闻梵呗天乐自空而下。帝益大喜,廷臣表贺,学士胡广等咸献《圣孝瑞应歌》诗。乃封哈立麻万行具足十方最胜圆觉妙智慧善普应祐国演教如来大宝法王西天大善自在佛,领天下释教,给印诰制如诸王,其徒三人亦封灌顶大国师,再宴奉天殿。显以奉使劳,擢太监。

十一年春复奉命,赐西番尼八剌、地涌塔二国。尼八剌王沙的新葛遣使随显入朝,表贡方物。诏封国王,赐诰印。十三年七月,帝欲通榜葛剌诸国,复命显率舟师以行,其国即东印度之地,去中国绝远。其王赛佛丁遣使贡麒麟及诸方物。帝大悦，锡予有加。榜葛刺之西，有国曰沼纳朴儿者，地居五印度中，古佛国也，侵榜葛刺。赛佛丁告于朝。十八年九月命显往宣谕，赐金币，遂罢兵。宣德二年二月，复使显赐诸番，遍历乌斯藏、必力工瓦、灵藏、思达藏诸国而还。途遇寇劫，督将士力战，多所斩获。还朝，录功升赏者四百六十余人。

显有才辨，强力敢任，五使绝域，劳绩与郑和亚。

金英者，宣宗朝司礼太监也，亲信用事。宣德七年，赐英及范弘免死诏，辞极褒美。

英宗立，与兴安并贵幸。及王振擅权，英不敢与抗。正统十四年夏旱，命英理刑部、都察院狱囚，筑坛大理寺。英张黄盖中坐，尚书以下左右列坐。自是六年一审录，制皆如此。其秋，英宗北狩，中外大震。郕王使英、安等召廷臣问计。侍读徐埕倡议南迁，安叱之，令扶埕出，大言曰："敢言迁者斩！"遂入告太后，劝郕王任于谦治战守。或曰叱埕者，英也。

也先入寇，至德胜门，景帝敕安与李永昌，同于谦、石亨总理军务。永昌，亦司礼近侍也。景泰元年十一月，英犯赃罪，下狱论死。帝令禁锢之，终景帝世废不用，独任安。

也先遣使议和，请迎上皇，廷议报使。帝不怿，令安出，呼群臣曰："公等欲报使，孰可者，孰为文天祥、富弼！"词色俱厉。尚书王直面折之，安语塞。及遣都给事中李实往，敕书不及迎上皇。实惊，走白内阁，遇安。安复诟曰："若奉黄纸诏行耳，他何预！"及易储，人遂疑安预谋矣。

安有廉操，且知于谦贤，力护之。或言帝任谦太过，安曰："为国分忧如于公者，宁有二人！"

英宗复辟，尽磔景帝所用太监王诚、舒良、张永、王勤等，谓其与黄玹构邪议，易太子，且与于谦、王文谋立外藩。于是给事、御史皆言安与诚、良等为党，宜同罪。帝宥之，但夺职。是时，中官坐诛者甚众，安仅获免云。

安佞佛，临殁，遗命舂骨为灰，以供浮屠。

范弘，交址人，初名安。永乐中，英国公张辅以交童之美秀者还。选为奄，弘及王瑾、阮安、阮浪等与焉。占对娴雅，成祖爱之，教令读书，涉经史，善笔札，侍仁宗东宫。宣德初，为更名，累迁司礼太监，偕英受免死诏，又偕英及御用太监王瑾，同赐银记。正统时，英宗眷弘，尝目之曰蓬莱吉士。十四年从征，殁于土木，丧归，葬香山永安寺，弘建也。而王瑾至景泰时始卒。

瑾，初名陈芜。宣宗为皇太孙时，朝夕给事。及即位，赐姓名，从征汉王高煦还，参预四方兵事，赏赉累巨万，数赐银记曰"忠肝义胆"，曰"金貂贵客"，曰"忠诚自励"曰"心迹双清"。又赐以两宫人，官其养子王椿，其受宠眷，英、弘莫逮也。

阮安有巧思，奉成祖命营北京城池宫殿及百司府廨，目量意营，悉中规制，工部奉行而已。正统时，重建三殿，治杨村河，并有功。景泰中，治张秋河，道卒，囊无十金。

阮浪至景帝时，为御用监少监。英宗居南宫，浪入侍，赐镀金绣袋及镀金刀。浪以赠门下皇城使王瑶。锦衣卫指挥卢忠者，险人也，见瑶袋刀异常制，醉瑶而窃之，以告尚衣监高平。平令校尉李善上变，言浪传上皇命，以袋刀结瑶谋复位。景帝下浪、瑶诏狱，忠证之，浪、瑶皆磔死，词终不及上皇。英宗复辟，磔忠及平，而赠浪太监。

王振，蔚州人。少选入内书堂。侍英宗东宫，为局郎。初，太祖禁中官预政。自永乐后，渐加委寄，然犯法辄置极典。宣宗时，袁琦令阮巨队等出外采办。事觉，琦磔死，巨队等皆斩。又裴可烈等不法，立诛之。诸中官以是不敢肆。及英宗立，年少。振狡黠得帝欢，遂越金英等数人掌司礼监，导帝用重典御下，防大臣欺蔽。于是大臣下狱者不绝，而振得因以市权。然是时，太皇太后贤，方委政内阁。阁臣杨士奇、杨荣、杨溥，皆累朝元老，振心惮之未敢逞。

至正统七年，太皇太后崩，荣已先卒，士奇以子稷论死不出，溥老病，新阁臣马愉、曹鼐势轻，振遂跋扈不可制，作大第皇城东，建智化寺，穷极土木。兴麓川之师，西南骚动。侍讲刘球因雷震，上言陈得失，语刺振。振下球狱，使指挥马顺支解之。大理少卿薛瑄、祭酒李时勉素不礼振。振摭他事陷瑄几死，时勉至荷校国子监门。御史李铎遇振不跪，谪戍铁岭卫。驸马都尉石璟詈其家阉，振恶贱己同类，下璟狱。怒霸州知州张需禁饬牧马校卒，逮之，并坐需举主王铎。又械户部尚书刘中敷，侍郎吴玺、陈瑺于长安门。所忤恨，辄加罪谪。内侍张环、顾忠，锦衣卫卒王永心不平，以匿名书暴振罪状。事发，磔于市，不复奏。

帝方倾心向振，尝以先生呼之。赐振敕，极褒美。振权日益积重，公侯勋戚呼曰翁父。畏祸者争附振免死，赇赂辐辏集。工部郎中王祐以善诡擢本部侍郎，兵部尚书徐晞等多至屈膝。其从子山、林至荫都督指挥。私党马顺、郭敬、陈官、唐童等，并肆行无忌。久之，构衅瓦剌，振遂败。

瓦剌者，元裔也。十四年，其太师也先贡马，振减其直，使者恚而去。秋七月，也先大举入寇，振挟帝亲征。廷臣交谏，弗听。至宣府，大风雨，复有谏者，振益虓怒。成国公朱勇等白事，咸膝行进。尚书邝埜、王佐忤振意，罚跪草中。其党钦天监正彭德清以天象谏，振终弗从。八月己酉，帝驻大同，振益欲北。镇守太监郭敬以敌势告，振始惧。班师，至双寨，雨甚。振初议道紫荆关，由蔚州邀帝幸其第，既恐蹂乡稼，复改道宣府。军士纡回奔走，壬戌始次土木。瓦剌兵追至，师大溃。帝蒙尘，振乃为乱兵所杀。败报闻，百官恸哭，都御史陈镒等廷奏振罪，给事中王竑等立击杀马顺及毛、王二中官。郕王命斩王山于市，并振党诛之，振族无少长皆斩。振擅权七年，籍其家，得金银六十余库，玉盘百，珊瑚高六七尺者二十余株，他珍玩无算。

先是，郭敬镇大同，岁造箭镞数十瓮，以振命遗瓦剌，瓦剌辄报以良马。及帝亲征，西宁候宋瑛、驸马都尉井源为前锋，遇敌阳和，敬又挠使败。至是逃归，亦坐诛。

英宗复辟，顾念振不置。用太监刘恒言，赐振祭，招魂以葬，祀之智化寺，赐祠曰精忠。而振门下曹吉祥复以夺门功，有宠专政。

曹吉祥，滦州人。素依王振。正统初，征麓川，为监军。征兀良哈，与成国公朱勇、太监刘永诚分道。又与宁阳侯陈懋等，征邓茂七于福建。吉祥每出，辄选达官、跳荡卒隶帐下，师还畜于家，故家多藏甲。

景泰中，分掌京营。后与石亨结，帅兵迎英宗复位。迁司礼太监，总督三大营。嗣子钦，从子铉、铎、旋等皆官都督，钦进封昭武伯，门下厮养冒官者多至千百人，朝士亦有依附希进者，权势与石亨埒，时并称曹、石。

二人恶言官有言，共谮于帝，命吏部尚书王翱，察核年三十五以上者留，不及者调用。于是给事何玘等十三人改州判官，御史吴祯等二十三人改知县。会有风雷雨雹之变，帝乃悟，悉还其职。未几，二人争宠有隙，御史杨瑄、张鹏劾之，吉祥乃复与亨合，乘间诉帝。帝为下瑄等诏狱，而逮治阁臣徐有贞、李贤等。事具《贤传》。承天门灾，帝命阁臣岳正草罪己诏，诏语激切。吉祥、亨复诉正谤讪，帝又谪正。焰益张，朝野仄目。

久之，帝觉其奸，意稍稍疑。及李贤力言夺门非是，始大悟，疏吉祥。无何，石亨败，吉祥不自安，渐蓄异谋，日犒诸达官，金钱、谷帛恣所取。诸达官恐吉祥败，而己随黜退也，皆愿尽力效死。钦问客冯益曰："自古有宦官子弟为天子者乎？"益曰："君家魏武，其人也。"钦大喜。天顺五年七月，钦私掠家人曹福来，为言官所劾。帝令锦衣指挥逯杲按之，降敕遍谕群臣。钦惊曰："前降敕，遂捕石将军。今复尔，殆矣。"谋遂决。

是时甘、凉告警，帝命怀宁侯孙镗西征，未发。吉祥使其党掌钦天监太常少卿汤序择是月庚子昧爽，钦拥兵入，而己以禁军应之。谋定，钦召诸达官夜饮。是夜，镗及恭顺侯吴瑾俱宿朝房。达官马亮恐事败，逸出，走告瑾。瑾趣镗由长安右门隙投疏入。帝急縶吉祥于内,而敕皇城及京城九门闭弗启。钦知亮逸,中夜驰往逮杲家,杀杲,斫伤李贤于东朝房。以杲头示贤曰:"杲激我也。"又杀都御史寇深于西朝房。攻东、西长安门不得入,纵火。守卫者拆河壖砖石塞诸门。贼往来叫呼门外。铠遣二子急召西征军击钦于东长安门。钦走攻东安门,道杀瑾。复纵火,门毁。门内聚薪益之,火炽,贼不得入。天渐曙,钦党稍稍散去。铠勒兵逐钦,斩铉、旋,铠子辄斫中膊。钦走突安定诸门,门尽闭。奔归家,拒战。会大雨如注,铠督诸军大呼入,钦投井死。遂杀铎,尽屠其家。越三日,磔吉祥于市。汤序、冯益及吉祥姻党皆伏诛。马亮以告反者,授都督。

英宗始任王振,继任吉祥,凡两致祸乱。其他宦者若跛儿干、亦失哈、喜宁、韦力转、牛玉之属,率凶狡。

土木之败,跛儿干、喜宁皆降敌。跛儿干助敌反攻,射内使黎定。既又为敌使至京,有所需索,景帝执而诛之。喜宁数为也先画策,索赏赐,导入边寇掠。上皇患之,言于也先,使宁还京索礼物,而命校尉袁彬以密书报边臣。至独石,参将杨俊擒宁送京师,景泰元年二月磔于市。

亦失哈镇辽东。敌犯广宁,亦失哈禁官军勿出击。百户施带儿降敌,为脱脱不花通于亦失哈。正统十四年冬,带儿逃归,巡按御史刘孜并劾亦失哈及他不法事。景帝命诛带儿,而置亦失哈不问。

韦力转者,性淫毒,镇守大同,多过恶。衔军妻不与宿,杖死其军。又与养子妻淫戏,射杀养子。天顺元年,工部侍郎霍瑄,发力转僭用金器若王者,及强娶所部女为妾诸不法事。帝怒,执之下锦衣卫狱,既而宥之。牛玉事,详《吴废后传》。

其与吉祥分道征兀良哈者刘永诚,永乐时尝为偏将,累从北征。宣德、正统中,再击兀良哈。后监镇甘、凉,战沙漠,有功。景泰末,掌团营。英宗复辟,勒兵从,官其嗣子聚。成化中,永诚始卒

怀恩,高密人,兵部侍郎戴纶族弟也。宣宗杀纶,并籍恩父太仆卿希文家。恩方幼,被宫为小黄门,赐名怀恩。宪宗朝,掌司礼监。

时汪直理西厂，梁芳、韦兴等用事。恩班在前，性忠鲠无所挠，诸阉咸敬惮之。

员外郎林俊论芳及僧继晓下狱，帝欲诛之，恩固争。帝怒，投以砚曰："若助俊讪我。"恩免冠伏地号哭。帝叱之出。恩遣人告镇抚司曰："汝曹谄芳倾俊。俊死，汝曹何以生！"径归，称疾不起。帝怒解，遣医视恩，卒释俊。会星变，罢诸传奉官。御马监王敏请留马房传奉者，帝许之。敏谒恩，恩大骂曰："星变，专为我曹坏国政故。今甫欲正之，又为汝坏。天雷击汝矣！"敏愧恨，遂死。进宝石者章瑾求为锦衣卫镇抚，恩不可，曰："镇抚掌诏狱，奈何以赂进。"当是时，尚书王恕以直谏名，恩每叹曰："天下忠义，其人而已。"宪宗末，惑万贵妃言，欲易太子，恩固争。帝不怿，斥居凤阳。孝宗立，召归，仍掌司礼监，力劝帝逐万安，用王恕。一时正人汇进，恩之力也。卒，赐祠额曰显忠。

同时有覃吉者，不知所由进，以老阉侍太子。太子年九岁，吉口授《四书》章句及古今政典。宪宗赐太子庄田，吉劝毋受，曰："天下皆太子有也。"太子偶从内侍读佛经，吉入，太子惊曰："老伴来矣。"亟手《孝经》。吉跪曰："太子诵佛书乎？曰："无有。《孝经》耳。"吉顿首曰："甚善。佛书诞，不可信也。"弘治之世，政治醇美，君德清明，端本正始，吉有力焉。

汪直者，大藤峡瑶种也。初给事万贵妃于昭德宫，迁御马监太监。成化十二年，黑眚见宫中，妖人李子龙以符术结太监韦舍私入大内，事发，伏诛。帝心恶之，锐欲知外事。直为人便黠，帝因令易服，将校尉一二人密出伺察，人莫知也，独都御史王越与结欢。

明年设西厂，以直领之，列官校刺事。南京镇监覃力朋进贡还，以百艘载私盐，骚扰州县。武城县典史诘之，力朋击典史，折其齿，射杀一人。直廉得以闻，逮治论斩。力朋后得幸免，而帝以此谓直能摘奸，益幸直。直乃任锦衣百户韦瑛为心腹，屡兴大狱。

建宁卫指挥杨晔，故少师荣曾孙也，与父泰为仇家所告，逃入京，匿姊夫董玙所。玙为请瑛，瑛阳诺而驰报直。直即捕晔、玙考讯，三琶之。琶者，锦衣酷刑也。骨节皆寸解，绝而复苏。晔不胜苦，妄言寄金于其叔父兵部主事士伟所。直不复奏请，捕士伟下狱，并掠其妻孥。狱具，晔死狱中，秦论斩，士伟等皆谪官，郎中武清，乐章，行人张廷纲，参政刘福等皆无故被收案。自诸王府边镇及南北河道，所在校尉罗列，民间斗晋鸡狗琐事，辄置重法，人情大扰。直每出，随从甚众，公卿皆避道。兵部尚书项忠不避，迫辱之，权焰出东厂上。

五月，大学士商辂与万安、刘珝刘吉奏其状。帝震怒，命司礼太监怀恩、覃吉、黄高至阁下，厉色传旨，言："疏出谁意？"辂口数直罪甚悉，因言："臣等同心一意，为国除害，无有先后。"珝慷慨泣下。恩遂据实以奏。顷之，传旨慰劳。翼日，尚书忠及诸大臣疏亦入。帝不得已，罢西厂，使怀恩数直罪而宥之，令归御马监，调韦瑛边卫，散旗校还锦衣。中外大悦。

然帝眷直不衰。直因言阁疏出司礼监黄赐、陈祖生意，为杨晔报复，帝即斥赐、祖生于南京。御史戴缙者，佞人也，九年秩满不得迁。窥帝旨，盛称直功。诏复开西厂，以千户吴绶为镇抚，直焰愈炽。未几，令东厂官校诬奏项忠，且讽言官郭镗、冯贯等论忠违法事。帝命三法司、锦衣卫会问。众知出直意，无敢违，竟勒忠为民。而左都御史方宾亦失直旨褫职，大学士辂亦罢去。一时九卿劾罢者，尚书董方、薛远及侍郎滕昭、程万里等数十人。以所善王越为兵部尚书兼左都御史，陈钺为右副都御史巡抚辽东。

十五年秋，诏直巡边，率飞骑日驰数百里，御史、主事等官迎拜马首，棰挞守令。各边都御史畏直，服囊鞬迎谒，供张百里外。至辽东，陈钺郊迎蒲伏，厨传尤盛，左右皆有贿。直大悦。惟河南巡抚秦纮与直抗礼，而密奏直巡边扰民。帝弗省。兵部侍郎马文升方抚谕辽东，直至，不为礼，又轻钺，被陷坐戍。由是直威势倾天下。

直年少喜兵。陈钺讽直征伏当加，立边功自固。直听之，用抚宁侯朱永总兵，而自监其军。师还，永封保国公，钺晋右都御史，直加禄米。又用王越言,诈称亦思马因犯边。诏永同越西讨,直为监军。越封威宁伯,直再加禄米。已,伏当加寇辽东,亦思马因冠大同,杀掠甚众。辽东巡按强珍发钺奸状,直右钺谪珍。于是恶直者,指王越、陈钺为二钺。小中官阿丑工俳优,一日于帝前为醉者谩骂状。人言驾至,谩如故。言汪太监至,则避走。曰:"今人但知汪太监也。"又为直状,操两钺趋帝前。旁人问之。曰:"吾将兵,仗兵两钺耳。"问何钺,曰:"王越、陈钺也。"帝听然而笑,稍稍悟。然廷臣犹未敢攻直也。会东厂尚铭获贼得厚赏,直忌,且怒铭不告。铭惧,乃廉得其所泄禁中秘语奏之,尽发王越交通不法事,帝始疏直。

十七年秋,命直偕越往宣府御敌。敌退,直请班师。不许,徙镇大同,而尽召将吏还,独留直、越。直既久镇不得还,宠日衰。给事御史交章奏其苛扰,请仍罢西厂。阁臣万安亦力言之。而大同巡抚郭镗复言直与总兵许宁不和,恐误边事。帝乃调直南京御马监,罢西厂不复设。中外欣然。寻又以言官言,降直奉御,而褫逐其党王越、戴缙、吴绶等。陈钺已致仕,不问。韦瑛后坐他事诛,人皆快之,然直竟良死。缙由御史不数年至南京工部尚书。越、钺颇以材进。缙无他能,工侧媚而已。

西厂废,尚铭遂专东厂事。闻京师有富室,辄以事罗织,得重贿乃已。卖官鬻爵,无所不至。帝寻觉之,谪充南京净军,籍其家,辇送内府,数日不尽。而陈准代为东厂。准素善怀恩,既代铭,诫诸校尉曰:"有大逆,告我。非是,若勿预也。"都人安之。

梁芳者,宪宗朝内侍也。贪黠谀佞,与韦兴比。而谄万贵妃,日进美珠珍宝悦妃意。其党钱能、韦眷、王敬等,争假采办名,出监大镇。帝以妃故,不问也。妖人李孜省、僧继晓皆由芳进,共为奸利。取中旨授官,累数千人,名传奉官,有白衣躐至太常卿者。陕西巡抚郑时论芳被黜,陕民哭送之。帝闻颇悔,斥传奉官十人,系六人狱,诏自后传旨授官者俱覆奏,然不罪芳也。刑部员外郎林俊以劾芳及继晓下狱。久之,帝视内帑,见累朝金七窖俱尽,谓芳及韦兴曰:"糜费帑藏，实由汝二人。"兴不敢对。芳曰："建显灵宫及诸祠庙，为陛下祈万年福耳。"帝不怿曰："吾不汝瑕，后之人将与汝计矣。"芳大惧，遂说贵妃劝帝废太子，而立兴王。会泰山累震，占者言应在东朝。帝惧，乃止。

孝宗立，谪芳居南京，寻下狱，兴亦斥退。正德初，群阉复荐兴司香太和山，兼分守湖广行都司地方。尚书刘大夏、给事中周玺、御史曹来旬谏，不听。兴遂复用，而芳卒废以死。

钱能，芳党也。宪宗时，郑忠镇贵州，韦朗镇辽东，能镇云南，并恣纵，而能尤横。贵州巡抚陈宜劾忠，因请尽撤诸镇监，帝不允。而云南巡按御史郭阳顾上疏誉能，请留之云南。旧制，安南贡道出广西，后请改由云南，弗许也。能诈言安南捕盗兵入境，请遣指挥使郭景往谕其王，诏从之。能遂令景以玉带、彩缯、犬马遗王，给其贡使改道云南。边吏格之不得入，乃去。复遣景与指挥卢安等索宝货于干崖、孟密诸土司，至逼淫暴罕弄女孙，许为奏授宣抚。逾三年，事发。诏巡抚都御史王恕廉之，捕景，景赴井死。再遣刑部郎中钟蕃往按，事皆实。帝宥能，而致其党九人于法。指挥姜和、李祥不就逮，能复上疏为二人求宥，帝曲从之。巡按御史甄希贤复劾能杖守矿千户一人死，亦不罪。召归，安置南京。复夤缘得南京守备。时恕为南京参赞尚书，能心惮恕不敢肆。久之卒。

韦眷、王敬亦芳党。眷为广东市舶太监，纵贾人通诸番，聚珍宝甚富。请以广南均徭户六十隶市舶。布政使彭韶争之，诏给其半。眷又诬奏布政使陈选，被逮道卒。自是，人莫敢逆眷者。弘治初，眷因结蔡用，妄举李父贵冒纪太后族，降左少监，撤回京。事详《纪太后传》。

王敬好左道，信妖人王臣。使南方，挟臣同行。伪为诏，括书画、古玩，聚白金十万余两。至苏州，召诸生使录妖书，且辱之。诸生大哗。巡抚王恕以闻。东厂尚铭亦发其事。诏斩臣，而黜敬充孝陵卫净军。

何鼎,余杭人,一名文鼎,性忠直。弘治初,为长随,上疏请革传奉官,为侪辈所忌。寿宁侯张鹤龄兄弟出入宫禁,尝侍内庭宴。帝如厕,鹤龄倚酒戴帝冠,鼎心怒。他日鹤龄复窥御帷,鼎持大瓜欲击之,奏言:"二张大不敬,无人臣礼。"皇后激帝怒,下鼎锦衣狱,问主使。鼎曰:"有。"问为谁,曰:"孔子、孟子也。"给事中庞泮、御史吴山及尚书周经、主事李昆、进士吴宗周先后论救,帝以后故,俱不纳。后竟使太监李广杖杀鼎。帝追思之,赐祭,勒其文于碑。

是时,中官多守法,奉诏出镇者,福建邓原、浙江麦秀、河南蓝忠、宣府刘清,皆廉洁爱民。兵部上其事,赐敕旌励。又有司礼太监萧敬者,历事英宗、宪宗,谙习典故,善鼓琴。帝尝语刘大夏曰:"萧敬朕所顾问,然未尝假以权也。"独李广、蒋琮得帝宠任,后二人俱败,而敬至世宗朝,年九十余始卒。

李广,孝宗时太监也。以符箓祷祀蛊帝,因为奸弊,矫旨授传奉官,如成化间故事,四方争纳贿赂。又擅夺畿内民田,专盐利巨万。起大第,引玉泉山水,前后绕之。给事叶绅、御史张缙等交章论劾,帝不问。十一年,广劝帝建毓秀亭于万岁山。亭成,幼公主殇,未几,清宁宫灾。日者言广建亭犯岁忌,太皇太后恚曰:"今日李广,明日李广,果然祸及矣。"广惧自杀。

帝疑广有异书,使使即其家索之,得赂籍以进,多文武大臣名,馈黄白米各千百石。帝惊曰:"广食几何?乃受米如许。"左右曰:"隐语耳,黄者金,白者银也。"帝怒,下法司究治。诸交结广者,走寿宁侯张鹤龄求解,乃寝勿治。广初死时,司设监太监为请祠额葬祭,及是以大学士刘健等言,罢给祠额,犹赐祭。

蒋琮,大兴人。孝宗时,守备南京。沿江芦场,旧隶三厂。成化初,江浦县田多沉于江,而濒江生沙洲六,民请耕之,以补沉江田额。洲与芦场近,又瓦屑坝废地及石城门外湖地,故不隶三厂。太监黄赐为守备时,受奸民献,俱指为芦场,尽收其利。民已失业,而岁额租课仍责偿之民。孝宗立,县民相率诉于朝,下南京御史姜绾等复按。

弘治二年,绾等劾琮与民争利,且用揭帖抗诏旨。琮条辨绾疏,而泛及御史刘恺、方岳等及南京诸司违法事。给事中韩重,因星变请斥琮及太监郭镛等,以弭天怒,未报。而太监陈祖生复奏户部主事卢锦、给事中方向,私种南京后湖田事。后湖者,洪武时置黄册库其中,令主事、给事中各一人守之,百司不得至。岁久湖塞,锦、向于湖滩稍种蔬伐苇,给公用,故为祖生所奏。事下南京法司。适郭镛奉使两广,道南京,往观焉。御史孙纮等因劾镛擅游禁地。镛怒,归诉于帝,言府尹杨守随勘锦、向失出,御史不劾奏,独绳内臣。帝乃遣太监何穆、大理寺少卿杨谧再勘后湖田,并覆绾、琮讦奏事。

明年,奏上,褫锦职,谪守随、向以下官有差。又勘琮不当受献地,私嘱勘官,所讦事皆诬,绾等劾琮亦多不实,并宜逮治。诏逮绾等。御史伊宏、给事中陈鋆等皆言不宜以一内臣而置御史十人于狱,不听。绾等镌级调外,而宥琮不问。时刘吉窃柄,素恶南京御史劾己,故兴此狱。尚书王恕、李敏,给事中赵竑御史张宾先后言琮、绾同罪共罚,失平,亦不纳。琮由是益无忌。久之,广洋卫指挥石文通奏琮僭侈杀人,掘聚宝山伤皇陵气,及殴杀商人诸罪。琮竟免死,充孝陵净军。

刘瑾,兴平人。本谈氏子,依中官刘姓者以进,冒其姓。孝宗时,坐法当死,得免。已,得侍武宗东宫。武宗即位,掌钟鼓司,与马永成、高凤、罗祥、魏彬、丘聚、谷大用、张永并以旧恩得幸,人号“八虎”,而瑾尤狡狠。尝慕王振之为人,日进鹰犬、歌舞、角抵之戏,导帝微行。帝大欢乐之,渐信用瑾,进内官监,总督团营。孝宗遗诏罢中官监枪及各城门监局。瑾皆格不行,而劝帝令内臣镇守者各贡万金。又奏置皇庄,渐增至三百余所,畿内大扰。

外廷知八人诱帝游宴,大学士刘健、谢迁,李东阳骤谏,不听。

尚书张升,给事中陶谐、胡煜、杨一瑛、张袚,御史王涣、赵祐,南京给事、御史李光翰、陆昆等,交章论谏,亦不听。五官监候杨源以星变陈言,帝意颇动。健、迁等复连疏请诛瑾,户部尚书韩文率诸大臣继之。帝不得已,使司礼太监陈宽、李荣、王岳至阁,议遣瑾等居南京,三反,健等执不可。尚书许进曰:"过激将有变。"健不从。王岳者,素骞直,与太监范亨、徐智心嫉八人,具以健等语告帝,且言阁臣议是。健等方约文及诸九卿诘朝伏阙面争,而吏部尚书焦芳驰白瑾。瑾大惧,夜率永成等伏帝前环泣。帝心动,瑾因曰:"害奴等者王岳。岳结阁臣欲制上出入,故先去所忌耳。且鹰犬何损万几。若司礼监得人,左班官安敢如是。"帝大怒,立命瑾掌司礼监,永成掌东厂,大用掌西厂,而夜收岳及亨、智充南京净军。旦日诸臣入朝,将伏阙,知事已变,于是健、迁、东阳皆求去。帝独留东阳,而令焦芳入阁,追杀岳、亨于途,捶智折臂。时正德元年十月也。

瑾既得志,遂以事革韩文职,而杖责请留健、迁者给事中吕翀、刘菉及南京给事中戴铣等六人,御史薄彦徽等十五人。守备南京武靖伯赵承庆、府尹陆珩、尚书林瀚,皆以传翀、菉疏得罪,珩、瀚勒致仕,削承庆半禄。南京副都御史陈寿,御史陈琳、王良臣,主事王守仁,复以救铣等谪杖有差。瑾势日益张,毛举官僚细过,散布校尉,远近侦伺,使人救过不赡。因专擅威福,悉遣党阉分镇各边。叙大同功,迁擢官校至一千五百六十余人。又传旨授锦衣官数百员。《通鉴纂要》成,瑾诬诸翰林纂修官誊写不谨,皆被谴,而命文华殿书办官张骏等改誊,超拜官秩,骏由光禄卿擢礼部尚书,他授京卿者数人,装潢匠役悉授官。创用枷法,给事中吉时,御史王时中,郎中刘绎,张玮,尚宝卿顾璇,副使姚祥,参议吴廷举等,并摭小过,枷濒死,始释而戍之。其余枷死者无数。锦衣狱徽缧相属。恶锦衣佥事牟斌善视狱囚,杖而锢之。府丞周玺、五官监候杨源杖至死。源初以星变陈言,罪瑾者也。瑾每奏事,必侦帝为戏弄时。帝厌之,亟麾去曰:"吾用若何事?乃溷我。"自此遂专决,不复白。

二年三月,瑾召群臣跪金水桥南,宣示奸党,大臣则大学士刘健、谢迁，尚书则韩文、杨守随、张敷华、林瀚，部曹则郎中李梦阳，主事王守仁、王纶、孙磐、黄昭，词臣则检讨刘瑞，言路则给事中汤礼敬、陈霆、徐昂、陶谐、刘蒍、艾洪、吕翀、任惠、李光翰、戴铣、徐蕃、牧相、徐暹、张良弼、葛嵩、赵士贤，御史陈琳、贡安甫、史良佐、曹闵、王弘、任诺、李熙、王蕃、葛浩、陆昆、张鸣凤、萧乾元、姚学礼、黄昭道、蒋钦、薄彦徽、潘镗、王良臣、赵祐、何天衢、徐珏、杨璋、熊卓、朱廷声；刘玉等，皆海内号忠直者也。又令六科寅入酉出，使不得息，以困苦之。令文臣毋辄予封诰，痛绳文吏。宁王宸濠图不轨，赂瑾求复护卫。瑾予之，濠反谋遂成。瑾不学，每批答章奏，皆持归私第，与妹婿礼部司务孙聪、华亭大猾张文冕相参决，辞率鄙冗，焦芳为润色之，东阳俯首而已。

　　当是时，瑾权擅天下，威福任情。有罪人溺水死，乃坐御史匡翼之罪。尝求学士吴俨贿，不得，又听都御史刘宇谗，怒御史杨南金，乃以大计外吏奏中，落二人职。授播州土司杨斌为四川按察使。令奴婿闾洁，督山东学政。公侯勋戚以下，莫敢钧礼，每私谒，相率跪拜。章奏先具红揭投瑾，号红本，然后上通政司，号白本，皆称刘太监而不名。都察院奏谳误名瑾，瑾怒詈之，都御史屠滽率属跪谢乃已。遣使察核边仓，都御史周南、张鼐、马中锡、汤全、刘宪，布政以下官孙禄、冒政、方矩、华福、金献民、刘逊、郭绪、张翼，郎中刘绎、王荩等，并以赦前罪，下狱追补边粟，宪至瘐死。又察盐课，杖巡盐御史王润，逮前运使宁举、杨奇等。察内甲字库，谪尚书王佐以下百七十三人。复创罚米法，尝忤瑾者，皆谪发输边。故尚书雍泰、马文升、刘大夏、韩文、许进，都御史杨一清、李进、王忠，侍郎张缙，给事中赵士贤、任良弼，御史张津、陈顺、乔恕、聂贤、曹来旬等数十人，悉破家，死者系其妻孥。

　　其年夏，御道有匿名书诋瑾所行事，瑾矫旨召百官跪奉天门下。瑾立门左诘责，日暮收五品以下官尽下狱。明日，大学士李东阳申救，瑾亦微闻此书乃内臣所为，始释诸臣。而主事何钺、顺天推官周臣、进士陆伸已暍死。是日酷暑，太监李荣以冰瓜啖群臣，瑾恶之。太监黄伟愤甚，谓诸臣曰："书所言皆为国为民事，挺身自承，虽死不失为好男子，奈何枉累他人。"瑾怒，即日勒荣闲住，而逐伟南京。

时东厂、西厂缉事人四出，道路惶惧。瑾复立内行厂，尤酷烈，中人以微法，无得全者。又悉逐京师客佣，令寡妇尽嫁，丧不葬者焚之，辇下汹汹几致乱。都给事中许天锡欲劾瑾，惧弗克，怀疏自缢。

瑾故急贿，凡入觐、出使官皆有厚献。给事中周钥勘事归，以无金自杀。其党张彩曰："今天下所馈遗公者，非必皆私财，往往贷京师，而归则以库金偿。公奈何敛怨贻患。"瑾然之。会御史欧阳云等十余人以故事入赂，瑾皆举发致罪。乃遣给事，御史十四人分道盘察，有司争厚敛以补帑。所遣人率阿瑾意，专务搏击，劾尚书顾佐、侣钟、韩文以下数十人。浙江盐运使杨奇通课死，至鬻其女孙。而给事中安奎、潘希曾，御史赵时中、阮吉，张彧、刘子厉，以无重劾下狱。奎、彧枷且死，李东阳疏救，始释为民。希曾等亦皆杖斥，忤意者谪斥有差。又矫旨籍故都御史钱钺、礼部侍郎黄景、尚书秦纮家。凡瑾所逮捕，一家犯，邻里皆坐，或瞰河居者，以河外居民坐之。屡起大狱，冤号遍道路。《孝宗实录》成，翰林预纂修者当迁秩，瑾恶翰林官素不下己，调侍讲吴一鹏等十六人南京六部。

是时，内阁焦芳、刘宇，吏部尚书张彩，兵部尚书曹元，锦衣卫指挥杨玉、石文义，皆为瑾腹心。变更旧制，令天下巡抚入京受敕，输瑾赂。延绥巡抚刘宇不至，逮下狱。宣府巡抚陆完后至，几得罪，即赂，乃令试职视事。都指挥以下求迁者，瑾第书片纸曰"某授某官"，兵部即奉行，不敢复奏。边将失律，赂入，即不问，有反陛擢者。又遣其党丈边塞屯地，诛求苛刻。边军不堪，焚公廨，守臣谕之始定。给事中高溁丈沧州，所劾治六十一人，至劾其父高铨以媚瑾。又以谢迁故，令余姚人毋授京官，以占城国使人亚刘谋逆狱，裁江西乡试额五十名，仍禁授京秩如余姚，以焦芳恶彭华故也。瑾又自增陕西乡试额至百名，亦为芳增河南额至九十五名，以优其乡士。其年，帝大赦，瑾峻刑自如。刑部尚书刘璟无所弹劾，瑾诟之。璟惧，劾其属王尚宾等三人,乃喜。给事中郄夔核榆林功,惧失瑾意,自缢死。给事中屈铨、祭酒王云凤请编瑾行事,著为律令。

五年四月,安化王寘鐇反,檄数瑾罪。瑾始惧,匿其檄,而起都御史杨一清、太监张永为总督,讨之。初,与瑾同为八虎者,当瑾专政时,有所请多不应,永成、大用等皆怨瑾。又欲逐永,永以谲免。及永出师还,欲因诛瑾,一清为画策,永意遂决。瑾好招致术士,有俞日明者,妄言瑾从孙二汉当大贵。兵仗局太监孙和数遗以甲仗,两广镇监潘午、蔡昭又为造弓弩,瑾皆藏于家。

永捷疏至,将以八月十五日献俘,瑾使缓其期。永虑有变,遂先期入,献俘毕,帝置酒劳永,瑾等皆侍,及夜,瑾退,永出寘鐇檄,因奏瑾不法十七事。帝已被酒,俯首曰:“瑾负我。”永曰:“此不可缓”永成等亦助之。遂执瑾,系于菜厂,分遣官校封其内外私第。次日晏朝后,帝出永奏示内阁,降瑾奉御,谪居凤阳。帝亲籍其家,得伪玺一,穿宫牌五百及衣甲、弓弩、衮衣、玉带诸违禁物。又所常持扇,内藏利匕首二。始大怒曰:“奴果反。”趣付狱。狱具,诏磔于市,枭其首,榜狱词处决图示天下。族人、逆党皆伏诛。张彩狱毙,磔其尸。阁臣焦芳、刘宇、曹元而下,尚书毕亨、朱恩等,共六十余人,皆降谪,已,廷臣奏瑾所变法,吏部二十四事,户部三十余事,兵部十八事,工部十三事,诏悉厘正如旧制。

张永,保定新城人。正德初,总神机营,与瑾为党。已而恶其所为,瑾亦觉其不附已也,言于帝,将黜之南京。永知之,直趋帝前,诉瑾陷已。帝召瑾与质,方争辩,永辄奋拳殴瑾。帝令谷大用等置酒为解,由是二人益不合,及寘鐇反,命永及右都御史杨一清往讨。帝戎服送之东华门,赐关防、金瓜、钢斧以行,宠遇甚盛。瑾亦忌之,而帝方向永,不能间也。师出,寘鐇已擒,永遂率五百骑抚定余党。还次灵州,与一清言,欲奏瑾不法事。一清曰:“彼在上左右,公言能必入乎?不如以计诛之。”因为永画策,永大喜,语详《一清传》。是时,瑾兄都督同知景祥死,京师籍籍谓瑾将以八月十五日俟百官送葬,因作乱。适永捷疏至，将以是日献俘，瑾使缓其期，欲俟事成并擒永。或以告永，永先期入献俘，是夜遂奏诛瑾。

于是英国公张懋、兵部尚书王敞等，奏永辑宁中外，两建奇勋，遂封永兄富为泰安伯、弟容为安定伯。涿州男子王豸尝刺龙形及"人王"字于足，永以为妖人，擒之。兵部尚书何鉴乞加永封，下廷臣议。永欲身自封侯，引刘永诚、郑和故事风廷臣，内阁以非制格之。永意沮，乃辞免恩泽。吏部尚书杨一清言宜听永让，以成其贤，事竟已。久之，坐库官盗库银事，闲住。九年，北边有警，命永督宣府、大同、延绥军御之，寇退乃还。

宁王宸濠反，帝南征，永率边兵二千先行。时王守仁已擒宸濠，槛车北上。永以帝意遮守仁，欲纵宸濠于鄱阳湖，俟帝至与战。守仁不可，至杭州诣永。永拒不见，守仁叱门者径入，大呼曰："我王守仁也，来与公议国家事，何拒我！"永为气慑。守仁因言江西荼毒已极，王师至，乱将不测。永大悟，乃曰："群小在侧，永来，欲保护圣躬耳，非欲攘功也。"因指江上槛车曰："此宜归我。"守仁曰："我何用此。"即付永，而与永偕还江西。时太监张忠等已从大江至南昌，方穷治逆党，见永至，大沮。永留数旬，促忠同归，江西赖以安。忠等屡谮守仁，亦赖永营解获免。武宗崩，永督九门防变。

世宗立，御史萧淮奏谷大用、丘聚辈蛊惑先帝，党恶为奸，并及永。诏永闲住。已而淮复劾永在江西不法事，再降永奉御，司香孝陵，然永在江西，实非有不法也。嘉靖八年，大学士杨一清等言，永功大，不可泯，乃起永掌御用监，提督团营。未几卒。

谷大用者，瑾掌司礼监时提督西厂，分遣官校远出侦事。江西南康民吴登显等，五月五日为竞渡，诬以擅造龙舟，籍其家，天下皆重足屏息。建鹰房草场于安州，夺民田无数。瑾诛，大用辞西厂。未几，帝复欲用之，大学士李东阳力谏乃止。

六年，刘六、刘七反，命大用总督军务，偕伏羌伯毛锐、兵部侍郎陆完讨之。大用驻临清，召边将许泰、谷永、江彬、刘晖等入内地，听调遣。久之无功，会贼过镇江狼山，遇飓风舟覆，陆完兵至歼之，遂封大用弟大亮为永清伯。而先是平寘鐇时，其兄大宽已封高平伯矣，义子冒升赏者，不可胜纪。

世宗立，以迎立功赐金币。给事中阎闳极论之，寻降奉御，居南京。已，召守康陵。嘉靖十年籍其家。

魏彬，当瑾时，总三千营。瑾诛，代掌司礼监。其年，叙宁夏功，封弟英镇安伯，马永成兄山亦封平凉伯。世宗立，彬不自安，为英辞伯爵。诏改都督同知，世袭锦衣指挥使。给事中杨秉义、徐景嵩、吴严皆言彬附和逆瑾，结姻江彬，宜置极典。帝宥不问。已而御史复论之，始令闲住。

张忠，霸州人。正德时御马太监，与司礼张雄、东厂张锐并侍豹房用事，时号三张，性皆凶悖。忠利大盗张茂财，结为弟，引入豹房，侍帝蹴鞠。而雄至怨其父不爱己致自宫，拒不见。同侪劝之，乃垂帘杖其父，然后相抱泣，其无人理如此。锐以捕妖言功，加禄至一百二十石。每缉事，先令逻卒诱人为奸，乃捕之，得贿则释，往往以危法中人。三人并交通宸濠，受臧贤、钱宁等贿，以助成其叛。宁王反，忠劝帝亲征。其遮王守仁捷，欲纵宸濠鄱阳，待帝自战，皆忠之谋也。

是时，又有吴经者，尤亲昵。帝南征，经先至扬州。尝夜半燃炬通衢，遍入寡妇、处女家，掠以出，号哭震远近，许以金赎，贫者多自经。

先是，又有刘允者，以正德十年奉敕往迎乌斯藏僧，所赍金宝以百余万计。廷臣交章谏，不听。允至成都，治装岁余，费又数十万，公私匮竭。既至，为番人所袭。允走免，将士死者数百人，尽亡其赍。及归，武帝已崩，世宗用御史王钧等言，张忠、吴经发孝陵卫充军，张雄、张锐下都察院鞫治，允亦得罪。

世宗习见正德时宦侍之祸，即位后御近侍甚严，有罪挞之至死，或陈尸示戒。张佐、鲍忠、麦福、黄锦辈，虽由兴邸旧人掌司礼监，督东厂，然皆谨饬不敢大肆。帝又尽撤天下镇守内臣及典京营仓场者,终四十余年不复设,故内臣之势,惟嘉靖朝少杀云。

明史卷三〇五
列传第一九三

宦官二

李芳　冯保　张鲸　陈增　_{陈奉}

_{高淮}　梁永　_{杨荣}　陈矩　王安

魏忠贤　王体乾　_{李永贞　涂文辅}

_{刘若愚}　崔文昇　张彝宪　高起潜

王承恩　方正化

　　李芳，穆宗朝内官监太监也。帝初立，芳以能持正见信任。初，世宗时，匠役徐杲以营造躐官工部尚书，修卢沟桥，所侵盗万计。其属冒太仆少卿、苑马卿以下职衔者以百数。隆庆元年二月，芳劾之。时杲已削官，乃下狱遣戍，尽汰其所冒冗员。又奏革上林苑监增设皂隶，减光禄岁增米盐及工部物料，以是大为同类所嫉。而是时，司礼诸阉滕祥、孟冲、陈洪方有宠，争饰奇技淫巧以悦帝意，作鳌山灯，导帝为长夜饮。芳切谏，帝不悦。祥等复媒孽之，帝遂怒，勒芳闲住。二年十一月复杖芳八十。下刑部监禁待决。尚书毛恺等言："芳罪状未明，臣等莫知所坐。"帝曰："芳事朕无礼，其锢之。"

　　芳锢，祥等益横。前司礼太监黄锦已革荫，祥辄复予之。工部尚事雷礼劾祥："传造采办器物及修补坛庙乐器，多自加征，糜费巨万，工厂存留大木，斩截任意。臣礼力不能争，乞早赐罢。"帝不罪祥，而令礼致仕。冲传旨下海户王印于镇抚司，论戍，法司不预闻。纳肃藩辅国将军缙煇贿，越制得嗣封肃王。洪尤贪肆，内阁大臣亦有因之以进者。三人所縻国帑无算。帝享太庙，三人皆冠进贤冠，服祭服以从，爵赏辞谢六卿埒。廷臣论劾者，太常少卿周怡以外补去，给事中石星、李已、陈吾德，御史詹仰庇，尚宝丞郑履淳，皆廷杖削籍。三人各荫锦衣官至二十人，而芳独久系狱。四年四月，刑科都给事中舒化等以热审届期，请宥芳，乃得释，充南京净军。

冯保，深州人。嘉靖中，为司礼秉笔太监。隆庆元年提督东厂兼掌御马监事。时司礼掌印缺，保以次当得之，适不悦于穆宗。大学士高拱荐御用监陈洪代，保由是疾拱。及洪罢，拱复荐用孟冲。冲故掌尚膳监者，例不当掌司礼。保疾拱弥甚，乃与张居正深相结，谋去之。会居正亦欲去拱专柄，两人交益固。穆宗得疾，保密属居正豫草遗诏，为拱所见，面责居正曰："我当国，奈何独与中人具遗诏。"居正面赤谢过。拱益恶保，思逐之。

穆宗甫崩，保言于后妃，斥孟冲而夺其位，又矫遗诏令与阁臣同受顾命。及帝登极，保升立宝座旁不下，举朝大骇。保既掌司礼，又督东厂，兼总内外，势益张。拱讽六科给事中程文、十三道御史刘良弼等，交章数其奸，而给事中雒遵、陆树德又特疏论列，拱意疏下即拟旨逐保。而保匿其疏，亟与居正定谋，遂逐拱去。

初，穆宗崩，拱于阁中大恸曰："十岁太子，如何治天下。"保谮于后妃曰："拱斥太子为十岁孩子，如何作人主。"后妃大惊，太子闻之亦色变。迨拱去，保憾犹未释。万历元年正月，有王大臣者，伪为内侍服，入乾清宫，被获下东厂。保欲缘此族拱，与居正谋，令家人辛儒饮食之，纳刃其袖中，俾言拱怨望，遣刺帝。大臣许之。逾日，锦衣都督朱希孝等会鞫。大臣疾呼曰："许我富贵，乃掠治我耶！且我何处识高阁老？"希孝惧，不敢鞫而罢。会廷臣杨博、葛守礼等保持之，居正亦迫众议微讽保。保意稍解，乃以生漆酒喑大臣，移送法司坐斩，拱获免。由是举朝皆恶保，而不肖者多因之以进。

慈圣太后遇帝严。保倚太后势，数挟持帝，帝甚畏之，时与小内竖戏，见保入，辄正襟危坐曰：“大伴来矣。”所昵孙海、客用为乾清宫管事牌子，屡诱帝夜游别宫，小衣窄袖，走马持刀，又数进奇巧之物，帝深宠幸。保白太后，召帝切责。帝长跪受教，惶惧甚。保属居正草帝罪己手诏，令颁示阁臣。词过挹损，帝年已十八，览之内惭，然迫于太后，不得不下。居正乃上疏切谏。又缘保意，劾去司礼秉笔孙德秀、温太及掌兵仗局周海，而令诸内侍俱自陈。由是保所不悦者，斥退殆尽，时八年十一月也。

保善琴能书，帝屡赐牙章曰“光明正大”，曰“尔惟盐梅”，曰“汝作舟楫”，曰“鱼水相逢”，曰“风云际会”，所以待之甚隆。后保益横肆，即帝有所赏罚，非出保口，无敢行者。帝积不能堪，而保内倚太后，外倚居正，帝不能去也。然保亦时引大体。内阁产白莲，翰林院有双白燕，居正以进。保使使谓居正曰：“主上冲年，不可以异物启玩好。”又能约束其子弟，不敢肆恶，都人亦以是称之。

居正固有才，其所以得委任专国柄者，由保为之左右也。然保性贪，其私人锦衣指挥徐爵、内官张大受，为保、居正交关语言。且数用计使两人相疑，旋复相好，两人皆在爵术中。事与筹画，因恃势招权利，大臣亦多与通。爵夜至禁门，守卫者不敢诘，其横如此。居正之夺情及杖吴中行等，保有力焉。

已而居正死，其党益结保自固。居正以遗疏荐其座主潘晟入阁，保即遣官召之。御史雷士桢、王国，给事中王继光相继言其不可用，晟中途疏辞。内阁张四维度申时行不肯为晟下，拟旨允之，帝即报可。保时病起，诟曰：“我小恙，遽无我耶？”皇太子生，保欲封伯爵，四维以无故事难之，拟荫弟侄一人都督佥事。保怒曰：“尔由谁得今日，而负我！”御史郭惟贤请召用吴中行等，保责其党护，谪之。吏部尚书王国光罢，保辄用其乡人梁梦龙代。爵、大受等窃权如故。

然是时太后久归政，保失所倚，帝又积怒保。东宫旧阉张鲸、张诚乘间陈其过恶，请令间住。帝犹畏之，曰：“若大伴上殿来，朕奈何？”鲸曰：“既有旨，安敢复入。”乃从之。会御史李植、江东之弹章入,遂谪保奉御,南京安置,久之乃死。其弟祐、从子邦宁并官都督,削职下狱,瘐死。大受及其党周海、何忠等八人,贬小火者,司香孝陵。爵与大受子,烟瘴永戍。尽籍其家,保金银百余万,珠宝瑰异称是。

保之发南京也,太后问故。帝曰:"老奴为张居正所惑,无他过,行且召还。"时潞王将婚,所需珠宝未备,太后间以为言。帝曰:"年来无耻臣僚,尽货以献张、冯二家,其价骤贵。"太后曰:"已籍矣,必可得。"帝曰:"奴黠猾,先窃而逃,未能尽得也。"而其时,锦衣都督刘守有与僚属张昭、庞清、冯昕等,皆以籍罪人家,多所隐没,得罪。

张鲸,新城人,太监张宏名下也。内竖初入宫,必投一大珰为主,谓之名下。冯保用事,鲸害其宠,为帝画策害保。宏谓鲸曰:"冯公前辈,且有骨力,不宜去之。"鲸不听。既潜逐保,宏遂代保掌司礼监,而鲸掌东厂。宏无过恶,以贤称,万历十二年卒。张诚代掌司礼监。十八年,鲸罢东厂,诚兼掌之。二十四年春,以诚联姻武清侯,擅作威福,降奉御,司香孝陵,籍其家,弟侄皆削职治罪。

鲸性刚果,帝倚任之。其在东厂兼掌内府供用库印,颇为时相所惮。而其用事司房邢尚智,招权受赇。万历十六年冬,御史何出光劾鲸及其党鸿胪序班尚智,与锦衣都督刘守有相倚为奸,专擅威福,罪当死者八。帝命鲸策励供事,而削尚智、守有职,余党法司提问。给事中陈尚象、吴文梓、杨文焕,御史方万策、崔景荣复相继论列,报闻。法司奏鲸等赃罪,尚智论死,鲸被切责。给事中张应登再疏论之,御史马象乾并劾大学士申时行阿纵。帝皆不听,命下象乾诏狱。以时行及同官许国、王锡爵等申救,象乾疏乃留中。给事中李沂至谓帝纳鲸金宝,故宽鲸罪。帝大怒,言沂等为张居正、冯保报复,杖六十,削其官,鲸亦私家闲住。已而南京兵部尚书吴文华率南九卿请罪鲸而宥言者,帝亦不听。

寻复召鲸入。给事中陈与郊、御史贾希夷、南京吏部尚书陆光祖、给事中徐常吉、御史王以通等言益力,俱不报。最后大理评事雒于仁,上酒色财气四箴,指鲸以贿复进。帝怒甚,召申时行等于毓德宫,命治于仁罪,而召鲸,令时行等传谕责训之,鲸宠遂衰。尚智后减死充军。

陈增,神宗朝矿税太监也。万历十二年,房山县民史锦奏请开矿,下抚按查勘,不果行。十六年,中使祠五台山,还言紫荆关外广昌、灵丘有矿砂,可作银冶。帝闻之喜,以大学士申时行等言而止。十八年,易州民周言、张世才复言阜平、房山各产矿砂,请遣官开矿。时行等仍执不可。

至二十年,宁夏用兵,费帑金二百余万。其冬,朝鲜用兵,首尾八年,费帑金七百余万。二十七年,播州用兵,又费帑金二三百万。三大征踵接,国用大匮。而二十四年,乾清、坤宁两宫灾。二十五年,皇极、建极、中极三殿灾。营建乏资,计臣束手,矿税由此大兴矣。其遣官自二十四年始,其后言矿者争走阙下,帝即命中官与其人偕往,天下在在有之。真、保、蓟、永则王亮,昌黎、迁安则田进,昌平、横岭、涞水、珠宝窝山则王忠,真定复益以王虎,并采山西平定、稷山,浙江则曹金,后代以刘忠,陕西则赵钦,山西则张忠,河南则鲁坤,广东则李凤、李敬,云南则杨荣,辽东则高淮,江西则潘相,福建则高采,湖广则陈奉,而增奉敕开采山东。通都大邑皆有税监,两淮则有盐监,广东则有珠监,或专遣,或兼摄。大珰小监纵横绎骚,吸髓饮血,以供进奉。大率入公帑者不及什一,而天下萧然,生灵涂炭矣。其最横者增及陈奉、高淮。

二十四年,增始至山东,即劾福山知县韦国贤,帝为逮问削职。益都知县吴宗尧抗增,被陷几死诏狱。巡抚尹应元奏增二十大罪,亦罚俸。已,复命增兼征山东店税,与临清税监马堂相争。帝为和解,使堂税临清,增税东昌。增益肆无忌,其党内阁中书程守训;中军官仝治等,自江南北至浙江,大作奸弊。称奉密旨掘金宝,募人告密。诬大商巨室藏违禁物,所破灭什伯家,杀人莫敢问。御史刘曰梧具以状闻,盐务少监鲁保亦奏守训等阻塞盐课,帝俱弗省。久之,凤阳巡抚李三才劾守训奸赃。增惧,因搜得守训违禁珍宝及赇银四十余万,闻于朝。命械入京鞫治,乃论死。而增肆恶山东者十年,至三十三年始死。

陈奉,御马监奉御也。万历二十七年二月,命征荆州店税,兼采兴国州矿洞丹砂及钱厂鼓铸事。奉兼领敛使,恣行威虐。每托巡历,鞭笞官吏,剽劫行旅。商民恨刺骨,伺奉自武昌抵荆州,聚数千人噪于涂,竞掷瓦石击之。奉走免,遂诬襄阳知府李商耕、黄州知府赵文炜、荆州推官华钰、荆门知州高则巽、黄州经历车任重等煽乱。帝为逮钰、任重,而谪商耕等官。兴国州奸人漆有光,讦居民徐鼎等掘唐相李林甫妻杨氏墓,得黄金巨万。腾骧卫百户仇世亨奏之,帝命奉括进内库。奉因毒拷责偿,且悉发境内诸墓。巡按御史王立贤言,所掘墓乃元吕文德妻,非林甫妻。奸人讦奏,语多不雠,请罢不治,而停他处开掘,不报。

二十八年十二月,武昌民变。南京吏部主事吴中明奏言:“奉吓诈官民,僭称千岁。其党至直入民家,奸淫妇女,或掠入税监署中。王生之女、沈生之妻,皆被逼辱。以致士民公愤,万余人甘与奉同死,抚按三司护之数日,仅而得全。而巡抚支可大曲为蒙蔽。天下祸乱,将何所底!”大学士沈一贯亦言:“陈奉入楚,始而武昌一变,继之汉口、黄州、襄阳、武昌、宝庆、德安、湘潭等处,变经十起,几成大乱。立乞撤回,以收楚民之心。”帝皆置不问。

奉复使人开谷城矿。不获,胁其库金。为县民所逐。武昌兵备金事冯应京劾奉十大罪,奉随诬奏,降应京杂职。奉又开枣阳矿,知县王之翰以显陵近,执不可。奉劾之翰及襄阳通判邸宅、推官何栋如,缇骑逮讯,并追逮应京。应京素有惠政,民号哭送之。奉又榜列应京罪状于衢。民切齿恨,复相聚围奉署,誓必杀奉。奉逃匿楚王府,众乃投奉党耿文登等十六人于江。以巡抚可大护奉,焚其辕门。事闻,一贯及给事中姚文蔚等请撤奉,不报。而御马监监丞李道方督理湖口船税,亦奏奉水沮商舟,陆截贩贾,征三解一,病国剥民。帝始召奉归,而用一贯请,革可大职。奉在湖广二年,惨毒备至。及去,金宝财物巨万计。可大惧为民所掠,多与徒卫,导之出疆,楚民无不毒恨者。奉至京师,给事中陈维春、郭如星复极言其罪。帝不怿,降二人杂职。三十二年始释应京归,之翰卒瘐死。

当奉劾商耕等时,临清民亦噪而逐马堂。马堂者,天津税监也,天津税监也,兼辖临清。始至,诸亡命从者数百人,白昼手银铛夺人产,抗者辄以违禁罪之。僮告主者,畀以十之三,中人之家破者大半,远近为罢市。州民万余纵火焚堂署,毙其党三十七人,皆黥臂诸偷也。事闻,诏捕首恶,株连甚众。有王朝佐者,素仗义,慨然出曰:"首难者,我也。"临刑,神色不变。知府李士登恤其母妻,临清民立祠以祀。后十余年,堂擅往扬州,巡盐御史徐缙芳劾其九罪,不问。

高淮,尚膳监监丞也。神宗宠爱诸税监,自大学士赵志皋、沈一贯而下,廷臣谏者不下百余疏,悉寝不报。而诸税监有所纠劾,朝上夕下,辄加重遣。以故诸税监益骄,而淮及梁永尤甚。淮与陈奉,同时采矿征税辽东。委官廖国泰,虐民激变,淮诬系诸生数十人。巡按杨宏科救之,不报。参随杨永恩婪贿事发,奉旨会勘,卒不问,淮又恶辽东总兵马林不为己下,劾罢之。给事中侯先春疏救,遂戍林而谪先春杂职。巡按何尔健与淮互讦奏,淮遣人邀于路,责其奏事人,锢之狱,匿疏不以闻。又请复辽东马市,巡抚赵楫力争,始得寝。

三十一年夏,淮率家丁三百余,张飞虎帜,金鼓震天,声言欲入大内谒帝,潜住广渠门外。给事中田大益、孙善继、姚文蔚等言:"淮搜括士民,取金至数十万,招纳诸亡命降人,意欲何为?"吏部尚书李戴、邢部尚书萧大亨,皆劾淮擅离信地,挟兵潜住京师,乃数百年末有之事。御史袁九皋、刘四科、孔贞一,给事中梁有年等,各疏劾淮,不报。巡抚楫劾淮罪恶万端,且无故打死指挥张汝立,亦不报。淮因上疏自称镇守协同关务,兵部奏其妄。帝心护淮,谬曰:"朕固命之矣。"

淮自是益募死士,时时出塞射猎,发黄票龙旗,走朝鲜索冠珠、貂马,数与边将争功,山海关内外咸被其毒。又扣除军士月粮。三十六年四月,前屯卫军甲而噪,誓食淮肉。六月,锦州、松山军复变。

淮惧内奔，诬同知王邦才、参将李获阳逐杀钦使，劫夺御用钱粮。二人皆逮问，边民益哗。蓟辽总督塞达再疏暴淮罪，乃召归，而以通湾税监张晔兼领其事。获阳竟死狱中，邦才至四十一年乃释。

梁永，御马监监丞也。万历二十七年二月，命往陕西征收名马货物。税监故不典兵，永独畜马五百匹，招致亡命，用千户乐纲出入边塞。富平知县王正志发其奸。并劾矿监赵钦。诏逮正志，瘐死诏狱中。渭南知县徐斗牛。廉吏也，永责赂，捶毙县吏卒，斗牛愤恨自缢死，巡抚贾待问奏之，帝顾使永会勘。永反劾西安同知宋贤，并劾待问有私，请皆勘。帝从之，而宥待问。

永又请兼镇守职衔。又请率兵巡花马池、庆阳诸盐池，征其课。缘是帅诸亡命，具旌盖鼓吹，巡行陕地。尽发历代陵寝，搜摸金玉，旁行劫掠。所至，邑令皆逃。杖死县丞郑思颜、指挥刘应聘、诸生李洪远等。纵乐纲等肆为淫掠，私宫良家子数十人。税额外增耗数倍，蓝田等七关岁得十万。复用奸人胡奉言，索咸阳冰片五十斤、羊毛一万斤、麝香二十斤。知县宋时际怒，勿予。

咸宁人道行遇盗，迹之，税使役也，知县满朝荐捕得之。永诬时际、朝荐劫税银，帝命逮时际，而以朝荐到官未久，镌秩一级。陕西巡抚顾其志尽发其奸。且言秦民万众，共图杀永。大学士沈鲤、朱赓请械永归，以安众心。帝悉置不报，而释时际勿逮，复朝荐官。

会御史余懋衡方按陕西，永惧，使纲鸩懋衡几死。讼于朝，言官攻永者数十疏，永部下诸亡命乃稍稍散。其渠魁王九功、石君章等赍重宝，辎轺盈路，诈为上供物，持剑戟弓弩，结阵以行。而永所遣人解马匹者，已乘邮传先发。九功等急驰，欲追及与同出关。朝荐疑其盗，见九功等后至无验，逻兵与格斗。追至渭南，杀数人，尽夺其装。御史懋衡以捕盗杀伤闻。永大窘，听乐纲谋，使人系疏发中驰奏："九功等各贡名马、金珠、晴绿诸宝物，而咸宁知县朝荐承余御史指，伏兵渭南遮劫之，脔君章等，诬以盗。"帝怒曰："御史鸩无恙，而朝荐代为报复，且劫贡物。"敕逮朝荐，而令抚按护永等还京。

三十四年事也。

是年,杨荣为云南人所杀。

初,荣妄奏阿瓦、猛密诸番愿内属,其地有宝井,可岁益数十万,愿赐敕领其事。帝许之。既而荣所进不得什一,乃诬知府熊铎侵匿,下法司,又请诏丽江土知府木增献地听开采。巡按御史宋兴祖言:"太祖令木氏世守兹土,限石门以绝西域,守铁桥以断土蕃,奈何自撤藩蔽,生远人心。"不报。荣由是愈怙宠,诬劾寻甸知府蔡如川、赵州知州甘学书,皆下诏狱。已,又诬劾云南知府周铎,下法司提问。百姓恨荣入骨,相率燔税厂,杀委官张安民。荣弗悛,恣行威虐,杖毙数千人。至是怒指挥使樊高明后期,榜掠绝筋,枷以示众。又以求马不获,系指挥使贺瑞凤,且言将尽捕六卫官。于是指挥贺世勋、韩光大等率冤民万人焚荣第,杀之,投火中,并杀其党二百余人。事闻,帝为不食者数日,欲逮问守土官。大学士沈鲤揭争,且密属太监陈矩剖示。帝乃止诛世勋等,而用巡抚陈用宾议,令四川税使丘乘云兼摄云南事。

当是时,帝所遣官中,无不播虐逞凶者。

湖口税监李道,劾降九江府经历樊圃充,又劾逮南康知府吴宝秀、星子知县吴一元,降临江知府顾起淹。

山西税监孙朝,劾降夏县知县韩薰。给事中程绍以救薰镌一级,给事中李应策等复救之,遂削绍、薰职。巡抚魏允贞以阻挠罢去。

广东税监李凤,劾逮乡官通判吴应鸿等。凤与珠池监李敬相仇,巡按李时华恃敬援劾凤。给事中宋一韩言,凤乾没五千余万,他珍宝称是。吏部尚书李戴等言,凤酿祸,致潮阳鼓噪,粤中人争欲杀之。帝不问。而敬恶亦不减于凤,采珠七八年,岁得珠近万两。其后珠池盗起,敬乃请罢采。

山西矿监张忠,劾降夏县知县袁应春,又劾逮西城兵马戴文龙。

江西矿监潘相,激浮梁景德镇民变,焚烧厂房。饶州通判陈奇可谕散之，相反劾逮奇可。相檄上饶县勘矿洞，知县李鸿戒邑人敢以食物市者死。相竟日饥渴，恚而归，乃螫鸿，罢其官。

横岭矿监王虎以广昌民变，劾降易州知州孙大祚。

苏、杭织造太监兼管税务孙隆激民变，遍焚诸札委税官家，隆急走杭州以免。

福建税监高采荐布政使陈性学，立擢巡抚。居闽十余年，广肆毒害。四十二年四月，万众汹汹欲杀采。采率甲士二百余人入巡抚袁一骥署，露刃劫之，令谕众退。复挟副使李思诚、佥事吕纯如等至私署要盟始释一骥。复拘同知陈豸于署者久之。事闻，帝召采还，命出豸，而一骥由此罢。

他若山东张晔、河南鲁坤、四川丘乘云辈，皆为民害。迨帝崩，始下遗诏罢矿税，撤诸中使还京。

陈矩，安肃人。万历中，为司礼秉笔太监。二十六年提督东厂。为人平恕识大体。尝奉诏收书籍，中有侍郎吕坤所著《闺范图说》，帝以赐郑贵妃，妃自为序，锓诸木。时国本未定，或作《闺范图说跋》，名曰《忧危竑议》，大指言贵妃欲夺储位，坤阴助之，并及张养蒙、魏允贞等九人，语极妄诞。逾三年，皇太子立。

至三十一年十一月甲子昧爽，自朝房至勋戚大臣门，各有匿名书一帙，名曰《续忧危竑议》，言贵妃与大学士朱赓，戎政尚书王世扬，三边总督李汶，保定巡抚孙玮，少卿张养志，锦衣都督王之桢，千户王名世、王承恩等相结，谋易太子，其言益妄诞不经。矩获之以闻，大学士赓奏亦入。帝大怒，敕矩及锦衣卫大索，必得造妖书者。时大狱猝发，缉校交错都下，以风影捕系，所株连甚众。之桢欲陷锦衣指挥周嘉庆，首辅沈一贯欲陷次辅沈鲤、侍郎郭正域，俱使人属矩。矩正色拒之。

已而百户蒋臣捕嗷生光至。生光者，京师无赖人也，尝伪作富商包继志诗，有"郑主乘黄屋"之句，以胁国泰及继志金，故人疑而捕之。酷讯不承，妻妾子弟皆掠治无完肤。矩心念生光即冤，然前罪已当死，且狱无主名，上必怒甚，恐辗转攀累无已。礼部侍郎李廷机亦以生光前诗与妖书词合。乃具狱，生光坐凌迟死。鲤、正域、嘉庆及株连者，皆赖矩得全。

三十三年掌司礼监，督厂如故。帝欲杖建言参政姜士昌，以矩谏而止。云南民杀税监杨荣，帝欲尽捕乱者，亦以矩言获免。明年奉诏虑囚，御史曹学程以阻封日本酋关白事，系狱且十年，法司请于矩求出，矩谢不敢。已而密白之，竟得释，余亦多所平反。又明年卒，赐祠额曰清忠。

自冯保、张诚、张鲤相继获罪，其党有所惩，不敢大肆。帝亦恶其党盛，有缺多不补。迨晚年，用事者寥寥，东厂狱中至生青草。帝常膳旧以司礼轮供，后司礼无人，乾清宫管事牌子常云独办，以故侦卒稀简，中外相安。惟四方采榷者，帝实纵之，故贪残肆虐，民心愤怨，寻致祸乱云。

王安，雄县人，初隶冯保名下。万历二十二年，陈矩荐于帝，命为皇长子伴读。时郑贵妃谋立己子，数使人撼皇长子过。安善调护，贵妃无所得。"梃击"事起，贵妃心惧。安为太子属草，下令旨，释群臣疑，以安贵妃。帝大悦。光宗即位，擢司礼秉笔太监，遇之甚厚。安用其客中书舍人汪文言言，劝帝行诸善政，发帑金济边，起用直臣邹元标、王德完等，中外翕然称贤。大学士刘一燝、给事中杨涟、御史左光斗等皆重之。

初，西宫李选侍怙宠陵熹宗生母王才人，安内忿不平。及光宗崩，选侍与心腹阉李进忠等谋挟皇长子自重，安发其谋于涟。涟偕一燝等入临，安绐选侍抱皇长子出，择吉即位，选侍移别宫去。事详一燝等传。熹宗心德安，言无不纳。

安为人刚直而疏，又善病，不能数见帝。魏忠贤始进，自结于安名下魏朝，朝日夕誉忠贤，安信之。及安怒朝与忠贤争客氏也，勒朝退，而忠贤、客氏日得志，忌安甚。天启元年五月，帝命安掌司礼监，安以故事辞。客氏劝帝从其请，与忠贤谋杀之。忠贤犹豫未忍，客氏曰:"尔我孰若西李,而欲遗患耶?"忠览意乃决,嗾给事中霍维华论安,降充南海子净军,而以刘朝为南海子提督,使杀安。刘朝者,李选侍私阉,故以移宫盗库下狱宥出者。既至,绝安食。安取篱落中芦菔啖之,三日犹不死,乃扑杀之。安死三年,忠贤遂诬东林诸人与安交通,兴大狱,清流之祸烈矣。庄烈帝立,赐祠额曰昭忠。

魏忠贤,肃宁人。少无赖,与群恶少博,不胜,为所苦,恚而自宫,变姓名曰李进忠。其后乃复姓,赐名忠贤云。忠贤自万历中选入宫,隶太监孙暹,夤缘入甲字库,又求为皇长孙母王才人典膳,诣事魏朝。朝数称忠贤于安,安亦善遇之。长孙乳媪曰客氏,素私侍朝,所谓对食者也。及忠贤入,又通焉。客氏遂薄朝而爱忠贤,两人深相结。

光宗崩,长孙嗣立,是为熹宗。忠贤、客氏并有宠。未逾月,封客氏奉圣夫人,荫其子候国兴、弟客光先及忠贤兄钊俱锦衣千户。忠贤寻自惜薪司迁司礼秉笔太监兼提督宝和三店。忠贤不识字,例不当入司礼,以客氏故,得之。

天启元年诏赐客氏香火田,叙忠贤治皇祖陵功。御史王心一谏,不听。及帝大婚,御史毕佐周、刘兰请遣客氏出外,大学士刘一燝亦言之。帝恋恋不忍舍,曰:"皇后幼,赖媪保护,俟皇祖大葬议之。"忠贤专客氏,逐魏朝。又忌王安持正,谋杀之,尽斥安名下诸阉。客氏淫而狠。忠贤不知书,颇强记,猜忍阴毒,好谀。帝深信任此两人,两人势益张,用司礼监王体乾及李永贞、石元雅、涂文辅等为羽翼,宫中人莫敢忤。既而客氏出,复召入。御史周宗建、侍郎陈邦瞻、御史马鸣起、给事中侯震旸先后力诤,俱被诘责。给事中倪思辉、朱钦相、王心一复言之,并谪外,尚未指及忠贤也。忠贤乃劝帝选武阉、炼火器为内操,密结大学士沈㴶为援。又日引帝为倡优声伎,狗马射猎。刑部主事刘宗周首劾之,帝大怒,赖大学士叶向高救免。

初,神宗在位久,怠于政事,章奏多不省。廷臣渐立门户,以危言激论相尚，国本之争，指斥宫禁。宰辅大臣为言者所弹击，辄引疾避去。吏部郎顾宪成讲学东林书院，海内士大夫多附之，"东林"之名自是始。既而"梃击"、"红丸"、"移宫"三案起，盈廷如聚讼。与东林忤者，众目之为邪党。天启初，废斥殆尽，识者已忧其过激变生。及忠贤势成，其党果谋倚之以倾东林。而徐大化、霍维华、孙杰首附忠贤，刘一燝及尚书周嘉谟并为杰劾去。然是时叶向高、韩爌方辅政，邹元标、赵南星、王纪、高攀龙等皆居大僚，左光斗、魏大中、黄尊素等在言路，皆力持清议，忠贤未克逞。

二年叙庆陵功，荫忠贤弟侄锦衣卫指挥佥事。给事中惠世扬、尚书王纪论沈潅交通客、魏，俱被遣去。会初夏雨雹，周宗建言雹不以时，忠贤谗慝所致。修撰文震孟、太仆少卿满朝荐相继言之，亦俱黜。

三年春，引其私人魏广微为大学士。令御史郭巩讦宗建、一燝、元标及杨涟、周朝瑞等保举熊廷弼，党邪误国。宗建驳巩受忠贤指挥，御史方大任助宗建攻巩及忠贤，皆不胜。其秋，诏忠贤及客氏子国兴所荫锦衣官并世袭。兵部尚书董汉儒、给事中程注、御史汪泗论交谏，不从。忠贤益无忌，增置内操万人，衷甲出入，恣为威虐。矫诏赐光宗选侍赵氏死，裕妃张氏有娠，客氏潜杀之。又革成妃李氏封。皇后张氏娠，客氏以计堕其胎，帝由此乏嗣。他所害宫嫔冯贵人等，太监王国臣、刘克敬、马鉴等甚众。禁掖事秘，莫详也。是冬，兼掌东厂事。

四年，给事中傅魁结忠贤甥傅应星为兄弟，诬奏中书汪文言，并及左光斗、魏大中。下文言镇抚狱，将大行罗织。掌镇抚刘侨受叶向高教，止坐文言。忠贤大怒，削侨籍，而以私人许显纯代。是时御史李应升以内操谏，给事中霍守典以忠贤乞祠额谏，御史刘廷佐以忠贤滥荫谏，给事中沈惟炳以立枷谏，忠贤皆矫旨诘责。于是副都御史杨涟愤甚，劾忠贤二十四大罪，疏上，忠贤惧，求解于韩爌。爌不应，遂趋帝前泣诉，且辞东厂，而客氏从旁为剖析，体乾等翼之。帝懵然不辨也。遂温谕留忠贤，而于次日下涟疏，严旨切责。涟既绌，魏大中及给事中陈良训、许誉卿，抚宁侯朱国弼，南说兵部尚书陈道亨，侍郎岳元声等七十余人，交章论忠贤不法。向高及礼部尚书翁正春请遣忠贤归私第以塞谤，不许。

当是时，忠贤愤甚，欲尽杀异己者。顾秉谦因阴籍其所忌姓名授忠贤，使以次斥逐。王体乾复昌言用廷杖，威胁廷臣。未几，工部郎中万燝上疏刺忠贤，立杖死。又以御史林汝翥箠事辱向高，向高遂致仕去，汝翥亦予杖。廷臣俱大詟。一时罢斥者，吏部尚书赵南星、左都御史高攀龙、吏部侍郎陈于廷及杨涟、左光斗、魏大中等先后数十人，已又逐韩爌及兵部侍郎李邦华。正人去国，纷纷若振槁。乃矫中旨召用例转科道。以朱童蒙、郭允厚为太仆少卿，吕鹏云、孙杰为大理丞，复霍维华、郭兴治为给事中，徐景濂、贾继春、杨维垣为御史，而起徐兆魁、王绍徽、乔应甲、徐绍吉、阮大铖、陈尔翌、张养素、李应荐、李嵩、杨春懋等，为之爪牙。未几，复用拟戍崔呈秀为御史。呈秀乃造《天鉴》、《同志》诸录，王绍徽亦造《点将录》，皆以邹元标、顾宪成、叶向高、刘一燝等为魁，尽罗入不附忠贤者，号曰东林党人，献于忠贤。忠贤喜，于是群小益求媚忠贤，攘臂攻东林矣。

初，朝臣争三案及辛亥、癸亥两京察与熊廷弼狱事，忠贤本无预。其党欲藉忠贤力倾诸正人，遂相率归忠贤，称义儿，且云："东林将害翁。"以故，忠贤欲甘心焉。御史张讷、倪文焕，给事中李鲁生，工部主事曹钦程等，竞搏击善类以为报复。而御史梁梦环复兴汪文言狱，下镇抚司拷死。许显纯具爰书，词连赵南星、杨涟等二十余人，削籍遣戍有差。逮涟及左光斗、魏大中、周朝瑞、袁化中、顾大章等六人，至牵入熊廷弼案中，掠治死于狱。又杀廷弼，而杖其姻御史吴裕中至死。又削逐尚书李宗延、张问达，侍郎公鼐等五十余人，朝署一空。而特召亓诗教、刘述祖等为御史，私人悉不次超擢。于是忠贤之党遍要津矣。

当是时，东厂番役横行，所缉访无论虚实辄糜烂。戚臣李承恩者，宁安大长公主子也，家藏公主赐器。忠贤诬以盗乘舆服御物，论死。中书吴怀贤读杨涟疏，击节称叹。奴告之，毙怀贤，籍其家。武弁蒋应阳为廷弼讼冤,立诛死。民间偶语,或触忠贤,辄被擒戮甚至剥皮、刲舌,所杀不可胜数,道路以目。其年,叙门功,加恩三等,荫都督同知。又荫其族叔魏志德都督佥事。擢傅应星为左都督,且旌其母。而以魏良卿金书锦衣卫,掌南镇抚司事。

六年二月,卤簿大驾成,荫都督佥事。复使其党李永贞伪为浙江太监李实奏,逮治前应天巡抚周起元及江、浙里居诸臣高攀龙、周宗建、缪昌期、周顺昌、黄尊素、李应升等。攀龙赴水死,顺昌等六人死狱中。苏州民见顺昌逮,不平,殴杀二校尉,巡抚毛一鹭为捕颜佩韦等五人悉诛死。刑部尚书徐兆魁治狱,视忠贤所怒,即坐大辟。又从霍维华言,命顾秉谦等修《三朝要典》,极意诋诸党人恶。御史徐复阳请毁讲学书院,以绝党根。御史卢承钦又请立东林党碑。海内皆屏息丧气。霍维华遂教忠贤冒边功矣。

辽阳男子武长春游妓家,有妄言,东厂擒之。许显纯掠治,故张其辞云:"长春敌间,不获且为乱,赖厂臣忠智立奇勋。"诏封忠贤侄良卿为肃宁伯,赐宅第,庄田,颁铁券。吏部尚书王绍徽请崇其先世,诏赠忠贤四代如本爵。忠贤又矫诏,遣其党太监刘应坤、陶文、纪用镇山海关,收揽兵柄。再叙功,荫都督同知,世袭锦衣卫指挥使,各一人。浙江巡抚潘汝桢奏请为忠贤建祠。仓场总督薛贞言草场火,以忠贤救,得无害。于是颂功德者相继,诸祠皆自此始矣。

编修吴孔嘉与宗人吴养春有仇,诱养春仆告其主隐占黄山,养春父子瘐死。忠贤遣主事吕下问、评事许志吉先后往徽州籍其家,株蔓残酷。知府石万程不忍,削发去,徽州几乱。其党都督张体乾诬扬州知府刘铎代李承恩谋释狱,结道士方景阳诅忠贤,铎竟斩。又以睚眦怨,诬新城侯子锦衣王国兴,论斩,并黜主事徐石麒。御史门克新诬吴人顾同寅、孙文豸诔熊廷弼,坐妖言律斩。又逮侍郎王之采,毙于狱。凡忠贤所宿恨,若韩爌、张问达、何士晋、程注等,虽已去,必削籍,重或充军,死必追赃破其家。或忠贤偶忘之,其党必追论前事,激忠贤怒。

当此之时,内外大权一归忠贤。内竖自王体乾等外,又有李朝钦、王朝辅、孙进、王国泰、梁栋等三十余人，为左右拥护。外廷文臣则崔呈秀、田吉、吴淳夫、李夔龙、倪文焕主谋议，号"五虎"。武臣则田尔耕、许显纯、孙云鹤、杨寰、崔应元主杀戮，号"五彪"。又吏部尚书周应秋、太仆少卿曹钦程等，号"十狗"。又有"十孩儿"、"四十孙"之号。而为呈秀辈门下者，又不可数计。自内阁、六部至四方总督、巡抚，遍置死党。心忌张皇后，其年秋，诬后父张国纪纵奴不法，矫中宫旨，冀摇后。帝为致奴法，而诮让国纪。忠贤未慊，复使顺天府丞刘志选、御史梁梦环交发国纪罪状，并言后非国纪女。会王体乾危言沮之，乃止。

其冬，三殿成。李永贞、周应秋奏忠贤功，遂进上公，加恩三等。魏良卿时已晋肃宁侯矣。亦晋宁国公，食禄如魏国公例，再加恩荫锦衣指挥使一人，同知一人。工部尚书薛凤翔奏给赐第。已而太监陶文奏筑喜峰隘口成，督师王之臣奏筑山海城，刑部尚书薛贞奏大盗王之锦狱，南京修孝陵工竣，甘镇奏捷，蕃育署丞张永祚获盗，并言忠贤区画方略。忠贤又自奏三年缉捕功，诏书褒奖。半岁中，所荫锦衣指挥使四人、同知三人、佥事一人。授其侄希孟世袭锦衣同知，甥傅之琮、冯继先并都督佥事，而擢崔呈秀弟凝秀为蓟镇副总兵。名器僭滥，于是为极。其同类尽镇蓟、辽、山西、宣、大诸厄要地。部兵梁桂朝、杨国栋等岁时赂名马，珍玩勿绝。

七年春，复以崔文升总漕运，李明道总河道，胡良辅镇天津。文升故侍光宗药，为东林所攻者也。海内争望风献谄，诸督抚大吏阎鸣泰、刘诏、李精白、姚宗文等，争颂德立祠，汹汹若不及。下及武夫、贾竖、诸无赖子亦各建祠。穷极工巧，攘夺民田庐，斩伐墓木，莫敢控诉。而监生陆万龄至请以忠贤配孔子，以忠贤父配启圣公。

初，潘汝祯首上疏，御史刘之待会薧迟一日，即削籍。而蓟州道胡士容以不具建祠文，遵化道耿如杞入祠不拜，皆下狱论死。故天下风靡，章奏无巨细，辄颂忠贤。宗室若楚王华燿、中书朱慎鎏，勋戚若丰城侯李永祚，廷臣若尚书邵辅忠、李养德、曹思诚，总督张我续及孙国桢、张翌明、郭允厚、杨维和、李时馨、汪若极、何廷枢、杨维新、陈维新、陈尔翼、郭如暗、郭希禹、徐溶辈，佞词累牍，不顾羞耻。忠贤亦时加恩泽以报之。所有疏，咸称"厂臣"不名。大学士黄立极、施凤来、张瑞图票旨，亦必曰"朕与厂臣"，无敢名忠贤者。山东产麒麟，巡抚李精白图象以闻。立极等票旨云："厂臣修德，故仁兽至。"其诬罔若此，前后赐奖敕无算，诰命皆拟九锡文。

是年自春及秋，忠贤冒款汪烧饼、擒阿班歹罗铁等功，积荫锦衣指挥使至十有七人。其族孙希孔、希孟、希尧、希舜、鹏程，姻戚董芳名、王选、杨六奇、杨祚昌，皆至左、右都督及都督同知、金事等官。又加客氏弟光先亦都督。魏抚民又从锦衣改尚宝卿。而忠贤志愿犹未极，会袁崇焕奏宁远捷，忠贤乃令周应秋奏封其从孙鹏翼为安平伯。再叙三大工功，封从子良栋为东安侯，加良卿太师，鹏翼少师，良栋太子太保。因遍赍诸廷臣，用呈秀为兵部尚书兼左都御史，独绌崇焕功不录。时鹏翼、良栋皆在襁褓中，未能行步也。良卿至代天子飨南北郊，祭太庙。于是天下皆疑忠贤窃神器矣。

帝性机巧，好亲斧锯髹漆之事，积岁不倦，每引绳削墨时，忠贤辈辄奏事。帝厌之，谬曰："朕已悉矣，汝辈好为之。"忠贤以是恣威福惟已意。岁数出，辄坐文轩，羽幢青盖，四马若飞，铙鼓鸣镝之声，轰隐黄埃中。锦衣玉带靴跨握刀者，夹左右驰，厨传、优伶、百戏、舆隶相随，属以万数。百司章奏，置急足驰白乃下。所过，士大夫遮道拜伏，至呼九千岁，忠贤顾盼未尝及也。客氏居宫中，胁持皇后，残虐宫嫔。偶出归私第，驺从赫奕照衢路，望若卤簿。忠贤故骏无他长，其党日夜教之，客氏为内主，群凶煽虐，以是毒痛海内。

七年秋八月，熹宗崩，信王立。王素稔忠贤恶，深自儆备，其党自危。杨所修、杨维垣先攻崔呈秀以尝帝，主事陆澄原、钱元悫，员外郎史躬盛遂交章论忠贤。帝犹未发。于是嘉兴贡生钱嘉征劾忠贤十大罪：一并帝，二蔑后，三弄兵，四无二祖列宗，五克削藩封，六无圣，七滥爵，八掩边功，九朘民，十通关节。疏上，帝召忠贤，使内侍读之。忠贤大惧，急以重宝啖信邸太监徐应元求解。应元，故忠贤博徒也。帝知之，斥应元。十一月，遂安置忠贤于凤阳，寻命逮治。

忠贤行至阜城，闻之，与李朝钦偕缢死。诏磔其尸，悬首河间。笞杀客氏于浣衣局。魏良卿、侯国兴、客光先等并弃市，籍其家。客氏之籍也，于其家得宫女八人，盖将效吕不韦所为，人尤疾之。

崇祯二年，命大学士韩爌等定逆案，始尽逐忠贤党，东林诸人复进用。诸丽逆案者日夜图报复。其后温体仁、薛国观辈相继柄政，潜倾正人，为翻逆案地。帝亦厌廷臣党比，复委用中珰。而逆案中阮大铖等卒肆毒江左，至于灭亡。

王体乾、李永贞、涂文辅、皆忠贤党。体乾，昌平人，柔佞深险。熹宗初，为尚膳太监，迁司礼秉笔。王安之辞司礼掌印也，体乾急谋于客、魏夺之，而置安于死。用是，一意附忠贤，为之尽力。故事，司礼掌印者位东厂上。体乾避忠贤，独处其下，故忠贤一无所忌。杨涟劾忠贤疏上，帝命体乾诵之，置疏中切要语不读，涟遂得谴。万燝之死，出体乾意。忠贤不识字，体乾与永贞等为之谋主，遇票红文书及改票，动请御笔，体乾独奏，忠贤默然也。及忠贤冒陵工、殿工、边功等赏，体乾、永贞辈亦各荫锦衣官数人。尝疑选人钱受益、黄愿素为钱谦益、黄尊素兄弟，欲并禁锢，其阿媚忠贤如此。及庄烈帝定逆案，革体乾职，籍其家。

永贞，通州人。万历中为内侍，犯法被系者十八年，光宗立，得释。忠贤用事，引其党诸栋、史宾等为秉笔。永贞入栋幕，与忠贤掌班刘荣为死友。栋死，夤缘得通于忠贤，由文书房升秉笔太监，匝月五迁，与体乾、文辅及石元雅共为忠贤心腹。凡章奏入，永贞等先铃识窾要，白忠贤议行。崔呈秀所献诸录，永贞等各置小册袖中，遇有处分，则争出册告曰："此某录中人也。"故无得免者。永贞性贪，督三殿工，治信王邸，所侵没无算。庄烈帝立，永贞阳引退，行十五万金于体乾及司礼王永祚、王本政求援。三人恶其反覆，首于帝。永贞惧，遂亡去，既而被获，谪凤阳，寻以伪草李实奏，逮至，伏诛。

文辅，初为客氏子侯国兴授读，谄附忠贤，由司礼秉笔历掌御马监，总督太仓、节慎二库。夺宁安大长公主第为廨，署曰"户工总部"。驺从常数百人，部郎以下皆庭参，势焰出群阉上。庄烈帝立，复附徐应元，谪南京。

时有刘若愚者，故隶陈矩名下。善书，好学有文。天启初，李永贞取入内直房，主笔札。永贞多密谋，若愚心识之，不敢与外廷通。忠贤败，若愚为杨维垣所劾，充孝陵净军。已，御史刘重庆以李实诬高攀龙等七人事劾实。实疏辨言系空印纸，乃忠贤逼取之，令永贞填书者。帝验疏，墨在朱上，遂诛永贞，坐若愚大辟。久之，得释。若愚当忠贤时，禄赐未尝一及，既幽囚，痛己之冤，而恨体乾、文辅辈之得漏网也，作《酌中志》以自明，凡四卷，见者怜之。

崔文昇者，郑贵妃宫中内侍也。光宗立，升司礼秉笔，掌御药房。时贵妃进帝美女四人，帝幸焉，既而有疾。文昇用大黄药，益剧，不视朝。外廷汹汹，皆言文昇受贵妃指，有异谋。给事中杨涟言："陛下哀毁之余，万几劳瘁。文昇误用伐药，又构造流言，谓侍御蛊惑，损陛下令名。陛下奈何置贼臣于肘腋间哉？"然构造之说，涟疑文昇误用药，故为此以图卸罪，其实出于文昇果否，未知也。未几，光宗服鸿胪丞李可灼红丸，遂崩。言者交攻可灼及阁臣方从哲，惟御史郑宗周等直指文昇。给事中魏大中言文昇之恶不下张差，御史吴甡亦谓其罪浮可灼。下廷议，可灼论戍，文昇谪南京。及忠贤用事，召文昇总督漕运兼管河道，庄烈帝即位，召回。御史吴焕复劾之。疏甫上，文昇即结同党伏宫门号哭，声彻御坐。帝大怒，并其党皆杖一百，充孝陵净军。

张彝宪，庄烈帝朝司礼太监也。帝初即位，鉴魏忠贤祸败，尽撤诸方镇守中官，委任大臣。既而廷臣竞门户，兵败饷绌，不能赞一策，乃思复用近侍。崇祯四年九月，遣王应朝等监视关、宁，又遣王坤宣府，刘文忠大同，刘允中山西，监视军马。而以彝宪有心计，令钩校户、工二部出入，如涂文辅故事，为之建署，名曰户工总理，其权视外总督，内团营提督焉。给事中宋可久、冯元飙等十余人论谏，不纳。吏部尚书闵洪学率朝臣具公疏争，帝曰："苟群臣殚心为国，朕何事乎内臣。"众莫敢对。南京侍郎吕维祺疏责辅臣不能匡救，礼部侍郎李孙宸亦以召对力谏，俱不听。彝宪益遂按行两部，踞尚书上，命郎中以下谒见。工部侍郎高弘图不为下，抗疏乞归，削籍去。彝宪益骄纵，故勒边镇军器不发。管盔甲主事孙肇兴恐稽滞军事，因劾其误国。帝命回奏，罪至遣戍。主事金铉、周镳皆以谏斥去。工部尚书周士朴以不赴彝宪期，被诘问，罢去。

是时，中珰势复大振。王坤至宣府，甫逾月，即劾巡按御史胡良机。帝落良机职，命坤按治。给事中魏呈润争之，亦谪外。坤性狂躁敢言。朝中大吏有欲倚之相倾挤者。于是坤抗疏劾修撰陈于泰，谓其盗窃科名，语侵周延儒。给事中傅朝祐言坤妄干弹劾之权，且其文词练达，机锋挑激，必有阴邪险人主之，其意指温体仁。帝置不问。左副都御史王志道言："近者内臣举动，几于手握皇纲，而辅臣终不敢一问。至于身被弹击，犹忍辱不言。何以副明主之知？"皆备责延儒，欲以动帝。帝怒，削其籍。时帝方一意用内臣，故言者多得罪。

至八年八月始下诏曰："往以廷臣不职，故委寄内侍。今兵制粗立，军饷稍清，尽撤监视总理。"又明年，命彝宪守备南京，寻死。然帝卒用高起潜辈典兵监镇，驯至开关延贼，遂底灭亡。

高起潜，在内侍中，以知兵称，帝委任之。五年命偕其侪吕直督诸将征孔有德于登州，明年凯旋。时流贼大炽，命太监陈大金、阎思印、谢文举、孙茂霖等为内中军，分入大帅曹文诏、左良玉、张应昌诸营，名曰监军，在边镇者，悉名监视。而起潜得监视宁、锦诸军。已而诸监多侵克军资，临敌辄拥精兵先遁，诸将亦耻为之下，缘是皆无功。八年尽撤诸镇内臣，惟起潜监视如故。

九年七月复遣太监李国辅、许进忠等分守紫荆、倒马诸关，孙惟武、刘元斌防马水河。时兵部尚书张凤翼出督援军，宣大总督梁廷栋亦引兵南，特命起潜为总监，给金三万、赏功牌千，以司礼大珰张云汉、韩赞周副之。然起潜实未尝决一战，惟割死人首冒功而已。明年，起潜行部视师，令监司以下悉用军礼。永平道刘景耀、关内道杨于国疏争，被黜。既而与兵部尚书杨嗣昌比，致宣大总督庐象升孤军战殁，又匿不言状，人多疾之。

十七年，李自成将犯阙，帝复命起潜监宁、前诸军，而以杜勋镇宣府。勋至镇即降贼。事闻，廷臣请急撤城守太监，忽传旨云："杜勋骂贼殉难，予荫祠。"盖为内臣蒙蔽也。未几，勋从贼至，自成设黄幄坐广宁门外，奏、晋二王左右席地坐，勋侍其下，呼城上请入见。守诚诸珰缒之上，同入大内，盛称贼势，劝帝自为计。左右请留之，勋曰："不返，则二王危。"乃纵之出，复缒下，语守城诸珰曰："吾曹富贵固在也。"俄而城陷，诸珰皆降。及贼败将遁，乃下令尽逐内竖，无贵贱老弱皆号哭徒跣，破面流血，走出京城门。贼遂捆载其金帛珠宝西去。

初，内臣奉命守城，已有异志，令士卒皆持白杨杖，朱其外，贯铁环于端使有声，格击则折，至是贼即以其杖驱焉。文宁门之启，或曰太监曹化淳献之，或曰化淳实守东直门，而化淳入国朝，上疏奏辨甚力，时仓卒莫能明也。起潜赴宁、前，中道弃关走。福王召为京营提督，后亦降于我大清。

王承恩，太监曹化淳名下也，累官司礼秉笔太监。崇祯十七年三月，李自成犯阙，帝命承恩提督京营。是时，事势已去，城陴守卒寥寥，贼架飞梯攻西直、平则、德胜三门。承恩见贼坎墙，急发炮击之，连毙数人，而诸珰泄泄自如。帝召承恩，令亟整内官，备亲征。夜分，内城陷。天将曙，帝崩于寿皇亭，承恩即自缢其下。福王时，谥忠愍。本朝赐地六十亩，建祠立碑旌其忠，附葬故主陵侧。

方正化，山东人。崇祯时，为司礼太监。十五年冬，畿辅被兵，命总监保定军务，有全城功，已而撤还。十七年二月复命出镇，正化顿首辞，帝不许。又顿首曰："奴此行万无能为，不过一死报主恩尔。"帝亦垂涕遣之。既至,与同知邵宗元等登陴共守。有请事者,但曰:"我方寸已乱,诸公好为之。"及城陷,击杀数十人,贼问:"若为谁?"厉声曰:"我总监方公也!"贼攒刀斫杀之,其从奄皆死。

时内臣殉难者,更有故司礼掌印太监高时明,司礼秉笔太监李凤翔,提督诸监局太监褚宪章、张国元四人。督东厂太监王之心家最富,既降,贼勒其资。拷死。南渡时。建旌忠祠祀诸死难者。以王承恩为正祀,内臣正化等附祀,而之心亦滥与焉。

明史卷三〇六
列传第一九四

阉　党

焦芳 刘宇　曹元　　**张彩** 韩福等

顾秉谦 魏广微等　　**崔呈秀** 吴淳夫等

刘志选 梁梦环等　　**曹钦程** 石三畏等

王绍徽 周应秋　　**霍维华** 徐大化等

阎鸣泰　　**贾继春**　　**田尔耕** 许显纯

　　明代阉宦之祸酷矣，然非诸党人附丽之，羽翼之，张其势而助之攻，虐焰不若是其烈也。中叶以前，士大夫知重名节，虽以王振、汪直之横，党与未盛。至刘瑾窃权，焦芳以阁臣首与之比，于是列卿争先献媚。而司礼之权居内阁上。迨神宗末年，讹言朋兴，群相敌仇，内户之争固结而不可解。凶竖乘其沸溃，盗弄太阿，黜桀渠悭，窜身妇寺。淫刑痛毒，快其恶正丑直之私。衣冠填于狴犴，善类殒于刀锯。迄乎恶贯满盈，诇伸宪典，刑书所丽，迹秽简编，而遗孽余烬终以覆国。庄烈帝之定逆案也，以其事付大学士韩爌等，因慨然太息曰："忠贤不过一人耳，外廷诸臣附之，遂至于此，其罪何可胜诛。"痛乎哉，患得患失之鄙夫，其流毒诚无所穷极也！

　　今录自焦芳、张彩以下，迄天启朝，为《阉党列传》，用垂鉴诫。其以功名表见，或晚节自盖，如王骥、王越、杨维垣、张捷之徒，则仍别见焉。

焦芳，泌阳人。天顺八年进士。大学士李贤以同乡故，引为庶吉士，授编修，进侍讲。满九年考，当迁学士。或语大学士万安："不学如芳，亦学士乎？"芳闻大恚曰："是必彭华间我也。我不学士，且刺华长安道中。"华惧，言于安，乃进芳侍讲学士。先是，诏纂《文华大训》，进讲东宫，其书皆华等所为。芳耻不兴，每进讲，故摘其疵，扬言众中。翰林尚文采，独芳粗陋无学识，性阴很，动辄议讪，人咸畏避之。尹旻之罢也，芳与其子龙相比，谪桂阳州同知。芳知出华、安二人指，衔次骨。

弘治初，移霍州知州，擢四川提学副使，调湖广。未几，迁南京右通政。以忧归。服阕，授太常少卿兼侍讲学士，寻擢礼部右侍郎。怨刘健尼己，日于众中嫚骂。健判牒不可意，即引笔抹去，不关白尚书。俄改吏部，转左侍郎。马文升为尚书，芳辄加姗侮，阴结言官，使抨击素所不快及在己上者。又上言御边四事以希进用，为谢迁所抑，尤憾迁。每言及余姚、江西人，以迁及华故，肆口诟詈。芳既积忤廷臣，复锐进，乃深结阉宦以自固，日夜谋逐健、迁，代其位。

正德初，户部尚书韩文言会计不足。廷议谓理财无奇术，唯劝上节俭。芳知左右有窃听者，大言曰："庶民家尚须用度，况县官耶？谚云'无钱拣故纸'今天下逋租匿税何限，不是检索，而但云损上何也？"武宗闻之大喜。会文升去，遂擢为吏部尚书。韩文将率九卿劾刘瑾，疏当首吏部，以告芳。芳阴泄其谋于瑾。瑾遂逐文及健、迁辈，而芳以本官兼文渊阁大学士，入阁辅政，累加少师、华盖殿大学士。居内阁数年，瑾浊乱海内，变置成法，荼毒缙绅，皆芳导之。每过瑾，言必称千岁，自称曰门下。裁阅章奏，一阿瑾意。四方赂瑾者先赂芳。

子黄中，亦傲很不学，廷试必欲得第一。李东阳、王鏊为置二甲首，芳不悦。言于瑾，径授翰林检讨，俄进编修。芳以黄中故，时时詈东阳。瑾闻之曰："黄中昨在我家试石榴诗甚拙，顾恨李耶？"

瑾怒翰林官傲己，欲尽出之外，为张彩劝沮。及修《孝宗实录》成，瑾又持前议，彩复力沮。而芳父子与检讨段㻞辈，教瑾以扩充政事为名，乃尽出编修顾清等二十余人于部曹。有司应诏举怀材抱德之士，以余姚人周礼、徐子元、许龙、上虞人徐文彪四人名上。瑾以礼等皆迁乡人，而诏草出健，因下四人诏狱，欲并逮健、迁。东阳力解之。芳厉声曰：“纵贳其罪，不当除名耶？”乃黜健、迁为民，而榜逐余姚人之为京官者。

满剌加使臣亚刘，本江西万安人，名萧明举。以罪叛入其国，与其国人端亚智等来朝。既又谋入勃泥国索宝，且杀亚智等。事闻，方下所司勘奏。芳即署其尾曰：“江西土俗。故多玩法，如彭华、尹直、徐琼、李孜省、黄景等，多被物议。宜裁减解额五十名，通籍者勿选京职，著为令。”且言：“王安石祸宋，吴澄仕元，宜榜其罪，使他日毋得滥用江西人。”杨廷和解之曰：“以一盗故，祸连一方，至裁解额矣。宋、完人物，亦欲并案耶？”乃止。

芳深恶南人，每退一南人，辄喜。虽论古人，亦必诋南而誉北，尝作《南人不可为相图》进瑾。其总裁《孝宗实录》，若何乔新、彭韶、谢迁皆肆诬诋，自喜曰：“今朝廷之上，谁如我直者。”

始张彩为郎时，芳力荐以悦瑾，觊其为奸利。比彩为尚书，芳父子荐人无虚日，彩时有同异，遂有隙。而段㻞见瑾昵彩，芳势稍衰，转附彩，尽发芳阴事于瑾。瑾大怒，数于众中斥芳父子。芳不得已，乃乞归。

黄中丐阁荫，以侍读随父还。瑾败，给事、御史交劾，削其官，黜黄中为民。久之，芳使黄中赍金宝遗权贵，上章求湔雪复官，为吏科所驳。于是吏部覆奏，请械系黄中法司，以彰天讨。黄中狼狈遁走。

芳居第宏丽，治作劳数郡。大盗赵鐩入泌阳，火之，发窖多得其藏金，乃尽掘其先人冢墓，杂烧以牛马骨。求芳父子不得，取芳衣冠被庭树，拔剑斫其首，使群盗糜之，曰：“吾为天子诛此贼。”鐩后临刑叹曰：“吾不能手刃焦芳父子以谢天下，死有余恨！”瑾从孙二汉当死，亦曰：“吾死固当，第吾家所为，皆焦芳与张彩耳。今彩与我处极刑,而芳独晏然,岂非冤哉。"芳父子竟良死。

刘宇,字至大,钧州人。成化八年进士。由知县入为御史,坐事谪,累迁山东按察使。弘治中,以大学士刘健荐,擢右金都御史,巡抚大同,召为左副都御史。正德改元,吏部尚书马文升荐之,进右都御史,总督宣府、大同、山西军务。宇初抚大同,私市善马赂权要。兵部尚书刘大夏因孝宗召见,语及之。帝密遣锦衣百户邵琪往察,宇厚赂琪。为之抵讳。后大夏再召对,帝曰:"健荐宇才堪大用,以朕观之,此小人,岂可用哉?由是知内阁亦末可尽信也。"宇闻,以大夏不为己地,深憾之。

刘瑾用事,宇介焦芳以结瑾。二年正月入为左都御史。瑾好摧折台谏,宇缘其意,请敕钳制,御史有小过,辄加笞辱,瑾以为贤。瑾初通贿,望不过数百金,宇首以万金赟,瑾大喜曰:"刘先生何厚我。"寻转兵部尚书,加太子太傅。子仁应殿试,求一甲不得。厚赂瑾,内批授庶吉士,逾年迁编修。

时许进为吏部尚书,宇谗于瑾,遂代其位,而曹元代宇为兵部。宇在兵部时,贿赂狼籍。及为吏部,权归选郎张彩,而文吏赠遗又不若武弁,尝悒悒叹曰:"兵部自佳,何必吏部也。"后瑾欲用彩代宇,乃令宇以原官兼文渊阁大学士。宇宴瑾阁中,极欢,大喜过望。明日将入阁办事。瑾曰:尔真欲相耶? 此地岂可再入。"宇不得已,乃乞省墓去。逾年瑾诛,科道交章劾奏,削官致仕,子仁黜为民。

曹元,字以贞,大宁前卫人。柔佞滑稽,不修士行。举成化十一年进士。授工部主事。正德二年累迁右副都御史,巡抚甘肃。分守中官张昭奉命捕虎豹,元以军士出境搜捕,恐启边衅,上疏请止,不从。改抚陕西。逾年,召为兵部右侍郎,转左,寻代宇为尚书兼督团营,加太子少保。将校迁除,皆惟瑾命。元所入亦不资。五年拜吏部尚书兼文渊阁大学士。元与刘瑾有连,自瑾侍东宫,即与相结。及瑾得志,遂夤缘躐至卿相,然琐琐无能,在阁中饮酒谐谑而已。瑾败,元即日上疏请罪,词极哀。诏许致仕,言官交劾,黜为民。元无子,病中自作墓志;叹曰"我死,谁铭我者?"

当刘瑾时,廷臣党附者甚众。瑾诛,言官交劾。内阁则焦芳、刘宇、曹元。尚书则吏部张彩、户部刘玑、兵部王敞、刑部刘璟、工部毕亨、南京户部张汕、礼部朱恩、刑部刘缨、工部李善。侍郎则吏部柴升、李瀚,前户部韩福、礼部李逊学,兵部陆完、陈震,刑部张子麟,工部崔岩、夏昂、胡谅,南京礼部常麟、工部张志淳。都察院则副都御史杨纶、佥都御史萧选,巡抚则顺天刘聪、应天魏讷、宣府杨武、保定徐以贞、大同张𬱃、淮扬屈直、两广林廷选,操江王彦奇。前总督文贵、马炳然。大理寺则卿张纶,少卿董恬,丞蔡中孚、张桧。通政司则通政吴钑、王云凤,参议张龙。太常则少卿杨廷仪、刘介。尚宝卿则吴世忠,丞屈铨。府尹则陈良器,府丞则石禄。翰林则侍读焦黄中,修撰康海,编修刘仁,检讨段炅。吏部郎则王九思、王纳海。给事中则李宪、段豸。御史则薛凤鸣、朱衮、秦昂、宇文钟、崔哲、李纪、周琳。其他郎署监司又十余人。于是彩论死,福谪戍,元、恩、震、聪、讷、武、恬、介、黄中、海、仁、宪、凤鸣、钟除名,亨、昂闲住,善、岩、谅、志淳、纶、直、彦奇、良器、哲致仕,选以贞、𬱃、中孚、龙、禄、铨、炅、豸、衮、纪、琳、九思,纳海谪外,朝署为清。

张彩,安定人。弘治三年进士。授吏部主事,历文选司郎中。彩议论便利,善伺权贵指。初矫饰微声誉,尚书马文升等皆爱之。给事中刘蒇尝劾其颠倒选法数事,文升悉为辩析,且誉其聪明刚正,为上下所推服。诏令办事如故。彩即五疏移疾去,文升固留不得,时论称之。越数日,给事中李贯荐彩有将略。杨一清总制三边,亦荐彩自代。而焦芳以彩与刘瑾同乡,力荐于瑾。瑾欲致之,因著令,病过期不赴者,斥为民。彩乃就道。既见瑾,高冠鲜衣,貌白皙修伟,须眉蔚然,词辩泉涌。瑾大敬爱,执手移时,曰:“子神人也,我何以得遇尔!”时文选郎刘永已迁通政,次当验封郎石确。疏既入,瑾令尚书许进追原疏,以彩易之。彩自是一意事瑾。瑾恶进不附己,彩因媒孽去进,以刘宇代之。宇虽为尚书,铨政率由彩,多不关白宇,即白宇,宇必温言降接。彩抱案立语,宇俯偻不敢当。居文选半载,擢左佥都御史,与户部右侍郎韩鼎同廷谢。鼎老,拜起不如仪,为谷大用、张永辈所窃笑。瑾方惭,而彩丰采英毅,大用等皆称羡,瑾乃喜。越二日罢鼎,而彩逾年超拜吏部右侍郎。

鼎,合水人。弘治时,为给事中,负直声。后迁右通政,治水安平有劳绩,以通政使家居。至是为瑾所引,复挫归,遂失其素望。

瑾欲大贵彩,乃命刘宇入内阁,以彩代之。一岁中,自郎署长六卿。僚友守官如故,咸惴惴白事尚书前,彩厉色无所假借。寻加太子少保。每瑾出休沐,公卿往候,自辰至晡未得见。彩故徐徐来,直入瑾小阁,欢饮而出,始揖众人。众以是益畏彩,见彩如瑾礼。彩与朝臣言,呼瑾为老者。凡所言,瑾无不从。因不时考察内外官,纠摘严急,间一用薄罚,而诸司台谏谪辱日甚。变乱旧格,贿赂肆行,海内金帛奇货相望涂巷间。性尤渔色。抚州知府刘介,其乡人也,娶妾美。彩特擢介太常少卿,盛服往贺曰:“子何以报我?”介皇恐谢曰:“一身外,皆公物。”彩曰:“命之矣。”即使人直入内,牵其妾,舆载而去。又闻平阳知府张恕妾美,索之不肯,令御史张襘按致其罪,拟戍。恕献妾,始得论减。

彩既衔瑾恩,见瑾擅权久,贪冒无厌,天下怨之,因乘间说曰:“公亦知贿入所自乎?非盗官帑,即剥小民。彼借公名自厚,入公者未十一,而怨悉归公,何以谢天下?”瑾大然之。会御史胡节巡按山东还,厚遗瑾。瑾发之,捕节下狱。少监李宣、侍郎张鸾、指挥同知赵良按事福建还,馈瑾白金二万。瑾疏纳金于官,而按三人罪。其他因贿得祸者甚众。苛敛之害为少衰,中外或称彩能导瑾为善矣。及瑾伏诛,彩以交结近侍论死,遇赦当免。改拟同瑾谋反,瘐死狱中,仍剉尸于市,籍其家,妻子流海南。

韩福者,西安前卫人也。成化十七年进士。为御史,按宣府、大同,数条奏军民利病,边人悦之。弘治中,迁大名知府,奸盗屏迹,道不拾遗,政绩为几辅冠。以卓异举,迁浙江左参政,病免。

武宗立,言官交荐,召为大理右少卿。正德二年,以右佥都御史督苏、松粮储。未几,召入为右副都御史。坐累,下诏狱。狱上,刘瑾以同乡故，立命出之。召与语，大悦，即用为户部左侍郎。福故强干吏，所在著能声。至是受挫，为瑾所拔擢，遂精心事瑾，为效力。瑾亦时召与谋，委寄亚于彩。会湖广以缺饷告，命兼金都御史往理之。瑾喜操切，福希指，益务为严苛。湖广民租自弘治改元后，逋六百余万石，皆遇灾蠲免。福欲追征之，劾所司催科不力，自巡抚郑时以下凡千二百人。奏至，举朝骇愕，户部尚书刘玑等议如福言。瑾忽怒福，取诏旨报曰：“湖广军民困敝，朕甚悯之。福任意苛敛，甚不称朕意，令自劾，吏部举堪代者以闻。”福引罪求罢，乃召还。四年复命核辽东屯田。福性故刻深，所携同知刘玉等又奉行过当。军士不能堪，焚掠将吏及诸大姓家。守臣发帑抚慰之，乱始定。给事中徐仁等极论之。瑾迫公议，勒福致仕。明年瑾败，籍其赀，则福在湖广时所馈白金数十万两，封识宛然，遂遣戍固原。

李宪，岐山人。为吏科给事中，诣事瑾，每率众请事于瑾，盛气独前，自号六科都给事中。时袖白金示同列曰：“此刘公所遗也。”瑾败，虞祸及，亦劾瑾六事。瑾在狱，笑曰：“李宪亦劾我乎？”卒坐除名。

张龙，顺天人。官行人，邪媚无赖，与寿宁侯通谱系，因得交诸中人、贵戚，恃势夺人田宅。正德三年夤缘为兵科给事中，出核辽东军饷，得腐豆四石。请逮问监守诸臣，罚郎中徐琏以下，米三石有差。瑾以为能，擢通政参议。瑾败，谪知湾州。后又结朱宁为父，起嘉兴同知，迁登州知府。言官弹射无虚月。与山西左布政使倪天民、右布政使陈逵、右参议孙清并贪残，天下自为“四害”。龙朝觐入都，中旨擢右通政，为宁通中外贿，所乾没不资。后以私取贿，为宁所觉，斥逐之。嘉靖初，下狱论死。

顾秉谦，昆山人。万历二十三年进士。改庶吉士，累官礼部右侍郎，教习庶吉士。天启元年晋礼部尚书，掌詹事府事。二年，魏忠贤用事，言官周宗建等首劾之。忠贤于是谋结外廷诸臣，秉谦及魏广微率先谄附，霍维华、孙杰之徒从而和之。明年春，秉谦、广微遂与朱国祯、朱延禧俱入参机务。

广微，南乐人，侍郎允贞子也。万历三十二年进士。由庶吉士历南京礼部侍郎。忠贤用事，以同乡同姓潜结之，遂召拜礼部尚书。至是，与秉谦俱以原官兼东阁大学士。

七月，秉谦晋太子太保，改文渊阁。十一月晋少保、太子太傅。五年正月晋少傅、太子太师、吏部尚书，改建极殿。九月晋少师。

秉谦为人，庸劣无耻，而广微阴狡。赵南星与其父允贞友善，尝叹曰："见泉无子。"见泉，允贞别号也。广微闻之，恨刺骨。既柄政，三及南星门，阍人辞不见。广微怫然曰："他人可拒，相公尊，不可拒也。"益恨南星。杨涟之劾忠贤二十四罪也，忠贤惧，属广微为调旨，一如忠贤意。而秉谦以涟疏有"门生宰相"语，怒甚。会孟冬飨庙，且颁朔，广微偃蹇后至，给事中魏大中、御史李应升连劾之。广微益愤，遂决意倾善类，与秉谦谋尽逐诸正人，点《缙绅便览》一册。若叶向高、韩爌、何如宠、成基命、缪昌期、姚希孟、陈子壮、侯恪、赵南星、高攀龙、乔允升、李邦华、郑三俊、杨涟、左光斗、魏大中、黄尊素、周宗建、李应升等百余人，目为邪党。而以黄克缵、王永光、徐大华、贾继春、霍维化等六十余人为正人。由阍人王朝用进之，俾据是为黜陟。忠贤得内阁为羽翼，势益张。秉谦、广微亦曲奉忠贤，若奴役然。

叶向高、韩爌相继罢，何宗彦卒，秉谦遂为首辅。自四年十二月至六年九月，凡倾害忠直，皆秉谦票拟。《三朝要典》之作，秉谦为总裁，复拟御制序冠其首，欲用是钳天下口。朝廷有一举动，辄拟旨归美忠贤，褒赞不已。广微以札通忠贤，签其函曰"内阁家报"，时称曰"外魏公"。先是，内阁调旨，惟出首辅一人，余但参议论而已。广微欲擅柄，谋之忠贤，令众辅分任，政权始分，后遂沿为故事。

杨涟等六人之逮也，广微实与其谋，秉谦调严旨，五日一追比。尚书崔景荣惧其立死杖下，亟请广微谏止。广微不自安，疏言："涟等在今日，诚为有罪之人，在前日实为卿寺之佐。纵使赃私果真，亦当转付法司，据律论罪，岂可逐日严刑，令镇抚追赃乎？身非木石，重刑之下，就死直须臾耳。以理刑之职，使之追赃，官守安在？勿论伤好生之仁，抑且违祖宗之制，将朝政日乱，与古之帝王大不相侔矣。"疏入，大忤忠贤意。广微惧，急出景荣手书自明，而忠贤怒已不可解。乃具疏乞休，不许。居两月，矫诏切责廷臣，中言"朕方率循旧章，而曰'朝政日乱'朕方祖述尧、舜，而曰'大不相侔'"盖即指广微疏语。广微益惧，丐秉谦为解，忠贤意少释。然广微卒不自安，复三疏乞休，六年九月许之去。广微先已加少保、太子太傅，改吏部尚书、建极殿大学士，至是复加少傅、太子太师，荫子中书舍人，赐白金百、坐蟒一、彩币四表裹，乘传，行人护归。典礼优渥，犹用前好故也。居二年，卒于家，赠太傅，恤典如制。

秉谦票拟，事事徇忠贤指。初矫旨罪主考丁乾学，又调旨杀涟、光斗等。惟周顺昌、李应升等下诏狱，秉谦请付法司，毋令死非其罪。内臣出镇，秉谦撰上谕，已复与丁绍轼请罢。二事微有执争。冯铨既入阁，同党中日夜交轧，群小亦各有所左右。秉谦不自安，屡疏乞休，后广微一年致仕去。崇祯元年，为言官祖重晔、徐尚勋、汪应元所纠，命削籍。已，坐交结近侍，入逆案中，论徒三年，赎为民。二年，昆山民积怨秉谦，聚众焚掠其家。秉谦年八十，仓皇窜渔舟得免，乃献窖藏银四万于朝，寄居他县以死。广微亦追论削夺，列逆案遗戍中。

自秉谦、广微当国，政归忠贤。其后入阁者黄立极、施凤来、张瑞图之属，皆依媚取容。名丽逆案。

黄立极，字中五，元城人。万历三十二年进士。累官少詹事、礼部侍郎。天启五年八月，忠贤以同乡故，擢礼部尚书兼东阁大学士，与丁绍轼、周如磐、冯铨并参机务。时魏广微、顾秉谦皆以附忠贤居政府。未几广微去，如磐卒。明年夏，绍轼亦卒，铨罢。其秋，施凤来、张瑞图、李国楷入。已而秉谦乞归，立极遂为首辅。

施凤来，平湖人。张瑞图，晋江人。皆万历三十五年进士。凤来殿试第二，瑞图第三，同授编修，同积官少詹事兼礼部侍郎，同以礼部尚书入阁。凤来素无节概，以和柔媚于世。瑞图会试策言："古之用人者,初不设君子小人之名,分别起于仲尼。"其悖妄如此。忠贤生祠碑文,多其手书。庄烈帝即位,山阴监生胡焕猷劾立极、风来、瑞图、国楷等,"身居揆席,漫无主持。甚至顾命之重臣,毙于诏狱;五等之爵,尚公之尊,加于阉寺;而生祠碑颂,靡所不至。律以逢奸之罪,夫复何辞?"帝为除焕猷名,下吏。立极等内不自安,各上疏求罢,帝犹优诏报之。十一月,立极乞休去,来宗道、杨景辰并入阁,风来为首辅。御史罗元宾复疏纠,风来、瑞图俱告归。

宗道,萧山人。立极同年进士,累官太子太保、礼部尚书,以本官兼内阁大学士,预机务。宗道官礼部时,为崔呈秀父请恤典,中有"在天之灵"语。编修倪元璐屡疏争时事,宗道笑曰:"渠何事多言,词林故事,止香茗耳。"时谓宗道清客宰相云。

景辰,瑞图同县人。万历四十一年进士。积官吏部右侍郎,与宗道同入阁。官翰林时,为《要典》副总裁,一徇奸党指,又三疏颂忠贤,及朝局已变,乃请毁《要典》,给事、御史交劾之,与宗道同日罢。

其后定逆案,瑞图、宗道初不与,庄烈帝诘之,韩爌等对无实状。帝曰:"瑞图为忠贤书碑,宗道称呈秀父'在天之灵',非实状耶?"乃以瑞图、宗道与顾秉谦、冯铨等坐赎徒为民,而立极、风来、景辰落职闲住。

崔呈秀,蓟州人。万历四十一年进士。授行人。天启初,擢御史,巡按淮、扬。卑污狡狯,不修士行。见东林势方盛,将出都,力荐李三才,求入其党,东林拒不纳。在淮、扬,赃私狼籍。霍丘知县郑延祚贪,将劾之,以千金贿免。延祚知其易与,再行千金,即荐之。其行事多类此。

四年九月还朝,高攀龙为都御史,尽发其贪污状。吏部尚书赵南星议戍之,诏革职候勘。呈秀大窘,夜走魏忠贤所,叩头乞哀,言攀龙、南星皆东林,挟私排陷,复叩头涕泣,乞为养子。当是时,忠贤为廷臣交攻,愤甚,方思得外廷为助,涿州人冯铨,少年官侍从家居,与熊廷弼有隙,遗书魏良卿劝兴大狱。忠贤假事端倾陷诸害己者,得呈秀,恨相见晚,遂用为腹心,日与计画。

明年正月,给事中李恒茂为呈秀讼冤。中旨即言呈秀被诬,复其官。呈秀乃首疏荐张鹤鸣、申用懋、王永光、商周祚、许弘纲等;而再疏请令京官自陈,由是清流多屏斥。寻督三殿工,忠贤以阅工故,日至外朝。呈秀必屏人密语,以间进《同志》诸录,皆东林党人。又进《天鉴录》,皆不附东林者。令忠贤凭以黜陟,善类为一空。暮夜乞怜者,莫不缘呈秀以进,蝇集蚁附,其门如市。累擢工部右侍郎并兼御史,督工如故。御史田景新言,侍郎兼御史非便,请改佥都御史,从之。

忠贤尝修乡县肃宁城,呈秀首上疏称美。六年二月,复疏颂忠贤督工功,请赐敕奖谕,末言:“臣非行媚中官者,目前千讥万骂,臣固甘之。”疏出,朝野轰笑。阁臣顾秉谦辈撰敕八百余言,褒忠贤,极口扬诩,前代九锡文不能过也。自是,中外章疏,无不颂忠贤功德者矣。时方创《三朝要典》,呈秀疏陈要典之源,追论并封、妖书、之藩三事,凡拥卫光宗者,悉加丑诋。忠贤悦,宣付史馆。其年七月,进本部尚书。十月,皇极殿成,加太子太保兼左都御史,仍督大工。母死,不奔丧,夺情视事。

呈秀负忠贤宠,嗜利弥甚。朝士多拜为门下士,以通于忠贤。其不附己及势位相轧者,辄使其党排去之,时有“五虎”之目,以呈秀为魁。诸所倾陷,不可悉数,虽其党亦深畏之。子铎不能文,属考官孙之獬,获乡荐。用其弟凝秀为浙江总兵官,女夫张元芳为吏部主事,妾弟优人萧惟中为密云参将,所司皆不敢违。

明年八月冒宁、锦功,加太子太傅。俄叙三殿功,加少傅,世荫锦衣指挥佥事。其月迁兵部尚书,仍兼左都御史,并绾两篆,握兵权宪纪,出入喧赫,势倾朝野。无何,熹宗崩,廷臣入临。内使十余人传呼崔尚书甚急,廷臣相顾愕眙。呈秀入见忠贤,密谋久之,语秘不得闻。或言忠贤欲篡位,呈秀以时未可,止之也。

庄烈帝即位,其党知忠贤必败,内相携。副都御史杨所修首请允呈秀守制,御史杨维垣、贾继春相继力攻,呈秀气罢。帝犹慰留。

章三上,温旨令乘传归。已而言者劾呈秀及工部尚书吴淳夫、兵部尚书田吉、太常卿倪文焕、副都御史李夔龙,号称"五虎",宜肆市朝。诏逮治,籍其资。时忠贤已死,呈秀知不免,列姬姜,罗诸奇异珍宝,呼酒痛饮,尽一卮即掷坏之,饮已自缢。诏戮其尸,子铎除名,弟凝秀遣戍。后定逆案,以呈秀为首。

淳夫,晋江人。万历三十八年进士。历官陕西佥事,以京察罢。五年夤缘起兵部郎中,与文焕、吉、夔龙并由呈秀进,为忠贤义子。大学士冯铨释褐十三年登宰辅,为忠贤所昵。呈秀妒之,淳夫即为攻铨。六年冬,擢太仆少卿,视职方事。旋擢太仆卿,历工部添注右侍郎。冒宁、锦及三殿功,累进工部尚书,加太子太传。岁中六迁,至极品。

倪文焕,江都人。由进士授行人,擢御史,巡视南城。山东多大猾,事发则走匿京师。参政王维章数牒文焕,文焕纳其贿,反劾罢维章。尝误挞皇城守卒,为中官所纠,大惧,走谒呈秀救,遂引入忠贤幕,为鹰犬。首劾兵部侍郎李邦华,御史李日宣,吏部员外郎周顺昌、林梓桥。再劾户部侍郎孙居相、御史夏之令及故吏部尚书崔景荣、吏部尚书李宗延等数十人。轻者削夺,重者拷死。呈秀首颂忠贤,文焕即继之。出按畿辅,为忠贤建三祠。河南道缺掌印官,呈秀为悬缺侍文焕,至越十余人任之。冒宁、锦、殿功,加太仆卿,掌道如故。寻改太常卿。忠贤败,文焕惧,乞终养归。

田吉者,故城人。万历三十八年廷对怀挟,罚三科,以县佐录用。已,补试,由知县历兵部郎中。六年冬,迁淮扬参议,取中旨,擢太常少卿,视职方事。明年擢太常卿。未匝岁,连擢至兵部尚书,加太子太保。诸逆党超擢,未有如吉者。

李夔龙,福建南安人。由进士历吏部主事,被劾罢去。天启五年夤缘复官,进郎中。专承呈秀指,引用邪人以媚忠贤。擢太常少卿,仍署选事。寻迁左佥都御史。三殿成,进左副都御史。

庄烈帝嗣位,淳夫、文焕、吉、夔龙,并以上林典簿樊维城、户部员外郎王守履言,逮治论死。

　　方忠贤败时，庄烈帝纳廷臣言，将定从逆案。大学士韩爌、李标、钱龙锡不欲广搜树怨，仅以四五十人上。帝少之，令再议，又以数十人上。帝不怿，令以赞导、拥戴、颂美、谄附为目，且曰："内侍同恶者亦当入。"爌等以不知内侍对，帝曰："岂皆不知，特畏任怨耳。"阅日，召入便殿，案有布囊，盛章疏甚伙，指之曰："此皆奸党颂疏，可案名悉入。"爌等知帝意不可回，乃曰："臣等职在调旨，三尺法非所习。"帝召吏部尚书王永光问之，永光以不习刑名对，乃诏刑部尚书乔允升、左都御史曹于汴同事，于是案名罗列无脱遗者。崇祯二年三月上之，帝为诏书颁示天下。

　　首逆凌迟者二人：魏忠贤，客氏。

　　首逆同谋决不待时者六人：呈秀及魏良卿，客氏子都督侯国兴，太监李永贞、李朝钦、刘若愚。

　　交结近侍秋后处决者十九人：刘志选、梁梦环、倪文焕、田吉、刘诏、薛贞、吴淳夫、李夔龙、曹钦程，大理寺正许志吉，顺天府通判孙如洌，国子监生陆万龄，丰城侯李承祚，都督田尔耕、许显纯、崔应元、杨寰、孙云鹤、张体乾。

　　结交近侍次等充军者十一人：魏广微、周应秋、阎鸣泰、霍维华、徐大化、潘汝桢、李鲁生、杨维垣、张讷、都督郭钦、孝陵卫指挥李之才。

　　交结近侍又次等论徒三年输赎为民者：大学士顾秉谦、冯铨、张瑞图、来宗道，尚书王绍徽、郭允厚、张我续、曹尔祯、孟绍虞、冯嘉会、李春晔、邵辅忠、吕纯如、徐兆魁、薛凤翔、孙杰、杨梦衮、李养德、刘廷元、曹思诚，南京尚书范济世、张朴，总督尚书黄运泰、郭尚友、李从心，巡抚尚书李精白等一百二十九人。

　　交结近侍减等革职间住者，黄立极等四十四人。

　　忠贤亲属及内官党附者又五十余人。

　　案既定，其党日谋更翻，王永光、温体仁阴主之，帝持之坚，不能动。其后，张捷荐吕纯如，被劾去。唐世济荐霍维华，福建巡按应

喜臣荐部内闲住通政使周维京,罪至谪戍。其党乃不敢言。福王时,
阮大铖冒定策功,起用,其案始翻。于是太仆少卿杨维垣、徐景濂、
给事中虞廷陛、郭如暗,御史周昌晋、陈以瑞、徐复阳,编修吴孔嘉,
参政虞大复辈相继而起,国亡乃止。

　　刘志选,慈谿人。万历中,与叶向高同举进士。授刑部主事,偕
同官刘复初、李懋桧争郑贵妃、王恭妃册封事。后懋桧因给事中邵
庶请禁诸曹言事,抗疏力争,贬二秩。志选言:"陛下谪懋桧,使人钳
口结舌,蒙蔽耳目,非国家福也。"帝怒,谪福宁州判官。稍迁合肥知
县,以大计罢归,家居三十年。

　　光宗、熹宗相继立,诸建言得罪者尽起,志选独以计典不获与。
会向高赴召,道杭州,志选与游宴弥月。还朝,用为南京工部主事,
进郎中。时已七十余,嗜进弥锐,上疏追论"红丸",极诋孙慎行不
道。魏忠贤喜,天启五年九月召为尚宝少卿。在道,复力攻慎行,遂
并及向高。忠贤益喜,出两疏宣史馆。

　　明年擢顺天府丞。冬十月遂上疏劾张国纪。国纪者,后父也。
忠贤忌后贤明,欲倾之。会有张匿名榜于厚载门者,列忠贤反状,并
其党七十余人。忠贤疑出国纪及被逐诸人手。邵辅忠、孙杰谋因此
兴大狱,尽杀东林诸人,而借国纪以摇中宫,事成则立魏良卿女为
后,草一疏,募人上之。诸人虑祸不敢承。志选惑家人言,谓己老必
先忠贤死,竟上之。极论国纪罪,而末言"毋令人訾及丹山之穴,蓝
田之种"。盖前有死囚孙二言张后己所生,非国纪女也。疏上,事叵
测。帝伉俪情笃,但令国纪自新而已。后为故司礼刘克敬所选,忠
贤迁怒克敬,谪发凤阳,缢杀之。

　　未几,志选疏颂《要典》,言:"命德讨罪,无微不彰,即尧、舜之
放四凶,举元、恺。何以加焉,洵游、夏无能赞一词者。"因力诋王之
采、孙慎行、杨涟、左光斗,而极誉刘廷元、岳骏声、黄克缵、徐景濂、
范济世、贾继春并及傅櫆、陈九畴。且言:"慷慨忧时,力障狂澜于既
倒者,魏广微也,当还之揆席,以继五臣之盛事。赤忠报国,弼成巨

典于不日者,厂臣也,当增入简端,以扬一德之休风。"又言:"之采宜正典刑,慎行宜加谪戍。"忠贤大悦,于是骏声等超擢,之彩被逮,慎行遣戍,悉如志选言。

七年擢右佥都御史,提督操江。其年,熹宗崩,忠贤败,言官交劾,诏削籍。后定逆案,律无倾摇国母文,坐子骂母律,与梁梦环并论死。志选先自经。

梦环,广东顺德人。举进士。历官御史。父事忠贤,兴汪文言狱,杀杨涟等。出巡山海关,会宁远叙功,崔呈秀不获与,梦环力叙其贤劳,遂进侍郎。劾熊廷弼乾没军资十七万,廷弼已死,家益破。志选之劾国纪也,忠贤意未逞。梦环侦知,七年二月驰疏极论国纪罪,且故诘"丹山、蓝田"二语,冀倾后,顾事重,忠贤亦不能骤行,而国纪竟勒还籍。梦环建祠祀忠贤,三疏颂功德。宁、锦之役,复称忠贤"德被四方,勋高百代",于是有安平之封,梦环擢太仆卿。

又刘诏者,杞县人。万历四十七年进士。授卢龙知县。天启二年超擢山东佥事。七年代阎鸣泰总督蓟、辽、保定军务。寻进兵部尚书,加太子太保。诏嗜利无耻,父事忠贤。释褐九年,骤至极品。建四祠祀忠贤。忠贤败,仅罢官听勘。御史高弘图言:"倾危社稷,摇动宫闱,如诏及刘志选、梁梦环三贼者,罪实浮于"五虎""五彪",而天讨未加。且诏建祠蓟州,迎忠贤像,五拜三稽首,呼九千岁。及闻先帝弥留,诏即整兵三千,易置将领,用崔呈秀所亲萧惟中主邮骑,直接都门,此其意何为。"由是三人皆被逮,论死。

邵辅忠,定海人。万历二十三年进士。为工部郎中,首劾李三才贪险假横四大罪。寻谢病去,久之起故官。天启五年附忠贤,骤迁至兵部尚书,视侍郎事。诸奸党攻击正人,多其所主使。七年三月护桂王之藩衡州,加太子太保。还朝,时事已变,移疾归。寻丽逆案,赎徒为民。

孙杰,钱塘人。万历四十一年进士。官刑科右给事中,以附忠贤劾刘一燝、周嘉谟,为清议所弃。出为江西参议,引疾归。忠贤召为大理丞,累擢工部右侍郎。大学士冯铨由李鲁生、李蕃拥戴为首辅，素与崔呈秀昵。而杰与霍维华以呈秀最得忠贤欢，欲令入阁，谋之吴淳夫等，先击去铨。又恐王绍徽为吏部，不肯推呈秀，令袁鲸疏攻绍徽，而龚萃肃上阁臣内外兼用疏以坚之。自是，鲁生、蕃与杰等分途，其党日相轧矣。杰官亦至尚书，加少保。忠贤诛，杰被劾罢，名丽逆案，赎徒三年。辅忠、杰本谋摇中宫，而事发于志选、梦环，故得轻论云。

曹钦程，江西德化人。举进士。授吴江知县，赃污狼籍，以淫刑博强项声。巡抚周起元劾之。贬秩，改顺天教授，调国子助教。谄附汪文言，得为工部主事。及文言败，钦程力挤之。由座主冯铨父事魏忠贤，为《十狗》之一。铨欲害御史张慎言、周宗建，令李鲁生草疏，属钦程上之，因及李应升、黄尊素，而荐鲁生及傅櫆、陈九畴、张讷、李蕃、李恒茂、梁梦环辈十余人。慎言等四人并削籍。

钦程于群小中尤无耻，日夜走忠贤门，卑谄无所不至，同类颇羞称之。钦程顾骄众人以忠贤亲已。给事中吴国华劾之，忠贤怒，除国华名，钦程益得志。给事中杨所修缘忠贤指，力荐其贤，遂由员外郎擢太仆少卿。后忠贤亦厌之，六年正月为给事中潘士闻所劾。忠贤责以败群，削其籍。濒行犹顿首忠贤前曰："君臣之义已绝，父子之恩难忘。"絮泣而去。忠贤诛，入逆案首等，论死。系狱久之，家人不复馈食。钦程掠他囚余食，日醉饱。李自成陷京师，钦程首破狱出降。自成败，随之西走，不知所终。福王时，定从贼案，钦程复列首等。

当忠贤盛时，其党争搏击清流。献谄希宠。最著者，石三畏、张讷、卢承钦、门克新、刘徽、智铤。

三畏。交河人。知文登、曹二县，大著贪声。以御史陈九畴荐，得行取。赵南星秉铨，出为王府长史。故事，外吏行取无为王官者，三畏以是大恨。及忠贤得志，三畏谄附之，遂授御史。首劾都给事中刘弘化护熊廷弼，太仆卿吴炯党顾宪成，两人获严谴。追论京察三变，力诋李三才、王图、孙丕扬、曹于汴、汤兆京、王宗贤、顾贤成、胡忻、王元翰、王淑抃、赵南星、张问达、王允成、涂一榛、王象春等十五人，而荐乔应甲、徐兆魁等十三人。于是三才等生者除名，死者追夺。已，极论三案，请以其疏付史馆，而劾礼部侍郎周炳谟、南京尚书沈㴶炌、大理丞张廷拱，三人亦获遣。三畏为忠贤"十孩儿"之一。又倚呈秀为荐主，锻成杨、左之狱，咆哮特甚。一日，赴戚畹宴，魏良卿在焉。三畏醉，误令优人演《刘瑾酗酒》一剧。忠贤闻，大怒，削籍归。忠贤殛，借忤珰名，起故官，为南京御史朱纯所劾，罢去。

讷，阌中人。由行人擢御史，承忠贤指，首劾赵南星十大罪，并及御史王允成，吏部郎邹维琏、程国祥、夏嘉遇。忠贤大喜，立除南星等名，且令再奏。乃罗织兵部侍郎李邦华，湖广巡抚孙鼎相，旧给事中毛士龙、魏大中，光禄少卿史记事等十七人，诬以赂南星得官，诸人并获罪。寻请毁东林、关中、江右、徽州诸书院。痛诋邹元标、冯从吾、余懋衡、孙慎行并及侍郎郑三俊、毕懋良等，亦坐削夺。复劾罢江西巡抚韩光祐。讷为忠贤鹰犬，前后搏击用力多。忠贤深德之，用其兄太仆少卿朴至南京户部尚书，加太子太保。朴官宣大总督，为忠贤建四祠。兄弟并入逆案。

承钦，余姚人。由中书舍人擢御史，首劾罢户部侍郎孙居相等，因言"东林自顾宪成、李三才、赵南星而外，如王图、高攀龙等谓之'副帅'，曹于汴、汤兆京、史记事、魏大中、袁化中谓之'先锋'，丁元荐、沈正宗、李朴、贺烺谓之'敢死军人'，孙丕扬、邹元标谓之'土木魔神'。请以党人姓名、罪状榜示海内。"忠贤大喜，敕所司刊籍、凡党人已罪未罪者，悉编名其中。承钦官至太仆少卿卒。

克新，汝阳人。由青州推官擢御史，劾右庶子叶灿、光禄卿钱春、按察使张光缙倚傍门户，且请速诛熊廷弼。忠贤大喜，立传旨行刑，以阁臣固争，乃令俟秋后，而除灿等名。御史吴裕中，廷弼姻也，愤曰："廷弼已死人，何必疏促。"与克新绝，逆党由此衔之。廷弼之祸，大学士丁绍轼有力焉。冯铨因使人嗾裕中劾绍轼，而先报忠贤曰："裕中必为廷弼报仇。"裕中疏上，遂命于午门杖之百，舁至家死。魏广微将谢政，克新言："广微砥柱狂澜，厥功甚伟，宜锡之温纶，优以礼数。"以是稍失忠贤意。太仓人孙文豸，与同里武进士顾同寅尝客廷弼所。廷弼死，文豸为诗诔之，同寅题尺牍亦有追惜语，为逻卒所获。克新遽以诽谤闻，两人遂弃市，连及同郡编修陈仁锡、故修撰文震孟，并削籍。克新寻巡按山东，崇祯初，引疾去。

徽，清苑人。由临淮知县擢御史。陈朝辅劾冯铨，徽出疏继之，且曰："臣与铨同乡，痛恶群小之误铨，不忍铨坐失燕、赵本色。"闻者笑之。出督辽饷，乾没不资。初，梁梦环巡关，诬熊廷弼侵盗军资十七万。徽言："廷弼原领帑金三十万，茫无所归。其家赀不下百万，而仅以十七万还公家，何以申国法？"因诬给事中刘弘化、毛士龙，御史樊尚燝、房可壮赃贿事。忠贤喜，削弘化等籍，敕所司征廷弼赃。寻加徽太仆少卿，先后颂忠贤至十一疏。忠贤败，被劾回籍。

铤，元氏人。举乡试，受业赵南星门，授知县。由魏广微通于忠贤，得擢御史，遂疏诋南星为元恶。先后劾罢礼部侍郎徐光启等。铤以乙榜起家，欲得忠贤欢，搏击弥锐。忠贤大喜，加太仆少卿，以忧归。崇祯初，礼部主事乔若雯劾铤及陈九畴、张讷为魏广微爪牙，诏夺职。后与三畏、讷、承钦、克新、微并入逆案，讷遣戍，三畏等论徒。

当忠贤横时，宵小希进干宠，皆陷善类以自媒。始所击皆东林也，其后凡所欲去者，悉诬以东林而逐之。自四年十月迄熹宗崩，毙诏狱者十余人，下狱谪戍者数十人，削夺者三百余人，他革职贬黜者不可胜计。

王绍徽，咸宁人，尚书用宾从孙也。举万历二十六年进士。授邹平知县，擢户科给事中。居官强执，颇以清操闻。汤宾尹号召党与，图柄用。吏部尚书孙丕扬以绍徽其门生，用年例出为山东参议，绍徽辞疾不就。泰昌时，起通政参议，迁太仆少卿，被劾引疾。寻以拾遗罢。

天启四年冬，魏忠贤既逐去左光斗，即召绍徽代为左佥都御史。明年六月进左副都御史。寻进户部侍郎，督仓场，甫视事，改左都御史。十二月拜吏部尚书。忠贤为从子良卿求世封，绍徽即为奏请良卿封伯。请推崇其三世,绍徽亦议如其言。至忠贤遣内臣出镇,绍徽乃偕同官,陈四不可。王恭厂、朝天宫并灾,绍徽言诛罚过多。忤忠贤意,得谯让。已复上言:"四方多事,九边缺饷,难免催科,乞定分数,宽年限,以缓急之宜付抚按。正殿既成,两殿宜缓,请敕工部裁省织造、瓷器诸冗费,用佐大工,奸党削除已尽,恐藏祸蓄怨,反受中伤。逮系重刑,加于封疆、显过、三案巨奸,则人心悦服,余宜少宽贷。"复忤忠贤意。

初,绍徽在万历朝,素以排击东林为其党所推,故忠贤首用居要地。绍徽仿民间《水浒传》,编东林一百八人为《点将录》献之,令按名黜汰,以是益为忠贤所喜。既而奸党转盛,后进者求速化,妒诸人妨己,拟次第逐之。孙杰乃谋使崔呈秀入阁,先击去绍徽,令御史袁鲸、张文熙诋绍徽朋比。鲸再疏列其鬻官秽状,遂落绍徽职,而以周应秋代。逆案既定,绍徽削籍论徒。

应秋,金坛人。万历中进士。历官工部侍郎,生平无持操。天启三年避东林谢病去。明年冬,魏忠贤起为南京刑部左侍郎。五年召拜刑部添注尚书。时忠贤广树私人,悉饵以显爵,故两京大僚多添注。寻改左都御史。家善烹饪,每魏良卿过,进豚蹄留饮,良卿大欢,时号"煨蹄总宪"。明年七月代绍徽为吏部尚书,与文选郎李夔龙鬻官分贿。清流未尽逐者,应秋毛举细故,削夺无虚日。忠贤门下有"十狗",应秋其首也。冒三殿功,屡加太子太师。初,杨涟等拷死,应秋夜半叩户语其馆客曰:"天眼开,杨涟、左光斗死矣。"庄烈帝嗣位,被劾归。已,入逆案,遣戍死。

弟维持。天启中为御史,请刊党籍,尽毁天下书院。俄劾兵部尚书赵彦等,并削籍。以兄应秋在位,引嫌归。崇祯初,起按浙江,被劾罢。兄弟并丽逆案。

霍维华,东光人。万历四十一年进士。除金坛知县,征授兵科给事中。天启元年六月,中官王安当掌司礼监印,辞疾居外邸,冀得温旨即视事。安与魏忠贤有隙,阉人陆荩臣者,维华内弟也,侦知之以告。维华故与忠贤同郡交好，遂乘机劾安，忠贤辄矫旨杀之。刘一燝、周嘉谟咸恶维华，用年例出为陕西佥事。其同官孙杰言，维华三月兵垣无过失，一燝、嘉谟仰王安鼻息，故摈于外。忠贤大喜，立逐两人，而维华亦以外艰归。

四年冬，朝事大变，南京御史吕鹏云以外转请告。忠贤传旨令与被察徐大化、年例外转孙杰俱擢京卿，维华及王志道、郭兴治、徐景濂、贾继春、杨维垣并复故官。维华得刑科。诸为赵南星斥者，竞起用事。维华益锐意攻东林，劾罢御史刘璞、南京御史涂世业、黄公辅、万言扬。追论三案，痛诋刘一燝、韩爌、孙慎行、张问达、周嘉谟、王之采、杨涟、左光斗，而誉范济世、王志道、汪庆百、刘廷元、徐景濂、郭如楚、张捷、唐嗣美、岳骏声、曾道唯。请改《光宗实录》，宣其疏史馆。忠贤立传旨，削一燝等五人籍，逮之采，免李可灼戍，擢济世巡抚、志道等京卿，嗣美以下悉起用，实录更撰，而以阁臣言免一燝等罪。寻言，总督张我续宜罪。尚书赵彦宜去，御史方震孺不宜逮，韩敬宜复官，汤宾尹宜雪。忤忠贤意，传旨谯责之。五年冬擢太仆少卿。明年擢本寺卿。寻擢兵部右侍郎，署部事。每陈奏，必颂忠贤。七年，延绥奏捷，进右都御史，荫子锦衣千户。宁、锦叙功，进兵部尚书，视侍郎事，荫子如之。俄叙三殿功，加太子太保。

维化性险邪，与崔呈秀为忠贤谋主。所亲为近侍，宫禁事皆预知，因进仙方灵露饮。帝初甚甘之，已渐厌。及得疾，体肿，忠贤颇以咎维华。维华甚惧，而虑有后患，欲先自贰于忠贤，乃力辞宁、锦恩命，让功袁崇焕，乞以已荫授之。忠贤党其意，降旨颇厉。无何，熹宗崩，忠贤败，维华与杨维垣等弥缝百方。其年十月，以兵部尚书协理戎政。

崇祯改元，附珰者多罢去，维华自如。辽东督师王之臣免，代者袁崇焕未至，维华谋行边自固。帝已可之，给事中颜继祖极论其罪，言："维华狡人也。珰炽则借珰，珰败则攻珰。击扬、左者，维华也。杨、左逮，而阳为救者，亦维华也。以一给事中，三年躐至尚书，无叙不及，有责必加，即维华亦难以自解。"乃寝前命。顷之，言者踵至，维华乃引退。逆案既定，维华戍徐州，气势犹盛。七年，骆马湖淤，维华言于治河尚书刘荣嗣，请自宿迁抵徐州，穿渠二百余里，引黄河水通漕，冀叙功复职。荣嗣然其计，费金钱五十余万，工不成，下狱论死，维华意乃沮。九年，边事急，都御史唐世济荐维华边才，至，下狱遗戍。维华遂忧愤死。

　　福王时，杨维垣翻逆案，为维华等讼冤，章下吏部。尚书张捷重述三朝旧事，力称维华等忠，追赐恤典。赠荫祭葬谥全者，维华及刘廷元、吕纯如、杨所修、徐绍吉、徐景濂六人。赠荫祭葬不予谥者，徐大化、范济世二人。赠官祭葬者，徐扬先、刘廷宣、岳骏声三人。复官不赐恤者，王绍徽、徐兆魁、乔应甲三人。他若王德完、黄克缵、王永光、章光岳、徐鼎臣、徐卿伯、陆澄源。名不丽逆案，而为清议所抑者，亦赐恤有差。

　　徐大化，会稽人，家京师。由庶吉士改御史，以京察贬官，再起再贬，至工部主事。孙丕扬典京察，坐不谨落职。故事，大计斥退官无复起者。万历末，群邪用事，文选郎陆卿荣破例起之，天启初，屡迁刑部员外郎，结魏忠贤、刘朝，为之谋主。给事中周朝瑞劾其奸贪，御史张新诏抉其闺房之隐，大化颇愧沮。已，承要人指，力诋熊廷弼。及廷弼入关，又请速诛，与朝瑞相讦，尚书王纪劾罢之。寻复罹察典，削职。四年冬，中旨起大理丞，益与魏广微比，助忠贤为虐。疏荐邵辅忠、姚宗文、陆卿荣、郭巩等十三人，即召用。俄迁少卿。左佥都御史杨涟等之下狱也，大化献策于忠贤曰：“彼但坐移宫罪，则无赃可指。若坐纳杨镐、熊廷弼贿，则封疆事重，杀之有名。”忠贤大悦，从之，由是诸人皆不免。寻进左副都御史，历工部左、右侍郎。皇极殿成，加尚书，贪恣无忌，忠贤亦厌之。七年四月那移金钱事发，遂勒闲住。后入逆案，戍死。

　　李蕃，日照人。与李鲁生皆万历四十一年进士。蕃由庐江知县入为御史，鲁生亦方居垣中，皆为魏忠贤心腹。孙承宗请入朝，蕃以王敦、李怀光为比，承宗遂还镇。朱国祯当国，不为忠贤所喜，蕃希指劾去。同官排击忠良，多其代草。始与鲁生诇事魏广微，广微败,改事冯铨,铨宠衰,又改事崔呈秀,时号两人为四姓奴。出督畿辅学政,建祠天津、河间、真定,呼忠贤九千岁。加太仆卿,视御史事。忠贤败,被劾罢。

鲁生,沾化人,知邢台、邯郸、仪封、祥符四县。擢兵科给事中,由座主广徽通于忠贤,卑污奸险,常参密谋。周起元劾朱童蒙,鲁生希忠贤指,攻罢起元。时中旨频出,朝端以为忧。鲁生独上言:“执中者帝,用中者王,旨不从中出而谁出?”举朝大骇。内阁缺人,诏举老成干济者。冯铨资浅,年未及四十,鲁生、蕃欲令入阁。鲁生遂上言:“成即为老,而非必老乎年。斡乃称济,而即有济于国。”铨果柄用。时有“十孩儿”之号,鲁生其一也。尝荐阮大铖、陈尔翼、张素养、李嵩、张捷辈十一人,悉其私党。疏诋家居大学士韩爌,削其籍。主事吕下问治徽州吴养春狱,株累者数百家,知府石万程不能堪,弃官去。鲁生反劾罢万程。迁左给事中,典试湖广,发策诋杨涟,因历诋屈原、宋玉等。冒宁、锦功,进太仆少卿。庄烈帝即位,鲁生知祸及,疏请免涟等追赃。给事中汪始亨、颜继祖、御史张三谟交章发其奸,始罢去。御史汪应元再劾之,乃削籍。

又有李恒茂者,邢台人。为礼科给事中,荐呈秀复官,与深相得。劾罢侍郎扶克俭、太仆少卿孙之益、太常少卿庄钦邻,皆不附忠贤者也。恒茂、鲁生、蕃,日走吏、兵二部,交通请托。时人为之语曰:“官要起,问三李。”后忽与呈秀交恶,削籍归。忠贤败,起故官,为御史邹毓祚劾罢。逆案既定,鲁生遣戍,蕃、恒茂赎徒为民。

阎鸣泰,清苑人。万历中进士。除户部主事,屡迁辽东参政,拾遗被劾罢归。久之,起佥事,分巡辽海。开原既失,经略熊廷弼遣抚沈阳,半道恸哭而返。寻托疾谢归。

天启二年起故官,监军山海关。旋进副使,受知孙承宗,屡疏推荐,而鸣泰实无才略,工谄佞,以虚词罔上而已。其年八月,廷推鸣泰辽东经略,会承宗自请督师,乃擢右佥都御史,巡抚辽东。自王化贞弃地后,巡抚罢不设。至是承宗以重臣当关,事权独操,鸣泰不能有所为。明年五月复移疾去，家居三年。魏忠贤窃柄，鸣泰潜结之，用御史智铤荐，召为兵部右侍郎。

六年正月，宁远告警，畿辅震惊。内阁顾秉谦等以顺天巡抚吴中伟非御侮才，荐鸣泰代之。未几，代王之臣总督蓟、辽、保定军务，宁远叙功，进本部尚书。以缮修山海关城，进太子太傅。寻召还，协理戎政。叙锦州功，加少保。三殿成，加少师兼太子太师。熹宗崩，代崔呈秀为兵部尚书。鸣泰由忠贤再起，专事谄谀。每陈边事，必颂功德，于蓟、辽建生祠，多至七所。其颂忠贤，有："民心依归，即天心向顺"语，闻者咋舌。崇祯初，为言者劾罢。后丽逆案，遣戍死。

生祠之建，始于潘汝祯。汝祯巡抚浙江，徇机产请，建祠西湖。六年六月疏闻于朝，诏赐名"普德"。自是，诸方效尤，几遍天下。其年十月，孝陵卫指挥李之才建之南京。七年正月，宣大总督张朴、宣府巡抚秦士文、宣大巡按张素养建之宣府、大同，应天巡抚毛一鹭、巡按王珙建之虎丘。二月，鸣泰与顺天巡抚刘诏、巡按倪文焕建之景忠山，宣大总督朴、大同巡抚王点、巡按素养又建之大同。三月，鸣泰与诏、文焕，巡按御史梁梦环建之西协密云丫髻山，又建之昌平、通州，太仆寺卿何宗圣建之房山。四月，鸣泰与巡抚袁崇焕又建之宁前，宣大总督朴、山西巡抚曹尔祯、巡按刘弘光又建之五台山，庶吉士李若琳建之蕃育署，工部郎中曾国祯建之卢沟桥。五月，通政司经历孙如冽、顺天府尹李春茂建之宣武门外，巡抚朱童蒙建之延绥，巡视五城御史黄宪卿、王大年、汪若极、张枢、智铤等建之顺天，户部主事张化愚建之崇文门，武清侯李诚铭建之药王庙，保定侯梁世勋建之五军营大教场，登莱巡抚李嵩、山东巡抚李精白建之蓬莱阁、宁海院，督饷尚书黄运泰、保定巡抚张凤翼、提督学政李蕃、顺天巡按文焕建之河间、天津，河南巡抚郭增光、巡按鲍奇谟建之开封，上林监丞张永祚建之良牧、嘉蔬、林衡三署，博平侯郭振明等建之都督府、锦衣卫。六月，总漕尚书郭尚友建之淮安。是月，顺天巡按卢承钦、山东巡按黄宪卿、顺天巡按卓迈，七月，长芦巡盐龚萃肃、淮扬巡盐许其孝、应天巡按宋祯汉、陕西巡按庄谦，各建之所部。八月，总河李从心、总漕尚友、山东巡抚精白、巡按黄宪卿、巡漕何可及建之济宁，湖广巡抚姚宗文、郧阳抚治梁应泽、湖广巡按温皋谟建之武昌、承天、均州。三边总督史永安，陕西巡抚胡廷晏，巡按谦、袁鲸建之固原太白山。楚王华奎建之高观山。山西巡抚牟志夔，巡按李灿然、刘弘光建之河东。

每一祠之费，多者数十万，少者数万，剥民财，侵公帑，伐树木无算。开封之建祠也。至毁民舍二千余间，创宫殿九楹，仪如帝者。参政周锵、祥符知县季寓庸恣为之，巡抚增光俯首而已。锵与魏良卿善，祠成，熹宗已崩，犹抵书良卿，为忠贤设渗金像。而都城数十里间，祠宇相望。有建之内城东街者，工部郎中叶宪祖窃叹曰："此天子幸辟雍道也，土偶能起立乎！"忠贤闻，即削其籍。上林一苑，至建四祠。童蒙建祠延绥，用琉璃瓦。诏建祠蓟州，金像用冕旒。

凡疏词揄扬，一如颂圣，称以"尧天帝德，至圣至神"。而阁臣辄以骈语褒答，中外若响应。运泰迎忠贤像，五拜三稽首，率文武将吏列班阶下，拜稽首如初。已，诣像前，祝称某事赖九千岁扶植，稽首谢。某月荷九千岁拔擢，又稽首谢。还就班，复稽首如初礼。运泰请以游击一人守祠，后建祠者必守。其孝等方建祠扬州，将上梁，而熹宗哀诏至，既哭临，释缞易吉，相率往拜。监生陆万龄至谓："孔子作《春秋》，忠贤作《要典》。孔子诛少正卯，忠贤诛东林。宜建祠国学西，与先圣并尊。"司业朱之俊辄为举行，会熹宗崩，乃止。而华奎、诚铭辈，以藩王之尊，戚畹之贵，亦献谄希恩，祝厘恐后。最后，巡抚杨邦宪建祠南昌，毁周程三贤祠，益其地，鬻澹台灭明祠，曳其像碎之。比疏至，熹宗已崩，庄烈帝且阅且笑。忠贤觉其意，且疏伪辞，帝辄报允。无何，忠贤诛，诸祠悉废，凡建祠者概入逆案云。

贾继春，新乡人。万历三十八年进士。历知临汾、任丘二县，入为御史。李选侍移哕鸾宫，一时颇逼迫，然故无恙也。继春听流言，上书内阁方从哲等，略言："新君御极，首导以违忤先皇，逼逐庶母，通国痛心。昔孝宗不问昭德，先皇优遇郑妃。何不辅上取法？且先

皇弥留，面以选侍谕诸臣，而玉体未寒，爱妾莫保。忝为臣子，夫独
何心。"给事中周朝瑞驳之，继春再揭，谓"选侍雉经，皇八妹入井"，
至称选侍为未亡人。杨涟乃上移宫始末疏，谓："宸宫未定，先帝之
社稷为重，则平日之宠爱为轻。及宸居已安，既尽臣子防危之忠，即
当体圣主如天之度。臣所以请移宫者如此。而蜚语谓选侍踉跄徒
跣，屡欲自裁，皇妹失所投井。恐酿今日之疑端，流为他年之实事。"
帝于是宣敕数百言，极言选侍无状，严责廷臣党庇。

　　时继春出按江西，便道旋里，驰疏自明上书之故，中有"威福大
权，莫听中涓旁落"语。王安激帝怒，严旨切责，令陈状。于是御史
张慎言、高弘图连章为求宽。帝益怒，下廷臣杂议。尚书周嘉谟等
言："臣等意陛下笃念圣母，不能忘选侍。及诵敕谕，知圣心自体恤。
而继春误听风闻，慎言等又连疏渎奏。然意本无他，罪当宥。"未报。
御史王大年、张捷、周宗建、刘廷宣，给事中王志道、倪思辉等交章
论救，给事、御史复合词为请，诸阁臣又于讲筵救之，乃停慎言、弘
图、大年俸，宥志道等。既而继春回奏，词甚哀，且隐"雉经、入井"二
语。帝严旨穷诘，令再陈。嘉谟等复力救，帝不许。继春益窘，惶恐
引罪，言得之风闻。乃除名永锢，时天启元年四月也。其后言者屡
请召还，帝皆不纳。

　　四年冬，魏忠贤既逐杨涟等，即以中旨召复官。至则重述移宫
事，极言："涟与左光斗目无先皇，罪不容死。且涟因傅櫆发汪文言
事，知祸及，故上劾内疏，先发制人，天地祖宗所必殛。而止坐纳贿
结党，则涟等当死之罪未大暴天下。宜速定爰书布中外，昭史册，使
后世知朝廷之罪涟等以不道无人臣礼也。"疏娓娓数百言，且请用
杨所修言，亟修《三朝要典》，忠贤大喜。

　　庄烈帝即位，继春方督学南畿，知忠贤必败，驰疏劾崔呈秀及
尚书田吉、顺天巡抚单明诩、副都御史李夔龙，群小始自贰。旋由太
常少卿进左佥都御史，与霍维华辈力扼正人。崇祯改元五月，给事
中刘斯崃极言其反覆善幻，乃自引归。已，杨涟子之易疏讦之，诏削
籍。

初,继春以移宫事诋涟结王安图封拜,后见公议直涟,畏涟向用,俯首乞和,声言疏非己意。还朝则极诋涟。及忠贤殛,又极誉高弘图之救涟,且荐韩爌、倪元璐,以求容于清议。帝定逆案,继春不列名,帝问故。阁臣言继春虽反覆,持论亦可取。帝曰:"惟反复,故为真小人。"遂引交结近侍律,坐徒三年,自恨死。

田尔耕,任丘人,兵部尚书乐孙也。用祖荫,积官至左都督。天启四年十月,代骆思恭掌锦衣卫事。狡黠阴贼,与魏良卿为莫逆交。魏忠贤斥逐东林,数兴大狱。尔耕广布侦卒,罗织平人,锻炼严酷,入狱者率不得出。宵人希进者,多缘以达于忠贤,良卿复左右之,言无不纳,朝士福辏其门。魏广微亦与缔姻,时有"大儿田尔耕"之谣。又与许显纯、崔应元、杨寰、孙云鹤有"五彪"之号。累加至少师兼太子太师,荫锦衣世职者数人,岁时赏赉不可胜纪。显纯等加官亦如之。忠贤败,言者交劾,下吏论死。崇祯元年六月,与显纯并伏诛。

显纯,定兴人,驸马都尉从诚孙也。举武会试,擢锦衣卫都指挥佥事。天启四年,刘侨掌镇抚司,治汪文言狱,失忠贤指,得罪,以显纯代之。显纯略晓文墨,性残酷,大狱频兴,毒刑锻炼,杨涟、左光斗、周顺昌、黄尊素、王之采、夏之令等十余人,皆死其手。诸人供状,皆显纯自为之。每谳鞫,忠贤必遣人坐其后,谓之听记,其人偶不至,即袖手不敢问。

应元,大兴人。市井无赖,充校尉,冒缉捕功,积官至锦衣指挥。云鹤,霸州人,为东厂理刑官。寰,吴县人。隶籍锦衣,为东司理刑。凡显纯杀人事,皆应元等共为之。而寰为田尔耕心腹。及显纯论死,法司止当应元、云鹤、寰戍。后定逆案,三人并论死,寰先死戍所。

明史卷三〇七
列传第一九五

佞　幸

纪纲　门达 逯杲　李孜省　继晓
江彬 许泰　钱宁　陆炳　邵元节
陶仲文　顾可学 盛端明等

　　汉史所载佞幸,如籍孺、闳孺、郑通、韩嫣、李延年、董贤、张放
之属,皆以宦寺弄臣贻讥千古,未闻以武夫、健儿、贪人、酷吏、方
技、杂流任亲昵,承宠渥于不衰者也。明兴,创设锦衣卫,典亲军,昵
居肘腋。成祖即位,知人不附己,欲以威詟天下,特任纪纲为锦衣,
寄耳目。纲刺廷臣阴事,以希上指,帝以为忠,被残杀者不可胜数。
英宗时,门达、逯杲之徒,并见亲信。至其后,厂卫遂相表里,清流之
祸酷焉。宪宗之世,李孜省、僧继晓以祈祷被宠任,万安、尹直、彭华
等至因之以得高位。武宗日事般游,不恤国事,一时宵人并起,钱宁
以锦衣幸,臧贤以伶人幸,江彬、许泰以边将幸,马昂以女弟幸。祸
流中外,宗社几墟。世宗入继大统,宜矫前轨,乃任陆炳于从龙,宠
郭勋于议礼,而一时方士如陶仲文、邵元节、蓝道行之辈,纷然并
进,玉杯牛帛,诈妄滋兴。凡此诸人,口衔天宪,威福在手,天下士大
夫靡然从风。虽以成祖、世宗之英武聪察,而嬖幸酿乱,几与昏庸失
道之主同其蒙蔽。彼弟以亲己为可信,而孰知其害之至于此也。至

顾可学、盛端明、朱隆禧之属，皆起家甲科，致位通显，乃以秘术干荣，为世戮笑。此亦佞幸之尤者，附之篇末，用以示戒云。

纪纲，临邑人，为诸生。燕王起兵过其县，纲叩马请自效。王与语，说之。纲善骑射，便辟诡黠，善钩人意向。王大爱幸，授忠义卫千户。既即帝位，擢锦衣卫指挥使，令典亲军，司诏狱。

都御史陈瑛灭建文朝忠臣数十族，亲属被戮者数万人。纲觇帝旨，广布校尉，日摘臣民阴事。帝悉下纲治，深文诬诋。帝以为忠，亲之若肺腑。擢都指挥佥事，仍掌锦衣。纲用指挥庄敬、袁江，千户王谦、李春等为羽翼，诬逮浙江按察使周新，致之死。帝所怒内侍及武臣下纲论死，辄将至家，洗沐好饮食之，阳为言，见上必请赦若罪，诱取金帛且尽，忽刑于市。

数使家人伪为诏，下诸方盐场，勒盐四百余万。还复称诏，夺官船二十、牛车四百辆，载入私第，弗子直。构陷大贾数十百家，罄其资乃已。诈取交址使珍奇。夺吏民田宅。籍故晋王、吴王，乾没金宝无算。得王冠服服之。高坐置酒，命优童奏乐奉觞，呼万岁，器物僭乘舆。欲买一女道士为妾，都督薛禄先得之，遇禄大内，挝其首，脑裂几死。患都指挥哑失帖木不避道，诬以冒赏事，捶杀之，腐良家子数百人，充左右。诏选妃嫔，试可，令暂出待年，纲私纳其尤者。吴中故大豪沈万三，洪武时籍没，所漏资尚富。其子文度蒲伏见纲，进黄金及龙角、龙文被、奇宝异锦，愿得为门下，岁时供奉。纲乃令文度求索吴中好女。文度因挟纲势，什五而中分之。

纲又多蓄亡命，造刀甲弓弩万计。端午，帝射柳，纲属镇抚庞瑛曰：“我故射不中，若折柳鼓噪，以觇众意。”瑛如其言，无敢纠者。纲喜曰：“是无能难我矣。”遂谋不轨。十四年七月，内侍仇纲者发其罪，命给事、御史廷劾，下都察院按治，具有状。即日磔纲于市，家属无少长皆戍边，列罪状颁示天下。其党敬、江、谦、春、瑛等诛谴有差。

　　门达，丰润人。袭父职为锦衣卫百户。性机警沉鸷。正统末，进千户，理镇抚司刑。久之，迁指挥佥事，坐累解职。景泰七年复故官，左理卫事兼镇抚理刑。天顺改元，与“夺门”功，进指挥同知。旋进指挥使，专任理刑。千户谢通者。浙江人也，佐达理司事，用法仁恕，达倚信之，重狱多平反，有罪者以下禁狱为幸，朝士翕然称达贤。然是时英宗虑廷臣党比，欲知外事，倚锦衣官校为耳目，由是逯杲得大幸，达反为之用。

　　逯杲者，安平人也，以锦衣卫校尉为达及指挥刘敬腹心，从“夺门”。帝大治奸党，杲缚锦衣百户杨瑛，指为张永亲属，又执千户刘勤于朝，奏其讪上，两人并坐诛。用杨善荐，授本卫百户。以捕妖贼功，进副千户。又用曹吉祥荐，擢指挥佥事。帝以杲强鸷，委任之，杲乃摭群臣细故以称帝旨。英国公张懋、太平侯张瑾、外戚会昌侯孙继宗兄弟并侵官田，杲劾奏，还其田于官。懋等皆服罪，乃已。石亨恃宠不法，帝渐恶之，杲即伺其阴事。亨从子彪有罪下狱，命杲赴大同械其党都指挥朱谅等七十六人。杲因发彪弟庆他罪，连及者皆坐，杲进指挥同知。明年复奏亨怨望，怀不轨，亨下狱死。有诏尽革“夺门”功，达、杲言臣等俱特恩，非以亨故。帝优诏留任，以杲发亨奸，益加倚重。

　　杲益发舒，势出达上。白遣校尉侦事四方，文武大吏、富家高门多进伎乐货贿以祈免，亲藩郡王亦然。无贿者辄执送达，锻练成狱。天下朝觐官大半被谴，逮一人，数大家立破。四方奸民诈称校尉，乘传纵横，无所忌。彭城伯张瑾以葬妻称疾不朝，而与诸公侯钦私第。杲劾奏，几得重罪。杲所遣校尉诬宁府弋阳王奠壏母子乱，帝遣官往勘，事已白，靖王奠培等亦言无左验。帝怒责杲，杲执如初，帝竟赐奠壏母子死。方舁尸出，大雷雨，平地水数尺，人咸以为冤。指挥使李斌尝构杀弘农卫千户陈安，为安家所诉，下巡按御史邢宥覆谳，石亨嘱宥薄斌罪。至是，校尉言：“斌素藏妖书，谓其弟健当有大位，欲阴结外番为石亨报仇。”杲以闻，下锦衣狱，达坐斌谋反。帝两命廷臣会讯，畏杲不敢平反。斌兄弟置极刑，坐死者二十八人。

　　呆本由石亨、曹吉祥进,讦亨致死,复奏吉祥及其从子钦阴事,吉祥、钦大恨。五年七月,钦反,入呆第斩之,取其首以去。事平,赠呆指挥使,给其子指挥佥事俸。

　　时达已掌卫事,仍兼理刑。呆被杀,达以守卫功,进都指挥佥事。初,呆给事达左右,及得志恣甚。达怒,力逐之。呆旋复官,欲倾达,达惴惴不敢纵。呆死,达势遂张。欲踵呆所为,益布旗校于四方。告讦者日盛,中外重足立,帝益以为能。

　　外戚都指挥孙绍宗及军士六十七人,冒讨曹钦功,达发其事。绍宗被责让,余悉下狱。盗窃户部山西司库金,巡城御史徐茂劾郎中赵昌、主事王圭、徐源疏纵。达治其事,皆下狱谪官。达以囚多,狱舍少,不能容,请城西武邑库隙地增置之,报可。御史樊英、主事郑瑛犯赃罪,给事中赵忠等报不以实。达劾其徇私,亦下狱谪官。给事中程万里等五人直登闻鼓,有军士妻诉冤,会斋戒不为奏。达劾诸人蒙蔽,诏下达治。已,劾南京户部侍郎马谅,左都御史石璞,掌前府忻城伯赵荣,都督同知范雄、张斌老惯,皆罢去。裕州民奏知州秦永昌衣黄衣阅兵。帝怒,命达遣官核,籍其资,戮永昌,榜示天下。并逮布政使侯臣、按察使吴中以下及先后巡按御史吴琬等四人下狱,臣等停俸,琬等谪县丞。御史李蕃按宣府,或告蕃擅挞军职,用军容迎送。御史杨琎按辽东,韩琪按山西,校尉言其妄作威福。皆下达治,蕃、琪并荷校死。陕西督储参政娄良,湖广参议李孟芳,陕西按察使钱博,福建佥事包瑛,陕西佥事李观,四川巡按田斌,云南巡按张祚,清军御史程万钟及刑部郎中冯维、孙琼、员外郎贝钿,给事中黄甄,皆为校尉所发下狱。瑛守官无玷,不胜愤,自缢死,其他多遣祸。湖广诸生马云罪黜,诈称锦衣镇抚,奉命葬亲,布政使孙毓等八人咸赗祭。事觉,法司请逮问,卒不罪云。达初欲行督责之术,其同列吕贵曰:“武臣不易犯,曹钦可鉴也。独文吏易裁耳。”达以为然,故文吏祸尤酷。

　　都指挥袁彬恃帝旧恩,不为达下。达深衔之,廉知彬妾父千户王钦诓人财,奏请下彬狱,论赎徒还职。有赵安者,初为锦衣力士役于彬，后谪戍铁岭卫，赦还，改府军前卫，有罪，下诏狱。达坐安改补府军由彬请托故，乃复捕彬，榜掠，诬彬受石亨、曹钦贿，用官木为私第，索内官督工者砖瓦，夺人子女为妾诸罪名。军匠杨埚不平，击登闻鼓为彬讼冤，语侵达，诏并下达治。当是时，达害大学士李贤宠，又数规己，尝谮于帝，言贤受陆瑜金，酬以尚书。帝疑之，不下诏者半载。至是，拷掠埚，教以引贤，埚即谬曰：“此李学士导我也。”达大喜，立奏闻，请法司会鞫埚午门外。帝遣中官裴当监视。达欲执贤并执，当曰：“大臣不可辱。”乃止。及讯，埚曰：“吾小人，何由见李学士，此门锦衣教我。”达色沮不能言，彬亦历数达纳贿状，法司畏达不敢闻，坐彬绞输赎，埚斩。帝命彬赎毕调南京锦衣，而禁锢埚。

明年，帝疾笃，达知东宫局丞王纶必柄用，预为结纳。无何，宪宗嗣位，纶败，达坐调贵州都匀卫带俸差操。甫行，言官交章论其罪。命逮治，论斩系狱，没其资巨万。指挥张山同谋杀人，罪如之。子序班升、从子千户清、婿指挥杨观及其党都指挥牛循等九人，谪戍、降调有差。后当审录，命贷达，发广西南丹卫充军，死。

李孜省，南昌人。以布政司吏待选京职，赃事发，匿不归。时宪宗好方术，孜省乃学五雷法，厚结中官梁芳、钱义，以符箓进。

成化十五年，特旨授太常丞。御史杨守随，给事中李俊等劾孜省赃吏，不宜典祭祀，乃改上林苑监丞。日宠幸，赐金冠，法剑及印章二，许密封奏请。益献淫邪方术，与芳等表里为奸，渐干预政事。十七年，擢右通政，寄俸本司，仍掌监事。同官王杲轻之，不加礼。孜省谮杲，左迁太仆少卿。故事，寄俸官不得预郊坛分献，帝特以命孜省。廷臣惩杲事，无敢执奏者。

初，帝践位甫逾月，即命中官传旨，用工人为文思院副使。自后相继不绝，一传旨姓名至百十人，时谓之传奉官，文武、僧道滥恩泽者数千。郑常恩、赵玉芝、凌中、顾玒及奸僧继晓辈，皆尊显，与孜省相倚为奸，然权宠皆出孜省下。居二年，进左通政。给事中王瑞、御史张稷等交劾之。乃贬二秩，为本司左参议，他贬黜者又十二人。盖特借以塞中外之望,孜省宠固未尝替也。顷之,复迁左通政。

二十一年正月,星变求言。九卿大臣、给事御史皆极论传奉官之弊,首及孜省、常恩等。帝颇感悟,贬孜省上林监丞,令吏部录冗滥者名凡五百余人。帝为留六十七人,余皆斥罢,中外大悦。孜省缘是恨廷臣甚,构逐主事张吉、员外郎彭纲,而益以左道持帝意。

其年十月,再复左通政,益作威福。构罪吏部尚书尹旻及其子侍讲龙。又假扶鸾术言江西人赤心报国,于是致仕副都御史刘敷、礼部郎中黄景、南京兵部侍郎尹直、工部尚李裕、礼部侍郎谢一夔,皆因之以进。间采时望,若学士杨守陈、倪岳,少詹事刘健,都御史余子俊、李敏诸名臣,悉密封推荐。搢绅进退,多出其口。执政大臣万安、刘吉、彭华从而附丽之。通政边镛为金都御史,李和为南京户部侍郎,皆其力也。所排挤江西巡抚闵圭、洗马罗璟、兵部尚书马文升、顺天府丞杨守随,皆被谴,朝野侧目。

吏部奏通政使缺,即以命孜省,而右通政陈政以下五人,递进一官。时张文质方以尚书掌司事,通政故未尝缺使也,已,复擢礼部右侍郎,掌通政如故。

常恩,临江人,因中官陈喜进。玉芝,番禺人,因中官高谅进。并以晓方术,累擢太常卿。玉芝丁母忧,特赐祭葬,大治茔域,制度逾等。

玒、中不知何许人。玒以扶鸾术,累官太常少卿,丧母赐祭,且给赠诰。故事,四品未三载,无给诰赐祭者,宪宗特予之。吏部尚书尹旻因请并赠其父。未几,进本寺卿。其二子经、纶,亦官太常少卿。中以善书供事文华殿,不数年为太常卿。逾月,以谏官言,降寺丞。孜省以星变贬,常恩亦贬本寺丞,而玉芝、玒、中并如故。孜省复通政,常恩亦复太常卿。

有李文昌者,试术不效,杖五十,斥还。岳州通判沈政以绘事夤缘至太常少卿,请敛天下货财充内府。帝怒,下狱,杖谪广西庆远通判。人颇以为快。

然群奸中外蟠结,士大夫附者日益多。进士郭宗由刑部主事,以篆刻为中人所引,擢尚宝少卿,日与市井工技伍,趋走阙廷。兵科左给事中张善吉谪官,因秘术干中官高英,得召见,因自陈乞复给事中,士论以为羞。大学士万安亦献房中术以固宠。而诸杂流加侍郎、通政、太常、太仆、尚宝者,不可悉数。

宪宗崩,孝宗嗣位,始用科道言,尽汰传奉官,谪孜省、常恩、玉芝、珪、中、经成边卫。又以中官蒋琮言,逮孜省、常恩、玉芝等下诏狱,坐交结近侍律斩,妻子流二千里。诏免死,仍戍边。孜省不胜傍掠,瘐死。

继晓,江夏僧也。宪宗时,以秘术因梁芳进,授僧录司左觉义。进右善世,命为通元翊教广善国师。日诱帝为佛事,建大永昌寺于西市,逼徙民居数百家,费国帑数十万。员外郎林俊请斩芳、继晓以谢天下,几得重遣。继晓虞祸及,乞归养母,并乞空名度牒五百道,帝悉从之。

帝初即位,即以道士孙道玉为真人。其后西番僧札巴坚参封万行庄严功德最胜智慧圆明能仁感应显国光教弘妙大悟法王西天至善金刚普济大智慧佛,其徒札实巴、锁南坚参、端竹也失皆为国师,锡诰命。服食器用,僭拟王者。出入乘棕舆,卫卒执金吾伏前导,锦衣玉食几千人。取荒冢顶骨为数珠,髑髅为法碗。给事中魏元等切谏,不纳。寻进札实巴为法王,班卓儿藏卜为国师,又封领占竹为万行清修真如自在广善普慧弘度妙应掌教翊国正觉大济法王西天圆智大慈悲佛,又封西天佛子扎失藏卜、札失坚参、乳奴班丹、锁南坚参、法领占五人为法王,其他授西天佛子、大国师、国师、禅师者不可胜计。羽流加号真人、高士者,亦盈都下。大国师以上金印,真人玉冠、玉带、玉圭、银章。继晓尤奸黠窃权,所奏请立从。成化二十一年,星变,言官极论其罪,始勒为民,而诸番僧如故。

孝宗初,诏礼官议汰。礼官言诸寺法王至禅师四百三十七人,剌麻诸僧七百八十九人。华人为禅师及善世、觉义诸僧官一百二十人,道士自真人、高士及正一演法诸道官一百二十三人,请俱贬黜。

诏法王、佛子递降国师、禅师、都纲，余悉落职为僧，遣还本土，追夺诰敕，印章、仪仗诸法物。真人降左正一，高士降左演法，亦追夺印章及诸玉器。僧录司止留善世等九员，道录司留正一等八员，余皆废黜。而继晓以科臣林廷玉言，逮治弃市。

　　江彬，宣府人。初为蔚州卫指挥佥事。正德六年，畿内贼起，京军不能制，调边兵。彬以大同游击隶总兵官张俊赴调。过蓟州，杀一家二十余人，诬为贼，得赏。后与贼战淮上，被三矢，其一著面，镞出于耳，拔之更战。武宗闻而壮之。七年，贼渐平，遣边兵还镇大同、宣府。军过京师，犒之，遂并宣府守将许泰皆留不遣。彬因钱宁得召见。帝见其矢痕，呼曰："彬健能尔耶！"

　　彬狡黠强很，貌魁硕有力，善骑射。谈兵帝前，帝大悦，擢都指挥佥事，出入豹房，同卧起。尝与帝弈不逊，千户周骐叱之。彬陷骐搒死，左右皆畏彬。彬导帝微行，数至教坊司；进铺花毡幄百六十二间，制与离宫等，帝出行幸皆御之。

　　宁见彬骤进，意不平。一日，帝捕虎，召宁，宁缩不前。虎迫帝，彬趋扑乃解。帝戏曰："吾自足办，安用尔。"然心德彬而嗛宁。宁他日短彬，帝不应。彬知宁不相容，顾左右皆宁党，欲籍边兵自固，因盛称边军骁悍胜京军，请互调操练。言官交谏，大学士李东阳疏称十不便，皆不听。于是调辽东、宣府、大同、延绥四镇军入京师，号外四家，纵横都市。每团练大内，间以角抵戏。帝戎服临之，与彬联骑出，铠甲相错，几不可辨。

　　八年命许泰领敢勇营，彬领神威营。改太平仓为镇国府，处边兵。建西官厅于奋武营。赐彬、泰国姓。越二年，迁都督佥事。彬荐万全都指挥李琮、陕西都指挥神周勇略，并召侍豹房，同赐姓为义儿。毁积庆、鸣玉二坊民居，造皇店酒肆，建义子府。四镇军，彬兼统之。帝自领群阉善射者为一营，号中军。晨夕驰逐，甲光照宫苑，呼噪声达九门。帝时临阅，召士锦。诸营悉衣黄罩甲，泰、琮、周等冠遮阳帽，帽植天鹅翎，贵者三翎，次二翎。兵部尚书王琼得赐一翎，自喜甚。

彬既心忌宁，欲导帝巡幸远宁。因数言宣府乐工多美妇人，且可观边衅，瞬息驰千里，何郁郁居大内，为廷臣所制。帝然之。十二年八月，急装微服出幸昌平，至居庸关，为御史张钦所遮，乃还。数日，复夜出。先令太监谷大用代钦，止廷臣追谏者。因度居庸，幸宣府。彬为建镇国府第。悉辇豹房珍玩、女御实其中。彬从帝，数夜入人家，索妇女。帝大乐之，忘归，称曰家里。未几，幸阳和。遥北五万骑入寇，诸将王勋等力战。至应州，寇引去。斩首十六级，官军死数百人，以捷闻京师。帝自称威武大将军朱寿，又自称镇国公，所驻跸称军门。中外事无大小，白彬乃奏，或壅格至二三岁。廷臣前后切谏，悉置不省。

十三年正月还京，彬念宣府。彬复导帝往，因幸大同。闻太皇太后崩，乃还京发丧。将葬，如昌平，祭告诸陵，遂幸黄花、密云。彬等掠良家女数十车，日载以随，有死者。永平知府毛思义忤彬，下狱谪官。典膳李恭疏请回銮，指斥彬罪。未及上，彬逮恭死诏狱。帝驻大喜峰口，欲令朵颜三卫花当、把儿孙等纳质宴劳，御史刘士元陈四不可，不报。帝既还，下诏称总督军务威武大将军总兵官朱寿统率六军，而命彬为威武副将军。录应州功，封彬平房伯；子三人，锦衣卫指挥；泰，安边伯；琮、周，俱都督。升赏内外官九千五百五十余人，赏赐亿万计。

彬又导帝由大同渡黄河，次榆林，至绥德，幸总兵官戴钦第，纳其女。还，由西安历偏头关，抵太原，大征女乐，纳晋府乐工杨腾妻刘氏以归。彬与诸近幸皆母事之，称曰刘娘娘。初，延绥总兵官马昂罢免，有女弟善歌，能骑射，解外国语，嫁指挥毕春，有娠矣。昂因彬夺归，进于帝，召入豹房，大宠。传升昂右都督，弟炅、昺并赐蟒衣，大珰皆呼为舅，赐第太平仓。给事、御史谏，不应。尝幸昂第，召其妾。昂不听，帝怒而起。昂复结太监张忠进其妾杜氏，遂传升炅都指挥，昺仪真守备。昂喜过望，又进美女四人谢恩。及是，纳钦女，皆彬所导也。

十四年正月自太原还至宣府,命彬提督十二团营。帝东西游幸,历数千里,乘马腰弓矢,涉险阻,冒风雪,从者多道病,帝无倦容。及还京,复欲南幸。刑部主事汪金,疏陈九不可,且极言酗酒当戒,帝不省。廷臣百余人伏阙谏,彬故激帝怒,悉下狱,多杖死者。彬亦意沮,议得寝。

会宁王宸濠反。彬复赞帝亲征,下令谏者处极刑。命彬提督赞画机密军务,并督东厂锦衣官校办事。是时,张锐治东厂,钱宁治锦衣,彬兼两人之任,权势莫与比,遂扈帝以行。寻止宁,令董皇店役,不得从。八月发京师。彬在途,矫旨辄缚长吏,通判胡琮惧,自缢死。十二月至扬州,即民居为都督府,遍刷处女、寡妇,导帝渔猎。以刘姬谏,稍止。至南京,又欲导帝幸苏州,下浙江,抵湖、湘。诸臣极谏,会其党亦劝沮,乃止。当是时,彬率边兵数万,跋扈甚。成国公朱辅为长跪,魏国公徐鹏举及公卿大臣皆侧足事之。惟参赞尚书乔宇、应天府丞寇天叙挺身与抗,彬气稍折。

十五年六月幸牛首山。诸军夜惊,言彬欲为逆,久之乃定。时宸濠已就擒,系江上舟中,民间数讹传将为变。帝心疑,欲归。闰八月发南京。至清江浦,渔积水池,帝舟覆被溺,遂得疾。十月,帝至通州。彬尚欲劝帝幸宣府,矫旨召勋戚大臣议宸濠狱。又上言:"赖镇国公朱寿指授方略,擒宸濠逆党申宗远等十五人,乞明正其罪。"乃下诏褒赐镇国公岁加彬禄米百石,荫一子锦衣千户。会帝体惫甚,左右力请乃还京。彬犹矫旨改团练营为威武团练营,自提督军马,令泰、周、琮等提督教场操练。

乃帝崩,大学士杨廷和用遗命,分遣边兵,罢威武团练营。彬内疑,称疾不出,阴布腹心,衷甲观变,令泰诣内阁探意。廷和以温语慰之,彬稍安,乃出成服。廷和密与司礼中官魏彬计,因中官温祥入白太后,请除彬。会坤宁宫安兽吻,即命彬与工部尚书李鐩入祭。彬礼服入,家人不得从。事竟将出,中官张永留彬、鐩饭,太后遽下诏收彬。彬觉,亟走西安门,门闭。寻走北安门,门者曰:"有旨留提督。"彬曰:"今日安所得旨?"排门者。门者执之,拔其须且尽。收者至，缚之。有顷，周、琮并缚至，骂彬曰："奴早听我，岂为人擒！"世宗即位，磔彬于市，周、琮与彬子勋、杰、鳌、熙俱斩，绘处决图，榜示天下，幼子然及妻、女俱发功臣家为奴。时京师久旱，遂大雨。籍彬家，得黄金七十柜，白金二千二百柜，他珍琲不可数计。

许泰，江都人。都督宁子，袭职为羽林前卫指挥使。中武会举第一，擢署都指挥同知。寻充副总兵，协守宣府。正德六年，与郤永、江彬俱调剿流贼，败贼霸州，追败之东光半壁店。未几，复败贼枣强。刘六寇曹州，泰与冯桢、郤永击却之，乘胜擒斩千八百人。贼犯蠡县、临城，泰等不敢击，被劾停俸。既而贼奔卫辉，泰为所败。调赴莱阳。逗遛不进，诏革署都督佥事新衔，仍以都指挥同知办贼。贼平，进署都督同知，留京师，与彬日侍左右，赐国姓，历迁左都督。冒应州功，封安边伯。

宸濠反，帝以泰为威武副将军，偕中官张忠率禁军先往。宸濠已为王守仁所擒。泰欲攘其功，疾驰至南昌，穷搜逆党，士民被诬陷者不可胜计。诛求刑戮，甚于宸濠之乱。嫉守仁功，排挤之百方。执伍文定，窘辱备至。居久之，始旋师。世宗即位，廷臣交劾，文定亦备以虐民妒功状上闻，下狱论死。夤缘贵近，减死从边。马昂亦罢，炅等戍边。

钱宁，不知所出，或云镇安人。幼鬻太监钱能家为奴，能嬖之，冒钱姓。能死，推恩家人，得为锦衣百户。

正德初，曲事刘瑾，得幸于帝。性猾狡，善射，拓左右弓。帝喜，赐国姓，为义子，传升锦衣千户。瑾败，以计免，历指挥使，掌南镇抚司。累迁左都督，掌锦衣卫事，典诏狱，言无不听，其名刺自称皇庶子。引乐工臧贤、回回人于永及诸番僧，以秘戏进。请于禁内建豹房、新寺，恣声伎为乐，复诱帝微行。帝在豹房，常醉枕宁卧。百官候朝，至晡莫得帝起居，密伺宁，宁来，则知驾将出矣。

太监张锐领东厂缉事，横甚，而宁典诏狱，势最炽，中外称曰"厂、卫"。司务林华、评事沈光大皆以杖系校尉，为宁所奏，逮下锦衣狱,黜光大,贬华一级。锦衣千户王注与宁昵,挞人至死,员外郎刘秉鉴持其狱急。宁匿注于家,而属东厂发刑部他事。尚书张子麟亟造谢宁,立释注,乃已。厂卫校卒至部院白事,称尚书子麟辈曰老尊长。太仆少卿赵经,初以工部郎督乾清宫工,乾没帑金数十万。经死,宁佯遣校尉治丧,迫经妻子扶榇出,姬妾、帑藏悉据有之。中官廖堂镇河南,其弟锦衣指挥鹏肆恶,为巡抚邓庠所劾,诏降级安置。鹏惧,使其孼妾私事宁,得留任。

宁子永安,六岁为都督。养子钱杰、钱靖等,俱冒国姓,授锦衣卫官。念富贵已极,帝无子,思结强藩自全。为宁王宸濠营复护卫,又遣人往宸濠所,有异谋。又令宸濠数进金银玩好于帝。谋召其世子司香太庙,为入嗣地。又以玉带、彩纻附其典宝万锐归,诈称上赐。凡宸濠所遣私人行贿京师,皆主伶人臧贤家,由宁以达帝左右。

宸濠反,帝心疑宁。宁惧,白帝收宸濠所遣卢孔章,而归罪贤,谪戍边,使校尉杀之途以灭口,又致孔章瘐死,冀得自全。然卒中江彬计,使董皇店役。彬在道,尽白其通逆状。帝曰:“黠奴,我固疑之。”乃羁之临清,驰收其妻子家属。帝还京,裸缚宁,籍其家,得玉带二千五百束、黄金十余万两、白金三千箱、胡椒数千石。世宗即位,磔宁于市。养子杰等十一人皆斩,子永安幼,免死,妻妾发功臣家为奴。

陆炳,其先平湖人。祖墀,以军籍隶锦衣卫为总旗。父松,袭职,从兴献王之国安陆,选为仪卫司典仗。世宗入承大统,松以从龙恩,迁锦衣副千户。累官后府都督佥事。协理锦衣事。

世宗始生,松妻为乳媪,炳幼从母入宫中。稍长,日侍左右。炳武建沉鸷,长身火色,行步类鹤。举嘉靖八年武会试,授锦衣副千户。松卒,袭指挥佥事。寻进署指挥使,掌南镇抚事。十八年从帝南幸,次卫辉。夜四更,行宫火,从官仓猝不知帝所在。炳排闼负帝出,帝自是爱幸炳。屡擢都指挥同知,掌锦衣事。

帝初嗣位,掌锦衣者朱宸,未久罢。代者骆安,继而王佐、陈寅,皆以兴邸旧人掌锦衣卫。佐尝保持张鹤龄兄弟狱，有贤声。寅亦谨厚不为恶。及炳代寅，权势远出诸人上。未几，擢署都督佥事。又以缉捕功，擢都督同知。

炳骤贵，同列多父行，炳阳敬事之，徐以计去其易己者。又能得阁臣夏言、严嵩欢，以故日益重。尝捶杀兵马指挥，为御史所纠，诏不问。言故昵炳，一日，御史劾炳诸不法事，言即拟旨逮治。炳窘，行三千金求解不得，长跪泣谢罪，乃已。炳自是嫉言次骨。及嵩与言构，炳助嵩，发言与边将关节书，言罪死。嵩德炳，恣其所为，引与筹画，通贿赂。后仇鸾得宠，陵嵩出其上，独惮炳。炳曲奉之，不敢与钧礼，而私出金钱结其所亲爱，得鸾阴私。及鸾病亟，炳尽发其不轨状。帝大惊，立收鸾救印，鸾忧惧死，至剖棺戮尸。

炳先进左都督，录擒哈舟儿功，加太子太保。以发鸾密谋，加少保兼太子太傅，岁给伯禄。三十三年命入直西苑，与严嵩、朱希忠等侍修玄。三十五年三月赐进士恩荣宴。故事，锦衣列于西。帝以炳故，特命上坐，班二品之末。明年疏劾司礼中官李彬侵盗工所物料，营坟墓，僭拟山陵，与其党杜泰三人论斩，籍其资，银四十余万，金珠珍宝无算。寻加炳太保兼少傅，掌锦衣如故。三公无兼三孤者，仅于炳见之。

炳任豪恶吏为爪牙，悉知民间铢两奸。富人有小过辄收捕，没其家。积资数百万，营别宅十余所，庄园遍四方，势倾天下。时严嵩父子尽揽六曹事，炳无所不关说。文武大吏争走其门，岁入不赀，结权要，周旋善类，亦无所吝。帝数起大狱，炳多所保全，折节士大夫，未尝构陷一人，以故朝士多称之者。三十九年卒官。赠忠诚伯，谥武惠，祭葬有加，官其子绛为本卫指挥佥事。

隆庆初，用御史言，追论炳罪，削秩，籍其产，夺绛及弟太常少卿炜官，坐赃数十万，系绛等追偿，久之资尽。万历三年，绛上章乞免。张居正等言，炳救驾有功，且律非谋反叛逆奸党，无籍没者；况籍没、追赃，二罪并坐，非律意。帝悯之，遂获免。

邵元节，贵溪人，龙虎山上清宫道士也。师事范文泰、李伯芳、黄太初，咸尽其术。宁王宸濠召之，辞不往。

世宗嗣位，惑内侍崔文等言，好鬼神事，日事斋醮。谏官屡以为言，不纳。嘉靖三年，征元节入京，见于便殿，大加宠信，俾居显灵宫，专司祷祀。雨雪愆期，祷有验，封为清微妙济守静修真凝玄衍范志默秉诚致一真人，统辖朝天、显灵、灵济三宫，总领道教，锡金、玉、银、象牙印各一。

六年乞还山，诏许驰传。未几，趋朝。有事南郊，命分献风云雷雨坛。预宴奉天殿，班二品。赠其父太常丞，母安人，并赠文泰真人，赐元节紫衣玉带。给事中高金论之，帝下金诏狱。敕建真人府于城西，以其孙启南为太常丞，曾孙时雍为太常博士。岁给元节禄百石，以校尉四十人供洒扫，赐庄田三十顷，蠲其租。又遣中使建道院于贵溪，赐名仙源宫。既成，乞假还山。中途上奏，言为大学士李时弟员外旼所侮。时上章引罪，旼下狱获谴。比还朝，舟至潞河，命中官迎入，赐蟒服及“阐教辅国”玉印。

先是，以皇嗣未建，数命元节建醮，以夏言为监礼使，文武大臣日再上香。越三年，皇子叠生，帝大喜，数加恩元节，拜礼部尚书，赐一品服。孙启南、徒陈善道等咸进秩，赠伯芳、太初为真人。

帝幸承天，元节病不能从。无何死，帝为出涕，赠少师，赐祭十坛，遣中官锦衣护丧还，有司营葬，用伯爵礼。礼官擢谥荣靖，不称旨，再拟文康。帝兼用之，曰文康荣靖。启南官至太常少卿。善道亦封清微阐教崇真卫道高士。隆庆初，削元节秩谥。

陶仲文，初名典真，黄冈人。尝受符水诀于罗田万玉山，与邵元节善。

嘉靖中，由黄梅县吏为辽东库大使。秩满，需次京师，寓元节邸舍。元节年老，宫中黑眚见，治不效。因荐仲文于帝。以符水噀剑，绝宫中妖。庄敬太子患痘，祷之而瘥，帝深宠异。

十八年南巡，元节病，以仲文代。次卫辉，有旋风绕驾，帝问：

"此何祥也?"对曰:"主火。"是夕行宫果火,宫人死者甚众。帝益异之,授神霄保国宣教高士,寻封神霄保国弘烈宣教振法通真忠孝秉一真人。明年八月欲令太子监国,专事静摄。太仆卿杨最疏谏,杖死,廷臣震慑。大臣争谄媚取容,神仙祷祀日亟。以仲文子世同为太常丞,子婿吴浚、从孙良辅为太常博士。帝有疾,既而瘳,喜仲文祈祷功,特授少保、礼部尚书。久之,加少傅,仍兼少保。仲文起管库,不二岁登三孤,恩宠出元节上。乃请建雷坛于乡县,祝圣寿,以其徒臧宗仁为左至灵,驰驿往;督黄州同知郭显文监之。工稍稽,谪显文典史,遣工部郎何成代,督趋甚急,公私骚然。御史杨爵、郎中刘魁言及之。给事中周怡陈时事,有"日事祷祠"语。帝大怒,悉下诏狱,拷掠长系。吏部尚书熊浃谏乩仙,即命削籍。自是,中外争献符瑞,焚修、斋醮之事,无指及之者矣。

　　帝自二十年遭宫婢变,移居西内,日求长生,郊庙不亲,朝讲尽废,群臣不相接,独仲文得时见;见辄赐坐,称之为师而不名。心知臣下必议己,每下诏旨多愤疾之辞,廷臣莫知所指。小人顾可学、盛端明、朱隆禧辈,皆缘以进。其后,夏言以不冠香叶冠,积他衅至死。而严嵩以虔奉焚修蒙异眷者二十年。大同获谍者王三,帝归功上玄,加仲文少师,仍兼少傅、少保。一人兼领三孤,终明世,惟仲文而已。久之,授特进光禄大夫柱国兼支大学士俸,荫子世恩为尚宝丞。复以圣诞加恩,给伯爵俸,授其徒郭弘经、王永宁为高士。

　　时都御史胡缵宗下狱,株连数十人。二十九年春,京师灾异频见,帝以咨仲文。对言虑有冤狱,得雨万解。俄法司上缵宗等爰书,帝悉从轻典,果得雨。乃以平狱功,封仲文恭诚伯,岁禄千二百石,弘经、永宁封真人。仇鸾之追戮也,下诏称仲文功,增禄百石,荫子世昌国子生。三十二年,仲文言:"齐河县道士张演升建大清桥,浚河得龙骨一,重千斤。又突出石沙一脉,长数丈,类有神相。"帝即发帑银助之。时建元岳湖广太和山,既成,遣英国公张溶往行安神礼,仲文偕顾可学建醮祈福。明年,圣诞,加恩,荫子锦衣百户。

　　帝益求长生,日夜祷祠,简文武大臣及词臣入直西苑,供奉青词。四方奸人段朝用、龚可佩、蓝道行、王金、胡大顺、蓝田玉之属，咸以烧炼符咒荧惑天子，然不久皆败，独仲文恩宠日隆，久而不替，士大夫或缘以进。又创二龙不相见之说，青宫虚位者二十年。

三十五年，上皇考道号为三天金阙无上玉堂都仙法主玄元道德哲慧圣尊开真仁化大帝，皇妣号为三天金阙无上玉堂总仙法主玄元道德哲慧圣母天后掌仙妙化元君，帝自号灵霄上清统雷元阳妙一飞玄真君，后加号九天弘教普济生灵掌阴阳功过大道思仁紫极仙翁一阳真人元虚玄应开化伏魔忠孝帝君。再号太上大罗天仙紫极长生圣智昭灵统元证应玉虚总掌五雷大真人玄都境万寿帝君。明年，仲文有疾，乞还山，献上历年所赐蟒玉、金宝、法冠及白金万两。既锦，帝念之不置，遣锦衣官存问，命有司以时加礼，改其子尚宝少卿世恩为太常丞兼道录司右演法，供事真人府。

仲文得宠二十年，位极人臣。然小心慎密，不敢恣肆。三十九年卒，年八十余。帝闻痛悼，葬祭视邵元节，特谥荣康惠肃。世恩后至太常卿。隆庆元年坐与王金伪制药物，下狱论死。仲文秩谥亦追削。

段朝用，合肥人。以烧炼干郭勋，言所化银皆仙物，用为饮食器，当不死。勋进之帝，帝大悦。仲文亦荐之，献万金助雷坛工费。帝嘉其忠，授紫府宣忠高士。朝用请岁进数万金以资国用，帝益喜。已而术不验，其徒王子岩攻发其诈。帝执子岩、朝用，付镇抚拷讯，朝用所献银，故出勋资。事既败，帝亦寝疏勋。明年，勋亦下狱，朝用乃胁勋贿，捶死其家人，复上疏渎奏。帝怒，遂论死。

龚可佩，嘉定人。出家昆山为道士，通晓道家神名，由仲文进。诸大臣撰青词者，时从可佩问道家故事，俱爱之，得为太常博士。帝命入西宫，教宫人习法事，累迁太常少卿。为中官所恶，诬其嗜酒，使使侦之，报可佩醉员外郎邵晙所。执下诏狱，并逮晙，俱杖六十。可佩杖死，尸暴潞河，为群犬所食，晙亦夺官。晙与可佩故无交，无敢白其枉者。

蓝道行以扶鸾术得幸，有所问，辄密封遣中官诣坛焚之，所答多不如旨。帝咎中官秽亵，中官惧，交通道行，启视而后焚，答始称旨。帝大喜，问："今天下何以不治？"道行故恶严嵩，假乩仙言嵩奸罪。帝问："果尔，上仙何不殛之？"答曰："留待皇帝自殛。"帝心动，会御史邹应龙劾嵩疏上，帝即放嵩还。已，嵩诇知道行所为，厚赂帝左右，发其怙宠招权诸不法事。下诏狱，坐斩，死狱中。

胡大顺者，仲文同县人也。缘仲文进，供事灵济宫。仲文死，大顺以奸欺事发，斥回籍。后觊复用，伪撰《万寿金书》一帙，诡称吕祖所作，且言吕祖授三元大丹，可却疾不老。遣其子元玉从妖人何廷玉赍入京，因左演法蓝田玉、左正一罗万象以通内官赵楹，献之帝。

田玉者，铁柱观道士。严嵩罢归，至南昌，值圣诞，田玉为帝建醮。会御史姜儆访秘法至，嵩索田玉诸符箓进献。田玉亦自以召鹤术托儆附奏，得召为演法，与万象并以扶鸾术供奉西内，因交欢楹。时帝方幸此三人，故大顺书由三人进。帝览书问："既云乩书，扶乩者何不来？"田玉遂诈为圣谕征之，至则屡上书求见。帝语徐阶曰："自蓝道行下狱，遂百孽扰宫。今大顺来，可复用乎？"对曰："扶乩之术，惟中外交通，间有验者，否则茫然不知。今宫孽已久，似非道行所致。且用此辈，孽未必消。小人无赖，宜治以法。"帝悟，报曰："田玉无状，去冬代廷玉进水银药，遂诈传密旨，征取大顺，不治无以儆将来。"阶对："水银不可服食，诈传诏旨罪尤重。倘置不问，群小互相朋结，恐酿大患。"乃命执大顺、田玉、万象等下锦衣狱，不知其奸由楹也。锦衣上狱词，帝有意宽之，以问阶。阶力言不可不重治，乃下诸人法司，令重拟。楹伺间，具密奏，为诸人申理。帝大怒，付司礼拷讯，具得其交通状，遂与大顺、田玉、万象、廷玉、元玉并论死。楹瘐死。帝以逆囚当显戮，怒所司不如法，诏停刑部司官俸。嘉靖四十四年也。

世宗朝，奏章有前朝、后朝之说。前朝所奏者，诸司章奏也；他方士杂流有所陈请，则从后朝入，前朝官不与闻，故无人摘发。赖帝晚年渐悟其妄，而政府力为执奏，诸奸获正法云。

王金者，鄠县人也。为国子生，杀人当死。知县阴应麟雅好黄

白术，闻金有秘方，为之解，得末减。金遂逃京师，匿通政使赵文华
所。以仙酒献文华，文华献之帝。及文华视师江南，金落魄无所遇。
一日，帝于秘殿扶乩，言服芝可延年，使使采芝天下。四方来献者，
皆积苑中；中使窃出市人，复进之以邀赏。金厚结中使，得芝万本，
聚为一山，号万岁芝山，又伪为五色龟，欲因礼部以献，尚书吴山不
为进。山罢，金自进之。帝大喜，遣官告太庙。礼官袁炜率廷臣表
贺，而授金太医院御医。

　　先是，总督胡宗宪献白鹿者再。帝喜，告谢玄极宝殿及太庙，进
宗宪秩，百官表贺。已，宗宪献灵芝五、白龟二。帝益喜，赐金币、鹤
衣，告庙表贺如初。不数日，龟死，帝曰："天降灵物，朕固疑尘寰处
不久也。"淮王献白雁二，帝曰："天降祥羽，其告庙。"严嵩孙鹄，献
玉兔一、灵芝六十四，蓝道行献瑞龟。俱遣中官献太庙，廷臣表贺。
未几，兔生二子，礼官请谢玄告庙。是月，兔又生二子，帝以为延生
之祥，特建谢典告庙。已又生数子，皆称贺。其他西苑嘉禾，显陵甘
露，无不告庙称贺者。

　　当是时，陶仲文已死，严嵩亦罢政，蓝道行又以诈伪诛，宫中数
见妖孽，帝春秋高，意邑邑不乐，中官因诈饰以娱之。四十三年五
月，帝夜坐庭中，获一桃御幄后，左右言自空中下。帝大喜曰："天赐
也。"修迎恩醮五日。明日复降一桃，其夜白兔生二子。帝益喜、谢
玄告庙。未几，寿鹿亦生二子，帝以奇祥三锡，天眷非常，手诏褒答。

　　时遣官求方士于四方，至者日众。丰城人熊显进仙书六十六
册，方士赵添寿进秘法三十二种，医士申世文亦进三种。帝知其多
妄，无殊锡。金思所以动帝，乃与世文及陶世恩、陶仿、刘文彬、高守
中伪造《诸品仙方》、《养老新书》、《七元天禽护国兵策》，与所制金
石药并进。其方诡秘不可辨，性燥，非服食所宜。帝御之，稍稍火发
不能愈。世恩竟得迁太常卿，仿太医院使，文彬太常博士。未几，帝
大渐，遗诏归罪金等，命悉正典刑，五人并论死系狱。隆庆四年十
月，高拱柄国，尽反徐阶之政，乃宥金等死，编口外为民。

顾可学，无锡人。举进士，历官浙江参议。言官劾其在部时盗官帑，斥归，家居二十余年。闻世宗好长生，而同年生严嵩方柄国，乃厚贿嵩，自有能炼童男女溲为秋石，服之延年。嵩为言于帝，遣使赍金币就其家赐之。可学诣阙谢，遂命为右通政。嘉靖二十四年超拜工部尚书，寻改礼部，再加至太子太保。时盛端明亦以方术承帝眷，可学独扬扬自喜，请属公事。人咸畏而恶之。

帝惑乩仙言，手诏问礼部："古用芝入药，今产何所？"尚书吴山博引《本草》、《黄帝内经》、《汉旧仪》、《王充论衡》、《瑞命记》，言："历代皆以芝为瑞，然服食之法未有传，所产地亦未敢预拟。"乃诏有司采之五岳及太和、龙虎、三茅、齐云、鹤鸣诸山。无何，宛平民献芝五本。帝悦，赍银币。自是，来献者接踵。时又采银矿、龙涎香，中使四出，论者咸咎可学。可学寻以年老乞休。卒，赐祭葬，谥荣僖。

端明，饶平人。举进士，历官右副都御史，督南京粮储，劾罢，家居十年。自言通晓药石，服之可长生，由陶仲文以进，严嵩亦左右之，遂召为礼部右侍郎。寻拜工部尚书，改礼部，加太子少保，皆与可学并命。二人但食禄不治事，供奉药物而已。端明颇负才名，晚由他途进，士论耻之。端明内不自安，引去，卒于家。赐祭葬，谥荣简。隆庆初，二人皆褫官夺谥。

朱隆禧者，昆山人。由进士历顺天府丞，坐大计黜。二十七年，陶仲文赴太和山，隆禧邀至其家，以所传长生秘术及所制香衲祈代进。仲文还朝，奏之。帝悦，即其家赐白金、飞鱼服。隆禧入朝谢恩。帝以大计罢闲官例不复起，加太常卿致仕。居二年。加礼部右侍郎。会有边警，仲文乘间荐隆禧知兵。帝曰："祖宗法不可废。"卒不用。既卒，其妻请恤典，所司执不予，帝特谕予之。隆庆初，褫官。

帝晚年求方术益急，仲文、可学辈皆前死。四十一年冬，命御史姜儆、王大任分行天下，访求方士及符箓秘书。儆，江南、山东、浙江、江西、福建、广东、广西；大任，畿辅、河南、湖广、四川、山西、陕西、云南、贵州。至四十三年十月还朝，上所得法秘数千册，方士唐秩、刘文彬等数人。儆、大任擢侍讲学士，秩等赐第京师。儆不自安，

寻引退。大任入翰林，不为同官所齿。隆庆元年正月，言官劾两人
所进刘文彬等已正刑章，宜并罪，遂夺职。

明史卷三〇八
列传第一九六

奸　臣

胡惟庸 陈宁　**陈瑛** 马麟等　**严嵩**

赵文华 鄢懋卿等　**周延儒** **温体仁**

马士英 阮大铖

《宋史》论君子小人，取象于阴阳，其说当矣。然小人世所恒有，不容概被以奸名。必其窃弄威柄、构结祸乱、动摇宗祏、屠害忠良、心迹俱恶、终身阴贼者，始加以恶名而不敢辞。有明一代，巨奸大恶，多出于寺人内竖，求之外廷诸臣，盖亦鲜矣。当太祖开国之初，胡惟庸凶狡自肆，竟坐叛逆诛死。陈瑛在成祖时，以刻酷济其奸私，逢君长君，荼毒善类。此其所值，皆英武明断之君，而包藏祸心，久之方败。令遇庸主，其为恶可胜言哉。厥后权归内竖，怀奸固宠之徒依附结纳，祸流搢绅。惟世宗朝，阉宦敛迹，而严嵩父子济恶，贪饕无厌。庄烈帝手除逆党，而周延儒、温体仁怀私植党，误国覆邦。南都末造，本无足言，马士英庸琐鄙夫，饕残恣恶。之数人者，内无阉尹可依，而外与群邪相比，罔恤国事，职为乱阶。究其心迹，殆将与杞、桧同科。吁可畏哉！作《奸臣传》。

胡惟庸，定远人。归太祖于和州，授元帅府奏差。寻转宣使，除宁国主簿,进知县,迁吉安通判,擢湖广佥事。吴元年,召为太常少卿,进本寺卿。洪武三年,拜中书省参知政事。已,代汪广洋为左丞。六年正月,右丞相广洋左迁广东行省参政,帝难其人,久不置相,惟庸独专省事。七月拜右丞相。久之,进左丞相,复以广洋为右丞相。

自杨宪诛,帝以惟庸为才,宠任之。惟庸亦自励,尝以曲谨当上意,宠遇日盛,独相数岁,生杀黜陟,或不奏径行。内外诸司上封事,必先取阅,害己者,辄匿不以闻。四方躁进之徒及功臣武夫失职者,争走其门,馈遗金帛、名马、玩好,不可胜数。大将军徐达深疾其奸,从容言于帝。惟庸遂诱达阍者福寿以图达,为福寿所发。御史中丞刘基亦尝言其短。久之基病,帝遣惟庸挟医视,遂以毒中之。基死,益无所忌。与太师李善长相结,以兄女妻其从子祐。学士吴伯宗劾惟庸,几得危祸。自是,势益炽。其定远旧宅井中,忽生石笋,出水数尺,谀者争引符瑞,又言其祖父三世冢上,皆夜有火光烛天。惟庸益喜自负;有异谋矣。

吉安侯陆仲亨自陕西归,擅乘传。帝怒责之,曰:“中原兵燹之余,民始复业,籍户买马,难苦殊甚。使皆效尔所为。民虽尽鬻子女,不能给也。”责捕盗于代县。平凉侯费聚奉命抚苏州军民,日嗜酒色。帝怒,责往西北招降蒙古,无功,又切责之。二人大惧。惟庸阴以权利胁诱二人,二人素戆勇,见惟庸用事,密相往来。尝过惟庸家饮,酒酣,惟庸屏左右言:“吾等所为多不法,一旦事觉,如何?”二人益惶惧,惟庸乃告以己意,令在外收集军马。又尝与陈宁坐省中,阅天下军马籍,令都督毛骧取卫士刘遇贤及亡命魏文进等为心膂,曰:吾有所用尔也。”太仆寺丞李存义者,善长之弟,惟庸婿李祐父也,惟庸令阴说善长。善长已老,不能强拒,初不许,已而依违其间。惟庸益以为事可就,乃遣明州卫指挥林贤下海招倭,与期会。又遣元故臣封绩致书称臣于元嗣君,请兵为外应。事皆未发。会惟庸子驰马于市,坠死车下,惟庸杀挽车者。帝怒,命偿其死。惟庸请以金帛给其家,不许。惟庸惧,乃与御史大夫陈宁、中丞涂节等谋起事,阴告四方及武臣从己者。

十二年九月，占城来贡，惟庸等不以闻。中官出见之，入奏。帝怒，敕责省臣。惟庸及广洋顿首谢罪，而微委其咎于礼部，部臣又委之中书。帝益怒，尽囚诸臣，穷诘主者。未几，赐广洋死，广洋妾陈氏从死。帝询之，乃入官陈知县女也。大怒曰："没官妇女，止给功臣家。文臣何以得给？"乃敕法司取勘。于是惟庸及六部堂属咸当坐罪。明年正月，涂节遂上变，告惟庸。御史中丞商皓时谪为中书省吏，亦以惟庸阴事告。帝大怒，下廷臣更讯，词连宁、节。廷臣言："节本预谋，见事不成，始上变告，不可不诛。"乃诛惟庸、宁并及节。

惟庸既死，其反状犹未尽露。至十八年，李存义为人首告，免死，安置崇明。十九年十月，林贤狱成，惟庸通倭事始著。二十一年，蓝玉征沙漠，获封绩，善长不以奏。至二十三年五月，事发，捕绩下吏，讯得其状，逆谋益大著。会善长家奴卢仲谦首善长与惟庸往来状，而陆仲亨家奴封帖木亦首仲亨及唐胜宗、费聚、赵庸三侯与惟庸共谋不轨。帝发怒，肃清逆党，词所连及坐诛者三万余人。乃为《昭示奸党录》，布告天下。株连蔓引，迄数年未靖云。

陈宁，茶陵人。元末为镇江小吏，从军至集庆，馆于军帅家，代军帅上书言事。太祖览之称善，召试檄文，词意雄伟，乃用为行省掾吏。时方四征，羽书旁午，宁酬答整暇，事无留滞，太祖益才之。淮安纳款，奉命征其兵，抵高邮，为吴人所获。宁抗论不屈，释还，擢广德知府。会大旱，乞免民租，不许。宁自诣太祖奏曰："民饥如此，犹征租不已，是为张士诚驱民也。"太祖壮而听之。

辛丑除枢密院都事。癸卯迁提刑按察司佥事。明年改浙东按察使。有小隶讼其隐过，宁已擢中书参议，太祖亲鞫之，宁首服，系应天狱一岁。吴元年，冬尽将决，太祖惜其才，命诸将数其罪而宥之，用为太仓市舶提举。

洪武元年召拜司农卿，迁兵部尚书。明年出为松江知府。用严为治，积岁蠹弊，多所厘革。寻改山西行省参政。召拜参知政事，知吏、户、礼三部事。宁，初名亮，至是赐名宁。

三年，坐事出知苏州。寻改浙江行省参政，未行，用胡惟庸荐，召为御史中丞。太祖尝御东阁，免冠而栉。宁与侍御史商皓入奏事，太祖见之，遂移入便殿，遣人止宁毋人。栉已，整冠出阁，始命入见。六年命兼领国子监事。俄拜右御史大夫。八月遣释奠先师。丞相胡惟庸、参政冯冕、诚意伯刘基不陪祀而受胙，太祖以宁不举奏，亦停俸半月。自是，不预祭者不颁胙。久之，进左御史大夫。

　　宁有才气，而性特严刻。其在苏州征赋苛急，尝烧铁烙人肌肤。吏民苦之，号为陈烙铁。及居宪台，益务威严。太祖尝责之，宁不能改。其子孟麟亦数谏，宁怒，捶之数百，竟死。太祖深恶其不情，曰："宁于其子如此，奚有于君父耶！"宁闻之惧，遂与惟庸通谋。十三年正月，惟庸事发，宁亦伏诛。

　　陈瑛，滁人。洪武中，以人才贡入太学。擢御史，出为山东按察使。建文元年调北平佥事。汤宗告瑛受燕王金钱，通密谋，逮谪广西。燕王称帝，召为都察院左副都御史，署院事。

　　瑛天性残忍，受帝宠任，益务深刻，专以搏击为能。甫莅事，即言："陛下应天顺人，万姓率服，而廷臣有不顺命，效死建文者，如侍郎黄观、少卿廖升、修撰王叔英、纪善周是修、按察使王良、知县颜伯玮等，其心与叛逆无异，请追戮之。"帝曰："朕诛奸臣，不过齐、黄数辈，后二十九人中如张纮、王钝、郑赐、黄福、尹昌隆，皆宥而用之。况汝所言，有不与此数者，勿问。"后瑛阅方孝孺等狱词，遂簿观、叔英等家，给配其妻女，疏族、外亲莫不连染。胡闰之狱，所籍数百家，号冤声彻天。两列御史皆掩泣，瑛亦色惨，谓人曰："不以叛逆处此辈，则吾等为无名。"于是诸忠臣无遗种矣。

　　永乐元年擢左都御史，益以讦发为能。八月劾历城侯盛庸怨诽，当诛，庸自杀。二年劾曹国公李景隆谋不轨，又劾景隆弟增枝知景隆不臣不谏，多置庄产，畜佃仆，意叵测，俱收系。又劾长兴侯耿炳文僭，炳文自杀。劾驸马都尉梅殷邪谋，殷遇害。三年，行部尚书洛佥言事忤帝意，瑛劾佥贪暴，佥坐诛死。又劾驸马都尉胡观强取民间女子，聚娼为妾，预景隆逆谋，以亲见宥不改。帝命勿治，罢观朝请。已,又劾其怨望,逮下狱。八年劾隆平侯张信占练湖及江阴官田,命三法司杂治之。

瑛为都御史数年,所论劾勋戚、大臣十余人,皆阴希帝指。其他所劾顺昌伯王佐,都督陈俊,指挥王恕,都督曹远,指挥房昭,佥都御史俞士吉,大理少卿袁复,御史车舒,都督王瑞,指挥林泉、牛谅,通政司参议贺银等,先后又数十人,俱得罪。帝以为能发奸,宠任之,然亦知其残刻,所奏谳不尽从。中书舍人芮善弟夫妇为盗所杀,心疑其所亲,讼于官。刑部验非盗,纵之。善白帝刑部故出盗,帝命御史鞫治,果非盗。瑛因劾善妄奏,当下狱。帝曰:“兄弟同气,得贼惟恐逸之,善何罪,其勿问。”车里宣慰使刀暹答侵威远州地,执其知州刀算党以归。帝遣使谕之,刀暹答俱,归地及所执知州,遣弟刀腊等贡方物谢罪。瑛请先下刀腊法司,且逮治刀暹答。帝曰:“蛮僚之性稍不相得则相仇,改则已。今服罪而复治之,何以处不服者。”遂赦弗问。知嘉兴县李鉴廷见谢罪,帝问故。瑛言:“鉴籍奸党姚瑄,瑄弟亨当连坐,而鉴释亨不籍,宜罪。”鉴言:“都察院文止籍瑄,未有亨名。”帝曰:“院文无名而不籍,不失为慎重。”鉴得免。户部人材高文雅言时政,因及建文事,辞意率直,帝命议行之。瑛劾文雅狂妄,请置之法。帝曰:“草野之人何知忌讳,其言有可采,奈何以直而废之。瑛刻薄,非助朕为善者。”以文雅付吏部,量材授官。海运粮漂没,瑛请治官军罪,责之偿。帝曰:“海涛险恶,官军免溺死,幸矣。”悉释不问。瑛之奸险附会,一意苛刻,皆此类也。

帝北巡,皇太子监国。瑛言兵部主事李贞受皂隶叶转等四人金,请下贞狱。无何,贞妻击登闻鼓诉冤。皇太子命六部大臣廷鞫之,自辰至午,贞等不至,惟叶转至。讯之,云贞不承,不胜拷掠死,三皂隶皆笞死三日矣,贞实未尝受金。先是,袁纲、覃珩两御史俱至兵部索皂隶,贞猝无以应,两御史衔之,兴此狱。于是刑科给事中耿通等言瑛及纲、珩朋奸蒙蔽,擅杀无辜,请罪瑛。皇太子曰:“瑛大臣,盖为下所欺,不能觉察耳。”置勿问,械系纲、珩,以其罪状奏行在。又有学官坐事谪充太学膳夫者,皇太子令法司与改役,瑛格不行,中允刘子春等复劾瑛方命自恣。皇太子谓瑛曰:"卿用心刻薄,不明政体,殊非大臣之道。"时太子深恶瑛,以帝方宠任,无如何。久之,帝亦浸疏瑛。九年春,瑛得罪下狱死,天下快之。

帝以篡得天下,御下多用重典。瑛首承风旨,倾诬排陷者无算。一时臣工多效其所为,如纪纲、马麟、丁珏、秦政学、赵纬、李芳,皆以倾险闻。纲在《佞幸传》。

麟,巩人。洪武末为工科给事中,建文时坐罪谪云南为吏。成祖即位,悉复建文朝所罢官,麟得召还。寻进兵科都给事中。麟无他建白,专以讦发为能。帝久亦厌之,谕麟等曰:"奏牍一字之误皆喋喋,烦碎甚矣。伪谬即改正,不必以闻。"麟等言:"奏内有不称臣者,不可宥。"帝曰:"彼亦偶脱漏耳。言官当陈军国大务,细故可略也。"久之,擢有通政。帝一日顾侍臣曰:"四方频奏水旱,朕甚不宁。"麟遽进曰:"水旱天数,尧、汤不免。一二郡有之,未害。"帝曰:"《洪范》恒雨恒旸,皆本人事,可委天数哉?尔此言,不学故也。"麟惭而退。麟居言路,纠弹诸司无虚日。尝署兵部事,甫一日,辄有过,为人所奏,自是稍戢。居通政八年,卒于官。

珏,山阳人。永乐四年,里社赛神,诬以聚众谋不轨,坐死者数十人。法司因称珏忠,特擢刑科给事中。伺察百僚,小过辄上闻。居官十年,贪黩不顾廉耻。母丧未期,起复视事,辄随众大祀斋宫,复与庆成宴,为御史俞信等所劾,论大不敬当死。帝曰:"朕素疑其奸邪,若悉行所言,廷臣岂有一人免耶?"遂谪戍边。

政学,慈谿人。永乐二年进士。历行在礼部郎中,务掇人过失,肆为奸贪。十六年春,有罪伏诛。

纬,初为大兴教谕,燕兵起,与城守有劳。擢礼科给事中。坐罪谪思南宣慰司教授。永乐七年,复原官,务捃摭朝士过。久之,迁浙江副使。后入朝,仁宗见其名曰:"此人尚在耶!是无异蛇蝎。"遂谪嘉兴典史。

芳,颍上人。永乐十三年进士。历刑科给事中。宣宗数御便殿,与大臣议事。芳言:"洪武中,大臣面议时政,必给事中二人与俱,请复其旧。"帝是之。芳辄自矜，百司所为，少不如意，即诣帝前奏之，人比之纪纲。久之，帝亦恶其奸，黜为海盐丞，弃官归。

严嵩，字惟中，分宜人。长身戍削，疏眉目，大音声。举弘治十八年进士，改庶吉士，授编修。移疾归，读书钤山十年，为诗古文辞，颇著清誉。还朝，久之进侍讲，署南京翰林院事。召为国子祭酒。

嘉靖七年历礼部右侍郎，奉世宗命祭告显陵，还言："臣恭上宝册及奉安神床，皆应时雨霁。又石产枣阳，群鹳集绕，碑入汉江，河流骤涨。请命辅臣撰文刻石，以纪天眷。"帝大悦，从之。迁吏部左侍郎，进南京礼部尚书，改吏部。

居南京五年，以贺万寿节至京师。会廷议更修《宋史》，辅臣请留嵩以礼部尚书兼翰林学士董其事。及夏言入内阁，命嵩还掌部事。帝将祀献皇帝明堂，以配上帝。已，又欲称宗入太庙。嵩与群臣议沮之，帝不悦，著《明堂或问》示廷臣。嵩惶恐，尽改前说，条画礼仪甚备。礼成，赐金币。自是，益务为佞悦。帝上皇天上帝尊号、宝册，寻加上高皇帝尊谥圣号以配，嵩乃奏庆云见，请受群臣朝贺。又为《庆云赋》、《大礼告成颂》奏之，帝悦，命付史馆。寻加太子太保，从幸承天，赏赐与辅臣埒。

嵩归日骄。诸宗藩请恤乞封，挟取贿赂。子世番又数关说诸曹。南北给事、御史交章论贪污大臣，皆首嵩。嵩每被论，亟归诚于帝，事辄已。帝或以事咨嵩，所条封平无奇，帝必故称赏，欲以讽止言者。嵩科第先夏言，而位下之。始倚言，事之谨，尝置酒邀言，躬诣其第，言辞不见。嵩布席，展所具启，跽读。言谓嵩实下己，不疑也。帝以奉道尝御香叶冠，因刻沈水香冠五，赐言等。言不奉诏，帝怒甚。嵩因召对冠之，笼以轻纱。帝见，益内亲嵩。嵩遂倾言，斥之。言去。醮祀青词，非嵩无当帝意者。

二十一年八月拜武英殿大学士，入直文渊阁，仍掌礼部事。时嵩年六十余矣，精爽溢发，不异少壮。朝夕直西苑板房，未尝一归洗沐，帝益谓嵩勤。久之，请解部事，遂专直西苑。帝尝赐嵩银记，文曰"忠勤敏达"。寻加太子太傅。翟銮资序在嵩上,帝待之不如嵩。嵩讽言官论之,銮得罪去。吏部尚书许赞、礼部尚书张璧同入阁,皆不预闻票拟事,政事一归嵩。赞尝叹曰:"何夺我吏部,使我旁睨人。"嵩欲示厚同列,且塞言者意,因以显夏言短,乃请凡有宣召,乞与成国公朱希忠、京山侯崔元及赞、璧偕入,如祖宗朝蹇、夏、三杨故事。帝不听,然心益喜嵩,累进吏部尚书、谨身殿大学士、少傅兼太子太师。

久之,帝微觉嵩横。时赞老病罢,璧死,乃复用夏言,帝为加嵩少师以慰之。言至,复盛气陵嵩,颇斥逐其党,嵩不能救。子世蕃方官尚宝少卿,横行公卿间。言欲发其罪,嵩父子大惧,长跪榻下泣谢,乃已。知陆炳与言恶,遂与比而倾言。世蕃迁太常少卿,嵩犹畏言,疏遣归省墓。嵩寻加特进,再加华盖殿大学士。窥言失帝眷,用河套事构言及曾铣,俱弃市。已而南京吏部尚书张治、国子祭酒李本以疏远擢入阁,益不敢预可否。嵩既倾杀言,益伪恭谨。言尝加上柱国,帝亦欲加嵩,嵩乃辞曰:"尊无二上,上非人臣所宜称。国初虽设此官,左相国达,功臣第一,亦止为左柱国。乞陛下免臣此官,著为令典,以昭臣节。"帝大喜,允其辞,而以世蕃为太常卿。

嵩无他才略,惟一意媚上,窃权罔利。帝英察自信,果刑戮,颇护己短,嵩以故得因事激帝怒,戕害人以成其私。张经、李天宠、王忬之死,嵩皆有力焉。前后劾嵩、世蕃者,谢瑜、叶经、童汉臣、赵锦、王宗茂、何维柏、王晔、陈垲、厉汝进、沈炼、徐学诗、杨继盛、周铁、吴时来、张翀、董传策皆被谴。经、炼用他过置之死。继盛附张经疏尾杀之。他所不悦,假迁除考察以斥者甚众,皆未尝有迹也。

俺答薄都城,慢书求贡。帝召嵩与李本及礼部尚书徐阶入对西苑。嵩无所规画,委之礼部。帝悉用阶言,稍轻嵩。嵩复以间激帝怒,杖司叶赵贞吉而谪之。兵部尚书丁汝夔受嵩指,不敢趣诸将战。寇退,帝欲杀汝夔。嵩惧其引己,谓汝夔曰:"我在,毋虑也。"汝夔临死始知为嵩绐。

大将军仇鸾,始为曾铣所劾,倚嵩倾铣,遂约为父子。已而鸾挟

寇得帝重,嵩犹儿子蓄之,浸相恶。嵩密疏毁鸾,帝不听,而颇纳鸾
所陈嵩父子过,少疏之。嵩当入直,不召者数矣。嵩见徐阶、李本入
西内,即与俱入。至西华门,门者以非诏旨格之。嵩还第,父子对泣。
时陆炳掌锦衣,与鸾争宠,嵩乃结炳共图鸾。会鸾病死,炳讦鸾阴
事,帝追戮之。于是益信任嵩,遣所乘龙舟过海子召嵩,载直西内如
故。世蕃寻迁工部左侍郎。倭寇江南,用赵文华督察军情,大纳贿
赂以遗嵩,致寇乱益甚。及胡宗宪诱降汪直、徐海,文华乃言:“臣与
宗宪策,臣师嵩所授也。”遂命嵩兼支尚书俸无谢,自是褒赐皆不
谢。

　　帝尝以嵩直庐隘,撤小殿材为营室,植花木其中,朝夕赐御膳、
法酒。嵩年八十,听以肩舆入禁苑。帝自十八年葬章圣太后后,即
不视朝,自二十年宫婢之变,即移居西苑万寿宫,不入大内,大臣希
得谒见,惟嵩独承顾问,御札一日或数下,虽同列不获闻,以故嵩得
逞志。然帝虽甚亲礼嵩,亦不尽信其言,间一取独断,或故示异同,
欲以杀离其势。嵩父子独得帝欵要,欲有所救解,嵩必顺帝意痛诋
之,而婉曲解释以中帝所不忍。即欲排陷者,必先称其美,而以微言
中之,或触帝所耻与讳。以是移帝喜怒,往往不失,士大夫辐辏附
嵩,时称文选郎中万采、职方郎中方祥等为嵩文武管家。尚书吴鹏、
欧阳必进、高耀、许论辈,皆惴惴事嵩。

　　嵩握权久,遍引私人居要地。帝亦浸厌之,而渐亲徐阶。会阶
所厚吴时来、张翀、董传策各疏论嵩,嵩因密请究主使者,下诏狱,
穷治无所引。帝乃不问,而慰留嵩,然心不能无动,阶因得间倾嵩。
吏部尚书缺,嵩力援欧阳必进为之,甫三月即斥去。赵文华忤旨获
谴,嵩亦不能救。有诏二王就婚邸第,嵩力请留内。帝不悦,嵩亦不
能力持。嵩虽警敏,能先意揣帝指,然帝所下手诏,语多不可晓,惟
世蕃一览了然,答语无不中。及嵩妻欧阳氏死,世蕃当护丧归,嵩请
留侍京邸。帝许之,然自是不得入直所代嵩票拟,而日纵淫乐于家。
嵩受诏多不能答,遣使持问世蕃。直其方耽女乐,不以时答。中使
相继促嵩,嵩不得已自为之,往往失旨。所进青词,又多假手他人不

能工,以此积失帝欢。会万寿宫火,嵩请暂徙南城离宫南城,英宗为太上皇时所居也,帝不悦。而徐阶营万寿宫甚称旨,帝益亲阶,顾问多不及嵩,即及嵩,祠祀而已。嵩俱,置酒要阶,使家人罗拜,举觞属曰:“嵩旦夕且死,此曹惟公乳哺之。”阶谢不敢。

未几,帝入方士蓝道行言,有意去嵩。御史邹应龙避雨内侍家,知其事,抗疏极论嵩父子不法,曰:“臣言不实,乞斩臣首以谢嵩、世蕃。”帝降旨慰嵩,而以嵩溺爱世蕃,负眷倚,令致仁,驰驿归,有司岁给米百石,下世蕃于理。嵩为世蕃请罪,且求解,帝不听。法司奏论世蕃及其子锦衣鹄、鸿、客罗龙文,戍边远。诏从之,特宥鸿为民,使侍嵩,而锢其奴严年于狱,擢应龙通政司参议。时四十一年五月也。龙文官中书,交关为奸利,而年最黠恶,士大夫竞称鄢山先生者也。

嵩既去,帝追念其赞玄功,意忽忽不乐,谕阶欲遂传位,退居西内,专祈长生。阶极陈不可,帝曰:“卿等不欲,必皆奉君命,同辅玄修乃可。严嵩既退,其子世蕃已伏法,敢更言者,并应龙俱斩。”嵩知帝念己,乃赂帝左右,发道行阴事,系刑部,俾引阶。道行不承,坐论死,得释。嵩初归至南昌,值万寿节,使道士蓝田玉建醮铁柱宫。田玉善召鹤,嵩因取其符箓,并己祈鹤文上之,帝优诏褒答。嵩因言:“臣年八十有四,惟一子世蕃及孙鹄皆远戍,乞移便地就养,终臣余年。”不许。

其明年,南京御史林润奏:“江洋巨盗多入逃军罗龙文、严世蕃家。龙文居深山,乘轩衣蟒,有负险不臣之志。世蕃得罪后,与龙文日诽谤时政。其治第役众四千,道路皆言两人通倭,变且不测。”诏下润逮捕,下法司论斩,皆伏诛,黜嵩及诸孙皆为民。嵩窃政二十年,溺信恶子,流毒天下,人咸指目为奸臣。其坐世蕃大逆,则徐阶意也,又二年,嵩老病,寄食墓舍以死。

世蕃,短项肥体,眇一目,由父任入仕。以筑京师外城劳,由太常卿进工部左侍郎,仍掌尚宝司事。剽悍阴贼,席父宠,招权利无厌。然颇通国典,晓畅时务。尝谓天下才,惟己与陆炳、杨博为三。

炳死,益自负。嵩耄昏,且旦夕直西内,诸司白事,辄曰:"以质东楼。"东楼,世蕃别号也。朝事一委世蕃,九卿以下浃日不得见,或停至暮而遣之。士大夫侧目屏息,不肖者奔走其门,筐篚相望于道。世蕃熟谙中外官饶瘠险易,责贿多寡,毫发不能匿。其治第京师,连三四坊,堰水为塘数十亩,罗珍禽奇树其中,日拥宾客纵倡乐,虽大僚或父执,虐之酒,不困不已。居母丧亦然。好古尊彝、奇器、书画,赵文华、鄢懋卿、胡宗宪之属,所到辄辇致之,或索之富人,必得然后已。被应龙劾戍雷州,未至而返,益大治园亭。其监工奴见袁州推官郭谏臣,不为起。

　　御史林润尝劾懋卿,惧相报,因与谏臣谋发其罪,且及冤杀杨继盛、沈炼状。世蕃喜,谓其党曰:"无恐,狱且解。"法司黄光升等以谳词白徐阶,阶曰:"诸公欲生之乎?"佥曰:"必欲死之。"曰:"若是,适所以生之也。夫杨、沈之狱,嵩皆巧取上旨。今显及之,是彰上过也。必如是,诸君且不测,严公子骑款段出都门矣。"为手削其草,独按龙文与汪直姻旧,为交通贿世蕃乞官。世蕃用彭孔言,以南昌仓地有王气,取以治第,制拟王者。又结宗人典楧阴伺非常,多聚亡命。龙文又招直余党五百人,谋为世蕃外投日本,先所发遣世蕃班头牛信,亦自山海卫弃伍北走,诱致外兵,共相响应。即日令光升等疾书奏之。世蕃闻,诧曰:"死矣。"遂斩于市。籍其家,黄金可三万余两,白金二百万余两,他珍宝服玩所直又数百万。

　　赵文华,慈谿人。嘉靖八年进士。授刑部主事。以考察谪东平州同知。久之,累官至通政使。性倾狡,未第时在国学,严嵩为祭酒,才之。后仕于朝,而嵩日贵幸,遂相与结为父子。嵩念已过恶多,得私人在通政,劾疏至,可预为计,故以文华任之。

　　文华欲自结于帝,进百花仙酒,诡曰:"臣师嵩服之而寿。"帝饮甘之,手敕问嵩。嵩惊曰:"文华安得为此!乃宛转奏曰:"臣生平不近药饵,犬马之寿诚不知何以然。"嵩恨文华不先白已,召至直所詈责之。文华跪泣,久不敢起。徐阶、李本见之为解,乃令去。嵩休沐归,九卿进谒,嵩犹怒文华,令从吏扶出之。文华大窘,厚赂嵩妻。嵩妻教文华伺嵩归，匿于别室，酒酣，嵩妻为之解，文华即出拜，嵩乃待之如初。以建议筑京师外城，加工部右侍郎。

东南倭患棘，文华献七事。首以祭海神为言，请遣官望祭于江阴、常熟。次令有司掩胳轻徭。次增募水军。次苏、松、常、镇民田，一夫过百亩者，重科其赋，且预征官田税三年。次募富人输财力自效。事宁论功。次遣重臣督师。次招通番旧党并海盐徒，易以忠义之名，令侦伺贼情，因以为间。兵部尚书聂豹议行其五事，惟增田赋、遣重臣二事不行。帝怒，夺豹官，而用嵩言即遣文华祭告海神，因察贼情。

当是时，总督尚书张经方征四方及狼土兵，议大举，自以位文华上，心轻之。文华不悦。狼兵稍有斩获功，文华厚犒之，使进剿，至漕泾战败，亡头目十四人。文华恚，数趣经进兵。经虑文华轻浅泄师期，不以告。文华益怒，劾经养寇失机，疏方上，经大捷王江泾。文华攘其功，谓已与巡按胡宗宪督师所致，经竟论死。又劾浙江巡抚李天宠罪，荐宗宪代，天宠亦论死。帝益以文华为贤，命铸督察军务关防，即军中赐之。文华自此出总督上，益恣行无忌。欲分苏松巡抚曹邦辅浒墅关破贼功，不得，则以陶宅之败，重劾邦辅。陶宅之战，实文华、宗宪兵先溃也。兵科给事中夏栻得其情，劾文华欺诞。吏科给事中孙浚亦白邦辅冤状。帝终信文华言，邦辅坐遣戍。文华既杀经、天宠，复先后论罢总督周珫、杨宜，至是又倾邦辅，势益张。文武将吏争输货其门，颠倒功罪，牵制兵机，纪律大乖，将吏人人解体，征兵半天下，贼寇愈炽。文华又陈防守事宜，请籍闲田百万亩给兵，为屯守计，而令里居播绅，分督郡邑兵事。为兵部所驳而寝。

官军既屡败，文华知贼未易平，欲委责去。会川兵破贼周浦，俞大猷破贼海洋，文华遂言水陆成功，江南清晏，请还朝，帝悦，许之。比还，败报踵至，帝疑其妄，数诘嵩，嵩曲为解，帝意终不释。会吏部尚书李默发策试选人，中言"汉武征四夷，而海内虚耗。唐宪复淮、蔡，而晚业不终"。文华劾其谤讪，默坐死。帝以是谓文华忠，进工部尚书，且加太子太保。是时，嵩年老，虑一旦死，有后患，因荐文华文学,宜供奉青词,直内阁。帝不许。而东南警遽至,部议再遣大臣督师,已命兵部侍郎沈良材矣,嵩令文华自请行,为帝言江南人矫首望文华。帝以为然,命兼右副都御史,总督江南、浙江诸军事。时宗宪先以文华荐代杨宜为总督,及文华再出,宗宪欲藉文华以通于嵩,诇奉无不至。文华素不知兵,亦倚宗宪,两人交甚欢。已而宗宪平徐海,俘陈东,文华以大捷闻,归功上玄。帝大喜,祭告郊庙社稷,加文华少保,荫子锦衣千户。召还朝,文华乃推功元辅嵩,辞升荫,帝优诏不允。

文华既宠贵,志日骄,事中贵及世蕃,渐不如初,诸人憾之。帝尝遣使赐文华,值其醉,拜跪不如礼,帝闻恶其不敬。又尝进方士药,帝服之尽,使小珰再索之,不应。西苑造新阁,不以时告成。帝一日登高,见西长安街有高甍,问谁宅。左右曰:“赵尚书新宅也。旁一人曰:“工部大木,半为文华作宅,何暇营新阁。帝益愠。会三殿灾,帝欲建正阳门楼,责成甚亟,文华猝不能办。帝积怒,且闻其连岁视师黩货要功状,思逐之,乃谕嵩曰:“门楼庀材迟,文华似不如昔。”嵩犹未知帝意,力为掩覆,且言:“文华触热南征,因致疾,宜增侍郎一人专督大工。”帝从之。文华因上章称疾,请赐假静摄旬月。帝手批曰:“大工方兴,司空是职。文华既有疾,可回籍休养。”制下,举朝相贺。

帝虽逐文华犹以为未尽其罪,而言官无攻者,帝怒无所泄。会其子锦衣千户怿思以斋祀停封章日请假送父,帝大怒,黜文华为民,戍其子边卫。以礼科失纠劾,令对状。于是都给事中谢江以下六人,并廷杖削籍。文华故病蛊,及遭遣卧舟中,意邑邑不自聊,一夕手扪其腹,腹裂,脏腑出,遂死。后给事中罗嘉宾等核军饷,文华所侵盗以十万四千计。有诏征诸其家,至万历十一年征犹未及半,有司援恩诏祈免。神宗不许,戍其子慎思于烟瘴地。

鄢懋卿,丰城人。由行人擢御史,屡迁大理少卿。三十五年,转左金都御史。寻进左副都御史。懋卿以才自负,见严嵩柄政,深附之,为嵩父子所昵。会户部以两浙、两淮、长芦、河东盐政不举,请遣大臣一人总理,嵩遂用懋卿。旧制,大臣理盐政,无总四运司者。至是懋卿尽握天下利柄,倚严氏父子,所至市权纳贿,监司郡邑吏膝行蒲伏。

懋卿性奢侈,至以文锦被厕床,白金饰溺器。岁时馈遗严氏及诸权贵,不可胜纪。其按部,常与妻偕行,制五彩舆,令十二女子舁之,道路倾骇。淳安知县海瑞、慈谿知县霍与瑕,以抗忤罢去。御史林润尝劾懋卿要索属吏,馈遗巨万,滥受民讼,勒富人贿,置酒高会,日费千金,虐杀不辜,怨咨载路,苛敛淮商,几至激变,五大罪。帝置不问。四十年召为刑部右侍郎。两淮余盐,岁征银六十万两,及懋卿增至一百万。懋卿去,巡盐御史徐爌极言其害,乃复六十万之旧。

嵩败,御史郑洛劾懋卿及大理卿万采朋奸黩货,两人皆落职。既而采匿严氏银八万两,懋卿给得其二万,事皆露,两人先后戍边。

时坐严氏党被论者,前兵部右侍郎柏乡魏谦吉、工部左侍郎南昌刘伯跃、南京刑部右侍郎德安何迁、右副都御史信阳董威、佥都御史万安张雨、应天府尹祥符孟淮、南京光禄卿南昌胡植、南京光禄少卿武进白启常、右谕德兰谿唐汝楫、南京太常卿掌国子监事新城王材、太仆丞新喻张春及嵩婿广西副使袁应枢等数十人,黜谪有差。植与嵩乡里,尝劝嵩杀杨继盛。启常官礼部郎,匿丧迁光禄,与材、汝楫俱为世蕃狎客。启常至以粉墨涂面供欢笑。而材、汝楫俱出入嵩卧内,关通请属,尤为人所恶云。

周延儒,字玉绳,宜兴人。万历四十一年会试、殿试皆第一。授修撰,年甫二十余。美丽自喜,与同年生冯铨友善。天启中,迁右中允,掌司经局事。寻以少詹事掌南京翰林院事。

庄烈帝即位,召为礼部右侍郎。延儒性警敏,善伺意指。崇祯元年冬,锦州兵哗,督师袁崇焕请给饷。帝御文华殿,召问诸大臣,皆请发内帑。延儒揣帝意,独进曰:"关门昔防敌,今且防兵。宁远

哗，饷之，锦州哗，复饷之，各边且效尤。"帝曰："卿谓如何？"延儒
曰："事迫，不得不发。但当求经久之策。"帝颔之，降旨责群臣。居
数日，复召问，延儒曰："饷莫如粟，山海粟不缺，缺银耳。何故哗？哗
必有隐情，安知非骄弁构煽以胁崇焕邪？"帝方疑边将要挟，闻延儒
言大说，由此属意延儒。

十一月，大学士刘鸿训罢，命会推，廷臣以延儒望轻置之，列成
基命、钱谦益、郑以伟、李腾芳、孙慎行、何如宠、薛三省、盛以弘、罗
喻义、王永光、曹于汴十一人名上。帝以延儒不预，大疑。及温体仁
讦谦益，延儒助之。帝遂发怒，黜谦益，尽罢会推者不用。二年三月
召对延儒于文华殿，漏下数十刻仍出，语秘不得闻。御史黄宗昌劾
其生平秽行，御史李长春论独对之非。延儒乞罢，不允。南京给事
中钱允鲸言："延儒与冯铨密契，延儒柄政，必为逆党翻局。"延儒疏
辨，帝优诏褒答。其年十二月，京师有警，特旨拜延儒礼部尚书兼东
阁大学士，参机务。明年二月加太子太保，改文渊阁。六月，体仁亦
入。九月，成基命致仕，延儒遂为首辅。寻加少保，改武英殿。

体仁既并相，务为柔佞，帝意渐响之。而体仁阳曲谨媚延儒，阴
欲夺其位，延儒不知也。体仁与吏部尚书王永光谋起逆案王之臣、
吕纯如等。或谓延儒曰："彼将翻逆案，而外归咎于公。"延儒愕然。
会帝以之臣问，延儒曰："用之臣，亦可雪崔呈秀矣。"帝悟而止。体
仁益欲倾延儒。四年春，延儒姻娅陈于泰廷对第一，及所用大同巡
抚张廷拱、登莱巡抚孙元化皆有私，时论籍籍。其子弟家人暴邑中，
邑中民爇其庐，发其先垄，为言官所纠。兄素儒冒锦衣籍，授千户，
又用家人周文郁为副总兵，益为言者所诋。

五年正月，叛将李九成等陷登州，囚元化。侍郎刘宇烈视师无
功，言路咸指延儒庇宇烈。于是给事中孙三杰、冯元飙、卫史余应
桂、卫景瑗、尹明翼、路振飞、吴执御、王道纯、王象云等，屡劾延儒。
应桂并谓延儒纳巨盗神一魁贿。而监视中官邓希诏与总督曹文衡
相讦奏，衡侵延儒。给事中李春旺亦论延儒当去。延儒数上疏辩，
帝虽慰留，心不能无动。已而延儒令于泰陈时政四事，宜府太监王

坤承体仁指,直劾延儒庇于泰。给事中傅朝祐言中官不当劾首揆,轻朝廷,疑有邪人交构,副都御史王志道亦言之。帝怒,削志道籍,延儒不能救。体仁复嗾给事中陈赞化劾延儒"昵武弁李元功等,招摇罔利。陛下特恩停刑,元功以为延儒功,索狱囚赇谢。而延儒至目陛下为羲皇上人,语悖逆"。帝怒,下元功诏狱,且穷诘赞化语所自得。赞化言得之上林典簿姚孙渠、给事中李世祺,而副使张凤翼亦具述延儒语。帝益怒。锦衣卫帅王世盛拷掠元功无所承。狱上,镌世盛五级,令穷治其事。延儒觊体仁为援,体仁卒不应,且阴黜与延儒善者,延儒大困。六年六月引疾乞归,赐白金、彩缎,遣行人护行。体仁遂为首辅矣。

始延儒里居,颇从东林游,善姚希孟、罗喻义。既陷钱谦益,遂仇东林。及主会试,所取士张溥、马世奇等,又皆东林也。至是归,失势,心内惭。而体仁益横,越五年始去。去而张至发、薛国观相继当国,与杨嗣昌等并以媢嫉称。一时正人郑三俊、刘宗周、黄道周等,皆得罪。溥等忧之,说延儒曰:"公若再相,易前辙,可重得贤声。"延儒以为然。溥友吴昌时为交关近侍,冯铨复助为谋。会帝亦颇思延儒,而国观适败。十四年二月诏起延儒。九月至京,复为首辅。寻加少师兼太子太师,进吏部尚书、中极殿大学士。

延儒被召,溥等以数事要之。延儒慨然曰:"吾当锐意行之,以谢诸公。"既入朝,悉反体仁辈弊政。首请释漕粮白粮欠户,蠲民间积逋,凡兵残岁荒地,减见年两税。苏、松、常、嘉、湖诸府大水,许以明年夏麦代漕粮。宥成罪以下,皆得还家。复诖误举人,广取士额及召还言事迁谪诸臣李清等。帝皆忻然从之。延儒又言:"老成名德,不可轻弃。"于是郑三俊长吏部,刘宗周掌都察院,范景文长工部,倪元璐佐兵部,皆起自废籍。其他李邦华、张国维、徐石麒、张玮、金光辰等,布满九列。释在狱傅宗龙等,赠已故文震孟;姚希孟等官。中外翕然称贤。尝燕侍,帝语及黄道周,时道周方谪戍辰州。延儒曰:"道周气质少偏,然学与守皆可用。"蒋德璟请移道周戍近地。延儒曰:"上欲用即用之耳,何必移戍。"帝即日复道周官。其因事开释如此。

帝尊礼延儒特重，尝于岁首日东向揖之，曰："朕以天下听先生。"因遍及诸阁臣。然延儒实庸驽无材略，且性贪。当边境丧师，李自成残掠河南，张献忠破楚、蜀，天下大乱，延儒一无所谋画。用侯恂、范志完督师，皆偾事，延儒无忧色。而门下客盛顺、董廷献因缘为奸利。又信用文选郎吴昌时及给事中曹良直、廖国遴、杨枝起、曾应遴辈。

昌时，嘉兴人。有干材，颇为东林效奔走。然为人墨而傲，通厂卫，把持朝官，同朝咸嫉之。行人司副熊开元廷劾延儒纳贿状，触帝怒，与给事中姜采俱廷杖，下诏狱。左都御史宗周、佥都御史光辰以救开元、采罢，尚书石麒又以救宗周等罢，延儒皆弗救，朝议皆以咎延儒。会昌时以年例出言路十人于外，言路大哗。掌科给事中吴麟徵、掌道御史祁彪佳劾昌时挟势弄权，延儒颇不自安。

初，延儒奏罢厂卫缉事，都人大悦。朝士不肖者因通赂遗，而厂卫以失权，胥怨延儒。又傲同官陈演，演衔刺骨。掌锦衣者骆养性，延儒所荐也。养性狡狠背延儒，与中官结，刺延儒阴事。十六年四月，大清兵略山东，还至近畿，帝忧甚。大学士吴甡方奉命办流寇，延儒不得已自请视师。帝大喜，降手敕，奖以召虎、裴度，赐章服、白金、文绮、上驷，给金帛赏军。延儒驻通州不敢战，惟与幕下客饮酒娱乐，而日腾章奏捷，帝辄赐玺书褒励。侦大清兵去，乃言敌退，请下兵部议将吏功罪。既归朝，缴敕谕，帝即令藏贮，以识勋劳。论功，加太师，荫子中书舍人，赐银币、蟒服。延儒辞太师，许之。居数日，养性及中官尽发所刺军中事。帝乃大怒，谕府部诸臣责延儒蒙蔽推诿，事多不忍言，令从公察议。陈演等公揭救之，延儒席藁待罪，自请戍边。帝犹降温旨，言"卿报国尽忱，终始勿替"，许驰驿归，赐路费百金，以彰保全优礼之意。及廷臣议上，帝复谕延儒功多罪寡，令免议。延儒遂归。

既去，给事中郝絅疏请除奸，以指延儒。帝不听。山东佥事雷縯祚纠范志完，亦及延儒。已而御史蒋拱宸劾吴昌时脏私巨万，大抵牵连延儒,而中言昌时通中官李端、王裕民,泄漏机密,重贿入手,辄预揣温旨告人。给事中曹良直亦劾延儒十大罪。帝怒甚,御中左门,亲鞫昌时,折其胫,无所承,怒不解。拱宸面讦其通内,帝察之家迹,乃下狱论死,始有意诛延儒。初,薛国观赐死,谓昌时致之。其门人魏藻德新入阁有宠,恨昌时甚,因与陈缏共排延儒,养性复腾蜚语。帝遂命尽削延儒职,遣缇骑逮入京师。时旧辅王应熊被召,延儒知帝怒甚,宿留道中,俟应熊先入,冀为请。帝知之,应熊既抵京,命之归。延儒至,安置正阳门外古庙,上疏乞哀,不许。法司以戍请,同官申救,皆不许。冬十二月,昌时弃市,命勒延儒自尽,籍其家。

温体仁,字长卿,乌程人。万历二十六年进士。改庶吉士,授编修,累官礼部侍郎。崇祯初,迁尚书,协理詹事府事。为人外曲谨而中猛鸷,机深刺骨。

崇祯元年冬,诏会推阁臣,体仁望轻,不与也。侍郎周延儒方以召对称旨,亦弗及。体仁揣帝意必疑,遂上疏讦谦益关节受贿,神奸结党,不当与阁臣选。先是,天启二年,谦益主试浙江,所取士钱千秋者,首场文用俚俗诗一句,分置七义结尾,盖奸人代为之。为给事中顾其仁所摘,谦益亦自发其事。法司戍千秋及奸人,夺谦益俸,案久定矣。至是体仁复理其事,帝心动。次日,召对阁部科道诸臣于文华殿,命体仁、谦益皆至。谦益不虞体仁之劾己也,辞颇屈,而体仁盛气诋谦益,言如涌泉,因进曰:“臣职非言官不可言,会推不与,宜避嫌不言。但枚卜大典,宗社安危所系。谦益结党受贿,举朝无一人敢言者。臣不忍见皇上孤立于上,是以不得不言。”帝久疑廷臣植党,闻体仁言,辄称善。而执政皆言谦益无罪,吏科都给事中章允儒争尤力,且言:“体仁热中觖望,如谦益当纠,何俟今日。”体仁曰:“前此谦益皆间曹,今者纠之,正为朝廷慎用人耳。如允儒言,乃真党也。”帝怒,命礼部进千秋卷,阅竟,责谦益,谦益引罪。叹曰:“微体仁,朕几误!”遂叱允儒下诏狱,并切责诸大臣。时大臣无助体仁者,独延儒奏曰:"会推名虽公,主持者止一二人,余皆不敢言,即言,徒取祸耳。且千秋事有成案,不必复问诸臣。"帝乃即日罢谦益官,命议罪。允儒及给事中瞿式耜、御史房可壮等,皆坐谦益党,降谪有差。

亡何,御史毛九华劾体仁居家时,以抑买商人木,为商人所诉,赂崔呈秀以免。又因杭州建逆祠,作诗颂魏忠贤。帝下浙江巡抚核实。明年春,御史任赞化亦劾体仁娶娼、受金,夺人产诸不法事。帝怒其语亵,贬一秩调外。体仁乞罢,因言:"此为谦益故,排击臣者百出。而无一人左祖臣,臣孤立可见。"帝再召内阁九卿质之,体仁与九华、赞化诘辩良久,言二人皆谦益死党。帝心以为然,独召大学士韩爌等于内殿,谕诸臣不忧国,惟挟私相攻,当重绳以法。体仁复力求去以要帝,帝优诏慰答焉。已,给事中祖重晔、南京给事中钱允鲸、南京御史沈希诏相继论体仁热中会推,劫言者以党,帝皆不听。法司上千秋狱,言谦益自发在前,不宜坐。诏令再勘。体仁复疏言狱词皆出谦益手。于是刑部尚书乔允升,左都御史曹于汴,大理寺卿康新民,太仆寺卿蒋允仪,府丞魏光绪,给事中陶崇道,御史吴甡、樊尚璟、刘廷佐,各疏言:"臣等杂治千秋,观听者数千人,非一手一口所能掩。体仁顾欺罔求胜。"体仁见于汴等词直,乃不复深论千秋事,惟诋于汴等党护而已。谦益坐杖论赎,而九华所论体仁媚珰诗,亦卒无左验。当是时,体仁以私憾撑拒诸大臣,展转不肯诎。帝谓体仁孤立,益向之。未几,延儒入阁。其明年六月,遂命体仁以礼部尚书兼东阁大学士。

体仁既藉延儒力得辅政,势益张。逾年,吏部尚书王永光去,用其乡人闵洪学代之,凡异已者,率以部议论罢,而体仁阴护其事。又用御史史𡒄、高捷及侍郎唐世济、副都御史张捷等为腹心,忌延儒居己上,并思倾之。初,帝杀袁崇焕,事牵钱龙锡,论死。体仁与延儒、永光主之,将兴大狱,梁廷栋不敢任而止,事详《龙锡传》。比龙锡减死出狱,延儒言帝盛怒,解救殊难,体仁则佯曰:"帝固不甚怒也。"善龙锡者,因薄延儒。其后太监王坤、给事中陈赞化先后劾延儒,体仁默为助,延儒遂免归。始与延儒同入阁者何如宠,钱象坤逾岁致政去,无何,如宠亦去。延儒既罢,廷臣恶体仁当国,劝帝复召如宠。如宠屡辞,给事中黄绍杰言:"君子小人不并立,如宠瞻顾不前,则体仁宜思自处。"帝为谪绍杰于外,如宠卒辞不入,体仁遂为首辅。

体仁荷帝殊宠,益忮横,而中阻深。所欲推荐,阴令人发端,己承其后。欲排陷,故为宽假,中上所忌,激使自怒。帝往往为之移,初未尝有迹。姚希孟为讲官,以才望迁詹事。体仁恶其逼,乃以冒籍武生事,夺希孟一官,使掌南院去。礼部侍郎罗喻义,故尝与基命、谦益同推阁臣,有物望。会进讲章中有"左右未得人"语,体仁欲去之,喻义执不可。体仁因自劾:"日讲进规例从简,喻义驳改不从,由臣不能表率。"帝命吏部议,洪学等因谓:"圣聪天亶,何俟喻义多言。"喻义遂罢归。

时魏忠贤遗党日望体仁翻逆案,攻东林。会吏部尚书、左都御史缺,体仁阴使侍郎张捷举逆案吕纯如以尝帝。言者大哗,帝亦甚恶之,捷气沮,体仁不敢言,乃荐谢升、唐世济为之。世济寻以荐逆案霍维华得罪去。维华之荐,亦体仁主之也,体仁自是不敢讼言用逆党,而愈侧目诸不附己者。

文震孟以讲《春秋》称旨,命人阁。体仁不能沮,荐其党张至发以间之,而日伺震孟短,遂用给事中许誉卿事,逐之去。先是,秦、楚盗起,议设五省总督,兵部侍郎彭汝楠、汪庆百当行,惮不敢往,体仁庇二人,罢其议。贼犯凤阳,南京兵部尚书吕维祺等议,令淮抚、操江移镇,体仁又却不用。既而贼大至,焚皇陵。誉卿言:"体仁纳贿庇私,贻忧要地,以皇陵为孤注,使原庙震惊,误国孰大焉。"体仁素忌誉卿,见疏益憾。会谢升以营求北缺劾誉卿,体仁拟旨降调,而故重其词。帝果命削籍,震孟力争之,大学士何吾驺助为言。体仁讦奏震孟语,谓言官罢斥为至荣,盖以朝廷赏罚为不足惩劝,悖理蔑法。帝遂逐震孟并罢吾驺。震孟既去,体仁憾未释。庶吉士郑鄤与震孟同建言,相友善也,其从母舅大学士吴宗达已谢政归。体仁

劾鄤假乩仙判词，逼父振先杖母，言出宗达。帝震怒，下鄤狱。其后
体仁已去，而帝怒鄤甚，不俟左证，磔死。滋阳知县成德，震孟门人，
以强直忤巡按御史禹好善，被诬劾，震孟为不平。体仁劾德，杖戍
之。

　　体仁辅政数年，念朝士多与为怨，不敢恣肆，用廉谨自结于上，
苞苴不入门。然当是时，流寇蹂畿辅，扰中原，边警杂沓，民生日困，
未尝建一策，惟日与善类为仇。诚意伯刘孔昭劾倪元璐，给事中陈
启新劾黄景昉，皆奉体仁指。礼部侍郎陈子壮尝面责体仁，寻以议
宗藩事忤帝指，竟下狱削籍。其所引与同列者，皆庸材，苟以充位，
且藉形己长，固上宠。帝每访兵饷事，辄逊谢曰：“臣夙以文章待罪
禁林，上不知其驽下，擢至此位。盗贼日益众，诚万死不足塞责。顾
臣愚无知，但票拟勿欺耳。兵食之事，惟圣明裁决。”有诋其窥帝意
旨者，体仁言：“臣票拟多未中綮要，每经御笔批改，颂服将顺不暇，
讵能窥上旨。”帝以为朴忠，愈亲信之。

　　自体仁辅政后，同官非病免物故，即以他事去。独体仁居位八
年，官至少师兼太子太师，进吏部尚书、中极殿大学士，阶左柱国，
兼支尚书俸，恩礼优渥无与比。而体仁专务刻核，迎合帝意。帝以
皇陵之变，从子壮言，下诏宽恤在狱诸臣，吏部以百余人名上。体仁
靳之，言于帝，仅释十余人。秋决论囚，帝再三咨问，体仁略无平反。
陕西华亭知县徐兆麟莅任甫七日，以城陷论死，帝颇疑之。体仁不
为救，竟弃市。帝忧兵饷急，体仁惟倡众捐俸助马修城而已。所上
密揭，帝率报可。

　　体仁自念排挤者众，恐怨归己，倡言密勿之地，不宜宣泄，凡阁
揭皆不发，并不存录阁中，冀以灭迹，以故所中伤人，廷臣不能尽
知。当国既久，劾者章不胜计，而刘宗周劾其十二罪、六奸，皆有指
实。宗藩如唐王聿键，勋臣如抚宁侯朱国弼，布衣如何儒显、杨光先
等，亦皆论之，光先至舆櫬待命。帝皆不省，愈以为孤立，每斥责言
者以慰之，至有杖死者。庶吉士张溥、知县张采等倡为复社，与东林
相应和。体仁因推官周之夔及奸人陆文声讦奏，将兴大狱。严旨察

治,以提学御史倪元珙、海道副使冯元扬不承风指,皆降谪之。最后复有张汉儒讦钱谦益,瞿式耜居乡不法事。体仁故仇谦益,拟旨逮二人下诏狱严讯。谦益等危甚,求解于司礼太监曹化淳。汉儒侦知之,告体仁。体仁密奏帝,请并坐化淳罪。帝以示化淳,化淳俱,自请案治,乃尽得汉儒等奸状及体仁密谋。狱上,帝始悟体仁有党。会国弼再劾体仁,帝命汉儒等立枷死。体仁乃佯引疾,意帝必慰留。及得旨竟放归,体仁方食,失匕箸,时十年六月也。逾年卒,帝犹惜之,赠太傅,谥文忠。

崇祯末,福王立于南京,以尚书顾锡畴议,削其赠谥,天下快焉。寻用给事中戴英言,复如初。体仁虽前死,其所推荐张至发、薛国观之徒,皆效法体仁,蔽贤植党,国事日坏,以至于亡。

马士英,贵阳人。万历四十四年,与怀宁阮大铖同中会试。又三年,士英成进士,授南京户部主事。天启时,迁郎中,历知严州、河南、大同三府。崇祯三年,迁山西阳和道副使。五年,擢右佥都御史,巡抚宣府。到官甫一月,檄取公帑数千金,馈遗朝贵,为镇守太监王坤所发,坐遣戍。寻流寓南京。时大铖名挂逆案,失职久废,以避流贼至,与士英相结甚欢。

大铖机敏猾贼,有才藻。天启初,由行人擢给事中,以忧归。同邑左光斗为御史有声,大铖倚为重。四年春,吏科都给事中缺,大铖次当迁,光斗招之。而赵南星、高攀龙、杨涟等以察典近。大铖轻躁不可任,欲用魏大中。大铖至,使补工科。大铖心恨,阴结中珰寝推大中疏。吏部不得已,更上大铖名,即得请。大铖自是附魏忠贤,与霍维华、杨维垣、倪文焕为死友,造《百官图》,因文焕达诸忠贤。然畏东林攻己,未一月遽请急归。而大中掌吏科,大铖愤甚,私谓所亲曰:“我犹善归,未知左氏何如耳。”已而杨、左诸人狱死,大铖对客诩诩自矜。寻召为太常少卿,至都,事忠贤极谨,而阴虑其不足恃,每进谒,辄厚赂忠贤阉人,还其刺。居数月,复乞归。忠贤既诛,大铖函两疏驰示维垣。其一专劾崔、魏;其一以七年合算为言,谓天启四年以后，乱政者忠贤，而翼以呈秀，四年以前，乱政者王安，而翼以东林。传语维垣，若时局大变，上劾崔、魏疏，脱未定，则上合算疏。会维垣方并指东林、崔、魏为邪党，与编修倪元璐相诋，得大铖疏，大喜。为投合算疏以自助。崇祯元年，起光禄卿。御史毛羽健劾其党邪，罢去。明年定逆案，论赎徒为民，终庄烈帝世，废斥十七年，郁郁不得志。

　　流寇逼皖，大铖避居南京，颇招纳游侠为谈兵说剑，觊以边才召。无锡顾杲、吴县杨廷枢、芜湖沈士柱、余姚黄宗羲、鄞县万泰等，皆复社中名士，方聚讲南京，恶大铖甚，作《留都防乱揭》逐之。大铖俱，乃闭门谢客，独与士英深相结。周延儒内召大铖犇金钱要之维扬，求湔濯。延儒曰：“吾此行，谬为东林所推。子名在逆案，可乎？”大铖沉吟久之，曰：“瑶草何如？”瑶草，士英别字也，延儒许之。十五年六月，凤阳总督高斗光以失五城逮治。礼部侍郎王锡衮荐士英才，延儒从中主之，遂起兵部右侍郎兼右佥都御史，总督庐、凤等处军务。

　　永城人刘超者，天启中以征安邦彦功，积官至四川遵义总兵官，坐罪免，数营复官不得。李自成围开封，超请募土寇协击，乃用为保定总兵官，令率兵赴救。超惮不敢行，宿留家中，以私怨杀御史魏景琦等三家，遂据城反。巡抚王汉讨之，被杀。帝乃命士英偕太监卢九德、河南总兵官陈永福进讨。明年四月，围其城，连战，贼屡挫，筑长围困之。超官贵州时，与士英相识，缘旧好乞降。士英佯许之，超出见，不肯去佩刀。士英笑曰：“若既归朝，安用此？”手解其刀。已，潜去其亲信，遂就缚。献俘于朝，磔死。时流寇充斥，士英捍御数有功。

　　十七年三月，京师陷，帝崩，南京诸大臣闻变，仓卒议立君。而福王由崧、潞王常淓俱避贼至淮安，伦序当属福王。诸大臣虑福王立，或追怨“妖书”及“挺击”、“移宫”等案；潞王立，则无后患，且可邀功。阴主之者，废籍礼部侍郎钱谦益，力持其议者兵部侍郎吕大器，而右都御史张慎言、詹事姜曰广皆然之。前山东按察使佥事雷缛袢、礼部员外郎周镳往来游说。时士英督师庐、凤、独以为不可，密与操江诚意伯刘孔昭，总兵高杰、刘泽清、黄得功、刘良佐等结，而公致书于参赞机务兵部尚书史可法，言伦序亲贤，无如福王。可法意未决。及廷臣集议，吏科给事中李沾探士英指，面折大器。士英亦自庐、凤拥兵迎福王至江上，诸大臣乃不敢言。王之立，士英力也。

当王监国时，廷推阁臣，刘孔昭攘臂欲得之，可法折以勋臣无入阁例。孔昭乃讼言："我不可，士英何不可？"于是进士英东阁大学士兼兵部尚书、都察院右副都御史，与可法及户部尚书高弘图并命，士英仍督师凤阳。士英大愠，令高杰、刘泽清等疏趣可法督师淮、扬，而士英留辅政，仍掌兵部，权震中外。寻论定策功，加太子太师，荫锦衣卫指挥佥事。九月，叙江北历年战功，加少傅兼太子太师、建极殿大学士，荫子如前。十二月，进少师。明年，进太保。当是时，中原郡县尽失，高杰死睢州，诸镇权侔无统。左良玉拥兵上流，跋扈有异志。而士英为人贪鄙无远略，复引用大铖，日事报复，招权罔利，以迄于亡。

初，可法、弘图及姜曰广、张慎言等皆宿德在位，将以次引海内人望，而士英必欲起大铖。有诏广搜人材。独言逆案不可轻议。士英令孔昭及侯汤国祚、伯赵之龙等攻慎言去之，而荐大铖知兵。初，大铖在南京，与守备太监韩赞周呢。京师陷，中贵人悉南奔，大铖因赞周遍结之，为群奄言东林当日所以危贵妃、福王者，俾备言于王，以潜倾可法等。群奄更极口称大铖才，士英亦言大铖从山中致书与定策谋，为白其附珰赞导无实迹。遂命大铖冠带陛见。大铖乃上守江策，陈三要、两合、十四隙疏，并自白孤忠被陷，痛诋孙慎行、魏大中、左光斗，且指大中为大逆。于是大学士姜曰广、侍郎吕大器、怀远侯常延龄等并言大铖逆案巨魁，不可召。士英为大铖奏辨，力攻曰广、大器，益募宗室统镭、建安王统鋑辈，连疏交攻。而以大学士高弘图为御史时尝诋东林，必当右己，乃言"弘图素知臣者"。弘图则言先帝钦定逆案一书，不可擅改。士英与争。弘图因乞罢。士英意稍折,迟回月余,用安远侯柳祚昌荐,中旨起大铖兵部添注右侍郎。左都御史刘宗周言:"杀大中者魏珰,大铖其主使也。即才果足用,臣虑党邪害正之才,终病世道。大铖进退,实系江左兴亡,乞寝成命。"有旨切责。未几,大铖兼右佥都御史,巡阅江防。寻转左侍郎。明年二月进本部尚书兼右副都御史,仍阅江防。

吕大器、姜曰广、刘宗周、高弘图、徐石麒皆与士英龃龉,先后罢归。士英独握大柄,内倚中官田成辈,外结勋臣刘孔昭、朱国弼、柳祚昌,镇将刘泽清、刘良佐等,而一听大铖计。尽起逆案中杨维垣、虞廷陛、郭如暗、周昌晋、虞大复、徐复阳、陈以瑞、吴孔嘉;其死者悉予赠恤,而与张捷、唐世济等比;若张孙振、袁弘勋、刘光斗皆得罪先朝,复置言路为爪牙。朝政浊乱,贿赂公行。四方警报狎至,士英身掌中枢,一无筹画,日以锄正人引凶党为务。

初,举朝以逆案攻大铖,大铖憾甚。及见北都从逆诸臣有附会清流者,因倡言曰:"彼攻逆案,吾作顺案与之对。"以李自成伪国号曰顺也。士英因疏纠从逆光时亨等;时亨名附东林,故重劾之。大铖又诬逮顾杲及左光斗弟光先下狱,劾周镳、雷縯祚杀之。时有狂僧大悲出语不类,为总督京营戎政赵之龙所捕。大铖欲假以诛东林及素所不合者,因造十八罗汉、五十三参之目,书史可法、高弘图、姜曰广等姓名,内大悲袖中,海内人望,无不备列。钱谦益先已上疏颂士英,且为大铖讼冤修好矣,大铖憾不释,亦列焉,将穷治其事。狱词诡秘,朝士皆自危,而士英不欲兴大狱,乃当大悲妖言律斩而止。

张缙彦以本兵首从贼,贼败,缙彦窜归河南,自言集义勇收复列城,即授原官,总督河北、山西、河南军务,便宜行事。其他大僚降贼者,贿入,辄复其官。诸白丁、隶役输重赂,立跻大师。都人为语曰:"职方贱如狗,都督满街走。"其刑赏倒乱如此。大清兵抵宿迁、邳州,未几引还。史可法以闻,士英大笑不止,坐客杨士聪问故。士英曰:"君以为诚有是事耶?乃史公妙用也。岁将暮,防河将吏应叙功,耗费军资应稽算,此特为序功、稽算地耳。"侍讲卫胤文兼给事中,监高杰军。杰死,胤文窥士英指,论可法督师为赘。士英即擢胤文兵部右侍郎,总督杰营将士以分其权,可法益不得展布。

先是,左良玉接监国诏书,不肯拜,袁继咸强之,乃开读如礼。而属承天守备何志孔、巡按御史黄澍入贺,阴伺朝廷动静。澍挟良玉势,当陛见,面数士英奸贪不法,且言尝受张献忠伪兵部尚书周文江重贿,为题授参将,罪当斩。志孔亦论士英罔上行私诸罪。司礼太监韩赞周叱志孔退,士英跪乞处分,澍举笏直击其背曰:"愿与奸臣同死。"士英大号呼,王摇首不言者久之,赞周即执志孔候命。王因澍言意颇动,夜谕赞周,欲令士英避位。士英佯引疾,而赂福邸旧奄田成等向王泣曰:"上非马公不得立,逐马公,天下将议上背恩矣。且马公去,谁念上者?"王默然,即慰留士英。士英亦畏良玉,请释志孔,而命澍速还湖广。故都督掌锦衣卫刘侨者,尝遣戍,由周文江贿张献忠,受伪命,为锦衣指挥使。及良玉复蕲、黄、侨削发逃去,澍持之急。而士英纳侨贿,令讦澍,遂复侨官,削澍职。寻以楚府中尉言,逮澍。良玉令部将群哗,欲下南京索饷,因保救澍。袁继咸为上疏代澍申理,士英不得已,乃免逮。澍遂匿良玉军中,良玉与士英由此有隙。及伪太子狱起,良玉遂假为兵端。

太子之来也,识者指其伪,而都下士民哗然是之。时又有童氏者,自称王妃,亦下狱。督抚、镇将交章争太子及童妃事。王亟出狱词,遍示中外,众论益籍籍,谓士英等朋奸,导王灭绝伦理。澍在良玉军中,日夜言太子冤状,请引兵除君侧恶。良玉亦上疏请全太子,斥士英等为奸臣。又以士英裁其饷,大憾,移檄远近,声士英罪。复上疏言:"自先帝之变,士英利灾擅权,事事为难。逆案先帝手定,士英首翻之。《要典》先帝手焚,士英复修之。越其杰贪婪遣戍,滥授节钺。张孙振赃污绞犯,骤畀京卿。他如袁弘勋、杨文骢、刘泌、王燧、黄鼎等,或行同狗彘,或罪等叛逆,皆用之当路。己为首辅,用腹心阮大铖为添注尚书。又募死士伏皇城,诡名禁军,动曰废立由我。陛下即位之初,恭俭明仁,士英百计诳惑,进优童艳女,伤损盛德。复引用大铖,睚眦杀人,如雷縯祚、周镳等,锻炼周内,株连蔓引。尤其甚者，借三案为题，凡生平不快意之人，一网打尽。令天下士民，重足解体。目今皇太子至，授受分明。大铖一手握定抹杀识认之方拱乾，而信朋谋之刘正宗，忍以十七年嗣君，付诸幽囚。凡有血气，皆欲寸磔士英、大铖等，以谢先帝。乞立肆市朝，传首抒愤。"疏上，遂引兵而东。

士英俱，乃遣阮大铖、朱大典、黄得功、刘孔昭等御良玉，而撤江北刘良佐等兵，从之西。时大清兵日南下，大理少卿姚思孝，御史乔可聘、成友谦请无撤江北兵，亟守淮、扬。士英厉声叱曰："若辈东林，犹藉口防江，欲纵左逆入犯耶？北兵至，犹可议款。左逆至，则若辈高官，我君臣独死耳！"力排思孝等议，淮、扬备御益弱。会良玉死，其子梦庚连陷郡县，率兵至采石。得功等与相持，大铖、孔昭方虚张捷音，以邀爵赏，而大清兵已破扬州，逼京城。

五月三日，王出走太平，奔得功军。孔昭斩关遁。明日，士英奉王母妃，以黔兵四百人为卫，走浙江。经广德州，知州赵景和疑其诈，闭门拒守。士英攻破，执景和杀之，大掠而去。走杭州，守臣以总兵府为母妃行宫。不数日，大铖、大典、方国安俱仓皇至，则得功已兵败死，王被擒。次日，请潞王监国，不受。未几，大兵至，王率众降，寻同母妃北去。此即大器等之所议欲立者也。

杭州既降，士英欲谒监国鲁王，鲁王诸臣力拒之。大铖投朱大典于金华，亦为士民所逐，大典乃送之严州总兵方国安军。士英，国安同乡也，先在其军中。大铖掀髯指掌，日谈兵，国安甚喜。而士英以南渡之坏，半由大铖，而己居恶名，颇以为恨。已，我兵击败士英、国安。无何，士英、国安率众渡钱塘、窥杭州，大兵击败之，溺江死者无算。士英拥残兵欲入闽，唐王以罪大不许。明年，大兵剿湖贼，士英与长兴伯吴日生俱擒获，诏俱斩之。事具国史。大铖偕谢三宾、宋之晋、苏壮等赴江干乞降，从大兵攻仙霞关，僵仆石上死。而野乘载士英遁至台州山寺为僧，为我兵搜获，大铖、国安先后降。寻唐王走顺昌。我大兵至，搜龙扛，得士英、大铖、国安父子请王出关为内应疏，遂骈斩士英、国安于延平城下。大铖方游山，自触石死，仍戮尸云。

明史卷三〇九
列传第一九七

流　贼

李自成　张献忠

　　盗贼之祸，历代恒有，至明末李自成、张献忠极矣。史册所载，未有若斯之酷者也。永乐中，唐赛儿倡乱山东。厥后乘瑕弄兵，频见窃发，然皆旋就扑灭。惟武宗之世，流寇蔓延，几危宗社，而卒以扫除。庄烈帝励精有为，视武宗何啻霄壤，而顾失天下，何也？明兴百年，朝廷之纲纪既肃，天下之风俗未浇。孝宗选举贤能，布列中外，与斯民休养生息者十余年，仁泽深而人心固，元气盛而国脉安。虽以武之童昏，亟行秕政，中官幸夫，浊乱左右，而本根尚未尽拨，宰辅亦多老成。迨盗贼四起，王琼独典中枢，陆完、彭泽分任阃帅，委寄既专，旁挠绝少，以故危而不亡。庄烈帝承神、熹之后，神宗怠荒弃政，熹宗昵近阉人，元气尽澌，国脉垂绝。向使熹宗御宇复延数载，则天下之亡不再传矣。

　　庄烈之继统也，臣僚之党局已成，草野之物力已耗，国家之法令已坏，边疆之抢攘已甚。庄烈虽锐意更始，治核名实，而人才之贤否，议论之是非，政事之得失，军机之成败，未能灼见于中，不摇于外也。且性多疑而任察，好刚而尚气。任察则苛刻寡恩，尚气则急遽失措。当夫群盗满山，四方鼎沸，而委政柄者非庸即佞，剿抚两端，茫无成算。内外大臣救过不给，人怀规利自全之心。言语戆直，切中事弊者,率皆摧折以去。其所任为阃帅者,事权中制,功过莫偿.败一方即戮一将,隳一城即杀一吏,赏罚太明而至于不能罚,制驭过严而至于不能制。加以天灾流行。饥馑洊臻,政繁赋重,外讧内叛。譬一人之身,元气羸然,疽毒并发,厥症固已甚危,而医则良否错进,剂则寒热互投,病入膏肓,而无可救,不亡何待哉。是故明之亡,亡于流贼,而其致亡之本,不在于流贼也。呜呼!庄烈非亡国之君,而当亡国之运,又乏救亡术,徒见其焦劳瘁乱,子立于上十有七年。而帷幄不闻良、平之谋,行间未睹李、郭之将,卒致宗社颠覆,徒以身殉,悲夫!

自唐赛儿以下,本末易竟,事具剿贼诸臣传中。独志其亡天下者,立《李自成》、《张献忠》传。

李自成,米脂人,世居怀远堡李继迁寨。父守忠,无子,祷于华山,梦神告曰:"以破军星为若子。"已,生自成。幼牧羊于邑大姓艾氏,及长,充银川驿卒。善骑射,斗很无赖,数犯法。知县晏子宾捕之,将置诸死,脱去为屠。天启末,魏忠贤党乔应甲为陕西巡抚,朱童蒙为延绥巡抚,贪黩不诘盗,盗由是始。

崇祯元年,陕西大饥,延绥缺饷,固原兵劫州库。白水贼王二,府谷贼王嘉胤,宜川贼王左挂、飞山虎、大红狼等,一时并起,有安塞马贼高迎祥者,自成舅也,与饥民王大梁聚众应之。迎祥自称闯王,大梁自称大梁王。二年春,诏以杨鹤为三边总督,捕之。参政刘应遇击斩王二、王大梁,参政洪承畴击破王左挂,贼稍稍惧。会京师戒严,山西巡抚耿如杞勤王兵哗而西,延绥总兵吴自勉、甘肃巡抚梅之焕勤王兵亦溃,与群盗合。延绥巡抚张梦鲸恚死,承畴代之,召故总兵杜文焕督延绥、固原兵,便宜剿贼。

三年,王左挂、王子顺、苗美等战屡败,乞降。而王嘉胤掠延安、庆阳间,杨鹤抚之,不听,从神木渡河犯山西。是时,秦地所征曰新饷,曰均输,曰间架,其目日增,吏因缘为奸,民大困。以给事中刘懋议,裁驿站,山、陕游民仰驿糈者,无所得食,俱从贼,贼转盛。兵部郎中李继贞奏曰："延民饥，将尽为盗，请以帑金十万振之。"帝不听。而嘉胤已袭破黄甫川、清水、木瓜三堡，陷府谷、河曲。又有神一元、不沾泥、可天飞、郝临庵、红军友、点灯子、李老柴、混天猴、独行狼诸贼，所在蜂起，或掠秦，或东入晋，屠陷城堡。官兵东西奔击，贼或降或死，旋灭旋炽。延安贼张献忠亦聚众据十八寨，称八大王。

四年，孤山副将曹文诏破贼河曲，王嘉胤遁去。已，复自岳阳突犯泽、潞，为左右所杀，其党共推王自用号紫金梁者为魁。自用结群贼老回回、曹操、八金刚、扫地王、射塌天、阎正虎、满天星、破甲锥、邢红狼、上天龙、蝎子块、过天星、混世王等及迎祥、献忠共三十六营，众二十余万，聚山西。自成乃与兄子过往从迎祥，与献忠等合，号闯将，未有名。杨鹤抚贼不效被逮，洪承畴代鹤，张福臻代承畴，督诸将曹文诏、杨嘉谟剿贼，所向克捷，陕地略定。而山西贼大盛，剽掠宁乡、石楼、稷山、闻喜、河津间。

五年，贼分道四出，连陷大宁、隰州、泽州、寿阳诸州县，全晋震动。乃罢巡抚宋统殷，以许鼎臣代之，与宣大总督张宗衡分督诸将。宗衡督虎大威、贺人龙、左良玉等兵八千人，驻平阳，责以平阳、泽、潞四十一州县。鼎臣督张应昌、颇希牧、艾万年兵七千人，驻汾州，责以汾、太、沁、辽三十八州县。贼亦转入磨盘山，分众为三：阎正虎据交城、文水，窥太原；邢红狼、上天龙据吴城，窥汾州；自用、献忠突沁州、武乡，陷辽州。

六年春，官兵共进力击。自用惧，乞降于故锦衣金事张道浚。约未定，阳和兵袭之。贼怒，败约去。会总兵官曹文诏率陕西兵至，偕诸将猛如虎、虎大威、颇希牧、艾万年、张应昌等合剿，屡战皆大克，前后杀混世王、满天星、姬关锁、翻山动、掌世王、显道神等，破自用、献忠、老回回、蝎子块、扫地王诸贼。其后，自用又为川将邓玘射杀之。山西三大盗俱败。

初，贼之破泽州也，分其众，南逾太行，掠济源、清化、修武，围怀庆。官军击之，贼遁走。别贼复阑入西山，大掠顺德、真定间。大名道卢象升力战却贼。贼自邢台摩天岭西下，抵武安，败总兵左良玉,河北三府焚劫殆遍。潞王上疏告急,兼请卫凤、泗陵寝。诏特遣总兵倪宠、王朴率京营兵六千人,与诸将并进。贼闻之,欲从河内走太行。文诏邀击之,不敢进。

贼之败于山西者,亦奔河北合营,迎祥、自成、献忠、曹操、老回回等俱至。京兵蹑其后,左良玉、汤九州等扼其前,连战于青店、石冈、石坡、牛尾、柳泉、猛虎村,屡败之。贼欲逸,阻于河,大困。贼素畏文诏、道浚,道浚先坐事遣戍,文诏转战秦、晋、河北,遇贼辄大克,御史复劾其骄倨,调大同总兵去。贼遂诡辞乞降,监军太监杨进朝信之,为入奏。会天寒河冰合,贼突从毛家寨策马径渡。河南诸军无扼河者,贼遂连陷渑池、伊阳、卢氏三县。河南巡抚玄默率诸将盛兵待之,贼窜入卢氏山中,由间道直走内乡,掠郧阳,又分掠南阳、汝宁,入枣阳、当阳,逼湖广。巡抚唐晖敛兵守境。犯归、巴、夷陵等处,破夔州,攻庆元,逼四川,所在告急。

七年春,特设山、陕、河南、湖广、四川总督,专办贼,以延绥巡抚陈奇瑜为之,以卢象升抚治郧阳,为奇瑜破贼延水关有威名,而象升历战阵知兵也。于是奇瑜自均州入,与象升并进,师次乌林关,斩贼数千级。贼走汉南,奇瑜以湖广不足忧,引兵西击。

始,贼自渑池渡河,高迎祥最强,自成属焉。及入河南,自成与兄子过结李牟、俞彬、白广恩、李双喜、顾君恩、高杰等自为一军。过、杰善战,君恩善谋,及奇瑜兵至,献忠等奔商、洛,自成等陷于兴安之车箱峡。会大雨两月,马乏刍多死,弓矢皆脱,自成用君恩计,赂奇瑜左右,诈降。奇瑜意轻贼,许之,檄诸将按兵毋杀,所过州县为具糇传送。贼甫渡栈,即大噪,尽屠所过七州县。而略阳贼数万亦来会,贼势愈张。奇瑜坐削籍,而自成名始著矣。

已,洪承畴代奇瑜,李乔巡抚陕西,吴甡巡抚山西。大学士温体仁谓甡曰:“流贼癣疥疾,勿忧也。”未几,西宁兵变,承畴甫受命而东,闻变遽返。迎祥、自成遂入巩昌、平凉、临洮、凤翔诸府数十州县。败贺人龙、张天礼军,杀固原道陆梦龙。围陇州四十余日,承畴檄总兵左光先与人龙合击,大破之。会朝廷亦命豫、楚、晋、蜀兵四道入陕,迎祥、自成遂窜入终南山。已而东出,陷陈州、灵宝、汜水、荥阳。闻左良玉将至,移壁梅山、溱水间。部贼拔上蔡,烧汝宁郛。乃命承畴出关追贼,与山东巡抚朱大典并力击,贼侦知之。

　　八年正月大会于荥阳。老回回、曹操、革里眼、左金王、改世王、射塌天、横天王、混十万、过天星、九条龙、顺天王及迎祥、献忠共十三家七十二营,议拒敌,未决。自成进曰:“一夫犹奋,况十万众乎!官兵无能为也。宜分兵定所向,利钝听之天。”皆曰:“善。”乃议革里眼、左金王当川、湖兵,横天王、混十万当陕兵,曹操、过天星扼河上,迎祥、献忠及自成等略东方,老回回、九条龙往来策应。陕兵锐,益以射塌天、改世王。所破城邑,子女玉帛惟均。众如自成言。

　　先是,南京兵部尚书吕维祺惧贼南犯,请加防凤阳陵寝,不报。及迎祥、献忠东下,江北兵单,固始、霍丘俱失守。贼燔寿州,陷颍州,知州尹梦鳌、州判赵士宽战死,杀故尚书张鹤鸣。乘胜陷凤阳,焚皇陵,留守署正朱国相等皆战死。事闻,帝素服哭,遣官告庙。逮漕运都御史杨一鹏弃市,以朱大典代之,大征兵讨贼。贼乃大书帜曰古元真龙皇帝,合乐大饮。自成从献忠求皇陵监小阉善鼓吹者,献忠不与。自成怒,偕迎祥西趋归德,与曹操、过天星合,复入陕西。献忠独东下庐州。

　　承畴方驰至汝州,命诸将左良玉、汤九州、尤世威、徐来朝、陈永福、邓玘、张应昌分扼湖广、河南、郧阳诸关隘,召曹文诏为中军。文诏未至,玘以兵乱死。迎祥、自成从终南山出,大掠富平、宁州。老回回、献忠、曹操、蝎子块、过天星诸贼,闻承畴出关,先后皆走陕西,焚掠西安、平凉、凤翔诸郡。承畴亟还救,分遣诸将击老回回等,令副总兵刘成功、艾万年击迎祥、自成于宁州。万年中伏战死,文诏怒,复击之,亦中伏战死。群贼乘胜掠地,火照西安城中。承畴力御之泾阳、三原间,决死战,贼不得过。献忠、老回回等由他道转突朱阳关,守关将徐来臣军溃死,尤世威中箭遁。于是群贼皆出关,分十三营东犯,而迎祥、自成独留陕西。

　　时卢象升已改湖广巡抚,总理直隶、河南、山东、四川、湖广诸军务。诏承畴督关中，象升督关外。贼亦分兵，迎祥略武功、抚风以西，自成略富平、固州以东。承畴遣将追自成，小捷，至醴泉。贼将高杰通于自成妻邢氏，惧诛，挟之来降。承畴身追自成，大战渭南、临潼，自成大败东走。迎祥亦屡败，东逾华阴南原，绝岭，偕自成出朱阳关，与献忠合。冬十一月，群贼薄阌乡，左良玉、祖宽御之不克，遂陷陕州，进攻洛阳。河南巡抚陈必谦督良玉、宽援洛阳，献忠走嵩、汝。迎祥、自成走偃师、巩县，略鲁山、叶县，陷光州，象升击败之确山。

九年春，迎祥、自成攻庐州，不拔。陷含山、和州，杀知州黎弘业及在籍御史马如蛟等。又攻滁州，知州刘大巩、太仆卿李觉斯坚守不下。象升亲督祖宽、罗岱、杨世恩等来援，战于朱龙桥，贼大败，尸咽水不流。北攻寿州，故御史方震孺坚守。折而西，入归德，边将祖大乐破之。走密、登封，故总兵汤九州战死。分道犯南阳、裕州，必谦援南阳，象升援裕，令大乐等击贼，杀迎祥、自成精锐几尽。贼复分兵再入陕，迎祥由郧、襄趋兴安、汉中，自成由南山逾商、洛，走延绥，犯巩昌北境。诸将左光先、曹变蛟破之，自成走环县。未几，官军败于罗家山，尽亡士马器仗，总兵官俞冲霄被执。自成势复振，进围绥德，欲东渡河，山西兵遏之。复西掠米脂，呼知县边大绶，曰："此吾故乡也，勿虐我父老。"遗之金，令修文庙。将袭榆林，河水骤长，贼淹死甚众，乃改道，从韩城而西。

时象升及大乐、宽等皆入援京师。孙传庭新除陕西巡抚，锐意灭贼。秋七月，擒迎祥于盩厔，献俘阙下，磔死。于是贼党乃共推自成为闯王矣。是月，犯阶、徽。未几，出沔、陇，犯凤翔，渡渭河。

十年犯泾阳、三原。蝎子块、过天星俱来会。传庭督变蛟连战七日，皆克，蝎子块降。自成与过天星奔秦州。入蜀，陷宁羌，破七盘关，陷广元，总兵官侯良柱战死，遂连陷昭化、剑州、梓潼、江油、黎雅、青州等州县。剑州知州徐尚卿、吏目李英俊、昭化知县王时化、郫县主簿张应奇、金堂典史潘梦科皆死。进攻成都，七日不克，巡抚王维章坐避贼征。

十一年春,官军败贼梓潼,自成奔白水,食尽。承畴、传庭合击于潼潼原,大破之。自成尽亡其卒,独与刘宗敏、田见秀等十八骑溃围,窜伏商、洛山中。其年,献忠降,自成势益衰。承畴改蓟辽总督,传庭改保定总督。传庭以疾辞,逮下狱。二人去,自成稍得安。总理熊文灿方主抚,谍者或报自成死,益宽之。

十二年夏,献忠反谷城。自成大喜,出收众,众复大集。陕西总督郑崇俭发兵围之,令曰“围师必缺”。自成乃由缺走,突武关,往依献忠。献忠欲图之,觉,遁去。杨嗣昌督师夷陵,檄令降,自成出谩语。官军围自成于巴西、鱼复诸山中,自成大困,欲自经,养子双喜劝而止。贼将多出降。刘宗敏者,蓝田锻工也,最骁勇,亦欲降。自成与步入丛祠,顾而叹曰:“人言我当为天子,盖卜之,不吉,断我头以降。”宗敏诺,三卜三吉。宗敏还,杀其两妻,谓自成曰:“吾死从君矣。”军中壮士闻之,亦多杀妻子愿从者。自成乃尽焚辎重,轻骑由郧、均走河南。河南大旱,斛谷万钱,饥民从自成者数万。遂自南阳出,攻宜阳,杀知县唐启泰。攻永宁,杀知县武大烈,戕万安王采铤。攻偃师,知县徐日泰骂贼死。时十三年十二月也。

自成为人高颧深頔,鸱目曷鼻,声如豺。性猜忍,日杀人斫足剖心为戏。所过,民皆保坞堡不下。杞县举人李信者,逆案中尚书李精白子也,尝出粟振饥民,民德之曰:“李公子活我。”会绳伎红娘子反,掳信,强委身焉。信逃归,官以为贼,囚狱中。红娘子来救,饥民应之,共出信。卢氏举人牛金星磨勘被斥,私人自成军为主谋,潜归,事泄坐斩,已,得末减。二人皆往投自成,自成大喜,改信名曰岩。金星又荐卜者宋献策,长三尺余,上谶记云:“十八子,主神器。”自成大悦。岩因说曰:“取天下以人心为本,请勿杀人,收天下心。”自成从之,屠戮为减。又散所掠财物振饥民,民受饷者,不辨岩、自成也,杂呼曰:“李公子活我。”岩复造谣词曰:“迎闯王,不纳粮。”使儿童歌以相煽,从自成者日众。

十四年正月攻河南,有营卒勾贼,城遂陷,福王常洵遇害。自成兵沴王血,杂鹿醢尝之,名“福禄酒”。王世子由崧祼而逃。自成发王邸金振饥民，遂移攻开封。时张献忠亦陷襄阳，戕襄王翊铭。王开封者周王恭枵，闻贼至，急发库金募死士，与巡抚都御史高名衡等固守。自成攻七昼夜，解去，屠密县。贼魁罗汝才，土寇袁时中皆归自成。时中众二十万，号小袁营。汝才即曹操，与献忠同降复叛去者也。

自成初为迎祥裨将，至是势大盛。帝以故尚书傅宗龙为陕西总督，使专办自成，别敕保定总督杨文岳会师。宗龙驰入关，与巡抚汪乔年调兵，兵已发尽，乃檄河南大将李国奇、贺人龙兵隶部下，亟出关。文岳率虎大威军俱至新蔡，与自成遇。人龙卒先奔，国奇、大威、继之，宗龙、文岳以亲军筑垒自固。夜，文岳兵溃奔陈州，宗龙与贼持数日，食尽，突围走，被执死。自成陷叶县，杀副将刘国能，遂围左良玉于郾城。乔年代宗龙总督，出关，次襄城，自成尽锐攻之，乔年与副将李万庆皆死。自成剿剐诸生百九十人。遂乘胜陷南阳、邓州十四城，再围开封。巡抚名衡、总兵陈永福力拒之，射中自成目，炮礧上天龙等，自成益怒。

自成每攻城，不用古梯冲法，专取瓴甋，得一砖即归营卧，后者必斩。取砖已，即穿穴。穴成，初仅容一人，渐至百十，次第传土以出。过三五步，留一土柱，系以巨绳。穿毕，万人曳绳，一呼而柱折城崩矣。名衡于城上凿横道，听其下有声，用毒秽灌之，多死。贼乃即城坏处用火攻法，实药瓮中，火燃药发，当者辄糜碎，名曰放迸。

十五年正月，城半圮，贼用放迸法攻之，铁骑数千驰噪，伺城颓即拥入城。城故宋汴都，金人所重筑也。厚数丈，土坚，火外击，贼骑多歼，自成骇而去。南陷西华，寻屠陈州，副使关永杰、知州侯君擢皆骂贼死。归德、睢州、宁陵、太康数十郡县，悉残毁。商丘知县梁以樟创死复苏，全家歼焉。

已，复攻开封，筑长围为持久计。诏起孙传庭为总督，释故尚书侯恂命督师，召左良玉援开封。良玉至朱仙镇，大败，奔襄阳。诸军皆屯河北，不敢进。开封食尽。山东总兵刘泽清亦奉诏至。传庭知开封急，大会诸将西安，亟出关来救。未至，名衡等议决朱家寨口河

灌贼，贼亦决马家口河欲灌城。秋九月癸未，天大雨，二口并决，声
如雷，溃北门入，穿东南门出，注涡水。城中百万户皆没，得脱者惟
周王、妃、世子及抚按以下不及二万人。贼亦漂没万余，乃拔营西南
去。

　　先是，有马守应称老回回、贺一龙称革里眼、贺锦称左金王、刘
希尧称争世王、蔺养成称乱世王者，皆附自成，时号“革左五营”。自
成乃西迎传庭兵，遇于南阳，传庭军溃走，豫人所谓柿园之败也。是
时大清兵南侵，京师方告急，朝廷不暇复讨贼。自成乃收群贼，连营
五百余里，再屠南阳，进攻汝宁。总兵虎大威中炮死，杨文岳被杀。
自成乃胁崇王由樻使从军，遂由确山、信阳、泌阳向襄阳。左良玉望
风南走，自成入襄阳。分徇属城及德安诸州县，皆下，再破夷陵、荆
门州。自成自攻荆州，湘阴王俨铲遇害，烧献陵木城，穿毁宫殿。

　　十六年春陷承天。将发献陵，有声震山谷，惧而止。旁掠潜山、
京山、云梦、黄陂、孝感等州县，皆下。先驱逼汉阳，良玉走九江。攻
郧阳，抚治都御史徐起元及王光恩力守不下。光恩，贼反正者也。

　　自成自号奉天倡义大元帅，号罗汝才代天抚民威德大将军。分
其众，曰标营，领兵百队；曰先、后、左、右营，各领兵三十余队。标营
白帜黑纛，自成独白鬃大纛银浮屠；左营帜白，右绯，前黑，后黄，纛
随其色。五营以序直昼夜，次第休息，巡徼严密。逃者谓之落草，磔
之。收男子十五以上、四十以下者为兵。精兵一人，主刍、掌械、执
爨者十人。军令不得藏白金，过城邑不得室处，妻子外不得携他妇
人。寝兴悉用单布幕。锦甲厚百层，矢炮不能入。一兵倅马三四匹，
冬则以茵褥籍其蹄。剖人腹为马槽以饲马，马见人，辄锯牙思噬若
虎豹。军止，即出较骑射，曰站队。夜四鼓，蓐食以听令。所过崇冈
峻坂，腾马直上。水惟惮黄河，若淮、泗、泾、渭，则万众翘足马背，或
抱鬣缘尾，呼风而渡，马蹄所壅阏，水为不流。临阵，列马三万，名三
堵墙。前者返顾，后者杀之。战久不胜，马兵佯败诱官兵，步卒长枪
三万，击刺如飞，马兵回击，无不大胜。攻城，迎降者不杀，守一日杀
十之三，二日杀十之七，三日屠之。凡杀人，束尸为燎，谓之打亮。城

将陷,步兵万人环堞下,马兵巡徼,无一人得免。献忠虽至残忍,不逮也。诸营较所获,马骡者上赏,弓矢铅铳者次之,币帛又次之。珠玉为下。

自成不好酒色,脱粟粗粝,与其下共甘苦。汝才妻妾数十,被服纨绮,帐下女乐数部,厚自奉养,自成尝嗤鄙之。汝才众数十万,用山西举人吉珪为谋主。自成善攻,汝才善战,两人相须若左右手。自成下宛、叶,克梁、宋,兵强士附,有专制心,顾独忌汝才。乃召汝才所善贺一龙宴,缚之,晨以二十骑斩汝才于帐中,悉兼其众。

自成在中州,所略城辄焚毁之。及渡汉江,谋以荆、襄为根本,改襄阳曰襄京,修襄王宫殿居之。改禹州曰均平府,承天府曰扬武州,他府县多所更易。

牛金星教以创官爵名号,大行署置。自成无子,兄子过及妻弟高一功,迭居左右,亲信用事。田见秀;刘宗敏为权将军,李岩、贺锦、刘希尧等为制将军,张鼐、党守素等为威武将军,谷可成、任维荣等为果毅将军,凡五营二十二将。又置上相、左辅、右弼、六政府侍郎、郎中、从事等官。要地设防御使,府曰尹,州曰牧,县曰令。封崇王由樻襄阳伯、邵陵王在城枣阳伯、保宁王绍𡏫宣城伯、肃宁王术桴顺义伯。以张国绅为上相,牛金星为左辅,来仪为右弼。国绅,安定人,尝官参政。既降,献文翔凤妻邓氏以媚自成。自成恶其伤同类,杀之,而归邓氏于其家。六政府侍郎则石首喻上猷、江陵萧应坤、招远杨永裕、米脂李振声、江陵邓岩忠、西安姚锡胤,寻以宣城丘之陶代振声为兵政府侍郎。其余受伪职者甚众,不具载。

使高一功、冯雄守襄阳,任继光守荆州,蔺养成、牛万才守夷陵,王文曜守澧州,白旺守安陆,萧云林守荆门,谢应龙守汉川,周凤梧守禹州。于是河南、湖广、江北诸贼莫不听命。自成既杀汝才、一龙,又袭杀养成,夺守应兵,击杀袁时中于杞县。献忠方据武昌,自成遣使贺,且胁之曰:“老回回已降,曹操辈诛死,行及汝矣。”献忠大惧,南入长沙。

当是时,十三家七十二营诸大贼,降死殆尽,惟自成、献忠存,而自成独劲,遂自称曰新顺王。集牛金星等议兵所向。金星请先取河北,直走京师。杨永裕请下金陵,断燕都粮道。从事顾君恩曰:"金陵居下流,事虽济,失之缓。直走京师,不胜,退安所归,失之急。关中,大王桑梓邦也,百二山河,得天下三分之二,宜先取之,建立基业。然后旁略三边,资其兵力,攻取山西,后向京师,庶几进战退守,万全无失。"自成从之。

传庭之败于柿园而归陕也,大治兵,制火车二万辆,募壮士,使白广恩、高杰将,欲俟贼饥而击之。朝议日督战,不得已出关。以牛成虎、卢光祖为前锋,由灵宝入洛。高杰为中军,檄广恩从新安来会。河南将陈永福守新滩,四川将秦翼明出商、洛,为犄角。前锋败贼渑池,至宝丰,再拔其城。次郏,自成率万骑还战,复大败,几被擒。会天大雨,道泞,粮车不进。自成遣轻骑出汝州,要截粮道。传庭乃分军三,令广恩从大道,令高杰等随从间道迎粮,令永福守营。传庭既行,永福兵亦争发,不可禁,遂为贼所蹑。至南阳,传庭还战,贼阵五重,官军克其三。已而稍却,火车奔,骑兵亦大奔。贼纵铁骑践之,传庭大败。自成空壁追,一日夜逾四百里,官军死者四万余人,失兵器辎重数十万。传庭奔河北,转趋潼关,气败沮不复振。

冬十月,自成陷潼关,传庭死,遂连破华阴、渭南、华、商、临潼。进攻西安,守将王根子开东门纳贼。自成执秦王存枢以为权将军,永寿王谊泜为制将军。巡抚冯师孔以下死者十余人,布政使陆之祺等俱降。自成大掠三日,下令禁止。改西安曰长安,称西京。赐顾君恩女乐一部,赏入关策也。大发民,修长安城,开驰道。自成每三日亲赴教场校射,百姓望见黄龙纛,咸伏地呼万岁。诸将白广恩、高汝利、左光先、梁甫先后皆降。陈永福以先射中自成目,保山巅不敢下,自成折箭为誓,招之,亦降。惟高杰以窃自成妻走延安,为李过所追,折而东,渡宜川,绝蒲津以守。

自成兵所至风靡,乃诣米脂祭墓。向为官军所发,焚弃遗骴,筑土封之。求其宗人,赠金封爵以去。改延安府曰天保府,米脂曰天保县,清涧曰天波府。凤翔不下,屠之。始,自成入陕西,自谓故乡,毋有侵暴，未一月抄掠如故。又以士大夫必不附己，悉索诸荐绅，搒掠征其金，死者瘗一穴。榆林故死守，李过等不能克，自成大发兵攻陷之。副使都任，总兵王世国、尤世威等，俱不屈死。乘胜取宁夏，屠庆阳，执韩王亶塉。移攻兰州，甘肃巡抚林日瑞等亦死。进陷西宁，于是肃州，山丹、永昌、镇番、庄浪皆降，陕西地悉归自成。又遣贼渡河，陷平阳，杀宗室三百余人。高杰奔泽州。诏以余应桂总督三边，收边兵剿贼，然全陕已没，应桂不能进。

十七年正月庚寅朔，自成称王于西安，僭国号曰大顺，改元永昌，改名自晟。追尊其曾祖以下，加谥号，以李继迁为太祖。设天祐殿大学士，以牛金星为之。增置六政府尚书，设弘文馆、文谕院、谏议、直指使、从政、统会、尚契司、验马寺、知政使、书写房等官。以乾州宋企郊为吏政尚书、平湖陆之祺为户政尚书、真宁巩焴为礼政尚书、归安张嶙然为兵政尚书。复五等爵，大封功臣，侯刘宗敏以下九人，伯刘体纯以下七十二人，子三十人，男五十五人。定军制。有一马僭行列者斩之，马腾入田苗者斩之。籍步兵四十万、马兵六十万。兵政侍郎杨王休为都肄，出横门，至渭桥，金鼓动地。令弘文馆学士李化鳞等草檄，驰谕远近，指斥乘舆。是日大风霾，黄雾四塞。事闻，帝大惊，召廷臣议。大学士李建泰请督师，帝许之。

时山西自平阳陷，河津、稷山、荥河皆陷，他府县多望风送款。二月，自成渡河，破汾州，徇河曲、静乐，攻太原，执晋王求桂，巡抚蔡懋德死之。北徇忻、代，宁武总兵周遇吉战死。自成先遣游兵入故关，掠大名、真定而北。身率众贼并边东犯，陷大同，巡抚卫景瑗、总兵朱三乐死。自成杀代王傅炜，代藩宗室殆尽。犯宣府，总兵姜瓖迎降，巡抚朱之冯死。遂犯阳和，由柳沟逼居庸，总兵官唐通、太监杜之秩迎降。

三月十三日焚昌平，总兵官李守镈死。始，贼欲侦京师虚实，往往阴遣人辇重货，贾贩都市，又令充部院诸掾吏，探刺机密。朝廷有谋议，数千里立驰报。及抵昌平，兵部发骑探贼，贼辄勾之降，无一还者。贼游骑至平则门，京师犹不知也。十七日，帝召问群臣，莫对，有泣者。俄顷，贼环攻九门。门外先设三大营，悉降贼。京师久乏饷，乘陴者少，益以内侍。内侍专守城事，百司不敢问。

十八日，贼攻益急，自成驻彰义门外，遣降贼太监杜勋缒入见帝，求禅位。帝怒，叱之下，诏亲征。日暝，太监曹化淳启彰义门，贼尽入。帝出宫，登煤山，望烽火彻天，叹息曰："苦我民耳。"徘徊久之，归乾清宫，令送太子及永王、定王于戚臣周奎、田弘遇第，剑击长公主，趣皇后自尽。十九日丁未，天未明，皇城不守，鸣钟集百官，无至者。乃复登煤山，书衣襟为遗诏，以帛自缢于山亭，帝遂崩。太监王承恩缢于侧。

自成毡笠缥衣，乘乌驳马，入承天门。伪丞相牛金星，尚书宋企郊、喻上猷，侍郎黎志升、张嶙然等骑而从。登皇极殿，据御座，下令大索帝后，期百官三日朝见。文臣自范景文、勋戚自刘文炳以下，殉节者四十余人。宫女魏氏投河，从者二百余人。象房象皆哀吼流泪。太子投周奎家，不得入，二王亦不能匿，先后拥至，皆不屈，自成羁之宫中。长公主绝而复苏，舁至，令贼刘宗敏疗治。

已，乃知帝后崩，自成命以宫扉载出，盛柳棺，置东华门外，百姓过者皆掩泣。越三日己酉，昧爽，成国公朱纯臣、大学士魏藻德率文武百官入贺，皆素服坐殿前。自成不出，群贼争戏侮，为椎背、脱帽，或举足加颈，相笑乐，百官慑伏不敢动。太监王德化叱诸臣曰："国亡君丧，若曹不思殡先帝，乃在此耶！"因哭，内侍数十人皆哭，藻德等亦哭。顾君恩以告自成，改殓帝后，用衮冕祎翟，加苇厂云。大学士陈演劝进，不许。封太子为宋王。放刑部、锦衣卫系囚。

自成自居西安，建置官吏，至是益尽改官制。六部曰六政府，司官曰从事，六科曰谏议，十三道曰直指使，翰林院曰弘文馆，太仆寺曰验马寺，巡抚曰节度使，兵备曰防御使，知府州县曰尹、曰牧、曰令。召见朝官，自成南向坐，金星、宗敏、企郊等左右杂坐，以次呼名，分三等授职。自四品以下少詹事梁绍阳、杨观光等无不污伪命，三品以上独用故侍郎侯恂。其余勋戚、文武诸臣奎、纯臣、演、藻德等共八百余人，送宗敏等营中，拷掠责赇略，至灼肉折胫，备诸惨毒。藻德遇马世奇家人，泣曰："吾不能为若主，今求死不得。"贼又编排甲，令五家养一贼，大纵淫掠，民不胜毒，缢死相望。征诸勋戚大臣金，金足辄杀之。焚太庙神主，迁太祖主于帝王庙。

时贼党已陷保定，李建泰降，畿内府县悉附。山东、河南遍设官吏，所至无违者。及淮，巡抚路振飞发兵拒之，乃去。自成谓真得天命，金星率贼众三表劝进，乃从之，令撰登极仪，诹吉日。及自成升御坐，忽见白衣人长数丈，手剑怒视，座下龙爪矗俱动，自成恐，亟下。铸金玺及永昌钱，皆不就。闻山海关总兵吴三桂兵起，乃谋归陕西。

初，三桂奉诏入援，至山海关，京师陷，犹豫不进。自成劫其父襄，作书招之，三桂欲降。至滦州，闻爱姬陈沅被刘宗敏掠去，愤甚，疾归山海，袭破贼将。自成怒，亲部贼十余万，执吴襄于军，东攻山海关，以别将从一片石越关外。三桂惧，乞降于我大清。四月二十二日，自成兵二十万，阵于关内，自北山亘海。我兵对贼置阵，三桂居右翼末，悉锐卒搏战，杀贼数千人。贼亦力斗，围开复合。战良久，我兵从三桂阵右突出，冲贼中坚，万马奔跃，飞矢雨堕，天大风，沙石飞走，击贼如雹。自成方挟太子登高岗观战，知为我兵，急策马下风走。我兵追奔四十里，贼众大溃，自相践踏，死者无算，僵尸遍野，沟水尽赤。自成奔永平，我兵逐之。三桂先驱至永平，自成杀吴襄，奔还京师。

时牛金星居守，诸降人往谒，执门生礼甚恭。金星曰："讹言方起，诸君宜简出。"由是降者始惧，多窜伏矣。自成至，悉熔所拷索金及宫中帑藏、器皿，铸为饼，每饼千金，约数万饼，骡车载归西安。二十九日丙戌僭帝号于武英殿，追尊七代皆为帝后，立妻高氏为皇后。自成被冠冕，列仗受朝，金星代行郊天礼。是夕焚宫殿及九门城楼。诘旦，挟太子、二王西走，而使伪将军左光先、谷可成殿。

五月二日，我大清兵入京师，下令安辑百姓，为帝后发丧，议谥号，遣将偕三桂追自成。时福王已监国南京，大学士史可法督师讨贼。自成至定州，我兵追之，与战，斩谷可成，左光先伤足，贼负而逃。自成西走真定，益发众来攻，我兵复击之。自成中流矢创甚，西逾故关，入山西。会我兵东返，自成乃鸠合溃散，走平阳。

李岩者，故劝自成以不杀收人心者也。及陷京师，保护懿安皇后令自尽。又独于士大夫无所拷掠，金星等大忌之。定州之败，河南州县多反正，自成召诸将议，岩请率兵往。金星阴告自成曰："岩雄武有大略，非能久下人者。河南，岩故乡，假以大兵，必不可制。十八子之谶，得非岩乎？"因谮其欲反。自成令金星与岩饮，杀之，贼众俱解体。

自成归西安，复遣贼陷汉中，降总兵赵光远，进略保宁。时献忠以兵拒之，乃还。八月建祖祢庙成，将往祀，忽寒栗不能就礼。自成始以岩言，谬为仁义，及岩死，又屡败，复强很自用，伪尚书张第元、耿始然皆以小忤死。制铜铡，官吏坐赃，即铡斩。民盗一鸡者死。西人大惧。

顺治二年二月，我兵攻潼关，伪伯马世耀以六十万众迎战，败死。潼关破，自成遂弃西安，由龙驹寨走武冈，入襄阳，复走武昌。我兵两道追蹑，连蹙之邓州、承天、德安、武昌，穷追至贼老营，大破之者八。当是时，左良玉东下，武昌虚无人。自成屯五十余日，贼众尚五十余万，改江夏曰瑞符县。寻为我兵所迫，部众多降，或逃散。自成走咸宁、蒲圻，至通城，窜于九宫山。秋九月，自成留李过守寨，自率二十骑略食山中，为村民所困，不能脱，遂缢死。或曰村民方筑堡，见贼少，争前击之，人马俱陷泥淖中，自成脑中锄死。剥其衣，得龙衣金印，眇一目，村民乃大惊，谓为自成也。时我兵遣识自成者验其尸，朽莫辨。获自成两从父伪赵侯、伪襄南侯及自成妻妾二人，金印一。又获伪汝侯刘宗敏、伪总兵左光先、伪军师宋献策。于是斩自成从父及宗敏于军。牛金星、宋企郊等皆遁亡。

自成兄子过改名锦，偕诸贼帅奉高氏降于总督何腾蛟。时唐王立于闽，赐锦名赤心，封高氏忠义夫人，号其军曰忠贞营，隶腾蛟麾下。永明王时，赤心封兴国侯，寻死。

张献忠者,延安卫柳树涧人也,与李自成同岁生。长隶延绥镇为军,犯法当斩,主将陈洪范奇其状貌,为请于总兵官王威释之,乃逃去。

崇祯三年,陕西贼大起,王嘉胤据府谷,陷河曲。献忠以米脂十八寨应之,自称八大王。明年,嘉胤死,其党王自用复聚众三十六营,献忠及高迎祥、罗汝才、马守应等,皆为之渠。其冬,洪承畴为总督,献忠及汝才皆就抚。已而叛入山西,偕群贼焚掠。寻扰河北,又偕渡河。自是陕西、河南、湖广、四川、江北数千里地,皆被蹂躏。当此之时,贼渠率众无专主,遇官军,人自为斗,胜利争进,败则窜山谷不相顾。官军遇贼追杀,亦不知所逐何贼也。贼或分或合,东西奔突,势日强盛。

八年,十三家会荥阳,议敌官军。守应欲北渡,献忠嗤之,守应怒,李自成为解,乃定议。献忠始与高迎祥并起作贼,自成乃迎祥偏裨,不敢与献忠并。及是遂相颉颃,与俱东掠,连破河南、江北诸县,焚皇陵。已而迎祥、自成西去。献忠独东,围庐州、舒城,俱不下。攻桐城,陷庐江,屠巢、无为、潜山、太湖、宿松诸城,应天巡抚张国维御之。献忠从英、霍遁,道麻城,合守应等入关,会迎祥于凤翔。已,复出商、洛,屯灵宝,以待迎祥。迎祥至,则合兵复东,总兵官左良玉、祖宽击之,献忠与迎祥分道走。宽追献忠,战于嵩县及九皋山,三战皆克,俘斩甚众。献忠恚,再合迎祥众还战,复大败。迎祥寻与自成入陕西,而守应、汝才诸贼,各盘踞郧阳、商、洛山中,不能救,献忠亦遁山中。

明年秋,总督卢象升去,苗胙土巡抚湖广,不习兵。于是献忠自均州,守应自新野,蝎子块自唐县,并犯襄阳,众二十余万。总兵秦翼明兵寡不能御,湖广震动。献忠纠汝才、守应及闯塌天诸贼,顺流东下,与江北贼贺一龙、贺锦等合,烽火达淮、扬。南京兵部尚书范景文、操江都御史黄道直、总兵官杨御蕃分汛固守,安池道副使史可法亲率兵当贼冲。贼从间道犯安庆,连营百里,巡抚国维告警。诏左良玉、马爌、刘良佐合兵援之,遂大破贼。贼走潜山之天王古寨,国维檄良玉搜山，良玉不应，寻北去。贼乃复出太湖，连蕲、黄，败官军于鄢家店，杀参将程龙、陈于王等四十余人。会总兵官牟文绶偕良佐来援，复破贼。贼皆遁，献忠入湖广。

是时，河南、湖广贼十五家，惟献忠最犷黠骁勃，次则汝才。献忠尝伪为官兵，欲绐宛城，良玉适至，献忠仓皇走，前锋罗岱射之中额，良玉马追及，刃拂献忠面，马驰以免。会熊文灿为总理，刊檄抚贼。闯塌天者，本名刘国能，与献忠有隙，诣文灿降。献忠创甚，不能战，大恐。

十一年春，侦知陈洪范隶文灿麾下为总兵，大喜，因遣间赍重币献洪范曰："献忠蒙公大恩，得不死，公岂忘之邪？愿率所部降以自效。"洪范亦喜，为告文灿，受其降。巡按御史林铭球、分巡道王瑞枏与良玉谋，俟献忠至执之，文灿不可。献忠遂据谷城，请十万人饷，文灿不敢决。时群贼皆聚南阳，屠掠旁州县。文粲赴裕州，益大发檄抚贼。汝才以战败乞降于太和山监军太监李继改。明年，射塌天、混十万、过天星、关索、王光恩等十三家渠帅，先后俱降。陕西总督洪承畴、巡抚孙传庭复大破李成，自成窜崤、函山中，朝廷皆谓贼扑剪殆尽。

献忠在谷城，训卒治甲仗，言者颇疑其欲反。帝方信兵部尚书杨嗣昌言，谓文灿能办贼，不复忧也。夏五月，献忠叛，杀知县阮之钿，𫛛谷城，陷房县，合汝才兵，杀知县郝景春。十三家降贼一时并叛，惟王光恩不从。献忠去房县，左良玉追击之，罗岱为前锋，至罗猴山，岱中伏死，良玉大败。

嗣昌已拜大学士，乃自请督帅，帝大悦。十月朔，嗣昌至襄阳，集诸将议进兵。时群贼大掠，贺一龙、贺锦犯随、应、麻、黄，与官军相持。汝才及过天星窜伏漳、房、兴、远，献忠踞湖广、四川界，将西犯。嗣昌视东略稍缓，乃宿辎重襄阳，浚壕筑城甚固，令良玉专力剿献忠。

十三年闰正月，良玉击贼枸坪关，献忠遁，追至玛瑙山。贼据山拒敌,良玉先登,贺人龙、李国奇夹击,大败之,斩首千三百余级,擒献忠妻妾。湖广将张应元、汪之凤追败之水右坝。川将张令、方国安又邀击于岔溪。献忠奔柯家坪,张令逐北深入,被围,应元、之凤援之,复破贼。献忠率千余骑窜兴、归山中,势大蹙。

初,良玉之进兵也,与嗣昌议不合。献忠遣间说良玉,良玉乃围而弗攻。献忠因得与山民市盐刍米酪,收溃散,掩旗息鼓,益西走白羊山。时汝才及过天星从宁昌窥大昌、巫山,欲渡江,为官兵所扼。献忠至,遂与之合。献忠虽累败,气益盛,立马江岸,有不前赴者,辄戮之。贼争死斗,官军退走。贼毕渡,屯万顷山,归、巫大震。已而汝才、过天星犯开县不利,汝才东走,过天星复轶开县而西。诸将往复追逐,献忠乃悉众攻楚兵于土地岭,副将汪之凤战死。遂陷大昌,进屯开县张令战死,石柱女土司秦良玉亦败。汝才复自东至,与献忠转趋达州。川抚邵捷春退扼涪江。贼北陷剑州,将入汉中。总兵官赵光远、贺人龙守阳平、百丈险。贼不得过,乃复走巴西。涪江师溃,捷春论死。献忠屠绵州,越成都,陷泸州,北渡陷永川,走汉川、德阳,入巴州。又自巴走达州,复至开县。

先是,嗣昌闻贼入川,进驻重庆。监军万元吉曰:"贼或东突,不可无备,宜分中军间道出梓潼,扼归路。"嗣昌不听,拟令诸将尽赴泸州追贼。

十四年正月,总兵猛如虎、参将刘士杰迫之开县之黄陵城,贼还战,官军大败,士杰及游击郭开等皆死。献忠果东出,令汝才拒郧抚袁继咸兵,自率轻骑,一日夜驰三百里,杀督师使者于道,取军符,给陷襄阳城。献忠缚襄王翊铭置堂下,属之酒曰:"我欲借王头,使杨嗣昌以陷藩诛,王其努力尽此酒。"遂杀之,并杀郧襄道张克俭、推官邝曰广,复得其所失妻妾。又去,陷樊城、当阳、郑。合汝才入光州,残商城、罗山、息县、信阳、固始。分军犯茶山、应城,陷随州。伪张良玉帜,入泌阳。再攻应山,不克,去。攻郧阳,守将王光恩力战,始解。又拔郧西,群盗附者万计,遂东略地。

献忠自玛瑙山之败,心畏良玉,及屡胜,有骄色。秋八月,良玉追击之信阳,大破之,降贼众数万。献忠伤股,乘夜东奔,良玉急追之。会大雨,江溢道绝,官军不能进,献忠走免。已,复出商城,将向英山,又为副将王允成所破,众道散有尽,从骑止数十。时汝才已先与自成合,献忠遂投自成。自成以部曲遇之,不从。自成欲杀之,汝才谏曰:"留之使扰汉南,分官军兵力。"乃阴与献忠五百骑,使遁去。道纠土贼一斗谷、瓦罐子等,众复盛,然犹佯推自成。先是,贼营革、左、二贺陷含、巢、潜诸县,欲西合献忠,以湖广官兵沮不得达。及汴围急,督师丁启睿及左良玉皆往援汴,献忠乘间陷亳州,入英、霍山中,与革、左、二贺相见,皆大喜。

明年合攻,陷舒城、六安,掠民益军。陷庐州,知府郑履祥死。陷无为、庐江,习水师于巢湖。太监卢九德以总兵官黄得功、刘良佐之兵战于夹山,败绩,江南大震。凤阳总督高斗光、安庆巡抚郑二阳逮治,诏起马士英代斗光。是秋,得功、良佐大破贼于潜山,献忠腹心妇竖尽走蕲水,革、左、二贺,北投自成。已,献忠复袭陷太湖。会良玉避自成东下,尽撤湖广兵自从。献忠闻之,又袭陷黄梅。

十六年春,连陷广济、蕲州、蕲水。入黄州,黄民尽逃,乃驱妇女铲城,寻杀之以填堑。麻城人汤志者,大姓奴也,杀诸生六十人,以城降贼。献忠改麻城为州。又西陷汉阳,全军从鸭蛋洲渡,陷武昌,执楚王华奎,笼而沈诸江,尽杀楚宗室。录男子二十以下、十五以上为兵,余皆杀之。由鹦鹉洲至道士洑,浮胔蔽江,逾月人脂厚累寸,鱼鳖不可食。献忠遂僭号,改武昌曰天授府,江夏曰上江县。据楚王第,铸西王之宝,伪设尚书、都督、巡抚等官。开科取士。以兴国州柯、陈两姓土官悍勇,招降之。题诗黄鹤楼。下令发楚邸金振饥民。蕲、黄等二十一州县悉附。

时李自成在襄阳,闻之忌且怒,贻书谯责。左良玉兵复西上,伪官吏多被擒杀。献忠惧,乃悉众趋岳州、长沙。于是监军道王璜、沔阳知州章旷、武昌生员程天一、白云寨长易道三皆起兵讨贼,蕲、黄、汉阳三府皆反正。献忠遂陷咸宁、蒲圻,逼岳州。沅抚李乾德、总兵孔希贵等据城陵矶拒战,三战三克,歼其前部。献忠怒,百道并进,乾德等不支,皆走,岳州陷。献忠欲渡洞庭湖,卜于神,不吉,投珓而询。将渡,风大作,献忠怒,连巨舟千艘,载妇女焚之,水光夜如昼。骑而逼长沙,巡按刘熙祚奉吉王、惠王走衡州,总兵尹先民降,长沙陷。寻破衡州,吉王、惠王、桂王俱走永州。乃拆桂府材,载至长沙,造伪殿,而自追三王于永。熙祚命中军护三王入广西,身入永死守,城陷见杀。又陷宝庆、常德,发故督师杨嗣昌祖墓,斩其尸见血。攻道州,守备沈至绪战殁,其女再战,夺父尸还,城获全。遂东犯江西,陷吉安、袁州、建昌、抚州、永新、安福、万载、南丰诸府县。广东大震,南、韶属城官民尽逃。贼有献计取吴、越者,献忠惮良玉在,不听,决策入川中。

十七年春陷夔州,至万县,水涨,留屯三月。已,破涪州,败守道刘麟长、总兵曾英兵。进陷佛图关。破重庆,瑞王常浩遇害。是日,天无云而雷,贼有震者。献忠怒,发巨炮与天角。遂进陷成都,蜀王至澍率妃、夫人以下投于井,巡抚陈士奇被杀。是时我大清兵已定京师,李自成遁归西安。南京诸臣尊立福王,命故大学士王应熊督川、湖军事,兵力弱,不能讨贼。献忠遂僭号大西国王,改元大顺。冬十一月庚寅,即伪位,以蜀王府为宫,名成都曰西京。用汪兆麟为左丞相,严锡命为右丞相。设六部五军都督府等官,王国麟、江鼎镇、龚完敬等为尚书。养子孙可望、艾能奇、刘文秀、李定国等皆为将军,赐姓张氏,分徇诸府州县,悉陷之。保宁、顺庆先已降自成,置官吏,献忠悉逐去。自成发兵攻,不克,遂据有全蜀。惟遵义一郡及黎州土司马金坚,不下。

献忠黄面长身虎颔,人号黄虎。性狡谲嗜杀,一日不杀人,辄悒悒不乐。诡开科取士,集于青羊宫,尽杀之,笔墨成丘冢。坑成都民于中园。杀各卫籍军九十八万。又遣四将军分屠各府县,名草杀。伪官朝会拜伏,呼癸数十下殿,癸所臭者,引出斩之,名天杀。又创生剥皮法,皮未去而先绝者,刑者抵死。将卒以杀人多少叙功次,共杀男女六万万有奇。贼将有不忍,至缢死者。伪都督张君用、王明等数十人,皆坐杀人少,剥皮死,并屠其家。胁川中士大夫使受伪职，叙州布政使尹伸、广元给事中吴宇英不屈死。诸受职者，后寻亦皆见杀。其惨虐无人理，不可胜纪。又用法移锦江，涸而阙之，深数丈，埋金宝亿万计，然后决堤放流，名水藏，曰："无为后人有也。"当是时，曾英、李占春、于大海、王祥、杨展、曹勋等义兵并起，故献忠诛杀益毒。川中民尽，乃谋窥西安。

顺治三年，献忠尽焚成都宫殿庐舍，夷其城，率众出川北，又欲尽杀川兵。伪将刘进忠故统川兵，闻之，率一军逃。会我大清兵至汉中，进忠来奔，乞为乡导。至盐亭界，大雾。献忠晓行，猝遇我兵于凤凰坡，中矢坠马，蒲伏积薪下。于是我兵擒献忠出，斩之。

川中自遭献忠乱，列城内杂树成拱，狗食人肉若猛兽虎豹，啗人死辄弃去，不尽食也。民逃深山中，草衣木食久，遍体皆生毛。献忠既诛，贼党可望、能奇、文秀、定国等溃入川南，杀曾英、李乾德等，后皆降于永明王。

明史卷三一〇
列传第一九八

湖广土司

施州 施南宣抚司　散毛宣抚司　忠建宣抚司
容美宣抚司　**永顺军民宣慰使司**
保靖州军民宣慰使司

西南诸蛮，有虞氏之苗，商之鬼方，西汉之夜郎、靡莫、邛、莋、僰、爨之属皆是也。自巴、僰以东及湖、湘、岭峤，盘踞数千里，种类殊别。历代以来，自相君长。原其为王朝役使，自周武王时孟津大会，而庸、蜀、羌、髳、微、卢、彭、濮诸蛮皆与焉。及楚庄跻王滇，而秦开五尺道，置吏，沿及汉武，置都尉县属，仍令自保，此即土官、土吏之所始欤。

迨有明踵元故事，大为恢拓，分别司郡州县，额以赋役，听我驱调，而法始备矣。然其道在于羁縻。彼大姓相擅，世积威约，而必假我爵禄，宠之名号，乃易为统摄，故奔走惟命。然调遣日繁，急而生变，恃功怙过，侵扰益深，故历朝征发，利害各半。其要在于抚绥得人，恩威兼济，则得其死力而不足为患。《实录》载成化十八年，马平主簿孔性善言：“溪峒蛮僚，虽常梗化，乱岂无因。昔陈景文为令，猺、獞皆应差徭，厥后抚字乖方，始仍反侧。诚使守令得人，示以恩信，谕以祸福，亦当革心。”帝嘉纳之，惜未能实究其用，此可为治蛮之宝鉴矣。

尝考洪武初，西南夷来归者，即用原官授之。其土官衔号曰宣慰司，曰宣抚司，曰诏讨司，曰安抚司，曰长官司。以劳绩之多寡，分尊卑之等差，而府州县之名亦往往有之。袭替必奉朝命，虽在万里外，皆赴阙受职。天顺末，许土官缴呈勘奏，则威柄渐驰。成化中，令纳粟备振，则规取日陋。孝宗虽发愤厘蠲革，而因循未改。嘉靖九年始复旧制，以府州县等官隶验封，宣慰、招讨等官隶武选。隶验封者，布政司领之；隶武选者，都指挥领之。于是文武相维，比于中土矣。其间叛服不常，诛赏互见。兹据其事迹尤著者，列于篇。

湖南，古巫郡、黔中地也。其施州卫与永、保诸土司境，介于岳、辰、常德之西，与川东巴、夔相接壤，南通黔阳。溪峒深阻，易于寇盗，元未滋甚。陈友谅据湖、湘间，啖以利，资其兵为用。诸苗亦为尽力，有乞兵旁寨为之驱使者，友谅以此益肆。及太祖歼友谅于鄱阳，进克武昌，湖南诸郡望风归附，元时所置宣慰、安抚、长官司之属，皆先后迎降。太祖以原官授之，已而梗化。

洪武三年，兹利安抚使覃垕连构诸蛮入寇，征南将军周德兴平之。五年，复命邓愈为征南将军，率师平散毛等三十六洞，而副将军吴良复平五开、古州诸蛮凡二百二十三洞，籍其民一万五千，收集溃散士卒四千五百余人，平其地。未几，五开、五溪诸蛮乱，讨平之。十八年，五开蛮吴面儿反，势猭甚。命楚王桢将征虏将军汤和，击斩九溪诸处蛮獠，俘获四万余人，诸苗始惧。而靖、沅、道、澧之间，十年内亦寻起寻灭。虽开国之初，师武臣力，实太祖控制之道恩威备焉。

永乐初，苗告继绝，袭冠带，益就衔勒。垂百年，而五开、铜鼓间又纷纷多警。时英宗北狩，中原所在侵扰，苗势殊炽。景泰初，总兵官宫聚奏：“蛮贼西至贵州龙里，东至湖广沅州，北至武冈，南至播州之境，不下二十万，围困焚掠诸郡邑。臣所领官军不及二万，前后奔赴不能解平越之围。乞急调京边军及征麓川卒十万前来，以资调遣。”久而师征不至，更易他帅，浸淫六七载。至天顺元年，总督石璞调总兵官方瑛，始克期征剿。破天堂、小坪、墨溪二百二十七寨，擒伪王侯伯等百余人，斩贼首千四百余级，夺回军人男妇千三百余口，于是苗患渐平。盖萌发于贵州，而蔓行于湖南，皆生苗为梗。诸土司初无动摇，而永、保诸宣慰，世席富强，每遇征伐，辄愿荷戈前驱，国家亦赖以挞伐，故永、保兵号为虓雄。嘉、隆以还，征符四出，而湖南土司均备臂指矣。

施州，隋为清江郡，改施州。明初仍之。洪武十四年改置施州卫军民指挥使司，属湖广都司。领军民千户所一：曰大田。领宣抚司三：曰施南，曰散毛，曰忠建。领安抚司八：曰东乡五路，曰忠路，曰忠孝，曰金峒，曰龙潭，曰大旺，曰忠峒，曰高罗。领长官司七：曰摇把峒，曰上爱茶峒，曰下爱茶峒，曰剑南，曰木册，曰镇南，曰唐崖。领蛮夷长官司五：曰镇远，曰隆奉，曰西坪，曰东流，曰腊壁峒。又有容美宣抚司者，亦在境内，领长官司四：曰椒山玛瑙，曰五峰石宝，曰石梁下峒，曰水尽源通塔平。

初，太祖即吴王位，甲辰六月，湖广安定宣抚使向思明遣长官硬彻律等，以元所授宣抚敕印来上，请改授。乃命仍置安定等处宣抚司二，以思明及其弟思胜为之。又置怀德军民宣抚司一，以向大旺为之，统军元帅二，以南木、潘仲玉为之。抽拦、不用、黄石三洞，各置长官一，以没叶，大虫，硬彻律为之。鞋坪洞设元师府一，以向显祖为之。梅梓、麻寮二洞，各置长官一，以向思明、唐汉明为之。皆新降者。丙午二月，容美洞宣抚使田光宝遣弟光受等，以元所授宣抚敕印来上。命光宝为四川行省参政，行容美洞等处军民宣抚司事，仍置安抚元帅治之。并立太平、台宜、麻寮等十寨长官司。

洪武四年，宣宁侯曹良臣帅兵取桑植，容美洞元施南道宣慰使覃大胜弟大旺、副宣慰覃大兴、光宝子答谷等皆来朝，纳元所授金虎符。命以施州宣慰司为从三品，东乡诸长官司为正六品，以流官参用。五年，忠建元帅墨池遣其子驴吾，率所部溪洞元帅阿巨等来归附，纳元所授金虎符并银印、铜章、诰敕。置忠建长官司及沿边溪

洞长官司,以墨池等为长官。二月,容美宣抚田光宝复遣子答谷来
朝。征南将军邓愈平散毛、柿溪、赤溪、安福等三十九峒,散毛宣慰
司都元帅覃野旺,上伪夏所授印。

十四年,江夏侯周德兴移师讨水尽源、通塔平、散毛诸峒,置施
州卫军民指挥使司。十五年,置施南宣抚司,隶施州卫。十七年,散
毛、沿边安抚司安抚覃野旺之子起刺来朝,命为本司佥事。景川侯
震言:“散毛等洞蛮时寇掠为民患,已令施州卫及施南宣抚覃大胜
招之,如负固,请发兵讨。”

二十二年命忠建宣抚田思进之子忠孝代父职。时思进年八十
余,乞致仕,故有是命。明年,凉国公蓝玉克散毛洞,擒刺惹长官覃
大旺等万余人。置大田军民千户所,隶施州卫。以蓝玉奏散毛、镇
南、大旺、施南等洞蛮叛服不常,黔江、施州卫兵相去远,难应援。今
散毛地与大水田连,宜置千户所守御,乃改散毛为大田,命千户石
山等领土兵一千五百人,置所镇之。时忠建、施南叛蛮结寨于龙孔,
玉遣指挥徐玉将兵攻之,擒宣抚覃大胜,余蛮退走。玉复分兵搜之,
杀获男女一千八百余人,械大胜及其党八百二十人送京师。磔大胜
于市,余戍开元,给衣粮遣之。

永乐二年复设散毛、施南二长官司。先是,洪武初,诸土司长官
来降者,皆予原官。蛮苗吴面儿之难,诸土司地多荒废,长官亦罢承
袭。至是,故土官之子覃友谅等以招复蛮民,请仍设治所。以其户
少,降为长官司,隶大田军民千户所。以友谅为散毛长官,覃添富为
施南长官。四年,改施南、散毛仍为宣抚司,以友谅、添富来朝故也。
以田应虎为龙潭安抚。时应虎来朝,言其祖父自宋、元来,俱为安
抚,自蛮乱并其地入散毛,隔远难治,乞仍旧,从之。时高罗安抚田
大民言,招复蛮民四百余户,乞还原职治所。木册长官田谷佐、唐崖
长官覃忠孝,并言父祖世为安抚,洪武时大军平蜀,民惊溃,治所
废,今谷佐等招集三百余户,请袭,许之。五年,镇南长官覃兴等来
朝,称系世职,洪武中废,今招徕蛮民三百户,乞仍旧,既五峰石宝
长官张再武亦以袭职请,从之。同时,设东乡五路安抚,以覃忠为

之,隶施南。设石梁下峒、椒山玛瑙、水尽源通塔平三长官司,以向潮文、刘再贵、唐思文为之,隶容美。既复设忠路、忠孝、金峒三安抚司,隶施州卫,以覃英、田大英、覃添贵为之。皆因洪武间蛮乱民散,废其治,今忠等以故官子侄来朝,奏请复设,并从之,各赐印章冠带。

宣德二年设剑南长官司,隶忠路安抚;摇把峒、上爱下爱二茶峒三长官司及镇边、隆奉二蛮夷官司,皆隶东乡五路安抚;东流、腊壁峒二蛮夷官司,隶散毛宣抚;石关峒长官司、西坪蛮夷官司,隶金峒安抚。皆以其酋长为之。先是,忠路安抚司等各奏,前元故土官子孙牟酋蛮等,各拥蛮民,久据溪洞,今就招抚,请设官司,授以职事。兵部以闻,帝以驭蛮当顺其情,所授诸司,宜有等杀。兵部议以四百户以上者设长官司,四百户以下者设蛮夷官司。元土官子孙量授以职,从所招官司管属。皆从之。令三年一朝贡如故事。九年,木册长官田谷佐奏:“高罗安抚常倚势凌轹,侵夺其土地人民,已蒙朝廷分理,然彼宿怨未平,恐复加害。乞径隶施州卫。”从之。

正统三年命散毛宣抚覃友谅子瑄试职。初,友谅以罪械赴京,中路逃匿,后为官军所获,毙狱。至是,本司以其子为蛮民信服,乞袭职。帝以友谅罪重宜革,第以蛮故诎法信恩,命瑄试职图后效。景泰二年,礼部奏:“散毛宣抚司副使黄缙瑄谋杀亲兄,律应斩。其妻谭氏遣子忠等贡马赎罪,然瑄罪重,法不可宥。宜给钞以酬马直。”从之。天顺元年,容美宣抚田潮美老疾,请子保富代职,从之。五年,礼部奏:“施州木册长官司土舍谭文寿凶暴,并造不法诽谤之言,罪当刑。今其母向氏进马以赎,恐不可从。”帝命给钞百锭以慰其母,其子仍禁锢之。

成化二年,摇把洞长官向麦答踵奏:“邻近洗罗峒长,窥知本洞土兵调征两广,村寨空虚,煽诱土蛮攻劫,乞调官军剿治。”五年,礼部奏:“容美宣抚司田保富等,遣人进贡方物不及数,恐使者侵盗,宜停其赏,仍移知所司。”施州等卫八安抚司各奏,成化五年朝觐进马,已付边卫骑操,而诸卫收马文移不至,恐有虚诈,宜勘实给赏。

皆从之。弘治二年,木册长官田贤及容美致仕田保富各进马,为土人谭敬保等赎罪。刑部言:"蛮民纳马赎罪,轻者可原,重者难宥,宜下按臣察核。"八年,容美宣抚贡马及香,礼部以香不及数,马多道毙,又无文验,命予半赏。九年,金峒安抚覃彦龙奏:"境内产杉木,尝鬻金三千贮库。今彦龙年老,子惟一人,恐身后土人争夺,乞解部。"工部议非贡典,却之。

正德四年,容美宣抚并椒山玛瑙长官司所遣通事刘思朝等赴京进贡,沿途驿传多需索,为侦事所发,自鲁桥以北计千余金。部臣以闻,帝以远蛮宥之。散毛宣抚并五峰石宝、水尽源通塔平长官司入贡后期,部议半赏,从之。九年命大田千户所千户冉瑿子舜卿为指挥佥事,以自陈讨川寇功也。十一年,容美宣抚田秀爱其幼子,将逐其兄白俚俾,而以幼子袭。白俚俾恨之,贼杀其父及其弟。事闻,下镇巡官验治,磔死。土官唐胜富、张世英等为白俚俾奏辨,罪亦当坐。诏以蛮獠异类,难尽绳以法,免其并坐,戒饬之。十五年,容美宣抚司同知田世瑛,奏获镇南军民府古印,为始祖田始进开熙二年颁给,乞改升宣抚司为军民府。礼部议,以开设宣抚,颁印已久,不当更,古印宜缴,从之。

嘉靖七年,容美宣抚司、龙潭安抚司每朝贡率领千人,所过扰害,凤阳巡抚唐龙以闻。礼部按旧制,进贡不过百人,赴京不过二十人,命所司申饬。忠孝安抚司把事田春者数十人称入贡,伪造关文,骚扰驿传,应天巡抚以闻。兵部议,土司违例入贡,且所过横索,恐有他虞,宜严禁谕。二十六年,腊壁峒等长官司入贡,礼部验印文诈伪,诏革其赏,并下按臣勘问。

三十三年,诏湖广川贵总督并节制容美十四司。初,容美土官田世爵与土官向元楮累世相仇。元楮幼,世爵佯为讲好,以女嫁之,谋夺其产,因诬元楮以奸。有司恐激变,令自捕元楮,下狱论死。世爵遂发兵,尽俘向氏,并籍其土,皆没入之。久之,抚按知其谋,责与无楮对状,世爵不出,阴与罗峒土舍黄中等谋叛。于是湖广巡按御史周如斗,请移荆南道分巡施州卫,以便控制,调广西清浪等戍军,以实行伍。疏下督臣冯岳等议，岳等言："施州地势孤悬，不可久居，戍军亦非一时可集。当移荆瞿守备于施州，九永守备于九溪，上荆南道备巡历。至世爵骄横，有司不能摄治，独久系元楫何为，宜假督臣以节制容美之权，问世爵抗违之罪，如不悛，即绳以法。"从之。

时龙潭安抚黄俊素贪暴，据支罗洞寨，以睚眦杀人，系狱。会白草番反，俊子中请立功为父赎罪，已又自求为副指挥，贿当事者许之。俊出益骄，乃与中及群盗李仲实等，恣行于四川之云阳、奉节间，副使熊遫等计擒俊与仲实。俊死于狱，中自缚出降，执余党谭景雷等自赎。帝命追戮俊，枭示，仲实等论斩，中谪戍，而赏有功者。三十五年，命容美宣抚田九霄袭职，赐红纻衣一袭，以浙江黄宗山击倭之功也。

隆庆元年，吏科给事朱绘等言，湖广施州卫忠路安抚覃大宁一日奏五上，语多不实，请究治。都察院议，金峒安抚土舍覃壁争印相杀，及磁峒不当辖四川。俱下抚按官勘报。四年，覃壁作乱，伤官军，抚按请治失事诸臣罪。兵部言："本卫孤悬境外，事起仓猝，宜从宽贷，以责后功。"帝然之，命所司相机剿抚。五年，巡抚刘懿以覃壁平，条议五事："一，请以川东所辖巫山、建始、黔江、万县改属上荆道。一，以荆州去施州卫远，不便巡历。夷陵西有传友德所辟取蜀故道，名百里荒者，抵卫仅五百余里。请以巴东之石柱司巡检、施州卫之州门驿、三会驿并移近地，俾闾井联络。而于百里荒及东卜垅仍创建哨堡，令千户一员，督班军百人戍守。一，施州卫延袤颇广，物产最饶，卫官朘削，致民逃夷地为乱。宜裁通判，设同知，抚治民蛮，均平徭赋，勿额外横索。一，金峒世官不宜遽绝，贷覃胜罪，降安抚为峒长，听支罗所百户提调。一，施州所辖十四司应袭官舍，必先白道院，始许理事。其擅立名号者，请严治，并令兵巡道每岁经历施州，豫行调集各官舍奖谕，令赴学观化。"俱从之。

万历十一年，湖广抚按奏："施州卫施南等宣抚司各官，仍听镇箪参将节制，载入敕书，以一事权。"从之。

崇祯十二年，容美宣抚田元疏言："六月间，谷贼复叛，抚治两臣调用士兵。臣即捐行粮战马,立遣土兵七千,令副长官陈一圣等将之前行。悍军邓维昌等惮于征调,遂与谭正宾结七十二村,鸠银万七千两,赂巴东知县蔡文升以逼民从军之文上报,阻忠义而启边衅。"帝命抚按核其事。时中原寇盗充斥,时事日非,即土司征调不至,亦不能问矣。

永顺,汉武陵、隋辰州、唐溪州地也。宋初为永顺州。嘉祐中,溪州刺史彭仕羲叛,临以大兵,仕羲降。熙宁中,筑下溪州城,赐各会溪。元时,彭万潜自改为永顺等处军民安抚司。

洪武五年,永顺宣慰使顺德汪伦、堂崖安抚使月直,遣人上其所受伪夏印,诏赐文绮袭衣。遂置永顺等处军民宣慰使司,隶湖广都指挥使司。领州三,曰南渭,曰施溶,曰上溪;长官司六,曰腊惹洞,曰麦著黄洞,曰驴迟洞,曰施溶溪,曰白崖洞,曰田家洞。九年,永顺宣慰彭添保遣其弟义保等贡马及方物,赐衣币有差。自是,每三年一入贡。永乐十六年,宣慰彭源之子仲,率土官部长六百六十七人贡马。

宣德元年,礼部以永顺宣慰彭仲子英朝正后期,请罪之。帝以远人不无风涛疾病之阻,仍赐予如例。总兵官萧绥奏:"酉阳宋农里、石提洞军民被腊惹洞长谋古赏等连年攻劫,又及后溪,招之不从,乞调兵剿之。"谋古赏等惧,愿罚人马赎罪,乃罢兵。正统元年命彭仲子世雄袭职。天顺二年,谕世雄调土兵会剿贵州东苗。

成化三年,兵部尚书程信请调永顺兵征都掌蛮。十三年以征苗功,命宣慰彭显英进散官一阶,仍赐敕奖劳。十五年免永顺赋。弘治七年,贵州奏平苗功,以宣慰彭世骐等与有劳,世骐乞升职。兵部言非例,请进世骐阶昭勇将军,仍赐敕褒奖,从之。八年,世骐进马谢恩。十四年,世骐以北边有警,请帅土兵一万赴延绥助讨贼。兵部议不可,赐敕奖谕,并赐奏事人路费钞千贯,免其明年朝觐,以方听调征贼妇米鲁故也。

正德元年,以世骐从征有功,赐红织金麒麟服,世骐进马谢恩。

二年进马贺立中宫,命赏如例。五年,永顺与保靖争地相攻,累年不决,诉于朝,命各罚米三百石。六年,四川贼蓝廷瑞、鄢本恕等,及其党二十八人倡乱两川,乌合十余万人,僭王号,置四十八营,攻城杀吏,流毒黔、楚。总制尚书洪钟等讨之,不克。已而为官军所遏,乏食,乃佯听抚,劫掠自如。廷瑞以女结婚于永顺土舍彭世麟,冀缓兵。世麟伪许之,因与约期。廷瑞、本恕及王金珠等二十八人皆来会,世麟伏兵擒之,余贼溃渡河。官兵追围之,擒斩及溺死者七百余人。总制、巡抚以捷闻,奖赉有差,论者以是役世麟为首功云。七年,贼刘三等自遂平趋东皋,宣慰彭明辅及都指挥曹鹏等以土军追击之,贼仓卒渡河,溺死者二千人,斩首八十余级。巡抚李士实以闻。命永顺宣慰格外加赏,仍给明辅诰命。

十年,致仕宣慰彭世麒献大木三十,次者二百,亲督运至京,子明辅所进如之。赐敕褒谕,赏进奏人钞千贯。十三年,世麒献大楠木四百七十,子明辅亦进大木备营建。诏世麒升都指挥使,赏蟒衣三袭,仍致仕;明辅授正三品散官,赏飞鱼服三袭,赐敕奖励,仍令镇巡官宴劳之。时政出权倖,恩泽皆由于干请。于是郴州民颂世麒征贼时号令严明,其土官彭芳等亦颂世麒功,乞蟒衣玉带。兵部格不可,乃已。世麒辞赏,请立坊,赐名曰表劳。会有保靖两宣慰争两江口之议,词连明辅,主者议逮治。明辅乃令蛮民奏其从征功,悉辞香炉山应得升赏,以赎逮治之辱。部议悉已之。

嘉靖六年,论擒岑猛功,免应袭宣慰彭宗汉赴京,而加宗汉父明辅、祖世麒银币。二十一年,巡抚陆杰言:“酉阳与永顺以采木仇杀,保靖又煽惑其间,大为地方患。”乃命川、湖抚臣抚戢,勿酿兵端。是年,免永顺秋粮。

三十三年冬,调永顺土兵协剿倭贼于苏、松。明年,永顺宣慰彭翼南统兵三千,致仕宣慰彭明辅统兵二千,俱会于松江。时保靖兵败贼于石塘湾。永顺兵邀击,贼奔王江泾,大溃。保靖兵最,永顺次之,帝降敕奖励,各赐银币,翼南赐三品服。

先是,永顺兵剿新场倭,倭故不出,保靖兵为所诱遽先入,永顺土官田菌、田丰等亦争入，为贼所围，皆死之。议者皆言督抚经略失宜，致永顺兵再战再北。及王江泾之战，保靖犄之，永顺角之，斩获一千九百余级，倭为夺气，盖东南战功第一云。时邀功者方行赏，翼南遂授昭毅将军。已，升右参政管宣慰事，与明辅俱受银币之赐。时保、永二宣慰破倭后，兵骄，所过皆劫掠，缘江上下苦之。御史请究治，部议以土兵新有功，遽加罚，失远人心，宜谕责之。并令浙、直练乡勇，嗣后不得轻调土兵。

四十二年，以献大木功再论赏，加明辅都指挥使，赐蟒衣，其子掌宣慰司事，右参政彭翼南为右布政使，赐飞鱼服，仍赐敕奖励。四十四年，永顺复献大木，诏加明辅、翼南二品服。

万历二十五年，东事棘，调永顺兵万人赴援。宣慰彭元锦请自备衣粮听调，既而支吾，有要挟之迹，命罢之。三十八年赐元锦都指挥衔，给蟒衣一袭，妻汪氏封夫人。四十七年，永顺贡马后期，减赏。兵部言："前调宣慰元锦兵三千人援辽，已半载，到关者仅七百余人。"命究主兵者。四十八年进元锦都督金事。先是，元锦以调兵三千为不足立功，愿以万兵往。朝廷嘉其忠，加恩优渥。既而檄调八千，仅以三千塞责，又上疏称病，为巡抚所劾，得旨切责，元锦不得已行，兵抵通州北，闻三路败衄，遂大溃。于是巡抚徐兆魁言："调永顺兵八千，费逾十万，今奔溃，虚糜无益。"罢之。

保靖，唐溪州地，宋置保静州，元为保靖州安抚司。明太祖之初起也，安抚使彭世雄率其属归附，命仍为保靖安抚使。洪武元年，保靖安抚使彭万里遣子德胜奉表贡马及方物，诏升安抚司为保靖宣慰司，以万里为之，隶湖广都指挥使司。自是，朝贡如制。

永乐元年，以保靖族属大虫可宜等互仇杀，遣御史刘从政赍敕抚谕之。三年，辰州卫指挥龚能等招谕篁子坪等三十五寨生苗廖彪等，各遣子入贡。因设篁子坪长官司，以彪为之，隶保靖。九年，宣慰彭勇烈遣人来贡。十二年，篁子坪贼吴者泥自称苗王，与蛮民苗金龙等为乱，总兵梁福平之。未几，者泥子吴担竹复诱苗吴亚麻纠贵州答意诸蛮叛，都督萧授斩平之。二十一年，宣慰彭药哈俾遣人贡马。

宣德元年，宣慰彭大虫可宜遣子顺来贡。四年，兵部奏："保靖旧有二宣慰，一为人所杀，一以杀人当死，其同知以下官皆缺，请改流官治之。"帝以蛮性难驯，流官不谙土俗，令都督萧授择众所推服者以闻。正统十四年，保靖宣慰与族人彭南木答等相讦奏，既而讲和，愿输米赎诬奏罪，从之。

景泰七年，命调保靖土兵协剿铜鼓、五开、黎平诸蛮，先颁赏犒之。天顺二年，敕宣慰彭舍怕俾即选兵进讨。三年，保靖奏夏灾。成化二年，以保靖宣慰彭显宗征蛮有功，命给诰命。三年复调保靖兵征都掌蛮。五年免保靖宣慰诸土司成化二年税粮八百五十三石，以屡调征广西及荆、襄、贵州有功也。七年，显宗老不任事，命其子仕珑代。十三年，以平苗功，显宗、仕珑皆进一阶。十五年以灾免保靖租赋。仕珑奏，两江口长官彭胜祖违例进贡，下部臣议，宜逮问，命镇巡官谕之。

弘治十二年，永顺宣慰司奏，仕珑擅率兵攻长官彭世英，仇杀多年，构祸不已，乞发兵征剿。部复以屡行按问不报，宜谕镇巡官速勘奏闻，从之。十四年，以保靖宣慰等方听调，免明年朝觐，时有征贵州贼妇米鲁之役故也。

初，保靖安抚彭万里以洪武元年归附，即其地设保靖宣慰司，授万里宣慰使，领白崖、大别、大江等二十八村寨。万里卒，子勇烈嗣。勇烈卒，子药哈俾嗣，年幼。万里弟麦谷踵之子大虫可宜，讽土人奏己为副宣慰，同理司事，因杀药哈俾而据其十四寨。事觉，逮问，死狱中，革副宣慰，而所据寨如故。其后，勇烈之弟勇杰嗣，传子南木杵，孙显宗，曾孙仕珑，与大虫可宜之子忠，忠子武，武子胜祖及其子世英，代为仇敌。而武以正统中随征有功，授两江口长官，胜祖成化中亦以功授前职，并随司理事，无印署。弘治初，胜祖以年老，世英无官，恐仕珑夺其地，援例求世袭，奏行核实，仕珑辄沮之。以是仇恨益甚，两家所辖士人亦各分党仇杀。永顺宣慰使彭世麒取

胜祖女,复左右之,以是互相攻击,奏诉无宁岁。弘治十年,巡抚沈
晖奏言,令世英入粟嗣父职,将以平之,而仕珑奏讦不止。是时,敕
调世英从征贵州,而兵部移文有"两江口长官司"字,仕珑疑世英得
设官署,将不听约束,复奏言之。于是巡抚阎仲宇、巡按王约等,请
以前后章奏下兵部、都察院,议:"令世英归所据小江七寨于仕珑,
止领大江七寨,听仕珑约束。其原居两江口系襟喉要地,请调清水
溪堡官兵守之。而徙世英于沱埠,以绝争端,以后土官应袭子弟,悉
令入学,渐染风化,以格顽冥。如不入学者,不准承袭。世麒党于世
英,法当治,但从征湖广颇效忠勤,已有旨许以功赎。仕珑、世英并
逮问,胜祖照常例发遣。"奏上,从之。弘治十六年六月事也。

　　正德十四年,保靖两江口土舍彭惠既以祖大虫可宜与彭药哈
俾世仇,至是与宣慰彭九霄复构怨。永顺宣慰彭明辅与之连姻,助
以兵力,遂与九霄往复仇杀,数年不息,死者五百余人,前后讦奏累
八十余章。守巡官系惠于狱,明辅率众劫之去,寻复捕系。事闻,诏
都御史吴廷举勘处。廷举乃令镇巡议,以为惠罪当诛,但土蛮难尽
以法绳,宜徙惠置辰、常城中,令九霄出价以易两江口故地。仍用文
官左迁者二人为首领官,以劝相之。俟数年后革心向化,请敕奖谕,
仍擢用为首领。下兵部议,以惠徙内地,恐贻后患,令廷举再议。于
是廷举等复请以大江之右五寨归保靖,大江之左二寨属辰州,设大
剌巡检司,流官一人主之。惠免迁徙,仍居沱埠,以土舍名目协理巡
检事。部覆如廷举言。

　　嘉靖六年,以擒岑猛功进九霄湖广参政,赐银币。长子虎臣战
殁,赠指挥佥事,次子良臣袭职时,免赴京。二十六年免保靖秋粮。
三十三年诏调宣慰彭荩臣帅所部三千人赴苏、松征倭。明年遇倭于
石塘湾,大战,败之。贼北走平望,诸军尾之于王江泾,大破之。录
功,以保靖为首,敕赐荩臣银币并三品服,令统兵益击贼。先是,都
司李经率保靖兵追倭至新场,倭二千人伏不出,保靖土舍彭翅引军
探之,中伏,与所部皆死,赠翅一官并赐棺殓具。及是,以王江泾捷,
进荩臣为昭毅将军。既又调保靖土兵六千赴总督军前,从胡宗宪请

也。时已叙赵文华、宗宪功,复加芪臣右参政,管宣慰司事,仍赏银币。

万历四十七年,调保靖兵五千,命宣慰彭象乾亲统援辽。四十八年加象乾指挥使。象乾至涿州病,中夜兵逃散者三千余人,部臣以闻。帝严旨责统兵者,并敕监军道沿途招抚。明年,象乾病不能行,遣其子侄率亲兵出关,战于浑河,全军皆殁。天启二年进象乾都督佥事,赠彭象周、彭绲、彭天祐各都司佥书,以浑河之役一门殉战,义烈为诸土司冠云。

明史卷三一一
列传第一九九

四川土司一

**乌蒙乌撒东川镇雄四军民府　马湖
建昌卫** 宁番卫　越巂卫　盐井卫
会川卫 **茂州卫　松潘卫
天全六番招讨司　黎州安抚司**

　　四川土司诸境，多有去蜀远，去滇、黔近者。如乌蒙、东川近于
滇，乌撒、镇雄、播州近于黔。明太祖略定边方，首平蜀夏，置四川布
政司，使诏谕诸蛮，次第归附。故乌蒙、乌撒、东川、芒部旧属云南
者，皆隶于四川，不过岁输贡赋，示以羁縻。然夷性犷悍，嗜利好杀，
争相竞尚，焚烧劫掠，习以为恒。去省窎远，莫能控制，附近边民，咸
被其毒。皆由规模草创，未尝设立文武为之钤辖，听其自相雄长。虽
受天朝爵号，实自王其地。以故终明之世，常烦挞伐。唯建昌、松、
茂等处设立卫所，播州改遵义、平越二府以后，稍安戢云。

　　乌蒙、乌撒、东川、芒部，古为窦地、的巴、东川、大雄诸甸，皆唐
乌蒙裔也。宋有封乌蒙王者。元初置乌蒙路，遂以东川、芒部皆隶
于乌蒙、乌撒等处宣慰司。乌撒富盛甲诸部，元时尝置军民总管府，
而于东川置万户府。地势并在蜀之东南，与滇、黔壤土相接，皆据险

阻深，与中土声教隔离。

明太祖既平蜀，规取云南，大师皆集于辰、沅，欲并剪诸蛮以通蜀道。洪武十四年，遣内臣赍敕谕乌蒙、乌撒诸部长曰："西南诸部，自古及今，莫不朝贡中国。朕受天命为天下主十有五年，而乌蒙、乌撒、东川、芒部、建昌诸部长犹桀骜不朝。朕已遣征南将军颍川侯、左副将军永昌侯、右副将军西平侯率师往征。犹恐诸部长未喻朕意，故复遣内臣往谕。如悔罪向义，当即躬亲来朝，或遣人入贡，亟摅诚款，朕当罢兵，以安黎庶。尔共省之。"

时征南将军傅友德已分遣都督胡海洋等帅师五万，由永宁趋乌撒，复自率师由曲靖循格孤山而南，以通永宁之兵，捣乌撒。时元右丞实卜闻海洋兵至，乃聚兵赤水河以拒之。及闻大军继进，皆通。友德令诸军筑城，版插方具，蛮寇大集。友德屯兵山冈，持重以待。既知士勇可用，乃纵兵接战。有芒部土酋率众来援，实卜兵与合，锋甚锐。大军鼓噪而前，其酋长多中槊坠马死。大军益奋，蛮众力不支，大溃，斩首三千，获马六百，实卜率众遁。遂城乌撒，克七星关以通毕节，又克可渡河。于是东川、乌蒙、芒部诸蛮震詟，皆望风降附。

十五年置东川、乌撒、乌蒙、芒部诸卫指挥使司，诏谕诸部人民，以云南已降附，宜益效顺中国，以享升平。复谕诸部长曰："今置邮传通云南，宜率土人，随其疆界远迩，开筑道路，各广十丈，准古法，以六十里为一驿。符至奉行。"又敕征南将军友德等曰："乌蒙、乌撒、东川、芒部诸酋长虽已降，恐大军一还，仍复啸聚。符到日，悉送其酋长入朝。"又谕以"贵州已设都指挥使，然地势偏东，今宜于实卜所居之地立司，以便控制，卿其审之"。

已，乌撒诸蛮复叛，帝谕友德曰："乌撒诸蛮伺官军散处，即有此变，朕前已虑之，今果然。然云南之地如曲靖、普安、乌撒、建昌势在必守，其东川、芒部、乌蒙，未可遽守也。且留屯大军荡埽诸蛮，戮其渠长，方可分后人守御耳。"乃命安陆侯吴复为总兵，平凉侯费聚副之，征乌撒、乌蒙诸叛蛮。并谕勿与蛮战于关索岭上，当分兵掩袭，直捣其巢，使彼各奔救其家之不暇，必不敢出以抗大师。俟三将军至,破擒之。是月,副将军西平侯沐英自大理还军,会友德击乌撒,大败其众,斩首三万余级,获马牛羊万计,余众悉遁,复追击破之。帝谕友德等,师捷后,必戮其渠魁,使之畏惧。搜其余党,绝其根株,使彼智穷力屈,诚心款附,方可留兵镇守。又谕宜乘兵势修治道途,令土酋谕其民,各输粮一石以给军,为持久计。

十六年,以云南所属乌撒、乌蒙、芒部三府隶四川布政使司。乌蒙、乌撒、东川、芒部诸部长百二十人来朝,贡方物。诏各授以官,赐朝服、冠带、锦绮、钞锭有差。其乌撒女酋实卜,加赐珠翠。芒部知府发绍、乌蒙知府阿普病卒,诏赐绮衣并棺殓之具,遣官致祭,归其柩于家。十七年割云南东川府隶四川布政使司,并乌撒、乌蒙、芒部皆改为军民府,而定其赋税。乌撒岁输二万石,毡衫一千五百领;乌蒙、东川、芒部皆岁输八千石,毡衫八百领。又定茶盐布疋易马之数,乌撒岁易马六千五百匹,乌蒙、东川、芒部皆四千匹。凡马一匹,给布三十疋,或茶一百斤,盐如之。实卜复贡马,赐绮钞。十八年,乌蒙知府亦德言,蛮地刀耕火种,比年霜旱疾疫,民饥窘,岁输之粮无从征纳。诏悉免之。二十年征乌撒知府阿能赴京。

二十一年,命西平侯沐英南征。英言,东川强盛,据乌山路作乱,罪状已著,必先加兵。但其地重关复岭,上下三百余里,人迹阻绝,须以大兵临之。帝命颍国公傅友德仍为征南将军,英与陈桓为左右副将军,率诸军进讨。敕友德等曰:"东川、芒部诸夷,种类皆出于罗罗。厥后子姓蕃衍,各立疆埸,乃异其名曰东川、乌撒、乌蒙、芒部、禄肇、水西。无事则互起争端,有事则相为救援。若唐时阁罗凤亡居大理,唐兵追捕,道经芒部诸境,群蛮聚众据险设伏。唐将不备,遂堕其计,丧帅二十万,皆将师无谋故也。今须预加防闲,严为之备。"乌撒军民府叶原常献马三百匹、米四百石于征南将军,以资军用,且愿收集土兵从征。英等以闻,从之。复命景川侯曹震、靖宁侯叶升等分讨东川,平之,捕获叛蛮五千五百三十八人。

二十三年,乌撒土知府阿能,乌蒙、芒部土官,各遣子弟入监读书。二十七年,乌撒知府卜穆奏,沾益州屡侵其地,命沐春谕之。二十八年，户部言：“乌撒、乌蒙、芒部、东川岁赋毡衫不如数，诏已免征。今有司仍追之，宜申明。”从之。二十九年，乌蒙军民府知府实哲贡马及毡衫。自是，诸土知府三年一入贡，以为常，或有恩赐，则进马及方物谢恩。

宣德七年，兵部侍郎王骥言，乌蒙、乌撒土官禄昭、尼禄等，争地仇杀，宜遣官按问。八年遣行人章聪、侯琏赍敕往谕，仍敕巡按与三司官往平之。设乌蒙儒学教授、训导各一员。以通判黄甫越言，元时本府向有学校，今文庙虽存，师儒未建。乞除教官，选俊秀子弟入学读书，以广文治，从之。

正统七年裁乌撒军民府通判、推官、知事、检校各一员。十一年裁乌蒙、东川知事、检校各一员，并革乌撒、乌蒙递运所。景泰元年，敕谕乌撒、乌蒙诸府土官普茂等，以贵州诸苗叛乱，恐滋蔓邻近，宜戒严防守，毋听贼众诱惑，倘来逼犯，便当剿杀。时乌撒进万寿表逾期，部议宜究，诏以远人宥之。嗣后，朝贡过期及表笺不至者，朝廷率以土官，多从宽贷，应赏者给其半。天顺元年，镇守四川中官陈清等奏，芒部所辖白江蛮贼千余作乱，攻围筠连县治，敕御史项愫会镇巡官捕之。

成化十二年，乌撒知府陇旧等奏，同知刚正抚字有方，蛮民信服，今九年秩满，乞再任三年，以慰群望。从之。弘治十四年，乌撒所辖可渡河巡检司言：“自闰七月二十七日，大雷雨不止，至二十九日，水涨山崩地裂，山鸣如牛吼，地陷涌出清泉数十派，冲坏庐舍桥梁及压死人口牲畜无算。又本府阿都地方，八月亦暴风雨，田土淹没二百余处，死者三百余人。”

正德十五年讨斩芒部僰蛮阿又磜等。初，芒部土舍陇寿，与庶弟陇政及兄妻支禄争袭仇杀。所部僰蛮阿又磜等乘机倡乱流劫。事闻，命镇守中官会抚按官捕治。至是，贵州参政傅习、都指挥许诏，督永宁宣抚司女土官奢爵等，讨擒阿又磜等四十三人，斩一百十九级，事乃定。

嘉靖元年命芒部护印土舍陇寿袭知府，免赴京。故事，土官九品以上，皆保送至京乃袭。时寿、政等争袭，不敢离任。朝廷以嫡故立寿，恐寿赴京而政等乘隙为乱，故有是命。然政与支禄，倚乌撒土舍安宁等兵力，仇杀如故。霸底参将何卿请于巡抚许廷光，发土兵二万五千人，命贵州参将杨仁等将之，受何卿节制，相机进剿。政、禄佯听抚，乞缓师，而令贼党阿黑等掠周泥站、七星关，复遣阿核等纠集诸苗，剽掠毕节诸处，杀伤官军，毁官民房屋甚众。兵部言贼势猖獗，宜速征。于是何卿等进剿，斩首二百余级，俘二十余人，降其众数百。政败奔乌撒，卿檄乌撒土舍安宁、土妇奢勿擒之。安宁佯许诺，仅以阿核等尸献，竟不出政，兵久不解。都御史汤沐以闻，诏切责诸将及守巡官罪，而革何卿冠带，令剿贼自赎。

四年，政诱杀寿，夺其印。巡抚王轼、巡按刘黻各上其事。黻言从蛮情，立支禄便。轼以陇政、支禄怙终稔恶，戕朝廷命吏，罪不可赦。乃命镇巡官谕安宁，缚政、禄及诸助恶者。时政已为官军擒于水西，追获芒部印信，前后斩首六百七十四级，生擒一百六十七人，招抚白乌石等四十九寨，以捷闻。贵州巡按刘廷簠言：“乌撒所献阿核等尸，及水西所缚陇政，真伪未可信，恐首恶尚在，不无后虑，请核实。”五年，兵部奏：“芒部陇氏，衅起萧墙，骚动两省，王师大举，始克荡平。今其本属亲支已尽，无人承袭，请改为镇雄府，设流官知府统之。分属夷良、毋响、落角利之地，为怀德、归化、威信、安静四长官司，使陇氏疏属阿济、白寿、祖保、阿万四人统之。如程番府例，令三年一入朝，贡马十二匹，而以通判程洸为试知府。”

六年，芒部贼沙保等谋复陇氏，拥陇寿子胜，纠众攻陷镇雄城，执程洸，夺其印，杀伤数百人，洸奔毕节。事闻，兵科给事中郑自璧等言：“镇雄初设流官，蛮情未服，而有司失先事之防，不亟收遗裔陇胜，而令沙保得拥孺子，致煽祸一方。宜速遣总兵何卿并力剿寇。”于是兵部覆言：“陇胜非真陇寿子，故议设流官，有司抚循失策，遂生叛乱。沙保罪不容诛，当剿。何卿方守松潘，势难相援，宜亟趣都御史王廷相之任，并敕总兵牛桓调兵速进。”时沙保出镇雄府印乞降，然尚持两端，欲立土官如故。四川抚按以保狡悍不可驯，橄沪州守备丁勇击之。又遣使劳赐芒部抚夷郤良佐，使计擒沙保。保怒，复叛。

七年，川、贵诸军会剿，败沙保等，擒斩三百余级，招抚蛮罗男妇以千计。捷闻，设镇雄流官如旧。而芒部、乌撒、毋响苗蛮陇革等复起，攻劫毕节屯堡，杀掠士民，纷纷见告。兵部尚书李承勋以伍文定专主用兵为失计，疏及之。而御史杨彝复言芒部改土易流非长策，又时值荒馑，小民救死不赡，何能趣战。时帝亦轸念灾伤，令罢芒部兵，俟有秋再议征讨。于是四川巡抚唐凤仪言：“乌蒙、乌撒、东川诸土官，故与芒部为唇齿。自芒部改流，诸部内怀不安，以是反者数起。今怀德长官阿济等虽自诡擒贼，其心固望陇胜得一职，以存陇后。臣请如宣德中复安南故事，俯顺舆情，则不假兵而祸源自塞。”川、贵巡按戴金、陈讲等奏如凤仪言。金又以首恶如毋响、祖保等，宜剿诛以折其骄气，始下抚处之令，许生献沙保等，待阿济以不死，然后复陇胜故职，或降为知州。其长官或因革，或分隶，庶操纵得宜，恩威并著。章下部覆，乃革镇雄流官知府，而以陇胜为通判，署镇雄府事。令三年后果能率职奉贡，准复知府旧衔。时嘉靖九年四月也。

三十九年命勘东川阿堂之乱。初，东川土知府禄庆死，子位幼，妻安氏摄府事。有营长阿得革颇擅权，谋夺其官。因先求烝安氏不得，乃纵火焚府治，走武定州，为土官所杀。得革子堂奔水西，贿结乌撒土官安泰，入东川，囚安氏，夺其印。贵州宣慰安万铨故与禄氏姻连，乃起兵攻阿堂所居寨，破之。堂妻阿聚携幼子奔沾益州土官安九鼎。万铨胁九鼎，取阿聚及幼子杀之。堂以是怨九鼎，时相攻击。堂兵侵罗雄州境，九鼎及禄位与罗雄土官者浚等，各上书讼堂罪。诏下云、贵、四川抚按官会勘。堂听勘于车洪江，具服罪，愿献所劫府印并沾益、罗雄人口牲畜及侵地，乞贷死。

时位及弟僕已前殁，官府因讯禄氏所当袭者，堂以己幼子诡名禄哲以报。据府印如故，复与九鼎治兵相攻。九鼎诉之云南巡抚游居敬，谓堂怙乱，请致讨，且自诡当率所部为前锋，必擒堂以献。居

敬信之，遂上疏言堂稔恶不悛，请专意进剿，为地方除害。帝允部
议，行川、贵抚按会勘具奏。居敬遽调土汉兵五万余进剿。云南承
平久，一旦兵动，费用不资，赋敛百出，诸军卫及有司土官舍等乘之
为奸利，远近骚动。巡按王大任言："逆堂夺印谋官，法所必诛。第
彼犹借朝廷之印以约土蛮，冒禄氏之宗以图世职，而四川之差税办
纳以时，云、贵之邻壤未见侵越，此其非叛明矣。其与九鼎治兵相
攻，彼此俱属有罪。居敬乃信一偏之诡辞，违会勘之明旨，轻动大
众，恐生意外患。且外议籍籍，谓居敬入九鼎重贿，欲以雪怨，及受
各土官赂，攘盗帑积，皆有实迹。请亟罢居敬，暂停征剿为便。"乃命
逮居敬。时堂闻大兵至东川，逃深箐，诸将分兵于新旧诸城，穷搜不
获，地方民夷大遭屠掠。

四十年，营长者阿易，谋于堂之心腹母勒阿济等，掩杀堂于戞
来矣石之地，其子阿哲就擒，哲时年八岁。事虽定，而府印不知所
在。于是安万铨取东川府经历印，畀禄位妻宁著署之，以照磨印畀
罗雄土官者浚，而以宁著女妻者浚子。仍留水西兵三千于东川，为
宁著防卫。水西与东川邻，万铨本水西土官，故议者谓其有阴据东
川之志。巡按王大任以诛阿堂闻，因言："东川地方残伤，该府三印
悉为土官部置，请通敕川、贵总督及镇巡官，按究各土官私擅标署
之罪。并访禄氏支派之宜立，与所以处阿哲者。"部覆报可。

四十一年，铸给四川东川府印。初，阿堂既诛，索府印不获，人
疑为安万铨所匿，及是屡勘，印实亡失。而禄位近派悉绝，惟同六世
祖有幼男阿采。抚按官雷贺、陈璸请以采袭禄氏职，姑予同知衔，令
宁著署掌，后果能抚辑其众，仍进袭知府。其新印请更名，以防奸
伪。有旨不必更，余如议。先是，乌撒与永宁、乌蒙、沾益、水西诸土
官，境土相连，世戚亲厚，既而以各私所亲，彼此构祸，奏讦纷纭，详
四川《永宁土司传》中，当事者颇厌苦之。万历六年，乃令照蛮俗罚
牛例处分，务悔祸息争，以保境安民，然终不能靖也。

三十八年，诏东川土司并听云南节制。时巡按邓渼疏称："蜀之
东川逼处武定、寻甸诸郡，只隔一岭，出没无时，朝发夕至。其酋长

禄寿、禄哲兄弟，安忍无亲，日寻干戈。其部落以劫杀为生，不事耕作。蜀辖辽远，法纪易疏。滇以非我属内，号令不行。以是骄蹇成习，目无汉法。今惟改敕滇抚兼制东川。"因条三利以进，诏从之。

先是，四川乌撒军民府，云南沾益州，虽滇、蜀异辖，宗派一源。明初大军南下，女土官实卜与夫弟阿哥二人，率众归顺，授实卜以乌撒土知府，授阿哥以沾益土知州。其后，彼绝此继，通为一家。万历元年，沾益女土官安素仪无嗣，奏以土知府禄墨次子继本州，即安绍庆也。已，禄墨及长子安云龙与两孙俱殁，安绍庆奏以次子安效良归宗，袭土知府。安云龙之妻陇氏，即镇雄女土官者氏之女也，以云龙虽故，尚有遗孤，且挟外家兵力，与绍庆为敌。绍庆则以陇氏所出，明系假子，亦倚沾益兵力，与陇氏为难。彼此仇杀，流毒一方。士民连名上奏，事行两省会勘，历十有四年不结。是年，安云翔奏称："陇氏有子官保，今已长成。效良倚父兵，强图窃据，杀戮无辜。"因极言效良不可立者数事。

三十九年，廷臣议行川、贵大吏勘报。贵州抚臣以土官争职在云南，而为害在黔、蜀，必得三省会勘，始可定狱。帝命速勘，乃命陇鹤书承袭镇雄土知府。鹤书，原名阿卜，自其始祖陇飞沙献土归顺，授为世职知府，五传而为庶鲁卜，别居于果利地，又四传而为庶禄姑，别居夷良、七欠头地，又五传而陇氏之正支斩矣。水西安尧臣赘于禄，欲奄有之，众论不平，始有驱安立陇之奏，奉旨察立陇后。女官者氏，以阿固应。阿固者，鲁卜之六世孙，而易名陇正名者也。于是主立阿固，而先立其父阿章。章寻病死，阿固不为夷众所服，往复察勘。者氏及四十八目、十五火头等共推阿卜。阿卜者，禄姑之五世孙，咸以为长且贤，而者氏且以印献，遂定立阿卜，而以阿固充管事，从巡抚乔应星之议也。

四十一年，乌撒土舍安效良，初与安云翔争立，朝廷以嫡派立效良。云翔数为乱，谋逐效良，焚劫乌撒。四川抚按上其事，以效良为云龙亲侄，云翔乃其堂弟，亲疏判然，效良自当立。云翔扰害地方，欺罔朝廷，罪原难赦，但为奸人指使，情可原，姑准复冠带。从之。

四十三年，云南巡按吴应琦言："东川土官禄寿、禄哲争袭以来，各纵部众，越境劫掠。拥众千余，剽掠两府，浃旬之间，村屯并扫，荼毒未有如此之甚者。或抚或剿，毋令养祸日滋。"下所司勘奏。贵州巡按御史杨鹤言："乌撒土官，自安云龙物故，安咀与安效良争官夺印，仇杀者二十年。夷民无统，盗寇蜂起，堡屯焚毁，行贾梗绝者亦二十年。是争官夺印者蜀之土官，而蹂践糜烂者黔之赤子。诚改隶于黔，则弹压既便，干戈可戢，"又言："乌撒者，滇、蜀之咽喉要地。臣由普安入滇，七日始达乌撒。见效良之父安绍庆据沾益，当曲靖之门户。效良据乌撒，又扼滇、蜀之咽喉。父子各据一方，且壤地相接，无他郡县上司以隔绝钤制之，将来尾大不掉，实可寒心。盖黔有可制之势，而无其权，蜀有遥制之名，而无其实。诚以为隶黔中便。"帝命所司速议。

泰昌元年，云南抚按沈儆炌等言："蜀之东川，业奉朝命兼制，然事权全不相关。禄千钟、禄阿伽纵贼披猖，为患不已。是东川虽隶蜀，而相去甚远，虽不隶滇，而祸实震邻。宜特敕蜀抚按，凡遇袭替，务合两省会勘。蜀察其世次，滇亦按无侵犯，方许起送，亦羁縻绥静之要术也。"诏下所司。

时诸土司皆桀骜难制，乌撒、东川、乌蒙、镇雄诸府地界，复相错于川、滇、黔、楚之间，统辖既分，事权不一，往往轶出为诸边害。故封疆大吏纷纷陈情，冀安边隅，而中枢之臣动诿勘报，弥年经月，卒无成画，以致疆事日坏。播州初平，永宁又叛，水西煽起，东川、乌蒙、镇雄皆观望骑墙，心怀疑二。于是安效良以乌撒首附逆于邦彦，并力攻陆广，复合沾益贼围罗平，陷沾益，为云南巡抚闵洪学所败。洪学以兵力不继，好语招之，令擒贼自赎，效良亦佯为恭顺。又见黔师出陆广，滇师出沾益，水、乌之势已成骑虎，遂合永宁、水西诸部三十六营，直抵沾益，对垒城下五日。副总兵袁善、宣抚使沙源等督将士力战，出奇兵破之，效良败死。妻安氏无子，妾设白生其爵、其禄。二妇素不相能，安氏居盐仓，设白母子居抱渡。安氏遂代效良为土官,然亦未绝其爵,其爵亦以安氏为安位姐,不敢抗。

崇祯元年,四川巡抚差官李友芝赍冠带奖赏其爵母子,令管乌撒。安氏恶分,始绝其爵。其爵夜袭安氏盐仓,不克,与设白、其禄逃东川界,为东川所拒,而抱渡又失。李友芝为请于制府,发滇兵三千援其爵,滇抚不应。安氏惧,谋迎沾益土官安边为婚,授之乌撒以拒其爵。安边亦欲偶安氏以拒其禄,以催粮为名至建昌。安氏遂迎边至盐仓成婚。一时皇皇谓水西必纠沾、乌入犯。云南巡抚谢存仁以闻,存仁因移镇曲靖以观变。安边、安氏请复乌撒卫以自赎。

二年,总督朱燮元调集汉士兵,列营沾益,趣滇抚会兵进乌撒境。安边、安氏逃避偏桥。大兵入盐仓,拔难民一千余人。师还,安边、安氏复还盐仓,遗人至军前,请俟乌城克复,束身归命,意实缓师。乃复发兵逐安边、安氏,以盐仓授其爵。兵至望城坡,遇贼哨骑百余,麾兵奋击。贼尽奔箐中,遂复乌撒城。安边驻三十里外,拥兵求见,谕令束身归诚。边夜遁,遂弃盐仓,入九龙囤。乌撒陷贼八年,至是始复。乃召其爵来盐仓,令约束九头目以守,且令图献安边、安氏。其爵以盐仓残毁,乞移乌撒城,从之。时其爵署乌撒知府,其禄署沾益知州,虽懦稚颇忠顺,其母亦颇有主持,能得众。

安边屡乞降于总督朱燮元,且藉水西安位代申,以边实绍庆嫡孙,宜袭知州,请罪其爵、其禄。燮元曲为调护,欲予以职衔,分乌撒安置之。云南抚按坚执不可,以安边令其党勒兵于野马川,复以千金诱其爵头目,日为并吞沾、乌计。万一其爵被袭,则乌撒失,而前功尽弃。乌撒失,沾益危,而全滇动摇,非但震邻,实乃切肤。竟不行。安边乃乞师于安位,纳之沾益,而逐其禄,时安氏在也。既而安氏死,安位与之贰,其禄乃假手罗彩令者布发难,边遄死。不移日,其禄率兵至,诡言为其叔报仇,士民归者如流,于是其禄复有沾益。而庙堂之上方急流寇,不复能问云。

马湖,汉牂牁郡内地也,有龙马湖,因名焉。唐为羁縻州四,总名马湖部。洪武四年冬,马湖路总管安济,遣其子仁来归附,诏改马湖路为马湖府。领长官司四:曰泥溪,曰平夷,曰蛮夷,曰沐川。以安济为知府,世袭。六年,安济以病告,乞以子安仁代职,诏从之。自是,三年一入贡。七年,马湖知府珉德遣其弟阿穆上表贡马,廷臣言:"洪武四年,大兵下蜀,珉德叔安济遣子入朝,朝廷授以世袭知府,恩至渥矣。今珉德既袭其职,不自来朝而遣其弟,非奉上之道。"帝却其所贡马。十二年,珉德贡香楠木,诏赐衣钞。十六年,珉德来朝,献马十八匹,赐衣一袭、米二十石、钞三十锭。

永乐十二年,泥溪、平夷、蛮夷、沐川四长官司遣人贡方物,赐钞币。宣德八年,平夷长官司奏,比者火延公廨,凡朝廷颁降榜文、仓库税粮钱帛及案牍皆救免,乞宥罪,并献马二匹。帝曰:"远蛮能恭谨畏法如此。"置不问。正统二年,泥溪土官医学正科田玑盗官藏丝钞,援永、宣时例,边夷有犯,听以马赎,许之。三年,免马湖府举人王有学充吏。先是,有学会试,过期不至,例充吏。有学原籍长官司,因遣通事贡马,乞宥罪,仍肄习太学,许之。

弘治八年,土知府安鳌有罪,伏诛。鳌性残忍虐民,计口赋钱,岁入银万计。土民有妇女,多淫之。用妖僧百足魑魅杀人。又令人杀平夷长官王大庆,大庆闻而逃,乃杀其弟。为横二十年。巡按御史张鸾请治之,得实,伏诛,遂改马湖府为流官知府。

建昌卫,本邛都地。汉武帝置越嶲郡。隋、唐皆为嶲州。至德初,没于吐番。贞元中收复。懿宗时,为蒙诏所据,改建昌府,以乌、白二蛮实之。元至元间,置建昌路,又立罗罗斯宣慰司以统之。

洪武五年,罗罗斯宣慰安定来朝,而建昌尚未归附,十四年遣内臣赍敕谕之,乃降。十五年置建昌卫指挥使司。元平章月鲁帖木儿等自云南建昌来贡马一百八十匹,并上元所授符印。诏赐月鲁帖木儿绮衣、金带、靴袜,家人绵布一百六十疋,钞二千四百四十锭。以月鲁帖木儿为建昌卫指挥使,月给三品俸赡其家。十六年,建昌土官安配及土酋阿派先后来朝,贡马及方物,皆赐织金文绮、衣帽、靴袜。十八年,月鲁贴木儿举家来朝,请遣子入学,厚赐遣之。二十一年,建昌府故土官安思正妻师克等来朝,贡马九十九匹。诏授师克知府,赐冠带、袭衣、文绮、钞锭、因命师克讨东川、芒部及赤水河叛蛮。二十三年,安配遣子僧保等四十二人入监读书。二十五年,致仕指挥安配贡马,诏赐配及其把事五十三人币纱有差。

已而月鲁帖木儿反,合德昌、会川、迷易、柏兴、邛部并西番土军万余人,杀官军男妇二百余口,掠屯牛,烧营屋,劫军粮,率众攻城。指挥使安的以所部兵出战,败之,斩八十余级,擒其党十余人。贼退屯阿宜河,转攻苏州。指挥佥事鲁毅率精骑出西门击之,贼众大集,毅且战且却,复入城拒守。贼围城,毅乘间遣壮士王旱突入贼营,斫贼,贼惊遁。于是置建昌、苏州二军民指挥使司及会川军民千户所,调京卫及陕西兵万五千余人往戍之。仍谕将士互相应援,设伏出奇,并谕擒城首献者赏千金。复谕总兵官凉国公蓝玉,以月鲁帖木儿诡诈,不可信其降,致缓师养祸。

四川都指挥使瞿能率各卫兵至双狼寨,擒伪千户段太平等,贼众大溃,月鲁帖木儿败遁。能督兵追捕,攻托落寨,拔之。转战而前,进至打冲河三里所,与月鲁帖木儿遇,大战,又败之。俘其众五百余人,溺死者千余,获牛马无算。官军入德昌,能遂调指挥同知徐凯分兵入普济州搜捕。复驾桥于打冲河,遣指挥李华引兵追托落寨余孽,进至水西,斩月鲁帖木儿把事七人,其截路寨土蛮长沙、纳的皆中矢死。能还攻天星、卧漂诸寨,皆克之,先后俘杀千八百余人。月鲁帖木儿遁入柏兴州。

帝遣谕蓝玉曰:“月鲁帖木儿信其逆党达达、杨把事等,或遣之先降,或亲来觇我,不可不密为防。其柏兴州贾哈喇境内麽些等部,更须留意。”贾哈喇者,麽些洞土酋也。初,王师克建昌,授以指挥之职,自是从月鲁帖木儿叛。玉率兵至柏兴州,遣百户毛海以计诱致月鲁帖木儿并其子胖伯,送降其众,遂月鲁贴木儿京师,伏诛。玉因奏:“四川地旷山险,控扼西番。松、茂、碉、黎当吐番出入之地,马湖、建昌、嘉定俱为要道,皆宜增屯卫。”报可,命玉班师。

二十七年,麽些洞蛮寇打冲河西守堡,都督徐凯击败之。二十九年，威龙土知州普习叛。普习，月鲁帖木儿妻兄也。官军捕之，普习中流矢死。三十一年，徐凯等平卜木瓦寨，执贾哈喇，送京师，诛之。寨地峻险，三面陡绝，下临大江，江流悍急，不可行舟，惟一道仅可通人行。官军至，辄自上投石，不得进。凯乃断其汲道困之，寇穷促，凯督将士抵其寨，力攻破之，遂就擒。因改建昌路为建昌卫，置军民指挥使司。安氏世袭指挥使，不给印，置其居于城东郭外里许。所属有四十八马站，大头土番、僰人子、白夷、麽些、偌鹿、倮罗、鞑靼、回纥诸种散居山谷间。北至大渡，南及金沙江，东抵乌蒙，西讫盐井，延袤千余里。以昌州、普济、威龙三州长官隶之，有把事四人，世辖其众，皆节制于四川行都指挥使司。西南土官，安氏殆为称首。

配六世孙安忠无后，妻凤氏管指挥使事。凤氏死，族人安登继袭，复无子，妻瞿氏管事，以族人世隆嗣。世隆复无子，继妻禄氏管事。禄死，以族侄安崇业嗣。崇业与禄氏不相能，因养那固为假子，其奴禄祈从臾构难，岁仇杀。镇巡官谳之，杀那固而戍禄祈，事遂平。

安氏所辖四驿，曰禄马、阿用、白水、泸沽，各百里有差。其凉山拖郎、桐槽、热水诸番，则以强弱为向背。所领昌州等三长官司，皆在卫东、西、南三百里内。洪武十八年，土官卢尼姑、吉撒加、白氏等归附，皆令世袭为知州。月鲁帖木儿之乱，诸州皆废革。永乐元年复置，悉改为长官司，仍隶建昌。其千户所之隶于卫者有三：曰礼州，曰打冲河，曰德昌。礼州，汉苏示县；打冲河，唐沙野城；德昌，元定昌路也。

宁番卫，元时立于邛都之野，曰苏州。洪武间，土官怕兀它从月鲁帖木儿为乱，废州置卫。环而居者，皆西番种，故曰宁番。有冕山、镇西、礼州中，三千户所。

越巂卫，汉邛都及阑二县地。有奴诺城，即蜀汉时诸葛亮征蛮所筑以憩军者也。元置邛部安抚招讨司，已，改邛部州。

洪武中，岭真伯以招讨使来归，因改为邛部军民州。洪武二十五年置越巂军民指挥使司于邛部州，命指挥佥事李质领谪戍军士守之。二十六年置越嶲卫。永乐元年改邛部为长官司,隶越嶲卫。

万历中,土官岭柏死,孽子应升负印去,柏妾沙氏争之不得。土目阿堆等拥沙氏,焚利济站庐舍,拥兵临城。总兵刘显率兵往抚之,沙氏悔祸,杀阿堆等自赎,显遂以印授之。后沙氏淫于族人阿祭,印复为升所夺。祭死,其子岭凤起嗾他番刺杀应升。镇守官因平蛮之师,诱凤起縶之,收其印,而诛从凤起为乱者百余人。印无所归,缄于库。部众无统,肆行为盗。普雄部众姑咱等乘势蜂起,邮传不通,远近震恐。十五年,镇巡官会师讨之,斩馘千数,凤起病死。其众争归附,因置平夷、归化二堡以居之。有镇西千户所。

盐井卫,古定筰县也。元初为落兰部。至元中,于黑、白盐井置闰盐县,于县置柏兴府。洪武中,改为柏兴千户所,旋改盐井卫,又于二井置盐课司。永乐五年设马刺长官司,其村落多白夷居之。长官世阿氏,洪武时归附,授世职。地接云南北胜州,称庶富,人亦扰驯。

打冲河守御中左千户所,其土千户刺兀,于洪武二十五年征贾哈喇效顺来归。其子刺马非,复贡马赴京,授本所副千户。永乐十一年升正,以别于四所。地与丽江、永宁二府邻,丽江土官木氏侵削其地几半。

会川卫,越嶲之会无县也。唐上元中,移邛都县于会川镇,以川原并会故名。宋蜀大理,为会川府。元置会川路,治武安州,隶罗罗斯宣慰司。

洪武十七年,会川土同知马诚来朝,复立会川府,领武安、永昌、麻龙等州。二十六年革会川府。初,月鲁帖木儿反,土知府王春陷会川,毁民居府治,至是遂堕其城。寻改为会川卫军民指挥使司,领迷易千户所。土官贤姓,其先云南景东僰种也,徙其属来田种。洪武十六年归附,以随征东川、芒部劳,授世袭副千户。居所治城外,所辖僰蛮仅八百户。

茂州,古冉駹国地。汉武帝置汶山郡,宣帝为北部都尉。隋为蜀州,寻改会州。唐贞观改茂州。宋、元仍旧,治汶山县。

　　洪武六年,茂州权知州杨者七及陇木头、静州、岳希蓬诸土官来朝贡。十一年置茂州卫指挥使司。时四川都司遣兵修灌县桥梁至陶关,汶川土酋孟道贵疑之,集部落阻陶关道。都司遣指挥胡渊、童胜等统兵分二道击之,一由石泉,一由灌口。由灌口者进次陶关,蛮众伏两山间,投石崖下,兵不能进。适汶川土官来降,得其间道,乃选勇士卷旗甲,乘夜潜出两山后,迟明从山顶张旗帜,发火炮,蛮惊溃。师进雁门关,道险,蛮复据之。乃驻平野,得小舟渡,至龙止铁冶寨,击破之。其由石泉者次泥池,蛮悉众拒。千户薛文突阵射却之,士卒奋击,大败其众。两军遂会于茂州,杨者七迎降,以者七仍领其州。乃诏立茂州卫,留指挥楚华将兵三千守之。十五年,者七阴结生番,约日伏兵陷城。有小校密告于官,遂发兵捕斩者七。生番不之觉,如期入寇,官军掩击败之,于是尽徙羌民于城外。

　　正德二年,太监罗龠奏,茂州所辖卜南村、曲山等寨,乞为白人,愿纳粮差。其俗以白为善,以黑为恶。礼部覆,番人向化,宜令入贡给赏。从之。十四年,巡抚马昊调松潘兵,攻小东路番寨,而茂州核桃沟上、下关番蛮惧,遂纠白石、罗打鼓诸寨生番,攻围城堡,游击张杰败绩。十五年,巡抚盛应期奏,绰头番犯松州,总兵张杰克之,复犯雄溪屯,指挥杜钦败之,烟崇等寨皆降。万历十九年,威、茂诸番作乱,攻破新桥,乘势围普安等堡。四川巡抚李尚忠檄诸路兵追剿过河,普安诸堡得以保全。

　　茂州地方数千里,自唐武德改郡会州,领羁縻州九,前后皆蛮族,向无城郭。宋熙宁中,范百常知茂州,民请筑城,而蛮人来争。百常与之拒,且战且筑,城乃得立。自宋迄元,皆为羌人所据,不置州县者几二百年。洪武十一年平蜀,置叠溪右千户所,隶茂州卫。而置威茂道,开府茂州,分游击以驻叠溪,规防始立。然东路生羌,白草最强,又与松潘黄毛鞑相通,出没为寇,相沿不绝云。其通西域要路,为桃坪,即古桃关也,有绳桥渡江。守桃坪者,为陇木司。

　　茂州长官司三:曰陇木,曰静州,曰叠溪。陇木长官司,其长官即陇木里人也。洪武时归附，授承直郎，世袭长官，岁贡马二匹。所属玉亭、神溪十二寨，俱为编氓，有保长统之。

静州长官司，其地即唐之悉唐县，其长官亦静州里人也。袭官贡马，与陇木同。正德间，与岳希蓬、节孝为乱，攻茂城，断水道七日。节孝弟车勾潜引水以济我军。事平，使车勾袭职，辖法虎、核桃沟八寨，俱编户为氓，亦有保长统之。

叠溪千户所，永乐四年置。领长官司二：曰叠溪，在治北一里；曰郁即，在治西十五里。

叠溪郁氏，洪武十五年归附，给印世袭，凡三年贡马四匹。长官所辖河东熟番八寨，皆大姓，及马路、小关七族。其土舍辖河西小姓六寨。地土广远，饶畜产，稞麦路积。人皆枭黠，名虽熟番，与生番等。

郁即长官噉保，万历十八年与黑水、松坪称兵，攻新桥，明年伏诛。汉关墩附近诸小姓，旧属郁即，至是改属叠溪。初，都督方政，平历日诸寨，设长宁安抚司，隶松潘。至正统元年，总兵蒋贵言其辽阔，亦改隶于叠溪守御千户。

松潘，古氐羌地。西汉置护羌校尉于此。唐初置松州都督，广德初，陷于吐蕃。宋时，吐蕃将潘罗支领之，名潘州。元置吐蕃宣慰司。

洪武十二年，命平羌将军御史大夫丁玉定其地，敕之曰："松潘僻在万山，接西戎之境，朕岂欲穷兵远讨，但羌戎屡寇边，征之不获已也。今捷至，知松州已克，徐将资粮于容州，进取潘州。若尽三州之地，则叠州不须穷兵，自当来服。须择士勇者守纳都、叠溪路，其驿道无阻遏者，不可守也。来降诸戎长，必遣入朝，朕亲抚谕之。"遂并潘州于松州，置松州卫指挥使司。丁玉遣宁州卫指挥高显城其地。十三年，帝以松州卫远在山谷，屯种不给，馈饷为难，命罢之。未几，指挥耿忠经略其地，奏言松州为番蜀要害地，不可罢，命复置。

十四年置松潘等处安抚司，以龙州知州薛文胜为安抚使，秩从五品。又置十三族长官司，秩正七品：曰勒都，曰阿昔洞，曰北定，曰牟力结，曰蛒匝，曰祈命，曰山洞，曰麦匝，曰者多，曰占藏先结，曰包藏先结，曰班班，曰白马路。其后复隶松潘者，长官司四，曰阿思，曰思曩儿，曰阿用，曰潘斡寨；安抚司四，曰八郎，曰阿角寨，曰麻儿匝，曰芒儿者。后又以思曩日安抚司附焉。诸长官司每三年入贡，赏赐如例。十五年。占藏先结等土酋来朝，贡马一百三匹，诏赐绮钞有差。十六年，耿忠言："臣所辖松潘等处安抚司属各长官司，宜以其户口之数，量其民力，岁令纳马置驿，而籍其民充驿夫，供徭役。"从之。既而松潘羌民作乱，官兵讨平之。甃松州及叠溪城。

十七年，松潘八积族老虎等寨蛮乱。官兵击破之，获马一百二十，犏牛三百，牦牛五百九十。景川侯曹震请择良马贡京师，余给军，其犏牛、牦牛非中国所畜，令易粮饷犒军，从之。十八年，松州羌反。成都卫指挥成信等率兵攻其牟力等寨，破之。兵还，又遇贼三千人于道，复击败之，追至乞剌河乃还。

二十年改松州卫为松潘等处军民指挥使司，改松潘安抚司为龙州。二十一年，朵贡生番则路、南向等，引草地生番千余人寇潘州阿昔洞长官司，杀伤人口。指挥周助率马步军同松潘卫军讨之，番寇率众迎战，千户刘德破之，斩首三十四级，获马三十余匹。贼溃，渡河四十余里，复收败卒屯聚。指挥周能追击之，斩首一百三十余级，获马六十余匹，溺死甚众，群番远遁。二十六年，西番思曩日等族来归，进马百三十匹，命给金铜信符并赐文绮袭衣。

宣德二年，麻儿匝顺化，喇嘛著八让卜来归。置麻儿匝安抚司，以喇嘛著八让卜为安抚。麻儿匝在阿乐地，去松潘七百余里。初，著八让卜时侵掠边民及遮八郎安抚司朝贡路。松潘卫指挥吴玮遣人招之，因遣其侄完卜来贡献，言其地广民众，过于八郎，请置宣抚司以辖之。帝命置安抚，遣敕谕之。

四川巡按等奏，松潘卫所辖阿用等寨蛮寇，拥众万余，伤败官军，请讨之。帝意边将必有激之者。既四川都司奏至，言并非番寇。实由千户钱宏因调发松潘官军往征交阯，众惮行，宏诡言番寇至，当追捕,冀免调。又领军突入麦匦诸族,逼取牛马,致番人忿怨。复以大军将致讨慑之,番众惊溃,约黑水生番为乱。帝命逮宏等,而责诸司怠玩边务,亟捕诸伤官军者。遣都指挥金事蒋贵往,同松潘卫指挥吴玮招抚番寇,令调附近诸卫军二万人以行。时贼围松潘、叠溪、茂州,断索桥,官军与战皆败,出掠绵竹诸县,官署民居皆被焚毁,镇抚侯琏死之。蜀王遣护卫官校七千人来援,命都督陈怀与指挥蒋贵等合师亟讨之,而枭宏于松潘以徇,并审诸将之贪淫玩寇者。三年,陈怀等率诸军屡败贼于圪笒坝、叶棠关,夺永镇等桥,复叠溪,抚定祁命等十族,又招降渴卓等二十余寨,松潘平。

八年,八部安抚司及思囊儿十四族朝贡之使陛辞,令赍敕还谕其土官,俾约束所辖蛮民,安分循理,毋作过以取罪戾。九年敕指挥金事方政、蒋贵等抚剿松潘。政等至,榜谕祸福,威、茂诸卫俱听命,惟松潘、叠溪所辖任昌、巴猪、黑虎等寨梗化。政令指挥赵得、宫聚等以次进兵,平龙溪等三十七寨,班师还。命蒋贵佩平蛮将军印,镇守松潘。十年,贵奏,比因番人不靖,松潘、叠溪诸处仓粮,支销殆尽,别无储积。帝命户部于四川岁运之数,量益二分给之。

正统三年,岩州长官司让达作乱,侵杂道诸边,杂道长官安白诉于朝。帝命四川三司往谕之,皆归服。四年,松潘指挥赵得奏:"祁命族番寇商巴作乱,官军捕擒之。其弟小商巴复聚浦江、新塘等关,据险劫掠,乞发大军剿除。"帝命李安充总兵官,王翱参赞军务,调成都左卫官军及松潘土兵,合二万人征之。已,翱知商巴为都指挥赵谅所陷,乃按诛谅而释商巴等,事遂已。

九年,松潘指挥金事王杲奏:"比者,黑虎等寨番蛮攻围椒园、松溪等关堡,杀伤官民。欲行擒剿,恐各寨惊疑,应谕能擒贼者重赏之。"报可。十年,黑虎寨贼首多儿太伏诛。初,多儿太掠茂州境,为官军所获,诫而释之。未几,复纠诸寨入掠。帝命序班祁全往谕诸寨,擒多儿太至京,枭其首。十一年以寇深为金都御史,提督松潘兵备。时松潘皆已向化,惟歪地骨鹿族二十寨不服,命督高广、王杲等剿之。设思囊日安抚司,以阿思观为之使,隶松潘卫。先是,阿思观父端葛,洪武中归顺,给金牌抚番,至阿思观又能招抚,故有是命。

景泰三年,镇守松潘刑部左侍郎罗绮等奏:"雪儿卜寨贼首卓时芳等,烟崇寨贼首阿儿结等,累年纠合于安化关劫掠。臣会师抵其巢穴,斩首不计其数,生擒卓时芳、阿儿结等,枭斩于市。"七年,提督松潘罗绮复奏:"松潘土番王永习性凶狡,尝杀其土官高茂林男妇五百余口,及故土官董敏子伯浩等二十余人。今又纠合番蛮,攻劫地方。臣与指挥周贵等统领官军,直抵桑坪,已将永等诛灭,边境肃清。"降敕褒赏。天顺五年,番众入龙安、石泉等处,扰粮道。六年敕松潘总兵许贵曰:"叙州蛮贼出没为患,比松潘尤甚,其驰往会剿。"贵闻命,会兵叙州,追讨昔乖件、莫洞、都夜三寨,分兵两哨,克硬寨四十余,斩首一千一百余级。

成化二年,镇守太监阁礼奏:"松、茂、叠溪所辖白草坝等寨,番羌聚众五百人,越龙州境剽掠。白草番者,唐吐蕃赞普遗种,上下凡十八寨。部曲素强,恃其险阻,往往剽夺为患。"四年,礼复奏:"白草诸番拥众寇安县、石泉诸处,因各军俱调征山都掌蛮,致指挥王璟备御不谨。"命副总兵卢能剿之。能遣指挥阎斌巡边至庙子沟,番贼三百突至,杀伤相当。斌以失机逮治。九年,巡抚夏埙奏:"黑虎寨贼首夜合等劫攻关堡,左参将宰用、兵备副使沈琮督兵驰诣松溪堡败之,斩获夜合等三十六级。"松潘指挥佥事尧或奏:"臣与兵备沈琮分剿白马路水土、茹儿等番寨,大克之。"

弘治二年,松潘番寇杀伤平夷堡官军,命逮指挥以下各官治之。三年免思曩日安抚等十六族明年朝觐,以守臣言其地方灾伤也。七年,松潘空心寨番贼犯边,都指挥佥事李镐败之。十三年,番贼入犯松潘霸州坡抵关,势益獗。命逮指挥汤纲等,而敕巡抚张瓒调汉、土官兵五万,由东南二路分剿,破白羊岭、鹅饮溪等三十一寨,斩四百余级。商巴等二十六族皆纳款。十四年复攻黄头、青水诸寨,前后杀获男妇七百余人,赭其碉房九百,坠崖死者不可胜计,诸番稍靖。

正德元年,巡抚刘洪奏:"祈命族八长官司所摄番众多至三十寨，少亦二十余寨，环布松潘两河。其土官已故子孙，自应承袭。今宜察勘，有原降印信者，方许袭。"报可。十六年，松潘卫熟番八大襄等作乱，同知杜钦平之。

嘉靖五年，命都督金事何卿镇守松潘。时黑虎五寨及乌都、鹁鸽诸番叛，卿次第平之，降者日至。卿有威望，在镇十七年，松潘以宁。二十三年以北警召卿入卫，继之者李爵、高冈凤，未几皆为巡抚劾罢。二十六年复命卿往镇。时白草番乱，卿会巡抚张时彻讨擒渠恶数人，俘斩九百七十余级，克营寨四十七，毁碉房四千八百，获马牛器械储积无算。终嘉靖世，松潘镇号得人，边境安堵焉。

初，龙州薛文胜于洪武六年来降，命仍知龙州。既置松潘安抚司，命文胜为安抚使。既置松州卫，仍以松潘为龙州。宣德七年升龙州为宣抚司，以土知州薛忠义为宣抚使。龙州者，汉阴平道也。宋景定间，临邛进士薛严来守是州，捍卫有功，得世袭。自文胜归附，其部长李仁广、王祥皆输粮饷有功，亦得世袭。及宣德中，以征松潘功，升州为宣抚使，仁广为副使，祥为金事，各统兵五百世守白马、白草、木瓜番地。

至嘉靖四十四年，宣抚薛兆乾与副使李蕃相仇讦，兆乾率众围执蕃父子，殴杀之。抚按檄兵备金事赵教勘其事。兆乾惧，与母陈氏及诸左右纠白草番众数千人，分据各关隘拒命，绝松潘饷道。胁金事王华，不从，屠其家。居民被焚掠者无算。是年春，与官军战，不利，求救于上下十八族番蛮，皆不应。兆乾率其家属奔至石坝，官军追及之，就擒。四十五年，兆乾伏诛，籍其家，母及其党二十二人皆以同谋论斩，余党悉平。遂改龙州宣抚司为龙安府，设立流官如马湖，而割保宁之江油、成都之石泉二县分隶之。

万历八年，雪山国师喇嘛等四十八寨，勾北边部落为寇，围漳腊，守备张良贤破之。犯镇房，百户杜世仁力战，城得全，世仁死焉。又犯制台，良贤复击之，追至思答弄，连战大破之，火落赤之侄小王子死焉。十九年，巡按李化龙言："松潘为四川屏蔽，叠、茂为松潘咽喉。番戎作梗，松潘力不能支，宜移四川总兵于松潘以备防御。"是时叠、茂诸番众纠结为乱，镇巡官率兵剿之，俘馘八百余级，番寇亦斩其部长黑卜、白什等，献功赎罪。而松坪诸恶屯据大雪山顶，诸将卒搜讨，亦有斩获。以捷闻，遂设平武县于龙安府。

松潘以孤城介绝域，寄一线馈运路于龙州，制守为难。洪武时欲弃者数，以形胜扼险，不可罢，乃内修屯务，外辑羌戎，因俗拊循，择人为理，番众相安者垂四十余年。及宣德初，调兵启衅，致动干戈，自是置镇建牙，宿重兵以资弹压，亦时服时叛。自漳腊以北即为大荒，斯筹边者之所亟图也。

天全，古氐羌地。五代孟蜀时，置碉门、黎、雅、长河西、鱼通、宁远六军安抚司。宋因之，隶雅州。元置六安抚司，属土番等处宣慰司，后改六番招讨，又分置天全招讨司。明初并为天全六番诏讨司，隶四川都司。

洪武六年，天全六番招讨使高英遣子敬严等来朝，贡方物。帝赐以文绮龙衣。以英为正招讨，杨藏卜为副招讨，秩从五品，每三岁入贡，赐予甚厚。二十一年，杨藏卜来朝，言茶户向与西番贸易，岁收其课。近在官收买，额遂亏，乞从民便，许之。先是，高敬严袭招讨使，偕杨藏卜奏请简土民为兵，以守边境，诏许之。敬严等遂招选土民，教以战阵，得马步卒千余人。至是藏卜来朝，奏其事，诏更天全六番招讨司为武职，令戍守边界，控制西番。三十一年，帝谕左都督徐增寿曰："曩因碉门拒长河西口，道路险隘，以致往来跋涉艰难，市马数少。今闻有路自碉门出枯木任伤径抵长河西口，通杂道长官司，道路平坦，往来径直，可即檄所司开拓，以便往来。"

永乐二年，高敬让来朝，并贺立皇太子，且遣其子虎入国子学，赐虎衣衾等物。十年，敬让遣子虎贡马。初，虎入国学读书，以丁母忧去，至是服阕还监，皇太子命礼部赐予如例。

宣德五年，六番招讨司奏："旧额岁办乌茶五万斤，二年一次，运付碉门茶马司易马。今户部令再办芽茶二千二百斤，山深地瘠，艰于采办，乞减其数。"帝令免乌茶只办芽茶。十年，命高风署天全六番招讨司事。先是，敬让以罪下狱死。至是，其子凤乞袭父职。帝念其祖有抚绥功，命暂理招讨事。正统四年命凤袭。

正德十五年，招讨高文林父子称兵乱，副招讨杨世仁亦助恶。命四川抚按官讨之。初，文林等与芦山县民争田构衅，知县处置失宜，致叛乱。逾年，讨斩文林，擒其子继恩，择其宗人承袭。

初，天全招讨司治碉门城，元之碉门安抚司也，在雅州境。明初，宣慰余思聪、王德贵归附，始降司为州，设雅州千户所，而设碉门百户，近天全六番之界。又置茶课司以平互市。盖其地为南诏咽喉，三十六番朝贡出入之路。

三十六番者，皆西南诸部落，洪武初，先后至京，授职赐印。立都指挥使二：曰乌斯藏，曰朵甘。为宣慰司者三：曰朵甘，曰董卜韩湖，曰长河西鱼通宁远。为招讨司者六，为万户府者四，为千户所者十七，是为三十六种。或三年，或五年一朝贡，其道皆由雅州入，详《西番传》。

黎州，汉沈黎郡地。《史记》称越嶲以东北，君长以十数，笮都最大。自唐蒙通夜郎，邛、笮之君请为内臣，因置笮都县，复曰旄牛县。元鼎中，以为沈黎郡。唐割雅、嶲二州置黎州。天宝初，改为洪源郡。寻改汉源。宋属成都路。元属土番等处宣慰司。

洪武八年省汉源县，置黎州长官司，以苟德为长官。德，云南人，马姓。祖仕元，世袭邛部州六番招讨使。明氏据蜀，德兄安复为黎州招讨使。明氏亡，蛮民溃散，德奉母还居邛部。至是，四川布政司招之，德遂来朝贡马，请置长官司。诏以德为黎州长官，赐印及衣服绮帛。十一年升为黎州安抚司，即以德为使。十四年，德遣使贡马。诏赐德钞五十四锭、文绮七疋。自是，三年一入贡。弘治十四年命黎州安抚隶四川都司。

万历十九年，安抚马祥无后，妻瞿氏掌司事，取瞿姓子抚之，将有他志。祥侄土舍居松坪者，遂兴兵攻城，夺印，番众乘机剽掠。时参将吴文杰方有征东之役，移师剿平之。二十四年降黎州安抚司为千户所,立所治于司南三十里大田山坝。分上七枝编户,属大渡河千户所,下七枝仍属松坪马氏约束。松坪在司之东南,自炒米城直接峨嵋,高山峻坂三百余里,皆安抚族人居之。

黎、雅诸蛮,宋时屡为边患。明兴,以诸蛮皆天全六番诸部,散居于二州之境,遂于黎州设安抚,于天全六番设招讨,以示羁縻。而雅州所属,与招讨所辖之蛮民,境土相连,时有争讼。徼外大、小木瓜种分三枝,腻乃卜最强,世居西河。初属马湖土官安氏钤辖,自马湖改流,诸瓜叛入邛部,归岭氏。其地自西河至凉山、雪山诸处,周围蟠据。嘉靖末,诸瓜畜牧蕃盛,时窥边,邛部长官岭柏不能制,嘉、峨、犍为诸边皆为侵扰。镇巡官督邛部兵捕之,瓜兵益炽,乃议大征,分建昌、越嶲、马湖三路兵进讨。瓜部始惶骇请降,愿岁贡马方物,乃定。其地四千八百四十余亩,征粮四百四十余石,输峨眉县。

明初与安抚司同置者,有大渡河守御千户所。唐时,河平广可通漕,戍将一不守,则黎、雅、邛、嘉、成都皆动摇。宋建隆三年,王全斌平蜀,以图来上。议者欲因兵威复越嶲,艺祖以玉斧画图曰:“外此吾不有也。”自是之后,河中流忽陷下五六十丈,水至此,汹涌如空中落,船筏不通,名为噎口,殆天设险以限内外云。

明史卷三一二
列传第二○○

四川土司二

播州宣慰司　　永宁宣抚司
酉阳宣抚司　　石砫宣抚司

　　遵义府即播州。秦为夜郎且兰地。汉属牂牁。唐贞观中,改播州。乾符初,南诏陷播,太原杨端应募复其城,为播人所怀服,历五代,子孙世有其地。宋大观中,杨文贵纳土,置遵义军。元世祖授杨邦宪宣慰使,赐其子汉英名赛因不花,封播国公。

　　洪武四年平蜀,遣使谕之。五年,播州宣慰使杨铿、同知罗琛、总管何婴、蛮夷总管郑瑚等,相率来归,贡方物,纳元所授金牌、银印、铜章。诏赐铿衣币,仍置播州宣慰使司,铿、琛皆仍旧职。领安抚司二,曰草塘,曰黄平;长官司六,曰真州,曰播州,曰余庆,曰白泥,曰容山,曰重安。以婴等为长官。七年,中书省奏:“播州土地既入版图,当收其贡赋,岁纳粮二千五百石为军储。”帝以其率先来归,田税随所入,不必以额。已,复置播州黄平宣抚司。播州江渡蛮黄安作乱,贵州卫指挥张岱讨平之。八年,铿遣其弟锜来贡,赐衣币。自是,每三岁一入贡。十四年遣使赍敕谕铿:“比闻尔听浮言,生疑贰。今大军南征,多用战骑,宜率兵二万、马三千为先锋,庶表尔诚。”十五年城播州沙溪,以官兵一千人、土兵二千人戍之。改播州宣慰司隶贵州,改黄平卫为千户所。十七年,铿子震卒于京,命有司归其丧。二十年征铿入朝，贡马十匹。帝谕以守土保身之道，赐钞五百锭。二十一年，播州宣慰使司并所属宣抚司官，各遣其子来朝，请入太学，帝敕国子监官善训导之。

永乐四年免播州荒田租，设重安长官司，隶播州宣慰司，以张佛保为长官，以佛保尝招辑重安蛮民向化故也。七年，宣慰使杨升招谕草塘、黄平、重安所辖当科、葛雍等十二寨蛮人来归。

宣德三年，升贺万寿节后期，礼部议予半赏。帝以道远，勿夺其赐。七年，草塘所属谷傲等四十一寨蛮作乱，总兵陈怀剿抚之，旋定。

正统十四年，宣慰使杨钢老疾，以其子辉代。景泰三年，辉奏：“湖、贵所辖臻、剖、五垒等苗贼，纠合草塘、江渡诸苗黄龙、韦保等，杀掠人民，屡抚复叛，乞调兵征剿，以靖民患。”帝命总督王来、总兵梁珤等，会同四川巡抚剿之。七年，调辉兵征铜鼓、五开叛苗，赐敕颁赏。

成化十年以播州贼赘果等屡岁为患，敕责川、贵镇巡官。正统末，苗蛮聚众寇边，土官同知罗宏奏，辉有疾，乞以其子爱代。帝命爱袭职，仍敕爱即率兵从总兵官剿贼。先是，辉奏所属夭坝干地五十三寨及重安所辖湾溪等寨，屡被苗蛮占据，乞令湖、贵会兵征之。命如辉言。部议以爱年幼，请仍起辉暂理军事。又以辉难独任，宜敕都御史张瓒亲至播州督理，励辉等振扬威武，以备征调，其机宜悉听瓒裁处。

十二年，瓒督诸军及辉攻败湾溪、夭坝干地诸苗，凡破山寨十六，斩首四百九十六级，抚男妇九千八百余口。事下兵部，以苗就抚者多，宜量为处分。瓒议设安宁宣抚司，并怀远、宣化二长官司，建靖南、龙场二堡，命辉董其役。辉调兵民五千余，立治所，委所属黄平诸长官，分甓城垣。将竣，辉因奏：“各寨苗蛮，近颇知惧，但大军还后，难保无虞。播州向设操守土兵一千五百人，今拨守怀远、靖南、夭漂、龙场各二百人，宣化百人，安宁六百人，其家属宜徙之同居，为固守计。其工之未毕者，宜命臣子爱董之，而听臣致仕如故。”

诏从之。时湾溪既立安宁宣抚，烂土诸蛮恶其逼，遂引赉果等攻陷夭漂、靖南城堡，围安宁。爱新袭，力弗能支，求援于川、贵二镇。兵部奏起辉再统兵剿之，又敕川、贵兵为助。十五年，贵州巡抚陈俨奏："苗贼赉果转横，乞调川、湖等官军五万五千，克期会贵州，听俨节制。"兵部言："贼作于四川，而贵州守臣自欲节制诸军，恐有邀功之人主之。且兴师五万，以半年计，须军储十三万五千石，山路险峻，输运之夫须二十七万众，况天将暑，瘴疠可虞。"帝然其奏。

二十二年，爱兄宣抚杨友讦奏爱，帝命刑部侍郎何乔新往勘。二十三年，乔新奏："辉在日，溺其庶子友，欲令承袭，长官张渊阿顺之。安抚宋韬谓杨氏家法，立嗣以嫡，爱宜立。辉不得已立爱，又欲割地以授友，谋于渊，因以夭坝干乃本州怀远故地，为生苗所据，请兵取之。容山长官韩瑄以土民安辑日久，不宜征。渊与辉计执瑄，杖杀之。前巡抚张瓒受辉赂，以其地设安宁宣抚司，冒以友任宣抚。辉立券，以所有金玉、服用、庄田召诸子均分之。辉没，渊乃与友潜谋刺爱，渊弟深亦与谋，不果。友遂奏爱居处器用僭拟朝廷，又通唐府，密书往来，私习兵法、天文，谋不轨，事皆诬。"帝命斩渊、深。以爱信谗薄兄，友因公擅杀，且谋嫡，盗官钱，皆有罪。爱赎复任，友迁保宁羁管，仍敕乔新从宜处治。

弘治元年增设重安守御千户所，命播州岁调土兵一千助戍守。七年，以平苗功，赐敕劳爱。十四年，调播州兵五千征贵州贼妇米鲁等。

正德二年升播州宣慰使杨斌为四川按察使，仍理宣慰事。旧制，土官有功，赐衣带，或旌赏部众，无列衔方面者。斌狡横，不受两司节制，讽安抚罗忠等上其平普安等战功，重赂刘瑾，得之。逾年，巡按御史俞缁言不宜授，乃裁之，仍原职。

初，友既编置保宁，爱益恣，厚敛以贿中贵，征取友向所居凯里地者独苛。同知杨才居安宁，乘之，朘剥尤甚，诸苗愤怨。凯里民为友奏复官，弗得，乃潜入保宁，以友还，纠众作乱，攻播州，焚爱居第及公私廨宇略尽，遂杀才。多所残戮。爱屡奏于朝，帝命镇巡官调

兵征之。会友死,遂缓师。已而镇巡官言:"友子弘能悔过自新,且
善抚驭,蛮众愿听其约束。其前为友所焚杀者,俱已随土俗折偿,且
还所侵夺于官。乞授弘冠带为土舍,协同播州经历司抚辑诸蛮。其
家众置保宁者仍归之,隶播州管辖。并谕斌与弘协和,不得再造衅
端。"报可。未几,播州安抚宋淮奏:"贵州凯口烂土苗,婚于凯里草
塘诸寨,阴相构结,诱山苗为乱。乞赐斌敕,令每年巡视边境,会湖
广镇巡官抚处。"部议,土官向无领敕出巡者。谕斌宜抚绥土众,辑
睦亲族,以副朝廷优待之意。因授致仕宣慰爱为昭毅将军,给诰命,
赐麒麟服。时斌又为其父请进阶及服色,礼科驳之,以服色等威所
系,不可假。兵部以爱旧有剿贼功,皆许之。斌复为其子相请入学,
并得赐冠带。

十二年,播州安抚罗忠、宋淮等奏:"斌有父丧,欲援文臣例守
制,但边防为重,乞仍令掌印理事。"初,杨弘既归凯里,与重安土舍
冯纶等有怨。弘卒,纶等诱苗蛮攻之,更相仇杀,侵轶贵州境。巡抚
邹文盛言状,且请移文四川,会官抚处,逾岁不报。文盛乃遣参议蔡
潮入播州,督致仕杨斌抚平之。因言:"宣复安宁宣抚,俾弘子弟袭
之。斌未衰,宜仍起任事,以制诸蛮寨。潮有抚蛮劳,宜量擢。"兵部
议:"安宁已革不可复,斌子既代,亦不可起。土官应袭与否,属四
川,非黔所得专。盛所请难行,而功不可诬"。十六年赐斌蟒衣玉带。

嘉靖元年,赐播州儒学《四书集注》,从宣慰杨相奏也。弘既死,
其弟张求袭职不得,时盗边,劫白泥司印信,复与相构兵。守臣乞改
凯里属贵州,以张为土知州解释之。兵部议:"张习父兄之恶,幸免
于辜,敢肆然执印信以要挟,当命川、贵守臣按其前后争产杀人诸
罪,置于理。若张悔过输情,还所获印,尚可量授一官,听调杀贼以
自效。倘或怙终,必诛以为玩法戒。"既,遂许张袭宣抚,而改安宁为
凯里,隶贵州。

初,杨相之祖父皆以嫡庶相争,梯祸数世。至是,相复宠庶子
煦。嫡子烈母张,悍甚,与烈盗兵逐相。相走,客死水西。烈求父尸,
宣慰安万铨因要挟水烟、天旺故地,而后予尸,烈阳许之。及相丧

还,烈靳地不予,遂与水西构难,又杀其长官王黻。时嘉靖二十三年也。

烈既代袭,遂与黻党李保治兵相攻,垂十年,总督冯岳调总兵石邦宪讨平之。真州苗卢阿项者亦久称乱,邦宪以兵七千击败之。有言贼求援于播者,邦宪曰:"吾方调水西兵,声扬烈助逆罪,烈暇救人乎。"已,擒阿项父子,斩获四百余人。初,嘉靖初,议分凯里属贵州,既,又以播地多在贵州境,并改属思石兵备。及真州盗平,地方安靖,播人以为非便。川、贵守臣异议不决,命总督会勘。总督奏,仍以播归四川,在贵州思石兵备仍兼制播、酉、平、邑诸土司事,报可。

隆庆五年,烈死,子应龙请袭,命予职。万历元年,给应龙宣慰使敕书。八年赐故宣慰杨烈祭葬,从应龙请也。十四年,应龙献大木七十,材美,赐飞鱼服,又复引其祖斌赐蟒例。部议,以斌有军功,且出特恩,未可为比。帝命以都指挥使衔授应龙。

十八年,贵州巡抚叶梦熊疏论应龙凶恶诸事,巡按陈效历数应龙二十四大罪。时方防御松潘,调播州土兵协守,四川巡按李化龙疏请暂免勘问,俾应龙戴罪图功。由是,川、贵抚按疏辨,在蜀者谓应龙无可勘之罪,在黔者谓蜀有私昵应龙之心。于是给事中张希皋等,以事属重大,两省利害,岂漫不相关者,乞从公会勘,无执成心。十九年,梦熊主议,播州所辖五司改土为流,悉属重庆,与化龙意复相左。化龙遂引嫌求斥。盖应龙本雄猜,阻兵嗜杀,所辖五司七姓悉叛离。嬖妾田屠妻张氏,并及其母。妻叔张时照与所部何恩、宋世臣等上变,告应龙反。梦熊请发兵剿之,蜀中士大夫悉谓蜀三面邻播,属裔以什伯数,皆其弹压,且兵骁勇,数征调有功,剪除未为长策。以故,蜀抚按并主抚。朝议命勘,应龙愿赴蜀,不赴黔。

二十年,应龙诣重庆对簿,坐法当斩,请以二万金赎。御史张鹤鸣方驳问,会倭大入朝鲜,征天下兵,应龙因奏辨,且愿将五千兵征倭自赎,诏释之。兵已启行,寻报罢。巡抚王继光至,严提勘结,应龙抗不出。张时照等复诣奏阙下,继光用兵之议遂决。二十一年,继光至重庆，与总兵刘承嗣等分兵三道进娄山关，屯白石口。应龙佯约降，而统苗兵据关冲击。承嗣兵败，杀伤大半。会继光论罢，即撤兵，委弃辎重略尽。黔师协剿，亦无功。时四川新抚谭希忠与贵州镇、抚再议剿，御史薛继茂主抚。应龙上书自白，遣其党携金入京行间，执原奏何恩诣綦江县。

二十二年，以兵部侍郎邢玠总督贵州。二十三年，玠至蜀，察永宁、酉阳皆应龙姻娅，而黄平、白泥久为仇雠，宜剪其枝党。乃檄应龙，谓当待以不死。会水西宣慰安疆臣请父国亨恤典，兵部尚书石星手札示疆臣，趣应龙就吏得赉，疆臣奉札至播招应龙。时七姓恐应龙出得除罪，而四方亡命窜匿其间，又幸龙反，因以为利，驿传文移，辄从中阻。玠檄重庆知府王士琦诣綦江，趣应龙安稳听勘。应龙使弟兆龙至安稳，治邮舍，储糒，叩头郊迎，致饩牵如礼，言："应龙缚渠魁，待罪松坎。所不敢至安稳者，恐堕安稳仇民不测祸也。幸请至松坎受事。"士琦曰，"松坎亦曩奏勘地"，即单骑往。应龙果面缚道旁，泣请死罪，愿执罪人，献罚金，得自比安国亨。国亨者，曩亦被讦惧罪不出界，故应龙引之。士琦为请于玠，许之。应龙乃缚献黄元等十二人。案验，抵应龙斩，谕赎，输四万金助采木，仍革职，以子朝栋代。次子可栋羁府追赎，黄元等斩重庆市，总督以闻。时倭氛未靖，兵部欲缓应龙，事东方，朝廷亦以应龙向有积劳，可其奏，于松坎设同知治焉，以士琦为川东兵备副使弹治之。

应龙获宽，益怙终不悛。寻可栋死于重庆，益痛恨。促丧归不得，复檄完赎，大言曰："吾子活，银即至矣。"拥兵驱千余僧招魂去。分遣土目，置关据险。厚抚诸苗，名其健者为硬手；州人稍殷厚者，没入其资以养苗。苗人咸愿为出死力。

二十四年，应龙残余庆，掠大阡、都坝，焚劫草塘、余庆二司及兴隆、都匀各卫。又遣其党围黄平，戮重安长官家，势复大炽。二十五年流劫江津及南川，临合江，索其仇袁子升，縋城下，磔之。时兵备王士琦调征倭，应龙益统苗兵，大掠贵州洪头、高坪、新村诸屯。已，又侵湖广四十八屯，阻塞驿站。诇原奏仇民宋世臣、罗承恩等挚家匿偏桥卫,袭破之。大索城中,戮其父母,淫其妻女,备极惨酷。

二十七年,贵州巡抚江东之,令都司杨国柱部卒三千剿应龙,夺三百落。贼佯北,诱师歼焉。国柱等尽死。东之罢,以郭子章代,而起李化龙节制川、湖、贵州诸军事,调东征诸将刘綎、麻贵、陈璘、董一元南征。时应龙乘大兵未集,勒兵犯綦江。城中新募兵不满三千,贼兵八万奄至,游击张良贤巷战死,綦江陷。应龙尽杀城中人,投尸蔽江,水为赤。益结九股生苗及黑脚苗等为助,屯官坝,声窥蜀。已,遂焚东坡、烂桥,楚、黔路梗。

二十八年,应龙五道并出,破龙泉司。时总督李化龙已移驻重庆,征兵大集,遂以二月十二日誓师,分八路进。每路约三万人,官兵三之,土司七之,旗鼓甲仗森列,苗大惊。总兵刘綎破其前锋,杨朝栋仅以身免,贼胆落。遂连克桑木、乌江、河渡三关,夺天都、三百落诸囤。贼连败,乃乘隙突犯乌江,诈称水西陇澄会哨,诱永顺兵,断桥,淹死将卒无算。寻綎破九盘,入娄山关。关为贼前门,万峰插天,中通一线。綎从间道攀藤毁栅入,陷焉。四月朔,师屯白石,应龙率诸苗决死战。綎亲勒骑冲中坚,分两翼夹击,败之。追奔至养马城,连破龙爪、海云险囤,压海龙囤,贼所倚天险,谓飞鸟腾猿不能逾者。时偏沅师已破青蛇囤,安疆臣亦夺落濛关,至大水田,焚桃溪庄。贼见势急,父子相抱哭,上囤死守,每路投降文缓师,总兵吴广入崖门关,营水牛塘,与贼力战三日,却之。贼诡令妇人于囤上拜表痛哭云:“田氏且降。”复诈为应龙仰药死报广,广轻信按兵。已,觇贼诈,益厉兵攻,烧二关,夺贼樵汲路。八路师大集海龙囤,遂筑长围,更番迭攻。贼知必死。会化龙闻父丧,诏以缞墨视师。化龙念贼前囤险不能越,令马孔英率勍兵拼力攻其后。天苦雨,将土驰泥淖中苦战。六月四日,天忽霁,綎先士卒,克土城。应龙益迫,散金募死士拒战,无应者。起,提刀巡垒,见四面火光烛天,大兵已登囤,破土城入。应龙仓皇同爱妾二阃室缢,且自焚。吴广获其子朝栋,急觅应龙尸,出焰中。贼平。

计出师至灭贼,百十有四日,八路共斩级二万余,生获朝栋等百余人。化龙露布以闻,献俘阙下,剒应龙尸,磔朝栋、兆龙等于市。播州自唐入杨氏,传二十九世,八百余年,至应龙而亡。

三十一年,播州余逆吴洪、卢文秀等叛,总兵李应祥等讨平之。分播地为二,属蜀者曰遵义府,属黔者为平越府。

永宁,唐兰州地。宋为泸州江安、合江二县境。元置永宁路,领筇连州及腾川县,后改为永宁宣抚司。

洪武四年平蜀,永宁内附,置永宁卫。六年,筇连州滕大寨蛮编张等叛,诈称云南兵,据湖南长宁诸州县。命成都卫指挥袁洪讨之。洪引兵至叙州庆符县,攻破清平关,擒伪千户李文质等。编张遁走,复以兵犯江安诸县。洪追及之,又败其众,焚其九寨,获张子伪镇抚张寿。编张遁匿溪洞,余党散入云南。帝闻之,敕谕洪曰:“南蛮叛服不常,不足罪。既获其俘,宜编为军。且驻境上,必以兵震之,使詟天威,无遗后患。”未几,张复聚众据滕大寨,洪移兵讨败之。追至小芒部,张遁去,遂取得花寨,擒阿普等。自是,张不敢复出,其寨悉平。遂降筇连州为县,属叙州,以九姓长官司隶永宁安抚司。

七年升永宁等处军民安抚司为宣抚使司,秩正三品。八年以禄照为宣抚使。十七年,永宁宣抚使禄照贡马,诏赐钞币冠服,定三年一贡如例。十八年,禄照遣弟阿居来朝,言比年赋马皆已输,惟粮不能如数。缘大军南征,蛮民惊窜,耕种失时,加以兵后疾疫死亡者多,故输纳不及,命蠲之。二十三年,永宁宣抚言,所辖地水道有一百九十滩,其江门大滩有八十二处,皆石塞其流。诏景川侯曹震往疏凿之。二十四年,震至泸州按视,有枝河通永宁,乃凿石削崖,以通漕运。

二十六年,以禄照子阿聂袭职。先是,禄照坐事逮至京,得直,还卒于途。其子阿聂与弟智皆在太学,遂以庶母奢尾署司事。至是,奢尾入朝,请以阿聂袭,从之。永乐四年,免永宁荒田租。

宣德八年,故宣抚阿聂妻奢苏朝贡。九年,宣抚奢苏奏:“生儒皆土獠,朝廷所授官言语不通,难以训诲。永宁监生李源资厚学通,乞如云南鹤庆府例,授为儒学训导。"诏从之。景泰二年,减永宁宣抚司税课局钞,以苗贼窃发,客商路阻,从布政司请也。

成化元年,山都掌大坝等寨蛮贼,分劫江安等县,兵部以闻。二年,国子学录黄明善奏:"四川山都掌蛮屡岁出没,杀掠良民。景泰元年招之复叛,天顺六年抚之又反。近总兵李安令永宁宣抚奢贵赴大坝招抚,亦未效。恐开衅无已,宜及大兵之集,早为定计,毋酿边患。"三年,明善复言:"宋时多刚县蛮为寇,用白芀子兵破之。白芀子者,即今之民壮;多刚县者,即今之都掌多刚寨也。前代用乡兵有明效,宜急募民壮,以助官军。都掌水稻十月熟,宜督兵先时取其田禾,则三月之内蛮必馁矣。军宜分三路:南从金鹅池攻大坝,中从戎县攻箐前,北从高县攻都掌。小寨破,大寨自拔。又大坝南百余里为芒部,西南二百里为乌蒙,令二府土官截其险要。更用火器自下而上,顺风延爇,寨必可攻。且征调土兵,须处置得宜,招募民壮,须赏罚必信。"诏总兵官参用之。时总督尚书程信亦奏:"都掌地势险要,必得土兵向道。请敕东川、芒部、乌蒙、乌撒诸府兵,并速调湖广永顺、保靖兵,以备征遣。"又请南京战马一千应用。皆报可。四年,信奏:"永宁宣抚奢贵开通运道,擒获贼首,宜降玺书奖赉。"从之。

十六年,白罗罗羿子与都掌大坝蛮相攻,礼部侍郎周洪谟言:"臣叙人也,知叙蛮情。戎、珙、筠、高诸县,在前代皆土官,国朝始代以流,言语性情不相习,用激变。洪、永、宣、正四朝,四命将徂征,随服随叛。景泰初,益滋蔓,至今为梗。臣向尝言仍立土官治之,为久远计。而都御史汪浩徼幸边功,诬杀所保土官及寨主二百余人,诸蛮怨入骨髓,转肆劫掠。及尚书程信统大兵,仅能克之。臣以谓及今顺蛮人之情,择其众所推服者,许为大寨主,俾世袭,庶可相安。"又言:"白罗罗者,相传为广西流蛮,有众数千,无统属。景泰中,纠戎、珙、苗,攻破长宁九县,今又侵扰都掌。其所居,崖险箐深,既难剪灭,亦宜立长官司治之。地近芒部,宜即隶之。羿子者,永宁宣抚所辖。而永宁乃云、贵要冲,南跨赤水、毕节六七百里,以一柔妇人制数万强梁之众,故每肆劫掠。臣以为宣抚土獠,仍令宣抚奢贵治之。其南境寨蛮近赤水、毕节要路者，宜立二长官司，仍隶永宁宣抚。夫土官有职无俸，无损国储，有益边备。"从之。二十五年，永宁宣抚司女土官奢禄献大木，给诰如例。

万历元年，四川巡抚曾省吾奏："都蛮叛逆，发兵征讨，土官奢效忠首在调，但与贵州土官安国亨有仇，请并令总兵官刘显节制，使不得籍口复仇，妄有骚动。"从之。初，乌撒与永宁、乌蒙、水西、沾益诸土官境相连，复以世戚亲厚。既而安国亨杀安信，信兄智结永宁宣抚奢效忠报仇，彼此相攻。而安国亨部下吏目与智有亲，恐为国亨所杀，因投安路墨。墨诈称为土知府安承祖，赴京代奏。已而国亨亦令其子安民陈诉，与奢劾忠俱奉命听勘于川、贵巡抚。议照蛮俗罚牛赎罪，报可。效忠死，妻世统无子，妾世续有幼子崇周。世统以嫡欲夺印。相仇杀。方奏报间，总兵郭成、参将马呈文利其所有，遽发兵千余，深入落红。奢氏九世所积，搜掠一空，世续亦发兵尾其后。效忠弟沙卜出拒战，且邀水西兵报仇。成兵败绩，乃檄取沙卜于世统，统不应，复杀把总三人，聚苗兵万余，欲攻永宁泄怨。巡按劾成等邀利起衅，宜逮；而议予二土妇冠带，仍分地各管所属，其宣抚司印俟奢崇周成立，赴袭理事。报可。十四年，奢崇周代职，未几死。

奢崇明者，效忠亲弟尽忠子也。幼孤，依世统抚养一十三年。至是，送之永宁，世续遗之毡马，许出印给之。事已定，而诸奸阁宗传等，自以昔从世续逐世统，杀沙卜，惧崇明立，必复前恨，遂附水西，立阿利以自固。安疆臣阴阳其间，蛮兵四出，焚劫屯堡，官兵不能禁。总督以闻，朝议命奢崇明暂管宣抚事，冀宗明蠲凤恨，以收人心。而阁宗传等攻掠永宁、普市、摩尼如故。崇明承袭几一载，世续印竟不与，且以印私安疆臣妻弟阿利。巡抚遣都司张神武执世续索印，世续言印在镇雄陇澄处。

陇澄者，水西安尧臣也，陇氏垂绝，尧臣入赘，遂冒陇姓，称陇澄。叙平播州、叙州功，澄与焉，中朝不知其为尧臣也。尧臣外怙播功，内仗水西，有据镇雄制永宁心。蜀抚按以尧臣非陇氏种，无授镇雄意。尧臣以是怀两端,阴助世续。意世续得授阿利,则已据镇雄益坚。又朝廷厌兵,宗传、阿利等方驿骚,己可卧取陇氏也。而阎宗传等每焚掠,必称镇雄兵,以怖诸部。川南道梅国楼所俘蛮丑者言,镇雄遣将鲁大功督兵五营屯大坝,水西兵已渡马铃堡,约攻永宁,普市遂溃,宗传等以空城弃去。奢崇明又言,尧臣所遣目把彭月政、鲁仲贤六大营助逆不退,声言将抵叙南,攻永宁,泸州。于是总兵侯国弼等,皆归恶于尧臣。都司张神武等所俘唤者、朗者,皆镇雄土目,尧臣亦不能解。

黔中抚、按以西南多事,兵食俱诎,无意取镇雄。尧臣因以普市、摩尼诸焚掠,皆归之蜀将。议者遂以贪功起衅,为蜀将罪。四川巡抚乔璧星言:"尧臣狡谋,欲篡镇雄,垂涎蔺地有年矣。宗传之背逆恃镇雄,犹镇雄之恃水西也。水西疆臣不助兵,臣已得其状,宜乘逆孽未成,令贵州抚、按调兵与臣会剿。倘尧臣稔恶如故,臣即移师击之,毋使弗摧之虺复为蛇,弗窒之鳝复为河也。"疏上,廷议无敢决用师者。久之,阿利死,印亦出,蜀中欲逐尧臣之论,卒不可解。时播州清疆之议方沸腾,黔、蜀各纷纷。至是,永宁议兵又如聚讼矣。时朝廷已一意休兵。三十五年,命释奢世续,赦阎宗传等罪,访求陇氏子孙为镇雄后。并令安疆臣约束尧臣归本土司,听遥授职衔,不许冒袭陇职。于是宗传降,尧臣请避去,黔督遂请撤师。

旧制,永宁卫隶黔,土司隶蜀。自水、蔺交攻,军民激变,奢崇明虽立,而行勘未报。摩尼、普市千户张大策等,复请将永宁宣抚改土为流。兵部言,无故改流,置崇明何地,命速完前勘诸案。于是蜀抚拟张大策以失守城池罪,应斩,黔抚拟张神武以擅兵劫掠,罪亦应斩。策,黔人,武,蜀人也。由是两情皆不平,诸臣自相构讼,复纷结不解。会奢崇明子寅,与水西已故土官妻奢社辉争地,安兵马十倍奢,而奢之兵精,两相持。蜀、黔抚按不能制,以状闻。四十八年,黔抚张鹤鸣以赤水卫白撒所屯地为永宁占据,宜清还,皆待勘未决。

天启元年,崇明请调马步兵二万援辽,从之。崇明与子寅久蓄异志,借调兵援辽,遣其婿樊龙、部党张彤等,领兵至重庆,久驻不发。巡抚徐可求移镇重庆，趣永宁兵。樊龙等以增行粮为名乘机反，杀巡抚、道、府、总兵等官二十余员，遂据重庆。分兵攻合江、讷溪，破泸州，陷遵义，兴文知县张振德死之。兴文，故九丝蛮地也，进围成都，伪号大梁，布政使朱燮元，周著，按察使林宰分门固守。石砫土司女官秦良玉遣弟民屏、侄翼明等，发兵四千，倍道兼行，潜渡重庆，营南坪关。良玉自统精兵六千，沿江上趋成都。诸援兵亦渐集。时寅攻城急，阴纳刘勋等为内应，事觉伏诛。复造云梯及旱船，昼夜薄城，城中亦以炮石击毁之。相持百日，会贼将罗乾象遣人输款，愿杀贼自效。是夜，乾象纵火焚营，贼兵乱，崇明父子仓皇奔，钱帛谷米委弃山积，穷民赖以得活。乾象因率其党胡汝高等来降。时燮元已授巡抚，率川卒追崇明，江安、新都、遵义诸郡邑皆复。时二年三月也。樊龙收余众数万，据重庆险塞。燮元督良玉等夺二郎关，总兵杜文焕破佛图关，诸将迫重庆而军。奢寅遣贼党周鼎等分道来救，鼎败走，为合江民所缚。官军与平茶、酉阳、石砫三土司合围重庆，城中乏食。燮元遂以计擒樊龙，杀之，张彤亦为乱兵所杀，生擒龙子友邦及其党张国用、石永高等三十余人，遂复重庆。

时安邦彦反于贵州，崇明遥倚为声援。三年，川师复遵义，进攻永宁，遇奢寅于土地坎，率兵搏战。大兵奋击，败之。寅被创遁，樊虎亦战死。进克其城，降贼二万。复进拔红崖、天台诸囤寨，降者日至。崇明势益蹙，求救于水西，邦彦遣十六营过河援之。罗乾象急破蔺州，焚九凤楼，覆其巢。崇明踉跄走，投水西。邦彦与合兵，分犯遵义、永宁。川师败之于芝麻塘，贼遁入青山。诸将逼渭河，麀入龙场阵，获崇明妻安氏及奢崇辉等，斩获万计。蔺州平。总督朱燮元请以赤水河为界，河东龙场属黔，河西赤水、永宁属蜀。永宁设道、府，与遵义、建武声势联络。

未几，贵州巡抚王三善为邦彦所袭死，崇明势复张，将以逾春大举寇永宁。会奢寅为其下所杀，而燮元亦以父丧去，崇明、邦彦得稽诛。崇明称大梁王，邦彦号四裔大长老，诸称元师者不可胜计，合兵十余万，规先犯赤水。崇祯初，起燮元总督贵、湖、云、川、广诸军务,大会师。燮元定计诱贼深入向永宁,邀之于五峰山桃红坝,令总兵侯良柱大败之,崇明、邦彦皆授首。是役也,扫荡蜀、黔数十年巨憝,前后皆燮元功云。

酉阳,汉武陵郡酉阳县地。宋为酉阳州。元属绍庆府。

洪武五年,酉阳军民宣慰司冉如彪遣弟如喜来朝贡。置酉阳州,以如彪为知州。八年改为宣抚司,仍以冉如彪为使。置平茶、邑梅、麻兔、石耶四洞长官司,以杨底纲、杨金奉、冉德原、杨隆为之,每三年一入贡。石耶不能亲至京,命附于酉阳。二十七年,平茶洞署长官杨再胜,谋杀兄子正贤及洞长杨通保等。正贤等觉之,逃至京师,诉其事,且言再胜与景川侯谋反。帝命逮再胜鞠之,再胜辞服,当族诛,正贤亦应缘坐。帝诛再胜,释正贤,使袭长官。酉阳宣抚冉兴邦以袭职来朝,命改隶渝州。

永乐三年,指挥丁能、杜福抚谕亚坚等十一寨生苗一百三十六户,各遣子入朝,命隶酉阳宣抚司。四年免酉阳荒田租。五年,兴邦遣部长龚俊等贡方物,并谢立儒学恩。

景泰七年调宣抚金事冉廷璋兵,征五开、铜鼓叛苗,赐敕谕赏赍。天顺十三年命进宣抚冉云散官一阶,以助讨叛苗及擒石全州之功也。

弘治七年,宣抚冉舜臣以征贵州叛苗功,乞升职。兵部以非例,请进舜臣阶明威将军,赐敕褒之。十二年,舜臣奏宋农寨蛮贼纠胁诸寨洞蛮,杀掠焚劫,乞剿捕。保靖、永顺二宣慰亦奏,邑梅副长官杨胜刚父子谋据酉阳,结俊倍洞长杨广震等,号召宋农、后溪诸蛮,聚兵杀掠,请并讨。兵部议,酉阳溪洞连络,易煽动,宜即扑灭,请行镇巡官酌机宜。十四年调酉阳兵五千,协剿贵州贼妇米鲁。

正德三年,酉阳宣抚司护印舍人冉廷玺及邑梅长官司奏,湖广镇溪所洞苗聚众攻劫,请兵剿捕。八年,宣抚冉元献大木二十,乞免男维翰袭职赴京,从之。二十年,元再献大木二十,诏量加服色酬赏。

万历十七年，宣抚冉维屏献大木二十，价逾三千。工部议，应加从三品服，以为土官输诚之劝。从之。四十六年调酉阳兵四千，命宣抚冉跃龙将之援辽。四十七年，跃龙遣子天胤及文光等领兵赴辽阳，驻虎皮、黄山等处三载，解奉集之围。再援沈阳，以浑河失利，冉见龙战没，死者千余人。撤守辽阳，又以降敌纵火，冉文焕等战没，死者七百余人。兵部尚书张鹤鸣言："跃龙遣子弟万里勤王，见龙既杀身殉国，跃龙又自捐金二千两，运军器至山海关，振困招魂，忠义可嘉。臣在贵州时，跃龙亦自捐饷征红苗，屡建奇功。今又著节于边，宜加优恤，以风诸边。"

天启元年授跃龙宣慰使，并妻舒氏，皆给诰命，仍恤阵亡千七百余家。二年，奢崇明叛，跃龙率援师合围重庆。及崇明诛，其土舍冉绍文与有功。四年，跃龙以东西赴调效命，为弟见龙及诸阵亡者请赉恤。命下所司。

崇祯九年，宣慰使冉天麟疏言："庶孽天胤假旨谋夺臣爵土，不遂，擅兵戕杀。"下抚按察勘。时蜀方忧盗，大吏自顾不暇，土官事多寝阁云。

石砫，以石潼关、砫蒲关而名。后周置施州。唐改青江郡。宋末，置石砫安抚司。元改石砫军民府，寻仍为安抚司。

洪武七年，石砫安抚使马克用，遣其子付德与同知陈世显入朝，贡方物。八年，改石砫安抚司为宣抚司，隶重庆府。十六年，石砫溪蛮寇施州，黔江守御官军击破之。十八年，石砫宣抚同知陈世显遣子兴潮等奉表贡方物，贺明年正旦。二十四年赐石砫宣抚同知陈兴潮及其子文义白金百两，以从征散毛洞有功故也。

宣德五年命宣抚马应仁子镇为宣抚。初，应仁有罪应死，贷谪戍。至是，帝念其祖克用尝效力先朝，命求其子孙之良者用之，故有是命。

成化十八年，四川巡抚孙仁奏："三月内，盗三百人入石砫，杀宣抚马澄及隶卒二十余人，焚掠而去。以石砫地邻酆都，互争银场相讦，有司不为区治，致相仇杀。"命责有司捕贼。仁奏："石砫岁办铅课五千一百三十斤，正统后停之。邻境军民假以征课，乘机窃取，酿成祸阶。请除其课，闭其洞，仍移忠州临江巡检于酆都南宾里之姜池，以便防守。"从之。是年，命马徽为宣抚。

万历二十二年，石砫女土官覃氏行宣抚事。土吏马邦聘谋夺其印，与其党马斗斛、斗霖等，集众数千，围覃氏，纵火焚公私庐舍八十余所，杀掠一空。覃氏上书言："臣自从征叠、茂，击贼大雪山，斩首捕寇，皆著有成劳，屡膺上官奖赏。今邦聘无故虔刘孤寡，臣岂不能出一旅与之角胜负，诚以非朝命，不敢也。今叛人斯在，请比先年楚金洞舍覃碧谋篡事，愿与邦聘同就吏。"二十三命四川抚、按谳其狱，事未决。会杨应龙反播州，覃与应龙为姻，而斗斛亦结应龙，两家观望，狱遂解。覃氏有智计，性淫，故与应龙通。长子千乘失爱，昵次子千驷，谓应龙可恃，因聘其女为千驷妻。千驷入播，同应龙反。千乘袭马氏爵，应调，与酉阳冉御龙同征应龙。应龙败，千驷伏诛，而千乘为宣抚如故。千乘卒，妻秦良玉以功封夫人，自有传。

明史卷三一三
列传第二〇一

云南土司一

云南	大理	临安	楚雄	澄江
景东	广南	广西	镇沅	永宁
顺宁	蒙化	孟艮	孟定	曲靖

明洪武十四年,大军至滇,梁王走死,遂置云南府。自是,诸郡以次来归,垂及累世,规制咸定。统而稽之,大理、临安以下,元江、永昌以上,皆府治也。孟艮、孟定等处则为司,新化、北胜等处则为州,或设流官,或仍土职。今以诸府州概列之土司者,从其始也。盖滇省所属多蛮夷杂处,即正印为流官,亦必以土司佐之。而土司名目淆杂,难以缕析,故系之府州,以括其所辖。而于土司事迹,止撮其大纲有关乎治乱兴亡者载之,俾控驭者识所鉴焉。

云南,滇国也。汉武帝时始置益州郡。蜀汉置云南郡。隋置昆州,唐仍之。后为南诏蒙氏所据,改鄯阐府。历郑、赵、杨三氏,至大理段氏,以高智升领鄯阐牧,遂世其地。元初,置鄯阐万户府。既改置中庆路,封子忽哥为云南王镇之,仍录段氏子孙守其土。忽哥死,其子嗣封为梁王。

洪武六年,遣翰林待制王祎等赍诏谕梁王,久留不遣,卒遇害。

八年复遣湖广行省参政吴云往,中途为梁使所害。十四年,征南将军傅友德、蓝玉、沐英率师至云南城,梁王赴滇池死,定其地。改中庆路为云南府,置都指挥使司,命都督金事冯诚署司事。二月诏谕云南诸郡蛮。十五年,友德等分兵攻诸蛮寨之未服者,土官杨苴乘隙作乱,集蛮众二十余万攻云南城。时城中食少,士卒多病,寇至,都督谢熊、冯诚等撄城固守,贼不能攻,遂远营为久困计。时沐英方驻师乌撒,闻之,将骁骑还救。至曲靖,遣卒潜入报城中,为贼所得,绐之曰:"总兵官领三十万众至矣。"贼众惊愕,拔营宵遁,走安宁、罗次、邵甸、富民、普宁、大理、江川等处,复据险树栅,谋再寇。英分调将士剿降之,斩首六万余级,生擒四千余人,诸部悉定。二十五年,英卒,命其子春袭封西平侯,仍镇云南。

自英平云南,在镇十年,恩威著于蛮徼;每下片楮,诸番部具威仪出郭叩迎,盥而后启,曰:"此令旨也。"沐氏亦皆能以功名世其家。每大征伐,辄以征南将军印授之,沐氏未尝不在行间。数传而西平裔孙当袭侯,守臣争之,谓滇人知有黔国公,不知西平侯也。孝宗以为然,许之。自是,遂以公爵佩印,为故事。诸土司之进止予夺,皆咨禀。及承平久,文纲周密,凡事必与太监抚、按、三司,会议后行,动多掣肘,土官子孙承袭有积至二三十年不得职者。土官复慢令玩法,无所忌惮;待其罪大恶极,然后兴兵征剿,致军民日困,地方日坏。大学士杨一清等因武定安铨之乱,痛切陈之。黔国公沐绍勋亦以为言。虽得旨允行,亦不能更革。驯至神宗之世,朝廷惰媮,封疆败坏,日甚一日。缅、莽之叛,皆土官之失职者导之。虽稍奏肤功,而滇南丧败,卒由土官沙定洲之祸。

沙定洲者,王弄山长官司沙源之子也。源骁勇有将材,万历中,数从征调有功,巡抚委以王弄副长官事,继以征建水功,以安南长官司废地畀之。后征东川,水西,马龙山等处,全云南会城,称首功,累加至宣抚使,时号沙兵。定洲,其仲子也。

崇祯中,元谋土知州吾必奎叛。总兵官沐天波剿之,调定洲从征。定洲不欲行,出怨言。会奸徒饶希之、余锡朋者通天波金,无以偿。锡朋常出入土司家,夸黔府富盛。定洲心动,阴结都司阮韵嘉诸人为内应。既定洲入城辞行,天波以家讳日不视事,定洲噪而入,焚劫其府。天波闻变,由小窦遁。时宁州土司禄永命在城,方巷战拒贼,从官周鼎止天波,留讨贼。天波疑鼎为定洲诱己,杀之,其母妻皆走城北自焚死。定洲据黔府,盘踞会城。劫巡抚吴兆元,使题请代天波镇滇,传檄州县,全滇震动。禄永命与石屏州龙在田俱引所部去。

天波走楚雄,金沧副使杨畏知奉调驻城中,谓天波曰:"公何不走永昌,使楚得为备,而公在彼犄角,首尾牵制之,上策也。"天波从之。定洲至楚雄,城闭不得入,乃去。遣其党王翔、李日芳等,攻陷大理、蒙化。畏知乘间檄城外居民尽入城,筑陴浚隍,调土、汉兵守之。定洲闻禄永命等各固守,不敢至永昌,恐畏知截其归路,急还兵攻楚雄。畏知坐城楼,贼发巨炮击之,烟焰笼城櫓,众谓畏知已死,而畏知端坐自如,贼相惊谓神。畏知伺贼间,辄出奇兵杀贼甚众。贼引去,攻石屏不下,还攻宁州,禄永命战死。贼计迤东稍稍定,乃复攻楚雄。分兵为七十二管,环城掘濠,为久困计。

会张献忠死,其部将孙可望率余众由遵义入黔,称黔国焦夫人弟来复仇。民久困沙兵,喜其来,迎之。定洲解楚雄围,迎战于草泥关,大败,遁阿迷。可望破曲靖及交水,俱屠之。遂由陆凉、宜良入云南城,分遣李定国徇迤东诸府。而可望自率兵西出,畏知御于启明桥,兵败,被执。可望闻其名,不杀,语之曰:"吾与尔共讨贼,何如?"畏知要以三事:"不用献忠伪号,不杀百姓,不掳妇女,吾从尔。"可望皆许之。即折箭相誓,乃以书谕天波如畏知言,天波亦来归。而李定国之徇临安者,定洲部目李阿楚拒战甚力。定国穴地置炮,炮发城陷,遂入。驱城中官民于城外白场杀之,凡七万八千余人,斩获不与焉。当时皆意定国破临安,必袭阿迷,取定洲,乃仅掠临安子女而回,所过无不屠灭。迤西以畏知在军,得保全。

始定洲归,屯兵洱革龙,且借安南援自固。会可望与定国不协,声其罪,杖之百,责以取定洲自赎。定国既至,定洲土目杨嘉方迎定洲就其营宴。定国侦知之，率兵围营，相拒数日，乃出降。遂械定洲及妻万氏数百人回云南，剥其皮市中。可望遂据滇，而天波卒走死于缅甸。

大理，唐叶榆县境也。麟德初，置姚州都督府，开元末，蒙诏皮罗阁建都于此，为南诏，治太和城。至阁罗凤，号大蒙国，异牟寻改大礼国。其后，郑买赐、赵善政、杨干贞互篡夺，至五代晋时，段思平得之，更号大理国。元宪宗取云南，至大理，段智兴降附，乃设都元帅，封智兴为摩诃罗嵯，管领八方。又以刘时中为宣抚使，同智兴安辑其民。

段氏有大理，传十世至宝。闻太祖开基江南，遣其叔段真由会川奉表归款。洪武十四年，征南将军傅友德克云南，援段明为宣慰使。明遣都使张元亨贻征南将军书曰：“大理乃唐交绥之外国，鄯阐实宋斧画之余邦，难列营屯，徒劳兵甲。请依唐、宋故事，宽我蒙、段，奉正朔，佩华篆，比年一小贡，三年一大贡。”友德怒，辱其使。明再贻书曰：“汉武习战，仅置益州。元祖亲征，祗缘鄯阐。乞赐班师。”友德答书曰：“大明龙飞淮甸，混一区宇。陋汉、唐之小智，卑宋、元之浅图。大兵所至，神龙助阵，天地应符。汝段氏接武蒙氏，运已绝于元代，宽延至今。我师已歼梁王，报汝世仇，不降何待？”

十五年，征南左将军蓝玉、右将军沐英率师攻大理。大理城倚点苍山，西临洱河为固。闻王师至，聚众扼下关。下关者，南诏皮罗阁所筑龙尾关也，号极险。玉等至品甸，遣定远侯王弼以兵由洱水东趋上关，为犄角势，自率众抵下关，造攻具。遣都督胡海洋由石门间道夜渡河，绕出点苍山后，攀木援崖而上，立旗帜。昧爽，军抵下关者望见，皆踊跃欢噪，蛮众惊乱。英身先士卒，策马渡河，水没马腹，将士随之，遂斩关入。蛮兵溃，拔其城，酋长段世就擒。世与明皆段宝子也。至京师，帝传谕曰：“尔父宝曾有降表，朕不忍废。”赐长子名归仁，授永昌卫镇抚；次子名归义，授雁门镇抚。大理悉定，因改大理路为大理府，置卫，设指挥使司。

十六年，品甸土酋杜惠来朝，命为千夫长。命六安侯王志、安庆侯仇成、凤翔侯张龙，督兵往云南品甸，缮城池，立屯堡，置邮传，安辑人民。十七年以土官阿这为邓川知州，阿散为太和府正千夫长，李朱为副千夫长，杨奴为云南县丞。十九年置云南洱海卫指挥使司，以赖镇为指挥佥事。洱海，本品甸也。兵燹后，人民流亡，室庐无复存者。镇至，复城池，建谯楼，治庐舍市里，修屯堡、堤防、斥堠，又开白盐井，民始安辑。二十年诏景川侯曹震及四川都司选精兵二万五千人，给军器农具，即云南品甸屯种，以俟征讨。

永乐以后，云南诸土官州县，率按期入贡，进马及方物，朝廷赐予如制。嘉靖元年改十二关长官司于一泡江之西，从巡抚何孟春奏也。

临安，古句町国。汉置县。唐为羁縻㰝州地。天宝末，南诏蒙氏于此置通海郡。元时内附，置阿㦬部万户府。至元中改临安路，属临安、广西、元江等处宣慰司。

洪武十四年，征南将军下云南，遣宣德侯金朝兴分道取临安。元右丞兀卜台、元帅完者都及土官杨政降，改路为府，废宣慰司，置临安卫指挥使司。十七年以土官和宁为阿迷知州，弄甥为宁州知州，陆羡为蒙自知县，普少为纳娄茶甸副长官；俱来朝贡，因给诰敕冠带以命之。十八年，临安府千户纳速丁等来朝，人赐米十石。

永乐九年，溪处甸长官司副长官自恩来朝，贡马及金银器，赐赉如例。自恩因言：“本司岁纳海肥七万九千八百索，非土所产，乞准钞银为便。”户部以洪武中定额，难准折输。帝曰：“取有于无，适以厉民，况彼远夷，尤当宽恤，其除之。”

宣德五年，中官云仙还自云南，奏设东山口巡检司，以故土官后普觉为巡检。八年，亏容甸长官司奏：“河底自洪武中官置渡船，路通车里、八百。近年军民有逃逸出境诈称使者，迫令乘载，往往被害，又沿河时有劫盗出没。乞置巡检司，以故把事袁凯之子瑀为巡检。”从之。

嘉靖元年复设宁州流官知州，掌州事，土知州禄氏专职巡捕。宁州旧设流官，正德初，土官禄俸阴贿刘瑾罢之。遂交通弥勒州十八寨强贼为乱，为官军捕诛，其子禄世爵复以罪论死。抚按请仍设流官，从之。

初，临安阿迷州土官普柱，洪武中为土知州。后设流，录其后觉为东山巡检，既而以他事废。正德二年以广西维摩王弄山与阿迷接壤，盗出没，仍令普觉后纳继前职。

普维藩者，与宁州禄氏构兵，师歼焉。维藩子名声，幼育于官，既长，有司俾继父职。名声收拾旧部，勇于攻战，从讨奢安有功，仍授土知州，渐骄恣。

崇祯五年，御史赵洪范按部，名声不出迎。已，出戈甲旗帜列数里。洪范大怒，谋之巡抚王伉，请讨，得旨。官军进围州城，名声恐，使人约降，而阴以重贿求援于元谋土官吾必奎。时官军已调必奎随征，必奎与名声战，兵始合，佯败走。官军望见，遂大溃，布政使周士昌战死。朝廷以起衅罪伉，逮治，而名声就抚。然骄恣益甚，当事者颇以为患。已而广西知府张继孟道出阿迷，以计毒杀之。必奎闻名声死，遂反，连陷武定、禄丰、楚雄诸城。宁州土官禄永命、石屏州土目龙在田，俱与必奎、名声从征著名，至是，黔国公沐天波檄之统兵，合剿擒必奎。名声妻万氏，本江西寄籍女，淫而狡。名声死后，改嫁王弄山副长官沙源之子定洲。名声有子曰服远，与万氏分寨居，定洲诱杀服远，并其地。天波檄定洲取必奎，定洲不欲行，遂反，详前传。

临安领州五，县五。其长官司有九，曰纳楼茶甸，曰教化三部，曰溪处甸，曰左能寨，曰王弄山，曰亏容甸，曰思陀甸，曰落恐甸，曰安南，其地皆在郡东南。西平侯征安南，取道于此，莲花滩之外即交荒外，而临安无南面之虞者，以诸甸为之备也。但地多瘴，流官不欲入，诸长官亦不请代袭，自相冠带，日寻干戈。纳楼部内有矿场三，曰中场、鹅黄、摩诃。封闭已久，亡命多窃取之。其安南长官司，本阿僰蛮所居，旧名褒古，后名舍资。元为舍资千户所。以地近交阯，改安南，属临安路。正德八年，蒙自土舍禄祥争袭父职，鸩杀其嫡兄禄仁，安南长官司土舍那代助之以兵，遂称乱，守臣讨平之。事闻，命革蒙自土官，改长官司为新安守御千户所，调临安卫中所官军戍之。

楚雄，昔为威楚。元宪宗置威楚万户府。至元后，置威楚开南路宣抚司。

洪武十五年，南雄侯赵庸取其地。十七年，以土官高政为楚雄府同知，阿鲁为定边县丞。永乐元年，楚雄府言：“所属蛮民，不知礼义。惟僰种赋性温良，有读书识字者。府州已尝设学教养，其县学未设。县所辖六里，僰人过半，请立学置官训诲。”从之。

宣德五年命故土知府高政女袭同知。政初为同知，永乐中来朝，时仁宗监国，嘉其勤诚，升知府，子孙仍袭同知。政卒，无子，妻袭。又卒，其女奏乞袭知府。帝曰：“皇考有成命。”令袭同知。

八年升南安州琅井土巡检李保为州判官；以乡老言：“本州俱罗舞、和泥、乌蛮杂类，禀性顽犷，以无土官管束，多致流移，差役赋税，俱难理办。众尝推保署州事，抚绥得宜，民皆向服，流移复归，乞授本州土官。”吏部言：“南安旧无土官，难从其请。”帝以为治在顺民情，从之。

九年，黔国公沐晟等奏：“楚雄所属黑石江及泥坎村银场，军民盗矿，千百为群，执兵攘夺。楚雄县贼首者些，纠合武定贼者惟等，劫掠军民，杀巡检张祯。又定边县阿苴里诸处强贼，聚众抄掠景东等卫。大理、蒙化、楚雄、姚州皆有盗出没。”帝敕责晟等，期以三年，讨靖诸为乱者。

嘉靖四十三年，楚雄叛蛮阿方等兵起，先攻易门所，流劫嶍峨、昆阳、新化各州县，僭称王，约土官王一心、王行道为援。一心后悔，诣军门请讨贼自效。巡抚吕光洵许之，招降数百人。官军分道进，擒获贼党。乘胜攻大、小木址二寨，克之，斩阿方首，余贼悉平。

澄江，唐为南宁、昆二州地。天宝末，没于蛮，号罗伽甸。宋时，大理段氏号罗伽部。元置罗伽万户府。至元中，改澄江路。洪武十五年，云南平，澄江归附，改澄江府。地居滇省之中，山川明秀，蚕衣耕食，民安于业。近郡之罗罗，性虽顽狠，然恭敬上官。官至，争迎到家，刲羊击豕，罄所有以供之，妇女皆出罗拜，故于诸府独号安静云。

景东，古柘南也，汉尚未有其地。唐南诏蒙氏始置银生府，后为金齿白蛮所据。元中统三年讨平之，以所部隶威楚万户。至元中，置开南州。

洪武十五年平云南，景东先归附。土官俄陶献马百六十四、银三千一百两、驯象二。诏置景东府，以俄陶知府事，赐以文绮袭衣。十八年，百夷思伦发叛，率众十余万攻景东之北吉寨。俄陶率众御之，为所败，率其民千余家避于大理府之白崖川。事闻，帝嘉其忠，遣通政司经历杨大用赉白金文绮赐之。二十三年，沐英讨平思伦发，复景东地，因奏景东百夷要冲，宜置卫。以锦衣卫金事胡常守之，俄陶仍旧职。二十四年，帝以景东为云南要害，且多腴田，调白崖川军士屯守。二十六年，命洱海卫指挥同知赖镇守景东，从沐春请也。

宣德五年置孟缅长官司。时景东奏所辖孟缅、孟梳，地方遐远，屡被外寇侵扰。乞并孟梳于孟缅，设长官司，授把事姜嵩为长官，以隶景东，岁增贡银五十两。六年，大侯土知州刀奉汉侵据孟缅地，敕黔国公沐晟遣官抚谕。

正统中，思任发叛，官军征麓川，知府陶瓒从征有功，进阶大中大夫。弘治十五年正月，景东卫云雾黑暗，昼夜不别者凡七日，巡换陈金以闻。命廷臣议考察，以谢天变。南京刑部、都察院承旨，考黜文武官千二百员。嘉靖中，者东甸称乱，劫景东府印去。土舍陶金追斩其头目，夺印归。

景东部皆僰种，性淳朴，习弩射，以象战。历讨铁索、米鲁、那鉴、安铨、凤继祖诸役，皆调其兵及战象。天启六年，贵州水西安邦彦反，率众二十万入滇境，至马龙后山，去会城十五里。总兵官调景东土舍陶明卿率兵伏路左。贼分道并至，官兵御之，贼拒战，势甚锐。明卿乃以象阵从左翼冲出横击，贼溃，追奔十余里。巡抚上功，推明卿第一。景东每调兵二千，必自效千余，饷士之费，未尝仰给公家，土司中最称恭顺。其府治东有邦泰山，颇险峻，土官陶姓所世居也。

广南，宋时名特磨道。土酋侬姓，智高之裔也。元至元间，立广南西路宣抚司。初领路城等五州，后惟领安宁、富二州。

洪武十五年归附，改广南府，以土官侬郎金为同知。十八年，郎金来朝，赐锦绮钞锭。二十八年，都指挥同知王俊奉命率云南后卫官军至广南，筑城建卫。郎金父贞祐不自安，结众据山寨拒守。俊遣人招之，不服，时伏草莽中劫掠，觇官军进退。俊乃遣指挥欧庆等分兵攻各寨，自将取贞祐；又以兵扼间道，绝其救援。诸寨悉破，众溃，贞祐穷促就擒，械送京师。降郎金为府通判。

永乐六年，富州土知州沈弦经入贡，值仁孝皇后丧，弦经奉香币致祭。宣德元年，土官侬郎举来朝，贡马。

正统六年，广南贼阿罗、阿思等劫掠，命总兵官沐昂等招抚之。时富州土官沈政与郎举互讦纠众侵地，帝命昂等勘处。七年，昂奏二人叛逆无实迹，因有隙相妄奏。兵部请治政等罪，帝以蛮人宥之。政、举相仇杀已十余年，时方征麓川，惮兵威不敢动。未几，郎举以从征功升同知，死无嗣，四门舍目共推侬文举署事，屡立战功。万历七年，实授同知。子应祖从征三乡，亲获贼首，诏赏银百两。播州之役，征其兵三千讨寻甸叛目，皆有功，赐四品服。

侬氏自文举藉四门舍目推拥之力得授职，后侬氏袭替必因之。土官之政出于四门，租税仅取十之一。道险多瘴，知府不至其地，印以临安指挥一人署之。指挥出，印封一室，入取，必有瘟疫死亡。万历末，知府廖铉者，避瘴临安，以印付同知侬仕英子添寿。添寿死，家奴窃印并经历司印以逃,既而归印于其族叔侬仕祥。时仕英亲弟仕獬例得袭,索仕祥印,仕祥不与,遂献地与泗城土官岑接,与连婚构兵,灭仕獬家。及仕祥死,子琳以府印送接,而经历司印又为琳弟琼所有。巡抚王懋中调兵往问,琼惧,还印于通判周宪,接亦出府印献于官。时兵方调至境,遽遣归。廷议治铉擅离与守巡失抚之罪,琼、接已输服,勿问,诏可。未几,侬绍汤兄弟争袭,各纠交阯兵象,焚掠一空。

广西,隋属牂州,后为东爨、乌蛮等部所居。唐隶黔州都督府。后师宗、弥勒二部浸盛,蒙、段皆莫能制。元宪宗时始内属。至元十二年籍二部为军,置广西路。

洪武十四年归附,以土官普德署府事。二十年,普德及弥勒知州赤善、师宗知州阿的,各遣人贡马,诏赐文绮钞锭。二十四年,布政使张纮奏:“维摩、云龙、永宁、浪渠、越顺等州县蛮民顽恶,不遵政教,宜置兵戍守,以控制之。”是后,朝贡赐予如制。

正统六年,总兵官沐昂奏,师宗州及广南府贼阿罗、阿思纠合为乱,命昂等招谕,未几平。成化中,土知府昂贵有罪,革其职,安置弥勒州,乃置流官,始筑土城。嘉靖元年设云南弥勒州十八寨守御千户所。其部众好掳掠,无纪律,至水西、乌撒用兵,始征调之。崇祯间,巡按御史傅宗龙由滇入黔,招普兵以行。时滇中最劲称沙普兵,亦曰昂兵。

镇沅,古濮、洛杂蛮所居,《元史》谓是和泥、昔朴二蛮也。唐南诏蒙氏银生府地。其后,金齿僰蛮据之。元时为威远蛮棚府,属元江路总管。

洪武十五年,总管刀平与兄那直归附,授千夫长。建文四年置镇沅州,以刀平为知州。永乐三年,刀平率其子来朝,贡方物,赐钞文绮。从征八百,又从攻石崖、者达寨外部。整线来降,入贡方物。升为府,以刀平为知府,置经历、知事各一员。贡赐皆如例。成化十七年，以地方未平，免镇沅诸土官朝觐。正统元年复免。

嘉靖中征安铨，调镇沅兵千人，命刀宁息领之。复调其子刀仁，亦率兵千人，征那鉴，克鱼复寨。初，镇沅印为那氏所夺，至是得印以献，命给之。

领长官司一，曰禄谷寨，永乐十年置。

永宁，昔楼头晱地，接吐蕃，又名答蓝。唐属南诏，后为麽些蛮所据。元宪宗时内附，至元间，置答蓝管民官，寻改永宁州，隶北胜府。

洪武平云南时，属鹤庆府。二十九年，改属澜沧卫。十二月，土贼卜百如加，劫杀军民，前军都督佥事何福遣指挥李荣等讨之。其子阿沙遁入革失瓦都寨，官军赍三日粮，深入追之，会天大雨，众饥疲，引还。

永乐四年设四长官司，隶永宁土官，以土酋张首等为长官，各给印章，赐冠带采币。寻升永宁为府，隶布政司，升土知州各吉八合知府，遣之赍敕往大西番抚谕蛮众。宣德四年，永宁蛮寨矢不剌非纠四川盐井卫土官马剌非杀各吉八合，官军抚定之。命卜撒袭知府，复为矢不剌非所杀。已，命卜撒之弟南八袭，马剌非又据永宁节卜、上、下三村，逐南八，大掠夜白、尖住、促卜瓦诸寨。事闻，帝命都督同知沐昂勒兵谕以祸福，并移檄四川行都司下盐井卫谕马剌非还所据村寨。正统二年，马剌非为南八所攻，拔乌节等寨，南八亦言马剌非杀害。诏镇巡官验问，令各归侵地，乃寝。

永宁界，东至四川盐井卫十五里，西至丽江宝山州，南至浪渠州，北至西番。领长官司四，曰剌次和，曰瓦鲁之，曰革甸，曰香罗。

顺宁府，本蒲蛮地，名庆甸。宋以前不通中国，虽蒙氏、段氏不能制。元泰定间始内附。天历初，置顺宁府并庆甸县，后省入府。

洪武十五年，顺宁归附，以土酋阿悦贡署府事。十七年命阿日贡为顺宁知府。二十三年，土酋猛邱、土知府子邱等，不输征赋，自相仇杀。大理卫指挥郑祥征蒙化贼,移师至甸头,破其寨。猛邱请降输赋,乃还。猛邱死,把事阿罗等复起兵相攻击。二十九年,西平侯沐春遣郑祥与指挥李荣等,分道进讨,擒阿罗等诛之。后贡赐如制。

顺宁与大侯接境。万历中,大侯土舍奉赦、奉学兄弟不相能。奉学倚妻父土知府猛廷瑞,与兄赦日构兵。巡抚陈用宾檄参将李先著、副使邵以仁勘处。以仁袭执廷瑞,因请改顺宁为流官。先著被檄,极言不可讨,被谤语,逮下狱瘐死。然廷瑞实无反谋,以参将吴显忠觇其富,诬以助恶,索金不应,遂谮于巡按张应扬,转告巡抚陈用宾。廷瑞大恐,不得已斩奉学以献。显忠益诬其阴事,傅以反状,抚按会奏,得旨大剿。廷瑞出,献印献子以候命,不从。显忠帅兵入其寨,尽取猛氏十八代蓄赀数百万,诱廷瑞至会城执之,献捷于朝。于是所部十三寨尽愤,始聚兵反,官兵悉剿除之,并杀其子。以仁超擢右都御史,荫子。未几坐大辟,系狱,应扬亦病卒。人以为天道云。

顺宁附境有猛猛、猛撒、猛缅,所谓三猛也。猛猛最强,部落万人,时与二猛为难。其地田少箐多,射猎为业。猛缅地虽广,而人柔弱。部长赐冠带,最忠顺。猛撒微弱,后折入于耿马云。

蒙化,唐属姚州都督府。蒙氏时,细奴逻筑城居之,号蒙舍诏。段氏改开南县。元为州,属大理。

洪武十七年以土酋左禾为蒙化州判官、施生为正千夫长。二十三年,西平侯沐英以蒙化所属蛮火头字青等梗化不服,请置卫。命指挥佥事李聚守蒙化。贼高天惠作乱,大理卫指挥使郑祥捕斩之,传首云南。

永乐九年,土知州左禾、正千夫长阿束来朝,贡马,赐予如例。既,左伽从征籘川,战于大侯,功第一,进秩临安知府,掌州事。正统中,升州为府,以左伽为知府,世袭。所部江内诸蛮,性柔,颇驯扰,江外数枝,以勇悍称。每应征调,多野战,无行伍。

成化十七年,巡抚奏地方未宁,免蒙化土官明年朝贡。正统元年诏复免。

万历四十八年，云龙土知州段龙死，子嘉龙立，养子进忠杀嘉龙争袭，流劫杀掠。官军进讨，进忠从间道欲趋大理，官军擒诛之，改设流官，授段氏世吏目一人。

孟艮，蛮名孟揝，自古不通中国。永乐三年来归，设孟艮府，隶云南都司，以土酋刀哀为知府，给印诰冠带。时刀哀遣人来朝，请设治所，岁办差发黄金六十两。六年，土知府刀交遣弟刀哈哄贡象及金银器。礼部言：“刀交尝构兵攻劫邻境，诈谲不诚，宜却其贡。”帝曰：“蛮夷能悔过来朝，往事不足责。”命赐钞及绒锦绮帛。是后，贡赐皆如例。宣德六年，命内官杨琳赍采币往赐孟艮知府刀光。正统间，孟艮地多为木邦所并。景泰中，入贡知府名庆马辣，不知于刀氏何属也。

孟艮在姚关东南二千里外，沃野千里，最殷富。地多虎，农者于树杪结草楼以护稼。云南知府赵混一尝入其境，待之礼慢。后无复至者。

孟定，蛮名景麻。至元中，立孟定路军民总管府，领二甸，隶大理、金齿等处宣慰司。

洪武三十五年，土酋刀名扛来朝，贡方物，赐绮帛钞币，设孟定府，以刀浑立为知府。永乐二年，孟定土官刀景发遣人贡马，赐钞罗绮。遣使往赐印诰、冠带、袭衣，复颁信符、金字红牌。四年，帝以孟定道里险远，每岁朝贡不便，令自今三年一贡，如庆贺谢恩不拘例。

初，孟琏与孟定皆麓川地，其土目皆故等夷，恶相属；后改孟琏隶云南，多以互侵土地仇杀。宣德六年，土知府罕颜法以为言，敕黔国公沐晟遣官抚谕，俾各归侵掠。正统中，麓川叛，孟定知府刀禄孟遁走。木邦土官罕葛从征有功，总督王骥奏令食孟定之土。嘉靖间，木邦罕烈据地夺印，令土舍罕庆守之，名为耿马；地之所入，悉归木邦。万历十二年，官兵取陇川，平孟定故地，以罕葛之后为知府。十五年颁孟定府印。崇祯末，孟定叛，降于缅甸。

其地，自姚关南八日程，西接陇川，东连孟琏，南木邦，北镇康。土瘠人稀，有马援城在焉。领安抚司一，曰耿马。万历十二年置，以们罕为安抚使。与孟定隔喳哩江。孟定居南，耿马居北。罕死，弟们罕金护印，屡奉朝贡。时木邦思礼作乱，侵湾甸、镇康，倚罕金为声援。天启二年，缅人攻猛乃、孟艮，罕金欲救之。缅移兵攻金，金厚赂之，乃解。后与木邦罕正构难不绝云。

曲靖，隋恭、协二州地。唐置南宁州，改恭州为曲州，分协州置靖州。至元初，置磨弥部万户，后改为曲靖路宣慰司。

洪武十四年，征南将军下云南，元曲靖宣慰司征行元帅张麟、行省平章刘辉等来降。十五年改曲靖千户所为曲靖军民指挥使司，置曲靖军民府。十六年，沾益州土官安索叔、安磁等贡马及罗罗刀甲、毡衫、虎皮。诏赐磁、冠带、绮罗衣各一袭并文绮、钞锭。罗雄州土酋纳居来朝，赐钞币。十七年，亦佐县土酋安伯作乱，西平侯沐英发兵讨降之。

二十年，越州土酋阿资与罗雄州营长发束等叛。阿资者，土官龙海子也。越州，蛮呼为苦麻部。元末，龙海居之，所属俱罗罗斯种。王师征南时，英驻兵其地之汤池山。龙海降，遂遣子入朝，诏以龙海为知州。寻为乱，英擒之，徙辽东，至盖州病死。阿资继其职，益桀骜，至是叛。帝命英会征南将军傅友德进讨。道过平夷，以其山险恶，宜驻兵屯守，遂迁其山民往居卑午村，留神策卫千户刘成等将千人置堡其地，后以为平夷千户所。阿资等率众寇普安，烧府治，大肆剽掠。友德率兵击之，斩其营长。二十二年，友德等进攻，土官普旦来降。阿资退屯普安，倚崖壁为寨。友德以精兵蹙之，蛮众皆缘壁攀崖，坠死者不可胜数，生擒一千三百余人，获马畜甚众。阿资遁还越州，复追击败之，斩其党五十余人。阿资穷蹙请降。初，阿资之遁也，扬言曰："国家有万军之勇，我地有万山之险，岂能尽灭我辈。"英乃请置越州、马龙二卫，扼其险要，复分兵追捕，至是遂降。

英等以陆凉西南要地，请设卫屯守。命洱海卫指挥佥事滕聚于古鲁昌筑城，置陆凉卫指挥使司。英又言："曲靖指挥千户哈剌不花，乃故元守御陆凉千户。今陆凉置卫，宜调于本卫镇守，庶绝后患。"诏从之。帝以平夷尤当要冲，四面皆诸蛮部落，乃遣开国公常升往辰阳集民间丁壮五千人，统以右军都督佥事王成，即平夷千户所改置卫。二十三年置越州卫。二十四年徙越州卫于陆凉州；以英言云南诸蛮皆降，惟阿资恃险屡叛，宜徙卫军守御。已，阿资复叛。命都督佥事何福为平羌将军，率师进讨，屡败贼众。会连月淫雨水溢，阿资援绝，与其众降。福择旷地列栅，以置其众。西南有木蓉箐，贼常出没处，复调普安卫官军置宁越堡镇之，然阿资终不悛。

二十七年，阿资复反。西平侯沐春及福，率兵营于越州城北，遣壮士伏于岐路，而以兵挑战。蛮兵悉众出，伏起，大败之，阿资脱身遁。初，曲靖土军千户阿保、张琳所守地，与越州接壤，部众多相与贸易。春使人结阿保等，觇阿资所在及其经行地，星列守堡，绝其粮道。贼益困。二十八年，福潜引兵屯赤窝铺，遣百户张忠等捣贼巢，擒阿资，斩之，俘其党，越州乃平。自是以后，诸土官按期朝贡，西南晏然。

正统二年，曲靖军民知府晏毅言四事。一，土官承袭，或子孙，或兄弟，或妻继夫，或妾继嫡，皆无豫定次序，致临袭争夺，仇杀连年。乞敕该部移文所司，豫为定序造册，土官有故，如序袭职。一，请恤阵亡子孙。一，请云南官俸，悉如四川之例。一，均户口田地。事下所司议行。毅复请设沾益州松韶巡检，从之。

嘉靖中，罗雄知州者浚杀营长，夺其妻，生子继荣，稍长即持刀逐浚。浚欲置之死，以其母故不忍。及浚请老，以继荣代袭，继荣遂逐浚。浚诉之镇巡官，命迎浚归。继荣阳事之，实加禁锢。万历九年调罗雄兵征缅。继荣将行，恐留浚为难，遂弑浚。时沾益土知州安世鼎死，妻安素仪署州事，亦提兵赴调。继荣与之合营，通焉，且倚沾益兵力为助。师过越州，留土官资氏家，淫乐不进。知州越应奎白于兵备,将擒之,继荣走,遂聚众反,攻破陆凉鸭子塘、陡陂诸寨。筑石城于赤龙山,据龙潭为险,广六十里。名己所居曰"龙楼凤阁",环以群寨,实诸军士妻女其中。十三年,巡抚刘世曾乃檄诸道进兵。适刘綎破缅解官回,世曾以兵属綎。綎遂驰赴普鲊营,直捣赤龙寨,斩贼渠帅,继荣遁去。綎复连破三寨,降其众一万七千人,追奔至阿拜江,斩继荣,贼平。世曾请筑城,改设流官,乃以何俟为知州,者继仁为巡检。未几,蛮寇必大反,杀继仁,执俟。参将蔡兆吉等讨定之,乃改罗雄州曰罗平,设千户所曰定雄。

时沾益安素仪无子,以乌撒土官子安绍庆为嗣。庆死,孙安远袭。土妇设科作乱,逐安远,纠众焚掠沾益诸堡站,陷平夷卫。天启三年,官兵擒设科,诛之。五年,安边据沾益,从水西叛。事详《乌撒传》中。

初,越州阿资罪诛,永乐间以其子禄宁为土县丞,与亦佐沙氏分土而居。其地南北一百二十里,士马精强,征调银至三千八百两。

曲靖境内有交水,去平夷卫二舍,与黔接壤,滇师出上六卫必由之道。天启初,水西用兵,抚臣议:"曲靖锁钥全滇,交水当黔、滇之冲,乃阨塞要地。平夷右所宜移置交水,去险筑城,俾与平夷卫相望,互为声援,便。"报可。

明史卷三一四
列传第二〇二

云南土司二

姚安　　鹤庆　　武定　　寻甸　　丽江
元江　　永昌　　新化　　威远　　北胜
湾甸　　镇康　　大侯　　澜沧卫　　麓川

姚安，本汉弄栋、蜻蛉二县地。唐置姚州都督府，以民多姚姓也。天宝间，南诏蒙氏改为弄栋府。宋时，段氏改姚州。元立统矢千户所，天历间，升姚安路。

洪武十五年定云南，改为府。十六年，姚安土官自久作乱。官兵往讨，师次九十九庄，自久遁去。明年复寇品甸。西平侯沐英奏以土官高保为姚安府同知、高惠为姚安州同知。保、惠从英击自久，平之。二十年命普定侯陈桓、靖宁侯叶升往云南总制诸军，于定边、姚安等处立营屯种。二十六年，保以袭职，遣其弟贡马谢恩。

宣德九年，姚安土知府高贤遣使贡马。弘治中，土官高栋与普安叛贼战，死于板桥驿。嘉靖三十年，土官高鹄当元江之变布政司徐樾遇害，奋身赴救，死之。万历中，同知高金以征缅功，赐四品服。

所属大姚县，有铁索箐者，本倮种。依山险，以剽掠为业，旁郡皆受其害。弘治间，稍有归命者，分隶于姚安、姚州。嘉靖中，乃专属姚安。其渠罗思者，有幻术，造伪印称乱。万历元年，巡抚邹应龙与总兵官沐昌祚讨平之,诸郡乃安。

鹤庆,唐时名鹤川,南诏置谋统郡。元初,置鹤州。至元中,升鹤庆府,寻改为路。

洪武中,大军平云南,分兵拔三营、万户砦,获伪参政宝山帖木儿等六十七人。置鹤庆府,以土官高隆署府事。十七年以董赐为知府、高仲为同知,赐子节为安宁知州、杨奴为剑川知州。赐率其属来朝,贡马及方物,诏赐冠带并织金文绮、布帛、钞锭。十八年以赐为云南前卫世袭指挥佥事。赐,安宁州人,世为酋长。大军入滇,率众来降,复从军讨贼有功,故与子节并有世袭知府、知州之命。及赐来朝,以父子俱受显荣,无以仰报,子幼冲,不达政治,乞还父子所授官,而自为安宁知州。帝曰:“尔能绥靖边鄙,授尔官以酬尔勋。今辞尊导卑,奈何?”命颍国公傅友德及诸大臣议之。皆以赐既有功,不可听其辞,而节之官则可免。乃改赐明威将军云南前卫世袭指挥佥事,谕曰:“云南前卫密迩安宁,特命尔是职。尔其绥辑远人,以安边鄙,其毋再辞。”

二十年,剑川土官杨奴叛。大理卫指挥郑祥讨之,斩八十余人,杨奴遁。未几,还剑川,复聚蛮为乱,祥复以兵击斩之。二十四年置鹤庆卫。三十年改鹤庆府为军民府。永乐十五年,顺州知州王义言:“沾被圣化三十余年,声教所届,言语渐通,子弟亦有俊秀,请建学教育。”从之。

正统二年,副使徐训奏,鹤庆土知府高伦与弟纯屡逞凶恶,屠戮士庶,与母杨氏并叔宣互相贼害。敕黔国公沐昂谕使输款,如恃强不服,即调军擒捕。五年复敕昂等曰:“比闻土知府高伦妻刘氏同伦弟高昌等,纠集罗罗、麽些人众,肆行凶暴。事发,不从逮讯。敕至,即委官至彼勘实,量调官军擒捕首恶,并逮千户王蕙及高宣等至京质问。”八年,鹤庆民杨仕洁妻阿夜珠告伦谋杀其子,复命法司移文勘验。已而大理卫千户奏报,伦擅率军马欲谋害亲母,又称其母告伦不孝及私敛民财,多造兵器,杀戮军民,支解枭令等罪。遂敕

黔国公沐晟等勘覆。及奏至，言伦所犯皆实，罪应死。伦复屡诉，因
与叔宣争袭，又与千户王蕙争娶妾，以致挟仇诬陷。所勘杀死，皆病
死及强盗拒捕之人。伦母杨亦诉伦无不孝，实由宣等陷害。复敕晟
及御史严恭确访。既而奏当伦等皆伏诛。高氏族人无可继者，帝命
于流官中择人，以绥远蛮。乃擢泸州知府林遒节为知府。鹤庆之改
流官自此始。

武定，南诏三十七部之一。宋淳熙间，大理段氏以阿历为罗武
部长。三传至矣格，当元世祖时，为北部土官总管。至元七年改武
定路，置南甸县。

洪武十四年，云南下，武定女土官商胜首先归附。十五年改为
武定军民府，以胜署府事。十六年，胜遣人来朝，贡马。诏赐胜诰命、
朝服及锦币、钞锭。十七年以和曲土官豆派为知州。二十一年发内
帑，令于武定、德昌、会川诸处，市马三千匹。宣德元年，元谋县故土
知县吾忠子政来朝。

正德二年四月，武定雨雹，溪水涨，决堤坏田，陨霜露杀麦。七
月废武定所属之南甸县改隶和曲州，石旧县改隶禄劝州。三年，土
知府凤英以从征功，进秩右参政，仍知府事，请赐金带，部议不可。
帝以英有军功，给之。明年，英贡马谢恩，赐如例。

嘉靖七年，土舍凤朝文作乱。杀同知以下官吏，劫州印，举兵与
寻甸贼安铨合犯云南府，抚臣上闻。时安铨未平，朝文复起，滇中大
扰。诏以右都御史伍文定为兵部尚书，提督云、贵、川、湖军务，调四
镇土汉官军讨贼。五月，黔国公沐绍勋疏言："臣奉命会同巡抚等调
发官军，分道剿抚。诸贼抗逆，执留所遣官军二人，所调集各土舍，
又重自疑畏。臣谨以便宜榜示，先给冠带，待后奏请承袭，众始感
奋。于二月进兵，击斩强贼十余人，贼奔回武定。乞敕部授臣方略，
俾获便宜行事，并宥各土舍往罪，凡有功者，俱许承袭，作其敌忾之
气。"帝纳之，赐敕奖励。贼既败归，其党稍散。初，朝文给其众，谓
武定知府凤诏母子已戮，朝廷且尽剿武定蛮众。至是，凤诏同其母

率众自会城往，蛮民相顾错愕，咸投凤诏降。朝文计无所出，绝普渡而走，官兵追及，复败之。朝文率家奴数人，取道沾益州，奔至东川之汤郎箐，为追兵所及，磔死。铨众犹盛，遁据寻甸故巢，列寨数十。官兵分哨夹攻之，诸寨先后破，乃并力攻拔其必古老巢。铨奔东川，入芒部，为土舍禄庆所执，贼平。是役也，生擒渠贼千余人，斩首二千九百余级，俘获男妇千二百余，抚散蛮党二万有奇，夺器械牛马无算。捷闻，铨、朝文皆枭示，籍其产，家属戍边。

十六年命土知府瞿氏掌印。初，府印自洪武以来俱掌于土官，正德间有司议以畀流官同知，土知府职专巡捕、征粮而已。及凤诏死，瞿氏以母袭子官，所辖四十七马头阿台等，数请以印属瞿氏。吏部覆言，系旧例，宜如其请，从之。

四十二年，瞿氏老，举凤诏妻索林自代。比索林袭，遂失事姑礼。瞿氏大恚，乃收异姓儿继祖入凤氏宗，挟其甥婿贵州水西土舍安国亨、四川建昌土官凤氏兵力，欲废索林，以继祖嗣。不克，乃具疏自称为索林囚禁，令继祖诣阙告之。继祖归，诈称受朝命袭职，驱目兵逼夺府印。索林抱印奔会城，抚按官谕解之。索林归武定，视事如故，而复听继祖留瞿氏所，于是妇姑嫌隙益甚。索林谋诛继祖，事泄，继祖遂大发兵围府，行劫和曲、禄劝等州县，杀伤调至土官王心一等兵。索林复抱印走云南，巡抚曹忭下令收印，逮其左右郑竑系狱，令瞿氏暂理府事；贷继祖，责其自新。

四十四年添设府通判一员。四十五年筑武定新城成，巡抚吕光洵遣郑竑回府复业。郑竑者，前为索林谋杀继祖者也。继祖执而杀之，纠众攻新城。临安通判胡文显督百户李鳌、土舍王德隆往援，至鸡溪子隘，遇伏，鳌及德隆俱死。佥事张泽督寻甸兵二千余驰救，亦败，泽及千户刘裕被执。镇巡官促诸道兵并进，逼继祖东山寨，围之。继祖惧，携泽及索林走照姑。已，复杀泽。官军追之急，由直勒渡过江，趋四川，依东川妇家阿科等。巡按刘思问以状闻，敕云南、四川会兵讨贼。

初，继祖之走东川也，土官凤氏与之通。已而见滇、蜀官军与土舍禄绍先等兵皆会,乃背继祖,发卒七千人来援,继祖益穷。贼帅者色,赴绍先营降,斩继祖以献。姚县土官高继先复擒其余党,姚安府同知高钦及弟钧,谋主赵士杰等皆伏诛。守臣议改设流官,犹不欲绝凤氏,授索林支属凤历子思尧经历,给庄百余。凤历以不得知府怨望,阴结四川七州及水西宣慰安国亨谋作乱。流官知府刘宗寅遣谕之,不听,遂聚众称思尧知府,夜袭府城。城中严备不能入,退屯鲁墟,宗寅夜出兵,砍其营,贼溃,追至马刺山,擒凤历,伏诛。

万历三十五年,继祖侄阿克久徙金沙江外,贼党郑举等诱阿克作乱,阴结江外会川诸蛮,直陷武定,大肆劫掠。连破元谋、罗次诸城,索府印。会流官知府携印会城,不能得。贼以无印难号召,劫推官,请冠带、印信。镇抚以兵未集,惧,差人以府印授之。贼退入武定,立阿克为知府。镇抚调集土兵,分五路进剿,克复武定,元谋、罗次、禄丰、嵩明等州县,擒阿克及其党至京师,磔于市。武定平,遂悉置流官。

寻甸,古滇国地,㑉剌蛮居之,号仲札溢源部,后为乌蛮裔斯丁所夺,号斯丁部。蒙氏为寻甸,至段氏,改仁德部。元初,置仁德万户,后改府。

洪武十五年定云南,仁德土官阿孔等贡马及方物,改为寻甸军民府。十六年,土官安阳来朝,贡马及虎皮、毡衫等物,诏赐衣服、锦绮、钞锭。十七年以寻甸土官沙琛为知府。二十三年置木密关守御千户所于寻甸之甸头易龙驿,又置屯田所于甸头里果马里,联络耕种,以为边备。是后,土官皆按期入贡。

成化十二年,兵部奏,土官舍人安宣聚众杀掠,命镇守官相机抚捕。十四年,土知府安晟死,兄弟争袭,遂改置流官。

嘉靖六年,安铨作乱,乃土舍之失职者也,侵掠嵩明、木密、杨林等处。巡抚傅习檄守巡官讨之,大败,贼遂陷寻甸、嵩明,杀指挥王升、唐功等,知府马性鲁弃城走。时武定凤朝文叛,铨与之合,久之伏诛,事详前传。

　　丽江，南诏蒙氏置丽水节度。宋时麼些蛮蒙醋据之。元初，置茶罕章宣慰司。至元中，改置丽江路军民总管府，后改宣抚司。

　　洪武十五年置丽江府。十六年，蛮长木德来朝贡马，以木德为知府，罗克为兰州知州。十八年，巨津土酋阿奴聪叛，劫石门关，千户浦泉战死。吉安侯陆仲亨率指挥李荣、郑祥讨之，贼战败，遁入山谷，捕获诛之。时木德从征，又从西平侯沐英征景东、定边，皆有功，予世袭。二十四年，木德死，子初当袭。初守巨津州石门关，与西番接境。既袭职，英请以初弟亏为千夫长，代守石门，从之。二十六年十月，西平侯沐春奏，丽江土民每岁输白金七百六十两，皆麼些洞所产，民以马易金，不谙真伪，请令以马代输，从之。三十年改为丽江军民府，从春请也。永乐十六年，检校庞文郁言，本府及宝山、巨津、通安、兰州四州归化日久，请建学校，从之。

　　宣德五年，丽江府奏，浪沧江寨蛮者保等聚众劫掠。黔国公沐晟委官抚谕，不服，部议再行招抚。已，兰州土官罗牙等奏，者保拒命，请发兵讨之。帝命黔国公及云南三司相机行，勿缘细故激变蛮民。正统五年，赐知府木森诰命，加授大中大夫资治少尹，以征麓川功也。成化十一年，知府木嵚奏，鹤庆千夫长赵贤屡纠群贼越境杀掠，乞调旁卫官军擒剿，命移知守臣计划。嘉靖三十九年，知府木高进助殿工银二千八百两，诏加文职三品服色，给诰命。四十年又进木植银二千八百两，诏进一级，授亚中大夫，给诰命。

　　万历三十一年，巡按御史宋兴祖奏："税使内监杨荣欲责丽江土官退地，听采。窃以丽江自太祖令木氏世官，守石门以绝西域，守铁桥以断吐蕃，滇南藉为屏藩。今使退地听采，必失远蛮之心。即令听谕，已使国家岁岁有吐蕃之防；倘或不听，岂独有伤国体。"疏上，事得寝。

　　三十八年，知府木增以征蛮军兴，助饷银二万余两，乞比北胜土舍高光裕例，加级。部覆赐三品服色，巡按御史劾其违越，请夺新恩，从之。四十七年，增复输银一万助辽饷。泰昌元年，录增功，赏白金表里,其子懿及舍目各赏银币有差。天启二年,增以病告,加授左参政致仕。五年,特给增诰命,以旌其忠。云南诸土官,知诗书好礼守义,以丽江木氏为首云。

元江,古西南夷极边境,曰惠笼甸,又名因远部。南诏蒙氏以属银生节度,徙白蛮苏、张、周、段等十姓戍之。又开威远等处,置威远睒。后和泥侵据其地。宋时,侬智高之党窜居于此,和泥又开罗槃甸居之,后为麽些、徒蛮、阿僰诸部所据。元时内附。至元中,置元江万户府。后于威远更置元江路,领罗槃、马笼等十二部,属临安、广西、元江等处宣慰司。

洪武十五年改元江府。十七年,土官那直来朝贡象,以那直为元江知府,赐袭衣冠带。十八年置因远罗必甸长官司隶之,以土酋白文玉为副长官。二十年遣经历杨大用往元江等府练兵,时百夷屡为边患,帝欲发兵平之故也。二十六年置元江府儒学。二十七年,知府那荣及白文玉等来朝贡。

永乐三年,荣复入朝贡。帝厚加赐予,遂改为元江军民府,给之印信。荣请躬率兵及馈运,往攻八百,帝嘉劳之。元江府又奏,石屏州洛夹桥,每岁江水冲坏,止令本府修理,民不堪,乞命石屏州协治,从之。九年,那荣率头目人等来朝,贡马及金银器,赐予如例。十二年,故土知府那直子那邦入贡方物。

宣德五年,黔国公沐晟奏,元江土知府那忠,被贼刀正、刀龙等焚其廨宇及经历印信。今获刀龙、刀洽赴京,乞如永乐故事,发辽东安置,以警边夷,从之。命礼部铸印给之。正统元年,因远罗必甸长官司遣人来朝贡马。正德二年以那端袭土知府。

嘉靖二十五年,土舍那镒杀其侄土知府那宪,夺其印,并收因远驿印记。巡抚应大猷以闻,命镇巡官发兵剿之。二十九年,那镒惧,密约交蛮武文渊谋乱。抚按官胡奎、林应箕,总兵官沐朝弼以闻,请以副使李维、参政胡尧时督兵剿之,制可。那镒益纵兵攻掠村寨。沐朝弼与巡抚石简调武定、北胜、亦佐等土、汉兵,分五哨。调兵既集,朝弼与简驻临安,分部进兵。破木龙寨,降甘庄,贼势渐蹙。那鑑遣经历张维及生儒数人诣南羡监督王养浩所乞降。时左布政徐樾以督饷至南羡,樾迂暗,闻维言,谓鑑诚计穷,乃约翼日令鑑面缚出城来降。左右咸谓夷诈不可信,樾不听,如期亲率百人往城下受降。鑑纵象马夷兵突出冲之,樾及左右皆死。巡按赵炳然以闻,并参朝弼、简及养浩等失事罪。帝降敕切责,褫简职,养浩等各住俸,克期捕贼赎罪。朝弼与简乃督集五哨兵,环元江而壁。令南羡哨督兵渡江攻城,选路通哨、甘庄哨各精卒二千佐之。那鑑知二哨精卒悉归南羡,潜遣兵象乘虚冲路通哨。官兵不意贼至,仓猝烧营走。监督郝维岳奔入甘庄哨,甘庄亦大溃,督哨李维亦遁,惟余南羡逼城而军。武定女土官瞿氏、宁州土舍禄绍先、广南侬兵头目陆友仁咸恨那鑑戕主夺嫡,誓死不退。督哨王养浩因激奖之,翼日鼓噪攻城,贼大败,闭门不出。官兵围之,鑑乞降。官兵惩徐樾之败,不应。城中析屋而爨,斗米银三四钱。时瘴毒起,大兵乃复撤,期秋末征之,朝弼以事闻。帝定二哨失事诸臣罪,行抚臣厚赏瞿氏、禄绍先、陆友仁等,敕朝弼会同新抚臣鲍象贤鸠兵讨贼。

三十二年,象贤至镇,调集土、汉兵七万人,广集粮运,克期分哨进剿元江,为必取计。那鑑惧,伏药死。象贤檄百户汪辅入城,抚谕其众,擒其贼首,及戕土官那宪之阿捉,杀布政徐樾之光龙、光色等,皆斩首以献。鑑子恕输所占那旂、封銮等村寨,并出所掠镇沅府印,纳象十二支,输屡岁逋赋。象贤命官民推那氏当立者,众举前土官那端从孙从仁。象贤疏言其状,请废恕,贷其死,命从仁暂统其众,加汪辅以千户职,从之。万历十三年以元江土舍那恕招降车里功,许袭祖职,赏银币。

领长官司一,曰因远罗必甸。

永昌,古哀牢国。汉武帝时,置不韦县。东汉置澜沧郡,寻改永昌郡。唐属姚州,后为南诏蒙氏所据,历段氏、高氏皆为永昌府。元初,于永昌立三千户所,隶大理万户府。至元间置永昌州,寻为府,隶大理路，置金齿等处宣抚司治。

洪武十五年定云南，立金齿卫。以元云南右丞观音保为金齿指挥使，赐姓名李观。十六年，永昌州土官申保来朝，诏赐锦二匹、织金文绮二匹、衣一袭及钑花银带、靴袜。十七年以申保为永昌府同知。四月，金齿土官段惠遣把事及其子弟来贡，赐绮帛钞有差。置司甸长官司，以土酋阿干为副长官，赐冠带。

十八年置金齿卫指挥使司。二十年，遣使谕金齿卫指挥储杰、严武、李观曰："金齿远在边徼，土民不遵礼法。尔指挥李观处事宽厚，名播蛮中，为诸蛮所爱。然其下多恃功放恣，有乖军律，故特命杰、武辅之。观之宽，可以绥远；杰、武之严，可以驭下。敕至，其整练诸军，以观外变。"

二十三年罢永昌府，改金齿卫为军民指挥使司。时西平侯沐英言，永昌居民鲜少，宜以府卫合为军民使司，从之。置凤溪长官司，以永昌府通判阿凤为长官。二十四年置永平卫。永乐元年，赐金齿土官百户汪用钞一百锭、采币四表里，以西平侯沐晟遣用招安窄的法，故赏。洪熙元年，金齿军民指挥使司及腾冲守御千户所等土官贡马，赐钞币。

宣德五年设金齿军民指挥司腾冲州，置土知州一员。时腾冲守御所土官副千户张铭言，其地远在极边，麓川宣慰思任发不时侵扰，乞设州治。帝从之，即以铭为腾冲知州。八年置腾冲州库扛关、库刀关、库勒关、古涌二关。先是，腾冲州奏，本州路通麓川、缅甸诸处，人民逃徙者多，有误差发贡献。旧四百夫长隶腾冲千户所，其库扛关等五处，皆军民兼守。今四百夫已隶本州，止州民守之。乞于五处置巡检司，以土军尹黑、张保、李辅、郭节等为巡检。正统二年以非额革之。

嘉靖元年复设永昌军民府。领州一、县二。其长官司二，曰施甸，曰凤溪。

新化，本马龙、他郎二甸，阿僰诸部蛮据之。元宪宗时内附，立为二千户所,隶宁州万户府。至元间,以马龙等甸管民官并于他郎甸,置司,隶元江路。

洪武初,改名马龙他郎甸长官司,直隶云南布政司。后升为新化州。十七年以普赐为马龙他郎甸副长官。宣德八年,故长官普赐弟土舍普宁等来朝,贡马,赐钞币。八月,黔国公沐晟奏,摩沙勒寨万夫长刀瓮及弟刀眷,纠蛮兵侵占马龙他郎甸长官司衙门,杀掠人民,请遣都督同知沐昂讨之。帝命遣人抚谕,但得刀瓮,毋扰平民。正统二年,晟等奏瓮不服招抚,请调附近官土兵,令都督昂剿捕。帝以蛮众仇杀乃其本性,可仍抚谕之,事遂不竟。

其地有马龙诸山,居摩沙勒江右。两岸束隘如峡,地势极险,故改州以镇之。

威远,唐南诏银生府地,旧为濮落杂蛮所居。大理时,为百夷所据。元至元中,置威远州。

洪武十五年平云南后,改威远蛮棚府为威远州。三十五年,以土官刀算党为威远知州。

永乐二年,算党为车里所掳,夺其地,命西平侯谕之,乃还算党并侵地。三年,算党进象马方物谢,颁降敕谕金字红牌,赐之金带、织金文绮、袭衣及银钞、锦币。二十二年,土官刀庆罕等来朝,贡马及方物,赐庆罕钞八十锭,纻丝、罗纱,及头目以下,皆有加。

宣德三年,刀庆罕遣头目招刚、刀著中等来贡,赐予如例,就令赍敕及织金纻丝、纱罗赐之,仍给信符、勘合底簿。八年,威远州奏,其地与车里接境,累被各土官劫掠,播孟实当要冲,乞置巡检司,以把事刘禧为巡检,从之。

正统二年,土知州刀盖罕遣人贡马及银器,赐采币等物,并以新信符给之。正统六年给威远土知州刀盖罕金牌,命合兵剿麓川叛寇,以捷闻。敕曰:"叛寇思任发侵尔境土,协尔从逆。尔母招囊猛能秉大义,效忠朝廷,悉出金赀,分赍头目。尔母子躬擐甲胄,贾勇杀贼,斩其头目派罕,追逐余贼过江,溺死数千,斩首数百,得其战舰战象,仍留兵守贼所据江口地。忠义卓然,深足嘉尚。今特升尔正五品,授奉政大夫、修正庶尹,封尔母为太宜人,俱锡诰命、银带及采币表里,酬尔母子勋劳。陶孟、刀孟经等亦赐赉有差。尔宜益勉忠义,以副朕怀。"

时西南诸部多相仇杀,所给金牌、信符,烧毁不存。景泰六年,刀盖罕、随乃吾等来朝贡,因命其管属本州人民,复给与金牌、信符、织金文绮,赐敕谕遣之。成化元年,威远州土舍刀朔罕遣头目刀昔思贡象马并金银器,赐予如例。

其俗勇健,男女走险如飞。境内有河,汲水练炭上即成盐。无秤斗,以篓计多寡量之。

北胜,唐贞元中,南诏异牟寻始开其地,名北方睑,徙浪河白蛮及罗落、麽些诸蛮,以实其地,号成偈睑,又改名善巨郡。宋时,大理段氏改为成纪镇。元初,内附。至元中,置施州,寻改北胜州。后为府,隶丽江路军民宣抚司。

洪武十五年改为州,隶鹤庆府,后属澜沧卫。永乐五年,土官百夫长杨克即牙旧,来贡马,赐钞币。宣德四年,土判官高琳子瑛来贡方物,请袭父职。十年,土知府高瑛来朝贡,赐钞币。正统七年,以北胜州直隶云南布政司,设流官吏目一员,以州蛮苦于澜沧卫官军侵渔也。

万历四十八年,北胜州土同知高世懋死,异母弟世昌袭。其族侄兰,妄称世昌奸生,讼之官,不听。世昌惧逼,走丽江避之。寻还至澜沧,宿客舍,兰围而纵火,杀其家七十余人,发其祖父墓,自称钦授把总,大掠。丽江知府木增请讨之,谓法纪弁髦,尾大不掉,不治将有隐忧。上官嘉其义,调增率其部进剿,获兰枭之。

湾甸,蛮名细睑。元中统初内附,属镇康路。洪武十七年置湾甸县。永乐元年三月设湾甸长官司,以西平侯沐晟奏地近麓川,地广人稠故也。寻仍改为湾甸州,以土官刀景发为知州,给印章、金牌并置流官吏目一员。四年，帝以湾甸道里险远，每岁朝贡，令自今三年一贡，著为令。如庆贺、谢恩之类，不拘此例。六年，刀景发遣人来朝，贡马及方物，赐钞币。七年，刀景发子景悬等来朝，贡马，赐予如例。

宣德八年以土官刀景项弟景办法继兄职。州有流官吏目一员。州邻木邦、顺宁，日以侵削。成化五年，湾甸州土官舍人景拙法遣使刀胡猛等来朝，贡象马并金银器，赐宴并衣服采币有差。

万历十一年，土官景宗真，率弟宗材，导木邦叛贼罕虔入寇姚关，宗真死于阵，擒宗材斩之。景真子幼，贷死，降为州判官。后从讨猛廷瑞有功，复旧职。

湾甸地多瘴。有黑泉，涨时，飞鸟过之辄堕。

镇康，蛮名石睒，本黑僰所居。元中统初，内附。至元十三年立镇康路军民总管府，领三甸。

洪武十五年改为镇康府，十七年改为州。永乐二年遣官颁信符及金字红牌于镇康州。七年以湾甸同知曩光为知州。初，镇康地隶湾甸，曩光请增设署所，故有是命。九年以中官徐亮使西南蛮，曩光阻道，诏责之，至是，遣人来朝谢罪。十四年，镇康州长官司遣人贡马，赐钞币。二十一年，知府刀孟广来朝，贡马。宣德三年赐镇康州土目刀门渊等钞币有差。成化五年，知州刀门戛遣使贡马及金银器，赐予如例，及妻。

镇康后亦为木邦、顺宁所侵削。隆庆间，知州闷坎者，罕虔妻以女，因附虔归缅。坎败死，其弟闷恩归义。恩死，子闷枳袭，木邦思礼诱之归缅，不从。天启二年，木邦兵据喳哩江，枳奔姚关，守备遣官抚之，乃退。

大侯，蛮名孟祐，百夷所居。元中统初，内附，属麓川路。

洪武二十四年置大侯长官司。永乐二年颁给信符、金字红牌。三年，大侯长官司长官刀奉偶遣子刀奉董贡马及银器，赐钞币。六年,长官刀奉偶遣弟不纳狂来贡,赐予如例。

宣德四年升大侯长官司为大侯州,以土官刀奉汉为知州。时刀奉汉奏:"大侯蛮民复业者多,岁纳差发银二百五十两。湾甸、镇康二长官民少,岁纳差发银各百两,永乐中俱升为州,乞援二州例。"帝谕史部曰:"大侯民多复业,亦其长官善抚绥也,宜增秩旌之。"故有是命。八年,大侯州入贡,遣内官云仙往抚之,并赐锦绮有差。

正统三年,土官刀奉汉子刀奉送来贡,命赉敕并织金文绮绒锦诸物,赐刀奉汉并及其妻。初,奉汉令把事傅永瑶来朝,贡马,奏欲与木邦宣慰罕门法共起土兵十万,协同征剿麓川,乞赐金牌、信符,以安民心。特赐之,复降敕嘉奖。七年,敕刀奉汉子刀奉送袭大侯知州,赐冠带、印章、采段表里,以奉送能率土兵助讨麓川也。十一年,大侯知州奉外法等贡银器、象马,赐采币、衣服有差。十二年敕赐大侯州奉敬法、刀奉送等并其妻采币,命来使赍与之。

万历中,土目奉学婿于顺宁知府猛廷瑞,后巡抚陈用宾诬奏廷瑞与学反状,廷瑞斩奉学首以献,学兄敕守大侯如故。子奉先与其族舍猛麻、奉恭争杀抗命,次年讨平之,改为云州,设流官。

澜沧,元为北胜州地。洪武中,属鹤庆府。二十八年置澜沧卫。二十九年于州南筑城,置今卫司。领北胜、浪渠、永宁三州。永乐四年以永宁州升为府。正统七年以北胜州直隶布政司,今卫只领州一。

弘治十一年,福建布政李韶以前任云南参议,知土俗事宜,上疏言四事。一谓澜沧卫与北胜州同一城,地域广远,与四川建昌西番野番相通。迩年西番土舍章锐等倚恃山险,招服野番千余家为庄户,遂致各番生拗,动辄杀人,州官无兵不能禁止。卫官大废军政,恬不加意。又姚安府、大罗卫、宾川州地方有贼穴六七,军民受害。请添设兵备副使于澜沧卫城,以姚安、大罗、宾川、鹤丽、大理、洱海、景东诸府州卫所,皆令属之。于野番则用抚流民法,于贼巢则用立保甲法,朝夕经理,则内外寇患皆可弭矣。因从其议,设兵备副使一员于澜沧城。

麓川、平缅，元时皆属缅甸。缅甸，古朱波地也。宋宁宗时，缅甸、波斯等国进白象，缅甸之名自此始。缅在云南之西南，最穷远，与八百国、占城接境。有城郭室屋，人皆楼居，地产象、马。元时最强盛。元尝遣使招之，始入贡。

洪武六年遣使田俨、程斗南、张祎、钱允恭赍诏往谕。至安南，留二年，以道阻不通。有诏召之，惟俨还，余皆道卒。十五年，大兵下云南，进取大理，下金齿。平缅与金齿壤地相接，土蛮思伦发闻之惧，遂降。因置平缅宣慰使司，以伦发为宣慰使。十七年八月，伦发遣刀令孟献方物，并上元所授宣慰使司印。诏改平缅宣慰使为平缅军民宣慰使，并赐伦发朝服、冠带及织金文绮、钞锭。寻改平缅军民宣慰使司为麓川平缅军民宣慰使司。麓川与平缅连境，元时分置两路以统其所部，至是以伦发遣使贡，命兼统麓川之地。

十八年，伦发反，率众寇景东。都督冯诚率兵击之，值天大雾，猝遇寇，失利，千户王升战死。

二十年敕谕西平侯沐英等曰：“近御史李原名归自平缅，知蛮情诡谲，必为边患。符到，可即于金齿、楚雄、品甸及澜沧江中道，葺垒深池，以固营栅，多置火铳为守备。寇来勿轻与战。又以往岁人至百夷，多贪其财货，不顾事理，贻笑诸蛮。继今不许一人往平缅，即文移亦慎答之，毋忽。”明年，伦发诱群蛮入寇马龙他郎甸之摩沙勒寨。英遣都督宁正击破之，斩首千五百余级。伦发悉举其众，号三十万，象百余，寇定边，欲报摩沙勒之役，新附诸蛮皆为尽力。英选师三万亟趋至，贼列象阵搏战。英列弩注射，突阵大呼，象多伤，其蛮亦多中矢毙，蛮气稍缩。次日，英率将士，益置火枪、神机箭，更番射，象奔，贼大败。捣其寨，斩首三万余级，降卒万余人。象死者半，生获三十有七。伦发遁，以捷闻。帝遣使谕英移师逼景东屯田，固垒以待大军集，勿轻受其降。

二十二年，伦发遣把事招纲等来言：“往者逆谋，皆由把事刀斯郎、刀厮养所为。乞贷死，愿输贡赋。"云南守臣以闻。乃遣通政司经历杨大用赍敕往谕思伦发修臣礼，悉偿前日兵费，庶免问罪之师。伦发听命，遂以象、马、白金、方物入贡谢罪，大用并令献叛首刀厮郎等一百三十七人，平缅遂平。自是，三年每来朝贡。二十七年，伦发来朝，贡马、象、方物。已，遣京卫千户郭均英往赐思伦发公服、幞头、金带、象笏。

二十八年，缅国王使来言，百夷屡以兵侵夺其境。明年，缅使复来诉。帝遣行人李思聪等使缅国及百夷。思伦发闻诏，俯伏谢罪，愿罢兵。适其部长刀干孟叛，思聪以朝廷威德谕其部众，叛者稍退。思伦发欲倚使者服其下，强留之，以象、马、金宝为赂，思聪谕却之。归述其山川、人物、风俗、道路之详，为《百夷传纪》以进，帝褒之。

初，平缅俗不好佛。有僧至自云南，善为因果报应之说，伦发信之。又有金齿戍卒逃入其境，能为火铳、火炮之具，伦发喜其技能，俾系金带，与僧位诸部长上。刀干孟等不服，遂与其属叛，攻腾冲。伦发率其家走云南，西平侯沐春遣送至京师。帝悯之，命春为征南将军，何福、徐凯为副将军，率云南、四川诸卫兵往讨刀干孟。并遣伦发归，驻潞江上，招谕其部众。赐伦发黄金百两、白金百五十两、钞五百锭。又敕春曰："思伦发穷而归我，当以兵送还。若至云南，先遣人往谕干孟毋怙终不臣，必归而主。倘不从，则声罪讨之。"

时干孟既逐伦发，亦惧朝廷加兵，乃遣人诣西平侯请入贡，春以闻。三十一年奏："干孟欲假朝廷威以拒忽都，其言入贡，未可信。"帝遣人谕春曰："远蛮诡诈诚有之，姑从所请。审度其宜，毋失事机。"春以兵送伦发于金齿，使人谕刀干孟，干孟不从。遣左军都督何福、瞿能等，将兵五千讨之。逾高良公山，直捣南甸，大破之，杀刀名孟，斩获甚众。回兵击景罕寨。寨凭高据险，坚守不下，官军粮械俱尽，贼势益张。福使告急于春，春率五百骑往救，乘夜至潞江，诘旦渡。率骑驰躐，扬尘蔽天。贼不意大军至，惊惧，遂破之。乘胜击崆峒寨，贼夜溃。干孟遣人乞降，事闻，朝廷以其狡诈，命春俟变讨之。春寻病卒，干孟竟不降。又命都督何福往讨，未几，擒干孟归，伦发始还平缅,逾年卒。

永乐元年,思伦发子散朋来朝,贡马。赐绒锦、织金文绮、纱罗并兼从钞有差。二年遣内官张勤等颁赐麓川。麓川、平缅、木邦、孟养俱遣人来贡,各赐之钞币。时麓川平缅宣慰使思行发所遣头目刀门赖诉孟养、木邦数侵其地。礼部请以孟养、木邦朝贡使付法司,正其罪。帝谓蛮众攻夺常事,执一二人罪之,不足以革其俗,且曲直未明,遽罪其使,失远人心。命西平侯谕之,遣员外郎左缉使八百国,并使赐麓川平缅宣慰冠带、袭衣。

五年,麓川、平缅所隶孟外头目刀发孟来朝,贡象及金器,散朋亦贡马,各赐钞币。六年,思行发贡马、方物谢,赐金牌、信符。黔国公沐晟言:"麓川、平缅所隶孟外、陶孟,土官刀发孟之地,为头目刀薛孟侵据,请命思行发谕刀薛孟归侵地。"从之。七年,行发来贡,遣中官云仙等赍敕,赐金织文绮、纱罗。至麓川,行发失郊迎礼,仙责之。行发惶惧,九年遣刀门奈来贡谢罪。帝贷之,仍命宴劳其使,并遣赐行发文锦、金织纻丝、纱罗。

十一年,行发请以其弟思任发代职,从之。任发遣头目刀弄发贡象六、马百匹及金银器皿等物谢恩。二十年,任发遣使奉表来贡,并谢侵南甸州罪,遣中官云仙赍赐并敕戒之。

洪熙元年遣内官段忠、徐亮以即位诏谕麓川。

宣德元年遣使谕西南夷,赐麓川锦绮有差,以其勤修职贡也。时麓川、木邦争界,各诉于朝,就令使者谕解之,俾安分毋侵越。黔国公沐晟奏,麓川所属思陀甸火头曲比为乱,请发兵讨,帝命姑抚之。置麓川平缅宣慰司所辖大店地驿丞一员,以土人刀捧怯为之,从宣慰刀暗发奏也。

三年,云南三司奏,麓川宣慰使思任发夺南甸州地,请发兵问罪。帝命晟同三司、巡抚详计以闻。敕任发保境安民,不得侵邻疆,陷恶逆,以滋罪咎。晟以任发侵夺南甸、腾冲之罪不可宥,请发官军五万及诸土兵讨之。帝以交阯、四川方用兵,民劳未息,宜再行招谕。不得已,其调云南土官军及木邦宣慰诸蛮兵剿之。八年遣内官云仙赍敕至麓川,赐思任发币物,谕其勿与木邦争地抗杀。

正统元年,免麓川平缅军民宣慰司所欠差发银二千五百两。以任发奏其地为木邦所侵,百姓希少,无从办纳。部执不可,帝特蠲之。

初,洪武间,克平云南,惟百夷部长思伦发未服,后为头目刀干孟所逐,赴京陈诉。命为宣慰,回居麓川。分其地,设孟养、木邦、孟定三府,隶云南;设潞江、干崖、大侯、湾甸四长官司,隶金齿。永乐元年升孟养、木邦为宣慰司。孟养宣慰刀木旦与邻境仇杀而死,缅甸乘机并其地。未几,缅甸宣慰新加斯又为木邦宣慰所杀。时伦发已死,子行发袭,亦死。次子任发袭为麓川宣慰,狡狯愈于父兄,差发金银,不以时纳,朝廷稍优容之。会缅甸之危,任发侵有其地,遂欲尽复其故地,称兵扰边,侵孟定府及湾甸等州,杀掠人民。而南甸知州刀贡罕亦奏麓川夺其所辖罗卜思庄等二百七十八村。于是晟奏:"思任发连年累侵孟定、南甸、干崖、腾冲、潞江、金齿等处,自立头目刀珍罕、土官早亨等相助为暴,叛形已著。近又侵及金齿,势甚猖獗。已遣诸卫马步官军至金齿守御,乞调大兵进讨。"朝命选将,廷臣举右都督方政、都督金事张荣往云南,协同镇守右都督昂率兵讨之。任发方修贡,冀缓师,而晟遽信其降,无渡江意。任发乃遣众万余夺潞江,沿江造船三百艘,欲取云龙,又杀死甸顺、江东等处军余殆尽。帝以贼势日甚,责晟等玩寇养患。政亦至军,欲出战,晟不可。政造舟欲济师,晟又不许。政不胜愤,乃独率麾下与贼将缅简战,破贼旧大寨。贼奔景罕,指挥唐清复击破之。又追之高黎共山下,共斩三千余级。乘胜深入,逼任发上江。上江,贼重地也。政远攻疲甚,求援于晟,晟怒其违节制渡江,不遣。久之,以少兵往,至夹象石,又不进。政追至空泥,知晟不救,贼出象阵冲击,军歼,政死焉。晟闻败,乃请益军。帝遣使者责状,仍调湖广官军三万一千五百人、贵州一万人、四川八千五百人,令吴亮、马翔统之,至云南,听晟节制,仍敕晟豫筹粮糒。而晟惧罪,暴卒。

时任发兵愈横,犯景东,剽孟定,杀大侯知州刀奉汉等千余人,破孟赖诸寨，孟琏长官司诸处皆降之。任发仍遣人以象马金银来修贡，复致番书于云南总兵官，谓："始因潞江安抚司线旧法相邀报仇，其后线旧法乃诬已为入寇，致大军压境，惶恐无地。今欲遣使谢罪，乞为导奏。"帝降敕许赦其罪。时刑部侍郎何文渊疏请罢麓川师，命下廷臣议。于是行在兵部尚书王骥及英国公张辅等，皆以为"麓川负恩怙恶，在所必诛，须更选将练兵，以昭天讨。如思任发早自悔祸，缚诣军门，生全之恩，取自上裁"。帝然之。已而侍讲刘球复以息兵请如文渊议。部覆以麓川之征，已有成命，报闻。

六年以定西伯蒋贵为平蛮将军，都督李安、刘聚副之，以兵部尚书王骥总督云南军务，大会诸道兵十五万讨之。时任发遣贼将刀令道等十二人，率众三万余，象八十支，抵大侯州，欲夺景东、威远。而骥将抵金齿，任发遣人乞降，骥受之，密令诸将分道入。右参将冉保从东路攻细甸、湾甸水寨，入镇康，趋孟定。骥与贵由中路至上江，会腾冲。左参将宫聚自下江据夹象石。至期，合攻之。贼拒守严，铳弩飞石，交下如雨。次日，乘风焚其栅，火竟夜不息。官军力战，拔上江寨，斩刀放戛父子，擒刀孟项，前后斩馘五万余，以捷闻。

七年，骥率兵渡下江，通高黎贡山道。至腾冲，留都督李安领兵提备。骥由南甸至罗卜思庄，前军抵于木笼。时任发率众二万余据高山，立硬寨，连环七营，首尾相应。骥遣宫聚、刘聚分左右翼缘岭上，骥将中军横击之，贼遁。军进马鞍山，捣贼寨。寨两面拒江壁立，周回三十里皆立栅开堑，军不可进，而贼从间道潜师出马鞍山后。骥戒中军毋动，命指挥方瑛率精骑六千突入贼寨，斩首数百级，复诱败其象阵。而从东路者，合木邦人马，招降孟通诸寨。元江同知杜凯等亦率车里及大侯蛮兵五万，招降孟琏长官司并攻破乌木弄、戛邦等寨，斩首二千三百余级。齐集麓川，守西峨渡，就通木邦信息。百道环攻，复纵火焚其营，贼死不可胜算。任发父子三人并挈其妻孥数人，从间道渡江，奔孟养。搜获原给虎符、金牌、信符、宣慰司印及所掠腾冲千户等印三十二。麓川平。捷闻，命还师。

时任发败走孟蒙，复为木邦宣慰所击，追过金沙江，走孟广。缅甸宣慰卜剌当亦起兵攻之。帝命木邦、缅甸能效命擒任发献者，即以麓川地与之。未几，任发为缅人擒，缅人挟之求地。其子思机发穷困，乞来朝谢罪，先遣其弟招赛入贡，帝命遣还云南安置。机发窥大兵归，图恢复，据麓川出兵侵扰。于是复命王骥、蒋贵等统大军再征麓川。骥率师至金齿，机发遣头目刀笼肘偕其子诣军门求降。骥遣人至缅甸索任发，缅佯诺不遣。骥至腾冲，与蒋贵、沐昂分五营进，缅人亦聚众待。骥欲乘大师攻之，见其众盛，未易拔，又恐多一麓川敌，乃宣言犒师，而命贵潜焚其舟数百艘，进师薄之。缅甸坚执前诏，必予地乃出任发，复诡以机发致仇为解。骥乃趋者蓝，捣机发巢，破之。机发脱走，俘共妻子部众，立陇川宣慰司而归。时思机发窃据孟养，负固不服。自如也。

十一年，缅甸始以任发及其妻孥三十二人，献至云南。任发于道中不食，垂死。千户王政斩之，函首京师。其子机发屡乞降，遣头目刀孟永等修朝贡，献金银。言蒙朝廷调兵征讨，无地逃死，乞贷余生，词甚哀。帝命受其贡，因敕总兵官沐斌及参赞军务侍郎杨宁等，以朝廷既贷思机发以不死，经画善后长策以闻，并赐敕谕思机发。十二年，总兵官黔国公沐斌奏："臣遣千户明庸赍敕招谕思机发，以所遣弟招赛未归，疑惧不敢出。近缅甸以机发掠其牛马、金银，欲进兵攻取。臣等议遣人分谕木邦、缅甸诸宣慰司，令集蛮兵，克期过江，分道讨机发。臣等率官军万人驻腾冲，以助其势。贼四面受敌，必成擒矣。"从之。已，命授机发弟招赛为头目，给冠带、月粮、房屋，隶锦衣卫，其从人俱令于驯象所供役。先是，招赛安置云南，其党有欲称乱者，乃命招赛来京，且冀以招徕机发也。帝既命云南出兵剿机发，及沐斌等至腾冲，督诸军追捕，机发终不出，潜匿孟养，遣其徒来贡。许以恩贷，复不至。斌以春瘴作，江涨不可渡，粮亦乏，引兵还。

帝以斌师出无功，复命兵部尚书靖远伯王骥总督军务，都督同知宫聚佩平蛮将军印，率南京、云南、湖广、四川、贵州官军、土军十三万人往讨之。至是，骥凡三征麓川矣。帝密谕骥曰："万一思机发远遁,则先擒刀变蛮,平其巢穴。或遁入缅地,缅人党蔽,亦相机擒之。庶蛮众知惧,大军不为徒出。"又敕谕斌,军事悉与骥会议而行。又敕谕木邦、缅甸、南甸、干崖、陇川等宣慰司罕盖发等,各整兵备船,积粮以俟调度。

十四年,骥率诸将自腾冲会师,由干崖造舟,至南牙山舍舟陆行,抵沙霸,复造舟至金沙江。机发于西岸埋栅拒守。大军顺流下至管屯,适木邦、缅甸两宣慰兵十余万亦列于沿江两岸,缅甸备舟二百余为浮梁济师,并力攻破其栅寨,得积谷四十万余石。军饱,锐气增倍。贼领众至鬼哭山,筑大寨于两峰上,筑二寨为两翼,又筑七小寨,绵亘百余里。官军分道并进,皆攻拔之,斩获无算,而思机发、思卜发复奔遁。

时王师逾孟养至孟那。孟养在金沙江西,去麓川千余里,诸部皆震詟曰:"自古,汉人无渡金沙江者,今王师至此,真天威也。"骥还兵,其部众复拥任发少子思禄据孟养地为乱。骥等虑师老,度贼不可灭,乃与思禄约,许土目得部勒诸蛮,居孟养如故,立石金沙江为界,誓曰"石烂江枯,尔乃得渡"。思禄亦惧,听命,乃班师。捷闻,帝为告庙云。

景泰元年,云南总兵沐璘奏:"缅甸宣慰已擒获思机发,又将思卜发放归孟养,恐缅人复挟为奇货,不若缓之,听其自献便。"从之。五年,缅人索旧地,左参将胡志等谕以银戛等处地方与之,乃送思机发及其妻孥六人至金沙江村,志等槛送京师。南宁伯毛福寿以闻,乃诛思机发于京师。七年,任发子思卜发奏:"臣父兄犯法,时臣幼无知。今不敢如父兄所为,甚畏朝廷法,谨备差发银五百两、象三、马六及方物等,遣使人入贡,惟天皇帝主哀怜。"因赐敕戒谕,并赍思卜发与妻锦币及其使钞币有差。

成化元年,总兵官沐瓒等以思任发之孙思命发至京师,乃逆贼遗孽,不可留,请发沿海登州卫安置,月给米二石,从之。麓川亡。

先是,麓川之初平也,分其地立陇川宣抚使司,因以恭项为宣抚使。恭项者,故麓川部长,首先归顺效力有功,因命于麓川故地开设宣抚。已,头目曩涣等复来归,愿捕贼自效。帝命还守本土,有功,即加叙。诸凡来归者视此例。遂以刀歪孟为本司同知,刀落曩为副使,陇寻为金事,俱赐冠带,从宣抚恭项请也。恭项子恭立来贡,给赐如例,并授恭立为长史。未几,陇川宣抚失印,请再给。帝责恭项以不能宣扬国威,反失印,罪应不宥,姑从宽颁给。时板塞据者蓝寨,侵扰陇川,百夫长刀门线、刀木立进兵围之,斩板塞等二十三人。命赐有功者皆为冠带把事,并赍织金文绮。

正统十一年,木邦宣慰罕盖发来求麓川故地。有司以已设陇川宣抚司,建官分管,以孟止地予之,报可。十二年敕谕恭项,言:"比者,总兵奏尔与百夫长刀木立相仇杀,人民怀怨,欲谋害尔父子。今迁尔于云南,俾不失所,且遣官护尔家属完聚,其体悯恤,无怀疑惧。"既而总兵官言:"陇川致乱,皆由恭项暴杀无辜,刻虐蛮人。同知刀歪孟为蛮众信服,乞安置项于别卫,以刀歪孟代。"帝以恭项来归,屈法宥之,命于曲靖安置,并遣敕往谕。

景泰七年,陇川宣抚多外闷遣人贡象、马及金银器皿、方物,赐采币、袭衣如例。仍命赍敕赐之,以多外闷初修朝贡故也。成化十九年,以陇川宣抚司多歪孟子亨法代职。

初,陇川与木邦相邻,争地仇杀,构兵不息。嘉靖中,土舍多鲸刃兄自袭,下镇巡官按问,伏辜,还职兄子多参。诏贳其罪,并戒木邦罕孟,毋得复党鲸争职。

万历初,缅甸莽瑞体叛,来招陇川宣抚多士宁,士宁不从。其记室岳凤者,江西抚州人,黠而多智,商于陇川,士宁信任之,妻以妹。凤曲媚士宁,阴夺其权,与三宣六慰各土舍罕拔等歃血盟,诱士宁往摆古,归附缅酋。阴使其子曩乌,鸩士宁并杀其妻女,夺印投缅,受缅伪命,代士宁为宣抚。及瑞体死,子应里嗣,凤父子臣服之。诱败官军,献士宁母胡氏及亲族六百余人于应里,尽杀之,多氏之宗几尽。

初,凤之附于缅也,为瑞体招诸部,拒中国,伤官军,逆势寖成,缅深倚之。久之,以缅不足恃。而邓川土知州何钰,凤友婿也,初使人招凤,凤执使献缅。及是,钰复开示百方,与之盟誓。时官军亦大集,诸将刘綎、邓子龙各率劲师至,环壁四面。凤惧,乃令妻子及部曲来降。綎责令献金牌、符印及蛮莫、猛密地。乃以送凤妻子还陇川为名,分兵趋沙木笼山,先据其险,而自领大兵驰入陇川。凤度无可脱,遂诣军门降。綎复率兵进缅,缅将先遁,留少兵陇川,綎攻之,凤子曩乌亦降。綎乃携凤父子往攻蛮莫,蛮莫贼知凤降,驰报应里,发兵图陇川。綎乘机掩杀,贼窘,乞降,缚缅人及象马来献。遂招抚孟养贼,贼将乘象走,追获之。复移师围孟琏,生擒其魁,陇川平。献俘于朝,帝为告谢郊庙,时万历十二年九月也。逾年复铸陇川宣抚司及孟定府印,升孟密安抚为宣抚司。添设安抚司二,曰蛮莫,曰耿马;长官司二,曰孟琏,曰孟养;千户所二,一居姚关,一居孟淋砦,皆名之曰镇安,并铸印记,建大将行署于蛮莫。从云南巡抚刘世曾之议也。于是,多士宁之子思顺袭陇川宣抚使。

二十九年,莽应里分道入犯,一入遮放、芒市,一入腊撒蛮颏,一入杉木笼,并出陇川。多思顺不敌,奔猛卯。缅初以猛卯同知多俺为向导,寇东路。至是大军遣木邦罕钦擒多俺杀之。未几,思顺死,蛮莫思正乘丧袭陇川,据其妻罕氏。三十五年,思顺子安民以守将索赂,叛入缅。已而缅听抚,遣安民归。安民久据蛮湾,桀骜甚,署永腾参将周会遣二指挥袭之,败绩。王师亟讨,其族人挟其弟多安靖诛之以献。时安靖尚幼,势孤,诏俟其长给之印。安民弟安邦治亦附缅,后寄居蛮莫。其地有马安、摩黎、罗木等山,极险峻,麓川之所恃为巢穴者也。

明史卷三一五
列传第二○三

云南土司三

缅甸　干崖　潞江　南甸　芒市
者乐甸　茶山　孟琏　里麻　钮兀
东倘　瓦甸　促瓦　散金　木邦
孟养　车里　老挝　八百

　　缅甸，古朱波地。宋宁宗时，缅甸、波斯等国进白象，缅甸通中
国自此始。地在云南西南，最穷远。有城郭庐舍，多楼居。元至元
中，屡讨之，乃入贡。

　　明太祖即位，遣使赍诏谕之。至安南，留二年，以道阻不能达而
返，使者多道卒。洪武二十六年，八百国使人入贡，言缅近其地，以
远不能自达。帝乃令西平侯沐春遣使至八百国王所，谕意。于是缅
始遣其臣板南速剌至，进方物，劳赐之。二十七年置缅中宣慰使司，
以土酋卜剌浪为使。二十八年，卜剌浪遣使贡方物，诉百夷思伦发
侵夺境土。二十九年复来诉。帝遣行人李思聪、钱古训，谕缅及百
夷各罢兵守土，伦发听命。会有百夷部长刀干孟之乱，逐伦发，以故
事得已。

　　永乐元年，缅酋那罗塔遣使入贡。因言缅虽遐裔，愿臣属中国，
而道经木邦、孟养，多阻遏。乞命以职，赐冠服、印章，庶免欺陵。诏

设缅甸宣慰使司，以那罗塔为宣慰使，遣内臣张勤往赐冠带、印章。于是缅有二宣慰使，皆入贡不绝。五年，那罗塔遣使贡方物，谢罪。先是，孟养宣慰使刀木旦与戛里相攻，那罗塔乘衅袭之，杀刀木旦及其长子，遂据其地。事闻，诏行人张洪等赍敕谕责。那罗塔惧，归其境土，而遣人诣阙谢罪。帝谕礼部曰："蛮既服辜，其释不问。"仍给以信符，令三年一朝贡。

初，卜剌浪分其地，使长子那罗塔管大甸，次子马者速管小甸。卜剌浪死，那罗塔尽收其弟土地人民。已而其弟复入小甸，遣人来朝，且诉其情。敕谕那罗塔兄弟和好如初，毋干天讨。六年，那罗塔复遣人入贡，谢罪，并谢赐金牌、信符，劳赐遣之。七年复遣中官云仙等赍敕赐缅酋金织文绮。十二年，缅人来言为木邦侵掠。帝以那罗塔素强横，遣人谕之，使修好邻封，各守疆界。

洪熙元年遣内官段忠、徐亮以即位诏谕缅甸。宣德元年遣使往谕云南土官，赐缅甸锦绮。二年以莽得剌为宣慰使。初，缅甸宣慰使新加斯与木邦仇杀而死，子弟溃散。缅共推莽得剌权袭，许之。自是来贡者只署缅甸，而甸中之称不复见。八年，莽得剌遣人来贡，复遣云仙赍敕赐之，并谕其勿侵木邦地。

正统六年给缅甸信符、金牌。时麓川思任发叛，将讨之，命缅甸调兵待。七年，任发兵败，过金沙江，走孟广，缅人攻之。帝谕能擒献贼首者，予以麓川地。八年，总督尚书王骥奏，缅甸酋马哈省、以速剌等已擒获思任发，不解至，唯以麓川地为言，朝命遂有并征缅甸之命。是时，大师已集腾冲，缅使致书，期以今冬送思任发至贡章交付。骥与克期，遣指挥李仪等率精骑通南牙山路，抵贡章，受献，而缅人送思任发者竟不至。九年，骥驻师江上，缅亦严兵为备，遣人往来江中，觇官军虚实。骥以麓川未平，缅难不可复作，乃令总兵官蒋贵等潜焚其舟数百，缅人溃，骥亦班师。于是总兵官沐昂奏："缅恃险党贼，应加兵，但滇中方连年征讨，财力困弊，旱潦相仍，粮饷不给，未可轻举。臣已遣人谕缅祸福，俾献贼首，缅宜听从。"十二年，木邦宣慰罕盖法，缅甸故宣慰子马哈省、以速剌，遣使偕千户王政等,献思任发首及诸俘馘至京,并贡方物。帝命马哈省、以速剌并为宣慰使,赐敕将劳,给冠带、印信。未几,以速剌奏求孟养、戛里地,且请大军亟灭思任发之子思机发兄弟,而己出兵为助。帝谕以机发可不战擒,宜即灭贼以求分地,弗为他人得也。

景泰二年赐缅甸阴文金牌、信符。时以速剌久获思机发不献,又放思卜发归孟养。朝廷知其要挟,故缓之。五年,缅人来索地,参将胡志以银戛等地与之,乃送机发及其妻孥。帝以思卜发既远遁,不必穷追,仍加赏锦币,降敕褒奖。

成化七年,镇守太监钱能言,缅甸宣慰称贡章、孟养旧为所辖,欲复得之。帝命往勘,贡章系木邦、陇川分治,孟养系思洪发所掌,非缅境,乃令云南守臣传饬诸部。而缅甸以所求地乃前朝所许,贡章乃朝贡必由之途,乞与之。又乞以金齿军余李让为冠带把事,以备任使。兵部尚书余子俊等,以思洪发不闻有过,岂可夺其地,李让中国人,而与为把事,亦非体,宜勿许。帝命兵部谕其使,孟养、贡章是尔朝贡所由,当饬边臣往谕思洪发,以通道往来,不得阻遏,余勿多望。

弘治元年,缅甸来贡,且言安南侵其边境。二年遣编修刘戬谕安南罢兵。然缅地邻孟养,而孟养以缅先执思任发,故怨缅。

嘉靖初,孟养酋思陆子思伦,纠木邦及孟密,击破缅,杀宣慰莽纪岁并其妻、子,分据其地。缅诉于朝,不报。六年始命永昌知府严时泰、卫指挥王训往勘。思伦夜纵兵鼓譟,焚驿舍,杀赍金牌千户曹义,时泰仓皇遁,乃别立土舍莽卜信守之而去。值安凤之乱,不暇究其事。

莽纪岁有子瑞体,少奔匿洞吾母家,其酋养为己子。既长,有其地。洞吾之南有古喇,滨海,与佛郎机邻。古喇酋兄弟争立,瑞体和解之,因德瑞体,争割地为献,受其约束,号瑞体为哒喇。瑞体乃举众绝古喇粮道,杀其兄弟,尽夺其地,诸蛮皆畏服之。时灭缅者木邦、孟养,而与缅相抗者孟密也。孟密土舍兄弟争立,诉于瑞体。瑞体乃纳其弟为婿,改名思忠,遣归孟密,夺其兄印,因假道攻孟养及迤西诸蛮，以复前仇，又使其党卓吉侵孟养境。后卓吉为思真婿猛乃头目别混所杀，瑞体怒，自将攻别混父子，擒之。遂招诱陇川、干崖、南甸诸土官，欲入寇，既觇知有备，又虑他蛮袭其后，乃遁归。于是镇巡官沐朝弼等上其事。兵部覆，荒服之外，治以不治。哒喇已畏威远遁，传谕诸蛮，不许交通结纳。诏可。时嘉靖三十九年也。

木邦土舍罕拔求袭不得，怒投于缅，潞江宣抚线贵闻之，亦入缅。瑞体自以起孤微，有兵众，威加诸部，中国复禁绝之，遂谋内侵，乃命线贵趣召陇川土官多士宁。士宁言中国广大，诚勿妄动，瑞体稍稍寝。未几，士宁为其下岳凤所杀，干崖宣抚刀怕举亦死。罕拔乃请瑞体入干崖，干崖举，则陇川可坐定也。瑞体子应里桀黠多智，言于瑞体曰："陇川、干崖虽无主，远难猝取。孟养、思个近在肘腋，又吾世仇，万一乘虚顺流下，祸不测。"瑞体深然之，因借木邦兵一万取干崖，而自率兵侵孟养。既至，屡为思个所败，思个亦退保孟伦，相持久之。而陇川书记岳凤欺其主幼，私赍重赂投缅，结为父子。蛮莫土目思哲亦迎附瑞体，调缅兵万余，出入于迤西界上，以牵制思个。复征木邦罕拔兵，会岳凤于陇川，袭孟密。

万历元年，缅兵至陇川，入之。岳凤遂尽杀士宁妻子族属，受缅伪命，据陇川为宣抚。乃与罕拔、思哲盟，必下孟密，奉瑞体以拒中国。伪为锦囊象函贝叶缅文，称西南金楼白象主莽哒喇弄王书报天皇帝，书中谩辞无状。罕拔又为缅招干崖土舍刀怕文，许代其兄职。怕文拒之，与战。适应里率众二十万分戍陇、干间，以其兵骤临之，怕文溃奔永昌。遂取干崖印，付罕拔妹，以女官摄宣抚，召盏达副使刀思管、雷弄经历廖元相佐之，同守干崖，以防中国。于是木邦、蛮莫、陇川、干崖诸蛮，悉附缅，独孟养未下。

金腾副使许天琦，遣指挥侯度，持檄抚谕孟养。思个受檄，益拒缅。缅大发兵攻之，思个告急。会天琦卒，署事罗汝芳犒思个使，令先归待援，遂调兵至腾越。个闻援兵至，喜，令土目马禄喇送等领兵万余，绝缅粮道，且导大兵伏戛撒诱缅兵深入。个率蛮卒冲其前，而约援兵自陇川尾击之。缅兵既败，粮又绝，屠象、马以食，瑞体窘甚。

会有陈于巡抚王凝，言生事不便者，凝驰使止援军。汝芳闻檄退，思
个待援不至。岳凤侦知之，集陇川兵二千兼程进，导瑞体由间道遁
去。思个追击之，缅兵大败，当是时几获瑞体。

六年，廷议遣使至孟养，俾思个还所俘缅兵象，并赍以金帛，好
言慰谕之。瑞体不谢。七年，永昌千户辛凤，奉使买象于孟密，思忠
执凤送缅，缅遣回。是年，缅复攻孟养，报莽撒之怨。思个以无援败，
将走腾越，中途为其下所执，送瑞体，杀之，尽并孟养地。八年，巡抚
饶仁侃遣人招缅，缅不应。

十年，岳凤导缅兵袭破干崖，夺罕氏印，俘之。俄，瑞体死，子应
里嗣。岳凤嗾应里杀罕拔，尽俘其众。又说应里起兵象数十万，分
道内侵。十一年焚掠施甸，寇顺宁。凤子曩乌领众六万，突至孟淋
寨，指挥吴继勋、千户祁维垣战死。又破盏达，副使刀思定求救不
得，城破，妻子族属皆尽。且窥腾冲、永昌、大理、蒙化、景东、镇沅诸
郡。巡抚刘世曾请以南京坐营中军刘绖为腾越游击，移武靖参将邓
子龙为永昌参将，各提兵五千赴剿，并调诸土军应援。缅亦合兵犯
姚关，绖与子龙大破之于攀枝花地，乘胜追击，自十年十月至十一
年四月，斩首万余。复率兵出陇川、孟密，直抵阿瓦，缅将猛勺诣绖
降。勺，瑞体弟也。缅将之守陇川、孟养、蛮莫者，皆遁去，岳凤及其
子皆伏诛。官军定陇川，遂归。应里乃以其子思斗守阿瓦，复攻孟
养、蛮莫，声言复仇。副使李材备兵腾冲，遣兵援之，战于遮浪，大破
其象阵，生擒五千余人。

先是，蛮莫酋思化投缅。材遣人招之，思化降。十九年，应里复
率缅兵困蛮莫，思化告急。会天暑，军行不前，裨将万国春夜驰至，
多设火炬为疑兵，缅人惧而退，追败其众。二十二年，巡抚陈用宾设
八关于腾冲，留兵戍守，募人至暹罗约夹攻缅。缅初以猛卯酋多俺
为向导，寇东路。至是遣木邦罕钦擒多俺杀之，遂筑堡于猛卯，大兴
屯田。是年，缅帅思仁寇蛮莫，败之，斩其渠丙测。

二十三年，应里属孟琏、孟艮二土司求朝贡，镇巡以闻。朝议令
原差官黎景桂赍银币赐之，至境，不受。诏以景桂首事贪功纳侮，下

于理。三十一年，阿瓦雍罕、木邦罕拔子罕褙俱入贡，缅势顿衰。暹罗得楞复连岁攻缅，杀缅长子莽机挒，古喇残破。自此不敢内犯，然近缅诸部附之如初。

崇祯末，蛮莫思绵为缅守曩木河。及黔国公沐天波等随永明王走蛮莫，思绵使告缅。缅遣人迎之，传语述万历时事，并出神宗玺书，索今篆合之，以为伪。天波出己印与先所颁文檄相比无差，始信。盖自天启后，缅绝贡职，无可考验云。

干崖，旧名干赖睒，僰人居之。东北接南甸，西接陇川，有平川众冈。境内甚热，四时皆蚕，以其丝织五色土锦充贡。元中统初，内附。至元中，置镇西路军民总管府，领三甸。

洪武十五年改镇西府。永乐元年设干崖长官司。二年颁给信符、金字红牌并赐冠服。三年，干崖长官曩欢遣头目奉表贡马及犀、象、金银器，谢恩，赐钞币。五年设古刺驿，隶干崖。曩欢复遣子刀思曩朝贡，赐赉如例。自是，三年一朝贡不绝。宣德六年改隶云南都司。时长官刀弄孟奏，其地近云南都司，而岁纳差发银于金齿卫，路远，乞改隶，而输银于布政司。从之。正统三年，命仍隶金齿军民指挥使司。六年升干崖副长官刀怕便为长官司，赐采币，以归附后屡立功，从总兵官沐昂请也。九年升干崖为宣抚司，以刀怕便为宣抚副使，刘英为同知，从总督王骥请也。

弘治三年，干崖土舍刀怕愈欺其侄刀怕落幼，劫印夺职。蛮众不服，遂起兵相攻。四年，按察司副使林俊同参将沐详移文往谕，始释兵归印。事闻，帝以镇巡官不以时奏报，责之。嘉靖三十九年，缅酋莽瑞体叛，招干崖诸土官入寇。万历初，宣抚刀怕举死，妻罕氏，木邦宣慰罕拔妹也。拔既叛附缅，召怕举弟怕文袭职以臣缅，且许以妹。怕文不受，与战。缅兵十万骤临，怕文溃奔永昌。罕拔遂取干崖印付罕氏。十年，陇川岳凤破干崖，夺罕氏印。十一年，游击刘綎破陇川，凤降，追印竟不得。而干崖部众自相承代，亦莫得而考云。

潞江，地在永昌、腾越之间，南负高仑山，北临潞江，为官道咽喉。地多瘴疠，蛮名怒江甸。至元间，隶柔远路。

永乐元年内附，设潞江长官司。其地旧属麓川平缅，西平侯奏其地广人稠，宜设长官司治之。二年颁给信符、金字红牌。九年，潞江长官司襄璧遣子维罗法贡马、方物，赐钞币，寻升为安抚司。襄璧来朝，贡象、马、金银器，谢恩。

宣德元年，襄璧遣人贡马，请改隶云南布政司，从之。遣中官云仙赍敕及绮币赐襄璧。三年，黔国公沐晟奏，潞江千夫长刀不浪班叛归麓川，劫潞江，逐襄璧入金齿，据潞江驿，逐驿丞周礼，立寨固守，断绝道路，请发兵讨。帝敕晟与三司计议。五年，晟奏，刀不浪班惧罪，还所据地，归旧部，输役如故，乞宥之。报可。是年置云南广邑州。时云仙还言："金齿广邑寨，本永昌副千户阿干所居。干尝奉命招生蒲五千户向化。今干孙阿都鲁，同蒲酋莽塞等，诣京贡方物，乞于广邑置州，使阿都鲁掌州事，以熟蒲并所招生蒲属之。"帝从之，遂以阿都鲁为广邑州知州，莽塞为同知，铸印给之。八年改金齿永昌千户所为潞江州，隶云南布政司，以千夫长刀珍罕为知州，刀不浪班为同知，置吏目及清水关巡检各一员。

正统三年从黔国公沐晟奏，改潞江安抚司仍隶金齿，悉还旧制。五年，安抚使线旧法以麓川思任发叛来告，谕整兵以俟。未几，麓川贼遣部众夺据潞江，杀伤官军，潞江遂削弱。

正德十六年，安抚司土官安捧，夺其从弟掩庄田三十八所，掩讼于官，不报。捧遂集蛮兵围掩寨，纵火屠掠，掩母子妻妾及蛮民男妇死者八十余人，据有其地。官军诱执之，捧死于狱。帝命戮尸弃市，其子诏及党与皆斩。天启间，有线世禄者，继袭安抚。

南甸宣抚司，旧名南宋，在腾越南半个山下，其山巅北多霜雪，南则炎瘴如蒸。元置南甸路军民总管府，领三甸。

洪武十五年改南甸府。永乐十一年改为州，隶布政司。宣德三年,南甸为麓川侵夺,有司请讨。不许,降敕诫谕麓川,俾还侵地。五年,南甸州奏:"先被麓川宣慰司夺其境土,赖朝廷威力复之,若不置官司以正疆界,恐侵夺未厌,乞置四巡检司镇之。"帝命吏部除官。八年又奏:"与麓川接境,旧十二百夫长在腾冲千户所时,赖邦哈等处军民兼守。后麓川侵据,不守者十余年。今蒙敕谕还,窃恐再侵,百姓逃移,乞于赖邦哈、九浪、莽孟洞三处各置巡检,以土军杨义等三人为之。"命下三司勘复,授之。

正统二年,土知州刀贡罕奏:"麓川思任发夺其所辖罗卜思庄二百七十八村,乞遣使赍金牌、信符谕之退还。"帝敕沐晟处置奏闻。麓川之役自是起。九年升州为宣抚司,以知州刀落硬为宣抚使,通判刘思勉为土同知。六年颁给金牌、信符、勘合,加敕谕之。十年免所欠差发银两,令安业后,仍前科办。

天顺二年复置南甸驿丞一人,以土人为之。时宣抚刀落盖奏,南宁伯毛胜遣腾冲千户蔺愈占其招八地,逼民逃窜。敕云南三司官同巡按御史诣其地体勘,以所占田寨退还,治胜、愈罪。

南甸所辖罗卜思庄与小陇川,皆百夫长之分地。知事谢氏居曩宋,阿氏居盏西,属部直抵金沙江,地最广。司东十五里曰蛮干,宣抚世居之。南百里有关,立木为栅,周一里,曰南牙,甚高,山势延袤一百余里,官道经之。上有石梯,蛮人据以为险。

芒市,旧曰怒谋,又曰大枯睒、小枯睒,在永昌西南四百里,即唐史所谓茫施蛮也。元中统初,内附。至元十三年立茫施路军民总管府,领二甸。

洪武十五年置茫施府。正统七年,总兵官沐晟奏:"芒市陶孟刀放革遣人来诉,与叛寇思任发有仇。今任发已遁去,思机发兄弟三人来居麓川者蓝地方,愿擒以献。"兵部言:"放革先与任发同恶,今势穷乃言结衅,谲诈难信。宜敕谕放革,如能去逆效顺,当密调土兵助剿机发。"从之。八年,机发令其党涓孟车等来攻芒市,为官军所败。放革来降,靖远伯王骥请设芒市长官司,以陶孟刀放革为长官,隶金齿卫。

成化八年，木邦纛罕弄乱，掠陇川。敕芒市等长官司整兵备调。万历初，长官放福与陇川岳凤联姻，导缅寇松坡营。事觉，伏诛，立舍目放纬领司事，辖于陇川。

芒市川原广邈，田土富饶，而人稍脆弱云。

者乐甸，本马龙他郎甸猛摩地，名者岛。洪武末，内附，隶云南布政司。永乐元年设者乐甸长官司，改隶云南都司，以沐晟言其地广人稠也。十八年，长官刀谈来朝，贡马。自是，皆以刀氏世领司事。其地山险多瘴，介于镇沅、元江、景东间。日事攻战，铠械犀利，兵寡而勍，诸部畏惮之。

茶山长官司，永乐二年颁给信符、金字红牌。八年，长官早张遣人贡马。宣德五年置滇滩巡检司。以长官司奏，滇滩当茶山瓦高之冲，蛮寇出没，民不能安，通事段胜颇晓道理，能安人心，乞置司，以胜为巡检。从之。

孟琏长官司，永乐四年四月设。时孟琏头目刀派送遣子坏罕来言，孟琏旧属麓川平缅宣慰司，后隶孟定府。而孟定知府刀名扛亦故平缅头目，素与等夷，乞改隶。遂设长官司，隶云南都司，命刀派送为长官，赐冠带、印章。

正统四年，思任发反，以兵破孟琏，遂降于麓川，为木邦宣慰罕盖法击败。七年，总督王骥征麓川，招降孟琏、亦保等寨。敕赐孟琏故长官司刀派罕子派乐等采币，以麓川平故也。嘉靖中，孟琏与孟养、孟密诸部仇杀数十年，司废。至万历十三年，陇川平，复设，称猛脸云。

里麻长官司，永乐六年设，隶云南都司，以刀思放为长官。时思放为里麻招刚。招刚者，故西南蛮官名。思放籍其地来朝，请授职事,遂有是命,仍赐印章、冠带。八年遣头目贡马。

钮兀长官司,宣德八年置。钮兀、五隆诸寨在和泥之地,其酋任者、陀比等朝贡至京,奏地远蛮多,请授职以总其众。兵部请设长官司,从之。遂以任者为长官,陀比为副。

东倘长官司,宣德八年置,隶缅甸宣慰。时缅甸宣慰昔得,谋杀当荡头目新把的,而夺其地。新把的遣子莽只贡象、马、方物,乞置司,庶免侵杀,从之。置东倘长官司,命新把的为长官。

瓦甸长官司,初隶金齿,永乐九年改隶云南都司。土官刀怕赖言,金齿远,都司近,故改隶焉。宣德八年置曲石、高松坡、马缅三巡检司。初,长官司言,其地山高林茂,寇盗出没,人民不安,乞置巡检司,以授通事杨资、杨中、范兴三人,从之。命资于曲石,中于高松坡,兴于马缅。正统五年,长官早贵为思任发所获,杀其守者十七人,挈家来归。帝嘉其忠顺,命所司褒赏,以早贵为安抚,赐采币、诰命。

促瓦、散金二长官司,皆永乐五年设,隶云南都司。其地旧属麓川、平缅。土蛮注甸八等来朝,请别设长官司,从之。命注甸八等为长官,各给印章。

木邦,一名孟邦。元至元二十六年立木邦路军民总管府,领三甸。洪武十五年平云南,改木邦府。建文末,土知府罕的法遣人贡马及金银器,赐钞币。

永乐元年遣内官杨瑄赍敕谕木邦诸土官。明年遣人来贡。时麓川诉木邦侵地,命西平侯谕之,因改木邦为军民宣慰使司,以知府罕的法为使,赐诰印。时官军征八百,罕的法发兵助战,攻江下等十余寨,斩首五百余级。诏遣镇抚张伯恭、经历唐复往赐白金、锦币，及其部领有差。明年遣使贡象、马、方物，谢恩。颁赐如例，复加赐其母及妻锦绮。罕的法卒，其子罕宾发来朝，请袭，命赐冠服。七年遣使谢恩。又遣人奏，缅甸宣慰使那罗塔数诱宾发叛，宾发不敢从逆，若天兵下临，誓当效命。帝嘉其忠，遣中官徐亮赉敕劳之，赐白金三千两、锦绮三百表里，祖母、母、妻织金文绮、纱罗各五十疋。自是，每三年遣使贡象、马。十一年，宾发遣使献缅甸俘。时木邦攻破缅甸城寨二十余，多所杀获，献于京师。

宣德三年遣中官徐亮赉敕及文绮赐袭职宣慰罕门法并及祖母、母、妻。八年，木邦与麓川、缅甸各争地，诉于朝，帝命沐晟并三司巡按公勘。

正统三年征麓川，敕谕木邦以兵会剿。五年，总兵官沐昂遣人间道达木邦，得报，知宣慰祖母美罕板、其孙宣慰罕盖法与麓川战于孟定、孟琏地，杀部长二十人，斩首三万余级，获马、象、器械甚众。帝嘉其功，加授罕盖法怀远将军，封美罕板太淑人，赉以金带、采币。七年，总督王骥奏，罕盖法遣兵攻拔麓川板罕、贡章等寨，追至孟蒙，获其孥七人，象十二，麓川酋思任发父子遁孟广。帝命指挥陈仪往劳之，且曰：“木邦能自效，生絷贼首献，其酬以麓川土地人民。”八年免木邦岁办金万四千两。木邦遣人谢恩，并献所获思任发家属，复赐敕及采币奖劳。十一年，缅甸献任发首，木邦亦遣使与同献，且修贡职，因求麓川地。兵部以麓川已设陇川宣抚司，请以孟止地给之，并遣官谕祭其母，以表忠勤，免木邦岁办银八锭三年，从之。

景泰元年，罕盖法奏乞陇川界者阑景线地，未报，盖法子罕落法辄发兵据之。陇川宣抚刀歪孟诉于总兵官沐璘。璘遣使谕归之，而与以底麻之地。四年，罕落法袭父职。族人构难，落法避于孟更，遣人赴总兵官求救。璘以闻，诏左参将胡志调兵抚谕之，与其族人部众设盟而还。然落法犹避居孟都不敢归。孟都蛮者，地近陇川，岁调蛮兵二百更番护之。

天顺元年，镇守中官罗珪奏：“罕落法与所部交攻，遣人求援。

臣等议委南宁伯毛胜、都督胡志,量调官军,相机剿捕。"帝以非犯
边疆,不许。二年,落法奏为思坑、曩罕弄等所攻,乞兵剿除,命总兵
官区处。六年,总兵官沐瓒奏,罕落法屡侵陇川地,欲以拨守贵州兵
八千调回防御,诏留其半。

　　成化十年,木邦所辖孟密蛮妇曩罕弄等侵掠陇川,黔国公沐琮
以闻。曩罕弄者,故木邦宣慰罕揲法之女,嫁其孟密部长思外法。地
有宝井。罕揲法卒,孙落法嗣。曩罕弄以尊属不乐受节制,嗾族人
与争。景泰中,叛木邦,逐宣慰,据公署,杀掠邻境陇川、孟养,兵力
日盛,自称天娘子,其子思柄自称宣慰。黔国公琮奏,委三司官往
抚,曩罕弄骄蹇不服,且欲外结交趾兵,逼胁木邦、八百诸部,琮等
复以闻。兵部尚书张鹏主用兵。诏廷臣集议,皆以孟密与木邦仇杀,
并未侵犯边境,止宜抚谕。因命副都御史程宗驰传与译者序班苏铨
往。时成化十八年也。逾年,孟密思柄遣人入贡,宴赐如土官例。已,
孟密奏为木邦所扰,乞别设安抚司。张鹏以太监覃平、御史程宗抚
驭已有成绪,遂命宗巡抚云南,敕平偕诣金齿劝谕之,其孟密地或
仍隶木邦,或别设安抚,区处具奏。

　　初,曩罕弄窃据孟密,贰于木邦。畏邻境不平,遣人从间道抵云
南,至京,献宝石、黄金,乞开设治所,直隶布政司。阁臣万安欲许
之,刘翊、刘吉皆以孟养原木邦属夷,今曩罕弄叛,而请命于朝,若
许之,则土官谁不解体。苏铨私以告于宗。宗复奏曩罕弄与木邦仇
杀已久,势难再合,已喻诸蛮,示以朝廷德意,宥其罪,开设衙门,令
还其所侵地,皆踊跃奉命,木邦亦已允服,乞遂行之。部覆,从之。二
十年遂设孟密安抚司,以思柄为使。时孟密据宝井之利,资为结纳,
而木邦为孟密所侵,兵力积弱,不能报,虽屡奏诉,竟不得直云。

　　弘治二年,云南守臣奏,孟密曩罕弄先后占夺木邦地二十七
处,又诱其头目放卓孟等叛,其势必尽吞后已。乞敕八百宣慰司俾
与木邦和好,互相救援。亦敕木邦宣慰收复人心,亲爱骨肉,勿使孟
密得乘间诱叛,自致孤弱。如孟密听谕,方许曩罕弄孙承袭。报可,
并敕云南守臣亲诣金齿晓谕,复降敕诘责前镇巡官所以受赂召侮

启衅者。三年，追论致仕南京工部尚书程宗罪。先是，宗以右副都御史奉命率苏铨往抚谕，而铨受思柄金，给宗奏为设孟密安抚司。铨复教思柄伪归木邦地，而占据如故，思柄益横。至是，木邦宣慰罕㐲法发其事，时宗已致仕，巡按请追罪之。狱具，帝以事在赦前，不问。六年，云南守臣奏，孟密侵夺木邦，兵连祸结，垂四十余年，屡抚屡叛，势愈猖肆，请调兵往讨。兵部议，以孟密安抚，初隶布政司，今改隶木邦，以致争杀，仍如初隶可息兵，从之。

初，孟密之复叛木邦也，因木邦宣慰罕㐲法亲迎妇于孟乃寨，孟密土舍思揲乘虚袭之，据木邦，诱降其头目高答落等，聚兵阻路。罕㐲法不得归，依孟乃寨者三年。于是巡抚张诰等会奏，议遣文武大员诣孟密抚谕，思揲犹不服。诰乃遣官督率陇川、南甸、干崖三宣抚司，积粮开道，示以必征之势，又令汉土官舍耀兵以威之。高答落等惧，谋归罕㐲法。思揲欲杀之，罕㐲法乞救于邻部，调土兵合陇川等三宣抚兵至蛮遮，共围之。思揲惧，乃罢兵。诰等奏其事，且乞赏有功者。兵部议，罕㐲法虽还木邦，思揲犹未悔罪，必令歃血同盟，归地献叛，永息争端，乃可论功行赏，报闻。

九年，罕㐲法及思揲各遣使来贡，报赐如例。初，思揲围蛮遮，木邦宣慰求救于孟养思陆。孟密素畏思陆之兵，闻其将至，遂解去。木邦与思陆谋共取孟密，于是蛮中之患，又在孟养矣。自万安、程宗勘处失宜，诸酋长纷纭进退，中国用兵且数十年。

嘉靖初，思陆子思伦与木邦宣慰罕烈，同击杀缅酋莽纪岁，而分其地。后莽瑞体强，将修怨于木邦。隆庆二年，木邦土舍罕拔告袭，有司索赂不为请。拔怒，与弟罕章集兵梗往来道，商旅不前，而已食盐亦乏绝，乞于缅。缅以五千簏馈之，自是反德缅，携金宝象马往谢之。瑞体亦厚报之，欢甚，约为父子。瑞体死，子应里用岳凤言诱拔杀之。时万历十一年也。

拔子进忠守木邦，应里遣弟应龙袭之，其孽子罕凤与耿马舍人罕虔，欲擒进忠献应龙。进忠携妻子内奔，虔等追至姚关，焚顺宁而去。十二年，官军破缅于姚关，立其子钦。钦死，其叔罕褫约暹罗攻缅,缅恨之。三十四年,缅以三十万众围其城。请救于内地,不至,城陷,罕裭被掳。缅伪立孟密思礼领其众。事闻,黜总兵官陈宾,木邦遂亡。

孟密自思柄授安抚,继之者曰思揲,曰思真,真年至百十岁。嘉靖中,土舍兄弟争袭,走诉于缅。缅人为立其弟,改名思忠,忠遂以其地附缅。万历十二年,忠赍伪印来归,命授为宣抚。已而复投缅,乃以其母罕烘代掌司印。缅攻孟密,罕烘率子思礼、从子思仁奔孟广,而孟密遂失。十八年,缅复攻孟广,罕烘、思礼奔陇川,思仁奔工回,而孟广又失,先是,思仁从罕烘奔孟广时,有甘线姑者,思忠妻也。思忠既投缅,思仁通于线姑,遂欲妻之,而罕烘不许。至是,罕烘携线姑走陇川,思仁奔雅盖,率兵象犯陇川,欲掳线姑去。会陇川有备,弗克,思仁亦走归缅,缅伪署思仁于孟密,食其地。

初,孟密宝井,朝廷每以中官出镇,司采办。武宗朝钱能最横,至嘉靖、隆庆时犹然。万历二十年,巡抚陈用宾言,缅酋拥众直犯蛮莫,其执词以奉开采使命令,杀蛮莫思正以开道路。全滇之祸,皆自开采启之。时税使杨荣纵其下,以开采为名,恣暴横,蛮人苦之。且欲令丽江退地听采,缅酋因得执词深入。巡按宋兴祖极言其害,请追还荣等,帝皆不纳。凡采办必先输官,然后与商贾贸易,每往五六百人。其属有地羊寨,在孟密东,往来道所必经。人工幻术,采办人有强索其饮食者,多腹痛死,已所乘马亦毙,剖之,则马腹皆木石也。思真尝剿之,杀数千人,不得绝。至是,复议剿,以兵少中止。

孟养,蛮名迤水,有香柏城。元至元中,于孟养置云远路军民总管府。洪武十五年改为云远府。其地故属平缅宣慰司。平缅思伦发为其下所逐,走京师。帝命西平侯沐春以兵纳之,还故地。

成祖即位,改云远府为孟养府,以土官刀木旦为知府。永乐元年,刀木旦遣人贡方物及金银器,赐赉遣归。二年改升军民宣慰使司,以刀木旦为使,赐诰印。四年,孟养与戛里相仇杀,缅甸宣慰那罗塔乘衅劫之,杀刀木旦及子思栾发而据其地。事闻,诏行人张洪等赉敕谕责缅。那罗塔惧，仍归其境土。会木邦宣慰使罕宾法以那罗塔侵据孟养，请自率兵讨，遂破缅甸城寨二十余，获其象、马献京师。十四年复设孟养宣慰司，命刀木旦次子刀得孟为使，以木旦侄玉宾为同知。自木旦被害，司遂废，孟养之人从玉宾散居干崖、金沙江诸处者三千余人。朝廷尝命玉宾署宣慰使以抚之，故仍命为本司同知，令其率众复业。十五年，刀得孟遣使贡马及方物。

宣德五年，刀玉宾奏："伯父刀木旦被杀，蒙朝廷遣官访玉宾，授同知，又阻于缅难，寄居金齿者二十余年。今孟养地又为麓川宣慰思任发所据，乞遣兵送归本土。"帝命黔国公沐晟遣还之，然其地仍为任发所有。时为孟养宣慰者名刀孟宾，亦寄居云南。及任发败奔缅甸，子机发潜匿孟养，求抚。

正统十三年，敕孟养头目伴送思机发来朝，许以升赏，机发疑畏竟不至。帝以孟养宣慰头目刀变蛮等匿机发，敕数其罪，曰："孟养乃朝廷开设，尔刀变蛮等敢违朝命，一可伐。思机发系贼子，故纵不捕，二可伐。尔孟养被思任发夺地，逐尔宣慰，见在云南优养，尔等与仇为党，三可伐。云南总兵官世世管属尔地，奉命捕取贼子，尔等不从调度，四可伐。尔等不过以为山川险阻，官军未易遽到，又以为气候瘴疠，军不可久居。势强则拒敌，力弱则奔遁。殊不知昔马援远标铜柱，险阻无伤，诸葛亮五月渡泸，炎蒸无害，皆能破灭蛮众，开拓境土。况今大军有必胜之机，麓川之师可为前鉴。尔等速宜悔过自图，令思机发亲自前来，仍与一官一地，令享生全。如不肯出，尔等即擒为上策；迹思机发所在，报与官军捕取为中策；若代彼支吾，令其逃匿，则并尔等剿灭，悔无及矣。"时已三征麓川，内旨必欲生擒机发，已密谕总督王骥，又敕谕以云南安置孟养旧宣慰刀孟宾为向导。及兵出穷征，机发卒遁去，不可得。于是乃以孟养地给缅甸宣慰马哈省管治，命捕思机发。时正统十四年也。

景泰二年，任发之子思卜发遣使来贡，求管孟养旧地。廷臣议，孟养地已与缅甸，岂可移易。时朝命虽不许，然卜发已潜据之，即缅甸不能夺也。卜发死，子思洪发嗣，自天顺、成化，每朝贡辄署孟养地名，俨然自有其地矣。

成化中，孟养金沙江思陆发遣人贡象、马，宴赐皆如例。思陆发者，思任发之遗孽也。太监钱能镇云南，思陆发数以珍宝遗能，因得入贡，称孟养金沙江思陆发，常规立功以袭祖职。适孟密安抚土舍思撰侵据木邦地，争杀累年，守臣议征之，思陆发乃请自效。时蛮众相传孟密畏思陆兵，参政毛科请于总兵镇巡官，许之。思陆兵未至，思撰解去。巡抚张诰议调思陆兵，令戮力捕思撰，乃遣使促之发兵。思陆遣大陶孟伦索领蛮兵象马过江，伦索既过江，指鹰谓使者曰："我曹犹此鹰，夺得土地，即管食之耳。"科闻之忧甚。时思撰令陶孟思英以兵守蛮莫。孟养兵至，思英坚守不出，已而请和。孟养兵闻官军听思英约降，颇有怨言。官军粮绝，遂引退。伦索亦恐思英绝其归路，取道干崖而还。科念伦索前语，急戒令孟养还兵守疆界，孟养不听。初，靖远伯王骥与之约誓，非总兵官符檄不得渡江。自是遂犯约，数兴兵过江与孟密战。

弘治十二年，云南巡按谢朝宣奏：

孟养思陆本麓川叛种，窜居金沙江外。成化中，尝据缅甸之听盏。弘治七年征调其兵渡江，遂复据腾冲之蛮莫。又纠木邦兵，攻烧孟密安抚司，杀掠蛮民二千余人，劫象马金宝，有并吞孟密觊觎故土之志。迤西人恭们、腾冲人段和为之谋主，屡抚不听。云南会城去孟养远，声势难接。曩于金腾添设镇守太监，为抚蛮安民之计。而近时太监吉庆贪暴无状，虽尝阳却思陆之赍，然蛮知其贪，又乌知不因其却而更进之。臣闻蛮莫等处，乃水陆会通之地，蛮方器用咸自此出，江西、云南大理通逃之民多赴之。云南差官每多赍违禁物往彼馈送，漏我虚实，为彼腹心。镇夷关一巡检耳，安能禁制。臣计孟养甲兵不能当中原一大县，以云南之势临之，易于压卵。奈何一调即来，屡抚不退，皆镇巡失之于初，逋逃奸人谋之于中，抚蛮中官坏之于后。伏望垂念边民困苦，将云南镇守太监止存一员，别用指挥一员守备镇夷关，驱思陆退归江外，而移腾冲司于蛮莫，并木邦、孟密不得窥伺,乃为万全之策。设思陆冥顽不听抚谕,便当决策用兵,使无噍类,以为土官不法之戒。

先是,吉庆已为思陆请朝贡,至是因朝宣疏,并下镇巡官议剿抚之宜,数年不决。

十六年,巡抚陈金乃遣金腾参将卢和抚谕思陆。和至腾冲,思陆遣陶孟投书,致方物。和谕以祸福,令掣兵过江,归所占蛮莫等地,且调陇川、干崖、南甸三宣抚司蛮兵及战象,随官军分道至金沙江。思陆乃遣大陶孟伦索、怕卓等率所部来见,和等再申谕之。思陆听命,退还前所据蛮莫等地十三处,撤回象马蛮兵,渡金沙江而归。又遣陶孟、招刚等贡象六、银六百两并金银器纳款。镇巡官以闻,并奏言:“蛮莫等地原隶木邦,成化间始为孟密所有,近又为思陆所据,连年构祸,今始平定。既不可复与木邦、孟密,又不可割界陇川、干崖、南甸三宣抚,宜暂于腾冲,岁檄官军四百分番守之。思陆前有助平思揲功,今悔祸纳款,请赐以名目、冠带,仍降敕奖谕。”部议以蛮莫等处本木邦分地,在大义宜归之木邦。其名目、冠带,贡使已言思陆不愿受,不宜轻界,请赐敕厚劳遣归之。报可。时思陆觊得宣慰司印,部执不予,于是仍数出兵与木邦、孟密仇杀无宁岁。

嘉靖七年,总兵官沐绍勋、巡抚欧阳重,遣参政王汝舟等遍历诸蛮,谕以祸福。孟养思伦等各愿贡象牙、土锦、金银器,退地赎罪。乃以蛮莫等十三处地方宽广,诸蛮历年所争,属之腾冲司,檄军轮守,则烟瘴可虞;属之木邦,则地势辽远,蛮心不顺。莫若仍属孟密管领,岁征差发银一千两,而割孟乃等七处仍归木邦罕烈,则分愿均而忿争息矣。报可。

万历五年,云南巡按陈文燧言,孟养思个与缅世仇,今更归顺于缅。因引弘治朝先臣刘健尝议孟养事状,谓思陆有官犹可制,即无官,其僭自若也,不如因而官之以抗缅。报可。十一年,缅为游击刘綎所败,孟养思威亦杀缅使降于綎。十三年,陇川平,乃于孟养立长官司。

未几,长官思真复为缅所掳,部长思远奉思真妻来归,给以冠带，令归守。思远乘乱自立为宣慰，贡象进方物。然远暴虐，诸部恨之，引缅兵至，声言还思真，思远奔盏西。有思轰者，内附，与蛮莫酋思正共据险抗缅。三十年，缅攻思正，轰率兵倍道驰救，至则正已被杀。三十二年，缅攻入迤西，轰走死，缅以头目思华守其地。华死，妻怕氏代理。缅人更番戍守，连年征发，从行甚苦，曰："孟养不亡，蛮何得至此！"轰之后曰放思祖，有众千余，不敢归，寄食于干崖云。

旧制，宣慰遣人俱称头目，唯木邦及缅甸又有陶孟及招刚等称，孟养又有招八称，皆见于奏章，因其俗不改。

车里，即古产里，为倭泥、貂猡诸蛮杂居之地，古不通中国。元世祖命将兀良吉觯伐交趾，经所部，降之，置撒里路军民总管府，领六甸，后又置耿冻路耿当、孟弄二州。

洪武十五年，蛮长刀坎来降，改置车里军民府，以坎为知府。坎遣侄丰禄贡方物，诏赐刀坎及使人衣服、绮币甚厚，以初奉贡来朝故也。十七年复遣其子刀思拂来贡，赐坎冠带、钞币，改置军民宣慰使司，以坎为使。二十四年，子刀逻答嗣，遣人贡象及方物。二十八年以赐诰命谢恩，予赐皆如例。

永乐元年，刀逻答令其下剽掠威远知州刀算党及民人以归。西平侯沐晟请发兵讨，帝命晟移文谕之，如不悛，即以兵继。又以车里已纳威远印，是悔过之心已萌，不必加兵。晟使至，逻答果惧，还刀算党及威远之地，遣人贡马谢罪。帝以其能改过，宥之。自是频入贡。朝廷遣内官往车里者，道经八百大甸，为宣慰刀招散所阻。三年，刀逻答遣使请举兵攻八百，帝嘉其忠。八百伏罪，敕车里班师，复加奖劳。四年遣子刀典入国学，实阴自纳质。帝知其隐，赐衣币慰谕遣还，以道里辽远，命三年一贡，著为令。十一年，逻答卒。长子刀更孟自立，骄狠失民心，未几亦卒。更孟长子霸羡年幼，众推刀赛署司事。刀赛者，更孟弟刀怕汉也。怕汉死，妻以前夫子刀弄，冒为逻答孙，请袭。十五年命刀弄袭宣慰使，以更孟从弟刀双孟为本司同知。十九年，双孟言刀弄屡以兵侵劫蛮民，乞别设治所，以抚其众。诏分其地,置靖安宣慰使司,升双孟为宣慰使,命礼部铸印给之。

宣德三年,云南布政司奏刀弄、双孟相仇杀,弄弃地投老挝,请差官招抚。帝命黔国公计议。六年,黔国公奏,谓奉命招抚刀弄,其母具言布政司差官刘亨征差发金,亨已取去,本司复来征,蛮民因而激变逐弄,弄逃入老挝,寻还境内以死。未尝弃地外投,亦未尝与双孟仇杀。帝命法司执刘亨等罪之。

七年,车里土舍刀霸羡请袭,许之,遣行人陆埙赍敕赐冠带、袭衣。九年,靖安宣慰刀霸供言:"靖安原车里地,今析为二,致有争端,乞仍并为一,岁贡如例。"帝从其请,革靖安宣慰,仍归车里,命刀霸供、刀霸羡共为宣慰使,俾上所授靖安宣慰司印。

正统五年,命贡使赍敕及绮帛归赐刀霸羡及妻,嘉其勤修职贡也。六年,麓川宣慰思伦发叛,诏给车里信符、金牌,命合兵剿贼。景泰三年以刀霸羡奉调有功,免其积欠差发金。天顺元年,总兵官沐璘奏:"刀霸羡自杀,弟板雅忠等已推兄三宝历代承职。今板雅忠又作乱,纠合八百相仇杀。"帝命璘亟为抚谕,并勘奏应袭者。二年,帝以三宝历代者,虽刀更孟之子,乃庶孽夺嫡,谋害刀霸羡,致板雅忠借兵攻杀,不当袭。但蛮民推立,姑从众愿,命袭宣慰使。

成化十六年,交趾黎灏叛,颁伪敕于车里,期会兵共攻八百。车里持两端。云南守臣以闻,遣使敕车里诸土官互相保障,勿怀二心。二十年复敕车里等部,慎固封疆,防交人入寇,不得轻与文移,启衅纳侮。嘉靖十一年,缅酋莽应里据摆古,蚕食诸蛮。车里宣慰刀糯猛折而入缅,有大、小车里之称,以大车里应缅,而以小车里应中国。万历十三年,命元江土舍那恕往招,糯猛复归,献驯象、金屏、象齿诸物,谢罪。诏受之,听复职。

天启七年,巡抚闵洪学奏,缅人侵孟艮,孟艮就车里求救,宣慰刀韫猛遣兵象万余赴之。缅人以是恨车里,兴兵报复,韫猛年已衰,重赂求和。缅闻韫猛子召河璇有女名召乌罔色美,责献乌罔。河璇别以女给之。缅知其诈,大愤,攻车里愈急。韫猛父子不能支,遁至思毛地,缅追执之以去。中朝不及问,车里遂亡。

老挝,俗呼为挝家,古不通中国。成祖即位,老挝土官刀线歹贡方物,始置老挝军民宣慰使司。永乐二年以刀线歹为宣慰使,给之印。五年遣人来贡。既而帝以刀线歹潜通安南季犛,遣使诘责,谕其悔过。六年,刀线歹遣人贡象、马、方物。七年复进金银器、犀、象、方物谢罪。自是连年入贡,皆赉予如例。帝遣中官杨琳往赐文绮。十年来贡,命礼部加赐焉。

宣德六年遣使赍敕奖谕宣慰刀线达。九年,老挝贡使还,恐道中为他部所阻,给信符,敕孟艮、车里诸部遣人护之。景泰元年请赐土官衣服。故事,无加赐衣服者,命加赐锦币并及其妻。成化元年颁金牌、信符于老挝。七年铸给老挝军民宣慰使司印,以皆为贼焚毁也。十六年,贡使至,会安南攻老挝,镇守内官钱能以闻。因敕其使兼程回,并量给道里费。明年,安南黎灏率兵九万,开山为三道,进兵破哀牢,入老挝境,杀宣慰刀板雅及其子二人。其季子怕雅赛走八百,宣慰刀揽那遣兵送至景坎。黔国公沐琮以闻,命怕雅赛袭父职,免其贡物一年,赐冠带、彩币,以示优恤。既怕雅赛欲报安南之仇,觊中国发兵为助。帝以老挝、交趾皆服属中国久,恤灾解难,中国体也,令琮慎遣人谕之。

弘治十一年,宣慰舍人招揽章应袭职,遣人来贡,因请赐冠带及金牌、信符。赉赏如制,其金牌、信符,俟镇巡官勘奏至日给之。十一月,招揽章遣使入贡。吏部言:"招揽章系舍人,未授职,僭称宣慰使,云南三司官冒奏违错,宜治罪。"宥之。

嘉靖九年,招揽章言:"交趾应袭长子光绍,为叔所逐,出亡老挝,欲调象、马送回。"守臣言:"据招揽章之言,惧纳亡之罪,且假我为制服之资,留之启衅,遣之招兵,宜听光绍自归,并责其私纳罪。"报可。二十四年,云南巡抚汪文盛言:"老挝土舍怕雅闻征讨安南,首先思奋,且地广兵多,可独当一面。八百、车里与老挝相近,孟艮在老挝上流,皆多兵象,可备征讨。请免其察勘,就令承袭,以备征调。"从之。四十四年，土舍怕雅兰章遣人进舞牌牙象二、母象三、犀角十，云南守臣以闻。礼部以非贡期，且无汉、缅公文，第来路险远，跋涉逾年，宜受其所贡，给赏遣之，毋令赴京。报可。时缅势方张，剪除诸部，老挝亦折而入缅，符印俱失。

万历二十六年，缅败，老挝来归，奉职贡，请颁印。命复铸老挝军民宣慰使司印给之。四十年贡方物，言印信毁于火，请复给，抚镇官以闻。明年再颁老挝印。时宣慰犹贡象及银器、缅席，赐予如例。自是不复至云。

其俗与木邦同，部长不知姓，有三等：一曰招木弄，一曰招木牛，一曰招木化。而为宣慰者，招木弄也，代存一子，绝不嗣。其地东至水尾，南至交趾，西至八百，北至车里，西北六十八程至云南布政司。

八百，世传部长有妻八百，各领一寨，因名八百媳妇。元初征之，道路不通而还，后遣使招附。元统初，置八百等处宣慰司。

洪武二十一年，八百媳妇国遣人入贡，遂设宣慰司。二十四年，八百土官刀板冕，遣使贡象及方物。先是，西平侯沐英遣云南左卫百户杨完者往八百招抚，至是来贡。帝谕兵部尚书茹瑺曰："闻八百与百夷构兵，仇杀无宁日。朕念八百宣慰远在万里外，能修职奉贡，深见至诚。今与百夷构兵，当有以处之。可谕意八百，令练兵固守，俟王师进讨。"自是及永乐初，频遣使入贡，赐予如例。

永乐二年设军民宣慰使司二，以土官刀招你为八百者乃宣慰使，其弟刀招散为八百大甸宣慰使，遣员外郎左洋往赐印诰、冠带、袭衣。刀招散遣人贡马及方物谢恩，命五年一朝贡。

是岁，遣内官杨瑄赍敕谕孟定、孟养等部，道经八百大甸，为土官刀招散所阻，弗克进。三年遣使谕刀招散曰："朕特颁金字红牌，敕谕与诸边为信，以禁戢边吏生事扰害，用福尔众。诸宣慰皆敬恭听命，无所违礼。惟尔年幼无知，惑于小人孟乃朋、孟允公等，启衅生祸，使臣至境，拒却不纳。廷臣咸请兴师问罪，朕念八百之人岂皆为恶，兵戈所至，必及无辜，有所不忍。兹特遣司宾田茂、推官林桢赍敕往谕，尔能悔过自新，即将奸邪之人擒送至京，庶境土可保。其或昏迷不悛，发兵讨罪，孥戮不贷！”并敕西平侯沐晟严兵以待。以马军六百、步军一千四百护内官杨安、郁斌前往。又虑老挝乘车里空虚，或发兵掩袭，或与八百为援，可遣其部长率兵一万五千往备。

三年，刀招你等遣使奉金缕表文，贡金结丝帽及方物。帝命受之，仍加赐予。西平侯沐晟奏：“奉命率师及车里诸宣慰兵至八百境内，破其猛利石崖及者答二寨，又至整线寨。木邦兵破其江下等十余寨。八百恐，遣人诣军门伏罪。”乃以所陈词奏闻。因遣使敕谕车里、木邦等曰：“曩者八百不恭朝命，尔等请举兵诛讨。嘉尔忠诚，已从所请。今得西平侯奏，言八百已伏罪纳款。夫有罪能悔，宜赦宥之。敕至，其悉止兵勿进。”遂敕晟班师。四年降敕诚谕刀招散，刀招散遣人贡方物谢罪。帝以不诚，却之。五年贡使复来谢罪，命礼部受之。

洪熙元年，遣内官洪仔生赍敕谕刀招散。宣德七年遣人来贡，因奏波勒土酋常纠土雅之兵入境杀掠，乞发兵讨之。帝以八百大甸去云南五千余里，波勒、土雅皆未尝归化，劳中国为远蛮役，非计，止降敕抚谕而已。

正统五年，八百贡使奏：“递年进贡方物，土民不识礼法，不通汉语。乞依永乐间例，仍令通事赍捧金牌、信符，催督进贡，驿路令军卒护送，庶无疏失。”从之。十年，给八百大甸宣慰司金牌、信符各一，以前所给牌符为暹罗国寇兵焚毁也。

成化十七年，安南黎灏已破老挝，颁伪敕于车里，期会兵攻八百。其兵暴死者数千，传言为雷所震。八百因遣兵扼其归路，袭杀万余，交人败还。土官刀揽那以报。黔国公沐琮奏：“揽那能保障生民，击败交贼，救护老挝。交人尝以伪敕胁诱八百，八百毁敕，以象蹂之，请颁赏以旌忠义。”帝命云南布政司给银百两、彩币四表里以奖之。二十年，刀揽那遣人入贡。云南守臣言：“交兵虽退，宜令八百诸部饬兵为备。”弘治二年，刀揽那孙刀整赖贡方物，求袭祖职，兵部言:"八百远离云南,瘴毒之地,宜免勘予袭。"从之,仍给冠带。

其地东至车里,南至波勒,西至大古喇,与缅邻,北至孟艮,自姚关东南行五十程始至。平川数千里,有南格剌山,下有河,南属八百,北属车里。好佛恶杀,寺塔以万计。有见侵,乃举兵,得仇即已,俗名慈悲国,嘉靖间为缅所并,其酋避居景线,名小八百。自是朝贡遂不至。缅酋应里以弟应龙居景迈城,倚为右臂焉。万历十五年,八百大甸上书请恢复,不报。初,四译馆通事惟译外国,而缅甸、八百如之,盖二司于六慰中加重焉。

明史卷三一六
列传第二〇四

贵州土司

贵阳　思南　思州　镇远　铜仁
黎平　安顺　都匀　平越　石阡
新添　金筑安抚司附

　　贵州,古罗施鬼国。汉西南夷牂牁、武陵诸傍郡地。元置八番、顺元诸军民宣慰使司,以羁縻之。明太祖既克陈友谅,兵威远振,思南宣慰、思州宣抚率先归附,即令以故官世守之,时至正二十五年也。及洪武五年,贵州宣慰霭翠与宋蒙古歹及普定府女总管适尔等,先后来归,皆予以原官世袭。帝方北伐中原,未遑经理南荒。又田仁智等岁修职贡,最恭顺,乃以卫指挥金事顾成筑城以守,赋税听自输纳,未置郡县。

　　永乐十一年,思南、思州相仇杀,始命成以兵五万执之,送京师。乃分其地为八府四州,设贵州布政使司,而以长官司七十五分隶焉,属户部。置贵州都指挥使,领十八卫,而以长官司七隶焉,属兵部。府以下参用土官。其土官之朝贡符信属礼部,承袭属吏部,领土兵者属兵部。其后府并为六,州并为四,长官司或分或合,鳖革不一。

　　其地西接滇、蜀,东连荆、粤。太祖于《平滇诏书》言:"霭翠辈不

尽服之,虽有云南不能守也",则志已在黔,至成祖遂成之。然贵州
地皆崇山深箐,鸟道蚕丛,诸蛮种类,嗜淫好杀,畔服不常。霭翠归
附之初,请讨其陇居部落。帝曰:"中国之兵,岂外夷报怨之具。"及
仁智入朝,帝谕之曰:"天下守土之臣,皆朝廷命吏,人民皆朝廷赤
子,汝归善抚之,使各安其生,则汝可长享富贵。夫礼莫大于敬上,
德莫盛于爱下,能敬能爱,人臣之道也。"二十一年,部臣以贵州逋
赋请,帝曰:"蛮方僻远,来纳租赋,是能遵声教矣。逋负之故,必由
水旱之灾,宜行蠲免。自今定其数以为常,从宽减焉。"二十九年,清
水江之乱既平,守臣以贼首匿宣慰家,宜并罪。帝曰:"蛮人鸱张鼠
伏,自其常态,勿复问。"明初御蛮之道,其后世之龟鉴也夫。

　　贵阳府,旧为程番长官司。洪武初,置贵州宣慰司,隶四川。永
乐十一年改隶贵州。成化十二年置程番府。隆庆三年移程番府为
贵阳府,与宣慰司同城,府辖城北,司辖城南。万历时,改为贵阳军
民府。领安抚司一,曰金筑;领长官司十八,曰贵竹,曰麻向,曰木
瓜,曰大华,曰程番,曰韦番,曰方番,曰洪番,曰卧龙番,曰金石番,
曰小龙番,曰罗番,曰大龙番,曰小程番,曰上马桥,曰卢番,曰卢
山,曰平伐。其贵州宣慰司所领长官司九,曰水东,曰中曹,曰青山,
曰劄佐,曰龙里,曰白纳,曰底寨,曰乖西,曰养龙坑。

　　自蜀汉时,济火从诸葛亮南征有功,封罗甸国王。后五十六代
为宋普贵,传至元阿画,世有土于水西宣慰司。霭翠,其裔也,后为
安氏。洪武初,同宣慰宋蒙古歹来归,赐名钦,俱令领原职世袭。及
设布政使司,而宣慰司如故。安氏领水西,宋氏领水东。八番降者,
皆令世其职。六年诏霭翠位各宣慰之上。霭翠每年贡方物与马,帝
赐锦绮钞币有加。十四年,宋钦死,妻刘淑贞随其子诚入朝,赐米三
十石、钞三百锭、衣三袭。时霭翠亦死,妻奢香代袭。都督马晔欲尽
灭诸罗,代以流官,故以事挞香,激为兵端。诸罗果怒,欲反。刘淑
贞闻止之,为走诉京师。帝既召问,命淑贞归,招香,赐以绮钞。十
七年,奢香率所属来朝,并诉晔激变状,且愿效力开西鄙,世世保

境。帝悦，赐香锦绮、珠翠、如意冠、金环、袭衣，而召曢还，罪之。香遂开偏桥、水东，以达乌蒙、乌撒及容山、草塘诸境，立龙场九驿。二十年，香进马二十三匹，每岁定输赋三万石。子安的袭，贡马谢恩。帝曰："安的居水西，最为诚恪。"命礼部厚赏其使。二十五年，的来朝，赐三品服并袭衣金带、白金三百两、钞五十锭。香复遣其子妇奢助及其部长来贡马六十六匹，诏赐香银四百两，锦绮钞币有差。自是每岁贡献不绝，报施之隆，亦非他土司所敢望也。二十九年，香死，朝廷遣使祭之，的贡马谢恩。

正统七年，水西宣慰陇富自陈："祖父以来，累朝皆赐金带。臣蒙恩受职，乞如例。"从之。是时，宋诚之子斌年老，以子昂代，昂死，然代。十四年赐敕陇富母子，嘉其调兵保境之功。陇富颇骄。天顺三年，东苗之乱，富不时出兵，闻朝廷有意督之，乃进马谢罪，赐敕警之。富死，侄观袭。观老，子贵荣袭。巡抚陈仪以西堡狮子孔之平，由观与子贵荣统部众二万攻白石崖，四旬而克，家自馈饷，口不言功，特给观正三品昭勇将军诰。

初，安氏世居水西，管苗民四十八族，宋氏世居贵州城侧，管水东、贵竹等十长官司，皆治治所于城内，衔列左右。而安氏掌印，非有公事不得擅还水西。至是总兵官为之请，许其以时巡历所部，趣办贡赋，听暂还水西，以印授宣慰宋然代理。贵荣老，请以子佐袭，命赐贵荣父子锦纻。

先是，宋然贪淫，所管陈湖等十二马头科害苗民，致激变。而贵荣欲并然地，诱其众作乱。于是阿朵等聚众二万余，署立名号，攻陷寨堡，袭据然所居大羊肠，然仅以身免。贵荣遽以状上，冀令己按治之。会阿朵党泄其情，官军进讨。贵荣惧，乃自率所部为助。及贼平，贵荣已死，坐追夺，然坐斩。然奏世受爵土，负国厚恩。但变起于荣，而身陷重辟，乞分释。因从末减，依土俗纳粟赎罪。都御史请以贵筑、平伐七长官司地设立府县，皆以流官抚理。巡抚覆奏以蛮民不愿，遂寝。宋氏亦遂衰，子孙守世官，衣租食税，听征调而已。

时安万钟应袭，骄纵不法。汉民张纯、土目乌挂等导之游猎，酒酗辄射人为戏。又尝挞其左右,为所杀。无子,其从弟万镒宜袭,镒以贼未获辞。乌掛等遂以疏族幼子普者冒万钟弟曰万钧告袭,承勘官入其贿,遂暂委钟妻奢播摄事。万镒悔不立,而恨乌掛之主其谋也,遂以兵袭乌掛,乌掛亦发兵相仇杀,皆以万钟之死为辞。巡按御史上其状,以万镒宜袭,但与乌掛相诬讦,宜各宥输赎。而枭杀钟者,并戍纯等,受其贿者亦罚治,诏如之。

未几,镒死,子阿写幼,命以万铨借袭。万铨有助平阿向功,提督尚书伍文定为之请。万铨亦自陈其功,乞加参政衔,赐蟒衣,帝命赐以应得之服。后阿写长,袭职,改名仁。未几死,子国亨袭。淫虐,乃以事杀万铨之子信。信兄智与其母别居于安顺州,闻之,因告国亨反。巡抚王诤遽请发兵诛国亨,智遂为总兵安大朝画策,且约输兵粮数万。及师至陆广河,智粮不至。诤乃令人谕国亨,而止大朝毋进。兵已渡河,为国亨所败。国亨惧大诛,遣使哀辞乞降,朝廷未之许。巡抚阮文中至,檄捕诸反者,密使语国亨,亟出诸奸徒,割地以处安智母子,还所费兵粮,朝廷当待汝以不死。于是国亨悉听命,帝果赦不诛,而命国亨子民袭。国亨事起于隆庆四年,至万历五年乃已。

国亨既革任,日遣人至京纳赂,为起复地。十三年,播州宣慰杨应龙以献大木得赐飞鱼服,国亨亦请以大木进,乞还给冠带诰封如播例。既而木竟不至,乃诿罪于木商。上怒,命夺所赍。国亨请补贡以明不欺,上仍如所请。

万历二十六年,国亨子疆臣袭职。会播州杨应龙反,疆臣亦以戕杀安定事为有司所案。科臣有言其逆节渐萌者,诏不问,许杀贼图功。疆臣奏称:“播警方殷,臣心未白。”上复优诏报之。巡抚郭子章许疆臣以应龙平后还播所侵水西乌江地六百里以酬功,于是疆臣兵从沙溪入。有蜚语水西佐贼者,总督李化龙檄诘之,疆臣遂执贼二十余人,率所部夺落濛关,至大水田,焚桃溪庄。应龙伏诛。

初,应龙之祖以内难走水西,客死。宣慰万铨挟之,索水烟、天旺地,听还葬,其地遂为水西所据。及播州平,分其地为遵义、平越二府，分隶蜀、黔，以渭河中心为界。总督王象乾代化龙，命疆臣归所侵播州地。子章奏言："侵地始于万铨，而非疆臣。安氏迫取于杨相丧乱之时，非擅取于应龙荡平之日。且臣曾许其裂土，今反夺其故地，臣无面目以谢疆臣，愿罢去。"象乾疏言："疆臣征播，奸应龙子惟栋不实，首功可知。至佯败弃阵，送药往来，欺君助逆，迹已昭然。令还侵地，不咎既往，已属国家宽大。若因其挟而予之，彼不为恩，我且示弱。疆臣既无功，不与之地，正所以全抚臣之信。宜留抚臣罢臣，以为重臣无能与蕞尔苗噂沓者之戒。"于是清疆之议，累年不决。兵部责令两省巡按御史勘报，而南北言官交章诋象乾贪功起衅。科臣吕邦耀复劾子章纳贿纵奸，子章求去益力。象乾执疆臣所遣入京行贿之人与金，以闻于朝。然议者多右疆臣，尚书萧大亨遂主巡按李时华疏，谓："征播之役，水西不惟假道，且又助兵。刭失之土司，得之土司，播固输粮，水亦纳赋，不宜以土地之故伤字小之仁，地宜归疆臣。"于是疆臣增官进秩，其母得赐祭，水西尾大之患，亦于是乎不可制矣。

三十六年，疆臣死，弟尧臣袭。四十一年，乌撒土舍谋逐安效良，尧臣以追印为名，领兵数万长驱入滇，直薄霑益州，所过焚掠，备极惨毒。朝廷方以越境擅兵欲加尧臣罪，而尧臣死。于位幼，命其妻奢社辉摄事。社辉，永宁宣抚奢崇明女弟。崇明子寅犷悍，与社辉争地，相仇恨。而安邦彦者，位之叔父也，素怀异志，阴与崇明合。及崇明反，调兵水西，邦彦遂挟位叛以应之，位幼弱不能制。邦彦更招故宣慰土舍宋万化为助，率兵趋毕节。陷之，分兵破安顺、平坝、霑益。而万化亦率苗仲九股陷龙里，遂围贵阳，自称罗甸王，时天启元年二月也。

巡抚李枟方受代，闻变，与巡按御史史永安悉力拒守。贼攻不能克，则沿岩制栅，断城中出入。镇将张彦芳将兵二万赴援，隔龙里不得进。贵州总兵杨愈懋、推官郭象仪与贼战于江门而死。外援既绝，攻益急，城中粮尽，人相食，而拒守不遗余力。中朝方急辽，不之省。已，以王三善为巡抚，仓卒调兵食，大会将士，分兵二道进。三日抵龙头营，屡败贼兵，遂夺龙里。邦彦闻新抚自将大兵数十万，惧甚，遂退屯龙洞。前锋杨明楷率乌罗兵击死安邦俊，遂乘胜抵贵阳城下，先以五骑传呼曰："新抚至矣。"举城欢呼更生。贵阳被围十余月，城中军民男妇四十万，至是饿死几尽，仅余二百人。详李枟及三善传中。

贵阳围既解，邦彦远遁陆广河外。三善遣使谕社辉母子缚邦彦以降。大军至者日益众，三善欲因粮于敌。又诸军视贼过易，杨明楷营于三十里外。邦彦复纠诸苗来攻，师败，明楷为所执。邦彦势复张，合众欲再围贵阳。三善遣兵三路御之，破生苗寨二百余，擒万化等，焚其积聚数万。龙里、定番四路并通，诸苗畔者相继降。邦彦气夺不敢出，于鸭池、陆广诸要地掘堑屯兵，为自守计。时奢崇明为蜀兵所败，计穷投水西，与邦彦合。

三年，三善督兵攻大方贼巢，擒土司何中尉等，进营红崖。连破天台、水脚等七囤，夺其天险。别将亦破贼于羊耳，追至鸭池河，夺其战象。遂深入至红鸟冈，诸苗奔溃。三善率兵直入大方，奢社辉、安位焚其巢，窜火灼堡，邦彦奔织金。位遂遣人赴镇远，乞降于总督杨述中。许之，令擒崇明父子自赎，一意主抚。而三善责并献邦彦，当并用剿，议不合。往返间已逾数月，邦彦得益兵为备。三善粮不继，焚大方，还贵州，道遇贼，三善为所害。邦彦率数万众来追，总理鲁钦力御之，大战数日，大军无粮，乘夜皆溃，钦自刭。贼烧劫诸堡，苗兵复助逆，贵阳三十里外樵苏不行，城中复大震。

初，大方东倚播，北倚蔺，相为犄角。后播、蔺既平，贼惟恃乌撒为援，而毕节为四夷交通处。当三善由贵阳陆广深入大方百七十里，皆罗鬼巢窟，以失地利而陷。天启间，朱燮元为蜀督，建议滇兵出露益，遏安效良应援，分兵于天生桥、寻甸等处，以绝其走，蜀兵临毕节，扼其交通之路，而别出龙场岩后，以夺其险；黔兵由普定渡思腊河，径趋邦彦巢，由陆广、鸭池捣其虚；粤西兵出泗城，分道策应；然后大军由遵义鼓行而前。寻以忧去，未及用。总督闵梦得继之，亦以贵州抵大方路险，贼惟恃毕节一路外通。我兵宜从永宁始，自永宁而普市,而摩泥,而赤水,百五十里皆坦途。赤水有城郭可凭而守,宜结营进逼。四十里为白岩,六十里为层台,又六十里为毕节。毕节至大方不及六十里,贼必并力来御,须重兵扼之,断其四走之路。然后遵义、贵阳克期而进,亦不果用。及是黔事棘,诏起燮元总督贵、云、川、广。于是燮元再涖黔,时崇祯元年也。

奢崇明自号大梁王,安邦彦自号四裔大长老,其部众悉号元帅。悉力趋永宁,先犯赤水。燮元授意守将佯北,诱深入,度贼已抵永宁,分遣别将林兆鼎从三坌入,王国祯从陆广入,刘养鲲从遵义入。邦彦分兵四应,力不支。罗乾象复以奇兵绕其背,急击之,贼大惊溃,崇明、邦彦皆授首。邦彦乱七年而诛。燮元乃移檄安位,赦其罪,许归附。位竖子不能决,其下谋合溃兵来拒。燮元扼其要害,四面迭攻,斩首万余级。复得向导,辄发窖粟就食,贼益饥。复遣人至大方烧其室庐,位大恐,遂率四十八目出降。燮元奏请许之,报可。而前助邦彦故宣慰宋万化之子嗣殷亦至是始剿灭。乃以宋氏洪边十二马头地置开州,建城设官。燮元复遣兵平摆金五洞诸叛苗,水西势益孤。十年,安位死,无嗣,族属争立。朝议欲乘其敝郡县之。燮元奏未可骤,乃传檄土目,谕以威德,诸苗争纳土献印。贵阳甫定,而明亦旋亡矣。

思南,即唐思州。宋宣和中,番部田祐恭内附,世有其地。元改宣慰司。明洪武初,析为二宣慰,属湖广。永乐十一年置思南府,领长官司四:曰水德江,曰蛮夷,曰沿河祐溪,曰朗溪。思州领长官司四:曰都坪峨异溪,曰都素,曰施溪,曰黄道溪。

初,太祖起兵平伪汉,略地湖南。思南宣慰使田仁智遣都事杨琛来归附,并纳元所授宣慰诰。帝以率先来归,俾仍为思南道宣慰使,以三品银印给之,并授琛为宣抚使。思州宣抚使田仁厚亦遣都事林宪、万户张思温来献镇远、古州军民二府,婺川、功水、常宁等十县,龙泉、瑞溪、沿河等三十四州。于是命改思州宣抚为思南镇西等处宣慰使司,以仁厚为使,俱岁朝贡不绝。

　　二年，仁厚死，子弘正袭。帝以思南土官世居荒服，未尝诣阙，诏令率其部长入朝。九年，仁智入觐，加赐织金文绮，并谕以敬上爱下保守爵禄之道。仁智辞归，至九江龙城驿病卒。有司以闻，遣官致祭，并敕送柩归思南。时思州田弘正与其弟弘道等来朝，帝命礼部皆优赐。十一年，仁智子大雅袭，奉表谢恩。命思南收集各洞弩手二千人，备征调。十四年，大雅入朝。十八年，思州诸洞蛮作乱，命信国公汤和等讨之。时寇出没不常，闻师至，辄窜山谷间，退则复出剽掠。和等师抵其地，恐蛮人惊溃，乃令军士于诸洞分屯立栅，与蛮人杂耕，使不复疑。久之，以计擒其魁，余党悉定，留兵镇之。二十年移思南宣慰于镇远。大雅来谢恩。思州宣慰弘正死，子琛袭。三十年，大雅母杨氏来朝。

　　永乐八年，大雅死，子宗鼎袭。初，宗鼎凶暴，与其副使黄禧构怨，奏讦累年。朝廷以田氏世守其土，又先归诚，曲与保全，改禧为辰州知府。未几，思州宣慰田琛与宗鼎争沙坑地有怨。禧遂与琛结，图宗鼎，构兵。琛自称天主，禧为大将，率兵攻思南。宗鼎挈家走，琛杀其弟，发其坟墓，并戮其母尸。宗鼎诉于朝，屡敕琛、禧赴阙自辨，皆拒命不至，潜使奸人入教坊司，伺隙为变。事觉，遣行人蒋廷瓒召之，命镇远侯顾成以兵压其境，执琛、禧械送京师，皆引服。琛妻冉氏尤强悍，遣人招诱台罗等寨苗普亮为乱，冀朝廷遣琛还招抚，以免死。帝闻而锢之。

　　以宗鼎穷蹙来归，得末减，令复职，还思南。而宗鼎必得报怨，以绝祸根。帝以宗鼎幸免祸，不自惩，乃更逞忿，亦留之。宗鼎出诽言，因发祖母阴事，谓与禧奸，实造祸本。祖母亦发宗鼎缢杀亲母渎乱人伦事。帝命刑部正其罪，谕户部尚书夏原吉曰："琛、宗鼎分治思州、思南皆为民害。琛不道，已正其辜。宗鼎灭伦，罪不可宥。其思州、思南三十九长官地，可更郡县，设贵州布政使司总辖之。"命顾成剿台罗诸寨。成斩苗贼普亮，思州乃平。十二年遂分其地为八府四州，贵州为内地，自是始。两宣慰废，田氏遂亡。

　　正统初，蛮夷长官司奏土官衙门婚姻，皆从土俗，乞颁恩命。帝以土司循袭旧俗,因亲结婚者,既累经赦宥不论,继今悉依朝廷礼法,违者罪之。景泰间,思南府奏府四面皆山,关隘五处,无城可守,乞发附近土军修筑。命巡抚王来经画之。

镇远,故为竖眼大田溪洞。元初,置镇远洞沿边溪洞招讨使,后改为镇远府。洪武五年改为州,隶湖广。永乐十一年仍改府,属贵州。领长官司二:曰偏桥,曰邛水十五洞。领县二:曰镇远,即金容金达、杨溪公俄二长官司地;曰施秉,即施秉长官司地也。

洪武二十年,土官赵士能来朝,贡马。三十年,镇远鬼长箐等处苗民作乱,指挥万继、百户吴彬战死。都指挥许能率兵会偏桥卫军击败之,众散走。

永乐初,镇远长官何惠言:"每岁修治清浪、焦溪、镇远三桥,工费浩大。所部临溪部民,皆犵、獽、猫、猪,力不胜役,乞令军民参助。"从之。

宣德初,镇远邛水奥洞蛮苗章奴劫掠清浪道中,为思州都坪峨异溪长官司所获。其父苗银总劫取之,聚兵欲攻思州。因令赤溪洞长官杨通谅往抚,银总伏兵杀谅,又掠埂洞。命总兵官萧授调辰、沅诸卫兵万四千人剿之,会于清浪卫,指挥张名讨银总,克奥洞,尽杀其党,银总遁。正统三年革镇远州,以镇远、施秉二长官司隶镇远府。十二年,巡按御史虞祯奏:"贵州蛮贼出没,抚之不从,捕之不得,若非设策,难以控制。臣观清水江等处,峭壁层崖,仅通一径出入,彼得恃险为恶。若将江外山口尽行闭塞,江内山口并津渡俱设关堡,屯兵守御,又择寨长有才干者为办事官,庶毋疏虞。"从之。十四年命振偏桥卫,以被苗寇杀掠,不能自存,有司以请,从之。

天顺七年,镇守湖广太监郭闵奏:"贵州洪江贼苗虫虾等纠合二千余人,伪称王侯,攻劫镇远屯寨。抚谕不服,请合兵进讨。"命总兵官李震、李安等分道入,贼退守平坤寨,官兵追至清水江,获虫虾,并斩贼首飞天侯、苗老底、额头等六百四十余人,并复黎平之赤溪湳洞,贼平。弘治十年改镇远金容金达长官司为镇远州,设流官。

时土官何砒父子罪死,土人思得流官,守臣以闻,报可。

万历末,邛水长官司杨光春贪暴,土目彭必信济之箕敛。苗不堪,将上诉改设流官。光春与必信遂谋反,言官兵欲剿诸苗,当敛金赎,得金五百余。都御史何起鸣调知之,捕光春下狱,瘐死。于是每四户择壮兵一人,立四哨,不为兵者佐糗粮鱼盐,简土吏何文奎等掌之。必信复酾诸苗金,诉于朝,言巴也、梁止诸寨为乱,指挥使陶效忠不问,反索土官杨光春金而杀之。改旧例,用新法,不便。书上,意自得,归谒知府王一麟。一麟缚之下狱,檄诸苗言:“若等十五洞所苦者,以兵饷月米三斗过甚耳。然岁给白虫铺米,每洞月八斗,他于平溪驿剩余征银两,皆可足饷。我为若通之,毋为必信所诬。”苗皆悦服,乃坐必信罪。时有土舍杨载清者应袭推官,尝中贵州乡试,命于本卫加俸级优异之。

天启五年,巡抚傅宗龙奏:“苗寇披猖,地方受害,乞敕偏沅抚臣移镇偏桥,勿复回沅,凡思、石、偏镇等处俾练兵万余人,平时以之剿苗,大征即统为督臣后劲,庶苗患宁而西贼之气亦渐夺矣。”报可。

铜仁,元为铜人大小江等处军民长官司。洪武初,改为铜仁长官司。永乐十一年置铜仁府。万历二十六年始改铜仁长官司为县治。领长官司五:曰省溪,曰提溪,曰大万山,曰乌罗,曰平头著可。乌罗者,本永乐时分置贵州八府之一也,所属有朗溪长官司、答意长官司、治古长官司,而平头著可长官司亦隶焉。

宣德五年,乌罗知府严律己言:“所属治古、答意二长官石各野等聚众出没铜仁、平头、瓮桥诸处,诱胁蛮贼石鸡娘并箪子坪长官吴毕郎等共为乱,招抚不从。缘其地与镇溪、酉阳诸蛮接境,恐相煽为乱。请调官土军分据要地,绝其粮道,且捕且抚。事平之后,宜置卫所巡司以守之。”事闻,命总兵官萧授及镇巡诸司议。于是授筑二十四堡,环其地守之。兵力分,卒难捍御。贼四出劫掠,杀清浪卫镇抚叶受,势益獗。七年,巡按御史以闻,且言生苗之地不过三百余里,乞别遣良将督诸军殄灭。授言:"残苗吴不尔等遁入篢子坪,结生苗龙不登等攻劫湖广五寨及白崖诸寨,为患滋甚。宜令川、湖、贵州接境诸官军、土兵分路并力攻剿,庶除边患。"从之。既降敕谕授,言:"暴师久,恐蹉跌为蛮羞,或抚或剿,朕观成功,不从中制。"

八年,授奏言:"臣受命统率诸军进攻贼巢,破新郎等寨,前后生擒贼首吴不跳等二百一十二人,斩吴不尔、王老虎、龙安轴等五百九十余级,皆枭以徇,余党悉平。还所掠军民男妇九十八口,悉给所亲。获贼妇女幼弱一千六百余口,以给从征将士。"并械吴不跳等献京师。帝顾谓侍臣曰:"蛮苗好乱,自取灭亡,然于朕心,不能无恻然也。"授威服南荒,前后凡二十余年。

正统三年革乌罗府,所属治古、答意二长官司,乱后残民无几,亦并革之,以乌罗、平头著可,隶铜仁,以朗溪隶思南,从巡按御史请也。景泰七年,平头著可长官司奏其地多为蛮贼侵害,乞立土城固守,从之。

成化十一年,总兵官李震奏:"乌罗苗人石全州,妄称元末明氏子孙,僣称明王,纠众于执银等处作乱,邻洞多应之。因调官军往剿,石全州已就擒,而诸苗攻劫未已。"命镇巡官设策抚捕,未几平。

嘉靖二十二年,平头苗贼龙桑科作乱,流劫湖广桂阳间,甚獗。帝以诸苗再叛,责激乱者,而起都御史万镗往讨之。明年,镗奏叛苗以次殄灭,惟龙母叟虽降,然其罪大,宜置重典。命安置辽东。未几,龙子贤复叛。二十六年,湖贵巡按御史奏官军讨贼不力,降旨切责。三十九年,总兵官石邦宪剿之,擒首恶龙老罗等,遂平。

黎平,元潭溪地也。洪武初,仍各长官司。永乐十一年改置黎平、新化二府。宣德十年并新化入黎平。领长官司十三:曰潭溪,曰八舟,曰洪舟泊里,曰曹滴洞,曰古州,曰西山阳洞,曰湖耳,曰亮寨,曰欧阳,曰新化,曰中林验洞,曰赤溪湳洞,曰龙里。

初,洪武三年,辰州卫指挥刘宣武率兵招降湖耳、潭溪、新化、万平江、欧阳诸洞,于是诸洞长官皆来朝,纳元所授印敕。帝命皆仍其原官，以辖洞民，隶辰州卫。既改龙里长官司为龙里卫，又增立五开卫以镇之，隶思州。二十九年，清水江蛮金牌黄作乱，都司发兵捕之，金牌黄遁去。捕获其党五百余人，械至京，以其胁从，宥死，戍远卫。既有言金牌黄匿宣慰家者，诏勿问。

三十年，古州洞蛮林宽者，自号小师，聚众作乱，攻龙里。千户吴得、镇抚井孚力战死之。宽遂犯新化，突至平茶，千户纪达率壮士击之。达突阵杀数人，以铳横挑一人掷之，流矢中臂，达拔矢复战。贼惊曰："是平茶纪蒙邪？"遁去。蛮称官为蒙云。已，复炽，命湖广都指挥使齐让为平羌将军，统兵五万征。既以让逗遛，命杨文代之。又命楚王桢、湘王柏各率护卫兵进讨，城铜鼓卫。未几，让擒宽等，械入京，诛之。三十一年复平其余党，并俘获三十冈等处洞蛮二千九百人以归，遂班师。

永乐五年，寨长韦万木来朝，自陈所统四十七寨，乞设官。因设西山阳洞长官司，以万木为屯长。宣德六年改永从蛮夷长官司为永从县，置流官，以土官李瑛绝故也。又割思州新溪等十一寨隶黎平赤溪浦洞长官司。正统四年，计砂苗贼苗金虫等纠合洪江生苗，伪立统千侯、统万侯名号，劫掠四出，命都督萧授调兵剿之。贼首苗总牌等为都督吴亮所戮，洪江生苗遂诣军门降。授谕遣之，命千户尹胜诱执苗金虫，斩以徇。

景泰五年，巡抚王永寿以苗贼蒙能攻围龙里、新化、铜鼓诸城，乞调兵剿之。时贼欲取龙里为巢穴，攻破亮寨、铜鼓、罗围堡诸城，都指挥汪迪为贼所杀。朝议以南和伯方瑛为平蛮将军，统湖广诸军讨之。蒙能纠贼众三万出攻平溪卫，瑛遣指挥郑泰等以火铳攻，毙贼三千人，能亦死。而能党李珍等尚煽惑苗众，官军计擒之，克复铜鼓、藕洞，连破鬼板等一百六十余寨，覃洞、上陆诸苗悉降。

天顺元年，镇守太监阮让言："东苗为贵州诸苗之首，负固据险，僭号称王，逼胁他种，东苗平则诸苗服。臣会同方瑛计议，并请师期。"于是颁谕四川、湖广诸宣慰、宣抚会师讨贼。三年，督理军务都御史白圭以谷种山箐，乃东苗羽翼，宜先剿。因同瑛进青崖，令总兵李贵进牛皮箐,参将刘玉进谷种,参将李震进鬼山。所向皆捷,克水车坝等一百四十七寨。诸将复合兵青崖,攻石门山,克摆伤等三十九寨。仍分兵四路,进攻董农、竹盖、甲底等四百三十七寨。贼首干把猪退守六美山。合兵大进,斩五千余级,生擒干把猪,送京师伏诛。

先是,麻城人李添保以逋赋逃入苗中,诡称唐后,聚众万余,僭称王,建元武烈。署故贼首蒙能子聪为总兵官,遗之银印敕书,纵兵剽掠,震动远近。至是,为李震所败,余贼大溃。添保仅以身免,潜入鬼池及绞洞诸寨,复煽诸苗劫攻中林、龙里,亦为震擒,伏诛。

万历二十八年,皮林逆苗吴国佐、石纂太等作乱。国佐本洪州司特洞寨苗,颇知书,尝入永从学为生员,素桀黠,皮林诸苗推服之。因娶叛人吴大荣妾,为黎平府所持,遂反。自称天皇上将,阳听抚而阴与播贼通。纂太亦自称太保,杀百户黄钟等百余人,与国佐合兵围上黄堡。参将黄冲霄讨之,败绩。杀守备张世忠,焚五开,破永从县,围中潮所。总兵陈良玭、陈璘合湖、贵兵进讨,亦失利,国佐益横。二十九年命巡抚江铎会兵分七路进剿,苗据险不出。陈璘潜师夺隘,纵火焚其巢。国佐逃,擒之,纂太亦为他将诱缚,皆伏诛。

安顺,普里部蛮所居。元世祖置普定府,成宗时改普定路,又为普安路,并属云南。洪武初为普定府,十六年改为安顺州,隶四川。正统三年改属贵州。万历中改安顺军民府,以普安等州属焉。普安,故军民府也,初隶云南,寻废为卫。永乐间改为州,始隶贵州,领长官司二:曰宁谷,曰西堡。

洪武五年,普定府女总管适尔及其弟阿瓮来朝,遂命适尔为知府,许世袭。六年设普定府流官二员。十四年城普定。十五年,普定军民知府者额来朝,赐米及衣钞,命谕其部众,有子弟皆令入国学。十六年,者额遣弟阿昌及八十一砦长阿窝等来朝。二十年诏征普定、安顺等州六长官赴京,命以银二十万备籴,遣普定侯陈桓等率诸军驻普安屯田。明年,越州叛苗阿资率众寇普安,烧府治,大肆剽掠。征南将军傅友德击走之，且诣军门降，遂改军民府为指挥使司。二十三年，西平侯沐英奏普安百夫长密即叛，杀屯田官军及驿丞试百户。调指挥张泰讨之于盘江木窄关，官军失利。更调指挥蒋文统乌撒、毕节、永宁三卫军剿之，乃遁。二十六年，普定西堡长官司阿德及诸寨长作乱，命贵州都指挥顾成讨平之。二十八年，成讨平西堡土官阿傍。三十一年，西堡沧浪寨长必莫者聚众乱，阿革傍等亦纠三千余人助恶。成皆击斩之，其地悉平。

永乐元年，故普安安抚者昌之子慈长言："建文时父任是职，宜袭，吏部罢之。本境地阔民稠，输粮三千余石，乞仍前职报效。"命仍予安抚。十三年改普安安抚司为普安州。十四年，慈长谋占营长地，且强娶民人妻为妾，杀其夫，阉其子。事闻，命布政司孟骥按状。慈长纠兵万余围骥，骥以计擒之，逮至京，死于狱。

天顺四年，西堡蛮贼聚众焚劫，镇守贵州内官郑忠、右副总兵李贵请调川云都司官兵二万，并贵州宣慰安陇富兵二万进剿。至阿果，擒贼首楚得隆等，斩首二百余级。余贼奔白石崖，复斩级七百余，焚其巢而还。十年，安顺土知州张承祖与所属宁谷寨长官顾钟争地仇杀。下巡抚究治，命各贡马赎罪。

成化十四年，贵州总兵吴经奏，西堡狮子孔洞等苗作乱，先调云南军八千助防守。闻云南有警，乞改调沅州、清浪诸军应援。十五年，经奏已擒斩贼首阿屯、坚娄等，以捷闻。

弘治十一年，普安州土判官隆畅妻米鲁反。米鲁者，霑益州土知州安民女也，适畅被出，居其父家。畅老，前妻子礼袭，父子不相能。米鲁与营长阿保通，因令阿保讽礼迎己，礼与阿保同烝之。畅闻怒，立杀礼，毁阿保寨。阿保挟鲁与其子阿鲊等攻畅，畅走云南。时东宁伯焦俊为总兵官，与巡抚钱钺和解之。鲁于道中毒畅死，遂与保据寨反。畅妾曰适乌，生二子，别居南安。米鲁欲并杀之，筑寨围其城。又别筑三寨于普安，而令阿鲊等防守。名所居寨曰承天，自号无敌天王，出入建黄蘲，官兵不能制，镇巡以闻。发十卫及诸土兵万三千人分道进，责安民杀贼自赎。民乃攻斩阿保父子于查剌寨,米鲁亡走。焦俊等责安民献鲁,民阴资鲁兵五百袭杀适乌及其二子,据别寨杀掠,又自请袭为女土官。镇巡官皆受鲁赂,请宥鲁。严旨切责,必得鲁乃已。贵州副使刘福阴索赂于鲁,故缓师。贼益炽,官兵败于阿马坡,都指挥吴远被掳,普安几陷。帝命南京兵部尚书王轼、巡抚陈金、都指挥李政进巢,破二十余寨。鲁窜马尾笼,官兵围之,就擒,伏诛。安民自辨,得赦。正德元年,畅族妇适擦袭土判官,赴京朝贡,帝嘉之。或曰适擦亦畅妾云。

西堡阿得、狮子孔阿江二种,皆犵獠也。初据沧浪六寨,不供常赋。土官温恺惧罪自缢,其子廷玉请免赋,不允。往征,为其寨长乜吕等所杀。六年,廷玉弟廷瑞诉于守臣,会乜吕死,指挥杨仁抚其众。巡抚萧翀请令其输赋,免用兵,从之。

都匀,元曰都云。洪武十九年置都匀安抚司。二十九年改为军民指挥使司,属四川。永乐十一年改隶贵州。弘治七年置府,领州二,曰麻哈,曰独山,即合江洲陈蒙烂土长官司地。领县一,曰清平,即清平长官司地也。领长官司八:属府者曰都匀,曰平浪,曰邦水,曰平州六洞;属独山者曰九名九姓,曰丰宁;属麻哈者曰乐平,曰平定。

洪武二十二年,都督何福奏讨都匀叛苗,斩四千七百余级,擒获六千三百九十余人,收降寨洞一百五十二处。二十三年城都匀卫,命指挥同知董庸守之。二十五年,九名九姓蛮乱,命何福平之。二十八年,丰宁三蓝等寨乱,命顾成平之。二十九年,平浪蛮杀土官王应名,都指挥程暹平之。应名妻吴携九岁子阿童来诉,诏予袭。永乐四年,镇远侯顾成招谕合江州十五寨来归。

宣德元年,平浪贼纪那、阿鲁等占副长官地,杀掠叶果诸寨,招谕不听。诏萧授平之。七年,陈蒙烂土副长官张勉奏,所司去卫远,地连古州生苗,与广西獠洞近,化从寨长韦翁同等煽乱,乞立堡,并请调泗城州土兵一千镇守,从之。九年,翁同纠下高大刀蛮合广西贼韦万良等恣杀掠。指挥陈原讨擒万良等三人,翁同遂听抚,而落昌、蔡郎等四十寨仍聚众拒敌。总兵萧授遣指挥顾勇进讨，平之。

成化十四年，陈蒙烂土长官司张镛奏："天坝干贼首赟果侵掠，请于所侵大陈、大步等寨设一司，隶安宁宣抚。"而丰宁长官司杨泰亦奏峰峒陆光翁等聚烂土为乱。先是，宣慰杨辉平天坝干后，即湾溪立安宁宣抚司。烂土诸苗恶其逼己，至是果等既攻陷天漂，遂围丰宁。时辉已致仕，子爱承袭，力弗支，求援于川、贵二镇。各奏闻，命仍起辉，会兵讨之。十六年，镛复奏赟果纠合九姓、丰宁并荔波贼万人，攻剽愈亟。帝责诸守臣玩寇。于是巡抚谢杲言："自天顺四年以来，诸苗攻劫舟溪等处，不靖至今。"乃命镇守太监张成、总兵吴经相机剿抚。二十年，烂土苗贼龙洛道僭号称王，声言犯都匀、清平诸卫。丰宁长官杨泰与土目杨和有隙，诱广西泗城州农民九千于铗坑等一百余寨杀掠，于是苗患愈盛。

弘治二年，苗贼七千人攻围杨安堡，都指挥刘英统兵舰之，为所困。命镇巡官往援，乃得出。五年命镇远侯顾溥率官兵八万人，巡抚邓廷赞提督军务，太监江德监诸军，往征之。七年，诸军分道进剿，令熟苗诈降于贼，诱令入寇，伏兵擒之，直捣其巢，凡破一百十余寨，以捷闻。于是开置都匀府及独山、麻哈二州。

正德三年，都匀长官司吴钦与其族吴敏争袭仇杀，镇巡以闻，言："钦之祖赖洪武间立功为长官，阵亡。子琮幼，弟贵署之。及琮长，仍袭，传至钦三世。敏不得以贵故妄争。"诏可之。

嘉靖十五年，平浪叛苗王聪攻夺凯口屯，执参将李祐等。初，王阿向先世为土官，为王仲武先人所夺，至阿向，与仲武争印煽乱。总兵杨仁、巡抚陈克宅平之，斩阿向等，尽逐其党，以地属都匀府，改名灭苗镇。仲武因诸苗失业，阴为招复，旋科索之。诸苗不胜怨，遂推阿向余孽王聪、王祐为主。巡按杨春芳遣李祐等抚谕之，贼质祐等，乞还土田官印，乃释祐。春芳以闻，诏巡抚调官军三万人集屯下。屯故绝险，其要害处置弩楼，叠石为防。攻之三月不克，复调宣慰安万铨兵合剿。万铨力战破贼，聪等皆伏诛，前后斩首二百六十余级，降苗寨一百五十余，男妇二万余口。捷闻，叙功赏赉有差。

又有黑苗曰夭漂者，在湖、贵、川、广界，与者亚鼎足居。万历六年，夭漂请内附。都御史遣指挥郭怀恩及长官金篆往问状，而阻于者亚，乃远从丹彰间道通夭漂。会苗坪党银等亦以格于者亚不得通，都御史王缉遣使责者亚部长阿斗。斗愿归附平定，缉谓斗故养善牌部，何故欲属平定，必有他谋。下吏按验，果得实，盖欲往平定借诸蒙兵袭养善，皆内地奸人夭金贵等导之。遂治金贵罪，以者亚仍属养善，路遂通。于是苗坪、夭漂皆请奉贡赋，比编氓，名其地曰归化，隶都匀府。凡使命往来，自生齿以上，悉跪拜迎送，夹驺从行，前吹芦笙，唱蛮歌，呼导而驰。事闻，帝嘉之。七年，者亚、阿斗以反诛，乃罢乐平吏目，增设麻哈州州判一员，令居乐平司，以养鹅、者亚、羊肠诸苗属之。

初，者亚、阿斗反，答干寨阿其应之。斗诛，阿其屡犯顺。十四年，土舍吴楠、王国聘虑阿其叵测祸及己，请以答干、鸡贾、甲多诸寨属蒙诏，立宣威营，岁输赋。独阿其不服，引者亚残苗围宣威营大谇，曰："此我地，谁令尔营此？"蒙诏常征秋税，阿其度使至，以血衅门，令勿通。居常张伞鼓角，绘龙凤器，遂与鸡贾、甲多、仰枯诸苗击牛酒为誓，劫归化，官兵不敢近。独山土吏蒙天眷愿以兵进剿，乃使人佯言，汉已黜蒙诏，令以宣威营地还阿其，且暮撤兵去矣。阿其乃亲驰乐邦牛场诇视，言人人同，遂驰备。天眷骤入，斩阿其，鸡贾、甲多皆降。

其属蒙诏者，自答干、鸡贾、甲多外，有塘蛙、当井、斗坡等十七寨。小桥熟苗龙木恰视寨事，年老，子俸袭，颁粮者遂不及恰，恰辄夺俸之有以为养。俸诉于官，官逮问恰，非罪之也。恰辄锁汉使，已而逐之曰："速去，此我家事，再来我当以乌鸡诸寨践汉边矣。"官以计擒之，死狱中。无何，龙化龙羊山苗引川苗作乱，曰："汉无故杀苗，苗请报之。"官军战不利。既而都司蔡兆吉招谕令降，待以不死，于是诸苗皆散，俸视事如故。

四十三年，平州长官杨进雄凶恶，土人苦之。雄无子，以兄继禄子珂为后，既生子治安，而疏珂。珂怨雄，雄乃夺珂财产，并其父逐

之。珂颇得民心，遂为乱，据唐宿屯，攻雄。雄败走，屠其家。各上
疏讦奏，诏推问。都御史赵钺以雄不法，逮之狱，檄独山土酋蒙继武
谕珂归命，许改土为流以安之。治安计不便，乃阴许以六洞赂继武
借兵。继武乃发兵攻珂，复平州，珂走广西之泗城。继武遂屯耕六
洞地，六洞民不服，复助珂，与继武相攻。珂复据平州。巡抚吴岳招
降其父继禄，六洞乃安。

平越，古黎峨里。元为平月长官司。洪武十四年置卫。十七年
改为军民指挥使司，属四川。万历中，始置府，属贵州。领州一，曰
黄平，即黄平安抚司地。领县四：曰平越，曰湄潭，曰瓮安，即瓮水、
草塘二长官司地；曰余庆，即白泥、余庆二长官司地。领长官司一，
曰扬义。

初，洪武八年，贵州江力、江松、刺回四十余寨苗把具、播共桶
等连结苗、獠二千作乱，平越安抚司乞兵援，命指挥同知胡汝讨之。
九年，黄平蛮獠都麻堰乱，宣抚司捕之，不克，千户所以兵讨之，亦
败。乃命重庆诸卫合击，大破之，平其地。十九年，平越卫麻哈苗杨
孟等作乱，命傅友德平之。时麻哈长官宋成阵殁，命其子袭。二十
二年，察陇、牛场、乾溪苗乱，傅友德平之。二十三年，命延安候唐胜
宗往黄平、平越、镇远、贵州诸处训练军士，提督屯田，相机剿寇。

正统末，镇远蛮苗金台伪称顺天王，与播州苗相煽乱，遂围平
越、新添等卫。半年城中粮尽，官兵逃者九千余人，贵州东路闭。时
王骥征麓川，班师过其地，不之顾。景泰元年，命保定伯梁珌佩平蛮
将军印督师进剿，大破之，平八十余寨，擒贼首王阿同等，平越诸卫
围乃解。二年，都御史王来奏，贵州苗韦同烈聚众于兴隆之截洞，复
攻平越、清平等卫。梁珌自沅州发兵由东路，都督方瑛由西路，合兵
兴隆，击破之，同烈退保香炉山。瑛由龙场，都督陈友由万潮山，都
督毛福寿由重安江，攻破黎树、翁满等三百余寨，斩三千余级，招抚
衮水等二百余寨，合兵香炉山下。众缚同烈降，械至京。

五年，副总兵李贵奏，黎从等寨贼首阿挈、王阿傍、苗金虎等伪

号苗王,与铜鼓诸贼相应,乞加兵。七年,巡抚蒋琳奏,剿苗贼于平越,斩四百余级。其阿傍等据车椀寨,仍为乱于清平、平越地方,杀指挥王杞,据香炉山,掠偏桥。

正德十一年命巡抚秦金剿之。初,黔、楚之交,群苗啸聚,连寨相望。而香炉山周回四十里,高数百寻,四面陡绝,其上平衍,向为叛苗巢穴。阿傍等据之,纠诸寨苗作乱。巡抚邹文盛、总兵官李昂等分汉、土兵为五,克其前栅。密遣人援崖先登,杀贼守路者,众蚁附而上,焚贼巢,擒阿傍,余贼犹坚守不下。参将洛忠等诡言招抚,自山后击之,歼焉。遂移师龙头、黎兰等寨,悉破之,贼遂平。

天启四年,凯里土司杨世慰叛,合安邦彦兵与平茶群苗来修怨,复窥香炉山,摇动四卫,梗塞粮运。总督杨述中檄总兵鲁钦驰至清平,相机进剿,调副使颜欲章等为后援。钦督将领攻破岩头,分遣朗溪司田景祥截平茶贼援。用药弩及炮杀伤贼众,贼乘夜远遁。自是不敢再窥炉山,四卫得安。

石阡,本思州地。永乐十一年置府,隶贵州,领长官司四:曰石阡,曰苗民,曰葛彰葛商,曰龙泉坪。宣德六年,葛彰葛商长官安民奏:“前以官钞籴粮储备,令蛮民守视。溪洞险僻,无所支用,恐岁久腐烂,赔纳实难,请以充有司祭祀过使廪给之用。”从之。万历中,改龙泉坪为县。

新添卫,故麦新地也。宋时克麦新地,乃改为新添。元置新添葛蛮安抚司。洪武四年置长官司。二十三年改为卫。二十九年置新添卫军民指挥使司,领长官司五:曰新添,曰小平伐,曰把平寨,曰丹平,曰丹行。

洪武五年春,新添安抚宋亦怜真子仁来朝。其秋,平伐、芦山、山木等砦长来降。七年,平伐、谷霞、谷浪等苗攻劫的敖诸寨,指挥金事张岱讨之。岱攻谷峡、刺向关破之,追至的敖,大破之,擒的令、的若而还,蛮大詟。

永乐二年置丹行、丹平二长官。宣德元年,新添土舍宋志道纠洞蛮肆掠,萧授讨擒之。九年,丹行土舍罗朝煽诱寨长卜长、逃民罗阿记等侵占卧龙番长官龙保地,又攻猱平寨焚劫。时苗民素惮指挥李政,尚书王骥因奏遣政往抚谕。景泰二年,苗贼有在新添行劫,聚于西庐者,官军破之以闻。成化九年,以旱灾免新添卫粮。

万历三十四年,贵州巡抚郭子章讨平贵州苗,斩获苗长吴老乔、阿伦、阿皆等十二人,招降男妇甚众。先是,东西二路苗名曰仲家者,盘踞贵龙、平新之间,为诸苗渠帅。其在水砼山介于铜仁、思石者,曰山苗,红苗之羽翼也。窥黔自平播后财力殚竭,有轻汉心,经年剽掠无虚日。子章奏讨之,命相机进兵。子章乃命总兵陈璘、参政洪澄源率官军五千,益以土兵五千,攻水砼山。监军布政赵健率宣慰土兵万人,使游击刘岳等督之。及两路会师,皆九十余日而克。二寇既平,专命总兵陈璘率汉、土兵五千移营新添,进攻东路苗,不一月复克其六箐,诸苗尽平。

金筑安抚司,洪武四年,故元安抚密定来朝贡马,诏赐文绮三匹,置金筑长官司,秩正六品,隶四川行省,以密定为长官,世袭。十四年敕劳密定曰:"西南诸部虽归附,然暂入贡而已。尔密定首献马五百匹,以助征讨,其诚可嘉,故遣特使往谕,俟班师之日,重劳尔功。"升金筑长官司为安抚司,仍以密定为安抚使,予世袭。十六年,密定遣使贡方物。十八年,密定遣弟保珠来贡。二十九年以金筑安抚司隶贵州军民指挥使司。

永乐初年,金筑安抚得垛来朝,赐绒锦文绮。洪熙、宣德改元,皆贡马。十年,直隶贵州布政司。正统五年,安抚金镛贡马。成化、弘治、隆庆时历朝贡。

万历四十年,吏部覆巡抚胡桂芳奏:"金筑安抚土舍金大章乞改土为流,设官建治,钦定州名,铸给印信,改州判为流官。授大章土知州,予四品服色,不许管事。子孙承袭,隶州于贵阳府。"遂改金筑安抚司为广顺州。

明史卷三一七
列传第二○五

广西土司一

桂林　柳州　庆远　平乐　梧州
浔州　南宁

广西猺、獞居多，盘万岭之中，当三江之险，六十三山倚为巢穴，三十六源踞其腹心，其散布于桂林、柳州、庆远、平乐诸郡县者，所在蔓衍。而田州、泗城之属，尤称强悍。种类滋繁，莫可枚举。蛮势之众，与滇为埒。今就其尤著者列于篇。观其叛服不常，沿革殊致，可以觇中国之德威，知夷情之顺逆，为筹边者之一助云。

桂林，自秦置郡，汉始安，唐桂州，天宝改建陵，宋静江府，元静江路。明初，改桂林府为广西布政使司治所，属内地，不当列于土司。然广西惟桂林与平乐、浔州、梧州未设土官，而无地无猺、獞。桂林之古田，平乐之府江，浔州之藤峡，梧州之岑溪，皆烦大征而后克，卒不能草薙而兽狝之，设防置戍，世世为患，是亦不得而略焉。

洪武七年，永、道、桂阳诸州蛮窃发，命金吾右卫指挥同知陆龄率兵讨平之。二十二年，富川县逃吏首赐纠合苗贼盘大孝等为乱，杀知县徐元善等，往来劫掠。广西都指挥韩观遣千户廖春等讨之，擒杀大孝等二百余人。观因言："灵亭乡乃猺蛮出入地，虽征剿有年，未尽殄灭，宜以桂林等卫赢余军士，置千户所镇之。"诏从其请。

二十七年,全州灌阳等县平川诸源猺民,聚众为乱。命湖广、广西二都司发兵讨之,擒杀千四百余人,诸猺奔窜遁去,置灌阳守御千户所。初,灌阳县隶湖广,因广西平川等三十六源猺贼作乱,攻击县治,诏宝庆卫指挥孙宗总兵讨平之。县丞李原庆因奏灌阳去湖广远,隶广西近,遂以灌阳隶桂林府千户所,命广西都指挥同知陶瑾领兵筑城守之。

永乐二年,总兵韩观奏:"浔、桂、柳三郡蛮寇黄田等累行劫掠,杀掳人畜。已调都指挥朱辉追剿,斩获颇多。寻蒙遣官赍敕抚安,其黄田等猺皆已向化,悉归所据人畜。"帝命观,复业者善抚恤之。宣德六年,都督山云奏:"广西左、右两江设土官衙门大小四十九处,蛮性无常,仇杀不绝。朝廷每命臣同巡按御史三司官理断,缘诸处皆瘴乡,兼有虫毒,三年之间,遣官往彼,死者凡十七人,事竟不完。今同众议,凡土官衙门军务重事,径诣其处。其余争论词讼,就所近卫理之。"报可。

景泰五年,广西古丁等洞贼首蓝伽、韦万山等,纠合蛮类,劫掠南宁、上林、武缘诸处。镇守副总兵陈旺以闻,诏令总督马昂等剿捕之。

初,桂林、古田獞种甚繁,最强者曰韦,曰闭,曰白,而皆并于韦。贼首韦朝威据古田,县官审会城,遣典史入县抚谕,烹食之。弘治间,大征,杀副总兵马俊、参议马铉。正德初再征,杀通判、知县、指挥等官。嘉靖初,又征之,杀指挥舒松等。时韦银豹与其从父朝猛攻陷洛容县,据古田,分其地为上、下六里。银豹出掠,挟下六里人行,而上六里不与焉。四十五年,提督吴桂芳因其闲,遣典史廖元入上六里抚谕之,诸獞复业者二千人,银豹势孤请降。久之,复猖獗,尝挟其五子据凤皇、连水二寨,袭杀昭平知县魏文端。更自永福入桂林劫布政司库,杀署事参政黎民表,缒城而去,官军追不及。久之,临桂、永福各县兵群起捕贼,始得贼党扶嫩、土婆显等三十余人于各山寨中。

时首恶未获,隆庆三年,朝议以广西专设巡抚,推江西按察使殷正茂为佥都御史以往。正茂至，奏请剿贼，合土汉兵十万，集众议。时八寨助逆，众议先剿，敕书亦有先平八寨，徐图古田之语。正茂独不谓然，先给榜谕八寨，八寨听命。然后分兵七哨，以总兵俞大猷统之，使副总兵门崇文，参将王世科、黄应甲，都司董龙、鲁国贤，游击丁山等各领一哨，复分土兵为二队，更番清道，必先清数里而后行。及至其巢，合营攻之，斩七千四百六十余级，生擒朝猛，枭于军，俘获男女千余口。银豹穷蹙，择肖己者斩首献，捷闻。既而生缚银豹并其子扶枝胶送京师，斩之。古田平。乃并八寨与龙哈、咘咳为十寨，立长官司，以黄昌等为长官及土舍，听守御调度。更升古田县为永宁州。已而永宁獞韦狼要与其党黄银成有隙，相仇杀，常安巡检欲穷治之。狼要遂与右江荔浦山湾诸獞称乱。命指挥徐民瞻将兵捕之，民瞻伏兵执狼要，诸猺大讧。总制殷正茂、巡抚郭应聘乃檄征田州、向武、都康诸土兵，属参将王瑞进剿，斩廖金鉴、廖金盏、韦银花、韦狼化等。万历六年，总制凌云翼、巡抚吴文华大征河池、咘咳诸猺，斩首四万八百余级，岭表悉平。

柳州置自唐贞观中，明初移治于马平。所属州二，县十。内属千余年，惟上林县尚为土官，而宾、象、融、罗诸猺蛮蟠结为寇，城外五里即贼巢，军民至无地可田。后屡加征剿，置土巡检于各峒隘，稍称宁焉。

洪武二年，中书省臣言：“广西诸峒虽平，宜迁其人入内地，可无边患。”帝曰：“溪洞蛮獠杂处，其人不知礼义，顺之则服，逆之则变，未可轻动。惟以兵分守要害以镇服之，俾日渐教化，数年后，可为良民，何必迁也。”

永乐七年，柳州道村寨蛮韦布党等作乱，都指挥周谊率兵讨擒之。命斩布党，枭其首于寨。广西洞蛮韦父、融州罗城洞蛮潘父苾各聚众为乱，柳州等卫官军捕斩之。九年，宾州迁江县、象州武仙县古逄等洞蛮獠作乱。诏发柳州、南宁、桂林等卫兵讨之。十四年，融州瑶民作乱，官军讨平之。十七年，象州土吏覃仁用言，其父景安，故元时常任本州巡检，有兵僅二百人，今皆为民，请收集为军。帝不许。十九年，融县蛮贼五百余人，群聚剽掠，广西参政耿文彬率民兵会桂林卫指挥平之。柳州等府上林等县僮民梁公竦等六千户，男女三万三千余口，及罗城县土酋韦公、成乾等三百余户复业。初，韦公等倡乱，僮民多亡入山谷，与之相结。事闻，遣御史王煜等招抚复业，至是俱至，仍隶籍为民。

宣德初，蛮寇覃公旺作乱，据思恩县大、小富龙三十余峒，固守险阻，以拒官军。总兵官顾兴祖等督兵分道攻之，斩公旺并其党千五十余人。捷至，帝曰：“蛮民亦朕赤子，杀至千数，岂无胁从非幸者。以后宜开示恩信，抚慰而降之，如贾琮戍交州可也。”元年，柳州僮首韦敬晓等归附。二年，广西三司奏：“柳庆等府贼首韦万黄、韦朝传等聚众劫杀为民害。”敕兴祖进兵剿平之。

怀远为柳州属邑，在右江上游，旁近靖绥、黎平，诸猺窃据久。隆庆时，大征古田，怀远知县马希武欲乘间筑城，召诸猺役之，许犒不与。诸猺遂合绳坡头、板江诸峒，杀官吏反。总制殷正茂请于朝，遣总兵官李锡、参将王世科统兵进讨。官兵至板江，猺贼皆据险死守。正茂知诸瑶独畏永顺钩刀手及狼兵，乃檄三道兵数万人击太平、河里诸村，大破之，连拔数寨，斩贼首荣才富、吴金田等，前后捕斩凡三千余，俘获男妇及牛马无算。事闻，议设兵防，改万石、宜良、丹阳为土巡司，屯土兵五百人，且耕且守。

万历元年，洛容知县邵廷臣以养归，主簿谢漳行县事。会上元夜，单骑巡檄山中。獞蛮韦朝义率上油、古底诸獞夜半出掠，逐漳，追至城，杀漳，夺县印去。是夜，指挥朱昌胤、土巡检韦显忠共提兵决战，斩首三十一级，兵校文斌获朝义，夺还县印，守巡官以闻。乃命总兵李锡，参将王瑞、康仁等剿之，破上油、古底诸寨，斩覃金狼等二千八百三十余级，俘二百二十余人，牛马器械称是。后残獞黄朝贵，复合融县猺号万人，声言欲入富福镇。王世科复引兵击之，斩五十余人。始洛容在万山中，城小无雉堞，县官皆寓府城，知县余涵请迁城于白龙岩，不果，至是谢漳遂及于难。

又韦王朋者,马平獞也。初平马平时,因建营堡,使土舍韦志隆提兵屯其地。王朋视堡兵如仇,常率东欧、大产诸蛮要挟营堡。兵备周浩使千总往抚,遂杀千总,劫村落,总兵王尚父剿平之。

庆远,秦象郡,汉交址、日南二郡界,后沦于蛮。唐始置粤州,天宝初,改龙水郡,属岭南道。乾符中,更宜州。宋升庆远军节度。咸淳初,改庆远府。元为庆元路。

洪武元年仍改庆远府。时征南将军杨文既平广西,二年,行省臣言:"庆远府地接八番溪洞,所辖南丹、宜山等处,宋、元皆用其土酋安抚使统之。天兵下广西,安抚使莫天护首来款附,宜如宋、元制,录用以统其民,则蛮情易服,守兵可减。"帝从之,诏改庆远府为庆远南丹军民安抚司,置安抚使、同知、副使、经历、知事各一员,以天护为同知,王毅为副使。

三年,行省臣言:"庆远故府也,今为安抚司,其地皆深山旷野,其民皆安抚莫天护之族。天护素庸弱,宗族强者,动肆跋扈,至杀河池县丞盖让,舆诸蛮相煽为乱,此岂可姑息以贻祸将来。乞罢安抚司,仍设府置卫,以守其地。"报可。乃命莫天护赴京。七年,赐广西土官莫金文绮六匹,置南丹州,隶庆远府,以莫金为知州。八年,那地县土官罗貌来朝,以貌知县事。

二十八年,都指挥韩观率兵捕获宜山等县蛮寇二千八百余人,斩伪大王韦召,万户赵成秀、韦公旺等,传首京师。时岭南盛暑,官军多病瘴,帝命观班师。南丹土官莫金叛,帝命征南将军杨文,龙州平后,移师南丹、奉议等处。龙州赵宗寿来朝谢罪,贡方物。大军进征奉议,调参将刘真分道攻南丹,破之,执莫金并俘其众。后遣宝庆卫指挥孙宗等分兵击巴兰等寨,蛮獠惧,焚寨遁去,官兵追捕斩之,蛮地悉定。诏置南丹、奉、庆远三卫,以官军守之。

二十九年,广西布政司言:"新设南丹等三卫及富川千户所,岁用军饷二十余万石,有司所征,不足以给。"帝命俱置屯田,给耕种。寻遣中使到桂林等府市牛给南丹、奉议诸卫军士。都指挥姜旺、童胜率兵抵思恩县镇宁等村洞，杀获叛蛮三千余人，降一千一百余户，得故宋铜印一来上。

永乐二年，庆远府言：“忻城、宜山二县洞蛮陈公宣等出没为寇，请剿捕。”帝命都指挥朱辉亲往抚谕，公宣等相率归附，凡千三十五户。荔波县民覃真保上言：“县自洪武至今，人民安业，惟八十二洞猺民未隶编籍。今闻朝廷加恩抚绥，咸愿为民，无由自达，乞遣使招抚。”乃命右军都督府移文都督韩观遣人抚谕，其愿为民者，量给赐赏，复其徭役三年。

宣德五年，总兵官山云讨庆远蛮寇，斩首七千四百，平之。九年，云奏：“思恩县蛮贼覃公砦等累年作乱，今委都指挥彭羲等率兵剿捕，斩贼首梁公成、潘通天等枭之，仍督官军搜捕余党。”帝赐敕慰劳。又奏：“庆远、郁林等州县蛮寇出没，必宜剿除，而兵力不足。”帝命广东都司调附近卫所精锐士卒千五百人，委都指挥一员，赴广西，听云调用。十年，南丹土官莫祯来朝，贡马，赐彩币。

正统四年，莫祯奏：“本府所辖东兰等三州，土官所治，历年以来，地方宁靖。宜山等六县，流官所治，溪峒诸蛮，不时出没。原其所自，皆因流官能抚字附近良民，而溪峒诸蛮恃险为恶者，不能钤制其出没。每调军剿捕，各县居民与诸蛮结纳者，又先漏泄军情，致贼潜遁。及闻招抚，诈为向顺，仍肆劫掠，是以兵连祸结无宁岁。臣窃不忍良民受害，愿授臣本州土官知府。流官总理府事，而臣专备蛮贼，务擒捕珍绝积年为害者。其余则编伍造册，使听调用。据岩险者，拘集平地，使无所恃。择有名望者立为头目，加意抚恤，督励生理。各村寨皆置社学，使渐风化。三五十里设一堡，使土兵守备，凡有寇乱，即率众剿杀。如贼不除，地方不靖，乞究臣诳罔之罪。”帝览其奏，即敕总兵官柳溥曰：“以蛮攻蛮，古有成说。今莫祯所奏，意甚可嘉，彼果能效力，省我边费，朝廷岂惜一官，尔其酌之。”

弘治九年，总督邓廷瓒言：“广西猺、獞数多，土民数少，兼各卫军士十亡八九，凡有征调，全倚土兵。乞令东兰土知州韦祖铉子一人，领土兵数千于古田、兰麻等处拨田耕守，候平古田，改设长官司以授之。”廷议以古田密迩省治,其间土地多良民世业,若以祖铉子为土官,恐数年之后,良民田税皆非我有。欲设长官司,祗宜于土民中选补。廷瓒又言:“庆远府天河县旧十八里,后渐为獞贼所据,止余残民八里,请分设一长官司治之。”部议增设永安长官司,授土人韦万妙等为正、副长官,并流官吏目一员。是年,裁忻城县流官,留土官知县掌县事,亦从廷瓒奏也。

十二年,韦祖铉率兵五千助思恩岑浚攻田州,杀掠男女八百余人,驱之溺水死者无算。副总兵欧磐诣田州,兵乃解。

嘉靖二十七年,那地州土官罗廷凤听调有劳,命袭替,免赴京。四十二年录平猺功,授东兰州、那地州土官职。

庆远领州四。河池,弘治中以县升州,改流官。其东兰、那地、南丹皆土官。县五,忻城土官。又长官司二,曰永安,永顺。

东兰州,在府城西南四百二十里。宋时有韦君朝者,居文兰峒为蛮长,传子宴闹。崇宁五年内附,因置兰州,以宴闹知州事,俾世其官。元改为东兰州,韦氏世袭如故。洪武十二年,土官韦富挠遣家人韦钱保诣阙,上元所授印,贡方物。钱保匿富挠名,以己名上,因以钱保知东兰州。既而钱保征敛暴急,民不堪命,拥富挠作乱。广西都司讨平之,执钱保正其罪,仍以其地归韦氏。

那地州,在府城西南二百四十里。宋熙宁初,土人罗世念来降,授世职。崇宁五年,诸蛮纳土,遂置地、那二州,以罗氏世知地州。大观中,析地州置孚州。元仍为地、那二州。洪武元年,土官罗黄貌归附,诏并那入地,为那地州,予印,授黄貌世袭土知州,以流官吏目佐之。

南丹州,宋开宝初,土官莫洪朥内附。元丰三年置南丹州,管辖诸蛮,历世承袭。元至正末,莫国麒纳土,命为庆远南丹谿洞安抚使。明洪武初,安抚使莫天护归附。七年置州,授莫金知州,世袭,佐以流官吏目。金以叛诛,废州置卫。后因其地多瘴,迁之宾州。既而蛮民作乱,复置土官知州,以金子莫禄为之。

忻城,宋庆历间置县,隶宜州。元以土官莫保为八仙屯千户。洪武初,设流官知县,罢管兵官,籍其屯兵为民,莫氏遂徙居忻城界。宣、正后,猺獞狂悴,知县苏宽不任职。猺老韦公泰等举莫保之孙诚敬为土官,宽为请于上官,具奏,得世袭知县。由是邑有二令,权不相统,流官握空印,僦居府城而已。弘治间,总督邓廷瓒奏革流官,土人韦保为内官,阴主之,始独任土官。

永顺司、永安司,旧为宜山县。正统六年,因蛮民弗靖,有司莫能控御,耆民黄祖记与思恩土官岑瑛交结,欲割地归之思恩,因谋于知县朱斌备。时瑛方雄两江,大将多右之,斌备亦欲藉以自固,遂为具奏,以地改属思恩。土民不服,韦万秀以复地为名,因而倡乱。成化二十二年,覃召管等复乱,屡征不靖。

弘治元年,委官抚之,众愿取前地,别立长官司。都御史邓廷瓒为奏,置永顺、永安二司,各设长官一,副长官一,以邓文茂等四人为之,皆宜山洛口、洛东诸里人也。自是宜山东南弃一百八十四村地,宜山西南弃一百二十四村地。议者以忻城自唐、宋内属已二百余年,一旦举而弃之于蛮,为失策云。

平乐,初为县,元大德中改平乐府,明因之。洪武二十一年,广西都指挥使言:"平乐府富川县灵亭山、破纸山等洞猺二千余人,占耕内地,啸聚劫夺,居民被扰,恭城、贺县及湖广道州、永明等县之民亦被害。比调卫兵收捕,即逃匿岩谷,兵退复肆跳梁。臣等欲于秋成时,统所部会永、道诸军,列屯贼境,扼其要路,收其所种谷粟。彼无粮食,势必自穷,乘机擒戮,可绝后患。"从之。二十九年迁富川县于富川千户所。时富川千户所新立于矮石城,典史言:"县治无城,恐蛮寇窃发,无以守御,宜迁城内为便。"从之。

弘治九年,总督邓廷瓒言:"平乐府之昭仁堡介在梧州、平乐间，猺、獞率出为患，乞令上林土知县黄琼、归德土知州黄通各选子弟一人，领土兵各千人，往驻其地。仍筑城垣，设长官司署领，拨平乐县仙回峒闲田与之耕种。其冠带千夫长龙彪改授昭平巡检，造哨船三十，使往来府江巡哨，流官停选。"廷议以昭平堡系内地，若增土官，恐贻后患。况府江一带，近已设按察司副使一员，整饬兵备，土官不必差遣，止令每岁各出土兵一千听调。诏从其议。

府江有两岸三洞诸獞，皆属荔浦，延袤千余里，中间巢峒盘络，为猺、獞窟穴。江上诸贼倚为党援，日与府江酋长杨公满等掠荔浦、平乐及峰门、南源，执永安知州杨惟执，杀指挥胡翰、千户周濂、土舍岑文及兵民无算。而迁江之北三，来宾之北五，皆右江僮，亦时与东欧、西里及三都、五都诸贼相倚附，马多人劲，俗号为划马贼。常陈兵走岭东，掠三水、清远诸县，还入南宁、平南、武宣、来宾、藤、贵，劫府库。已而劫来宾所千户黄元举，杀土吏黄胜及其子四人，兵七十余人，又杀明经诸生王朝经、周松、李茂、姜集等，白昼劫杀，道绝行人。

隆庆六年，巡抚郭应聘、总督殷正茂请讨。诏总兵官李锡督军进剿，并调东兰、龙英、泗城、南丹、归顺诸土兵，而以土吏韦文明等统之，攻古西、岩口、笋山、古造及两峰、黄洞等寨，斩获贼渠，余党窜入仙回、古带诸山，搜捕殆尽。乃移檄北三、北五，趣其归降。峒老韦法真同被掳来宾、迁江民蒙演等诣军前乞降，许之，乃定善后六策以闻。初，荔浦之峰门、南源，修仁之丽壁，永安之古眉诸巡司，为诸獞所夺。至是议改土巡检，推择有才武者，给冠带管事，三载称职，始世袭。

万历六年，北山蛮谭公柄挟毒弩，肆伤行旅，每一出十百为群。自杀黄胜后，复聚党以三千人出仚凤山、龟鳖塘，与河塘韦宋武傍江结寨。时义宁、永宁、永福诸獞群起，相杀掠，道路不通。会咘咳寨蓝公潺执土吏黄如金，夺其司。巡抚吴文华檄守巡道吴善、陈俊征永顺白山兵及狼兵剿之，平横山、咘咳诸巢。诸獞请还侵地及所掳生口，原输赋为良民，遂班师。

右江十寨，隆庆中，总督殷正茂击破古田，即以檄趣八寨归降，得贷死。于是寨老樊公悬、韦公良等踵军门上谒，自言十寨共一百二十八村，环村而居者二千一百二十余家，皆请受赋。右江兵备郑一龙、参将王世科，谓十寨既请为氓，当以十家为率，赋米一石。村立一甲长，寨立一峒老，为征赋计。而以思古、周安、落红、古卯、龙哈立一州，属向武土官黄九畴；罗墨、古钵、古凭、都北、咘咳立一州，属那地土官黄旸；皆为土知州。已，移思恩守备于周安堡，而布政使以为不便，总制乃议立八寨为长官司，以兵八千人属黄旸为长官，黄昌、韦富皆给冠带为土舍，亦各引兵二百守焉。

久之，十寨复聚党作乱，据民田产，白昼入都市剽掠，甚至攻城劫库，戕官民。总制刘尧诲、巡抚张任急统兵进剿，斩首一万六千九百有奇，获器仗三千二百，牛马二百三十九。帝乃升赏诸土吏功，复分八寨为三镇，各建一城，而以东兰州韦应鲲、韦显能及田州黄冯克为土巡检，留兵一千人戍之。于三里增建二堡，自杨渡水为界，垦田屯种，给南丹卫，通道庆远、宾州，使思恩、三里联络不绝，于是右江十寨复安辑输赋。

三十二年，桂林、平乐猺、獞据险肆乱。杀知县张士毅，焚劫无虚月。总督应槚檄总兵官顾寰督兵进剿，擒斩四百八十四，俘获男女三百四十，牛马器械甚众。守臣以捷闻，并上佥事茅坤、参将王宠、都指挥钟坤秀、参政张谦、百户吴通等功状，各升荫有差。

平乐界桂、梧，西北近楚，清湘、九嶷，郁相樛结。东南入梧，溪洞林箐，多为猺人盘据。自数经大征后，刊山通道，展为周行，而又增置楼船，缮修校垒，居民行旅皆帖席，猺、獞亦骎骎驯习于文治云。

梧州，汉之苍梧郡也。元至元中，改置梧州路。洪武元年，征南将军廖永忠、参将朱亮祖等既平广东，引兵至梧州境。元达鲁花赤拜住率官吏父老迎降，亮祖驻兵藤州。于是浔、贵等州县以次降附。二年并南流县于郁林州，普宁县于容州，并藤州皆隶梧州府。四年置梧州守御千户所。二十三年置容县守御千户所。

　　广西全省惟苍梧一道无土司,猺患亦稀。万历初,岑溪有潘积善者,僭号平天王,与六十三山、六山、七山诸猺、獞据山为寇,居民请剿。会大兵征罗旁不暇及,总制凌云翼檄以祸福,积善愿归降输赋,乃贷其死,且以其子入学。议者谓七山为苍、藤信地,六山为容县、北流中冲,北科为六十三山咽喉,怀集为贺县诸村出入之所。因立五大营,营六百人,合得三千人,设参将及屯堡三十治焉。而怀集猺贼,在正德中已雄据十五寨,环二百余里,为州县患。官军屡讨之,归降,然盘互如故,往往相结诸峒蛮劫掠,杀百户朱裳及把总罗定朝,村民畏之,东西走匿。都御史吴善檄总兵戚继光征兵于罗定、泗城、都康诸土司,分五道,命参将戴应麟等击金鸡、松柏诸寨,斩渠魁,抚四百余人。

　　时郁林猺亦桀骜,数纠生猺破诸村寨,入寇兴业县。兵巡道副使王原相告于总制,调兵击破之,诸猺悉平。

　　浔州,江曰浔江,东城门曰浔阳,郡名取焉。洪武八年,浔州大藤峡猺贼窃发,柳州卫官军擒捕之。二十年,知府沈信言:“府境接连柳、象、梧、藤等州,山谿险峻,猺贼出没不常。近者广西布政司参议杨敬恭为大亨、老鼠、罗碌山生猺所杀,官军讨之,贼登岩攀树,捷如猿狖,追袭不及。若久驻兵,则瘴疠时发,兵多疾疫,又难进取,兵退复出为患。臣以为桂平、平南二县,旧附猺民,皆便习弓弩,惯历险阻。若选其少壮千余人,免其差徭,给以军器衣装,俾各团村寨置烽火,与官兵相为声援,协同捕逐,可以歼之。”帝以蛮夷梗化,夙昔固然,但当谨其防御,使不为患。如为寇不已,则发兵讨之,何必团寨。

　　永乐三年,总兵韩观奏桂平县蛮民为乱,请发兵剿捕。帝命姑抚之,勿用兵。宣德四年,总兵山云讨浔、柳二州寇,并诛从寇二千四百八十人,枭首境上。七年,云奏斩获桂平等县蛮寇覃公专等首级数。帝顾左右曰:“蛮寇害我良民,譬之蟊贼害稼,不可不去。然杀之过多,亦所不忍。虽彼自取灭亡,朕自以天地之心为心也。"九年,云奏浔州等处蛮寇劫掠良民,指挥田真率兵于大藤峡等处,前后斩首九十六级,归所掠男妇二百三人。

正统元年,兵部尚书王骥奏:"桂平大藤峡等处蛮寇,攻劫乡村。因调广东官军二千人,今已逾年,军器衣装损坏,宜如贵州诸军例,予践更。"从之。二年,山云奏:"浔州府平南等县耆民言:'大藤峡等山,猺寇不时出没,劫掠居民,阻绝行旅。近山荒田,为贼占耕,而左、右两江,人多食少,其狼兵素勇,为贼所惮。若选委头目,屯种近山荒田,断贼出没之路,不过数年,贼徒坐困,地方宁靖矣。'臣已会同巡按诸司计议,量拨田州等府族目土兵,分界耕守,即委土官都指挥黄竑领之。遇贼出没,协同剿杀。"从之。七年,猺贼兰受贰等恃所居大藤峡山险,纠集大信等山山老、山丁数百人,递年杀掠。千户满智等诱杀十人,帝命枭之,家口给赐有功之家。十一年,大藤峡蛮贼流劫乡村,侵犯诸县,巡按万节以闻。景泰七年,大藤峡贼纠合荔浦等处贼,劫掠县治,杀掳居民,命总兵柳溥等剿之。

天顺五年,镇守广东中官阮隋奏:"大藤峡猛贼出没两广,为恶累年,迩来愈甚。虽常会兵剿捕,缘地里辽远,且两广军马不相统属,未易成功,宜大举捣其巢穴,庶绝民患。"乃命都督佥事颜彪佩征蛮将军印,调南京、江西及直隶九江等卫官军一万隶之。六年,彪奏:"臣率军进剿大藤,攻破七百二十一寨,斩首三千二百七十一级,复所掠男妇五百余口。"帝敕奖之。

七年,大藤峡贼夜入梧州城。时总兵官泰宁侯陈泾驻兵城中,会太监朱祥、巡按吴璘、副使周琦、佥事董应轸,参议陆祯、都指挥杜衡、土官都指挥岑瑛等议调兵。夜半,贼驾梯上城,泾等不觉,遂入府治,劫库放囚,杀死军民无算,大掠城中,执副使周琦为质,杀训导任璪。泾等仓卒无计,惟拥兵自卫,随军器械并备赏银物,皆为贼有。布政使宋钦时致仕家居,挺身出,以大义谕贼,为所害。黎明,贼声言官军若动,则杀周副使。泾等乃遣人舆贼讲解,晡时,纵之出城。贼既出,乃纵琦还。时官军数千,贼仅七百而已。都指挥邢斌奏至,帝曰:"梧州蕞尔小城,总兵、镇巡、三司俱拥重兵驻城中,为乃小贼所蔑视,况遇大敌乎!尔兵部其即议处行。"

八年,国子监生封登奏:"浔州夹江诸山,嵽岈巉嶪,峡中有大藤如斗,延亘两崖,势如徒杠,蛮众蚁渡,号大藤峡,最险恶,地亦最高。登藤峡巅,数百里皆历历目前,军旅之聚散往来,可顾盼尽,诸蛮倚为奥区。桂平大宣乡崇姜里为前庭,象州东乡、武宣北乡为后户,藤县五屯障其左,贵县龙山据其右,若两臂然。峡北岩峒以百计,仙人关、九层崖极险峻,峡以南有牛肠、大峅诸村,皆缘江立寨。藤峡、府江之间为力山,力山之险倍于藤峡。又南则为府江,其中多冥岩奥谷,绝壁层崖,十步九折,失足陨身。中产猺人,蓝、胡、候、槃四姓为渠魁。力山又有獞人,善傅毒药弩矢,中人无不立毙,四姓猺亦惮之。自景泰以来,啸聚至万人,隳城杀吏。而修仁、荔浦、平乐、力山诸猺应之,其势益张。渠长侯大狗尝悬千金购,莫能得。郁林、博白、新会、信宜、兴安、马平、来宾亦煽动,所至丘墟,为民害。乞选良将,多调官军、狼兵急灭贼。"报闻。

成化元年,编修丘濬条上两广用兵机宜。兵部尚书王竑奏言:"峡贼称乱日久,皆由守臣以招抚为功,致酿大患,非大创不止。"因荐浙江参政韩雍有文武才。命以雍为佥都御史,都督同知赵辅为征夷将军,和勇为游击将军,率师讨之。时大藤峡贼三千余陷南平县,杀典史官周诚,掳其妻子,并劫县印。又入藤县城,掠官库,劫县印,镇守总兵欧信以闻。于是总兵官赵辅率军至,奏言:"大藤蛮贼以修仁、荔浦为羽翼,今大军压境,宜先剿之。"乃合诸军十六万人,分五道进,先破修仁,穷追至力山,生擒千二百余人,斩首七千三百余级。

二年,赵辅、韩雍等奏:"元年十一月,师次浔州,谋深入以覆其巢。遂调总兵官欧信等分兵五哨,取道山北以进。臣及指挥白全分兵八哨,直抵浔州,以捣山南。复令参将孙震分兵二哨,从水路入。别遣指挥潘铎等,以兵分守诸山隘口,克期十二月朔日,水陆并进,腹背交攻。贼知师至,先移妻、子、钱、米,入桂州横石塘等处藏匿。

乃于山南各寨，立栅自固，用木石镖枪药弩，凭险拒守。官军用团牌、扒山虎等器，鱼贯而进。士殊死战，一日之间，攻破山南、石门、林峒、沙田、古营诸巢，纵火焚其积聚，贼皆奔溃。复督兵追蹑，刋山开路，直抵横石塘及九层楼等山。贼已据险立栅数重，复用木石、枪弩拒守。臣等多设疑兵，诱贼抛掷木石几尽，别遣壮士于贼所不备处，高山绝顶，举炮为号。诸军缘木攀萝，蚁附而上，四面夹攻，连日鏖战，贼不能支。破贼寨三百二十四所，斩首三千二百七级，生擒七百八十二人，获贼妇女二千七百一十八人，战溺死者不可胜计。已将大藤峡改为断藤峡，刻石纪之，以昭天讨。”捷闻，帝降敕褒谕，仍敕辅计议长策，永绝后患。

未几，雍奏断藤峡残贼侯郑昂等七百余人，夜入浔州府城，焚军营城楼，夺百户所印三颗，杀掠男妇数十人。旋为参将孙震、指挥张英率军击斩贼魁，余党仍奔入巢。既雍又奏：“诸猺之性，惮见官吏，摄以流官，终难靖乱。请改设武宣县东乡等巡检司，以土人李升等为副巡检；设武靖州于峡内，以上隆州知州岑铎知州事，土人覃仲英世袭土官吏目。”然府江东西两岸，大小桐江、洛口与断藤峡、朦胧、三黄等处，村巢接壤，路道崎岖，聚众劫掠，终不能除。

正德十一年，总督陈金复督调两广官军土兵，分为六大哨，按察使宗玺，布政使吴廷举，副总兵房闰，镇守太监傅伦，参将牛桓，都指挥鲁宗贯、王瑛将之，水陆并进，斩七千五百六十余级。金谓诸蛮利鱼盐耳，乃与约，商船入峡者，计船大小，给之鱼盐。蛮就水滨受去，如榷税然，不得为梗。蛮初获利听约，道颇通。金以此法可久，易峡名永通。诸蛮缘此无忌，大肆掠夺，稍不惬，即杀之。因循猖獗，江路为断。

时总督王守仁定田州还，两江父老遮道言峡贼阻害状。守仁上疏请讨，报可。守仁率湖南兵至南宁，约日会兵。寇闻湖兵且至，皆逃匿。守仁故为散遣诸兵状，寇弛不为备，乃令官军突进，连破油榨、石壁、大皮等寨，贼奔断藤峡，复追击破之。贼奔渡横石江，溺死六百余人，俘斩甚众，贼溃散。遂移兵仙台、花相、白竹、古陶、罗凤诸处,贼不支,奔入永安、力山,官军次第破之,擒斩三千余,俘获无算。八寨平,两江悉定。守仁遂以土官岑猛子邦佐为武靖知州,使靖遗孽。

邦佐不能辑众,且贪得贼贿,峡北贼复獗。有侯胜海者为首,指挥潘翰臣诱杀之,胜海弟公丁聚众噪诚下。金事郐阅、参议孙继祖言于都御史潘旦,请讨之。参将沈希仪以为宜需春江涨,顺流下,乃可破贼,不听。阅与继祖以千人往击,贼遁,斩一尫寇还。漫言贼退,请置堡。堡成,阅令土目黄贵、韦香以三百人往戍。初,贵、香利胜海田庐,故说翰臣杀海,至是往戍,遂夺胜海田庐。于是诸猛俱恚,邦佐又阴党之,公丁遂啸聚二千余人,乘夜陷堡城,杀戍兵二百人,贵、香走免。巡按以闻,乃罢阅与继祖,且亦代去,命侍郎蔡经督兵讨之。会朝议欲征安南,事遂已。公丁等益横,时出杀掠。

久之,经乃会安远侯柳珣决计发兵,以兵事属副使翁万达。万达廉得百户许雄通贼状,诘之。雄惧,请自效。万达佯庇公丁,捕系讦讼公丁者数人。公丁果遣人自列,万达佯许之,又令雄假称贷为贿,公丁喜,益信雄。会万达巡他郡,以事属参议田汝成。汝成召雄申饬之,雄绐公丁诣汝成自列,言寇堡事由他猛,汝成亦慰遣之。乃密授意城中居民被贼害者家,出殴公丁,一市皆哗,游檄并逮公丁入系狱。遣雄谕其党曰:"寇堡事公丁委罪诸猛,果否?"诸猛遂言事自公丁,听论坐,不敢党。乃槛致公丁于军门,磔之。汝成因言于经,谓首恶既诛,宜乘势进兵讨贼。乃以副总兵张经、都指挥高乾分将左右二军,万达及副使梁廷振监之,副使萧晼纪功,参政林士元及汝成督饷。

嘉靖十八年二月,两军齐发,左军三万五千人,分六道,攻紫荆、石门、梅岭、木昂、藤冲、大坑等巢;右军万六千人,分四道,攻碧滩、罗渌上、中、下洞等巢。南北夹击,贼大窘,遂拥众奔林峒而东。王良辅邀击之,中断,复西奔。诸军合击,大破之,斩首千二百级,追至罗运山,又斩百余级。平南县有小田、罗应、古陶、古思诸猛,亦据险勿靖。万达等移兵剿之,招降贼党二百余人,江南胡姓诸猛归顺者亦千余人，藤峡复平。

隆庆三年，右江诸猺、獐复乱，巡抚郭应聘请给饷剿除。给事中梁问孟以贼党众，不可尽灭，宜令守臣熟计。兵部言："府江自正德十二年都御史陈金征讨之后，且六十年。而右江北三、北五等巢，素未惩创，生齿日繁，遂肆猖獗。顷者大征古田，各巢咸畏威敛戢，独府江、右江恃险为乱，若复纵之，非惟无以固八寨怀远之招，亦恐以启古田携贰之渐，剿之便。但兵在万全，宜即以科臣所虑，备行提督殷正茂及巡抚郭应聘等便宜行之。"应聘遂檄总兵官李锡等将兵往讨，以捷闻。

南宁，唐之邕州也。元，邕州路。泰定中，改南宁路。洪武二年，命潭州卫指挥同知丘广为总兵官，宝庆卫指挥佥事胡海、广西卫指挥佥事左君弼副之，率兵讨左江上思州蛮贼黄龙冠等。龙冠一名英杰，时聚众万余，寇郁林州。知州赵鑑、同知王彬集民丁拒守，贼围半月不下。海北等卫官军来援，贼夜遁，追至上思州境，破之，贼走还，仍结聚不解。事闻，故命广等讨之。广等兵至上思州，贼拒战，击败之，擒从贼黄权等。英杰走十万山，官军追及，斩之，上思州平。

三年，置南宁、柳州二卫。时广西省臣言："广西地接云南、交址，所治皆溪洞苗蛮，性狼戾多畔。府卫兵远在靖江数百里外，卒有警，难相援，乞立卫置兵以镇。"又言："广海俗素犷戾，动相仇杀，盖缘郡县无兵以驭之。近盗寇郁林，同知集民兵拒守，浔州经历徐成祖亦以民兵千余败贼，是土兵未始不可用。乞令边境郡县辑民丁之壮者，置衣甲器械，籍之有司，有事则捕贼，无事则务农。"诏从之。遂置卫，益兵守御，赏王彬、徐成祖等有功者。

五年，宣化盗起，劫掠南宁府，诏发广西官军讨平之。初，南宁卫指挥佥事左君弼核民之无籍者为军，又纵所部入山伐木，民多扰，遂相构为盗。至是讨平，命大都督府按君弼罪。

南宁故称邕管，牂牁峙其西北，交址踞其西南，三十六洞错壤而居，延袤几千里，横山、永平尤要害。历唐及宋，建牙置帅，与桂州等。又郡地夷旷，可宿数万师。成化时，征田州及经略安南，举弭节兹土。后因猺蛮不靖，往往仗狼兵，急则藉为前驱，缓则檄为守御。诸猺乃稍稍骄恣，不可尽绳以法。议邕事者谓宜开重镇，以复邕州督府之旧云。

南宁领州四。曰新宁，曰横州，为流官；曰上思州，曰下雷州，为土官。县三，曰宣化，曰隆化，曰永淳。

归德州，宋熙宁中置。元属田州路。洪武二年，土官黄隍城归附，授知州，以流官吏目佐之。

果化州，宋始置。元属田州路。洪武二年，土官赵荣归附，授世袭知州，以流官吏目佐之。洪熙元年，果化州土官赵英遣族人赵诚等贡马及方物。弘治间，州与归德皆为田州所侵削，因改隶于南宁。

上思州，唐始置。元属思明路。洪武初，土官黄中荣内附，授知州，子孙畔服不常。弘治十八年改流官，属南宁府。正德六年，土目黄锱聚众攻城，都御史林廷选捕之，下狱。已，越狱复叛，官军御之，诈降，攻破州城，复捕获之，伏诛。嘉靖元年，都御史张顶言："上思州本土官，后改流，遂致土人称乱。宜仍其旧，择土吏之良者任之。"议以为然，仍以土官袭。

下雷州，宋置。明初印失，废为峒，在湖润寨，属镇安府。峒长许永通奉调有功，给冠带。傅世烈、国仁继袭峒事。嘉靖十四年获旧印。国仁及子宗荫屡立战功。四十三年改属南宁府。万历十八年以地逼交南，奏坠为州，颁印，授宗荫子应珪为土判官，流官吏目佐之。

明史卷三一八
列传第二〇六

广西土司二

太平　思明　思恩　镇安　田州
恩城　上隆　都康

　　太平，汉属交阯，号丽江。唐为羁縻州，隶邕州都督府。宋平岭南，于左、右二江溪峒立五寨。其一曰太平，与古万、迁隆、永平、横山四寨各领州、县、峒，属邕州建武军节度。元仍为五寨。后废，乃置太平路于丽江。

　　洪武元年，征南将军廖永忠下广西，左江太平土官黄英衍等遣使赍印诣平章杨璟降。璟还自广海，帝问黄、岑二氏所辖情形。璟言：“蛮獠顽犷，散则为民，聚则为盗，难以文治，当临之以兵，彼始畏服。”帝曰：“蛮猺性习虽殊，然其好生恶死之心，未尝不同。若抚之以安靖，待之以诚，谕之以理，彼岂有不从化者哉。”遣中书照磨兰以权赍诏，往谕左、右两江溪峒官民曰：“朕惟武功以定天下，文德以化远人，此古先哲王威德并施，遐迩咸服者也。眷兹两江，地边南徼，风俗质朴。自唐、宋以来，黄、岑二氏代居其间，世乱则保境土，世治则修职贡，良由其审时知几，故能若此。顷者，朕命将南征，八闽克靖，两广平定。尔等不烦师旅，奉印来归，向慕之诚，良足嘉尚。今特遣使往谕，尔其克慎乃心，益懋厥职，宣布朕意，以安居民。”以权至广西卫，镇抚彭宗、万户刘维善以兵护送。将抵两江，适来宾洞蛮寇掠杨家寨居民。以权谓彭宗等曰："奉诏远来,欲以安民,今见贼不击,何以庇民?"乃督宗等击之。贼败走,遂安辑其地,两江之民由是慑服。二年,黄英衍遣使奉表贡马,乃改为太平府。以英衍为知府,世袭。

宣德元年,崇善县土知县赵暹谋广地界,遂招纳亡叛,攻左州,执故土官,夺其印,杀其母,大肆掳掠,占据村洞四十余所。造火器,建旗帜,僭称王,署伪官,流劫州县。事闻,帝命总兵官顾兴祖,会广西三司剿捕。兴祖等招之,不服,遣千户胡广率兵进。暹扼寨拒守,广进围之,给出所夺各州印,抚谕胁从官民,使复职业。暹计穷,从间道遁。伏兵邀击,及其党皆就擒。

时左州土官黄荣亦奏:"蛮人李圆英劫掠居民,伪称官爵,乞发兵剿捕。"帝谓兵部曰:"蛮民愚犷,或挟私仇忿争戕杀,来告者必欲深致其罪,未可遽信。其令镇远侯并广西三司勘实,先遣人招抚,如叛逆果彰,发兵未晚也。"

二年斩南宁百户许善。初,善知赵暹谋逆,与之交通。及总兵官遣善追暹,又受暹马十匹、银百两,故延缓之,冀幸免。事觉,下御史,鞫问得实,斩之,余党皆伏诛。

太平领州县以十数。明初,皆以世职授土官,而设流官佐之。

太平州,旧名瓠阳,为西原、农峒地。唐为波州,宋隶太平寨,元隶太平路。洪武元年,土官李以忠归附,授世袭知州,设流官吏目佐之。

镇远州,旧名古陇,宋置,隶邕州。元隶太平路。洪武初,土官赵胜昌归附,授世袭知州,设流官吏目佐之。

茗盈州,宋置,隶邕州。元隶太平路。洪武初,土官李铁钉归附,授世袭知州,设流官吏目佐之。

安平州,旧名安山,亦西原、农峒地。唐置波州,宋析为安平州,元隶太平路。洪武初,土官李郭祐归附,授世袭知州,设流官吏目佐之。

思同州，旧名永宁，为西原地，唐置，隶邕州。宋隶太平寨。洪武元年，土官黄克嗣归附，授世袭知州，设流官吏目佐之，属太平府。万历二十八年，省入永康州。

养利州，元属太平路。洪武初，土官赵日泰归附，授知州，以次传袭。宣德间，稍侵其邻境，肆杀掠。万历三年讨平之，改流官。

万承州，旧名万阳。唐置万承、万形二州。宋省万形，隶太平寨。元隶太平路。洪武初，土官许郭安归附，授世袭知州，设流官吏目佐之。永乐间，郭安从征交阯，死于军，子永诚袭。

全茗州，旧名连冈，为西原地，宋置，隶邕州。元隶太平路。洪武初，土官李添庆归附，授世袭知州，设流官吏目佐之。

结安州，旧名营周，亦西原、农峒地。宋置结安峒，隶太平寨。元改州，属太平路。洪武元年，土官张仕荣归附，授世袭知州，设流官吏目佐之。

龙英州，旧名英山，宋为峒。元改州，属太平路。洪武元年，土官李世贤归附，授世袭知州，割上怀地益其境，设流官吏目佐之。

结伦州，旧名邦兜，亦西原、农峒地。宋置结安峒，隶太平寨。元改州，属太平路。洪武二年，峒长冯万杰归附，授世袭知州，设流官吏目佐之。

都结州，元属太平路，土官农姓。洪武初内附，授世袭知州，设流官吏目佐之。

上、下冻州，旧名冻江。宋置冻州。元分上、下冻二州，寻合为一，属龙州万户府。洪武元年，土官赵贴从归附，授世袭知州，设流官吏目佐之，属太平府。帖从死，子福珝袭。永乐四年从征交阯，死于军。

思城州，亦西原、农峒地，唐置州。宋分为上、下思城二州，隶太平寨。元至正间，并为一，属太平路。洪武元年，土官赵雄杰归附，授世袭知州，设流官吏目佐之。

永康州，宋置县，隶迁隆寨。元隶太平路，土官杨姓。成化八年，其裔孙杨雄杰纠合峒贼二千余人，入宣化县劫掠，且伪署官职。总兵官赵辅捕诛之,因改流官。万历二十八年升为州。

左州,旧名左阳,唐置,隶邕州。宋隶古万寨。元属太平路。洪武初,土官黄胜爵归附,授世袭知州。再传,子孙争袭,相仇杀。成化十三年改流官。

罗阳县,旧名福利,陀陵县,旧名骆陀,皆宋置。元隶太平。洪武初,土官黄宣、黄富归附,并授世袭知县,设流官典史佐之。

思明,唐置州,隶邕州。宋隶太平寨。元改思明路。洪武初,改为府。二年,土官黄忽都遣使贡马及方物。诏以忽都为思明府知府,世袭。十五年,忽都复遣其弟禄政奉表来贡,诏赐钞锭。

二十三年,忽都子黄广平遣思州知州黄志铭率属部,偕十五州土官李圆泰等来朝。明年,广平以服阕,遣知州黄忠奉表贡马及方物。诏广平袭职,赐冠带袭衣,及文绮十匹、钞百锭。二十五年,凭祥洞巡检高祥奏,思明州知州门三贵谋杀思明府知府黄广平,广平觉而杀之,乃以病死闻于朝,所言不实。诏逮广平鞫之。既至,帝谓刑部曰:“蛮寇相杀,性习固然,独广平不以实言,故绳以法。今姑宥之,使其改过。”命给道里费遣还,是后朝贡如例。

二十九年,土官黄广成遣使入贡,因奏言:“本府自故元改思明路军民总管所,辖左江一路州县峒寨,东至上思州,南至铜柱。元兵征交阯,去铜柱百里,设永平寨军民万户府,置兵戍守,命交人供其军饷。元季扰乱,交人以兵攻破永平寨,遂越铜柱二百余里,侵夺思明属地丘温、如嶅、庆远、渊脱等五县,逼民附之,以是五县岁赋皆土官代输。前者本府失理于朝,遂致交人侵迫益甚。及告礼部,任尚书立站于洞登,洞登实思明地,而交阯乃称属铜柱界。臣尝具奏,蒙朝廷遣刑部尚书杨靖核其事,《建武志》尚可考。乞敕安南,俾还旧封,庶疆域复正,岁赋不虚。”帝令户部录所奏,遣行人陈诚、吕让往谕安南。三十年,诚、让至安南,谕其子陈日焜,令还思明地。议论往复,久而不决。以译者言不达意,复为书晓之。安南终辩论不已,出黄金二锭、白金四锭及沉檀等香以贿,诚却之。安南复咨户部，无还地意。廷臣议其抗命当诛，帝曰："蛮人怙顽不悛，终必取祸，姑待之。"

永乐二年，凭祥巡检李升言，其地濒安南，百姓乐业，生齿日繁，请改为县，以便抚辑，从之。以升为知县，设流官典史一员。三年，升以新设县治来朝，贡马及方物谢恩。广成奏安南侵夺其禄州、西平州永平寨地，请遣使谕还，从之。九年，免思明税粮，以广成言去秋雨水伤稼也。

宣德元年，思明贺天寿节奉表逾期，礼部请罪之。帝以远蛮既至，毋问。土官知府黄玛奏凭祥岁凶民饥，命发龙州官仓粮振之。正统七年，玛遗使入贡。九年，贡解毒药味，赐钞锦。

景泰三年，玛致仕，以子钧袭。玛庶兄都指挥玹欲杀钧，代以己子。玹守备浔州，托言征兵思明府，令其子纠众结营于府三十里外，驰至府，袭杀玛一家，支解玛及钧，瓮葬后圃，仍归原寨。明日，乃入城，诈发哀，遣人报玹捕贼，以掩其迹。方杀玛时，玛仆福童得免，走宪司诉其事，且以征兵檄为证。郡人亦言杀玛一家者，玹父子也。副总兵武毅以闻，将逮治之。玹自度祸及，乃谋迎合朝廷意，遣千户袁洪奏永固国本事，请易储。奏入，帝曰："此天下国家重事，多官其会议以闻。"玹为此举，众皆惊愕，谓必有受其赂而教之者，或疑侍郎江渊云。事成，玹得释罪，且进秩。英宗复辟，玹闻自杀。帝命发棺戮其尸，其子震亦为都督韩雍捕诛。

成化十八年，土知府黄道奏，所辖思明州土官孙黄义，为族人黄绍所杀，乞发兵捕剿。帝命两广守臣区处以闻。

弘治十年，况村贼黄绍侵占思明、上石、下石三州，复谋杀知府黄道父子。道妻赵氏累诉于朝，且谓屡经委官勘问，俱被赂免，乞发兵诛之。十一年，绍集众数千人焚劫乡村，据三州，屡抚不下，总镇请发兵捕剿。

嘉靖四十一年，以剿平猺、獞功，命土官知州男黄承祖暂袭本职。

隆庆四年，忠州土官黄贤相等据南宁府属四都地作乱，永康典史李材计诱其党,缚贤相以降。

万历十六年,思明州土官黄拱圣谋夺袭,杀其母兄拱极等五人。而思明知府黄承祖乘乱掠村寨,为之援。按臣请以拱圣及诸凶正法,思明州改属流府,革承祖冠带,立功自赎,而追其所掠;更令族人黄恩,护拱极妻许氏,抚遗孤世延,待其长官之。

三十三年,总督戴耀奏:"思明叛目已擒,土官黄应雷纵仆起衅,弃印而逃,断难复官。黄应宿争地,杀戮六哨成仇,且系义子,不应袭职。黄应聘系承祖幼子,人心推戴,似应承袭知府,以存黄氏宗祀。但年甫七岁,暂令流官同知署府事,待至十五岁,交印接管。应雷既废,不宜同城,应降为土舍,其后永袭土舍,给田养赡,制其出入。应宿仍管故业,俱属思明府节制。于府治设教授一员,量给廪生六名。其寄附太平府者,悉归本学,嗣后续增其祭祀廪饩之用,则地方可安,文教可兴。"诏悉从之。

崇祯十一年,总督张镜心疏报,土官杀职官思明州黄日章、黄德志等,鼓众叛逆。帝令速擒首恶以靖地方。论者以黄玙神奸,身道大蠹,世济其凶,传及四世,犹并思明州而有之,王纲隳矣。然骨肉相屠,至是四见,盖天道云。

思明州,东抵思明府,西抵交阯界,南抵西平州,北抵龙英州。土官黄姓,与思明府同族。洪武初,黄君寿归附,授世袭知州,属思明府,后为黄玙所并。万历十六年,黄拱圣之乱,改属太平。

上石西州,宋属承平寨,元属思明路。明初属思明府,至万历三十八年改属太平府。州更土官赵氏、何氏、黄氏,凡三姓皆绝,始改流官。

下石西州,宋分石西州置,元属思明路。洪武二年,土官闭贤归附。授世袭知州,设流官吏目佐之。

忠州,宋置,隶邕州。元属思明路。洪武初,土官黄威庆率子中谨归附,授威庆江州知州,中谨忠州知州,皆世袭,设流官同知吏目佐之。其邻地有四峒者,界于南宁、思明、忠江之间,思明、忠州屡肆侵夺。副使翁万达议改峒名四都,隶之南宁,地方稍定。隆庆三年冬,思明府土官黄承祖奏取四都地,忠州土官黄贤相争之,遂擅立总管诸名目,分兵数千戍守,因纵令剽掠,为祸甚烈。佥事谭惟鼎调永康典史李材以计擒贤相,毙之于狱。议改流官,不果,遂改隶州于南宁,仍以州印予贤相子有瀚,俾袭职。

凭祥,宋为凭祥洞,属永平寨,元属思明路。洪武十八年,土蛮李升旧附。置凭详镇,授升巡检,属思明府。永乐二年置县,以升为知县。成化八年升为州,以升孙广宁为知州,直隶布政司。广宁有十子,广宁死,诸子争立不决,凡三四年,乃以孙珠袭知州职。嘉靖十年,珠死,族弟珍、珏争立,珍挈印走况村,珏摄州事。十四年,州目李清、赵琪等谋纳珍,许思明府黄朝以州属之。朝遂以兵纳珍于凭祥,珏奔馨柳。既珍悔属思明,与朝隙,朝乃以外妇所生子时芳,诡云广宁孙,以兵千人纳之。时珍淫纵,为部民所怨,于是广宁季子寰以尊属谋废立。十七年,寰遂杀珍而附于安南,莫登庸藉为向导。总督蔡经属副使翁万达擒之,论死。于是珏与时芳复争立,时芳倚思明势,州民皆右之。万达黜珏而论时芳死,更立李佛嗣珍为知州,凭祥遂定。

思恩,汉属交阯。唐为思恩州,属邕,乃澄州止戈县地。宋开宝间,废澄州,以止戈、贺水、无虞三县,省入上林。治平间,以上林之止戈入武缘,隶邕。元属田州路。历代羁縻而已。

明洪武二十二年,田州府知府岑坚遣其子思恩州知州永昌贡方物。二十八年,归德州土官黄碧言,思恩州知州岑永昌既匿五县民,不供赋税,仍用故元印章。帝以不奉朝命,命左都督杨文相机讨之,既以荒远不问。永乐初,改属布政司,时居民仅八百户。

永昌死,子瑛袭。宣德二年,瑛遣弟瓛贡马。正统三年进瑛职为知府,仍掌州事。瑛有谋略,善治兵,从征蛮寇,屡有功,故有是命。因与知府岑绍交恶,各具奏,下总兵官及三司议。于是安远侯柳溥等请升思恩为府,俾瑛、绍各守疆土,以杜侵争,从之。六年,瑛受属挟诈事觉,帝以土蛮宥不问,令法司移文戒之。瑛以府治僻隘,桥利堡正当猺寇出没之所,且有城垣公廨,乞徙置,许之。以思恩府为思恩军民府。十二年设儒学,置教授一员,训导四员,俱从瑛请也。

景泰四年,总兵官陈旺奏:"思恩土兵调赴桂林哨守者,离本府辽远,不便耕种,税粮宜暂免。"从之。六月,以瑛亲率本部狼兵韦陈威等赴城操练,协助军威,敕授奉议大夫,赐彩缎,韦陈威等俱给冠带。五年从瑛请建庙学,造祭祀乐器。又以瑛征剿猺寇功,免土军今年应输田粮之半,进瑛从二品散官。瑛屡领兵随征,以子镔代为知府。镔招集无赖,肆为不法。瑛举发其事,请于总兵,回府治之。镔闻其父将至,自缢死。事闻,嘉其能割爱效忠,降敕慰谕。又以柳溥奏,免思恩调用土军千五百人、秋粮二千三百余石。

天顺元年,户部奏:"思恩存留广西操练军一千五百人,有误种田纳粮。乞分为三班,留五百人操练,免其粮七百七十余石。放回千人耕种,征其粮千五百四十余石,俟宁靖日放回全征。"从之。

三年,镇守中官朱祥奏请量迁瑛都司军职。帝以瑛历练老成,累有军功,改授都指挥同知,仍听总兵官镇守调用,以其子鏻为知府。

成化元年遣兵科给事中王秉彝赍敕奖谕瑛父子,并赐银币。二年命给瑛父母妻诰命,从总兵赵辅请也。十四年,瑛卒。瑛自袭父职,频年领兵于外,多所斩获。历升知府、参政、都指挥使。年且八十,尚在军中。既卒,鏻以诰请,帝念其劳,特赐之。

十六年,田州府土目黄明作乱,知府岑溥避入思恩,鏻会镇守等官讨平之。巡抚朱英请奖鏻功。鏻死,子浚袭。

弘治十二年,田州土官岑溥为子猇所杀,猇亦死。次子猛幼,头目黄骥、李蛮构难,督府命浚调众护猛。骥厚赂浚,并献其女,且约分地与浚。浚以兵属骥,送猛至田州。不得入,猛遂久留浚所。及总镇诸官摄浚,乃出猛袭知府。浚从索故分地,不得,怒,约泗城、东兰二州攻劫田州,杀掠万计,城郭为墟。浚兵二万据旧田州,劫龙州印，纳故知府赵源妻岑氏。及总兵官诣田州勘治，黄骥惧，匿浚所。先是，浚筑石城于丹良庄，屯兵千余人，截江道以括商利，官命毁之，不听。会官军自田州还，乘便毁其城。浚兵来拒，杀官军二十余人。官军败之，俘其目兵九人。总镇及巡按等官请治浚罪，而参政武清纳浚赂，曲护之。

浚从弟业少从中官京师，仕为大理寺副三司。总镇请敕业往谕，兵部以浚稔恶，非业所能谕责，宜敕镇巡召浚至军门，谕以朝廷威德，罪其首恶，反侵地，纳所劫印，并官私财物，乃可赦。总督郑廷瓒奏："浚屡抚不服，请调官军土兵分哨逐捕按问。如集兵拒敌，相机剿杀，并将田州土官岑猛一并区处，以靖边疆。"十六年，总督潘蕃奏："浚僭叛，当用兵诛剿。今浚从弟岑业，以山东布政司参议在内阁制敕房办事，禁密之地，恐有泄漏。"吏部拟改调，而业亦奏乞养去。十七年，浚掠上林、武缘等县，死者不可胜计。又攻破田州，猛仅以身免，掠其家属五十人。总镇以闻，兵部请调三广兵剿之。

十八年，总督潘蕃、太监韦经、总兵毛锐调集两广、湖广官军土兵十万八千余人，分六哨。副总兵毛伦、右参政王璘由庆远，右参将王震，左参将王臣及湖广都指挥官缨由柳州，左参将杨玉、佥事丁隆由武缘，都指挥金堂、副使姜绾由上林，都指挥何清、议詹玺由丹良，都指挥李铭、泗城州土舍岑接由工尧，各取道共抵巢寨。贼分兵阻险拒敌，官军奋勇直前，援崖而进。浚势蹙，遁入旧城，诸军围攻之。浚死，城中人献其首，思恩遂平。前后斩捕四千七百九十级，俘男女八百人，得思恩府印二，向武州印一。自进兵及班师仅逾月。捷闻，帝以蕃等有功，玺书劳之。兵部议浚既伏诛，不宜再录其后，改设流官，择其可者。以云南知府张凤升广西右参政，掌思恩府事，赐敕。

正德七年增设凤化县治。

时初设流官，诸蛮未服，相继作乱。嘉靖四年，都御史盛应期遣官军平之。六年，土目王受与田州卢苏谋煽乱，势复炽。新建伯王守仁受命至，一意招抚，而檄受等破八寨贼，因列思恩地为九土巡检司,管以头目,授王受白山司巡检,得比于世官。又以思恩旧治瘴雾昏塞,宜更之爽垲。于是择地荒田建新郡,割武缘、止戈二里益之;又议割上林、三里,而移凤化县治于其处。盖寓犬牙相错之意。巡抚林富谓迁郡及割止戈里应如守仁议,至以三里当设卫,而并凤化县裁之,遂令府治益孤。其后九司头目日恣,所辖蛮民不堪,知府陈璚曲加绥戢。目把刘观、卢回以复土为名,鼓众作乱。副使翁万达因有事安南,计擒卢回杀之,招回从乱者三十余人。最后东兰岑瑄诈称岑浚子起云,谋复土官,为九司头目所缚。万历七年,督抚吴文华谓九司日以骄黠,编氓甚少,缓急难恃,奏割南宁武缘县属思恩,自是思恩称巨镇云。

思恩府土巡检九司,皆嘉靖七年设,曰兴隆,曰那马,曰白山,曰定罗,曰旧城,曰下旺,曰安定,曰都阳,曰古零。

镇安,宋时于镇安峒建右江军民宣抚司,元改镇安路。

明洪武元年,镇安归附。以旧治僻远,移建废冻州,改为府。授土官岑添保知府,朝贡如例。二十七年,添保上言:"往者征南将军傅友德令郡民岁输米三千石,运云南普安卫。镇安僻处溪洞,南接交阯,孤立一方,且无所属。州县人民鲜少,舟车不通,陆行二十五日始到普安。道远而险,一夫负米三斗,给食余所存无几,往往以耕牛及他物至其地易米输纳。而普安荒远,米不易得,民甚病之。又岁输本卫米四百石,尤极艰难。旧以白金一两,折纳一石。今愿依前例,以苏民困。"从之。

永乐中,向武知州黄世铁侵夺镇安、高寨等地,朝廷遣兵讨平之,以其地属镇安。

成化八年,知府岑永寿侄宗绍纠集土兵,攻破府治,杀伤嫡母,流劫乡村,有司抚谕不服,都指挥岑瑛擒斩之。

嘉靖十四年,田州卢苏作乱,纠归顺州土官岑璝攻毁镇安府,目兵遇害者以万计。按臣曾守约以闻,帝命守臣治之。时苏倡乱,田州无主,镇安府土官男岑真宝以兵纳岑邦佐于田州。归顺州岑瓛,苏胥也,及向武州黄仲金皆与真宝隙,乘真宝入田州,苏遣瓛及仲金袭破镇安。真宝闻乱,走还。苏会目兵追围之武陵寨,瓛等遂发真宝父母墓,焚其骸,分兵占据诸洞寨。真宝诉之军门,督谕瓛等不退。久之乃解,官军归真宝,于是瓛与真宝互相讦。巡按御史言,土蛮自相仇,非有所侵犯,从末减。于是苏、瓛、仲金各降罚有差,真宝亦革冠带,许立功自赎。二十二年以猺、獞作乱,防御需人,免真宝诸土官来朝。

镇安所属有上映洞、湖润寨。巡检皆土人,世官。

田州,古百粤地。汉属交阯郡。唐隶邕州都督府。宋始置田州,属邕州横山寨。元改置田州路军民总管府。明兴,改田州府,省来安府入焉。后改田州,领县一,曰上林。

洪武元年,大兵下广西,右江田州府土官岑伯颜遣使赍印诣平章杨璟降。二年,伯颜遣使奉表贡马及方物,诏以伯颜为田州知府,世袭,自是朝贡如制。六年,田州溪峒蛮贼窃发,伯颜讨平之。伯颜请振安州、顺龙州、侯州、阳县、罗博州、龙威寨人民,诏有司各给牛米,仍蠲其税二年。

十六年,伯颜死,子坚袭。十七年,都指挥使耿良奏:“田州知府岑坚、泗州知州岑善忠率其土兵,讨捕猺寇,多树功绩。臣欲令选取壮丁各五千人,立二卫,以善忠之子振,坚之子永通为千户,统众守御,且耕且战,此古人以蛮攻蛮之术也。”诏行其言。二十年,坚遣子思恩知州永昌朝贡,如例给赐。

永乐元年,坚死,子永通袭。永通,上隆州知州也,州以琼代,而己袭父职。正统八年,赐知府岑绍诰命,并封赠其父母妻。

天顺元年,田州头目吕赵伪称敌国大将军,张旗帜,鸣钲鼓,率众劫掠南丹州,又据向武州。武进伯朱瑛以闻,兵部请命瑛及土官岑瑛剿捕。三年,巡抚叶盛奏:“田州叛目吕赵势愈獗,杀知府岑鑑,占据地方,伪称太平王,图谋岑氏宗族,冒袭知府职事。”帝命总兵速讨。四年,巡按御史吴祯奏:“奉敕剿捕反贼吕赵,选调官军土兵,攻破功饶、娄凤二关，直捣府城。吕赵携妻子，挟知州岑铎等宵遁。官军追至云南富州，夺回铎等及其子若堉，斩首四十九级，贼众悉降。赵以数骑走镇安府，追及之，斩赵及其子四人，从贼十八人，获其妻孥及伪太平王木印、无敌将军铜印，并凤旗盔甲等物。复委知府岑镛仍掌府事，抚安人民。"田州平，帝遣使赍敕奖谕祯等，并敕镛谨守法度，保全宗族。

成化元年，遣兵科给事中王秉彝赍敕谕镛，并赐银币，以兵部言其所部土官狼兵，屡调剿有劳，且有事于大藤峡也。二年，总兵官赵辅奏镛从征有功，请给诰命，旌其父母并妻，从之。五年，复以辅言，予镛官诰。

十六年，田州头目黄明聚众为乱，知府岑溥走避思恩。总督朱英调参将马义率军捕明，明败走，为恩城知州岑钦所执，并族属诛之。已，溥复与钦交恶。钦攻夺田州，逐溥，杀五十余家。时泗城州岑应方恃兵强，复党钦，杀掳人民二万六千余，与钦分割田州而据其地。

弘治三年，总制遣官护溥之子猇入田，为钦所遏，居浔州。按察使陶鲁率官军次南宁，钦拒敌，败走。而应复援之入城，陈兵以备。巡抚秦纮请合贵州、湖广及两广兵剿之，钦势蹙，乞兵于应，遂匿应所，总镇官因檄应捕钦。钦从应饮，杀应父子于坐，收其兵以拒官军。已而，应弟岑接佯以兵送钦至田州界，亦杀其父子以报。事闻，廷议仍命溥还田州。九年，总督邓廷瓒言溥前以罪革职，比随征有功，乞复其冠带，领土兵赴梧州听调，从之。

十二年，溥为子猇所弒，猇亦自杀。次子猛方四岁，溥母岑氏及头目黄骥护之，赴制府告袭。归至南宁，头目李蛮来迎。骥虑蛮夺己权，杀其使。蛮率兵至旧田州，骥惧，诬蛮将为变，乞以兵纳，乃调思恩岑浚率兵卫猛。浚受骥赂，纳其女，挟猛，约分其六甲地。比至田州，蛮拒不纳，骥复以猛奔思恩，幽之。事觉，廷瓒檄副总兵欧磐等摄浚，久乃出猛，置于会城。得奏，命猛袭知府。骥、浚怒其事之不由己出也，要泗城岑接、东兰韦祖铉各起兵攻蛮。接兵二万先入田州，杀掠男女八百余人，驱之溺水死者无算，括府库，放兵大掠，城郭为墟。浚兵二万攻旧田州，据之，杀掠男女五千三百余人，蛮逃去。副总兵欧磐、参政武清等诣田州府勘治，遣兵送猛还府。骥惧罪，匿浚家，有司请治浚罪。

初，蛮之迎猛也，无他念，及猛在外，蛮守土以待其归。骥争权首乱，浚、接、祖铉党恶，以致兹变。清受浚赂，曲右之，且诬蛮占据府治，阻兵弄权，事竟不直。于是廷瓒言思恩岑浚罪恶，正在逐捕，而田州岑猛亦宜乘此区画，降府为州，毋基异日尾大之患，从之。

十八年，廷议以思、田既平，宜设流官；岑猛世济凶恶，致陷府治，宜降授千户，而遴选才望者假以方面职衔，守田州，仍赐敕以重其权。帝然之，于是以平乐知府谢湖为右参政，掌府事。

时岑猛已降福建平海卫千户，迁延不行。及湖至，复陈兵自卫，令祖母岑氏奏乞于广西极边率部下立功，以便祭养，诏总镇官详议以闻。总督陈金奏："猛据旧巢，要求府佐，不赴平海卫。参政谢湖不即赴任，为猛所拒，纳馈遗而徇其要求，宜逮问。"时猛遣人重赂刘瑾，得旨，留猛而褫湖，并及前抚潘蕃、刘大夏，猛竟得以同知摄府事。猛抚辑遗民，兵复振，稍复侵旁郡自广。尝言督抚有调发，愿立功，冀复旧职。会江西盗起，都御史陈金檄猛从征，猛所至剽掠。然以贼平故论功，迁指挥同知。非猛初意，颇怨望。

正德十五年，猛奏："田州土兵每征调，辄许户留一二丁耕种，以供常税。其久劳于外者，乞量振给，免其输税。"从之。

嘉靖二年，猛率兵攻泗城，拔六寨，遂克州治。岑接告急于军门，言猛无故兴兵攻寨。猛言接非岑氏后，据其祖业，欲得所侵地。时方有上思州之役，征兵皆不至，总督张嵿以状闻。四年，提督盛应期、巡按谢汝仪议大征猛，条征调事宜，诏报可。而应期以他事去，诏以都御史姚镆代，命悬金购猛。然镆知猛无反心，猛方奏辩，镆亦欲缓师。而巡按谢汝仪与镆郤，乃诬镆之子涞纳猛万金，廉得涞书献之。镆惶恐，乃再疏请征。于是部趣镆克期进，镆偕总兵官朱麟发兵八万,以都指挥沈希仪、张经等统之,分道并入。猛闻大兵至,令其下毋交兵,裂帛书冤状,陈军门乞怜察。镇不听,督兵益急,沈希仪斩猛长子邦彦于工尧隘,猛惧,谋出奔,而归顺州知州岑璋,猛妇翁也,其女失爱,璋欲藉此报猛,乃甘言诱猛走归顺,鸩杀之,斩首以献。

六年,镇以田州平,告捷京师,乃请改田州为流官,并陈善后七事,诏俱从之。

镇留参议汪必东、佥事申惠、参将张经以兵万人镇其地,知府王熊兆署府事。会必东、惠皆移疾他驻,惟经、熊兆在府,兵势分,防守稍懈。于是逆党卢苏、王受等乃为伪印,诳言猛在,且借交阯兵二十万,以图兴复。蛮民信之,聚众薄府城。经出击,兵少不敌,欲引还,而城中阴为内应,呼噪四出,官军腹背受攻,力战不支,突围渡江走,贼逼其后,争舟溺死者甚众。贼沿江置阑索,伏药弩,夹岸并起。官军且战且行,抵向武,失士卒三四百人。贼遂入据府城,烧仓粟以万计。御史石金上其事,颇委罪前抚盛应期生事召衅,而给事中郑自璧因请仍檄湖广永顺、保靖兵并力剿贼。帝以四方兵数万方归休,岂可复调,命再计机宜以闻。

时卢苏等虽据府叛,佯听抚,遣人迎署府事王熊兆。而其党王受等纠众万余,攻据思恩城,执知府吴期英、守备指挥门祖荫等。已而释期英等,亦投牒上官,愿听招抚。都御史姚镆以兵未集,姑受之以缓其谋。遣谍者檄东兰、归顺、镇安、泗城、向武诸土官,各勒兵自效,且责失事守巡参将等官立功自赎。复疏调湖广永、保土兵,江西汀、赣备兵,俱会于南宁,并力进剿。帝以蛮乱日久,镆巡官受命大征,未及殄绝,辄奏捷散兵,使余孽复滋,罪不容逭。姑赦前过,益图新功。乃起原任兵部尚书新建伯王守仁总督军务,同镆讨之。

时受既入思恩,封府库,以贼兵守之,而自攻武缘。守巡官邹锐等率兵至思恩,思恩千夫长韦贵、徐伍等遣壮士由间道入城为内应,夜引官兵夺门,杀贼二十余人,收府印及库物,护送期英于宾州,因招抚城中未下者。时受攻武缘甚急,参将张经坚壁拒守。镇守头目许用与战，斩其渠帅一人。贼见援兵大集，乃遁去。镇以闻。

帝以田州、思恩贼锋虽挫，首恶未擒，仍令守仁亟督兵剿抚。守仁威名素重，及督军务，调兵数万人至，诸蛮心慑。守仁至南宁，道中见受等势盛，度亦未可卒灭，上疏极陈用兵利害。兵部议以守仁所见未确，复陈五事，令守仁详计其宜，于是守仁又疏云：

臣奉命于去年十二月至广西平南县，与巡按御史石金及藩臬诸将领等会议。思、田祸结两省，已逾二年。今日必欲穷兵尽剿，则有十患。若罢兵行抚，则有十善。臣与诸臣，摅心极论，今日之局，抚之为是。

臣抵南宁，遂下令尽撤调集防守之兵。数日内解归者数万，惟湖兵数千，道阻远，不易即归，仍使分留南宁，解甲休养，待间而动。而卢苏、王受先遗其头目黄富等诉告，愿得归境投生，乞宥一死。臣等谕以朝廷威德，令赍飞牌，归巢晓谕，期以速降无死。苏、受等得牌，皆罗拜踊跃，欢声雷动。

寻率众至南宁城下，分屯四营。苏、受等囚首自缚，与头目数百人赴军门请命。臣等复谕之曰："朝廷既赦尔罪，尔等拥众负固，骚动一方。若不示罚，何以雪愤？"于是下苏、受于军门，各杖一百，乃解其缚。又谕之曰："今日宥尔死者，朝廷好生之德；必杖尔者，人臣执法之义。"众皆叩首悦服，愿杀贼立功。臣随至其营，抚定其众七万余人，复委布政使林富等安插，于二月二十六日悉命归业。是皆皇上至孝达顺之德，神武不杀之威，未期月而蛮民率服，不折一矢，不伤一人；而全活数万生灵，即古舞干之化，奚以加焉。

疏闻，帝嘉之，遣行人赍敕奖赍。于是守仁复疏言：

思、田久构祸，荼毒两省，已逾二年。兵力尽于哨守，民脂竭于转输，官吏疲于奔走。地方黾脆，如破坏之舟，漂泊风浪，覆溺在目，不待智者而知之矣。必欲穷兵雪愤，以歼一隅，无论不克，纵使克之，患且不测。况田州外捍交阯，内屏各郡，深山绝谷，猺、獠盘据。使尽诛其人，异日虽欲改土为流，谁为编户？

非惟自撤其藩篱,而拓土开疆以资邻敌,非计之得也。

今岑氏世效边功,猛独违误触法,虽未伏诛,闻已病死。臣谓治田州非岑氏不可,请降田州府为田州,而官其子,以存岑氏之后。查猛有二子,长邦佐,自幼出继为武靖州知州。武靖当猛贼之冲,邦佐才足制驭,宜仍旧职。而今所建州,请以猛幼子邦相授吏目,署州事,俟后递升为知州,以承岑氏之祀。设土巡检诸司,即以卢苏、王受等九人为之,以杀其势。添设田宁府,统以流官知府,以总其权。

从之。惟以守仁所奏岑猛子,与抚按所报异,令再覆。

于是守仁言:"臣初议立岑氏后,该府土目及耆老俱言岑猛本有四子:长邦佐,妻张氏出;次邦彦,妾林氏出;次邦辅,外婢所生;次邦相,妾韦氏出。猛嬖溺林氏而张失爱,故邦佐自幼出继武靖。邦彦既死,邦佐得武靖民心,更代亦难其人。欲立邦辅,土目谓外婢所生,名实不正。惟邦相系猛正派,质貌厚重,堪继岑氏。故当时谓猛子存者二人,亦所以正名慎始,杜后日之争也。"疏上,如议行。

八年,守仁于思、田既议设流官,又议移南丹卫于八寨,改思恩府城于荒田,改设凤化县治于三里,添设流官县于思龙,增筑五镇城堡于五屯。及侍郎林富继之,又言:"田州界居南宁、泗城,交通云、贵、交阯,为备非一,不宜改设流官。南丹卫设在宾州,既不足以遥制八寨,迁八寨又不得以还护宾州。为今日计,独上林之三里,守仁所议设县者,可迁南丹卫于此。夫设县则割宾州之地以益思恩,是顾彼而失此也。迁卫则扼八寨之吭,以还护宾州,是一举而两得也。然不宜属田州,而仍属南宁为便。"其议与守仁颇有异同,诏从富言。

初,邦相兄邦彦有子芝,依大母林氏、瓦氏居,官给养田。其后邦相恶苏专擅,密与头目卢玉等谋诛苏及芝。苏知之,会邦相又侵削二氏原食庄田,二氏遂与苏合谋,以芝奔梧州,赴军门告袭,苏又为芝疏请。寻令人刺邦相,邦相觉,杀行刺者。而苏遂伏兵杀卢玉等,以兵围邦相宅,诱邦相出,乘夜与瓦氏缢杀之。巡按御史曾守约

以闻，帝命守臣亟为勘处。苏之杀邦相也，归顺、镇安、泗城、向武诸
土官群起构难，互相讦奏。当事者谓以岑芝承袭未定，田州无主，致
令邻封觊觎，当给劄付令芝管事。苏又请早给芝冠带，以抚田州，而
自悔罪，愿裹粮立功，及追补累年所逋粮赋。巡按御史诸演疏闻，部
议以土蛮自相仇杀，当从末减，皆令立功，方准赎罪复官。

三十二年，芝死，子大寿方四岁。土人莫苇冒岑姓，及土官岑
施，相煽构乱，提督郎槚奏令思恩守备张启元暂驻田州镇之，报可。
三十四年，田州土官妇瓦氏以狼兵应调至苏州剿倭，隶于总兵俞大
猷麾下。以杀贼多，诏赏瓦氏及其孙男岑大寿、大禄银币，余令军门
奖赏。四十二年以平广西猺、獞功，准岑大禄实受知州职。

泰昌元年，总督许弘纲奏：“田州土官岑懋仁肆恶起衅，窥占上
林，纳叛人黄德隆等，纠众破城，擅杀土官黄德勋，掳其妻女印信，
乞正其罪。”诏令岑懋仁速献印，执送诸犯，听按臣分别正法，违则
进剿。天启二年，巡抚何士晋请免懋仁逮问，各率土兵援剿，有功优
叙，从之。

田州世岑氏，改流者再，而终不果。卢苏再叛弑主，终逸于罚，
论者以为失刑云。

上林在田州东，宋置，隶横山寨。元属田州路。洪武二年，土官
黄嵩归附，授世袭知县，流官典史佐之。

恩城州，唐置，宋、元仍旧。明初因之，隶广西布政司，朝贡如
例。成化十九年，知州岑钦，田州土官岑溥叔也，相仇杀。溥败，钦
入田州，焚府治，大肆杀掠。溥诉于制府，下三司官鞫理。弘治三年，
钦复入田州，与泗城土官岑应分据其地。巡抚秦竑请调兵剿之。兵
部言兵不可轻动，惟令守臣谕令应缚钦自赎。五年，钦走岑应所借
兵，总镇檄应捕之，钦遂杀应父子。已而，应弟接，佯以兵送钦，亦杀
钦父子。有司以恩城宜裁革，从之，州遂废。

上隆州，宋置，隶横山寨。元属田州路，明因之。后改隶布政司。

洪武十九年,上隆知州岑永通遣从子岑安来贡,赐绮帛钞锭。洪熙元年,土官知州岑琼母陈氏来朝,贡马,赐钞币。宣德四年以陈氏为知州。时琼已卒,无子,土人诉于朝,愿得陈氏袭职,故有是命。

都康州,宋置,隶横山寨。元属田州路。洪武间,为蛮獠所据。三十二年复置,隶布政司。土官冯姓。其界东南抵龙英,西至镇安,北至向武。

明史卷三一九
列传第二○七

广西土司三

泗城　利州　龙州　归顺　向武
奉议　江州　思陵　广东琼州府附

泗城州,宋置,隶横山寨。元属田州路。其界东抵东兰,西抵上林长官司,南抵田州,北抵永宁州。

洪武五年,征南副将军周德兴克泗城州,土官岑善忠归附,授世袭知州。十三年,善忠子振作乱,寇利州,广西都司讨平之。十四年,善忠来贡方物。二十六年,振遣人贡马及方物,诏赐以钞锭。

宣德元年,女土官卢氏遣族人岑台贡马及银器等物,赐赉有差。八年,致仕女土官卢氏奏,袭职土官岑豹率土兵千五百余人谋害己,又弃毁故土官岑瑄塑像,所为不孝,难俾袭职。豹叔利州知州颜亦奏豹兴兵谋杀卢氏,州民被害。都督山云奏:"豹实故土官瑄侄,人所信服,应袭职。卢氏,瑄妻,豹伯母,初借袭,今致仕,宜量拨田土以赡终身。仍请敕豹无肆侵扰。"兵部请从云奏。帝命行人章聪、侯琏赍敕,谕云会三司巡按究豹与卢氏是非,从公判决。

正统元年,豹遣人入贡。二年,豹攻利州,掠其叔颜妻子财物。朝廷官至抚谕,负固不服,增兵拒守。云以闻,乞发兵剿之。帝敕云曰:"蛮夷梗化,罪固难容,然兴师动众,事亦不易,其更遣人谕之。"五年,颜奏豹侵占及掠掳罪。头目黄祖亦奏豹杀其弟,籍其家。瑄女亦奏豹占夺田地人民,囚其母卢氏。帝复遣行人朱升、黄恕赍敕谕之,并敕广西、贵州总兵官亲诣其地,令速还所侵掠,如不服,相机擒捕。六年,总兵官柳溥奏:"行人恕、升同广西三司委官谕豹退还原占利州地,豹时面从,及回,占如故。今颜欲以利州、利甲等庄易泗城、古那等甲,开设利州衙门,宜从其请,发附近官军送颜赴彼抚治蛮民。倘豹仍拒逆,则率兵剿捕。"从之。八年,豹遣人奉贡,赐彩币。十年,豹复奏颜占据其地,帝令速予议处,不可因循,贻边方害。

成化元年,豹聚众四万,攻劫上林长官司,杀土官岑志威,据其境土。兵部言:"豹强犷如此,宜调兵擒捕,明正典刑。"从之。未几,豹死。

弘治三年,土官知州岑应复据上林长官司及贵州镇宁等处一十八城,时恩城土官岑钦攻夺田州府,逐知府岑溥。应与钦党,既复相仇,两家父子交相仇杀。事闻,兵部奏:"钦连年构祸,而应党之,复据上林长官司,流毒不少,今天厌祸,假手相残,实地方之幸。应所占邻壤及土官印信数多,亦宜勘断,以除祸本,并令应弟接退还侵地及印信,乃许承袭。泗城地广兵多,宜选头目,量授职衔,分辖以杀其势。"诏下总镇官区处。接遣人朝正,赐彩缎钞锭。

十年,总督邓廷瓒奏:"接往年随征都匀、府江等处有功,乞略其祖父罪,令承袭世职,以图报效。"廷臣议:"劫印侵地,虽系接祖父罪,然再四抚谕,接不肯归之于官,遽使袭职,则志益骄,非驭土官法。"

十二年,田州土目黄骥作乱,要接为声援,杀掠男妇,劫烧仓库民庐,又劫府学及横山驿印记,遂据兴仁。十四年,贵州贼妇米鲁作乱,提督王轼请调接领土兵二万营于砦布河,因敕接自备两月饷,克期赴调。

十八年,泗城土官族人岑九仙奏:"自始祖岑彭以来,世袭土官。至豹子应罹钦之祸,子孙灭亡殆尽。其弟接,众推护印,累著劳勚,乞令袭职,俾掌辖蛮众。"兵部尚书刘大夏等议:"豹乃叛臣余蘖,子应复自取灭亡。今接者,人皆传称为梁接,非应亲枝,又不知岑九仙是何遁逃,冒为奏扰。臣大夏先在两广,见岑氏谱。岑之始祖木纳罕于元至正年间,与田州知府之祖伯颜,一时受官。今九仙妄援汉岑彭世次,尘渎圣听,请治其罪。其岑接应袭与否,前已令镇巡官勘奏,岑九仙虽蛮人难以深究,亦当摘发以破其奸。”从之。

正德十二年,泗城及程县各遣官族来贡。后期,赏减半。泗城贡厚,仍全给之。

嘉靖二年,田州岑猛率兵攻泗城,拔六寨,进薄州城,克之。接告急军门,言猛无故攻寨。猛言接非岑氏后,据其祖业,欲得所侵地。诏下勘处。

十六年,田州卢苏作乱。泗城土舍岑施以兵纳岑邦佐。兵败,弗克纳。二十七年诏土舍施袭替,免赴京,以尝听调有劳也。隆庆二年,泗城蛮黄豹、黄矛等据贵州程番府麻向、大华等司,时出掳掠,官军剿之,豹等遁去。

万历二年,泗城土官岑承勋等贡马及香炉等物。四十一年,土官岑云汉贡方物。初,云汉乃绍勋嫡嗣,绍勋宠庶蘖雷汉,头目黄玛等从中煽祸,以至焚劫称兵。云汉给母出印,扶弟以奔,抚按以闻。廷议请释绍勋罪以存大伦,杖雷汉、黄玛等以息嚣蘖,云汉从宽削衔,戴罪管事。诏可。天启二年,巡抚何士晋请复云汉知州职,量加都司职衔,令率土兵援黔。从之。

泗城延袤颇广,兵力亦劲,与庆远诸州互相雄长。其流恶自豹而应而接,且三世。领县一,曰程县;长官司二,曰安隆,曰上林。

程县在泗城州之东北,旧号程丑庄。明初归附,隶泗城州。洪武二十一年,改为县,编户一里。后改属庆远府,寻复隶泗城州,设流官知县。正统间,为岑豹所逼,弃官遁去,典史摄印,旋亦罹害。豹遂夺其印,据县治。事闻,屡遣官谕之,历岑应、岑接凡七十余年不服。嘉靖二年,接为诸土官攻杀,督府遣官按问,得县印,贮于官,后仅存荒土。泗城、南丹、那地俱欲得之,时治兵相攻云。

安隆长官司，东抵泗城，西抵云南，南抵上林长官司，北抵贵州宣慰司，元泗城州地也。洪武元年，泗城州土官岑善忠以次子子得领安隆峒。三十年，子得来朝，贡马。设治所。永乐元年设安隆长官司，以子得为长官，抚其众。十二年贡马，赐钞币，子世袭。

上林长官司，东北俱抵泗城界，西抵安隆长官司，南抵云南。宋、元号上林峒，属泗城州，明兴因焉。永乐初置长官司，以泗城州土官岑善忠三子子成为长官，抚其民。永乐四年，子成遣子保贡方物，赐钞币，自是贡赐不绝。成化元年，泗城岑豹攻劫上林，杀长官志威，灭其族，劫印，占其境土。兵部移文议豹罪，仍以地与印给上林。弘治三年，上林长官司遣头目入贡，礼部以过期至，给半赏。既而泗城岑应复夺据上林长官司，然正、嘉、隆、万间，朝贡犹时至。

利州，汉属交阯，号阪丽庄。宋建利州，隶横山寨，元因焉。土官亦岑姓，洪武初归附。授知州，以流官吏目佐之，直隶布政司。宣德二年，利州知州岑颜遣头目罗向贡马。

正统元年，泗城岑豹侵据利州地，并掠颜妻子财物。总兵官山云以闻，帝敕镇、巡官抚谕之。四年，颜遣族人岑忻贡银器方物。五年，颜奏：“本州地二十五甲，被豹兴兵攻占，母覃被囚，妻财被掠，累奉敕抚谕，猖獗不服。”帝遣行人黄恕、朱升敕谕豹，事具前传。七年，豹复与颜相仇杀，帝敕总兵官吴亮宣布恩威，令各罢兵，而豹终杀颜及其子得，夺州印去，遂以流官判州事。数十年间，屡经诸司勘奏，移檄督追，历岑应、岑接二世如故。

嘉靖二年归并泗城。

龙州，古百粤地。汉属交阯。宋置龙州，隶太平寨。元大德中，升州为万户府。

洪武二年，龙州土官赵帖坚遣使奉表，贡方物。诏以帖坚为龙州知州，世袭。八年改隶广西布政司。时帖坚言：“地临交阯，所守关隘二十七处，有警须申报太平，达总司，比报下，已涉旬月，恐误事机,乞依奉议、泗城二州,隶广西便。"从之。十六年,帖坚以孝慈皇后丧,上慰表,贡马及方物,赐绮帛钞锭有差。

二十一年,帖坚病,无子,以其从子宗寿代署州事。帖坚卒,宗寿袭。郑国公常茂以罪谪居寿州。帖坚妻黄氏有二女,一为太平州土官李圆泰妻,茂纳其一为妾。时宗寿虽袭职,帖坚妻犹持土官印,与茂、圆泰专擅州事,数陵逼宗寿。会茂以病卒,其阍者赵观海等亦肆侮宗寿。宗寿乃与把事等以计取土官印,上奏,言茂已死,并械观海等至京。于是帖坚妻惶惧,使人告宗寿掳掠,又与圆泰谋劫茂妾并其奴婢往太平州,又尽掠赵氏祖父官诰诸物,又欲并取龙州之地。乃自至京,告宗寿实从之,不应袭,宗寿亦上章言状。帝乃诏宗寿勿问,下吏议帖坚妻与圆泰罪,既而以远蛮俱释之。

久之,复有人告茂匿龙州未死,前宗寿所言皆妄。遂诏右军都督府榜谕宗寿及龙州官民,言:"昔郑国公常茂有罪,上以开平王之功,不忍遽置于法,安置龙州。土官赵帖坚故,其妻与茂结为婚姻,诱合诸蛮,肆为不道。帖坚侄宗寿袭职,与黄氏互相告讦,言茂已死。上以功臣子,犹加怜悯,释二人告讦罪。今有人言茂实未死,宗寿等知状。已遣散骑舍人谕宗寿捕茂,延玩使者久不复命,其意莫测。特命榜谕尔宗寿等知之,如茂果存,则送至京师以赎罪,如茂果死,宗寿亦宜亲率大小头目至京,具陈其由。"

广西布政司言宗寿屡诏赴京,拒命不出,又言南丹、奉议等蛮梗化。帝复命致仕兵部尚书唐铎往谕宗寿,讫不从命。诏发湖广、江西所属卫所马步官军六万余,各赍三月粮,期以秋初俱赴广西。命都督杨文佩征南将军印,为总兵官,都指挥韩观为左将军,都督佥事宋晟为右将军,刘真为参将,率京卫马步军三万人至广西,会讨龙州及奉议、南丹、向武等州叛蛮。师行,帝撰文遣使祭岳镇海渎,复遣礼部尚书任亨泰、监察御史严震直使安南,谕以讨龙州赵宗寿之故,令陈日焜慎守边境,毋助逆,勿纳叛。遣人谕文调南宁卫兵千人,江阴侯吴高领之,柳州卫兵千人,安陆侯吴杰领之,皆令其建功自赎。又诏文等,如兵至龙州,宗寿亲来见,具陈茂已死之由,则宥其罪。若诈遣人来，则进兵讨之。既，铎还京，言宗寿伏罪来朝，乞罢兵勿征。诏文移兵于奉议，仍命铎至军参军事。宗寿偕耆民农里等六十九人来朝谢罪，贡方物。

宗寿死，子景升袭。景升死，无嗣，以叔仁政袭。仁政再传为赵源，源死无子。思恩土官岑浚率兵攻田州回，劫龙州，夺其印，纳故知府源妻岑氏。诏下镇巡官剿贼，而议立为源后者。以源庶兄浦有二子，相居长当立。相弟楷不能无望，则谋于岑氏，以仆韦队子璋诡云遗腹。岑氏恃兄子猛方兵雄，楷遂奏言，璋实源子，当立，为相所篡。事下督府勘，未决。璋赂镇守太监傅伦舍人，诡称有诏，檄猛调二万兵，纳璋入龙州。左江大震，相挈印奔况村。都御史杨旦讨璋，猛杀之，相乃归。相二子，长燧，次宝。相枝捂，宝亦枝捂，相绝爱之，曰：“肖我当立。”猛乃以宝去，髡为奴。

嘉靖元年，相死，州人立燧。楷弑之，州人立其族弟煖。时王守仁提督两广，幕客岑伯高用事，楷赂伯高，言煖非赵氏裔，当立者楷也。遣上思州知州黄熊兆核之。熊兆党伯高，言楷当立，以州印畀楷。楷遂杀煖，龙州大乱。州目黄安等潜往田州购宝。宝时为奴杨布家十三年矣，安等行百金购得之。言之督府，都御史林富谓楷势已张，毋持之急，乃令楷摄职，俟宝长让之。楷复时时谋杀宝。富谕楷，令以印还宝，宝谢以五千金，益以腴田三十一村。楷计宝弱易与，不如邀厚利而徐图之，遂听命。楷复求韦璋之子应育之，令往来宝所。宝妻黄氏，思明府土官黄朝女也，贰于宝而与应通。应乃厚结州目，又数遣人与向武州缔好，乞兵为卫。宝日荒悍，刑狡男子王良为阍。楷知良恨宝，激使内应，良许之。楷以千人夜至宝寝门呼良，良开门纳楷兵，执宝寝所，斩之，以他盗闻。应以兵千人据州，并结朝自援。

都御史蔡经属副使翁万达谋之。万达谓楷狙诈，未可速图。韦巽应懦寡虑，可旦夕擒，断其中坚，然后可次第获，督抚善之。万达行部至太平，使人以他事召朝，谕之计，论应当死，言楷才勇，正须藉为龙州当一面耳。时诸言楷事者，故不为理，州人大哗。万达愈厚楷,楷信之,遂统精兵千人诣万达言状,并以三十一村地献。万达召楷及州目邓玛等入见,伏壮士劫之,曰:"汝罪大,宜自为计。诚死,尚可为尔子留一官。"楷自分无生理,乃手书谕其党曰曰:"业已如此,乱无益也,可善辅我子以存赵。"万达即杖楷,毙之,以楷书谕其州人。时楷子匡时,生四年矣,立之,一州悉定。乃以十三村还龙州,十八村隶崇善县,于是龙州赵氏仍得袭。

归顺州,旧为峒,隶镇安府。永乐间,镇安知府岑志纲分其第二子岑永纲领峒事,传子瑛,屡率兵报效。弘治九年,总督邓廷瓒言:"镇安府之归顺峒,旧为州治,洪武初裁革。今其峒主岑瑛每效劳于官,乞设州治,授以土官知州。凡出兵令备土兵五千,仍岁领土兵二千赴梧州听调。"诏从之,增设流官吏目一员。瑛死,子璋袭。复从璋奏,以本州改隶布政司。

璋多智略。田州岑猛以不法获谴,都御史姚镆将举兵讨之。璋,猛妇翁也。镆虑璋党猛,召都指挥沈希仪谋。希仪雅知璋女失宠,恨猛,又知部下千户赵臣雅善璋。希仪因使赵臣语璋图猛,璋受命。时猛子邦彦守工尧隘,璋诈遣兵千人助邦彦,言:"天兵至,以姻党故,且与尔同祸。今发精兵来,幸努力坚守。"邦彦欣纳之。璋遣人报希仪曰:"谨以千人内应矣。"时田州兵殊死拒战,诸将莫利当隘者,希仪独引兵当之。约战三合,归顺兵大呼曰:"败矣!"田州兵惊溃,希仪麾兵乘之,斩首数千级,邦彦死焉。猛闻败,欲自经。而璋先已筑别馆,使人请猛。时猛仓皇不知所出,遂挈印从璋,使走归顺。璋诡为猛草奏,促猛出印实封之。璋既知猛印所在,乃鸩杀猛,斩其首,并府印函之,间道驰军门。为谗言所阻,竟不论功。

璋死,次子㻞袭。嘉靖四年,提督盛应期以㻞先助猛逆攻泗城,许自新,出兵讨贼自赎。从之。十四年,田州卢苏叛,纠㻞攻镇安府。㻞破镇安,并发岑真宝父母坟墓。事闻,革冠带,许立功赎。㻞后从征交阯,卒于军。子代袭,万历间以贡马违限,给半赏。

向武州,宋置,隶横山寨。元隶田州路。其界东北抵田州,西抵镇安,南抵镇远。

洪武二年七月,土官黄世铁遣使贡马及方物。诏以世铁为向武州知州,许世袭。二十一年,广西布政司言向武州叛蛮梗化。时都督杨文佩征南将军印,讨龙州、奉议等处,复奉命移师向武。文调右副将军韩观分兵进讨都康、向武、富劳诸州县,斩世铁。以兵部尚书唐铎言,置向武州守御千户所。

永乐二年,土民知州黄彧遣头目罗以得贡马,赐钞币。宣德四年,故土官知州黄谦昌子宗荫贡马,赐钞。

嘉靖四年,田州岑猛叛,向武土官以兵助猛。提督盛应期议大征,檄向武出兵讨贼,以功赎罪。

十六年,田州卢苏叛,镇安土官岑真宝以兵纳岑邦佐,苏求助于向武。时土官黄仲金怨真宝,遂与合兵,破镇安。事闻,革仲金冠带。二十七年,以仲金听调有劳,诏许承袭原职,免赴京。四十二年,又以剿平猺寇功,加仲金四品服。

向武领县一,曰富劳,元置。洪武间,为蛮獠所据。建文时复置,仍隶向武州。永乐初,省武林入焉。土官亦黄氏世袭。

奉议州,宋置。初属静江军,后属广西经略安抚司。元属广西两江道宣慰司。

洪武初,土官黄志威旧为田州府总管,来归附。二年诏授其子世铁为向武州知州,世袭。三年,志威入朝贡。六年招抚奉议等州百十七处人民,皆款服。帝嘉志威功,命以安州、侯州、阳县属之。七年以志威为奉议州知州兼守御,直隶广西行省。二十六年,奉议州知州黄嗣隆遣人贡马及方物,赐以钞锭。

二十八年,广西布政司言,奉议、南丹等处蛮人梗化。时都督杨文讨龙州,伏罪,帝命移兵奉议剿贼,遣使谕文等:“近闻奉议、两江溪峒等处,林木阴翳,蛇虺遗毒草莽中,雨过,流毒溪涧,饮之令人死。师入其地,行营驻劄,勿饮山溪水泉,恐余毒伤人。宜凿井以饮,尔等其慎察之。"文发广西都司及护卫官军二万人,调田州、泗城等土兵三万八千九百人从征。师至奉议州,蛮寇闻官军至,悉窜入山林,据险自固。文督诸将分兵捕之,复调参将刘真等领兵分道攻南丹叛寇。初,文等驻师奉议州之东南,分兵追捕贼党,且遣人招降其胁从者。贼皆焚庐舍,走山谷,凭险阻立栅自固。文督将士屡攻破之,贼众溃散。左副将军韩观等遂分兵追讨都康、向武、富劳、上林诸州县,破其更吾、莲花、大藤峡等寨,斩向武土官黄世铁并其党万八千三百余人,招降蛮民复业者六百四十八户,徙置象州武山县,蛮寇遂平。时兵部尚书致仕唐铎参议军事,以朝廷尝命征剿毕日,置卫守之。乃会诸将相度形势,置奉议等卫并向武、河池、怀集、武仙、贺县等处守御千户所,设官军镇守。诏从其言。

宣德二年,署州事土官黄宗荫遣头目贡马。正统五年,宗荫科敛戕杀,甚且欲戕其母。母避之,杀母侍者以泄怒,为母所告。金事邓义奏其事,帝敕总兵官柳溥及三司按验以闻。

嘉靖四年,田州岑猛叛,奉议土官尝助猛攻泗城州。至是提督盛应期言,许其自新,令出兵讨贼,以功赎罪。后土官知州死,皆以土判官掌州事。论者以奉议弹丸地,三面交迫田州,独南界镇安,其势甚蹙。明初置卫,铨官如宋、元故事,盖欲中断田、镇,以伐其谋云。

江州界,东抵忠州,西抵龙州,南抵思明,北抵太平府。其州宋置,隶古万寨。元属思明路。

明初,土官黄威庆归附。授世袭知州,设流官吏目以佐之,直隶布政司。嘉靖四十二年,以平猺、獞功,准江州土官子黄恩暂署本职。

领县一,曰罗白。洪武初,土官梁敬宾归附,授世袭知县。敬宾死,子复昌袭。永乐间,从征交阯被陷,子福里袭。

思陵州,宋置,属永平寨。元属思明路。洪武初,省入思明府。

二十一年复置思陵州。二十七年，土官韦延寿贡马及方物。宣德四年，护印土官韦昌来朝，贡马，赐钞币。正统间，贡赐如制。其界东至忠州，西北至思明，南至交阯。

琼州，居环海中。汉武帝平南粤，始置珠崖、儋耳二郡。历晋、隋、唐、宋叛服不一，事具前史。元改置琼州路，属海北海南道宣慰司。天历初，改乾宁军民安抚司。

洪武元年，征南将军廖永忠平广东，改乾宁安抚司为琼州府，以崖州吉阳军、儋州万安军俱为州，南建州为定安县隶焉。

六年，儋州宜伦县民陈昆六等作乱，攻陷州城。广东指挥使司奏言：“近儋州山贼乱，已调兵剿。其儋、万二州，山深地旷，宜设兵卫镇之。”诏置儋、万二州守御千户所。七年，儋州黎人符均胜等作乱，海南卫指挥张仁率兵讨平之。又海南罗屯等洞黎人作乱，千户周旺等讨平之。澄迈县贼王官舍乱，典史彭祯领民兵捕斩之。十五年，万、崖二州民陈鼎叔等作乱，陷陵水县，为海南卫官军击败，追至藤桥，斩鼎叔等三百余人，余党悉平。十七年，儋州宜伦县黎民唐那虎等乱，海南卫指挥张信发兵讨之。那虎及其党郑银等败遁，信追擒之，送京师。知州魏世吉受贿，纵银去。帝谓兵部曰：“知州不能捕贼，及官军捕至而反纵之乎？”命遣力士即其州杖世吉，责捕所纵者。

永乐三年，广东都司言：“琼州所属七县八洞生黎八千五百人，崖州抱有等十八村一千余户，俱已向化，惟罗活诸洞生黎尚未归附。”帝命遣通判刘铭赍敕抚谕之。御史汪俊民言：“琼州周围皆海，中有大、小五指，黎母等山，皆生熟黎人所居。比岁军民有逃入黎洞者，甚且引诱生黎，侵扰居民。朝廷屡使招谕，黎性顽狠，未见信从。又山水峻恶，风气亦异，罹其瘴毒，鲜能全活。近访宜伦县熟黎峒首王贤祐，尝奉命招谕黎民，归化者多。请仍诏贤祐，量授以官，俾招谕未服，戒约诸峒，无纳逋逃。其熟黎则令随产纳税，悉免差徭；其生黎归化者，免税三年；峒首则量所招民数多寡授以职。如此庶几黎人顺服。”从之。遣知县潘隆本赍敕抚谕。

四年，琼州属县生黎峒首罗显、许志广、陈忠等三十三人来朝。初以生黎多未向化，遣铭招抚。至是向化者万余户，显等从铭来朝，且乞以铭抚其众。帝遂授铭琼州知府，专职抚黎，仍授显等知县、县丞、巡检等官，赐冠带钞币，遣还。自是诸黎感悦，相继来归。琼山、临高诸县生黎峒首王罚、锺异、王琳等来朝，命为主簿、巡检。六年，铭复率土黎峒首王贤祐、王惠、王存礼等来朝，贡马。命贤祐为儋州同知，惠、存礼为万宁县主簿。八年，文昌县斩脚寨黎首周振生等来归，赐以钞币，俾仍往招诸峒。九年，临高县典史王寄扶奉命招至生黎二千余户，而以峒首王乃等来朝。命寄扶为县主簿，并赐王乃等钞。十一年，琼山县东洋都民周孔洙，招谕包黎等村黎人王观巧等二百三十户，愿附籍为民。从之。临高民黄茂奉命招抚深峒、那呆等二十四峒生黎，率黎首王聚、符喜等来朝贡马，黎民来归者户四百有奇。通计前后所抚诸黎共千六百七十处，户三万有奇，盖皆本庙算云。

十四年，王贤祐率生黎峒首王撒、黎佛金等来朝贡，帝嘉纳之。命礼部曰："黎人远处海南，慕义来归，若朝贡频繁，非存抚意。自今生黎土官峒首俱三年一贡，著为令。"十六年，感恩土知县楼吉禄率峒首贡马。十九年，宁远土县丞邢京率峒首罗淋朝贡。时崖州民以私忿相战斗，卫将利渔所欲，发兵剿之。琼州知州王伯贞执不可，曰："彼自相仇杀耳，非有寇城邑杀良民之恶，不足烦官军。"卫将不从，伯贞乃遣宁远县丞黄童按视。果仇杀，逮治数人，黎人遂安。

宣德元年，乐会土主簿王存礼等，遣黎首黎宁及万州黎民张初等来贡，帝谓尚书胡溁曰："黎人居海岛，不识礼仪，叛服不常，昔专设官抚绥，今来朝，当加赉之。"九月，澄迈县黎王观珠、琼山县黎王观政等，聚众杀琼山土知县许志广，流劫乡村，杀掠人畜，命广东三司勘实讨之。二年，指挥王瑀等追捕黎贼，兵至金鸡岭，贼率众拒敌，败之，生擒贼首王观政及从贼二百六十二人，斩首二百六十七级，余众溃，奔走入山，招抚复业黎八百一十二户，以捷闻，械送观政等至京。帝谓尚书蹇义曰："蛮性虽难驯，然至为变，必有激。宜严戒抚黎诸官，宽以驭之，若生事激变，国有常刑。"

正统九年，崖州守御千户陈政闻黎贼出没，偕副千户洪瑜领军搜捕贼，乃围熟黎村，黎首出见，政等辄杀之。又令军旗孙得等十五人焚其庐舍，杀其妻孥数人，掳其财物。各黎激变，政及官军百人，皆为所杀。巡按御史赵忠以闻，坐瑜激变律斩。

景泰三年敕万州判官王琥曰："以尔祖父能招抚黎人，特授土官。尔能继承父志，亦既有年。兹特降敕付尔，抚谕该管村峒黎人，各安生业，不得仿效别峒生黎所为。其官军亦不得擅入村峒，扰害激变。"

天顺五年敕两广巡抚叶盛，以海南贼五百余占据城池，可驰至琼，相机抚捕，勿使滋蔓。

弘治二年，崖州故土官陈迪孙、冠带舍人陈崇祐朝贡。以其能抚黎人之逋逃复业者，厚赐之。

十五年，黎贼符南蛇反，镇兵讨之，不下。户部主事冯颙奏："府治在大海南。有五指山峒，黎人杂居。外有三州、十县、一卫、十一所。永乐间，置土州县以统之，黎民安堵如故。成化间，黎人作乱，三度征讨。将领贪功，杀戮无辜。迨弘治间，知府张桓、余浚贪残苛敛，大失黎心，酿成今日南蛇之祸。臣本土人，颇知事势，乞仍考原设应袭土官子舍，使各集土兵，可得数万，听镇巡官节制。有能擒首恶符南蛇者，复其祖职。以蛮攻蛮，不数月可奏绩矣。"诏从之。

嘉靖十九年，总督蔡经以崖、万二州黎岐叛乱，攻逼城邑，请设参将一员，驻劄琼州分守。

二十八年，崖州贼首那燕等聚众四千人为乱，诏发两广官军九千剿之。给事郑廷鹄言：

> 琼州诸黎盘居山峒，而州县反环其外。其地彼高而我下，其土彼膏腴而我咸卤，其势彼聚而我散。故自开郡来千六百余年，无岁不遭黎害，然无如今日甚矣。今日黎患，非九千兵可办，必添调狼土官兵，兼召募打手，集数万众，一鼓而四面攻之，然后可克。

　　尝考剿除黎患，其大举有二。元至元辛卯，曾空其穴，勒石
五指山。其时虽建屯田府，立定安、会同二县，惜其经略未尽，
故所得旋失。嘉靖庚子，又尝大渡师徒，攻毁巢冈，无处不至。
于是议者谓德霞地势平衍，拟建城立邑，招新民耕守。业已举
行，中道而废，旋为贼资，以至复有今日。谨条三事：

　　一，崖黎三面郡县，惟东面连郎温、岭脚二峒岐贼，实当万
州陵水之冲。崖贼被攻，必借二峒东讧以分我兵势。计须先分
奇兵攻二峒，而以大兵径捣崖贼。彼此自救不暇，莫能相顾，则
歼灭可期。传闻贼首那燕已入凡阳构集岐贼。此必多方误我，
且讹言摇惑，以坚诸部助逆之心。宜开示慰安，以解狐疑之党。

　　一，隋、唐郡县，舆图可考，今多陷入黎中。荡平后悉宜恢
复，并以德霞、千家、罗活等膏腴之地尽还州县，设立屯田，且
耕且守。仍由罗活、磨斩开路，以达定安，由德霞沿溪水以达昌
化。道路四达，井邑相望，非徒慭奸销萌，而王路益开拓矣。

　　一，军威既振，宜建参将府于德霞，各州县许以便宜行事，
以镇安人心。其新附之民中有异志者，或迁之海北地方屯田，
或编入附近卫所戎籍，如汉徙潱山蛮故事。又择仁明慈惠之
长，久任而安辑之，则琼人受万世利矣。

疏下兵部议，诏悉允行。

　　二十九年，总兵官陈圭、总督欧阳必进等督兵进剿，斩贼五千
三百八十级，俘一千四十九人，夺牛羊器械倍之，招抚三百七十六
人。捷闻，帝嘉其功，赐圭、必进禄米荫袭有差。

　　万历十四年，长田峒黎出掠，兵备道遣兵执戮之，草子坡诸黎
召众来报复，战于长沙营，斩黎首百余级，于是黄村、田尾诸峒黎皆
出降。

　　琼州黎人，居五指山中者为生黎，不与州人交。其外为熟黎，杂
耕州地。原姓黎，后多姓王及符。熟黎之产，半为湖广、福建奸民亡
命，及南恩、藤、梧、高、化之征夫。利其土，占居之，各称酋首。成化
间，副使涂棐设计犁扫，渐就编差。弘治间，符南蛇之乱，连郡震惊，

其小丑侵突，无时而息云。

明史卷三二〇
列传第二〇八

外国一

朝　鲜

　　朝鲜，箕子所封国也。汉以前曰朝鲜。始为燕人卫满所据，汉武帝平之，置真番、临屯、乐浪、玄菟四郡。汉末，有扶余人高氏据其地，改国号曰高丽，又曰高句丽，居平壤，即乐浪也。已，为唐所破，东徙。后唐时，王建代高氏，兼并新罗、百济地，徙居松岳，曰东京，而以平壤为西京。其国北邻契丹，西则女直，南曰日本。元至元中，西京内属，置东宁路总管府，尽慈岭为界。

　　明兴，王高丽者王颛。太祖即位之元年遣使赐玺书。二年送还其国流人。颛表贺，贡方物，且请封。帝遣符玺郎偰斯，赍诏及金印，诰文封颛为高丽国王，赐历及锦绮。其秋，颛遣总部尚书成惟得、千牛卫大将军金甲两上表谢，并贺天寿节，因请祭服制度，帝命工部制赐之。惟得等辞归，帝从容问：“王居国何为？城郭修乎？兵甲利乎？宫室壮乎？”顿首言：“东海波臣，惟知崇信释氏，他未遑也。”遂以书谕之曰：“古者王公设险，未尝去兵。民以食为天，而国必有出政令之所。今有人民而无城郭，人将何依？武备不修，则威弛；地不耕，则民艰于食；且有居室，无厅事，无以示尊严。此数者朕甚不取。夫国之大事，在祀与戎。苟阙斯二者，而徒事佛求福，梁武之事，可为明鉴。王国北接契丹、女直，而南接倭，备御之道，王其念之。”因赐之六经、四书、通鉴。自是贡献数至,元旦及圣节皆遣使朝贺,岁以为常。

三年正月,命使往祀其国之山川。是岁颁科举诏于高丽,颛表谢,贡方物,并纳元所授金印。中书省言:“高丽贡使多赍私物入货,宜征税;又多携中国物出境,禁之便。”俱不许。五年表请遣子弟入太学,帝曰:“入学固美事,但涉海远,不欲者勿强。”贡使洪师范、郑梦周等一百五十余人来京,失风溺死者三十九人,师范与焉。帝悯之,遣元枢密使延安答里往谕入贡毋数。而颛复遣其门下赞成事姜仁裕来贡马,其贺正旦使金滑等已先至,帝悉遣还。谓中书省臣曰:“高丽贡献繁数,既困敝其民,而涉海复虞覆溺。宜遵古诸侯之礼,三年一聘。贡物惟所产,毋过侈。其明谕朕意。”

六年,颛遣甲两等贡马五十匹,道亡其二,甲两以闻。及进,以私马足之,帝恶其不诚,却之。七年遣监门护军周谊、郑庇等来贡,表请每岁一贡,贡道从陆,由定辽,毋涉海,其贡物称“送太府监”。中书省言:“元时有太府监,本朝未尝有,言涉不诚。”帝命却其贡。是岁,颛为权相李仁人所弑。颛无子,以宠臣辛旽之子禑为子,于是仁人立禑。

八年,禑遣判宗簿事崔原来告哀,且言前有贡使金义杀朝使蔡斌,今嗣王禑已诛义,籍其家。帝疑其诈,拘原而遣使往祭吊。十年,使来请故王颛谥号,帝曰:“颛被杀已久,今始请谥,将假吾朝命,镇抚其民,且掩其弑逆之迹,不可许。前所留使者,其遣之。”于是释原归。其夏,复遣周谊贡马及方物,却不受。冬,又遣使贺明年正旦。帝曰:“高丽王颛被弑,奸臣窃命,《春秋》之义,乱臣必诛,夫又何言。第前后使者皆称嗣王所遣,中书宜遣人往问嗣王如何,政令安在。若政令如前,嗣王不为羁囚,则当依前王言,岁贡马千匹,明年贡金百斤、银万两、良马百、细布万,仍悉送还所拘辽东民,方见王位真而政令行,朕无惑已。否则弑君之贼,必讨无赦。”

十一年四月,禑复命谊来贡。十二年敕辽东守将潘敬、叶旺等谨饬边备。其冬,禑遣李茂芳等来贡,以不如约却之。十三年,辽东送高丽使谊至京师,帝敕敬等曰:"高丽弑君,又杀朝使,前坚请入贡又不如期,今遣谊来,以虚文饰诈,他日必为边患。自今来者,其绝勿通。"因留谊于京师。十六年来贡,却之,命礼部责其朝贡过期、陪臣侮慢之罪;诚欲听约者,当以前五岁违约不贡之物并至。十七年六月,禑遣司仆正崔涓、礼仪判书金进宜贡马二千匹。且言金非地所产,愿以马代输,余皆如约。辽东守将唐胜宗为之请,帝许之。然请颙谥号、袭王爵,未允也。

十八年正月,贡使至。帝谕礼臣曰:"高丽屡请约束,朕数不允,而其请不已,故索岁贡以试其诚伪,非以此为富也。今既听命,宜损其贡数,令三年一朝,贡马五十匹。至二十一年正旦乃贡。"七月,禑上表请袭爵,并请故王谥。命封禑为高丽国王,赐故王颙谥恭愍。

十九年二月遣使贡布万匹、马千匹。九月,表贺,贡方物。其后贡献辄逾常额,且未尝至三年也。冬,诏遣指挥佥事高家奴以绮布市马于高丽。二十年三月,高家奴还,陈高丽表辞马直,帝敕如数偿之。先是,元末辽、沈兵起,民避乱,转徙高丽。至是因市马,帝令就索之,遂以辽、沈流民三百余口来归。十二月命户部咨高丽王:"铁岭北,东西之地,旧属开元者,辽东统之。铁岭之南,旧属高丽者,本国统之。各正疆境,毋侵越。"

二十一年四月,禑表言,铁岭之地实其世守,乞仍旧便。帝曰:"高丽旧以鸭绿江为界,今饰辞铁岭,诈伪昭然。其以朕言谕之,俾安分,毋生衅端。"

八月,高丽千户陈景来降,言:"是年四月,禑欲寇辽东,使都军相崔莹、李成桂缮兵西京。成桂使陈景屯艾州,以粮不继退师。王怒,杀成桂之子。成桂还兵攻破王城,囚王及莹。"景惧及,故降。帝敕辽东严守备,仍遣人侦之。十月,禑请逊位于其子昌。帝曰:"前闻其王被囚,此必成桂之谋,姑俟之以观变。"

二十二年,权国事昌奏乞入朝,帝不许。是岁,成桂废昌,而立定昌国院君瑶。二十三年正月遣使来告。二十四年三月,诏市马高丽。八月，权国事瑶进所市马千五百匹。帝曰："三韩君臣悖乱，二纪于兹。今王瑶嗣立，乃王氏苗裔，宜遣使劳之。"十二月，瑶遣其子奭朝贺。明年正旦，奭未归而成桂自立，遂有其国，瑶出居原州。王氏自五代传国数百年，至是绝。

二十五年九月，高丽知密直司事赵胖等，持国都评议司奏言："本国自恭愍王薨，无嗣，权臣李仁人以辛肫子禑主国事，昏暴好杀，至欲兴师犯边，大将李成桂以为不可而回军。禑负罪惶惧，逊位于子昌。国人弗顺，启请恭愍王妃安氏，择宗亲瑶权国事。已及四年，昏庆信谗，戕害勋旧，子奭痴骏不慧，国人谓瑶不足主社稷。今以安氏命，退瑶于私第。王氏子姓无可当舆望者，中外人心咸系成桂。臣等与国人耆老共推主国事，惟圣主俞允。"帝以高丽僻处东隅，非中国所治，令礼部移谕："果能顺天道，合人心，不启边衅，使命往来，实尔国之福，我又何诛。"冬，成桂闻皇太子薨，遣使表慰，并请更国号。帝命仍古号曰朝鲜。

二十六年二月，遣使进马九千八百余匹，命运纻丝绵布一万九千七百余匹酬之。六月表谢，贡马及方物，并上前恭愍王金印，请更己名曰旦。从之。是月，辽东都指挥使司奏，朝鲜国招引女直五百余人，潜渡鸭绿江，欲入寇。乃遣使敕谕，示以祸福。旦得敕，惶惧陈谢，上贡，并械送逋逃军民三百八十余人至辽东。

二十七年，旦遣子入贡。二十八年遣使柳珣贺明年正旦。帝以表文语慢，诘责之。珣言表文乃门下评理郑道传所撰，遂命逮道传，释珣归。二十九年送撰表人郑总等三人至，云表实总等所撰，道传病不能行。帝以总等乱邦构衅，留不遣。三十年冬，复以表涉讥讪，拘其使。建文初，旦表陈年老，以子芳远袭位。许之。

成祖立，遣官颁即位诏。永乐元年正月，芳远遣使朝贡。四月复遣陪臣李贵龄入贡，奏芳远父有疾，需龙脑、沉香、苏合、香油诸物，赍布求市。帝命太医院赐之，还其布。芳远表谢，因请冕服、书籍。帝嘉其能慕中国礼，赐金印、诰命、冕服、九章、圭玉、珮玉，妃珠翠七翟冠，霞帔、金坠，及经籍彩币表里。自后贡献，岁辄四五至焉。

二年十二月，诏立芳远子禔为世子，从其请也。五年十二月，贡马三千匹至辽东，命户部运绢布万五千匹偿之。六年，世子禔来朝，赐织金文绮。及归，帝亲制诗赐之。时朝鲜纳女后宫，立为妃嫔者四人。其秋，遣陪臣郑擢来告其父旦之丧。命官吊祭，赐谥康献。

十六年奏世子禔不肖，第三子祹孝弟力学，国人所属，请立为嗣，诏听王所择。因上表谢，并陈己年老，请以祹理国事。命光禄少卿韩确、鸿胪丞刘泉封祹为朝鲜国王。时帝已迁北都，朝鲜益近，而事大之礼益恭，朝廷亦待以加礼，他国不敢望也。

二十年，芳远卒，赐谥恭定。二十一年七月，祹请立嫡子珦为世子，从之。先是，敕祹贡马万匹，至是如数至，赐白金绮绢。

宣德二年三月遣中官赐白金纻纱，别敕进马五千匹，资边用。九月如数至。四年赐祹书：“珍禽异兽，非朕所贵，其勿献。”后又敕祹：“金玉之器，非尔国所产，宜止之，土物效诚而已。”八年，祹奏遣子弟诣太学或辽东学，帝不许，赐《五经》、《四书》、《性理》、《通鉴纲目》诸书。

正统元年三月，放朝鲜妇女金黑等五十三人还其国。金黑等自宣德初至京师，至是遣中官送回。三年八月赐祹远游冠、绛纱袍、玉佩、赤舄。先是，建州长童仓避居朝鲜界，已复还建州。朝鲜言：“昔以穷归臣，臣遇之善。今负恩还建州李满住所，虑其同谋扰边。”建州长言，所部为朝鲜追杀，阻留一百七十余家。五年诏祹还之。七月五日谕祹曰：“鸭绿江一带东宁等卫，密迩王境，中多细人逃至王国，或被国人诱胁去者，无问汉人、女直，至即解京。”初，瓦剌密令女直诸部诱胁朝鲜，使背中国。祹拒之，白其事于朝。帝嘉其忠，敕奖之，并赐彩币。九年春，倭寇犯边，祹命将擒获五十余人，械送京师。十年又获余党来献。帝连敕奖谕，赐赍加等。十三年冬，命使调发朝鲜及野人女直兵会辽东，征北寇。时英宗北狩，郕王即位，遣官颁诏于其国。

景泰元年，贡马五百匹。奏称奉敕办马二、三万匹，比因邻寇构衅，马畜踣毙，一时未能。诏曰：“寇今少息。马已至者，偿其直。未至者,止勿贡。"是年夏,㨾卒,赐吊祭,谥庄宪,封子珣为国王。会辽东奏报开原、沈阳有寇入境,掠人畜,系建州、海西、野人女直头目李满住等为向导,因谕珣相为犄角截杀之。其秋,续贡马千五百余匹。赐冕服,并偿其直。冬又赐珣及妃权氏诰命,封其子弘暐为世子。二年冬,以建州头目潜与朝鲜通,戒珣绝其使。

三年秋,珣卒,来告哀。遣中官往吊祭,赐谥恭顺,命子弘暐嗣立。弘暐立三年,以年幼且婴夙疾,请以叔瑈权国事。七年上表逊位,乃封瑈为国王。瑈请立子暲为世子,从之。

天顺三年,边将奏,有建州三卫都督私与朝鲜结,恐为中国患。因敕瑈毋作不靖,贻后悔。瑈疏辨,复谕曰:"宣德、正统年间,以王国与彼互相侵掠,敕解怨息兵,初不令交通给赏授官也。彼既受朝廷官职,王又加之,是与朝廷抗也。王素秉礼义,何尔文过饰非?后宜绝私交,以全令誉。"四年复谕瑈曰:"王奏毛怜卫都督郎卜儿哈通谋煽乱,已置之法。夫法止可行于国中,岂得加于邻境。郎卜儿哈有罪,宜奏朝廷区处。今辄行杀害,何怪其子阿比车之思复仇也。闻阿比车之母尚在,宜急送辽东都司,令阿比车领回,以解仇怨。"五年,建州卫野人至义州杀掠,瑈奏乞朝命还所掠。兵部议:"朝鲜先尝诱杀郎卜儿哈,继又诱致都指挥兀克,纵兵掠其家属。今野人实系复仇,宜谕朝鲜,寇盗之来皆自取,惟守分安法,庶弭边衅。"从之。

成化元年冬,陪臣李门炯来朝,卒于道。命给棺赐祭,并赐彩币慰其家。时朝鲜频贡异物,三年春,敕谕瑈修常贡,勿事珍奇。是时朝廷用兵征建州,敕瑈助兵进剿。瑈遣中枢府知事康纯统众万余渡鸭绿、泼猪二江,攻破九狄府诸寨,斩获多。

四年正月遣官来献俘。诏从厚赉,敕奖谕之。是年,瑈卒,赐谥惠庄。遣太监郑同、崔安封世子晄为王,给妃韩氏诰命。既行,巡按辽东御史侯英奏曰:"辽东连年被寇,疮痍未起,今复禾稼不登,军民乏食。太监郑同等随从人员所过驿骚。臣考先年曾于翰林院中,选有学行文望者出使。今同、安俱朝鲜人,坟墓宗族皆在,见其国王，不免屈节，殊亵中国体。乞寝成命，或翰林，或给事中及行人内推选一员，往使为便。"帝曰："英新言良是。自后赏赉遣内臣，其册封正副使，选廷臣有学行者。"

六年，晄病笃，以所生子幼，命其兄故世子暲之子娎权国事，遣陪臣以闻。及卒，赐谥襄悼，命娎嗣位，娎妻韩氏封王妃。十年追赠娎父世子暲为国王，谥怀简，母韩氏为王妃，从所请也。

十一年四月，娎奏建州野人纠聚毛怜等卫侵扰边境不已，乞朝命戒饬。十二年十月，娎为继妻尹氏请封，赐诰命冠服。时禁外国互市兵器，娎奏："小邦北连野人，南邻倭岛，五兵之用，不可缺一。而弓材所需牛角，仰于上国。高皇帝时尝赐火药、火炮，今望特许收买弓角，不与外番同禁。"兵部议岁市弓角五十，后以不足于用，请无限额，诏许倍市。

十五年十月，命娎出兵夹击建州女直。娎遂遣右赞成鱼有沼率兵至满浦江，以水泮后期。复遣左议政尹弼商、节度使金峤等渡江进剿。十六年春遣陪臣来献捷，帝命内官赍敕奖其能继先烈，赐金币，领兵官赏赉如例。后使还，遣其臣许熙伴送。熙归至开州，建州骑二千邀之，掠其从卒三十余人，马二百三十余匹，他所亡物称是。奏闻，英国公张懋、吏部尚书尹旻等以辽东连年用兵，未可轻动，宜以此意谕娎。敕辽东守臣整饬边备，更令译者穷究所掠，期在必得，仍赐熙白金彩币慰安之。

十七年，娎奏继妃尹氏失德，废置，乞更封副室尹氏。从之。十九年四月封娎长子㦕为世子。

弘治七年十二月，娎卒，赐谥康靖。明年四月，封㦕为国王，妻慎氏为王妃。十二年，㦕奏："本国人屡有违禁匿海岛，诱引军民，渐至滋蔓。乞许本国自行搜刷。其系上国地方，请敕官追捕。"时辽东守臣亦奏如㦕言，报可。十五年冬，封㦕长子颙为世子。

正德二年，㦕以世子颙夭亡，哀恸成疾，奏请以国事付其弟怿，其国人复奏请封怿。礼部议命怿权理国事，俟㦕卒乃封。既，陪臣卢公弼等以朝贡至京，复请封怿，廷议不允。十二月，㦕母妃奏怿长且贤，堪付重寄。于是礼部奏："㦖以痼疾辞位，怿以亲弟承托，授受既明，友爱不失。通国臣民举无异词，宜顺其请。"上乃允怿嗣位，遣中官敕封，并赐其妃尹氏诰命。

初，成桂之自立也，与宰相李仁人本异族。永乐间，降祭海岳祝文，称成桂为仁人子，而《祖训》亦载仁人子成桂更名旦。后成桂子芳远奏辨，太宗许令改正。至是修《大明会典》，仍列《祖训》于朝鲜国。贡使市以归，怿上疏备陈世系，辨先世无弑逆事，乞改正。礼部议："《会典》详载本朝制度，事涉外国，疑似之际，在所略。况成桂得国出皇祖命，其不系仁人后，太宗诏可征，宜从其请。"诏曰："可。"

十五年冬，命内官封怿子岹为世子，赐怿金帛珠玉，令括取异物及童男女以进。十六年，世宗即位，礼官言："天子初践祚，宜正中国之体，绝外裔狎侮之端。请谕怿非朝廷意，召内臣还，毋有所索取。"帝从之。

嘉靖二年八月，以俘获倭夷来献，并送还中国被掠八人。赐白金锦纻。

八年八月，陪臣柳溥上言："国祖李旦，系本国全州人。二十八世祖瀚，仕新罗为司空。新罗亡，六世孙兢休入高丽。十三世孙安社仕元，为南京千户所达鲁花赤。元季兵兴，安曾孙子春与男成桂，避地东迁。至正辛丑，当恭愍王之十年，有红巾贼入境，成桂击贼有功，授武班职事，时尚未知名。恭愍无嗣，阴蓄宠臣辛肫之子禑为子，晚为嬖臣洪伦、内竖崔万生所弑。权臣李仁人诛伦、万生而立禑，擢成桂为门下侍中。禑遣成桂侵辽东，成桂不从，返兵。禑惧，逊位于子昌。昌以伪姓见黜，复立王氏裔定昌君瑶，窜仁人于外。瑶复不道，国人戴成桂，请于高皇帝，立为王，更名旦。赡瑶别邸，终其身，实未尝为弑。前永乐、正德间屡经奏请，俱蒙俞允，而迄未改正。今遇重修《会典》，乞赐昭雪。"诏送史馆编纂。

十八年二月，睿宗祔太庙，配享明堂礼成，怿表贺。帝特御奉天门引见，赐宴礼部。

二十三年冬，怿卒。二十四年正月来讣，赐谥恭僖。诏立其子峼。峼未逾年卒,赐谥荣靖。九月,峼弟权国事峘遣使谢祭谥,并请袭封,诏许之。

二十五年,峘遣使送下海番人六百余至边,赐金币。二十六年正月,峘咨称:"福建人从无泛海至本国者,因往日本市易,为风所漂,前后共获千人以上,皆挟军器货物,致中国火炮亦为倭有,恐起兵端。"诏:"顷年沿海奸民犯禁,福建尤甚,往往为外国所获,有伤国体。海道官员令巡按御史察参。仍赐王银币,以旌其忠。"

三十一年冬,以洪武、永乐间所赐乐器敝坏,奏求律管,更乞遣乐官赴京校习,许之。

三十五年五月,有倭船四自浙、直败还,漂入朝鲜境。峘遣兵击歼之,得中国被俘及助逆者三十余人来献,因贺冬至节,帝赐玺书褒谕。三十八年十一月奏:"今年五月,有倭寇驾船二十五支来抵海岸,臣命将李铎等剿杀殆尽,获中国民陈春等三百余人,内招通倭向导陈得等十六人,俱献阙下。"复降敕奖励,厚赉银币,并赐铎等有差。

四十二年九月,峘复上书,辨先世非李仁人后,今修《会典》虽蒙釐正,乞著始祖旦、父子春之名,帝令附录《会典》。

隆庆元年六月遣官颁即位诏。时帝将幸太学,来使乞留观礼,许之。是年冬,峘卒,赐谥恭宪,命其侄昖袭封。

万历元年正月,上穆宗尊谥、两宫徽号礼成,昖表贺,献方物马匹。时昖屡请赐《皇明会典》,为其先康献王旦雪冤。十六年正月,《会典》成,适贡使愈泓在京,请给前书,以终前命。许之。十七年十一月,陪臣奇芩等入贺冬至,奏称本年六月,大琉球国船遭风至海岸,所有男妇合解京,给文放归。从之。

十九年十一月奏,倭酋关白平秀吉声言明年三月来犯,诏兵部申饬海防。平秀吉者,萨摩州人,初随倭关白信长。会信长为其下所弑,秀吉遂统信长兵,自号关白,劫降六十余州。朝鲜与日本对马岛相望,时有倭夷往来互市。二十年夏五月,秀吉遂分渠帅行长、清正等率舟师逼釜山镇,潜渡临津。时朝鲜承平久,兵不习战,昖又洒酒,弛备,猝岛夷作难,望风皆溃。昖弃王城,令次子珲摄国事,奔平壤。已,复走义州,愿内属。七月,兵部议令驻剳险要,以待天兵;号召通国勤王,以图恢复。而是时倭已入王京,毁坟墓,劫王子、陪臣,剽府库,八道几尽没,且暮且渡鸭绿江,请援之使络绎于道。廷议以朝鲜为国藩篱,在所必争。遣行人薛潘谕昖以兴复大义,扬言大兵十万且至。而倭业抵平壤,朝鲜君臣益急,出避爱州。游击史儒等率师至平壤,战死。副总兵祖承训统兵渡鸭绿江援之,仅以身免。中朝震动,以宋应昌为经略。八月,倭入丰德等郡,兵部尚书石星计无所出,议遣人侦探之,于是嘉兴人沈惟敬应募。惟敬者,市中无赖也。是时秀吉次对马岛,分其将行长等守要害为声援。惟敬至平壤,执礼甚卑。行长绐曰:“天朝幸按兵不动,我不久当还。以大同江为界,平壤以西尽属朝鲜耳。”惟敬以闻。廷议倭诈未可信,乃趣应昌等进兵。而星颇惑于惟敬,乃题署游击,赴军前,且请金行间。十二月,以李如松为东征提督。明年正月,如松督诸将进战,大捷于平壤。行长渡大同江,遁还龙山。所失黄海、平安、京畿、江原四道并复,清正亦遁还王京。如松既胜,轻骑趋碧蹄馆,败,退驻开城。事具《如松传》。

初,如松誓师,欲斩惟敬,以参军李应试言而止。至是败,气缩,而应昌急图成功,倭亦乏食有归志,因而封贡之议起。应昌得倭报惟敬书,乃令游击周弘谟同惟敬往谕倭,献王京,返王子,如约纵归。倭果于四月弃王城遁。时汉江以南千有余里朝鲜故土复定,兵部言宜令王还国居守,我各镇兵久疲海外,以次撤归为便。诏可。应昌疏称:“釜山虽濒海南,犹朝鲜境,有如倭觇我罢兵,突入再犯,朝鲜不支,前功尽弃。今拨兵协守为第一策,即议撤,宜少需,俟倭尽归,量留防戍。”部议留江浙兵五千,分屯要害,仍谕昖蒐练军实,毋恃外援。已而沈惟敬归自釜山,同倭使来请款,而倭随犯咸安、晋州,逼全罗,声复汉江以南,以王京、汉江为界。如松计全罗饶沃,南原府尤其咽喉,乃命诸将分守要害。已,倭果分犯,我师并有斩获。兵科给事中张辅之、辽东都御史赵燿皆言款贡不可轻受。七月,倭从釜山移西生浦，送回王子、陪臣。时师久暴露，闻撤，势难久羁。应昌请留刘綎川兵，吴惟忠、骆尚志等南兵，合蓟、辽兵共万六千，听綎分布庆尚之大丘，月饷五万两，资之户兵二部。先是，发帑给军费，已累百万。廷臣言虚内实外非长策，请以所留川兵命綎训练，兵饷令本国自办。于是诏撤惟忠等兵，止留綎兵防守。谕朝鲜世子临海君肆居全庆，以顾养谦为经略。

九月，昖以三都既复，疆域再造，上表谢恩。然时倭犹据釜山也，星益一意主款。九月，兵部主事曾伟芳言："关白大众已还，行长留待。知我兵未撤，不敢以一矢加遗。欲归报关白卷土重来，则风不利，正苦冬寒。故款亦去，不款亦去。沈惟敬前于倭营讲购，咸安、晋州随陷，而欲恃款冀来年不攻，则速之款者，正速之来耳。故款亦来，不款亦来。宜令朝鲜自为守，吊死问孤，练兵积粟，以图自强。"帝以为然，因敕谕昖者甚至。

二十二年正月，昖遣金晬等进方物谢恩。礼部郎中何乔远奏："晬涕泣言倭寇猖獗，朝鲜束手受刃者六万余人。倭语悖慢无礼，沈惟敬与倭交通，不云和亲，辄曰乞降。臣谨将万历十九年中国被掠人许仪所寄内地书、倭夷答刘綎书及历年入寇处置之宜，乞特敕急止封贡。"诏兵部议。时廷臣交章，皆以罢封贡、议战守为言。八月，养谦奏讲贡之说，贡道宜从宁波，关白宜封为日本王，谕行长部倭尽归，与封贡如约。九月，昖请许保国。帝乃切责群臣阻挠，追褫御史郭实等。诏小西飞入朝，集多官面议，要以三事：一，勒倭尽归巢；一，既封不与贡；一，誓无犯朝鲜。倭俱听从，以闻。帝复谕于左阙，语加周複。十二月，封议定，命临淮侯李宗城充正使，以都指挥杨方亨副之，同沈惟敬往日本，王给金印，行长受都督金事。

二十三年九月，昖奏立次子珲为嗣。先是，昖庶长子临海君肆陷贼中，惊忧成疾，次子光海君珲收集流散，颇著功绩，奏请立之。礼部尚书范谦言继统大义，长幼定分，不宜僭差，遂不许。至是复奏，引永乐间恭定王例上请，礼臣执奏，不从。二十四年五月，昖复疏请立珲，礼部仍执不可，诏如议。时国储未建，中外恫疑，故尚书范谦于朝鲜易封事三疏力持云。

九月,封使至日本。先是,沈惟敬抵釜山,私奉秀吉蟒玉、翼善冠、地图、《武经》、良马。而李宗城以贪淫为倭守臣所逐,弃玺书夜遁。事闻,逮问。乃以方亨充正使,加惟敬神机营衔副之。及是奉册至,关白怒朝鲜王子不来谢,止遣二使奉白土绸为贺,拒其使不见,语惟敬曰:"若不思二子、三大臣、三都、八道悉遵天朝约付还,今以卑官微物来贺,辱小邦邪?辱天朝也?且留石曼子兵于彼,候天朝处分,然后撤还。"翌日奉贡,遣使赍表文二道,随册使渡海至朝鲜。廷议遣使于朝鲜,取表文进验,其一谢恩,其一乞天子处分朝鲜。

初,方亨诡报去年从釜山渡海,倭于大版受封,即回和泉州。然倭方责备朝鲜,仍留兵釜山如故,谢表后时不发,方亨徒手归。至是,惟敬始投表文,案验潦草,前折用丰臣图书,不奉正朔,无人臣礼。而宽奠副总马栋报,清正拥二百艘屯机张营。方亨始直吐本末,委罪惟敬,并呈石星前后手书。帝大怒,命逮石星、沈惟敬案问。以兵部尚书邢玠总督蓟、辽;改麻贵为备倭大将军,经理朝鲜;佥都御史杨镐驻天津,申警备;杨汝南、丁应泰赞画军前。

五月,玠至辽。行长建楼,清正布种,岛倭窖水,索朝鲜地图,玠遂决意用兵。麻贵望鸭绿江东发,所统兵仅万七千人,请济师。玠以朝鲜兵惟娴水战,乃疏请募兵川、浙,并调蓟、辽、宣、大、山、陕兵及福建、吴淞水师,刘綎督川、汉兵听剿。贵密报,候宣、大兵至,乘倭未备,掩釜山,则行长擒,清正走。玠以为奇计,乃檄杨元屯南原,吴惟忠屯忠州。

六月,倭数千艘泊釜山,戮朝鲜郡守安弘国,渐逼梁山、熊川。惟敬率营兵二百,出入釜山。玠阳为慰藉,檄杨元袭执之,缚至贵营,惟敬执而向导始绝。七月,倭夺梁山、三浪,遂入庆州,侵闲山。统制元均兵溃,遂失闲山。闲山岛在朝鲜西海口,右障南原,为全罗外藩,一失守则沿海无备,天津、登、莱皆可扬帆而至。而我水兵三千甫抵旅顺,闲山破,经略檄守王京西之汉江、大同江,扼倭西下,兼防运道。

八月，清正围南原，乘夜猝攻，守将杨元遁。时全州有陈愚衷，去南原仅百里，南原告急，愚衷不敢救，闻已破，弃城走。麻贵遣游击牛伯英赴援，与愚衷合兵，屯公州。倭遂犯全庆，逼王京。王京为朝鲜八道之中，东阻乌岭、忠州，西则南原、全州，道相通。自二城失，东西皆倭，我兵单弱，因退守王京，依险汉江。麻贵请于玠，欲弃王京退守鸭绿江。海防使萧应宫以为不可，自平壤兼程趋王京止之。麻贵发兵守稷山，朝鲜亦调都体察使李元翼由乌岭出忠清遮贼锋。玠既身赴王京，人心始定。玠召参军李应试问计，应试请问庙廷主画云何。玠曰："阳战阴和，阳剿阴抚，政府八字密画，无泄也。"应试曰："然则易耳。倭叛以处分绝望，其不敢杀杨元，犹望处分也。直使人谕之曰沈惟敬不死，则退矣。"因请使李大谏于行长，冯仲缨于清正，玠从之。九月，倭至汉江，杨镐遣张贞明持惟敬手书往，责其动兵，有乖静候处分之实。行长、正成亦尤清正轻举，乃退屯井邑。麻贵遂报青山、稷山大捷。萧应宫揭言："倭以惟敬手书而退，青山、稷山并未接战，何得言功？"玠、镐怒，遂劾应宫怯怯，不亲解惟敬，并逮。

十一月，玠征兵大集，帝发帑金犒军，赐玠尚方剑，而以御史陈效监其军。玠大会诸将，分三协。镐同贵率左右协，自忠州、乌岭向东安，趋庆州，专攻清正。使李大谏通行长，约勿往援。复遣中协屯宜城，东援庆州，西扼全罗。以余兵会朝鲜合营，诈攻顺天等处，以牵制行长东援。十二月，会庆州。麻贵遣黄应赐赂清正约和，而率大兵奄至其营。时倭屯蔚山，城依山险，中一江通釜寨，其陆路由彦阳通釜山。贵欲专攻蔚山，恐釜倭由彦阳来援，乃多张疑兵，又遣将遏其水路，遂进逼倭垒。游击摆寨以轻骑诱倭入伏，斩级四百余，获其勇将，乘胜拔两栅。倭焚死者无算，遂奔岛山，连筑三寨。翌日，游击茅国器统浙兵先登，连破之，斩获甚多，倭坚壁不出。岛山视蔚山高，石城坚甚，我师仰攻多损伤。诸将乃议曰："倭艰水道，饷难继，第坐困之，清正可不战缚也。"镐等以为然，分兵围十日夜，倭饥甚，伪约降缓攻。俄行长援兵大至，将绕出军后。镐不及下令，策马西奔，诸军皆溃。遂撤兵还王京，士卒物故者二万。上闻之，震怒。乃罢镐听勘，以天津巡抚万世德代。事详镐传。

二十六年正月，邢玠以前役乏水兵无功，乃益募江南水兵，议海运，为持久计。二月，都督陈璘以广兵，刘綎以川兵，邓子龙以浙、直兵先后至。玠分兵三协，为水陆四路，路置大将。中路如梅，东路贵，西路綎，水路璘，各守汛地，相机行剿。时倭亦分三窟。东路则清正，据蔚山。西路则行长，据粟林、曳桥，建砦数重。中路则石曼子，据泗州。而行长水师番休济饷，往来如驶。我师约日并进，寻报辽阳警，李如松败没，诏如梅还赴之，中路以董一元代。

当应泰之劾镐也，昖请回乾断，崇劝镇抚，以毕征讨。上不许。又应曾以筑城之议为镐罪案，谓坚城得志，启朝鲜异日之患，于是昖奏辨。帝曰："连年用兵发饷，以尔国素效忠顺故也，毋以人言自疑。"

九月，将士分道进兵，刘綎进逼行长营，约行长为好会。翌日，攻城，斩首九十二。陈璘舟师协堵击，毁倭船百余。行长潜出千余骑扼之，綎不利，退，璘亦弃舟走。麻贵至蔚山，颇有斩获，倭伪退诱之。贵入空垒，伏兵起，遂败。董一元进取晋州，乘胜渡江，连毁二寨。倭退保泗州老营，鏖战下之，前逼新寨。寨三面临江，一面通陆，引海为濠，海艘泊寨下千计，筑金海、固城为左右翼。十月，董一元遣将四面攻城，用火器击碎寨门，兵竞前拔栅。忽营中火药崩，烟焰涨天。倭乘势冲击，固城倭亦至，兵遂大溃，奔还晋州。帝闻，命斩二游击以徇，一元等各带罪立功。是月，福建都御史金学曾报，七月九日平秀吉死，各倭俱有归志。十一月，清正发舟先走，麻贵遂入岛山、酉浦，刘綎攻夺曳桥。石曼子引舟师救行长，陈璘邀击败之。诸倭扬帆尽归。

自倭乱朝鲜七载，丧师数十万，糜饷数百万，中朝与属国迄无胜算，至关白死而祸始息。

二十七年闰四月，以平倭诏告天下，又敕谕昖曰："倭奴平秀吉

肆为不道，蹂躏尔邦。朕念王世笃忠贞，深用悯恻。七年之中，日以
此贼为事。始行薄伐，继示包容，终加严讨。盖不杀乃天之心，而用
兵非予得已。安疆靖乱，宜取荡平。神恶凶盈，险歼魁首，大师乘之，
追奔逐北，鲸鲵尽戮，海隅载清，捷书来闻，忧劳始释。惟王虽还旧
物，实同新造，振凋起敝，为力倍艰。倭虽遁归，族类尚在。兹命邢
玠振旅归京，量留万世德等分布戍守。王宜卧薪尝胆，无忘前耻，惟
忠惟孝，缵绍前休。”

　　五月，玠条陈东征善后事宜十事。一，留戍兵，马步水陆共计三
万四千有奇，马三千匹。一，定月饷，每计银九十一万八千有奇。一，
定本色，合用米豆，分派辽东、天津、山东等处，每年十三万石。一，
留中路海防道。一，裁饷司。一，重将领。一，添巡捕。一，分汛地。
一，议操练。一，责成本国。廷臣议：“数年疲耗，今始息肩，自宜内
固根本，不当更为繁费。况彼国兵荒之后，不独苦倭之扰，兼苦我
兵。故今日善后事宜，仍当商之彼国，先量彼饷之赢绌，始可酌我兵
之去留。至于增买马匹，添补标兵，创立巡捕，以至管饷府佐，悉宜
停止。”帝命督抚会同国王酌奏。八月，昖献方物，助大工，褒赏如
例。十月，请留水兵八千以资戍守。其撤回官兵，驻扎辽阳备警。二
十八年四月，请将义州等仓遗下米豆运回辽阳。户部议：“输运维
艰，莫若径与彼国，振其雕敝，以昭皇仁。”诏曰：“可。”

　　二十九年二月，兵部覆奏经督条陈七事：“一，练兵士。丽人鸷
悍耐寨苦，而长衫大袖，训练无方，宜以束伍之法教之。一，守冲要。
朝鲜三面距海，釜山与对马相望，巨济次之，宜各守以重兵，并蔚
山、开山等处皆宜戍守。一，修险隘。王京北倚丛山，南环沧海。忠
州左右乌、竹二岭，羊肠绕曲，有一夫当关之险。今营垒遗址尚存，
亟宜修茸。一，建城池。朝鲜八道，十九无城。平壤西北鸭、浿二江，
俱南通海。倘倭别遣一旅占据平壤，则王京声援断绝，皆应修筑屯
聚。一，造器械。倭战便陆不便海，以船制重大，不利攻击。今准福
唬造百十艘为奇兵，并添造神机百子火箭。一，访异材。朝鲜贵世
官，贱世役，一切禁锢，往往走倭走敌，为本国患，宜破格搜采。一，

修内治。国家东南临海，以登、旅为门户，镇江为咽喉，应援之兵，不宜尽撤。我自固，亦所以固朝鲜也。"诏朝鲜刻励以行。九月，奏所颁诰命冕服遭变沦失，祈补给，从之。

时倭国内乱，对马岛主平义智，悉遣降人还朝鲜，遗书乞和，且扬言秀吉将家康，将输粮数十万石为军兴资，以胁朝鲜。朝鲜与对马岛一水相望，岛地不产五谷，资米于朝鲜。兵兴后，绝开市，因百计胁款。秀吉死，我军尽撤，朝鲜畏倭滋甚。欲与倭通款，又惧开罪中国。十二月，昖以岛倭求款来请命。兵部以事难遥度，令总督世德酌议，诏可。三十年十一月，昖言倭使频来要挟和款，兵端渐露，乞选将率兵，督同本国训练修防。帝曰："曾留将士教习，成法具在，无容再遣。"因命其使臣赍敕诫励。三十三年九月，昖复请封珲为世子，礼部仍执立长之议。三十五年四月，昖以家康求和来告，兵部议听王自计而已。由是和款不绝，后三年始画开市之事。

三十六年，昖卒。光海君珲自称署国事，遣陪臣来讣，且请谥。帝恶其擅，不允，令该国臣民公议以闻。时我大清兵征服各部，渐近朝鲜。兵部议令该王大修武备，整饬边防，并请敕辽左督抚镇臣，遣官宣达毋相侵犯之意。从之。十月，封珲为国王，从其臣民请也。三十七年二月，谥昖曰昭敬，遣官赐珲及妃柳氏诰命。

初，朝鲜失守，赖中国力得复，倭弃釜山遁。然阴谋启疆，为患不已。于是海上流言倭图釜山，朝鲜与之通。四十一年九月，总兵官杨宗业以闻。珲疏辨，诏慰解之。

四十二年四月，奏请追封生母金氏。礼部按《会典》，嫡母受封而生母先亡者得追赠，乃命封为国王次妃。四十三年十一月，表贺冬至，因奏买回《吾学编》、《弇山堂别集》等书，载本国事与《会典》乖错，乞改正。礼部言："野史不足凭。今所请耻与逆党同讥，宜悯其诚，宣付史馆。"报可。初，珲为生母已得封，至是复祈给冠服。礼臣以金氏侧室，礼有隆杀，执不可。四十五年正月，珲请至再，帝以珲屡次恳陈，勉从之。

四十七年，杨镐督马林、杜松、刘𫄷等出师，为我大清兵所败。

朝鲜助战兵将,或降或战死。珲告急,诏加优恤。十一月,兵部覆:朝鲜入贡之道,宜添兵防守。诏镇江等处设兵将,令经略熊廷弼调委。四十八年正月,珲奏:敌兵八月中攻破北关,金台吉自焚,白羊出降。铁岭之役,蒙古宰赛亦为所灭。闻其国谋议以朝鲜、北关、宰赛皆助兵南朝,今北关、宰赛皆灭,不可使朝鲜独存。又闻设兵牛毛寨、万遮岭,欲略宽奠、镇江等处。宽奠、镇江与昌城、义州诸堡隔水相望,孤危非常。敌若从叆阳境上鸦鹘关取路绕出凤凰城裹,一日长驱,宽镇、昌城俱莫自保。内而辽左八站,外而东江一城,彼此隔断,声援阻绝,可为寒心。望速调大兵,共为犄角,以固边防。"时辽镇塘报称朝鲜与大清讲和,朝议珲遂谓珲阳衡阴顺,宜遣官宣谕,或命将监护,其说纷挐。珲疏辨:"二百年忠诚事大,死生一节。"词极剀挚。礼、兵二部请降敕令晓谕,以安其心。帝是其议,然敕令陪臣往,不遣官也。

天启元年八月,改朝鲜贡道,自海至登州,直达京师。时毛文龙以总兵镇皮岛,招集逃民为兵,而仰给于朝鲜。

十一月,珲奏力难馈饷,乞循万历东征例,发运山东粟,从之。

三年四月,国人废珲而立其侄绫阳君倧,以昭敬王妃之命权国事,令议政府移文督抚转奏,文龙为之揭报。登州巡抚袁可立上言:"珲果不道,宜听太妃具奏,以待中国更立。"疏留中。八月,王妃金氏疏请封倧,礼部尚书林尧俞言:"朝鲜废立之事,内外诸臣抒忠发愤,有谓宜声罪致讨者,有谓勿遽讨且受方贡核颠末者,或谓当责以大义,察舆情之向背者,或谓当令倧讨敌自洗者,众论咸有可采。其谓珲实悖德,倧宗讨叛臣以赤心奉朝廷者,惟文龙一人耳。皇上奉天讨逆,扶植纲常,此正法也。毋亦念彼素称恭顺,迥异诸裔,则更遣贞士信臣,会同文龙,公集臣民,再四询访。勘辨既明,再请圣断。"报可。十二月,礼部复上言:"臣前同兵部移咨登抚,并扎毛帅,遣官往勘。今据申送彼国公结十二道,自宗室至八道臣民,共称倧为恭顺。且彼之陪臣相率哀吁,谓当此危急之秋,必须君国之主。乞先颁敕谕,令倧统理国事,仍令发兵索赋,同文龙设伏出奇,俟渐有次第,始遣重臣往正封典。庶几字小之中,不失固圉之道。"从之。四年四月,封倧为国王。

五年十二月,文龙报:"朝鲜逆党李适、韩明琏等起兵昌城,直趋王京,被臣擒获。余孽韩润、郑梅等窜入建州,有左议府尹义立约为内应,期今冬大举犯朝鲜。臣已咨国王防守,暂移铁山之众就云从岛柴薪。"登莱巡抚武之望奏:"毛帅自五月以来,营室于须弥,所谓云从岛是也。今十月又徙兵民商贾以实之,而铁山之地空矣。故朝鲜各道疑其有逼处之嫌,甚至布兵以防御之。今镇臣所称李适等之叛,尹义立之内应,臣等微闻之,而未敢遽信焉。信之则益重鲜人之疑,不信则恐贻后来之患。"兵部言:"牵制敌国者,朝鲜也;联属朝鲜者,毛镇也;驾驭毛镇者,登抚也。今抚臣与镇臣不和,以至镇臣与属国不和,大不利。"帝乃饬勉镇抚同心,而韩润、尹义立等令朝鲜自处。倧又请撤辽民安插中土,兵部言:"辽人去留,文龙是视。文龙一日不去,则辽人一日不离。鲜人驱之入岛可也,驱之离岛不可也。宜令镇臣将辽民尽刷过岛,登抚刻期运粮朝鲜,量行救振,以资屯牧。"帝是之。

六年十月,倧上疏曰:

皇朝之于小邦,覆帱之恩,视同服内。顷遭昏乱,潜通敌国,皇天震怒,降黜厥命。臣自权署之初,不敢遑宁,即命陪臣张晚为帅,李适副之,付以国中精锐,进屯宁边,一听毛镇节制,以候协剿之期。而适重兵在握,潜蓄觊觎,遂与龟城府使明琏举兵内叛,直犯京城。晚收余兵蹑其后,与京辅官兵表里夹攻,贼皆授首,而西边军实及列镇储偫罄于是役矣。

毛镇当全辽沦没之后,孤军东渡,寄寓海上,招集辽民前后数十万,亦小邦所仰藉也。顾以封疆多故,土瘠民贫,内供本国之军需,外济镇兵之待哺,生谷有限,支给实难。辽民迫于饥馁,散布村落,强者攘夺,弱者丐乞。小邦兵民被挠不堪,抛弃乡邑,转徙内地。辽民逐食,亦随而入。自昌、义以南,安、肃以北,客居六七,主居三四。向者将此情形具奏,见兵部题覆处分已定,何敢再干。

　　至韩润及弟潭,系逆贼明琏子侄,亡命潜逃,因而勾引来寇。贼既叛国而去,制命已不在臣。尹义立曾任判书,本非议政。顷年差为毛镇接伴官,不称任使,褫职归家,并无怨叛之事。毛镇据王仲保等所诉,都无实事。意必有谗邪之臣,欺妄督抚,以售其交构之计者。

　　毛帅久镇海外,臣与周旋已近十稔。虽饩牵将竭,彼此俱困,而情谊之殷,实无少损。且其须弥之迁,直为保护累重,将以就便刍薪。一进一退,兵家常事。讹言噂沓,本不介意。窃见部抚移咨曰"虞其逼处",曰"驱其民,驱其帅",甚至有"布兵以防,属国携贰"之语,似海外情事,未尽谅悉。臣之请刷辽民,因力不足济,初非虑及逼处也。臣方与毛镇同心一力,建功报主,岂敢有一毫猜防意乎。

帝报曰:"王和协东镇,爱戴中朝,忠贞之忱,溢乎言表。镇军久悬,鲜、辽杂处。久客累主,生寡食多。微王言,朕有不坐照万里之外者。然毛帅在中朝为牵制之师,在王国则唇齿之形也。海上刍输,已令该部区画,刻期运济。逃难边民,亦令毛帅悉心计处,俾无重为王累。传讹之言,未足介怀,并力一心,王其勉之。"

　　七年三月,兵部上文龙揭言:"丽官、丽人招敌攻铁山,伤我兵千人,杀丽兵六万,焚粮百余万,敌遂移兵攻丽矣。";帝敕文龙速相机应援。登抚李嵩奏:"朝鲜叛臣韩润等,引敌入安州,节度使南以兴自焚死,中国援兵都司王三桂等俱阵亡。"既复奏:"义州及郭山、凌汉、山城俱破,平壤、黄州不战自溃,敌兵直抵中和,游骑出入黄、凤之间,又分向云从,攻掠毛帅,国王及士民迁于江华以避难。"时大清兵所至辄下,朝鲜列城望风奔溃,乃遣使谕倧。倧输款,遂班师。九月,倧奏被兵情形。时熹宗崩,庄烈帝嗣位,优诏励勉焉。

　　崇祯二年,改每岁两贡为一贡。先是,辽路阻绝,贡使取道登、莱,已十余年矣。自袁崇焕督师,题改觉华,迂途冒险,其国屡请复故。至是遣户曹判书郑斗源从登海来,移书登抚孙元化,属其陈请。

元化委官伴送，仍疏闻。帝以水路既有成命，改途嫌于自便，不许。是年六月，督师袁崇焕杀平辽将军左都督毛文龙于双岛。

六年六月，倧遗书总兵黄龙言："文龙旧将孔有德、耿仲明率士卒二万，投顺大清，向朝鲜征粮。本国以有德等曩在皮岛为本国患，故未之应。"龙以闻。

十年正月，太宗文皇帝亲征朝鲜，责其渝盟助明之罪，列城悉溃。朝鲜告急，命总兵陈洪范调各镇舟师赴援。三月，洪范奏官兵出海。越数日，山东巡抚颜继祖奏，属国失守，江华已破，世子被擒，国王出降。今大治舟舰，来攻皮岛、铁山，其锋甚锐。宜急救沈世魁、陈洪范二镇臣，以坚守皮岛为第一义。帝以继祖不能协图匡救，切责之。亡何，皮岛并为大清兵所破，朝鲜遂绝，不数载而明亦亡矣。

朝鲜在明虽称属国，而无异域内。故朝贡络绎，锡赉便蕃，殆不胜书，止著其有关治乱者于篇。至国之风土物产，则具载前史，兹不复录。

明史卷三二一
列传第二〇九

外国二

安　南

　　安南,古交阯地。唐以前皆隶中国。五代时,始为土人曲承美窃据。宋初,封丁部领为交阯郡王,三传为大臣黎桓所篡。黎氏亦三传,为大臣李公蕴所篡。李氏八传,无子,传其胥陈日炬。元时,屡破其国。

　　洪武元年,王日煃闻廖永忠定两广,将遣使纳款,以梁王在云南未果。十二月,太祖命汉阳知府易济招谕之。日煃遣少中大夫同时敏,正大夫段悌、黎安世等,奉表来朝,贡方物。明年六月达京师。帝喜,赐宴,命侍读学士张以宁、典簿牛谅往封为安南国王,赐驼纽涂金银印。诏曰:"咨尔安南国王陈日煃,惟乃祖父,守境南陲,称藩中国,克恭臣职,以永世封。朕荷天地之灵,肃清华夏,驰书往报。卿即奉表称臣,专使来贺,法前人之训,安遐壤之民。眷兹勤诚,深可嘉尚。是用遣使赍印,仍封尔为安南国王。於戏!视广同仁,思效哲王之盛典,爵超五等,俾承奕叶之遗芳。益茂令猷,永为藩辅,钦哉。"赐日煃《大统历》、织金文绮纱罗四十匹,同时敏以下皆有赐。

　　以宁等至,日煃先卒,侄日熞嗣位。遣其臣阮汝亮来迎,请诰印,以宁等不予。日熞乃复遣杜舜钦等请命于朝,以宁驻安南俟命。时安南、占城构兵,帝命翰林编修罗复仁、兵部主事张福谕令罢兵,两国皆奉诏。明年，舜钦等至告哀。帝素服御西华门引见，遂命编修王廉往祭，赙白金五十两、帛五十匹。别遣吏部主事林唐臣封日煃为王，赐金印及织金文绮纱罗四十匹。廉既行，帝以汉马援立铜柱镇南蛮，厥功甚伟，命廉就祀之。寻颁科举诏于其国，且以更定岳渎神号及廓清沙漠，两遣官诏告之。日煃遣上大夫阮兼、中大夫莫季龙、下大夫黎元普等谢恩，贡方物。兼卒于道，诏赐其王及使臣，而送兼枢归国。顷之，复仁等还，言却其赆不受，帝嘉之，加赐季龙等。

四年春，遣使贡象，贺平沙漠，复遣使随以宁等来朝。其冬，日煃为伯父叔明逼死。叔明惧罪，贡象及方物。逾年至京，礼官见署表非日煃名，诘得其实，诏却之。叔明复朝贡谢罪，且请封。其使者抵言，日煃实病死，叔明逊避于外，为国人所推。帝命国人为日煃服，而叔明姑以前王印视事。七年，叔明遣使谢恩，自称年老，乞命弟端摄政，从之。端遣使谢恩，请贡期，诏三年一贡，新王世见。寻复遣使贡，帝令所司谕却，且定使者毋过三四人，贡物无厚。

十年，端侵占城，败没。弟炜代立，遣使告哀，命中官陈能往祭。时安南怙强，欲灭占城，反致丧败。帝遣官谕前王叔明毋构衅贻祸，以叔明实主国事也，叔明贡方物谢罪。广西思明土官诉安南犯境，安南亦诉思明扰边。帝移檄数其奸诳罪，敕守臣勿纳其使。炜惧，遣使谢罪，频年贡奄竖、金银、紫金盘、黄金酒尊、象马之属。帝命助教杨盘往使，令馈云南军饷，炜即输五千石于临安。二十一年，帝复命礼部郎中邢文伟赍敕及币往赐。炜遣使谢，复进象。帝以其频烦，且贡物侈，命仍三岁一贡，毋进犀象。

时国相黎季犛窃柄，废其主炜，寻弑之，立叔明子日焜主国事，仍假炜名入贡。朝廷不知而纳之，越数年始觉，命广西守臣绝其使。季犛惧，二十七年遣使由广东入贡。帝怒，遣官诘责，却其贡。季犛益惧，明年复诡词入贡。帝虽恶其弑逆，不欲劳师远征，乃纳之。大军方讨龙州赵宗寿，命礼部尚书任亨泰、御史严震直谕日焜，毋自疑。季犛闻言，稍自安。帝又遣刑部尚书杨靖，谕令输米八万石，饷

龙州军。季犛输一万石,馈金千两,银二万两,言龙州陆道险,请运
至凭祥洞。靖不可,令输二万石于溺海江,江距龙州止半日。靖因
言:"日焜年幼,国事皆决季犛父子,乃敢观望如此。"时帝以宗寿纳
款,移兵征向武诸蛮,遂谕靖令输二万石给军,而免其所馈金银。明
年,季犛告前王叔明之讣。帝以叔明本篡弑,吊祭则奖乱,止不行,
移檄使知之。

　　思明土官黄广成言:"自元设思明总管府,所辖左江州县,东上
思州,南铜柱为界。元征交阯,去铜柱百里立永平寨万户府,遣兵戍
守,令交人给其军。元季丧乱,交人攻破永平,越铜柱二百余里,侵
夺思明所属丘温、如嶅、庆远、渊、脱等五县地,近又告任尚书置驿
思明洞登地。臣尝具奏,蒙遣杨尚书勘实。乞敕安南以五县地还臣,
仍画铜柱为界。"帝命行人陈诚、吕让往谕,季犛执不从。诚自为书
谕日焜,季犛贻书争,且为日焜书移户部。诚等复命,帝知其终不肯
还,乃曰:"蛮夷相争,自古有之。彼恃顽,必召祸,姑俟之。"建文元
年,季犛弑日焜,立其子颛。又弑颛,立其弟奃,方在襁褓中,复弑
之。大杀陈氏宗族而自立,更姓名为胡一元,名其子苍曰胡奃,谓出
帝舜裔胡公后,僭国号大虞,年号元圣,寻自称太上皇,传位奃,朝
廷不知也。

　　成祖既承大统,遣官以即位诏告其国。永乐元年,奃自署权理
安南国事,遣使奉表朝贡,言:"高皇帝时安南王日煃率先输诚,不
幸早亡,后嗣绝。臣陈氏甥,为众所推,权理国事,于今四年。望天
恩赐封爵,臣有死无二。"事下礼部,部臣疑之,请遣官廉访。乃命行
人杨渤等赍敕谕其陪臣父老,凡陈氏继嗣之有无,胡奃推戴之诚
伪,具以实闻。赍奃使者遣还,复命行人吕让、丘智赐绒锦、文绮、纱
罗。既而奃使随渤等还,进陪臣父老所上表,如奃所以诳帝者,乞即
赐奃封爵。帝乃命礼部郎中夏止善封为安南国王。奃遣使谢恩,然
帝其国中自若也。

　　思明所辖禄州、西平州、永平寨为所侵夺,帝谕令还,不听。占
城诉安南侵掠,诏令修好。奃阳言奉命,侵掠如故,且授印章逼为

属，又邀夺天朝赐物。帝恶之，方遣官切责，而故陪臣裴伯耆诣阙告难，言："臣祖父皆执政大夫，死国事。臣母，陈氏近族。故臣幼侍国王，官五品，后隶武节侯陈渴真为裨将。洪武末，代渴真御寇东海。而贼臣黎季犛父子弑主篡位，屠戮忠良，灭族者以百十数，臣兄弟妻孥亦遭害。遣人捕臣，欲加诛醢。臣弃军遁逃，伏处山谷，思诣阙庭，披沥肝胆，展转数年，始睹天日。窃惟季犛乃故经略使黎国髦之子，世事陈氏，叨窃宠荣，及其子苍，亦蒙贵任。一旦篡夺，更姓易名，僭号改元，不恭朝命。忠臣良士疾首痛心，愿兴吊伐之师，隆继绝之义，荡除奸凶，复立陈氏后，臣死且不朽。敢效申包胥之忠，哀鸣阙下，惟皇帝垂察。"帝得奏感动，命所司周以衣食。会老挝送陈天平至，言："臣天平，前王日烜孙，奁子，日煃弟也。黎贼尽灭陈族，臣越在外州获免。臣僚佐激于忠义，推臣为主以讨贼。方议招军，贼兵见迫，仓皇出走，窜伏岩谷，万死一生，得达老挝。恭闻皇帝陛下入正大统，臣有所依归。匍匐万里，哀诉明庭。陈氏后裔止臣一人，臣与此贼不共戴天。伏祈圣慈垂怜，迅发六师，用章天讨。"帝益感动，命所司馆之。

　　查方遣使贺正旦，帝出天平示之，皆错愕下拜，有泣者。伯耆责使者以大义，惶恐不能答。帝谕侍臣："查父子悖逆，鬼神所不容，而国中臣民共为欺蔽。一国皆罪人也，朕乌能容？"

　　三年，命御史李琦、行人王枢赍敕责查，令具篡弑之实以闻。云南宁远州复诉查侵夺七寨，掠其酋女。查遣其臣阮景真从琦等入朝谢罪，抵言未尝僭号改元，请迎天平归，奉为主，且退还禄州、宁远地。帝不虞其诈，许之。命行人聂聪赍敕往谕，言："果迎还天平，事以君礼，当建尔上公，封以大郡。"查复遣景真从聪等还报，迎天平。聪力言酋诚可信，帝乃令天平还国，敕广西左、右副将军黄中、吕毅将兵五千送之。

　　四年，天平陛辞，帝厚加赍，敕封查顺化郡公，尽食所属州县。三月，中等护天平入鸡陵关，将至芹站，查伏兵邀杀天平，中等败还。帝大怒，召成国公朱能等谋，决意讨之。七月命能佩征夷将军印充总兵官,西平侯沐晟佩征夷副将军印为左副将军,新城侯张辅为右副将军,丰城侯李彬、云阳伯陈旭为左、右参将,督师南征。能至龙州病卒,辅代将其军。入安南坡垒关,传檄数一元父子二十大罪,谕国人以辅立陈氏子孙意。师次芹站,遂造浮桥于昌江以济。前锋抵富良江北嘉林县,而辅由芹站西取他道至北江府新福县,谍晟、彬军亦自云南至白鹤,乃遣骠骑将军朱荣往会之。时辅等分道进兵,所至皆克。贼乃缘江树栅,增筑土城于多邦隘,城栅连九百余里,大发江北民二百余万守之。诸江海口皆下木桩,所居东都,严守备,水陆兵号七百万,欲持久以老官军。辅等乃移营三带州简招市江口,造战舰。帝虑贼缓师以待瘴疠,敕辅等必以明年春灭贼。十二月,晟次洮江北岸,与多邦城对垒。辅遣旭攻洮江州,造浮桥济师,遂俱抵城下,攻拔之。贼所恃惟此城,既破,胆裂。大军循富良江南下,遂捣东都。贼弃城走,大军入据之,薄西都。贼大烧宫室,驾舟入海。郡县相继纳款,抗拒者辄击破之。士民上书陈黎氏罪恶,日以百数。

　　五年正月大破季犛于木丸江,宣诏访求陈氏子孙。于是耆老千一百二十余人诣军门,言:“陈氏为黎贼杀尽,无可继者。安南本中国地,乞仍入职方,同内郡。”辅等以闻。寻大破贼于富良江,季犛父子以数舟遁去。诸军水陆并追,次茶笼县,知季犛走乂安,遂循举厥江,追至日南州奇罗海口,命柳升出海追之。贼数败,不能军。五月获季犛及伪太子于高望山,安南尽平。群臣请如耆老言,设郡县。

　　六月朔,诏告天下,改安南为交阯,设三司:以都督佥事吕毅掌都司事,黄中副之;前工部侍郎张显宗、福建布政司左参政王平为左、右布政使;前河南按察使阮友彰为按察使,裴伯耆授右参议。又命尚书黄福兼掌布、按二司事。设交州、北江、谅江、三江、建平、新安、建昌、奉化、清化、镇蛮、谅山、新平、演州、乂安、顺化十五府,分辖三十六州,一百八十一县。又设太原、宣化、嘉兴、归化、广威五州,直奈布政司,分辖二十九县。其他要害,咸设卫所控制之。乃敕有司,陈氏诸王被弑者咸予赠谥,建祠治塚,各置洒埽二十户。宗族被害者赠官，军民死亡暴露者瘗埋之。居官者仍其旧，与新除者参治。黎氏苛政一切蠲除，遭刑者悉放免。礼待高年硕德。鳏寡孤独无告者，设养济院。怀才抱德之彦敦遣赴京。又诏访求山林隐逸、明经博学、贤良方正、孝弟力田、聪明正直、廉能干济、练达吏事、精通书算、明习兵法及容貌魁岸、语言便利、膂力勇敢、阴阳术数、医药方脉诸人，悉以礼敦致，送京录用。于是张辅等先后奏举九千余人。九月，季犛、苍父子俘至阙下，与伪将相胡杜等悉属吏。赦苍弟卫国大王澄、子芮，所司给衣食。

六年六月，辅等振旅还京，上交阯地图，东西一千七百六十里，南北二千八百里。安抚人民三百一十二万有奇，获蛮人二百八万七千五百有奇，象、马、牛二十三万五千九百有奇，米粟一千三百六十万石，船八千六百七十余艘，军器二百五十三万九千八百。于是大行封赏，辅进英国公，晟黔国公，余叙赉有差。

时中朝所置吏，务以宽厚辑新造，而蛮人自以非类，数相惊恐。陈氏故官简定者，先降，将遣诣京师，偕其党陈希葛逃去，与化州伪官邓悉、阮帅等谋乱。定乃僭大号，纪元兴庆，国曰大越。出没义安、化州山中，伺大军还，即出攻盘滩咸子关，扼三江府往来孔道，寇交州近境。慈廉、威蛮、上洪、天堂、应平、石室诸州县皆响应，守将屡出讨，皆无功。事闻，命沐晟为征夷将军，统云南、贵州、四川军四万人，由云南征讨。而遣使赍敕招降者，子世官。贼不应，晟与战生厥江，大败，吕毅及参赞尚书刘儁死之。

七年，败书闻，益发南儿、浙江、江西、福建、湖广、广东、广西军四万七千人，从英国公辅征之。辅以贼负江海，不利陆师，乃驻北江仙游，大造战舰，而抚诸遭寇逋播者，遂连破慈廉、广威诸营栅。侦其党邓景异扼南策州卢渡江太平桥，乃进军咸子关。伪金吾将军阮世每众二万，对岸立寨栅，列船六百余艘，树桩东南以捍蔽。时八朋，西北风急，辅督陈旭、朱广、俞让、方政等舟齐进，炮矢飚发，斩首三千级，生擒伪监门将军潘低等二百余人，获船四百余艘。遂进击景异，景异先走，乃定交州、北江、谅江、新安、建昌、镇蛮诸府。追破景异太平海口,获其党范必栗。

时阮帅等推简定为太上皇,别立陈季扩为帝,纪元重光。乃遣使自称前安南王孙,求封爵。辅叱斩之,由黄江、阿江、大安海口至福成江,转入神投海口,尽去贼所树桩栅。十余日抵清化,水陆毕会。定已奔演州,季扩走乂安,帅、景、异等,亦散亡。于是驻军,捕余党。定走美良县吉利栅,辅等穷追及之。定走入山,大索不得,遂围之,并其伪将相陈希葛、阮汝励、阮晏等,俱就擒。

先是,贼党阮师桧僭王,与伪金吾上将军杜元措等据东潮州安老县之宜阳社,众二万余人。八年正月,辅进击之,斩首四千五百余级,擒其党范支、陈原卿、阮人柱等二千余人,悉斩之,筑京观。辅将班师,言:“季扩及党阮帅、胡具、郑景异等尚在演州、乂安,逼清化。而邓镕塞神投福成江口,据清化要路,出没乂安诸处。若诸军尽还,恐沐晟兵少不敌。请留都督江浩,都指挥俞让、花英、师祐等军,佐晟守御。”从之。五月,晟追季扩至虞江,贼弃栅遁。追至古灵县及会潮、灵长海口,斩首三千余级,获伪将军黎弄。季扩大蹙,奉表乞降。帝心知其诈,姑许之,诏授交阯布政使,阮帅、胡具、邓景异、邓镕并都指挥,陈原樽右参政,潘季祐按察副使。诏既下,念贼无悛心,九年复命辅督军二万四千,合晟军讨之。贼据月常江,树桩四十余丈,两崖置栅二三里,列船三百余艘,设伏山右。秋,辅、晟等水陆并进,阮帅、胡具、邓景异、邓镕等来拒。辅令朱广等连舰拔桩以进,自率方政等以步队剿其伏兵,水陆夹攻。贼大败,帅等皆散走。生擒伪将军邓宗稷、黎德彝、阮忠、阮轩等,获船百二十艘。辅乃督水军剿季扩,闻石室、福安诸州县,伪龙虎将军黎蕊等断锐江浮桥阻生厥江交州后卫道路,遂往征之。蕊及范慷来拒,蕊中矢死。斩伪将军阮陕,获伪将军杨汝梅、防御使冯翁,斩首千五百级,追杀余贼殆尽。慷及杜笛旦、邓明、阮思珹等亦就擒。

十年,辅督方政等击贼舟于神投海,大败之,擒伪将军陈磊、邓汝戏等。阮帅等远遁,追之不及。辅军至乂安土黄,伪少保潘季祐等请降,率伪官十七人上谒。辅承制授季祐按察副使,署乂安府事。

于是伪将军、观察、安抚、招讨诸使陈敏、阮士勤、陈全勖、陈全敏等相继降。

明年，辅及晟合军至顺州。阮帅等设伏爱子江，而据昆传山险，列象阵迎敌。诸军大破之，生擒伪将军潘径、阮徐等五十六人，追至爱母江。贼溃散，邓镕弟伪侯铁及将军潘鲁、潘勤等尽降。明年春，进军政和。贼帅胡同降，言伪大将军景异率党黎蟾等七百人逃遏蛮昆蒲栅。遂进罗蒙江，舍骑步行，比至，贼已遁。追至叱蒲捒栅，又遁。昏夜行二十余里，闻更鼓声，辅率政等衔枚疾趋，黎明抵叱蒲干栅，江北贼犹寨南岸。官军渡江围之，矢中景异胁，擒之。镕及弟铳亡走，追擒之，尽获其众。别将朱广追伪大将军阮帅于遏蛮，大搜遏人关诸山，获帅及季扩等家属。帅逃南灵州，依土官阮茶汇。指挥薛聚追获帅，斩茶汇。

初，邓镕之就执也，季扩又逃义安竹排山。辅遣都指挥师祐袭之，走老挝。祐踵其后，老挝惧官军蹂其地，请自缚以献。辅檄索之，令祐深入，克三关，抵金陵箇，贼党尽奔，遂获季扩及其弟伪相国欢国王季撝，他贼尽平。明年二月，辅、晟等班师入京。四月复命辅佩征夷将军印，出镇。十四年召还。明年命丰城侯李彬代镇。

交人故好乱。中官马骐以采办至，大索境内珍宝，人情骚动，桀黠者鼓煽之，大军甫还，即并起为乱。陆那阮贞，顺州黎核、潘强与土官同知陈可论、判官阮昭、千户陈恼、南灵州判官阮拟、左平知县范伯高、县丞武万、百户陈已律等一时并反。彬皆遣将讨灭之，而反者犹不止。俄乐巡检黎利、四忙故知县车绵之子三、义安知府潘僚、南灵州千户陈顺庆、义安卫百户陈直诚，亦乘机作乱。其他奸宄，范软起俄乐，武贡、黄汝典起偈江，侬文历起丘温，陈木果起武定，阮特起快州，吴巨来起善誓，郑公证、黎侳起同利，陶强起善才，丁宗老起大湾，范玉起安老，皆自署官爵，杀将吏，焚庐舍。有杨恭、阮多者，皆自称王，署其党韦五、谭兴邦、阮嘉为太师、平章，与群寇相倚，而潘僚、范玉尤猖獗。僚者，故义安知府季祐子也，嗣父职，不堪马骐虐，遂反。土官指挥路文律、千户陈苔等从之。玉为涂山寺僧，自言天降印剑,遂僭称罗平王,纪元永宁,与范善、吴中、黎行、陶承等为乱,署为相国、司空、大将军,攻掠城邑。彬东西征巢,日不暇给。中朝以贼久未平,十八年命荣昌伯陈智为左参将,助之。又降敕责彬曰:"叛寇潘僚、黎利、车三、侬文历等迄今未获,兵何时得息,民何时得安。宜广为方略,速奏荡平。"彬惶恐,督诸将追巢。明年秋,贼悉破灭,惟黎利不能得。

利初仕陈季扩为金吾将军,后归正,用为清化府俄乐县巡检,邑邑不得志。及大军还,遂反,僭称平定王,以弟石为相国,与其党段莽、范柳、范晏等放兵肆掠。官军讨之,生擒晏等,利遁去。久之,出据可蓝栅行劫。诸将方政、师祐剿获其伪将军阮箇立等,利逃匿老挝。及政等还,利潜出,杀玉局巡检。已,复出掠磊江,每追击辄遁去。及群盗尽灭,利益深匿。彬奏言:"利窜老挝,老挝请官军毋入,当尽发所部兵捕利。今久不遣,情叵测。"帝疑老挝匿贼,令彬送其使臣至京诘问,老挝乃逐利。

二十年春,彬卒,诏智代彬。二十一年,智追利于宁化州车来县,败之,利复远窜。明年秋,智奏利初逃老挝,后被逐归瑰县。官军进击,其头目范仰等已率男妇千六百人降,利虽求抚,愿以所部来归,而止俄乐不出,造军器未已,必当进兵。奏至,会仁宗以践阼大赦天下,因敕智善抚之,而利已寇茶笼州,败方政军,杀指挥伍云。

利未叛时,与镇守中官山寿善。至是寿还朝,力言利与己相信,今往谕之,必来归。帝曰:"此贼狡诈,若为所绐,则其势益炽,不易制也。"寿叩头言:"如臣往谕,而利不来,臣当万死。"帝领之,遣寿赍敕授利清化知府,慰谕甚至。敕甫降,利已寇清化,杀都指挥陈忠。利得敕,无降意,即借抚愚守臣,佯言俟秋凉赴官,而寇掠不已。

时洪熙改元,铸将军印分颁边将,智得征夷副将军印,又命安平伯李安往佐之,智素无将略,惮贼,因借抚以愚中朝,且与方政迕,遂顿兵不进。贼益无所忌,再围茶笼,智等坐视不救。阅七月,城中粮尽,巡按、御史以闻,奏至而仁宗崩。宣宗初即位,敕责智及三司官。智等不为意，茶笼遂陷，知州琴彭死之。尚书掌布按二司陈洽言："利虽乞降，内携贰，既陷茶笼，复结玉麻土官，老挝酋长与之同恶。始言俟秋凉，今秋已过，复言与参政梁汝笏有怨，乞改授茶笼州，而遣逆党潘僚、路文律等往嘉兴、广威诸州招集徒众，势日滋蔓。乞命总兵者速行剿灭。"奏上，为降敕切责，期来春平贼。智始惧，与政薄可留关，败还，至茶笼又败。政勇而寡谋，智懦而多忌，素不相能，而山寿专招抚，拥兵乂安不救，是以屡败。

宣德元年春，事闻，复降敕切责。时渠魁未平，而小寇蜂起，美留潘可利助逆，宣化周庄、太原黄菴等结云南宁远州红衣贼大掠。帝敕沐晟巢宁远，又发西南诸卫军万五千、弩手三千赴交阯，且敕老挝不得容叛人。四月，命成山侯王通为征夷将军，都督马瑛为参将，往讨黎利。削陈智、方政职，充为事官。通未至，贼犯清化。政不出战，都指挥王演击败之。诏大赦交阯罪人，黎利、潘僚降亦授职。停采办金银、香货，冀以弭贼，而贼无悛心。政督诸军进讨，李安及都指挥于瓒、谢凤、薛聚、朱广等先奔，政由此败，俱谪为事官，立功赎罪。未几，智遣都指挥衮亮击贼黎善于广威州，欲渡河，土官何加优言有伏。亮不从，遣指挥陶森、钱辅等渡河，中伏并死，亮亦被执。善遂分兵三道犯交州，其攻下关者为都督陈浚所败，攻边江小门者为李安所败，善夜走。

通闻之，亦分兵三道出击。马瑛败贼清威，至石室与通会，俱至应平宁桥，士卒行泥泞中。遇伏兵，大败。尚书陈洽死焉，通亦中胁还。利在乂安闻之，鼓行至清潭，攻北江，进围东关。通素无战功，以父真死事封。朝廷不知其庸劣，误用之。一战而败，心胆皆丧，举动乖张，不奉朝命，擅割清化以南地予贼，尽撤官吏军民还东关。惟清化知州罗通不从，利移兵攻之不下。贼分兵万人围隘留关，百户万琼奋击，乃退。帝闻通败，大骇，命安远侯柳升为总兵官，保定伯梁铭副之，督师赴讨，又命沐晟为征南将军，兴安伯徐亨、新宁伯谭忠为左、右副将军，从云南进兵，两军共七万余人。复敕通固守，俟升。

　　二年春,利犯交州。通与战,斩伪太监黎秘及太尉、司徒、司空等官,获首级万计。利破胆奔遁,诸将请乘势追之,通逗留三日。贼知其怯,复立寨浚濠,四出剽掠。三月复发三万三千人,从柳升、沐晟征讨。贼分兵围丘温,都指挥孙聚力拒之。先是,贼以昌江为大军往来要道,发众八万余人来攻,都指挥李任等力拒,杀贼甚众。阅九月,诸将观望不救,贼惧升大军至,攻益力。夏四月,城陷,任死之。时贼围交州久,通闭城不敢出,贼益易之,致书请和。通欲许之,集众议,按察使杨时习曰:“奉命讨贼,与之和,而擅退师,何以逃罪!”通怒,厉声叱之,众不敢言,遂以利书闻。

　　升奉命久,俟诸军集,九月始抵隘留关。利既与通有成言,乃诡称陈氏有后,率大小头目具书诣升军,乞罢兵,立陈氏裔。升不启封,遣使奏闻。无何,升进薄倒马坡,陷殁,后军相继尽殁。通闻,惧甚,大集军民官吏,出下哨河,立坛与利盟誓,约退师。遂遣官偕贼使奉表及方物进献。沐晟军至水尾,造船将进,闻通已议和,亦引退,贼乘之,大败。

　　鸿胪寺进贼与升书,略言:“高皇帝龙飞,安南首朝贡,特蒙褒赏,锡以玉章。后黎贼篡弑,太宗皇帝兴师讨灭,求陈氏子孙。陈族避祸方远窜,故无从访求。今有遗嗣皓,潜身老挝二十年,本国人民不忘先王遗泽,已访得之。倘蒙转达黼宸,循太宗皇帝继绝明诏,还其爵土,匪独陈氏一宗,实蛮邦亿万生民之幸。”帝得书颔之。明日,皓表亦至,称“臣皓,先王晫三世嫡孙”,其词与利书略同。帝心知其诈,欲藉此息兵,遂纳其言。

　　初,帝嗣位,与杨士奇、杨荣语交阯事,即欲弃之。至是,以表示廷臣,谕以罢兵息民意。士奇、荣力赞之,惟蹇义、夏原吉不可。然帝意已决,廷臣不敢争。十一月朔,命礼部左侍郎李琦、工部右侍郎罗汝敬为正使,右通政黄骥、鸿胪卿徐永达为副使,赍诏抚谕安南人民,尽赦其罪,与之更新,令具陈氏后人之实以闻。因敕利以兴灭继绝之意,并谕通及三司官,尽撤军民北还。诏未至,通已弃交阯,由陆路还广西,中官山寿、马骐及三司守令,由水路还钦州。凡得还者止八万六千人，为贼所杀及拘留者不可胜计。天下举疾通弃地殃民，而帝不怒也。

三年夏，通等至京，文武诸臣合奏其罪，廷鞫具服，乃与陈智、马瑛、方政、山寿、马骐及布政使弋谦，俱论死下狱，籍其家。帝终不诛，长系待决而已。骐恣虐激变，罪尤重，而谦实无罪，皆同论，时议非之。廷臣复劾沐晟、徐亨、谭忠逗留及丧师辱国罪，帝不问。

琦等还朝，利遣使奉表谢恩，诡言皓于正月物故，陈氏子孙绝，国人推利守其国，谨俟朝命。帝亦知其诈，不欲遽封，复遣汝敬、永达谕利及其下，令访陈氏，并尽还官吏人民及其眷属。明年春，汝敬等还，利复言陈氏无遗种，请别命。因贡方物及代身金人。又言："臣九岁女遭乱离散，后知马骐携归充宫婢，臣不胜儿女私，冒昧以请。"帝心知陈氏即有后，利必不言，然以封利无名，复命琦、当敬敕谕再访，且以利女病死告之。

五年春，琦等还，利遣使贡金银器方物，复饰词具奏，并具头目耆老奏请令利摄国政。使臣归，帝复以访陈氏裔，还中国遗民二事谕之，词不甚坚。明年夏，利遣使谢罪，以二事饰词对，复进头目耆老奏，仍为利乞封。帝乃许之，命礼部右侍郎章敞、右通政徐琦赍敕印，命利权署安南国事。利遣使赍表及金银器方物，随敞等入贡。七年二月达京师，比还，利及使臣皆有赐。明年八月来贡，命兵部侍郎徐琦等与其使偕行，谕以顺天保民之道。是年，利卒。

利虽受敕命，其居国称帝，纪元顺天，建东、西二都，分十三道：曰山南、京北、山西、海阳、安邦、谅山、太原、明光、谅化、清华、乂安、顺化、广南。各设承政司、宪察司、总兵使司，拟中国三司。东都在交州府，西都在清华府。置百官，设学校，以经义、诗赋二科取士，彬彬有华风焉。僭位六年，私谥太祖。

子麟继，麟一名龙。自是其君长皆有二名，以一名奏天朝，贡献不绝如常制。麟遣使告讣，命侍郎章敞、行人侯琎敕麟权署国事。明年遣使入贡谢恩。

正统元年四月以宣宗宾天，遣使进香。又以英宗登极及尊上太

皇太后、皇太后位号，并遣使表贺，贡方物。闰六月复贡。帝以陈氏
宗支既绝，欲使麟正位，下廷议，咸以为宜。乃命兵部右侍郎李郁、
左通政柰亨赍敕印，封麟为安南国王。明年遣使入贡谢恩。时安南
思郎州土官攻掠广西安平、思陵二州，据二峒二十一村。帝命给事
中汤鼐、行人高寅，敕麟还侵地。麟奉命，遣使谢罪，而诉安平、思陵
土官侵掠思郎。帝令守臣严饬。七年，安南贡使还，令赍皮弁冠服、
金织袭衣赐其王。是岁，麟卒，私谥太宗。改元二：绍平六年，大宝
三年。

　　子浚继，一名基隆，遣使告讣。命光禄少卿宋杰、兵科都给事中
薛谦，持节册封为国王。浚遣将侵占城，夺新州港，掳其王摩诃贲该
以归。帝为立新王摩诃贵来，敕安南使，谕浚归其故王。浚不奉诏，
侵掠人口至三万三千余，占城入诉。

　　景泰元年赐敕戒浚，迄不奉诏。四年遣使贺册立皇太子。天顺
元年遣使入贡，乞赐衮冕，如朝鲜例，不从。其使者乞以土物易书
籍、药材，从之。二年遣使贺英宗复辟。三年十月，其庶兄谅山王琮
弑之而自立。浚改元二：大利十一年，延宁六年。私谥仁宗。琮，一
名宜民，篡位九月，改元天与，为国人所诛，贬厉德侯，以浚弟灏继。
灏，一名思诚。

　　初，琮弑浚，以游湖溺死奏。天朝不知，将遣官吊祭。琮恐天使
至觉其情，言礼不吊溺，不敢烦天使，帝即已之。使者言浚无子，请
封琮。命通政参议尹旻、礼科给事中王豫往封。未入境，闻琮已诛，
灏嗣位，即却还。灏连遣使朝贡请封，礼官疑其诈，请命广西守臣核
实奏请，从之。使臣言：“礼，生有封，死有祭。今浚死既白，请赐祭。”
乃命行人往祭。六年二月命侍读学士钱溥、给事中王豫封灏为国
王。

　　宪宗践阼，命尚宝卿凌信、行人邵震，赐王及妃采币。灏遣使来
贡，因请冕服，不从，但赐皮弁冠服及纱帽犀带。成化元年八月，以
英宗宾天，遣使进香，命赴裕陵行礼。

　　灏雄桀，自负国富兵强，辄坐大。四年侵据广西凭祥。帝闻，命

守臣谨备之。七年破占城，执其王盘罗茶全，逾三年又破之，执其王盘罗茶悦，遂改其国为交南州，设兵戍守。安南贡道，故由广西。时云南镇守中官钱能贪恣，遣指挥郭景赍敕取其货。灏素欲窥云南，遂以解送广西龙州罪人为词，随景假道云南入京，索夫六百余，且发兵继其后，云南大扰。兵部言，云南非贡道，龙州罪人宜解广西，不必赴京。乃令守臣檄谕，且严边备。

灏既得凭祥，灭占城，遂侵广东琼、雷，盗珠池。广西之龙州、右平，云南之临安、广南、镇安，亦数告警。诏守臣诘之，辄诡词对。庙堂务姑息，虽屡降敕谕，无厉词。灏益玩侮无畏忌，言："占城王盘罗茶全侵化州道，为其弟盘罗茶悦所弑，因自立。及将受封，又为子茶质苔所弑，其国自乱，非臣灏罪。"中朝知其诈，不能诘，但劝令还其土宇。灏奏言："占城非沃壤，家鲜积贮，野绝桑麻，山无金宝之收，海乏鱼盐之利，止产象牙、犀角、乌木、沉香。得其地不可居，得其民不可使，得其货不足富，此臣不侵夺占城故也。明诏令臣复其土宇，乞遣朝使申画郊圻，俾两国边陲休息，臣不胜至愿。"时占城久为所据，而其词诞如此。

先是，安南入贡，多携私物，道凭祥、龙州，乏人转运，辄兴仇衅。会遣使贺册立皇太子，有诏禁饬之。十五年冬，灏遣兵八百余人，越云南蒙自界，声言捕盗，擅结营筑室以居。守臣力止之，始退。灏既破占城，志意益广，亲督兵九万，开山为三道，攻破哀牢，侵老挝，复大破之，杀宣慰刀板雅、兰、掌父子三人，其季子怕雅赛走八百以免。灏复积粮练兵，颁伪敕于车里，征其兵合攻八百。将士暴死者数千，咸言为雷霆所击。八百乃遏其归路，袭杀万余人，灏始引还。帝下廷议，请令广西布政司檄灏敛兵，云南、两广守臣戒边备而已。既而灏言未侵老挝，且不知八百疆宇何在，语甚诞诳。帝复慰谕之，迄不奉命。十七年秋，满刺加亦以被侵告，帝敕使谕令睦邻保国。未几，使臣入贡，请如暹罗、爪哇例赐冠带。许之，不为例。

孝宗践阼，命侍读刘戬诏谕其国。其使臣来贡，以大丧免引奏。弘治三年，时占城王古来以天朝力得还国，复诉安南见侵。兵部尚书马文升召安南使臣曰："归谕尔主，各保疆土享太平。不然，朝廷一旦赫然震怒，天兵压境，如永乐朝事，尔主得无悔乎？"安南自是有所畏。

十年，灏卒，私谥圣宗。其改元二：光顺十年，洪德二十八年。子晖继，一名镨，遣使告讣，命行人徐钰往祭。寻赐晖皮弁服、金犀带。其使臣言，国主受王封，赐服与臣下无别，乞改赐。礼官言："安南名为王，实中国臣也。嗣王新立，必赐皮弁冠服，使不失主宰一国之尊。又赐一品常服，俾不忘臣事中国之义。今所请，紊乱祖制，不可许。然此非使臣罪，乃通事者导之妄奏，宜惩。"帝特宥之。十七年，晖卒，私谥宪宗，其改元曰景统。子滰继，一名敬甫，七月而卒，私谥肃宗。弟谊继，一名璿。

武宗践阼，命修撰伦文叙、给事中张弘至，诏谕其国。谊亦遣使告讣，命官致祭如常仪。正德元年册为王。谊宠任母党阮种、阮伯胜兄弟，恣行威虐，屠戮宗亲，酖杀祖母。种等怙宠窃权，四年逼谊自杀，拥立春弟伯胜，贬谊为厉愍王。国人黎广等讨诛之，立灏孙晭，改谥谊威穆帝。谊在位四年，改元端庆。晭，一名瀅，七年受封，多行不义。

十一年，社堂烧香官陈皓与二子昺、升作乱，杀晭而自立。诡言前王陈氏后，仍称大虞皇帝，改元应天，贬晭为灵隐王。晭臣都力士莫登庸初附皓，后与黎氏大臣阮弘裕等起兵讨之。皓败走，获昺及其党陈燧等。皓与升奔谅山道，据长宁、太原、清节三府自保。登庸等乃共立晭兄灏之子譓，改谥晭襄翼帝。晭在位七年，改元洪顺。譓将请封，因国乱不果。以登庸有功，封武川伯，总水陆诸军。既握兵柄，潜蓄异志。黎氏臣郑绥，以譓徒拥虚位，别立其族子酉榜，发兵攻都城。譓出走，登庸击破绥兵，捕酉榜杀之，益恃功专恣，遂逼妻譓母，迎譓归，自为太传仁国公。十六年率兵攻陈皓，皓败走死。

嘉靖元年，登庸自称安兴王，谋弑譓。譓母以告，乃与其臣杜温润间行以免，居于清华。登庸立其庶弟廮，迁居海东长庆府。世宗践阼，命编修孙承恩、给事中俞敦诏谕其国。至龙州，闻其国大乱，道不通,乃却还。四年夏,谯遣使闲道通贡,并请封,为登庸所阻。明年春,登庸赂钦州判官唐清,为廲求封。总督张嵿逮清,死于狱。六年,登庸令其党范嘉谟伪为廲禅诏,篡其位,改元明德,立子方瀛为皇太子。旋酖杀廲,谥为恭皇帝。逾年,遣使来贡,至谅山城,被攻而还。九年,登庸禅位于方瀛,自称太上皇,移居都斋海阳,为方瀛外援,作《大诰》五十九条,颁之国中。方瀛改元大正。其年九月,黎谯卒于清华,国亡。

十五年冬,皇子生,当颁诏安南。礼官夏言言:“安南不贡已二十年,两广守臣谓黎谯、黎廲均非黎晭应立子嫡,莫登庸、陈皓俱彼国篡逆之臣,宜遣官按问,求罪人主名。且前使既以道阻不通,今宜暂停使命。”帝以安南叛逆昭然,宜急遣官往勘,命言会兵部议征讨。言及本兵张瓒等力言,逆臣篡主夺国,朝贡不修,决宜致讨。乞先遣锦衣官二人往核其实,敕两广、云南守臣整兵积饷,以俟师期,制可。乃命千户陶凤仪、郑玺等,分往广西、云南,诘罪人主名,敕四川、贵州、湖广、福建、江西守臣,预备兵食,候征调。户部侍郎唐胄上疏,力陈用兵七不可,语详其传中,末言:“安南虽乱,犹频奉表笺,具方物,款关求入。守臣以其姓名不符,拒之。是彼欲贡不得,非负固不贡也。”章下兵部,亦以为然,命俟勘官还更议。

十六年,安南黎宁遣国人郑惟僚等赴京,备陈登庸篡弑状,言:“宁即谯子。谯卒,国人立宁为世孙,权主国事。屡驰书边臣告难,俱为登庸邀杀。乞兴师问罪,亟除国贼。”时严嵩掌礼部,谓其言未可尽信,请羁之,待勘官回奏,从之。寻召凤仪等还,命礼、兵二部会廷臣议,列登庸十大罪,请大振宸断,克期徂征。乃起右都御史毛伯温于家,参赞军务,命户部侍郎胡琏、高公韶先驰云、贵、两广调度军食,以都督金事江桓、牛桓为左、右副总兵,督军征讨,其大将需后命。兵部复奉诏,条用兵机宜十二事。独侍郎潘珍持不可,抗疏切谏。帝怒,褫其职。两广总督潘旦亦驰疏请停前命,言:“朝廷方兴问罪之师,登庸即有求贡之使,宜因而许之,戒严观变,以待彼国之自定。”严嵩、张瓒窥帝旨,力言不可宥,且言黎宁在清都图恢复,而且谓彼国俱定,上表求贡,决不可许。且疏遂寝。五月,伯温至京,奏上方略六事,以旦不可共事,请易之,优旨褒答。及兵部议上,帝意忽中变,谓黎宁诚伪未审,令三方守臣从宜抚剿,参赞、督饷大臣俱暂停,且调用,以张经代之。时御史徐九皋、给事中谢廷莒以修省陈言,亦请罢征南之师。

八月,云南巡抚汪文盛以获登庸间谍及所撰伪《大诰》上闻。帝震怒,命守臣仍遵前诏征讨。时文盛招纳黎氏旧臣武文渊得其进兵地图,谓登庸必可破,遂上之朝。广东按臣余光言:“莫之篡黎,犹黎之篡陈,不足深较。但当罪其不庭,责以称臣修贡,不必远征,疲敝中国。臣已遣使宣谕,彼如来归,宜因以抚纳。”帝以光轻率,夺禄一年。文盛即传檄安南,登庸能束身归命,籍上舆图,待以不死。于是登庸父子遣使奉表乞降,且投牒文盛及黔国公沐朝辅,具述黎氏衰乱,陈皓叛逆,已与方瀛有功,为国人归附。所有土地,已载《一统志》中。乞贳其罪,修贡如制。朝辅等以十七年三月奏闻,而黎宁承前诏,惧天朝竟纳其降,备以本国篡弑始末及军马之数、水陆进兵道里来上。俱下兵部,集廷臣议。佥言莫氏罪不可赦,亟宜进师。请以原推咸宁侯仇鸾总督军务,伯温仍为参赞,从之。张经上言:“安南进兵之道有六,兵当用三十万,一岁之饷当用百六十万,造舟、市马、制器、犒军诸费又须七十余万。况我调大众,涉炎海,与彼劳逸殊势,不可不审处也。”疏方上,钦州知州林希元又力陈登庸可取状。兵部不能决,复请廷议。及议上,帝不悦曰:“朕闻卿士大夫私议,咸谓不当兴师。尔等职司邦政,漫无主持,悉委之会议。既不协心谋国,其已之。鸾、伯温别用。”

十八年册立皇太子,当颁诏安南。特起黄绾为礼部尚书,学士张治副之,往使其国。命甫下,方瀛遣使上表降,并籍其土地、户口,听天朝处分,凡为府五十有三,州四十有九,县一百七十有六。帝纳之,下礼、兵二部协议。至七月,绾犹未行,以忤旨落职,遂停使命。初,征讨之议发自夏言,帝既责绾,因发怒曰:“安南事,本一人倡,众皆随之。乃讪上听言计,共作慢词。此国应弃应讨,宜有定议,兵部即集议以闻。"于是瓒及廷臣惶惧，请如前诏，仍遣鸾、伯温南征。如登庸父子束手归命，无异心，则待以不死，从之。登庸闻，大喜。

十九年，伯温等抵广西，传檄谕以纳款宥罪意。时方瀛已卒，登庸即遣使请降。十一月率从子文明及部目四十二人入镇南关，囚首徒跣，匍匐叩头坛上，进降表，伯温称诏赦之。复诣军门匍匐再拜，上土地军民籍，请奉正朔，永为藩臣。伯温等宣示威德，令归国俟命。疏闻，帝大喜，命削安南国为安南都统使司，授登庸都统使，秩从二品，银印。旧所僭拟制度悉除去，改其十三道为十三宣抚司，各设宣抚、同知、副使、佥事，听都统黜陟。广西岁给大统历，仍三岁一贡以为常。更令核黎宁真伪，果黎氏后，割所据四府奉其祀事，否则已之。制下，登庸悚惕受命。

二十二年，登庸卒，方瀛子福海嗣，遣宣抚同知阮典敬等来朝。二十五年，福海卒，子宏瀷嗣。初，登庸以石室人阮敬为义子，封西宁侯。敬有女嫁方瀛次子敬典，因与方瀛妻武氏通，得专兵柄。宏瀷立，方五岁，敬益专恣用事。登庸次子正中及文明避之都斋，其同辈阮如桂、范子仪等亦避居田里。敬举兵逼都斋，正中、如桂、子仪等御之，不胜。正中、文明率家属奔钦州，子仪收残卒遁海东。敬诡称宏瀷殁，以迎立正中为词，犯钦州，为参将俞大猷所败，诛死。宏瀷初立时，遣使黎光贲来贡，至南宁，守臣以闻。礼官以其国内乱，名分未定，止来使勿进，而令守臣核所当立者。至三十年事白，命授宏瀷都统使，赴关领牒。会部目黎伯骊与黎宁臣郑检合兵来攻，宏瀷奔海阳，不克赴。光贲等留南宁且十五年，其偕来使人物故大半。宏瀷祈守臣代请，诏许入京，其都统告身，仍俟宏瀷赴关则给。四十三年，宏瀷卒，子茂洽嗣。万历元年授都统使。三年遣使谢恩，贺即位，进方物，又补累年所缺之贡。

时莫氏渐衰，黎氏复兴，互相构兵，其国益多故。始黎宁之据清华也，仍僭帝号，以嘉靖九年改元元和。居四年，为登庸所攻，窜占城界。国人立其弟宪，改元光照。十五年廉知宁所在，迎归清华，後迁于漆马江。宁卒，其臣郑检立宁子宠。宠卒，无子，国人共立黎晖四世孙维邦。维邦卒,检子松立其子维潭,世居清华,自为一国。

万历十九年,维潭渐强,举兵攻茂洽,茂洽败奔嘉林县。明年冬,松诱土人内应,袭杀茂洽,夺其都统使印,亲党多遇害。有莫敦让者,奔防城告难,总督陈蕖以闻。松复擒敦让,势益张。茂洽子敬恭与宗人履逊等奔广西思陵州,莫履机奔钦州。独莫敬邦有众十余万,起京北道,击走黎党范拔萃、范百禄诸军,敦让得复归。众乃推敬邦署都统,诸流寓思陵、钦州者悉还。黎兵攻南策州,敬邦被杀,莫氏势益衰。敬恭、敬用屯谅山高平,敬璋屯东海新安,惧黎兵追索,窜至龙州凭祥界,令土官列状告当事。维潭亦叩关求通贡,识以国王金印。

二十一年,广西巡抚陈大科等上言:"蛮邦易姓如弈棋,不当以彼之叛服为顺逆,止当以彼之叛我服我为顺逆。今维潭虽图恢复,而茂洽固天朝外臣也,安得不请命而捆然戮之。窃谓黎氏擅兴之罪,不可不问。莫氏子遗之绪,亦不可不存。倘如先朝故事,听黎氏纳款,而仍存莫氏,比诸漆马江,亦不翦其祀,于计为便。"廷议如其言。明年,大科方遣官往察,敬用即遣使叩军门告难,且乞兵。明年秋,维潭亦遣使谢罪,求款。时大科已为两广总督,与广西巡抚戴耀并以属左江副使杨寅秋,寅秋窃计曰:"不拒黎,亦不弃莫,吾策定矣。"两遣官往问,以敬恭等愿居高平来告,而维潭求款之使亦数至。寅秋乃与之期,具报督抚。会敬璋率众赴永安,为黎氏兵击败,海东、新安地尽失,于是款议益决。

时维潭图恢复名,不欲以登庸自处,无束身入关意。寅秋复遣官谕之,其使者来报如约,至期忽言于关吏曰:"士卒饥病,款仪未备。且莫氏吾仇也,楼之高平,未敢闻命。"遂中宵遁去。大科等疏闻,谓其臣郑松专权所致。维潭复遣使叩关,白巳非遁。大科等再遣官谕之,维潭听命。

二十五年遣使请期,寅秋示以四月。届期,维潭至关外,译者诘以六事。首擅杀茂洽,曰:"复仇急,不遑请命。"次维潭宗派,曰:"世孙也,祖晖,天朝曾锡命。"次郑松,曰:"此黎氏世臣,非乱黎氏也。"

然则何宵遁,曰:"以仪物之不戒,非遁也。"何以用王章,曰:"权仿为之,立销矣。"惟割高平居莫氏,犹相持不绝。复谕之曰:"均贡臣也,黎昔可棲漆马江,莫独不可棲高平乎?"乃听命。授以款关仪节,俾习之。维潭率其下入关谒御幄,一如登庸旧仪。退谒寅秋,请用宾主礼,不从,四拜成礼而退。安南复定。诏授维潭都统使,颁历奉贡,一如莫氏故事。先是,黎利及登庸进代身金人,皆囚首面缚,维潭以恢复名正,独立而肃容。当事嫌其倨,令改制,乃为俯伏状,镂其背曰:"安南黎氏世孙,臣黎维潭不得蒲伏天门,恭进代身金人,悔罪乞恩。"自是,安南复为黎氏有,而莫氏但保高平一郡。

二十七年,维潭卒,子维新嗣,郑松专其柄。会叛酋潘彦构乱,维新与松移保清化。三十四年遣使入贡,命授都统使。时莫氏宗党多窜处海隅,往往僭称公侯伯名号,侵轶边境,维新亦不能制。守臣檄问,数发兵夹剿,虽应时破灭,而边方颇受其害。维新卒,子维祺嗣。天启四年,发兵击莫敬宽,克之,杀其长子,掠其妻妾及少子以归。敬宽与次子逃入山中,复回高平,势益弱。然迄明之世,二姓分据,终不能归一云。

安南都会在交州,即唐都护治所。其疆域东距海,西接老挝,南渡海即占城,北连广西之思明、南宁、云南之临安、元江。土膏腴,气候热,谷岁二稔。人性犷悍。欢、演二州多文学,交、爱二州多倜傥士,较他方为异。

明史卷三二二
列传第二一〇

外国三

日　本

　　日本，古倭奴国。唐咸亨初，改日本，以近东海日出而名也。地环海，惟东北限大山，有五畿、七道、三岛、共一百十五州，统五百八十七郡。其小国数十，皆服属焉。国小者百里，大不过五百里。户小者千，多不过一二万。国主世以王为姓，群臣亦世官。宋以前皆通中国，朝贡不绝，事具前史。惟元世祖数遣使赵良弼招之不至，乃命忻都、范文虎等帅舟师十万征之，至五龙山遭暴风，军尽没。后屡招不至，终元世未相通也。

　　明兴，高皇帝即位，方国珍、张士诚相继诛服。诸豪亡命，往往纠岛人入寇山东滨海州县。洪武二年三月，帝遣行人杨载诏谕其国，且诘以入寇之故，谓："宜朝则来庭，不则修兵自固。倘必为寇盗，即命将徂征耳，王其图之。"日本王良怀不奉命，复寇山东，转掠温、台、明州旁海民，遂寇福建沿海郡。

　　三年三月又遣莱州府同知赵秩责让之，泛海至析木崖，入其境，守关者拒弗纳。秩以书抵良怀，良怀延秩入。谕以中国威德，而诏书有责其不臣语。良怀曰："吾国虽处扶桑东，未尝不慕中国。惟蒙古与我等夷，乃欲臣妾我。我先王不服，乃使其臣赵姓者诳我以好语，语未既，水军十万列海岸矣。以天之灵，雷霆波涛，一时军尽覆。今新天子帝中夏,天使亦赵姓,岂蒙古裔耶?亦将诳我以好语而袭我也。"目左右将兵之。秩不为动,徐曰:"我大明天子神圣文武,非蒙古比,我亦非蒙古使者后。能兵,兵我。"良怀气沮,下堂延秩,礼遇甚优。遣其僧祖来奉表称臣,贡马及方物,且送还明、台二郡被掠人口七十余,以四年十月至京。太祖嘉之,宴赉其使者,念其俗妄佛,可以西方教诱之也,乃命僧祖阐、克勤等八人送使者还国,赐良怀《大统历》及文绮、纱罗。是年掠温州。五年寇海盐、澉浦,又寇福建海上诸郡。六年以于显为总兵官,出海巡倭,倭寇莱、登。祖阐等既至,为其国演教,其国人颇敬信。而王则傲慢无礼,拘之二年,以七年五月还京。倭寇胶州。

时良怀年少,有持明者,与之争立,国内乱。是年七月,其大臣遣僧宣闻溪等赍书上中书省,贡马及方物,而无表。帝命却之,仍赐其使者遣还。未几,其别岛守臣氏久遣僧奉表来贡。帝以无国王之命,且不奉正朔,亦却之,而赐其使者,命礼臣移牒,责以越分私贡之非。又以频入寇掠,命中书移牒责之。乃以九年四月,遣僧圭廷用等来贡,且谢罪。帝恶其表词不诚,降诏戒谕,宴赉使者如制。十二年来贡。十三年复贡,无表,但持其征夷将军源义满奉丞相书,书辞又倨。乃却其贡,遣使赍诏谯让。十四年复来贡,帝再却之,命礼官移书责其王,并责其征夷将军,示以欲征之意。良怀上言:

臣闻三皇立极,五帝禅宗,惟中华之有主,岂夷狄而无君。乾坤浩荡,非一主之独权,宇宙宽洪,作诸邦以分守。盖天下者,乃天下之天下,非一人之天下也。臣居远弱之倭,褊小之国,城池不满六十,封疆不足三千,尚存知足之心。陛下作中华之主,为万乘之君,城池数千余,封疆百万里,独有不足之心,常起灭绝之意。夫天发杀机,移星换宿。地发杀机,龙蛇走陆。人发杀机,天地反覆。昔尧、舜有德,四海来宾。汤武施仁,八方奉贡。

臣闻天朝有兴战之策,小邦亦有御敌之图。论文有孔、孟道德之文章,论武有孙、吴韬略之兵法。又闻陛下选股肱之将,

起精锐之师，来侵臣境。水泽之地，山海之洲，自有其备，岂肯
跪途而奉之乎？顺之未必其生，逆之未必其死。相逢贺兰山前，
聊以博戏，臣何惧哉。倘君胜臣负，且满上国之意。设臣胜君
负，反作小邦之羞。自古讲和为上，罢战为强，免生灵之涂炭，
拯黎庶之艰辛。特遣使臣，敬叩丹陛，惟上国图之。
帝得表愠甚，终鉴蒙古之辙，不加兵也。

十六年，倭寇金乡、平阳。十九年遣使来贡，却之。明年命江夏
侯周德兴往福建滨海四郡，相视形势。卫所城不当要害者移置之，
民户三丁取一，以主充戍卒，乃筑城一十六，增巡检司四十五，得卒
万五千余人。又命信国公汤和行视浙东、西诸郡，整饬海防，乃筑城
五十九。民户四丁以上者以一为戍卒，得五万八千七百余人，分戍
诸卫，海防大饬。闰六月，命福建备海舟百艘，广东倍之，以九月会
浙江捕倭，既而不行。

先是，胡惟庸谋逆，欲藉日本为助。乃厚结宁波卫指挥林贤，伴
奏贤罪，谪居日本，令交通其君臣。寻奏复贤职，遣使召之，密致书
其王，借兵助己。贤还，其王遣僧如瑶率兵卒四百余人，诈称入贡，
用献巨烛，藏火药、刀剑其中。既至，而惟庸已败，计不行。帝亦未
知其狡谋也。越数年，其事始露，乃族贤，而怒日本特甚，决意绝之，
专以防海为务。然其时王子滕祐寿者，来入国学，帝犹善待之。二
十四年五月特授观察使，留之京师。后著《祖训》，列不征之国十五，
日本与焉。自是。朝贡不至，而海上之警亦渐息。

成祖即位，遣使以登极诏谕其国。永乐元年又遣左通政赵居
任、行人张洪偕僧道成往。将行，而其贡使已达宁波。礼官李至刚
奏："故事，番使入中国，不得私携兵器鬻民。宜敕居司核其舶，诸犯
禁者悉籍送京师。"帝曰："外夷修贡，履险蹈危，来远，所费实多。有
所赍以助资斧，亦人情，岂可概拘以禁令。至其兵器，亦准时直市
之，毋阻向化。"十月，使者至，上王源道义表及贡物。帝厚礼之，遣
官偕其使还，赍道义冠服、龟钮金章及锦绮、纱罗。

明年十一月来贺册立皇太子。时对马、台岐诸岛贼掠滨海居

民,因谕其王捕之。王发兵尽歼其众,絷其魁二十人,以三年十一月献于朝,且修贡。帝益嘉之,遣鸿胪寺少卿潘赐偕中官王进赐其王九章冕服及钱钞、锦绮加等,而还其所献之人,令其国自治之。使者至宁波,尽置其人于甑,烝杀之。明年正月又遣侍郎俞士吉赍玺书褒嘉,赐赉优渥。封其国之山为“寿安镇国之山”,御制碑文,立其上。六月,使来谢,赐冕服。五年、六年频入贡,且献所获海寇。使还,请赐仁孝皇后所制《劝善》、《内训》二书,即命各给百本。十一月再贡。十二月,其国世子源义持遣使来告父丧,命中官周全往祭,赐谥恭献,且致赙。又遣官赍敕,封义持为日本国王。时海上复以倭警告,再遣官谕义持剿捕。

八年四月,义持遣使谢恩,寻献所获海寇,帝嘉之。明年二月复遣王进赍敕褒赉,收市物货。其君臣谋阻进不使归,进潜登舶,从他道遁还。自是,久不贡。是年,倭寇盘石。十五年,倭寇松门、金乡、平阳。有捕倭寇数十人至京者,廷臣请正法。帝曰:“威之以刑,不若怀之以德,宜还。”乃命刑部员外郎吕渊等赍敕责让,令悔罪自新。中华人被掠者,亦令送还。明年四月,其王遣使随渊等来贡,谓:“海寇旁午,故贡使不能上达。其无赖鼠窃者,实非臣所知。愿贷罪,容其朝贡。”帝以其词顺,许之,礼使者如故,然海寇犹不绝。

十七年,倭船入王家山岛,都督刘荣率精兵疾驰入望海堝。贼数千人分乘二十舟,直抵马雄岛,进围望海堝。荣发伏出战,奇兵断其归路。贼奔樱桃园,荣合兵攻之,斩首七百四十二,生擒八百五十七。召荣至京,封广宁伯。自是,倭不敢窥辽东。二十年,倭寇象山。

宣德七年正月,帝念四方蕃国皆来朝,独日本久不贡,命中官柴山往琉球,令其王转谕日本,赐之敕。明年夏,王源义教遣使来。帝报之,赍白金、彩币。秋复至。十年十月以英宗嗣位,遣使来贡。

正统元年二月,使者还,赍王及妃银币。四月,工部言:“宣德间,日本诸国皆给信符勘合,今改元伊始,例当更给。”从之。四年五月,倭船四十艘连破台州桃渚、宁波大嵩二千户所,又陷昌国卫,大肆杀掠。八年五月,寇海宁。先是,洪熙时,黄岩民周来保、龙岩民钟普福困于徭役，叛入倭。倭每来寇，为之乡导。至是，导倭犯乐清，先登岸侦伺。俄倭去，二人留村中丐食，被获，置极刑，枭其首于海上。倭性黠，时载方物、军器，出沿海滨，得间则张其戎器而肆侵掠，不得则陈其方物而称朝贡，东南海滨患之。

景泰四年入贡，至临清，掠居民货。有指挥往诘，殴几死。所司请执治，帝恐失远人心，不许。先是，永乐初，诏日本十年一贡，人止二百，船止二艘，不得携军器，违者以寇论。乃购以二舟，为入贡用，后悉不如制。宣德初，申定要约，人毋过三百，舟毋过三艘。而倭人贪利贡物外所携私物增十倍，例当给直。礼官言："宣德间所贡硫黄、苏木、刀扇、漆器之属，估时直给钱钞，或折支布帛，为数无多，然已大获利。今若仍旧制，当给钱二十一万七千，银价如之。宜大减其直，给银三万四千七百有奇"。从之。使臣不悦，请如旧制。诏增钱万，犹以为少，求增赐物。诏增布帛千五百，终怏怏去。

天顺初，其王源义政以前使臣获罪天朝，蒙恩宥，欲遣使谢罪而不敢自达，移书朝鲜王令转请，朝鲜以闻。廷议敕朝鲜核实，令择老成识大体者充使，不得仍前肆扰，既而贡使亦不至。

成化四年夏，乃遣使贡马谢恩，礼之如制。其通事三人，自言本宁波村民，幼为贼掠，市与日本，今请便道省祭，许之。戒其勿同使臣至家，引中国人下海。十一月，使臣清启复来贡，伤人于市。有司请治其罪，诏付清启，奏言犯法者当用本国之刑，容还国如法论治。且自服不能钤束之罪，帝俱赦之。自是，使者益无忌。十三年九月来贡，求《佛祖统纪》诸书，诏以《法苑珠林》赐之。使者述其王意，请于常例外增赐，命赐钱五万贯。二十年十一月复贡。弘治九年三月，王源义高遣使来，还至济宁，其下复持刀杀人。所司请罪之，诏自今止许五十人入都，余留舟资次，严防禁焉。十八年冬来贡，时武宗已即位，命如故事，铸金牌勘合给之。

正德四年冬来贡。礼官言："明年正月，大祀庆成宴。朝鲜陪臣在殿东第七班，日本向无例，请殿西七班。"从之。礼官又言："日本贡物向用舟三，今止一，所赐银币，宜如其舟之数。且无表文，赐敕与否,请上裁。"命所司移文答之。五年春,其王源义澄遣使臣宋素卿来贡,时刘瑾窃柄,纳其黄金千两,赐飞鱼服,前所未有也。素卿,鄞县朱氏子,名缟,幼习歌唱。倭使见,悦之,而缟叔澄负其直,因以缟赏。至是,充正使,至苏州,澄与相见。后事觉,法当死,刘瑾庇之,谓澄已自首,并获免。七年,义澄使复来贡,浙江守臣言:"今畿辅、山东盗充斥,恐使臣遇之为所掠,请以贡物贮浙江官库,收其表文送京师"。礼官会兵部议,请令南京守备官即所在宴赉,遣归,附进方物,皆予全直,毋阴远人向化心。从之。

嘉靖二年五月,其贡使宗设抵宁波。未几,素卿偕瑞佐复至,互争真伪。素卿贿市舶太监赖恩,宴时坐素卿于宗设上,船后至又先为验发。宗设怒,与之斗,杀瑞佐,焚其舟,追素卿至绍兴城下,素卿窜匿他所免。凶党还宁波,所过焚掠,执指挥袁琎,夺船出海。都指挥刘锦追至海上,战没。巡按御史欧珠以闻,且言:"据素卿状,西海路多罗氏义兴者,向属日本统辖,无入贡例。因贡道必经西海,正德朝勘合为所夺。我不得已,以弘治朝勘合,由南海路起程,比至宁波,因诘其伪,致启衅。"章下礼部,部议:"素卿言未可信,不宜听入朝。但衅起宗设,素卿之党被杀者多,其前虽有投番罪,已经先朝宥赦,毋容问。惟宣谕素卿还国,移咨其王,令察勘合有无,行究治。"帝已报可,御史熊兰、给事张翀交章言:"素卿罪重不可贷,请并治赖恩及海道副使张芹、分守参政朱鸣阳、分巡副使许完、都指挥张浩。闭关绝贡,振中国之威,寝狡寇之计。"事方议行,会宗设党中林、望古多罗逸出之舟,为暴风飘至朝鲜。朝鲜人击斩三十级,生擒二贼以献。给事中夏言因请逮赴浙江,会所司与素卿杂治,因遣给事中刘穆、御史王道往。至四年,狱成,素卿及中林、望古多罗并论死,系狱。久之,皆瘐死。时有琉球使臣郑绳归国,命传谕日本以擒献宗设,还袁琎及海滨被掠之人,否则闭关绝贡,徐议征讨。

九年,琉球使臣蔡瀚者,道经日本,其王源义晴附表言:"向因本国多事,干戈梗道。正德勘合不达东都,以故素卿捧弘治勘合行,乞贷遣。望并赐新勘合、金印,修贡如常。"礼官验其文,无印篆,言:

"倭谲诈难信，宜敕琉球王传谕，仍遵前命。"十八年七月，义晴贡使至宁波，守臣以闻。时不通贡者已十七年，敕巡按御史督同三司官核，果诚心效顺，如制遣送，否则却回，且严居民交通之禁。明年二月，贡使硕鼎等至京申前请，乞赐嘉靖新勘合，还素卿及原留贡物。部议："勘合不可遽给，务缴旧易新。贡期限十年，人不过百，舟不过三，余不可许。"诏如议。二十三年七月复来贡，未及期，且无表文。部臣谓不当纳，却之。其人利互市，留海滨不去。巡按御史高节请治沿海文武将吏罪，严禁奸豪交通，得旨允行。而内地诸奸利其交易，多为之囊橐，终不能尽绝。

二十六年六月，巡按御史杨九泽言：浙江宁、绍、台、温皆滨海，界连福建福、兴、漳、泉诸郡，有倭患，虽设卫所城池及巡海副使、备倭都指挥，但海寇出没无常，两地官弁不能通摄，制御为难。请如往例，特遣巡视重臣，尽统海滨诸郡，庶事权归一，威令易行。"廷议称善，乃命副都御史朱纨巡抚浙江兼制福、兴、漳、泉、建宁五府军事。未几，其王义晴遣使周良等先期来贡，用舟四，人六百，泊于海外，以待明年贡期。守臣沮之，则以风为解。十一月事闻，帝以先期非制，且人船越额，敕守臣勒回。十二月，倭贼犯宁、台二郡，大肆杀掠，二郡将吏并获罪。

明年六月，周良复求贡，纨以闻。礼部言："日本贡期及舟与人数虽违制，第表辞恭顺，去贡期亦不远，若遽加拒绝，则航海之劳可悯，若稍务含容，则宗设、素卿之事可鉴。宜敕纨循十八年例，起送五十人，余留嘉宾馆，量加犒赏，谕令归国。若互市防守事，宜在纨善处之。"报可。纨力言五十人过少，乃令百人赴都。部议但赏百人，余罢勿赏。良诉贡舟高大，势须五百人。中国商舶入海，往往藏匿岛中为寇，故增一舟防寇，非敢违制。部议量增其赏，且谓："百人之制，彼国势难遵行，宜相其贡舟大小，以施禁令。"从之。

日本故有孝、武两朝勘合几二百道，使臣前此入贡请易新者，而令缴其旧。至是良持弛治勘合十五道，言其余为素卿子所窃，捕之不获。正德勘合留十五道为信，而以四十道来还。部议令异时悉缴旧,乃许易新,亦报可。

当是时,日本王虽入贡,其各岛诸倭岁常侵掠,滨海奸民又往往勾之。纨乃严为申禁,获交通者,不俟命辄以便宜斩之。由是,浙、闽大姓素为倭内主者,失利而怨。纨又数腾疏于朝,显言大姓通倭状,以故闽、浙人皆恶之,而闽尤甚。巡按御史周亮,闽产也,上疏诋纨,请改巡抚为巡视,以杀其权。其党在朝者左右之,竟如其请。又夺纨官,罗织其擅杀罪,纨自杀。自是不置巡抚者四年,海禁复驰,乱益滋甚。

祖制,浙江设市舶提举司,以中官主之,驻宁波。海舶至则平其直,制驭之权在上。及世宗,尽撤天下镇守中官,并撤市舶,而滨海奸人遂操其利。初市犹商主之,及严通番之禁,遂移之贵官家,负其直者愈甚。索之急,则以危言吓之,或又以好言绐之,谓我终不负若直,倭丧其赀不得返,已大恨,而大奸若汪直、徐海、陈东、麻叶辈素窟其中,以内地不得逞,悉逸海岛为主谋。倭听指挥,诱之入寇。海中巨盗,遂袭倭服饰、旗号,并分艘掠内地,无不大利,故倭患日剧,于是廷议复设巡抚。三十一年七月以佥都御史王忬任之,而势已不可扑灭。

明初,沿海要地建卫所,设战船,董以都司、巡视、副使等官,控制周密。迨承平久,船敝伍虚。及遇警,乃募渔船以资哨守。兵非素练,船非专业,见寇舶至,辄望风逃匿,而上又无统率御之。以故贼帆所指,无不残破。

三十二年三月,汪直勾诸倭大举入寇,连舰数百,蔽海而至。浙东、西,江南、北,滨海数千里,同时告警。破昌国卫。四月犯太仓,破上海县,掠江阴,攻乍浦。八月劫金山卫,犯崇明及常熟、嘉定。三十三年正月自太仓掠苏州,攻松江,复趋江北,薄通、泰。四月陷嘉善,破崇明,复薄苏州,入崇德县。六月由吴江掠嘉兴,还屯柘林。纵横来往,若入无人之境,忬亦不能有所为。未几,忬改抚大同,以李天宠代,又命兵部尚书张经总督军务。乃大征兵四方,协力进剿。

是时,倭以川沙洼、柘林为巢,抄掠四出。明年正月,贼夺舟犯乍浦、海宁，陷崇德，转掠塘栖、新市、横塘、双林等处，攻德清县。五月复合新倭，突犯嘉兴，至王江泾，乃为经击斩千九百余级，余奔柘林。其他倭复掠苏州境，延及江阴、无锡，出入太湖。大抵真倭十之三，从倭者十之七。倭战则驱其所掠之人为军锋，法严，人皆致死，而官军素慑怯，所至溃奔。帝乃遣工部侍郎赵文华督察军情。文华颠倒功罪，诸军益解体。经、天宠并被逮，代以周珫、胡宗宪。逾月，珫罢，代以杨宜。

　　时贼势蔓延，江、浙无不蹂躏。新倭来益众，益肆毒。每自焚其舟，登岸劫掠。自杭州北新关西剽淳安，突徽州歙县，至绩溪、旌德，过泾县，趋南陵，遂达芜湖。烧南岸，奔太平府，犯江宁镇，径侵南京。倭红衣黄盖，率众犯大安德门，及夹冈，乃趋秣陵关而去，由溧水流劫溧阳、宜兴。闻官兵自太湖出，遂越武进，抵无锡，驻惠山。一昼夜奔百八十余里，抵浒墅。为官军所围，追及于杨林桥，歼之。是役也，贼不过六七十人，而经行数千里，杀戮战伤者几四千人，历八十余日始灭，此三十四年九月事也。

　　应天巡抚曹邦辅以捷闻，文华忌其功。以倭之巢于陶宅也，乃大集浙、直兵，与宗宪亲将之。又约邦辅合剿，分道并进，营于松江之砖桥。倭悉锐来冲，遂大败，文华气夺，贼益炽。十月，倭自乐清登岸，流劫黄岩、仙居、奉化、余姚、上虞，被杀掳者无算。至嵊县乃歼之，亦不满二百人，顾深入三府，历五十日始平。其先一枝自山东日照流劫东安卫，至淮安、赣榆、沭阳、桃源，至清河阻雨，为徐、邳官兵所歼，亦不过数十人，流害千里，杀戮千余，其悍如此。而文华自砖桥之败，见倭寇势甚，其自柘林移于周浦，与泊于川沙旧巢及嘉定高桥者自如，他侵犯者无虚日，文华乃以寇息请还朝。

　　明年二月，罢宜，代以宗宪，以阮鹗巡抚浙江。于是宗宪乃请遣使谕日本国王，禁戢岛寇，招还通番奸商，许立功免罪。既得旨，遂遣宁波诸生蒋洲、陈可愿往。及是，可愿还，言至其国五岛，遇汪直、毛海峰，谓日本内乱，王与其相俱死，诸岛不相统摄，须偏谕乃可杜其入犯。又言，有萨摩洲者，虽已扬帆入寇，非其本心，乞通贡互市，

愿杀贼自效。乃留洲传谕各岛,而送可愿还。宗宪以闻,兵部言:
"直等本编民,既称效顺,即当释兵。乃绝不言及,第求开市通贡,隐
若属国然,其奸叵测。宜令督臣振扬国威,严加备御。移檄直等,俾
剿除舟山诸贼巢以自明。果海疆廓清,自有恩赉。"从之。

　　时两浙皆被倭,而慈谿焚杀独惨,余姚次之。浙西柘林、乍浦、
乌镇、皂林间,皆为贼巢,前后至者二万余人,命宗宪亟图方略。七
月,宗宪言:"贼首毛海峰自陈可愿还,一败倭寇于舟山,再败之沥
表。又遣其党招谕各岛,相率效顺,乞加重赏。"部令宗宪以便宜行。
当是时,徐海、陈东、麻叶,方连兵攻围桐乡,宗宪设计间之,海遂擒
东、叶以降,尽歼其余众于乍浦。未几,复蹙海于梁庄,海亦授首,余
党尽灭。江南、浙西诸寇略平,而江北倭则犯丹阳及掠瓜洲,烧漕艘
者明春复犯如皋、海门,攻通州,掠扬州、高邮,入宝应,遂侵淮安
府,集于庙湾,逾年乃克。其浙东之倭则盘踞于舟山,亦先后为官军
所袭。

　　先是,蒋洲宣谕诸岛,至丰后被留,令僧人往山口等岛传谕禁
戢。于是山口都督源义长具咨送还被掠人口,而咨乃用国王印。丰
后太守源义镇遣僧德阳等具方物,奉表谢罪,请颁勘合修贡,送洲
还。前杨宜所遣郑舜功出海哨探者,行至丰后岛,岛主亦遣僧清授
附舟来谢罪,言前后侵犯,皆中国奸商潜引诸岛夷众,义镇等实不
知。于是宗宪疏陈其事,言:"洲奉使二年,止历丰后、山口二岛,或
有贡物而无印信勘合,或有印信而无国王名称,皆违朝典。然彼既
以贡来,又送还被掠人口,实有畏罪乞恩意。宜礼遣其使,令传谕义
镇、义长,转谕日本王,擒献倡乱诸渠,及中国奸宄,方许通贡。"诏
可。

　　汪直之踞海岛也,与其党王滶、叶宗满、谢和、王清溪等,各挟
倭寇为雄。朝廷至悬伯爵、万金之赏以购之,迄不能致。及是,内地
官军颇有备,倭虽横,亦多被剿戮,有全岛无一人归者,往往怨直,
直渐不自安。宗宪与直同郡,馆直母与其妻孥于杭州,遣蒋洲赍其
家书招之。直知家属固无恙,颇心动。义镇等以中国许互市,亦喜。

乃装巨舟,遣其属善妙等四十余人随直等来贡市,于三十六年十月初,抵舟山之岑港。将吏以为入寇也,陈兵备。直乃遣王激入见宗宪,谓:"我以好来,何故陈兵待我?"激即毛海峰,直养子也。宗宪慰劳甚至,指心誓无他。俄善妙等见副将卢镗于舟山,镗令擒直以献。语泄,直益疑。宗宪开谕百方,直终不信,曰:"果尔,可遣激出,吾当入见。"宗宪立遣之。直又邀一贵官为质,即命指挥夏正往。直以为信,遂与宗满、清溪偕来。宗宪大喜,礼接之甚厚,令谒巡按御史王本固于杭州,本固以属吏。激等闻,大恨,支解夏正,焚舟登山,据岑港坚守。

逾年,新倭大至,屡寇浙东三郡。其在岑港者,徐移之柯梅,造新舟出海,宗宪不之追。十一月,贼扬帆南去,泊泉州之浯屿,掠同安、惠安、南安诸县,攻福宁州,破福安、宁德。明年四月遂围福州,经月不解。福清、永福诸城皆被攻毁,蔓延于兴化,奔突于漳州。其患尽移于福建,而潮、广间亦纷纷以倭警闻矣。至四十年,浙东、江北诸寇以次平。宗宪寻坐罪被逮。明年十一月陷兴化府,大杀掠,移据平海卫不去。初,倭之犯浙江也,破州县卫所城以百数,然未有破府城者。至是,远近震动,亟征俞大猷、戚继光、刘显诸将合击,破之。其侵犯他州县者,亦为诸将所破,福建亦平。

其后,广东巨寇曾一本、黄朝太等,无不引倭为助。隆庆时,破碣石、甲子诸卫所。已,犯化州石城县,陷锦囊所、神电卫。吴川、阳江、茂名、海丰、新宁、惠来诸县,悉遭焚掠。转入雷、廉、琼三郡境,亦被其患。万历二年犯浙东宁、绍、台、温四郡,又陷广东铜鼓石双鱼所。三年犯电白。四年犯定海。八年犯浙江韭山及福建澎湖、东涌。十年犯温州,又犯广东。十六年犯浙江。然时疆吏惩嘉靖之祸,海防颇饬,贼来辄失利。其犯广东者,为蜑贼梁本豪勾引,势尤猖獗。总督陈瑞集众军击之,斩首千六百余级,沈其船百余艘,本豪亦授首。帝为告谢郊庙,宣捷受贺云。

日本故有王,其下称"关白"者最尊,时以山城州渠信长为之。偶出猎,遇一人卧树下,惊起冲突,执而诘之。自言为平秀吉,萨摩州人之奴,雄健矫捷,有口辩。信长悦之,令牧马,名曰木下人。后渐用事,为信长画策,夺并二十余州,遂为摄津镇守大将。有参谋阿奇支者,得罪信长,命秀吉统兵讨之。俄信长为其下明智所杀,秀吉方攻灭阿奇支,闻变,与部将行长等乘胜还兵诛之,威名益振。寻废信长三子,僭称关白,尽有其众,时为万历十四年。于是益治兵,征服六十六州,又以威胁琉球、吕宁、暹罗、佛郎机诸国,皆使奉贡。乃改国王所居山城为大阁,广筑城郭,建宫殿,其楼阁有至九重者,实妇女珍宝其中。其用法严,军行有进无退,违者虽子壻必诛,以故所向无敌。乃改元文禄,并欲侵中国,灭朝鲜而有之。召问故时汪直遗党,知唐人畏倭如虎,气益骄。益大治兵甲,缮舟舰,与其下谋,入中国北京者用朝鲜人为导,入浙、闽沿海郡县者用唐人为导。虑琉球泄其情,使毋入贡。

同安人陈甲者,商于琉球。惧为中国害,与琉球长史郑迥谋,因进贡请封之使,具以其情来告。甲又旋故乡,陈其事于巡抚赵参鲁。参鲁以闻,下兵部,部移咨朝鲜王。王但深辨向导之诬,亦不知其谋己也。

初,秀吉广征诸镇兵,储三岁粮,欲自将以犯中国。会其子死,旁无兄弟。前夺丰后岛主妻为妾,虑其为后患。而诸镇怨秀吉暴虐,咸曰:“此举非袭大唐,乃袭我耳。”各怀异志。由是,秀吉不敢亲行。二十年四月遣其将清正、行长、义智,僧玄苏、宗逸等,将舟师数百艘,由对马岛渡海陷朝鲜之釜山,乘胜长驱,以五月渡临津,掠开城,分陷丰德诸郡。朝鲜望风溃,清正等遂偪王京。朝鲜王李昖弃城奔平壤,又奔义州,遣使络绎告急。倭遂入王京,执其王妃、王子,追奔至平壤,放兵淫掠。七月命副总兵祖承训赴援,与倭战于平壤城外,大败,承训仅以身免。八月,中朝乃以兵部侍郎宋应昌为经略,都督李如松为提督,统兵讨之。

当是时,宁夏未平,朝鲜事起,兵部尚书石星计无所出,募能说倭者侦之,于是嘉兴人沈惟敬应募。星即假游击将军衔,送之如松麾下。明年,如松师大捷于平壤,朝鲜所失四道并复。如松乘胜趋

碧蹄馆，败而退师。于是封贡之议起，中朝弥缝惟敬以成款局，事详
《朝鲜传》。久之，秀吉死，诸倭扬帆尽归，朝鲜患亦平。然自关白侵
东国，前后七载，丧师数十万，糜饷数百万，中朝与朝鲜迄无胜算。
至关白死，兵祸始休，诸倭亦皆退守岛巢，东南稍有安枕之日矣。秀
吉凡再传而亡。

　　终明之世，通倭之禁甚严，闾巷小民，至指倭相詈骂，甚以嚇其
小儿女云。

明史卷三二三
列传第二一一

外国四

琉球　吕宋　合猫里　美洛居
沙瑶呐哔哔　鸡笼　婆罗　麻叶瓮
古麻剌朗　冯嘉施兰　文郎马神

　　琉球居东南大海中，自古不通中国。元世祖遣官招谕之，不能达。洪武初，其国有三王，曰中山，曰山南，曰山北，皆以尚为姓，而中山最强。五年正月，命行人杨载以即位建元诏告其国，其中山王察度遣弟泰期等随载入朝，贡方物。帝喜，赐《大统历》及文绮、纱罗有差。七年冬，泰期复来贡，并上皇太子笺。命刑部侍郎李浩赍赐文绮、陶铁器，且以陶器七万、铁器千就其国市马。九年夏，泰期随浩入贡，得马四十匹。浩言其国不贵纨绮，惟贵磁器、铁釜，自是赏赍多用诸物。明年遣使贺正旦，贡马十六匹、硫黄千斤。又明年复贡。山南王承察度亦遣使朝贡，礼赐如中山。十五年春，中山来贡，遣内官送其使还国。明年与山南王并来贡，诏赐二王镀金银印。时二王与山北王争雄，互相攻伐。命内史监丞梁民赐之敕，令罢兵息民，三王并奉命。山北王怕尼芝即遣使偕二王使朝贡。十八年又贡，赐山北王镀金银印如二王，而赐二王海舟各一。自是，三王屡遣使奉贡，中山王尤数。二十三年，中山来贡，其通事私携乳香十斤、胡椒三百斤，入都为门者所获，当入官。诏还之，仍赐以钞。

二十五年夏，中山贡使以其王从子及寨官子偕来，请肄业国学。从之，赐衣巾靴袜并夏衣一袭。其冬，山南王亦遣从子及寨官子入国学，赐赉如之。自是，岁赐冬夏衣以为常。明年，中山两入贡，又遣寨官子肄业国学。是时，国法严，中山与山南生有非议诏书者。帝闻，置之死，而待其国如故。山北王怕尼芝已卒，其嗣王攀安知，二十九年春遣使来贡。令山南生肄国学者归省，其冬复来。中山亦遣寨官子二人及女官生姑、鲁妹二人，先后来肄业，其感慕华风如此。中山又遣使请赐冠带，命礼部绘图，令自制。其王固以请，乃赐之，并赐其臣下冠服。又嘉其修职勤，赐闽中舟工三十六户，以便贡使往来。及惠帝嗣位，遣官以登极诏谕其国，三王亦奉贡不绝。

成祖承大统，诏谕如前。永乐元年春，三王并来贡。山北王请赐冠带，诏给赐如中山。命行人边信、刘亢赍敕使三国，赐以绒锦、文绮、纱罗。明年二月，中山王世子武宁遣使告父丧，命礼部遣官谕祭，赙以布帛，遂命武宁袭位。四月，山南王从弟汪应祖，亦遣使告承察度之丧，谓前王无子，传位应祖，乞加朝命，且赐冠带。帝并从之，遂遣官册封。时山南使臣私赍白金诣处州市磁器，事发，当论罪。帝曰："远方之人，知求利而已，安知禁令。"悉贳之。三年，山南遣寨官子入国学。明年，中山亦遣寨官子六人入国学，并献奄竖数人。帝曰："彼亦人子，无罪刑之，何忍？"命礼部还之。部臣言："还之，虑阻归化之心，请但赐敕，止其再进。"帝曰："谕以空言，不若示以实事。今不遣还，彼欲献媚，必将继进。天地以生物为心，帝王乃可绝人类乎？"竟还之。五年四月，中山王世子思绍遣使告父丧，谕祭赐赙册封如前仪。

八年，山南遣官生三人入国学，赐巾服靴绦、衾褥帷帐，已复频有所赐。一日，帝与群臣语及之。礼部尚书吕震曰："昔唐太宗兴庠序，新罗、百济并遣子来学。尔时仅给廪饩，未若今日赐予之周也。"帝曰："蛮夷子弟慕义而来，必衣食常充，然后响学。此我太祖美意，朕安得违之。"明年，中山遣国相子及寨官子入国学，因言："右长史王茂辅翼有年,请擢为国相。左长史朱复,本江西饶州人,辅臣祖察度四十余年,不懈。今年逾八十,请令致仕还乡。"从之,乃命复、茂并为国相,复兼左长史致仕,茂兼右长史任其国事。十一年,中山遣寨官子十三人入国学。时山南王应祖为其兄达勃期所弑,诸寨官讨诛之,推应祖子他鲁每为主,以十三年三月请封。命行人陈季若等封为山南王,赐诰命冠服及宝钞万五千锭。

琉球之分三王也,惟山北最弱,故其朝贡亦最稀。自永乐三年入贡后,至是年四月始入贡。其后竟为二王所并,而中山益强,以其国富,一岁常再贡三贡。天朝虽厌其繁,不能却也。其冬,贡使还至福建,擅夺海舶,杀官军,且殴伤中官,掠其衣物。事闻,戮其为首者,余六十七人付其主自治。明年遣使谢罪,帝待之如初,其修贡益谨。二十二年春,中山王世子尚巴志来告父丧,谕祭赐赙如常仪。

仁宗嗣位,命行人方彝诏告其国。洪熙元年命中官赍敕封巴志为中山王。宣德元年,其王以冠服未给,遣使来请,命制皮弁服赐之。三年八月,帝以中山王朝贡弥谨,遣官赍敕往劳,赐罗锦诸物。

山南自四年两贡,终帝世不复至,亦为中山所并矣。自是,惟中山一国朝贡不绝。

正统元年,其使者言:"初入闽时,止具贡物报闻。下人所赍海豝、螺壳,失于开报,悉为官司所没入,致来往乏资,乞赐垂悯。"命给直如例。明年,贡使至浙江,典市舶者复请籍其所赍,帝曰:"番人以贸易为利,此二物取之何用,其悉还之,著为令。"使者奏:"本国陪臣冠服,皆国初所赐,岁久敝坏,乞再给。"又言:"小邦遵奉正朔,海道险远,受历之使,或半岁一岁始返,常惧后时。"帝曰:"冠服令本邦自制。《大统历》,福建布政司给予之。"七年正月,中山世子尚忠来告父丧,命给事中余忭、行人刘逊封忠为中山王。敕使之用给事中,自兹始也。忭等还,受其黄金、沉香、倭扇之赠,为侦事者所觉,并下吏,杖而释之。十二年二月,世子尚思达来告父丧,命给事中陈傅、行人万祥往封。

景泰二年,思达卒,无子,其叔父金福摄国事,遣使告丧。命给事中乔毅、行人童守宏封金福为王。五年二月，金福弟泰久奏："长兄金福殂，次兄布里与兄子志鲁争立，两伤俱殒，所赐印亦毁坏。国中臣民推臣权摄国事，乞再赐印镇抚远藩。"从之。明年四月命给事中严诚、行人刘俭封泰久为王。天顺六年三月，世子尚德来告父丧，命给事中潘荣、行人蔡哲封为王。

成化五年，其贡使蔡璟言："祖父本福建南安人，为琉球通事，传至璟，擢长史。乞如制赐诰赠封其父母。"章下礼官，以无例而止。明年，福建按察司言："贡使程鹏至福州，与指挥刘玉私通货贿，并宜究治。"命治玉而宥鹏。七年三月，世子尚圆来告父丧，命给事中丘弘、行人韩文封为王。弘至山东病卒，命给事中官荣代之。十年，贡使至福建，杀怀安民夫妇二人，焚屋劫财，捕之不获。明年复贡，礼官因请定令二年一贡，毋过百人，不得附携私物，骚扰道途。帝从之，赐敕戒王。其使者请如祖制，比年一贡，不许。又明年，贡使至，会册立东宫，请如朝鲜、安南，赐诏赍回。礼官议琉球与日本、占城并居海外，例不颁诏，乃降敕以文锦、采币赐其王及妃。十三年，使臣来，复请比年一贡，不许。明年四月，王卒，世子尚真来告丧，乞嗣爵，复请比年一贡。礼官言，其国连章奏请，不过欲图市易。近年所遣之使，多系闽中逋逃罪人，杀人纵火，奸狡百端，专贸中国之货，以擅外蕃之利，所请不可许。乃命给事中董旻、行人张祥往封，而不从其请。十六年，使来，复引《祖训》条章请比年一贡，帝赐敕戒约之。十八年，使者至，复以为言，赐敕如初。使者携陪臣子五人来受学，命隶南京国子监。二十二年，贡使来，其王移咨礼部，请遣五人归省，从之。

弘治元年七月，其贡使自浙江来。礼官言贡道向由福建，今既非正道，又非贡期，宜却之，诏可。其使臣复以国王移礼部文来，上言旧岁知东宫册妃，故遣使来贺，非敢违制。礼官乃请纳之，而稍减傔从赐赍，以示裁抑之意。三年，使者至，言近岁贡使止许二十五人入都，物多人少，虑致疏虞。诏许增五人，其傔从在闽者，并增给二十人廪食，为一百七十人。时贡使所携土物，与闽人互市者，为奸商抑勒,有司又从而侵削之。使者诉于朝,有诏禁止。十七年遣使补贡,谓小邦贡物常市之满剌加,因遭风致失期,命宴赍如制。正德二年,使者来,请比年一贡。礼官言不可许,是时刘瑾乱政,特许之。五年遣官生蔡进等五人入南京国学。

嘉靖二年从礼官议,敕琉球二年一贡如旧制,不得过百五十人。五年,尚真卒,其世子尚清以六年来贡,因报讣,使者还至海,溺死。九年遣他使来贡,并请封。命福建守臣勘报。十一年,世子以国中臣民状来上,乃命给事中陈侃、行人高澄持节往封。及远,却其赠。十四年,贡使至,仍以所赠黄金四十两进于朝,乃敕侃等受之。二十九年来贡,携陪臣子五人入国学。

三十六年,贡使来,告王尚清之丧。先是,倭寇自浙江败还,抵琉球境。世子尚元遣兵邀击,大歼之,获中国被掠者六人,至是送还。帝嘉其忠顺,赐赉有加,即命给事中郭汝霖、行人李际春封尚元为王。至福建,阻风未行。三十九年,其贡使亦至福建,称受世子命,以海中风涛叵测,倭寇又出没无时,恐天使有他虑,请如正德中封占城故事,遣人代进表文方物,而身偕本国长史赍回封册,不烦天使远临。巡按御史樊献科以闻,礼官言:"遣使册封,祖制也。今使者欲遥受册命,是委君贶于草莽,不可一。使者本奉表朝贡,乃求遣官代进,是弃世子专遣之命,不可二。昔正德中,占城王为安南所侵,窜居他所,故使者赍回敕命,出一时权宜。今援失国之事,以似其君,不可三。梯航通道,柔服之常。彼所藉口者倭寇之警,风涛之险尔,不知琛宝之输纳,使臣之往来,果何由而得无患乎?不可四。曩占城虽领封,其王犹恳请遣使。今使者非世子面命,又无印信文移。若轻信其言,倘世子以遣使为至荣,遥拜为非礼,不肯受封,复上书请使,将谁执其咎?不可五。乞命福建守臣仍以前诏从事。至未受封而先谢恩,亦非故事。宜止听其入贡,其谢恩表文,俟世子受封后遣使上进,庶中国之大体以全。"帝如其言。四十一年夏,遣使入贡谢恩。明年及四十四年并入贡。隆庆中,凡三贡,皆送还中国飘流人口。天子嘉其忠诚,赐敕奖励,加赉银币。

　　万历元年冬，其国世子尚永遣使告父丧，请袭爵。章下礼部，行福建守臣核奏。明年遣使贺登极。三年入贡。四年春，再贡。七月命户科给事中萧崇业、行人谢杰赍敕及皮弁冠服、玉珪，封尚永为中山王。明年冬，崇业等未至，世子复遣使入贡。其后，修贡如常仪。八年冬，遣陪臣子三人入南京国学。十九年遣使来贡，而尚永随卒。礼官以日本方侵噬邻境，琉球不可无王，乞令世子速请袭封，用资镇压。从之。

　　二十三年，世子尚宁遣人请袭。福建巡抚许孚远以倭氛未息，据先臣郑晓领封之议，请遣官一员赍敕至福建，听其陪臣面领归国，或遣习海武臣一人，偕陪臣同往。礼官范谦议如其言，且请待世子表至乃许。二十八年，世子以表至，其陪臣请如祖制遣官。礼官余继登言：“累朝册封琉球，伐木造舟，动经数岁。使者蹈风涛之险，小国苦供亿之烦。宜一如前议从事。”帝可之，命今后册封，止遣廉勇武臣一人偕请封陪臣前往，其祭前王，封新王，礼仪一如旧章，仍命俟彼国大臣结状至乃行。明年秋，贡使以状至，仍请遣文臣。乃命给事中洪瞻祖、行人王士祯往，且命待海寇息警，乃渡海行事。已而瞻祖以忧去，改命给事中夏子阳，以三十一年二月抵福建。按臣方元彦复以海上多事，警报频仍，会巡抚徐学聚疏请仍遣武臣。子阳、士祯则以属国言不可爽，使臣义当有终，乞坚成命慰远人。章俱未报，礼部侍郎李廷机言：“宜行领封初旨，并武臣不必遣。”于是御史钱桓、给事中萧近高交章争其不可，谓：“此事当在钦命未定之前，不当在册使既遣之后，宜敕所司速成海艘，勿误今岁渡海之期。俟竣事复命，然后定为画一之规，先之以文告，令其领封海上，永为遵守。”帝纳之。三十三年七月，乃命子阳等速渡海竣事。

　　当是时，日本方强，有吞灭之意。琉球外御强邻，内修贡不绝。四十年，日本果以劲兵三千入其国，掳其王，迁其宗器，大掠而去。浙江总兵官杨宗业以闻，乞严饬海上兵备，从之。已而其王释归，复遣使修贡，然其国残破已甚，礼官乃定十年一贡之例。明年修贡如故。又明年再贡，福建守臣遵朝命却还之，其使者怏怏而去。四十四年,日本有取鸡笼山之谋,其地名台湾,密迩福建,尚宁遣使以闻,诏海上警备。

天启三年,尚宁已卒,其世子尚丰遣使请贡请封。礼官言:"旧制,琉球二年一贡,后为倭寇所破,改期十年。今其国休养未久,暂拟五年一贡,俟新王册封更议。"从之。五年遣使入贡请封。六年再贡。是时中国多事,而科臣应使者亦惮行,故封典久稽。

崇祯二年,贡使又至请封,命遣官如故事。礼官何如宠复以履险糜费,请令陪臣领封。帝不从,乃命户科给事中杜三策、行人杨抡往,成礼而还。四年秋,遣使贺东宫册立。自是,迄崇祯末,并修贡如仪。后两京继没,唐王立于福建,犹遣使奉贡。其虔事天朝,为外藩最云。

吕宋居南海中,去漳州甚近。洪武五年正月遣使偕琐里诸国来贡。永乐三年十月遣官赍诏,抚谕其国。八年与冯嘉施兰入贡,自后久不至。万历四年,官军追海寇林道乾至其国,国人助讨有功,复朝贡。时佛郎机强,与吕宋互市,久之见其国弱可取,乃奉厚赂遗王,乞地如牛皮大,建屋以居。王不虞其诈而许之,其人乃裂牛皮,联属至数千丈,围吕宋地,乞如约。王大骇,然业已许诺,无可奈何,遂听之,而稍征其税如国法。其人既得地,即营室筑城,列火器,设守御具,为窥伺计。已,竟乘其无备,袭杀其王,逐其人民,而据其国,名仍吕宋,实佛郎机也。先是,闽人以其地近且饶富,商贩者至数万人,往往久居不返,至长子孙。佛郎机既夺其国,其王遣一酋来镇,虑华人为变,多逐之归,留者悉被其侵辱。

二十一年八月,酋郎雷敝里系牒侵美洛居,役华人二百五十助战。有潘和五者,为其哨官。蛮人日酣卧,而令华人操舟,稍息,辄鞭挞,有至死者。和五曰:"叛死,箠死,等死耳,否亦且战死,曷若刺杀此酋以救死。胜则扬帆归,不胜则见缚,死未晚也。"众然之,乃夜刺杀其酋,持酋首大呼。诸蛮惊起,不知所为,悉被刃,或落水死。和五等尽收其金宝、甲仗,驾舟以归。失路之安南,为其国人所掠,惟

郭惟太等三十二人附他舟获返。时酋子郎雷猫吝驻朔雾,闻之,率
众驰至,遣僧陈父宪,乞还其战舰、金宝,戮仇人以偿父命。巡抚许
孚远闻于朝,檄两广督抚以礼遣僧,置惟太于理,和五竟留安南不
敢返。

　　初,酋之被戮也,其部下居吕宋者,尽逐华人于城外,毁其庐。
及猫吝归,令城外筑室以居。会有传日本来寇者,猫吝惧交通为患,
复议驱逐。而孚远适遣人招还,蛮乃给行粮遣之。然华商嗜利,趋
死不顾,久之复成聚。

　　其时矿税使者四出,奸宄蜂起言利,有阎应龙、张嶷者,言吕宋
机易山素产金银,采之,岁可得金十万两、银三十万两,以三十年七
月诣阙奏闻,帝即纳之。命下,举朝骇异。都御史温纯疏言:

　　　近中外诸臣争言矿税之害,天听弥高。今云南李凤至污辱
妇女六十六人,私运财贿至三十巨舟、三百大扛,势必见戮于
积怒之众。何如及今撤之,犹不失威福操纵之柄。缅酋以宝井
故,提兵十万将犯内地,西南之蛮,岌岌可忧。而闽中奸徒又以
机易山事见告。此其妄言,真如戏剧,不意皇上之聪明而误听
之。臣等惊魂摇曳,寝食不宁。异时变兴祸起,费国家之财不
知几百万,倘或剪灭不早,其患又不止费财矣。

　　　臣闻海澄市舶高寀已岁征三万金,决不遗余力而让利。即
机易越在海外,亦决无遍地金银,任人采取之理,安所得金十
万、银三十万,以实其言。不过假借朝命,阑出禁物,勾引诸番,
以逞不轨之谋,岂止烦扰公私,贻害海澄一邑而已哉。

　　　昔年倭患,正缘奸民下海,私通大姓,设计勒价,致倭贼愤
恨,称兵犯顺。今以朝命行之,害当弥大。及乎兵连祸结,诸奸
且效汪直、曾一本辈故智,负海称王,拥兵列寨,近可以规重
利,远不失为尉佗。于诸亡命之计得矣,如国家大患何! 乞急
置于理,用消祸本。

言官金忠士、曹于汴、朱吾弼等亦连章力争,皆不听。

　　事下福建守臣,持不欲行,而迫于朝命,乃遣海澄丞王时和、百

户干一成偕嶷往勘。吕宋人闻之大骇。华人流寓者谓之曰："天朝无他意,特是奸徒横生事端。今遣使者按验,俾奸徒自穷,便于还报耳。"其酋意稍解,命诸僧散花道旁,若敬朝使,而盛陈兵卫迓之。时和等入,酋为置宴,问曰："天朝欲遣人开山。山各有主,安得开?譬中华有山,可容我国开耶?"且言："树生金豆,是何树所生?"时和不能对,数视嶷,嶷曰:"此地皆金,何必问豆所自?"上下皆大笑,留嶷,欲杀之。诸华人共解,乃获释归。时和还任,即病悸死。守臣以闻,请治嶷妄言罪。事已止矣,而吕宋人终自疑,谓天朝将袭取其国,诸流寓者为内应,潜谋杀之。

明年,声言发兵侵旁国,厚价市铁器。华人贪利尽鬻之,于是家无寸铁。酋乃下令录华人姓名,分三百人为一院,入即歼之。事稍露,华人群走菜园。酋发兵攻,众无兵仗,死无算,奔大崙山。蛮人复来攻,众殊死斗,蛮兵少挫。酋旋悔,遣使议和。众疑其伪,扑杀之。酋大怒,敛众入城,设伏城旁。众饥甚,悉下山攻城。伏发,众大败,先后死者二万五千人。酋寻出令,诸所掠华人赀,悉封识贮库。移书闽中守臣,言华人将谋乱,不得已先之,请令死者家属往取其孥与帑。巡抚徐学聚等亟告变于朝,帝惊悼,下法司议奸徒罪。三十二年十二月议上,帝曰:"嶷等欺诳朝廷,生衅海外,致二万商民尽膏锋刃,损威辱国,死有余辜,即枭首传示海上。吕宋酋擅杀商民,抚按官议罪以闻。"学聚等乃移檄吕宋,数以擅杀罪,令送死者妻子归,竟不能讨也。其后,华人复稍稍往,而蛮人利中国互市,亦不拒,久之复成聚。

时佛郎机已并满剌加,益以吕宋,势愈强,横行海外,遂据广东香山澳,筑城以居,与民互市,而患复中于粤矣。

合猫里,海中小国也。土瘠多山,山外大海,饶鱼虫,人知耕稼。永乐三年九月,遣使附爪哇使臣朝贡。其国又名猫里务,近吕宋,商舶往来,渐成富壤。华入人其国,不敢欺陵,市法最平,故华人为之语曰:"若要富,须往猫里务。"有纲巾礁老者,最凶悍,海上行劫,舟若飘风,遇之无免者。然特恶商舶不至其地,偶有至者,待之甚善。猫里务后遭寇掠,人多死伤,地亦贫困。商人虑为礁老所劫,鲜有赴者。

美洛居,俗讹为米六合,居东海中,颇称饶富。酋出,威仪甚备,所部合掌伏道旁。男子削发,女椎结。地有香山,雨后香坠,沿流满地,居民拾取不竭。其酋委积充栋,以待商舶之售。东洋不产丁香,独此地有之,可以辟邪,故华人多市易。

万历时,佛郎机来攻,其酋战败请降,乃宥令复位,岁以丁香充贡,不设戍兵而去。已,红毛番横海上,知佛郎机兵已退,乘虚直抵城下,执其酋语之曰:“若善事我,我为若主,殊胜佛郎机也。”酋不得已听命,复位如故,佛郎机酋闻之大怒,率兵来攻,道为华人所杀,语具《吕宋传》。

时红毛番虽据美洛居,率一二岁率众返国,既返复来。佛郎机酋子既袭位,欲竟父志,大举兵来袭,值红毛番已去,遂破美洛居,杀其酋,立己所亲信主之。无何,红毛番至,又破其城,逐佛郎机所立酋,而立美洛居故王之子。自是,岁构兵,人不堪命。华人流寓者,游说两国,令各罢兵,分国中万老高山为界,山以北属红毛番,南属佛郎机,始稍休息,而美洛居竟为两国所分。

沙瑶,与呐哔哔连壤。呐哔哔在海畔,沙瑶稍纡入山隒,皆与吕宋近。男女蓄发椎结,男子用履,妇女跣足。以板为城,竖木覆茅为室。崇释教,多建礼拜寺。男女之禁甚严,夫行在前,其妇与人嘲笑,夫即刃其妇,所嘲笑之人不敢逃,任其刺割。盗不问大小,辄论死。孕妇将产,以水灌之,且以水涤其子,置水中,生而与水习矣。物产甚薄,华人商其地,所携仅磁器、锅釜之类,重者至布而止。后佛郎机据吕宋,多侵夺邻境,惟二国号令不能及。

鸡笼山在彭湖屿东北,故名北港,又名东番,去泉州甚迩。地多深山大泽,聚落星散。无君长,有十五社,社多者千人,少或五六百人。无徭赋,以子女多者为雄,听其号令。虽居海中,酷畏海,不善操舟,老死不与邻国往来。

永乐时,郑和遍历东西洋,靡不献琛恐后,独东番远避不至。和恶之,家贻一铜铃,俾挂诸项,盖拟之狗国也。其后,人反宝之,富者至掇数枚,曰:"此祖宗所遗。"俗尚勇。暇即习走,日可数百里,不让奔马。足皮厚数分,履荆棘如平地。男女椎结,裸逐无所避。女或结草裙蔽体,遇长老则背身而立,俟过乃行。男子穿耳。女子年十五,断唇旁齿以为饰,手足皆刺文,众社毕贺,费不赀。贫者不任受贺,则不敢刺。四序,以草青为岁首。土宜五谷,而不善水田。谷种落地,则止杀,谓行好事,助天公,乞饭食。既收获,即标竹竿于道,谓之插青,此时逢外人便杀矣。村落相仇,刻期而后战,勇者数人前跳,被杀则立散。其胜者,众贺之,曰:"壮士能杀人也。"其负者,家众亦贺之,曰:"壮士不畏死也。"次日,即和好如初,地多竹,大至数拱,长十丈,以竹构屋,覆之以茅,广且长,聚族而居。无历日、文字,有大事集众议之。善用镖枪,竹柄铁镞,铦甚,试鹿鹿毙,试虎虎亦毙。性既畏海,捕鱼则于溪涧。冬月聚众捕鹿,镖发辄中,积如丘山。独不食鸡雉,但取其毛以为饰。中多大溪,流入海,水澹,故其外名淡水洋。

嘉靖末,倭寇扰闽,大将戚继光败之。倭遁居于此,其党林道乾从之。已,道乾惧为倭所并,又惧官军追击,扬帆直抵浡泥,攘其边地以居,号道乾港。而鸡笼遭倭焚掠,国遂残破。初悉居海滨,既遭倭难,稍稍避居山后。忽中国渔舟从魍港飘至,遂往来通贩,以为常。至万历末,红毛番泊舟于此,因事耕凿,设阛阓,称台湾焉。

崇祯八年,给事中何楷陈靖海之策,言:"自袁进、李忠、杨禄、杨策、郑芝龙、李魁奇、钟斌、刘香相继为乱,海上岁无宁息。今欲靖寇氛,非墟其窟不可。其窟维何?台湾是也。台湾在彭湖岛外,距漳、泉止两日夜程,地广而腴。初,贫民时至其地,规鱼监之利,后见兵威不及,往往聚而为盗。近则红毛筑城其中,与奸民互市,屹然一大部落。墟之之计,非可干戈从事,必严通海之禁,俾红毛无从谋利,奸民无从得食,出兵四犯,我师乘其虚而击之,可大得志。红毛舍此而去,然后海氛可靖也。"时不能用。

其地,北自鸡笼,南至浪峤,可一千余里。东自多罗满,西至王城,可九百余里。水道,顺风,自鸡笼淡水至福州港口,五更可达。自台湾港至彭湖屿,四更可达。自彭湖至金门,七更可达。东北至日本,七十更可达。南至吕宋,六十更可达。盖海道不可以里计,舟人分一昼夜为十更,故以更计道里云。

婆罗,又名文莱,东洋尽处,西洋所自起也。唐时有婆罗国,高宗时常入贡。永乐三年十月,遣使者赍玺书、彩币抚谕其王。四年十二月,其国东、西二王,并遣使奉表朝贡。明年又贡。

其地负山面海,崇释教,恶杀喜施。禁食豕肉,犯者罪死。王薙发,裹金绣巾,佩双剑,出入徒步,从者二百余人。有礼拜寺,每祭用牺。厥贡玳瑁、玛瑙、砗磲、珠、白焦布、花焦布、降真香、黄蜡、黑小厮。

万历时,为王者闽人也。或言郑和使婆罗,有闽人从之,因留居其地,其后人竟据其国而王之。邸旁有中国碑。王有金印一,篆文,上作兽形,言永乐朝所赐。民间嫁娶,必请此印印背上,以为荣。后佛郎机横,举兵来击。王率国人走入山谷中,放药水,流出毒杀其人无算,王得返国。佛郎机遂犯吕宋。

麻叶瓮,在西南海中。永乐三年十月遣使赍玺书赐物,招谕其国,迄不朝贡。自占城灵山放舟,顺风十昼夜至交栏山,其西南即麻叶瓮。山峻地平,田膏腴,收获倍他国。煮海为盐,酿蔗为酒。男女椎结,衣长衫,围之以布。俗尚节义,妇丧夫,劈面剃发,绝粒七日,与尸同寝,多死。七日不死,则亲戚劝以饮食,终身不再嫁。或于焚尸日,亦赴火自焚。产玳瑁、木绵、黄蜡、槟榔、花布之属。

交栏山甚高广,饶竹木。元史弼、高兴伐爪哇,遭风至此山下,舟多坏,乃登山伐木重造,遂破爪哇。其病卒百余,留养不归,后益蕃衍,故其地多华人。

又有葛卜及速儿米囊二国,亦永乐三年遣使持玺书赐物招谕,竟不至。

古麻剌朗,东南海中小国也。永乐十五年九月,遣中官张谦赍敕,抚谕其王斡剌义亦奔敦,赐之绒锦、纻丝、纱罗。十八年八月,王率妻、子、陪臣,随谦来朝,贡方物,礼之如苏禄国王。王言:"臣愚无知,虽为国人所推,然未受朝命,幸赐封诰,仍其国号。"从之,乃赐以印诰、冠带、仪仗、鞍马及文绮、金织袭衣,妃以下并有赐。明年正月辞还,复赐金银钱、文绮、纱罗、彩帛、金织袭衣、麒麟衣,妃以下赐有差。王还至福建,遘疾卒。遣礼部主事杨善谕祭,谥曰康靖,有司治坟,葬以王礼。命其子剌苾嗣为王,率众归,赐钞币。

冯嘉施兰,亦东洋中小国。永乐四年八月,其酋嘉马银等来朝,贡方物,赐钞币有差。六年四月,其酋玳瑁、里欲二人,各率其属朝贡,赐二人钞各百锭、文绮六表裹,其从者亦有赐。八年复来贡。

文郎马神,以木为城,其半倚山。酋蓄绣女数百人。出乘象,则绣女执衣履、刀剑及槟榔盘以从。或泛舟,则酋跌坐床上,绣女列坐其下,与相向,或用以刺舟,威仪甚都。民多缚木水上,筑室以居,如三佛赍。男女用五色布缠头,腹背多袒,或著小袖衣,蒙头而入,下体围以幔。初用蕉叶为食器,后与华人市,渐用磁器。尤好磁瓮,画龙其外,死则贮瓮中以葬。其俗恶淫,奸者论死。华人与女通,辄削其发,以女配之,永不听归。女苦发短,问华人何以致长,绐之曰:"我用华水沐之,故长耳。"其女信之,竞市船中水以沐。华人故靳之,以为笑端。女或悦华人,持香蕉、甘蔗、茉莉相赠遗,多与之调笑。然惮其法严,无敢私通者。

其深山中有村名乌笼里惮,其人尽生尾,见人辄掩面走避。然地饶沙金,商人持货往市者,击小铜鼓为号,置货地上,即引退丈许。其人乃前视,当意者,置金于旁。主者遥语欲售,则持货去,否则怀金以归,不交言也。所产有犀牛、孔雀、鹦鹉、沙金、鹤顶、降香、蜡、藤席、菥藤、筚拨、血竭、肉荳蔻、獐皮诸物。

　　邻境有买哇柔者,性凶狠,每夜半盗斩人头以去,装之以金。故商人畏之,夜必严更以待。

　　始,文郎马神酋有贤德,待商人以恩信。子三十一人,恐扰商舶,不令外出。其妻乃买哇柔酋长之妹,生子袭父位,听其母族之言,务为欺诈,多负商人价直,自是赴者亦稀。

明史卷三二四
列传第二一二

外国五

占城 宾童龙　真腊　暹罗　爪哇
阇婆　苏吉丹　碟里　日罗夏治　三佛齐

　　占城，居南海海中，自琼州航海顺风一昼夜可至，自福州西南
行十昼夜可至，即周越裳地。秦为林邑，汉为象林县。后汉末，区连
据其地，始称林邑王。自晋至隋仍之。唐时，或称占不劳，或称占婆，
其王所居曰占城。至德后，改国号曰环。迄周、宋遂以占城为号，朝
贡不替。元世祖恶其阻命，大举兵击破之，亦不能定。

　　洪武二年，太祖遣官以即位诏谕其国。其王阿荅阿者，先已遣
使奉表来朝，贡象虎方物。帝喜，即遣官赍玺书、《大统历》、文绮、纱
罗，偕其使者往赐，其王复遣使来贡。自后或比岁贡，或间岁，或一
岁再贡。未几，命中书省管勾甘桓、会同馆副使路景贤赍诏，封阿荅
阿者为占城国王，赐彩币四十、《大统历》三千。三年遣使往祀其山
川，寻颁科举诏于其国。

　　初，安南与占城构兵，天子遣使谕解，而安南复相侵。四年，其
王奉金叶表来朝，长尺余，广五寸，刻本国字。馆人译之，其意曰：
"大明皇帝登大宝位，抚有四海，如天地覆载，日月照临。阿荅阿者
譬一草木尔，钦蒙遣使，以金印封为国王，感戴忻悦，倍万恒情。惟
是安南用兵，侵扰疆域，杀掠吏民。伏愿皇帝垂慈，赐以兵器及乐

器、乐人，俾安南知我占城乃声教所被，输贡之地，庶不敢欺凌。"帝命礼部谕之曰："占城、安南并事朝廷，同奉正朔，乃擅自构兵，毒害生灵，既失事君之礼，又乖交邻之道。已咨安南国，令即日罢兵。本国亦宜讲信修睦，各保疆土。所请兵器，于王何吝，但两国互构，而赐占城，是助尔相攻，甚非抚安之义。乐器、乐人，语音殊异，难以遣发。两国有晓华言者，其选择以来，当令肄习。因命福建省臣勿征其税，示怀柔之意。

六年，贡使言："海寇张汝厚、林福等自称元帅，剽劫海上。国主击破之，贼魁溺死，获其舟二十艘、苏木七万斤，谨奉献。"帝嘉之，命给赐加等。冬，遣使献安南之捷。帝谓省臣曰："去冬，安南言占城犯境；今年，占城谓安南扰边，未审曲直。可遣人往谕，各罢兵息民，毋相侵扰。"十年与安南王陈煓大战，煓败死。十二年，贡使至都，中书不以时奏。帝切责丞相胡惟庸、汪广洋，二人遂获罪。遣官赐王《大统历》及衣币，令与安南修好罢兵。

十三年，遣使贺万寿节。帝闻其与安南水战不利，赐敕谕曰："曩者安南兵出，败于占城。占城乘胜入安南，安南之辱已甚。王能保境息民，则福可长享；如必驱兵苦战，胜负不可知，而鹬蚌相持，渔人得利，他日悔之，不亦晚乎。"

十六年，贡象牙二百枝及方物。遣官赐以勘合、文册及织金文绮三十二、磁器万九千。十九年遣子宝部领诗那日忽来朝，贺万寿节，献象五十四，皇太子亦有献。帝嘉其诚，赐赉优渥，命中官送还。明年复贡象五十一及伽南、犀角诸物，帝加宴赉。还至广东，复命中官宴饯，给道里费。

真腊贡象，占城王夺其四之一，其他失德事甚多。帝闻之，怒。二十一年夏，命行人董绍敕责之。绍未至，而其贡使抵京。寻复遣使谢罪，乃命宴赐如制。

时阿荅阿者失道，大臣阁胜怀不轨谋，二十三年弑王自立。明年遣太师奉表来贡，帝恶其悖逆，却之。三十年后，复连入贡。

成祖即位,诏谕其国。永乐元年,其王占巴的赖奉金叶表朝贡,且告安南侵掠,请降敕戒谕。帝可之,遣行人蒋宾兴、王枢使其国,赐以绒、锦、织金文绮、纱罗。明年,以安南王胡奆奏,诏戢兵,遣官谕占城王。而王遣使奏:"安南不遵诏旨,以舟师来侵,朝贡人回,赐物悉遭夺掠。又畀臣冠服、印章,俾为臣属。且已据臣沙离牙诸地,更侵掠未已,臣恐不能自存。乞隶版图,遣官往治。"帝怒,敕责胡奆,而赐占城王钞币。

四年贡白象方物,复告安南之难。帝大发兵往讨,敕占城严兵境上,遏其越逸,获者即送京师。五年攻取安南所侵地,获贼党胡烈、潘麻休等献俘阙下,贡方物谢恩。帝嘉助兵讨逆,遣中官王贵通赍敕及银币赐之。

六年,郑和使其国。王遣其孙舍杨该贡象及方物谢恩。十年,其贡使乞冠带,予之,复命郑和使其国。

十三年,王师方征陈季扩,命占城助兵。尚书陈洽言:"其王阴怀二心,愆期不进,反以金帛、战象资季扩,季扩以黎苍女遗之,复约季扩舅陈翁挺侵升华府所辖四州十一县地。厥罪维均,宜遣兵致讨。"帝以交阯初平,不欲劳师,但赐敕切责,俾还侵地,王即遣使谢罪。十六年,遣其孙舍那挫来朝。命中官林贵、行人倪俊送归,有赐。

宣德元年,行人黄原昌往颁正朔,绳其王不恪,却所酬金币以归,擢户部员外郎。

正统元年,琼州知府程莹言:"占城比年一贡,劳费实多。乞如暹罗诸国例,三年一贡。"帝是之,敕其使如莹言,赐王及妃彩币。然番人利中国市易,虽有此令,迄不遵。

六年,王占巴的赖卒。其孙摩诃贲该以遗命遣王孙述提昆来朝贡,且乞嗣位。乃遣给事中管瞳、行人吴惠赍诏,封为王,新王及妃并有赐。七年春,述提昆卒于途,帝悯之,遣官赐祭。八年遣从子且扬乐催贡舞牌旗黑象。

十一年,敕谕摩诃贲该曰:"迩者,安南王黎浚遣使奏王欺其孤幼,曩已侵升、华、思、义四州,今又屡攻化州,掠其人畜财物。二国俱受朝命,各有分疆,岂可兴兵构怨,乖睦邻保境之义。王宜只循礼分,严饬边臣,毋恣肆侵轶,贻祸生灵。"并谕安南严行备御,毋挟私报复。先是,定三年一贡之例,其国不遵。及诘其使者,则云:"先王已逝,前敕无存,故不知此令。"是岁,贡使复至,再敕王遵制,赐王及妃彩币。冬复遣使来贡。

十二年,王与安南战,大败被执。故王占巴的赖侄摩诃贵来遣使奏:"先王抱疾,曾以臣为世子,欲令嗣位。臣时年幼,逊位于舅氏摩诃贲该。后屡兴兵伐安南,致敌兵入旧州古垒等处,杀掠人畜殆尽,王亦被擒。国人以臣先王之侄,且有遗命,请臣代位。辞之再三,不得已始于府前治事。臣不敢自专,伏候朝命。"乃遣给事中陈谊、行人薛干封为王,谕以保国交邻,并谕国中臣民共相辅翼。十三年,敕安南送摩诃贲该还国,不奉命。

景泰三年遣使来贡,且告王讣。命给事中潘本愚、行人边永封其弟摩诃贵由为王。

天顺元年入贡,赐其正副使钑花金带。二年,王摩诃盘罗悦新立,遣使奉表朝贡。四年复贡,自正使以下赐纱帽及金银角带有差。使者诉安南见侵,因敕谕安南王。九月,使来告,王丧。命给事中黄汝霖、行人刘恕封王弟盘罗茶全为王。

八年入贡。宪宗嗣位,应颁赐蕃国锦币,礼官请付使臣赍回,从之。使者复诉安南见侵,求索白象。乞如永乐时,遣官安抚,建立界牌石,以杜侵陵。兵部以两国方争,不便遣使,乞令使臣归谕国王,务循礼法,固封疆,捍外侮,毋轻构祸,从之。

成化五年入贡。时安南索占城犀象、宝货,令以事天朝之礼事之。占城不从,大举往伐。七年破其国,执王盘罗茶全及家属五十余人,劫印符,大肆焚掠,遂据其地。王弟盘罗茶悦逃山中,遣使告难。兵部言:"安南吞并与国,若不为处分,非惟失占城归附之心,抑恐启安南跋扈之志。宜遣官赍敕宣谕,还其国王及眷属。"帝虑安南逆命,令俟贡使至日,赐敕责之。

八年,以盘罗茶悦请封,命给事中陈峻、行人李珊持节往。峻等至新州港，守者拒之，知其国已为安南所据，改为交南州，乃不敢入。十年冬还朝。

安南既破占城，复遣兵执盘罗茶悦，立前王孙斋亚麻弗庵为王，以国南边地予之。十四年，遣使朝贡请封，命给事中冯义、行人张瑾往封之。义等多携私物，既至广东，闻斋亚麻弗庵已死，其弟古来遣使乞封。义等虑空还失利，亟至占城。占城人言，王孙请封之后，即为古来所杀，安南以伪敕立其国人提婆苔为王。义等不俟奏报，辄以印币授提婆苔封之，得所赂黄金百余两，又往满剌加国尽货其私物以归。义至海洋病死。瑾具其事，并上伪敕于朝。

十七年，古来遣使朝贡，言："安南破臣国时，故王弟盘罗茶悦逃居佛灵山。比天使盘封诰至，已为贼人执去，臣与兄斋亚麻弗庵潜窜山谷。后贼人畏惧天威，遣人访觅臣兄，还以故地。然自邦都郎至占腊止五处，臣兄权国未几，遽尔陨殁。臣当嗣立，不敢自专，仰望天恩，赐之册印。臣国所有土地本二十七处，四府、一州、二十二县。东至海，南至占腊，西至黎人山，北至阿本喇补，凡三千五百余里。乞特谕交人，尽还本国。"章下廷议，英国公张懋等特遣近臣有威望者二人往使。时安南贡使方归，即赐敕诘责黎灏，令速还地，毋抗朝命，礼官乃劾瑾擅封，执下诏狱，具得其情，论死。时古来所遣使臣在馆，召问之，云："古来实王弟，其王病死，非弑。提婆苔不知何人。"乃命使臣暂归广东，俟提婆苔使至，审诚伪处之。使臣候命经年，提婆苔使者不至，乃令还国。

二十年，敕古来抚谕提婆苔，使纳原降国王印，宥其受伪封之罪，仍为头目。提婆苔不受命，乃遣给事中李旸、行人叶应册封古来为国王。孟旸等言："占城险还，安南构兵未已，提婆苔又窃据其地，稍或不慎，反损国威。宜令来使传谕古来，诣广东受封，并敕安南悔祸。"从之。古来乃自老挝挈家赴崖州，孟旸竣封事而返。古来又欲躬诣阙廷，奏安南之罪。二十三年，总督宋旻以闻。廷议遣大臣一人往劳，檄安南存亡继绝，迎古来返占城。帝报可，命南京右都御史屠滽往。至广东，即传檄安南，宣示祸福。募健卒二千人，驾海舟二十艘，护古来还国。安南以滽大臣奉特遣，不敢抗，古来乃得入。

明年，弘治改元，遣使入贡。二年遣弟卜古良赴广东，言："安南仍肆侵陵，乞如永乐时遣将督兵守护。"总督秦纮等以闻。兵部言："安南、占城皆《祖训》所载不征之国。永乐间命将出师，乃正黎贼弑逆之罪，非以邻境交恶之故。今黎灏修贡惟谨，古来肤受之诉，容有过情，不可信其单词，劳师不征之国。宜令守臣回咨，言近交人杀害王子古苏麻，王即率众败之，仇耻已雪。王宜自强修政，抚恤国人，保国疆围，仍与安南敦睦修好。其余嫌细故，悉宜捐除。倘不能自强，专藉朝廷发兵渡海，代王守国，古无是理。"帝如其言。三年遣使谢恩。其国自残破后，民物萧条，贡使渐稀。

十二年遣使奏："本国新州港之地，仍为安南侵夺，患方未息。臣年已老，请及臣未死，命长子沙古卜洛袭封，庶他日可保国土。"廷议："安南为占城患，已非一日。朝廷尝因占城之诉，累降玺书，曲垂诲谕。安南前后奏报，皆言只承朝命，土地人民，悉已退还。然安南辩释之语方至，而占城控诉之词又闻，恐真有不获已之情。宜仍令守臣切谕安南，毋贪人土地，自贻祸殃，否则议遣偏师往问其罪。至占城王长子，无父在袭封之理。请令先立为世子摄国事，俟他日当袭位时，如例请封。"帝报允。寻遣王孙沙不登古鲁来贡。

十八年，古来卒。子沙古卜洛遣使来贡，不告父丧，但乞命大臣往其国，仍以新州港诸地封之。别有占夺方舆之奏，微及父卒事。给事中任良弼等言："占城前因国土削弱，假贡乞封，仰仗天威，耸伏邻国。其实国王之立不立，不系朝廷之封不封也。今称古来已殁，虚实难知。万一我使至彼，古来尚存，将遂封其子乎？抑义不可而已乎？迫胁之间，事极难处。如往时科臣林霄之使满剌加，不肯北面屈膝，幽饿而死，迄不能问其罪。君命国威，不可不慎。大都海外诸蕃，无事则废朝贡而自立，有事则假朝贡而请封。今者贡使之来，岂急于求封，不过欲复安南之侵地，还粤东之逃人耳。夫安南侵地，玺书屡谕归还，占据如故。今若再谕，彼将玩视之，天威亵矣。倘我使往封占城,羁留不遣,求为处分,朝廷将何以应。又或拘我使者,令索逃人,是以天朝之贵臣,质于海外之蛮邦。宜如往年古来就封广东事,令其领敕归国,于计为便。"礼部亦以古来存亡未明,请令广东守臣移文占城勘报,从之,既而封事久不行。

正德五年,沙古卜洛遣叔父沙系把麻入贡,因请封。命给事中李贯、行人刘廷瑞往。贯抵广东惮行,请如往年古来故事,令其使臣领封。廷议:"遣官已二年,今若中止,非兴灭继绝义。倘其使不愿领封,或领归而受非其人,重起事端,益伤国体,宜令贯等亟往。"贯终惮行,以乏通事、火长为词。廷议令广东守臣采访其人,如终不得,则如旧例行。贯复设词言:"臣奉命五载,似惮风波之险,殊不知占城自古来被逐后,窜居赤坎邦都郎,国非旧疆,势不可往。况古来乃前王斋亚麻弗庵之头目,杀王而夺其位。王有三子,其一尚存,义又不可。律以《春秋》之法,虽不兴问罪之师,亦必绝朝贡之使。奈何又为采访之议,徒延岁月,于事无益。"广东巡按丁楷亦附会具奏,廷议从之。十年令其使臣赍敕往,自是遂为故事,其国贡使亦不常至。

嘉靖二十二年遣王叔沙不登古鲁来贡,诉数为安南侵扰,道阻难归。乞遣官护送还国,报可。

其国无霜雪,四时皆似夏,草木常青。民以渔为业,无二麦,力穑者少,故收获薄。国人皆食槟榔,终日不离口。不解朔望,但以月生为初月晦为尽,不置闰。分昼夜为十更,非日中不起,非夜分不卧,见月则饮酒、歌舞为乐。无纸笔,用羊皮棰薄熏黑,削细竹蘸白灰为字,状若蚯蚓。有城郭甲兵,人性狠而狡,贸易多不平。户皆北向,民居悉覆茅檐,高不得过三尺。部领分差等,门高卑亦有限。饮食秽污,鱼非腐烂不食,酿不生蛆不为美。人体黑,男蓬头,女椎结,俱跣足。

王,琐里人,崇释教。岁时彩生人胆入酒中,与家人同饮,且以浴身,曰"通身是胆"。其国人采以献王,又以洗象目。每伺人于道,出不意急杀之,取胆以去。若其人惊觉,则胆已先裂,不足用矣。置众胆于器，华人胆辄居上，故尤贵之。五六月间，商人出，必戒备。王在位三十年，则避位入深山，以兄弟子侄代，而己持斋受戒，告于天曰："我为君无道，愿狼虎食我，或病死。"居一年无恙，则复位如初。国中呼为"昔嚟马哈剌"，乃至尊至圣之称也。

国不甚富，惟犀象最多。乌木、降香，樵以为薪。棋枰香独产其地一山，酋长遣人守之，民不得采，犯者至断手。

有鳄鱼潭，狱疑不决者，令两造骑牛过其旁，曲者，鱼辄跃而食之，直者，即数往返不食也。有尸头蛮者，一名尸致鱼，本妇人，惟无瞳神为异。夜中与人同寝，忽飞头食人秽物，来即复活。若人知而封其颈，或移之他所，其妇即死。国设厉禁，有而不告者，罪及一家。

宾童龙国，与占城接壤。或言如来入舍卫国乞食，即其地。气候、草木、人物、风土，大类占城，惟遭丧能持服，葬以僻地，设斋礼佛，婚姻偶合。酋出入乘象或马，从者百余人，前后赞唱。民编茅覆屋。货用金、银、花布。

有昆仑山，节然大海中，与占城及东、西竺鼎峙相望。其山方广而高，其海即曰昆仑洋。诸往西洋者，必待顺风，七昼夜始得过，故舟人为之谚曰："上怕七州，下怕昆仑，针迷舵失，人船莫存。"此山无异产。人皆穴居巢处，食果实鱼虾，无室庐井灶。

真腊，在占城南，顺风三昼夜可至。隋、唐及宋皆朝贡。宋庆元中，灭占城而并其地，因改国名曰占腊。元时仍称真腊。

洪武三年遣使臣郭征等赍诏抚谕其国。四年，其国巴山王忽尔那遣使进表，贡方物，贺明年正旦。诏赐《大统历》及彩币，使者亦给赐有差。六年进贡。十二年，王参答甘武者持达志，遣使来贡，宴赐如前。十三年复贡。十六年，遣使赍勘合文册赐其王。凡国中使至，勘合不符者，即属矫伪，许絷缚以闻。复遣使赐织金文绮三十二、磁器万九千。其王遣使来贡。十九年遣行人刘敏、唐敬偕中官赍磁器往赐。明年，敬等还，王遣使贡象五十九、香六万斤。寻遣使赐其王镀金银印，王及妃皆有赐。其王参烈宝昆邪甘菩者，遣使贡象及方物。明年复贡象二十八、象奴三十四人、番奴四十五人，谢赐印之恩。二十二年三贡。明年复贡。

永乐元年遣行人蒋宾兴、王枢以即位诏谕其国。明年,王参烈婆毗牙遣使来朝,贡方物。初,中官使真腊,有部卒三人潜遁,索之不得,王以其国三人代之,至是引见。帝曰:"华人自逃,于彼何预而责偿?且语言不通,风土不习,吾焉用之?"命赐衣服及道里费,遣还。三年遣使来贡,告故王之丧。命鸿胪序班王孜致祭,给事中毕进、中官王琮赍诏封其嗣子参烈昭平牙为王。进等还,嗣王遣使偕来谢恩。六年、十二年再入贡。使者以其国数被占城侵扰,久留不去。帝遣中官送之还,并敕占城王罢兵修好。十五年、十七年并入贡。宣德、景泰中,亦遣使入贡。自后不常至。

其国城隍周七十余里,幅员广数千里。国中有金塔、金桥、殿宇三十余所。王岁时一会,罗列玉猿、孔雀、白象、犀牛于前,名曰百塔洲。盛食以金盘、金碗,故有"富贵真腊"之谚。民俗富饶。天时常热,不识霜雪,禾一岁数稔。男女椎结,穿短衫,围梢布。刑有劓、刖、刺配,盗则去手足。番人杀唐人罪死;唐人杀番人则罚金,无金则鬻身赎罪。唐人者,诸番呼华人之称也,凡海外诸国尽然。婚嫁,两家俱八日不出门,昼夜燃灯。人死置于野,任乌鸢食,俄倾食尽者,谓为福报。居丧,但髡其发,女子则额上剪发如钱大,曰用此报亲。文字以麂鹿杂皮染黑,用粉为小条画于上,永不脱落。以十月为岁首,闰悉用九月。夜分四更。亦有晓天文者,能算日月薄蚀。其地谓儒为班诘,僧为苧姑,道为八思。班诘不知读何书,由此入仕者为华贯。先时项挂一白线以自别,既贵曳白如故。俗尚释教,僧皆食鱼、肉,或以供佛,惟不饮酒。其国自称甘孛智,后讹为甘破蔗,万历后又改为柬埔寨。

暹罗,在占城西南,顺风十昼夜可至,即隋、唐赤土国。后分为罗斛、暹二国。暹土瘠不宜稼,罗斛地平衍,种多获,暹仰给焉。元时,暹常入贡。其后,罗斛强,并有暹地,遂称暹罗斛国。

洪武三年,命使臣吕宗俊等,赍诏谕其国。四年,其王参烈昭毗牙遣使奉表，与宗俊等偕来，贡驯象、六足龟及方物，诏赐其王锦绮及使者币帛有差。已，复遣使贺明年正旦，诏赐《大统历》及彩币。五年贡黑熊、白猿及方物。明年复来贡。其王之姊参烈思宁，别遣使进金叶表，贡方物于中宫，却之。已而其姊复遣使来贡，帝仍却之，而宴赉其使。时其王懦而不武，国人推其伯父参烈宝毘邪嗯哩哆啰禄主国事，遣使来告，贡方物，宴赉如制。已而新王遣使来贡、谢恩，其使者亦有献，帝不纳。已，遣使贺明年正旦，贡方物，且献本国地图。

七年，使臣沙里拔来贡。言去年舟次乌猪洋，遭风坏舟，飘至海南，赖官司救护，尚存飘余兜罗绵、降香、苏木诸物进献，广东省臣以闻。帝怪其无表，既言舟覆，而方物乃有存者，疑其为番商，命却之。谕中书及礼部臣曰：“古诸侯于天子，比年一小聘，三年一大聘。九州之外，则每世一朝，所贡方物，表诚敬而已。惟高丽颇知礼乐，故令三年一贡。他远国，如占城、安南、西洋琐里、爪哇、浡泥、三佛齐、暹罗斛、真腊诸国，入贡既频，劳费太甚。今不必复尔，其移牒诸国俾知之。”然而来者不止。其世子苏门邦王昭禄群膺，亦遣使上笺于皇太子，贡方物。命引其使朝东宫，宴赉遣之。八年再入贡，其旧明台王世子昭字罗局，亦遣使奉表朝贡，宴赉如王使。

十年，昭禄群膺承其父命来朝。帝喜，命礼部员外郎王恒等赍诏及印赐之，文曰“暹罗国王之印”，并赐世子衣币及道里费。自是，其国遵朝命，始称暹罗。比年一贡，或一年两贡。至正统后，或数年一贡云。

十六年赐勘合文册及文绮、磁器，与真腊等。二十年贡胡椒一万斤、苏木一万斤。帝遣官厚报之。时温州民有市其沉香诸物者，所司坐以通番，当弃市。帝曰：“温州乃暹罗必经之地，因其往来而市之，非通番也。”乃获宥。二十一年贡象三十、番奴六十。二十二年，世子昭禄群膺遣使来贡。二十三年贡苏木、胡椒、降香十七万斤。

二十八年，昭禄群膺遣使朝贡，且告父丧。命中官赵达等往祭，敕世子嗣王位,赐赍有加。谕曰:"朕自即位以来,命使出疆,周于四维,足履其境者三十六,声闻于耳者三十一,风殊俗异。大国十有八,小国百四十九,较之于今,暹罗最近。迩者使至,知尔先王已逝。王绍先王之绪,有道于邦家,臣民欢怿。兹特遣人锡命,王其罔失法度,罔淫于乐,以光前烈。钦哉。"

成祖即位,诏谕其国。永乐元年赐其王昭禄群膺哆啰谛剌驼纽镀金银印,其王即遣使谢恩。六月,以上高皇帝尊谥,遣官颁诏,有赐。八月复命给事中王哲、行人成务赐其王锦绮。九月命中官李兴等赍敕,劳赐其王,其文武诸臣并有赐。

二年有番船飘至福建海岸,诘之,乃暹罗与琉球通好者。所司籍其货以闻,帝曰:"二国修好,乃甚美事,不幸遭风,正宜怜惜,岂可因以为利。所司其治舟给粟,俟风便遣赴琉球。"是月,其王以帝降玺书劳赐,遣使来谢,贡方物。赐赍有加,并赐《列女传》百册。使者请颁量衡为国永式,从之。

先是,占城贡使返,风飘其舟至彭亨,暹罗索取其使,羁留不遣。苏门答剌及满剌加又诉暹罗恃强发兵夺天朝所赐印诰。帝降敕责之曰:"占城、苏门答剌、满剌加与尔俱受朝命,安得逞威拘其贡使,夺其诰印。天有显道,福善祸淫,安南黎贼可为鉴戒。其即返占城使者,还苏门答剌、满剌加印诰。自今奉法循理,保境睦邻,庶永享太平之福。"时暹罗所遣贡使,失风飘至安南,尽为黎贼所杀,止余字黑一人。后官军征安南,获之以归。帝悯之,六年八月命中官张原送还国,赐王币帛,令厚恤被杀者之家。九月,中官郑和使其国,其王遣使贡方物,谢前罪。

七年,使来祭仁孝皇后,命中官告之几筵。时奸民何八观等逃入暹罗,帝命使者还告其主,毋纳逋逃。其王即奉命遣使贡马及方物,并送八观等还,命张原赍敕币奖之。十年命中官洪保等往赐币。

十四年,王子三赖波罗摩剌劄的赖,遣使告父之丧。命中官郭文往祭,别遣官赍诏封其子为王,赐以素锦、素罗,随遣使谢恩。十七年命中官杨敏等护归。以暹罗侵满剌加,遣使责令辑睦,王复遣使谢罪。宣德八年，王悉里麻哈赖遣使朝贡。

初，其国陪臣奈三铎等贡舟次占城新州港，尽为其国人所掠。正统元年，奈三铎潜附小舟来京，诉占城劫掠状。帝命召占城使者与相质。使者无以对，乃敕占城王，令尽还所掠人、物。已，占城移咨礼部言："本国前岁遣使往须文达那，亦为暹罗贼人掠去，必暹罗先还所掠，本国不敢不还。"三年，暹罗贡使又至，赐敕晓以此意，令亟还占城人、物。十一年，王思利波罗麻那惹智刺遣使入贡。

景泰四年命给事中刘洙、行人刘泰祭其故王波罗摩刺劄的赖，封其嗣子把罗兰米孙刺为王。天顺元年赐其贡使钑花金带。六年，王孛刺蓝罗者直波智遣使朝贡。

成化九年，贡使言天顺元年所颁勘合，为虫所蚀，乞改给，从之。十七年，贡使还，至中途窃买子女，且多载私盐，命遣官戒谕诸番。先是，汀州人谢文彬，以贩盐下海，飘入其国，仕至坤岳，犹天朝学士也。后充使来朝，贸易禁物，事觉下吏。

十八年遣使朝贡，且告父丧，命给事中林霄、行人姚隆往封其子国隆勃刺略坤息刺尤地为王。弘治十年入贡。时四夷馆无暹罗译字官，阁臣徐溥等请移牒广东，访取能通彼国言语文字者，赴京备用，从之。正德四年，暹罗船有飘至广东者，市舶中官熊宣与守臣议，税其物供军需。事闻，诏斥宣妄揽事柄，撤还南京。十年进金叶表朝贡，馆中无识其字者。阁臣梁储等，请选留其使一二人，入馆肄习，报可。嘉靖元年，暹罗、占城货船至广东。市舶中官牛荣纵家人私市，论死如律。三十二年遣使贡白象及方物，象死于途，使者以珠宝饰其牙，盛以金盘，并尾来献。帝嘉其意，厚遣之。

隆庆中，其邻国东蛮牛求婚不得，惭怒，大发兵攻破其国。王自经，掳其世子及天朝所赐印以归。次子嗣位，奉表请印，予之。自是为东蛮牛所制，嗣王励志复仇。万历间，敌兵复至，王整兵奋击，大破之，杀其子，余众宵遁，暹罗由是雄海上。移兵攻破真腊，降其王。从此，岁岁用兵，遂霸诸国。

六年遣使入贡。二十年，日本破朝鲜，暹罗请潜师直捣日本，牵其后。中枢石星议从之，两广督臣萧彦持不可，乃已。其后奉贡不替。崇祯十六年犹入贡。

其国，周千里，风俗劲悍，习于水战。大将用圣铁裹身，刀矢不能入。圣铁者，人脑骨也。王，琐里人。官分十等。自王至庶民，有事皆决于其妇。其妇人志量，实出男子上。妇私华人，则夫置酒同饮，恬不为怪，曰："我妇美，而为华人所悦也。"崇信释教，男女多为僧尼，亦居庵寺，持斋受戒。衣服颇类中国。富贵者，尤敬佛，百金之产，即以其半施之。气候不正。或寒或热，地卑湿，人皆楼居。男女椎结，以白布裹首。富贵者死，用水银灌其口而葬之。贫者则移置海滨，即有群鸦飞啄，俄顷而尽，家人拾其骨号泣而弃之于海，谓之鸟葬。亦延僧设斋礼佛。交易用海𧴪。是年不用𧴪，则国必大疫。其贡物，有象、象牙、犀角、孔雀尾、翠羽、龟筒、六足龟、宝石、珊瑚、片脑、米脑、糠脑、脑油、脑柴、蔷薇水、碗石、丁皮、阿魏、紫梗、藤竭、藤黄、硫黄、没药、乌爹泥、安息香、罗斛香、速香、檀香、黄熟香、降真香、乳香、树香、木香、丁香、乌香、胡椒、苏木、肉荳蔻、白荳蔻、荜茇、乌木、大枫子及撒哈剌、西洋诸布。其国有三宝庙，祀中官郑和。

爪哇在占城西南。元世祖时，遣使臣孟琪往，黥其面。世祖大举兵伐之，破其国而还。洪武二年，太祖遣使以即位诏谕其国。其使臣先奉贡于元，还至福建而元亡，因入居京师。太祖复遣使送之还，且赐以《大统历》。三年以平定沙漠颁诏曰："自古为天下主者，视天地所覆载，日月所照临，若远若近，生人之类，莫不欲其安土而乐生。然必中国安，而后四方万国顺附。迩元君妥欢帖木儿，荒淫昏弱，志不在民。天下英雄，分裂疆宇。朕闵生民之涂炭，兴举义兵，攘除乱略。天下军民共尊朕居帝位，国号大明，建元洪武。前年克取元都，四方底定。占城、安南、高丽诸国，俱来朝贡。今年遣将北征，始知元君已没，获其孙买的里八剌，封为崇礼侯。朕仿前代帝王，治理天下，惟欲中外人民，各安其所。又虑诸蕃僻在远方，未悉朕意,故遣使者往谕,咸使闻知。"九月,其王昔里八达剌蒲,遣使奉金叶表来朝,贡方物,宴赉如礼。

五年又遣使随朝使常克敬来贡,上元所授宣敕三道。八年又贡。十年,王八达那巴那务遣使朝贡。其国又有东、西二王,东蕃王勿院劳网结,西蕃王勿劳波务,各遣使朝贡。天子以其礼意不诚,诏留其使,已而释还之。十二年,王八达那巴那务遣使朝贡。明年又贡。时遣使赐三佛齐王印绶,爪哇诱而杀之。天子怒,留其使月余,将加罪,已,遣还,赐敕责之。十四年遣使贡黑奴三百人及他方物。明年又贡黑奴男女百人、大珠八颗、胡椒七万五千斤。二十六年再贡。明年又贡。

成祖即位,诏谕其国。永乐元年又遣副使闻良辅、行人宁善,赐其王绒、锦、织金文绮、纱罗。使者既行,其西王都马板遣使入贺,复命中官马彬等赐以镀金银印。西王遣使谢赐印,贡方物。而东王孛令达哈亦遣使朝贡,请印,命遣官赐之。自后,二王并贡。

三年遣中官郑和使其国。明年,西王与东王构兵,东王战败,国被灭。适朝使经东王地,部卒入市,西王国人杀之,凡百七十人。西王惧,遣使谢罪。帝赐敕切责之,命输黄金六万两以赎。六年再遣郑和使其国。西王献黄金万两,礼官以输数不足,请下其使于狱。帝曰:"朕于远人,欲其畏罪而已,宁利其金耶?"悉捐之。自后,比年一贡,或间岁一贡,或一岁数贡。中官吴宾、郑和先后使其国。时旧港地有为爪哇侵据者,满剌加国王矫朝命索之。帝乃赐敕曰:"前中官尹庆还,言王恭待敕使,有加无替。比闻满剌加国索旧港之地,王甚疑惧。朕推诚待人,若果许之,必有敕谕,王何疑焉。小人浮词,慎勿轻听。"

十三年,其王改名扬惟西沙,遣使谢恩,贡方物。时朝使所携卒有遭风飘至班卒儿国者,爪哇人珍班闻之,用金赎还,归之王所。十六年,王遣使朝贡,因送还诸卒。帝嘉之,赐敕奖王,并优赐珍班。自是,朝贡使臣大率每岁一至。

正统元年,使臣马用良言:"先任八谛来朝,蒙恩赐银带。今为亚烈,秩四品,乞赐金带。"从之。闰六月遣古里、苏门答剌、锡兰山、柯枝、天方、加异勒、阿丹、忽鲁谟斯、祖法儿、甘巴里、真腊使臣,偕爪哇使臣郭信等同往。赐爪哇敕曰:"王自我先朝,修职勿怠。朕今嗣服,复遣使来朝,意诚具悉。宣德时,有古里等十一国来贡,今因王使者归,令诸使同往。王其加意抚恤,分遣还国,副朕怀远之忧。"五年,使臣回,遭风溺死五十六人,存者八十三人,仍返广东。命所司廪给,俟便舟附归。

八年,广东参政张琰言:"爪哇朝贡频数,供亿费烦,敝中国以事远人,非计。"帝纳之。其使还,赐敕曰:"海外诸邦,并三年一贡。王亦宜体恤军民,一遵此制。"十一年复三贡,后乃渐稀。

景泰三年,王巴剌武遣使朝贡。天顺四年,王都马班遣使入贡。使者还至安庆,酗酒,与入贡番僧斗,僧死者六人。礼官请治伴送行人罪,使者救国王自治,从之。成化元年入贡。弘治十二年,贡使遭风舟坏,止通事一舟达广东。礼官请敕所司,量予赐赉遣还,其贡物仍进京师,制可。自是贡使鲜有至者。

其国近占城,二十昼夜可至。元师西征,以至元二十九年十二月发泉州,明年正月即抵其国,相去止月余。宣德七年入贡,表书"一千三百七十六年",盖汉宣帝元康元年,乃其建国之始也。地广人稠。性凶悍,男子无少长贵贱皆佩刀,稍忤辄相贼,故其甲兵为诸蕃之最。字类锁里,无纸笔,刻于茭葦叶。气候常似夏,稻岁二稔。无几榻匕箸。人有三种:华人流寓者,服食鲜华;他国贾人居久者,亦尚雅洁;其本国人最污秽,好啖蛇蚁虫蚓,与犬同寝食,状黝黑,猱头赤脚。崇信鬼道。杀人者避之三日即免罪。父母死,舁至野,纵犬食之;不尽,则大戚,燔其余。妻妾多燔以殉。

其国一名莆家龙,又曰下港,曰顺塔。万历时,红毛番筑土库于大涧东,佛郎机筑于大涧西,岁岁互市。中国商旅亦往来不绝。其国有新村,最号饶富。中华及诸番商舶,辐辏其地,宝货填溢。其村主即广东人,永乐九年自遣使表贡方物。

阇婆,古曰阇婆达。宋元嘉时,始朝中国。唐曰诃陵,又曰社婆,其王居阇婆城，宋曰阇婆，皆入贡。洪武十一年，其王摩那驼喃遣使奉表，贡方物，其后不复至。或曰爪哇即阇婆。然《元史爪哇传》不言，且曰：“其风俗、物产无所考。”太祖时，两国并时入贡，其王之名不同。或本为二国，其后为爪哇所灭，然不可考。

苏吉丹，爪哇属国，后讹为思吉港。国在山中，止数聚落。酋居吉力石。其水濊，舟不可泊。商船但往饶洞，其地平衍，国人皆就此贸易。其与国有思鲁瓦及猪蛮。猪蛮多盗，华人鲜至。

碟里，近爪哇。永乐三年遣使附其使臣来贡。其地尚释教，俗淳少讼，物产甚薄。

日罗夏治，近爪哇。永乐三年遣使附其使臣入贡。国小，知种艺，无盗贼。亦尚释教，所产止苏木、胡椒。

三佛齐，古名干陀利。刘宋孝武帝时，常遣使奉贡。梁武帝时数至。宋名三佛齐，修贡不绝。

洪武三年，太祖遣行人赵述诏谕其国。明年，其王马哈剌札八剌卜遣使奉金叶表，随入贡黑熊、火鸡、孔雀、五色鹦鹉、诸香、苾布、兜罗被诸物。诏赐《大统历》及锦绮有差。户部言其货舶至泉州，宜征税，命勿征。

六年，王怛麻沙那阿者遣使朝贡，又一表贺明年正旦。时其国有三王。七年，王麻那哈宝林邦遣使来贡。八年正月复贡。九月，王僧伽烈宇兰遣使，随招谕拂菻国朝使入贡。

九年，怛麻沙那阿者卒，子麻那巫里嗣。明年遣使贡犀牛、黑熊、火鸡、白猴、红绿鹦鹉、龟筒及丁香、米脑诸物。使者言：“嗣子不敢擅立，请命于朝。”天子嘉其义，命使臣赍印，敕封为三佛齐国王。时爪哇强，已威服三佛齐而役属之，闻天朝封为国王与己埒，则大怒，遣人诱朝使邀杀之。天子亦不能问罪，其国益衰，贡使遂绝。

三十年，礼官以诸蕃久缺贡，奏闻。帝曰：“洪武初，诸蕃贡使不绝。迩者安南、占城、真腊、暹罗、爪哇、大琉球、三佛齐、浡泥、彭亨、百花、苏门答剌、西洋等三十国，以胡惟庸作乱，三佛齐乃生间谍，给我使臣至彼。爪哇王闻知,遣人戒饬,礼送还朝。由是商旅阻遏,诸国之意不通。惟安南、占城、真腊、暹罗、大琉球朝贡如故,大琉球且遣子弟入学。凡诸蕃国使臣来者,皆以礼待之。我视诸国不薄,未知诸国心若何。今欲遣使爪哇,恐三佛齐中途沮之。闻三佛齐本爪哇属国,可述朕意,移咨暹罗,俾转达爪哇。”于是部臣移牒曰:“自有天地以来,即有君臣上下之分,中国四裔之防。我朝混一之初,海外诸蕃,莫不来享。岂意胡惟庸谋乱,三佛齐遂生异心,给我信使,肆行巧诈。我圣天子一以仁义待诸蕃,何诸蕃敢背大恩,失君臣之礼。倘天子震怒,遣一偏将将十万之师,恭行天罚,易如覆手,尔诸蕃何不思之甚。我圣天子尝曰:“安南、占城、真腊、暹罗、大琉球皆修臣职,惟三佛齐梗我声教。彼以蕞尔之国,敢倔强不服,自取灭亡。尔暹罗恪守臣节,天朝眷礼有加,可转达爪哇,令以大义告谕三佛齐,诚能省愆从善,则礼待如初。”

时爪哇已破三佛齐,据其国,改其名曰旧港,三佛齐遂亡。国中大乱,爪哇亦不能尽有其地,华人流寓者往往起而据之。有梁道明者,广州南海县人,久居其国。闽、粤军民泛海从之者数千家,推道明为首,雄视一方。会指挥孙铉使海外,遇其子,挟与俱来。

永乐三年,成祖以行人谭胜受与道明同邑,命偕千户杨信等赍敕招之。道明及其党郑伯可随入朝,贡方物,受赐而还。

四年,旧港头目陈祖义遣子士良,道明遣从子观政并来朝。祖义,亦广东人,虽朝贡,而为盗海上,贡使往来者苦之。五年,郑和自西洋还,遣人招谕之。祖义诈降,潜谋邀劫。有施进卿者,告于和。祖义来袭被擒,献于朝,伏诛。时进卿适遣婿丘彦诚朝贡,命设旧港宣慰司,以进卿为使,锡诰印及冠带。自是,屡入贡。然进卿虽受朝命,犹服属爪哇,其地狭小,非故时三佛齐比也。二十二年,进卿子济孙告父讣,乞嗣职,许之。洪熙元年遣使入贡,诉旧印为火毁,帝命重给。其后,朝贡渐稀。

嘉靖末,广东大盗张琏作乱,官军已报克获。万历五年商人诣旧港者,见琏列肆为蕃舶长,漳、泉人多附之,犹中国市舶官云。

　　其地为诸蕃要会,在爪哇之西,顺风八昼夜可至。辖十五洲,土沃宜稼。语云:"一年种谷,三年生金。"言收获盛而贸金多也。俗富好淫。习于水战,邻国畏之。地多水,惟部领陆居,庶民皆水居。编筏筑室,系之于桩。水涨则筏浮,无沉溺患。欲徙则拔桩去之,不费财力。下称其上曰詹卑,犹国君也。后大酋所居,即号詹卑国,改故都为旧港。初本富饶,自爪哇破灭,后渐致萧索,商舶鲜至。其他风俗、物产,具详《宋史》。

明史卷三二五
列传第二一三

外国六

浡泥　满剌加　苏门答剌 须文达那
苏禄　西洋琐里　琐里　览邦
淡巴　百花　彭亨　那孤儿　黎伐
南渤利　阿鲁　柔佛　丁机宜
巴剌西　佛郎机　和兰

浡泥，宋太宗时始通中国。洪武三年八月命御史张敬之、福建行省都事沈秩往使。自泉州航海，阅半年抵阇婆，又逾月至其国。王马合谟沙傲慢不为礼，秩责之，始下座拜受诏。时其国为苏禄所侵，颇衰耗，王辞以贫，请三年后入贡。秩晓以大义，王既许诺，其国素属阇婆，阇婆人间之，王意中沮。秩折之曰："阇婆久称臣奉贡，尔畏阇婆，反不畏天朝邪？"乃遣使奉表笺，贡鹤顶、生玳瑁、孔雀、梅花大片龙脑、米龙脑、西洋布、降真诸香。八月，从敬之等入朝。表用金，笺用银，字近回鹘，皆镂之以进。帝喜，宴赉甚厚。八年，命其国山川，附祀福建山川之次。

永乐三年冬，其王麻那惹加那遣使入贡，乃遣官封为国王，赐印诰、敕符、勘合、锦绮、彩币。王大悦，率妃及弟妹子女陪臣泛海来朝。次福建，守臣以闻。遣中官往宴赉，所过州县皆宴。六年八月入都朝见,帝奖劳之。王跪致词曰:"陛下膺天宝命,统一万方。臣还在海岛,荷蒙天恩,赐以封爵。自是国中雨旸时顺,岁屡丰登,民无灾厉,山川之间,珍奇毕露,草木鸟兽,亦悉蕃育。国中耆老咸谓此圣天子覆冒所致。臣愿睹天日之表,少输悃诚,不惮险远,躬率家属陪臣,诣阙献谢。"帝慰劳再三,命王妃所进中宫笺及方物,陈之文华殿。王诣殿进献毕,自王及妃以下悉赐冠带、袭衣。帝乃飨王奉天门,妃以下飨于他所,礼讫送归会同馆。礼官请王见亲王仪,帝令准公侯礼。寻赐王仪仗、交椅、银器、伞扇、销金鞍马、金织文绮、纱罗、绫绢衣十袭,余赐赍有差。十月,王卒于馆。帝哀悼,辍朝三日,遣官致祭,赙以缯帛。东宫亲王皆遣祭,有司具棺椁、明器,葬之安德门外石子冈,树碑神道。又建祠墓侧,有司春秋祀以少牢,谥曰恭顺。赐敕慰其子遐旺,命袭封国王。

遐旺与其叔父上言:"臣国岁供爪哇片脑四十斤,乞敕爪哇罢岁供,岁进天朝。臣今归国,乞命护送,就留镇一年,慰国人之望。并乞定朝贡期及傔从人数。"帝悉从之,命三年一贡,傔从惟王所遣,遂敕爪哇国免其岁供。王辞归,赐玉带一、金百两、银三千两及钱钞、锦绮、纱罗、衾褥、帐幔、器物,余皆有赐。以中官张谦、行人周航护行。

初,故王言:"臣蒙恩赐爵,臣境土悉属职方,乞封国之后山为一方镇。"新王复以为言,乃封为长宁镇国之山。御制碑文,令谦等勒碑其上。其文曰:

上天佑启我国家万世无疆之基,诞命我太祖高皇帝全抚天下,休养生息,以治以教,仁声义问,薄极照临,四方万国,奔走臣服,充凑于廷。神化感动之机,其妙如此。朕嗣守鸿图,率由典式。严恭祗畏,协和所统。无间内外,均视一体。遐迩绥宁,亦克承予意。

乃者浡泥国王,诚敬之至,知所尊崇,慕尚声教,益谨益虔,率其眷属、陪臣,不远数万里,浮海来朝,达其志,通其欲,稽颡陈辞曰:"远方臣妾,丕冒天子之恩,以养以息,既庶且安。

思见日月之光，故不惮险远，辄敢造廷。"又曰："覆我者天，载我者地。使我有土地人民之奉，田畴邑井之聚，宫室之居，妻妾之乐，和味宜服，利用备器，以资其生，强罔敢侵，众罔敢暴，实惟天子之赐。是天子功德所加，与天地并。然天仰则见，地踏则履，惟天子远而难见，诚有所不通。是以远方臣妾，不敢自外，逾历山海，躬诣阙廷，以伸其悃。"朕曰："惟天，惟皇考，付予以天下，子养庶民。天与皇考，视民同仁，予其承天与皇考之德，惟恐弗堪，弗若汝言。"乃又拜手稽首曰："自天子建元之载，臣国时和岁丰，山川之藏，珍宝流溢，草木之无葩蕍者皆华而实，异禽和鸣，走兽跄舞。国之黄叟咸曰，中国圣人德化渐暨，斯多嘉应。臣土虽远，实天子之氓，故奋然而来觐也。"朕观其言文貌恭，动不逾则，悦喜礼教，脱略夷习，非超然卓异者不能。稽之载籍，自古邈远之国，奉若天道，仰服声教，身致帝廷者有之。至于举妻、子、兄弟、亲戚、陪臣，顿首称臣妾于阶陛之下者，惟浮泥国王一人。西南诸蕃国长，未有如王贤者。王之至诚贯于金石，达于神明，而令名传于悠久，可谓有光显矣。

　　兹特锡封王国中之山为长宁镇国之山，赐文刻石，以著王休，于昭万年，其永无斁。系之诗曰："炎海之墟，浮泥所处。煦仁渐义，有顺无迕。悾悾贤王，惟化之慕。导以象胥，通来奔赴。同其妇子、兄弟、陪臣，稽颡阙下，有言以陈。谓君独天，遗以休乐，一视同仁，匪偏厚薄。顾兹鲜德，弗称所云。浪舶风樯，实劳恳勤。稽古远臣，顺来怒趚。以躬或难，剞曰家室。王心亶诚，金石其坚。西南蕃长，畴与王贤。矗矗高山，以镇王国。镵文于石，懋昭王德。王德克昭，王国攸宁。于万斯年，仰我大明。"八年九月遣使从谦等入贡谢恩。明年复命谦赐其王锦绮、纱罗、彩绢凡百二十匹，其下皆有赐。十年九月，遐旺偕其母来朝。命礼官宴之会同馆，光禄寺旦暮给酒馔。明日，帝飨之奉天门，王母亦有宴。越二日，再宴，赐王冠带、袭衣，王母、王叔父以下，分赐有差。明年二月辞归。赐金百，银五百，钞三千锭，钱千五百缗，锦四，绮帛纱罗八十，金织文绣、文绮衣各一，衾褥、帏幔、器物咸具。自十三年至洪熙元年四入贡，后贡使渐稀。

嘉靖九年，给事中王希文言：“暹罗、占城、琉球、爪哇、浡泥五国来贡，并道东莞。后因私携贾客，多绝其贡。正德间，佛郎机阑入流毒，概屏绝。曾未几年，遽尔议复，损威已甚。”章下都察院，请悉遵旧制，毋许混冒。

万历中，其王卒，无嗣，族人争之。国中杀戮几尽，乃立其女为王。漳州人张姓者，初为其国那督，华言尊官也，因乱出奔。女主立，迎还立。其女出入王宫，得心疾，妄言父有反谋。女主惧，遣人按问其家，那督自杀。国人为讼冤，女主悔，绞杀其女，授其子官。后虽不复朝贡，而商人往来不绝。

国统十四洲，在旧港之西，自占城四十日可至。初属爪哇，后属暹罗，改名大泥。华人多流寓其地。嘉靖末，闽、粤海寇遗孽逋逃至此，积二千余人。万历时，红毛番强商其境，筑土库以居。其入彭湖互市者，所携乃大泥国文也。诸风俗、物产，具详《宋史》。

满剌加，在占城南。顺风八日至龙牙门，又西行二日即至。或云即古顿逊，唐哥罗富沙。

永乐元年十月遣中官尹庆使其地，赐以织金文绮、销金帐幔诸物。其地无王，亦不称国，服属暹罗，岁输金四十两为赋。庆至，宣示威德及招徕之意。其酋拜里迷苏剌大喜，遣使随庆入朝贡方物，三年九月至京师。帝嘉之，封为满剌加国王，赐诰印、彩币、袭衣、黄盖，复命庆往。其使者言：“王慕义，愿同中国列郡，岁效职贡，请封其山为一国之镇。”帝从之。制碑文，勒山上，末缀以诗曰：“西南巨海中国通，输天灌地亿载同。洗日浴月光景融，雨崖露石草木浓。金花宝钿生青红，有国于此民俗雍。王好善义思朝宗，愿比内郡依华风。出入导从张盖重，仪文裼袭礼虔恭。大书贞石表尔忠，尔国西山永镇封。山居海伯翕扈从，皇考陟降在彼穹。后天监视久弥隆，尔众子孙万福崇。"庆等再至,其王益喜,礼待有加。

五年九月遣使入贡。明年,郑和使其国,旋入贡。九年,其王率妻子陪臣五百四十余人来朝。抵近郊,命中官海寿、礼部郎中黄裳等宴劳,有司供张会同馆。入朝奉天殿,帝亲宴之,妃以下宴他所。光禄日致牲牢上尊,赐王金绣龙衣二袭、麒麟衣一袭,金银器、帷幔衾裯悉具,妃以下皆有赐。将归,赐王圭带、仪仗、鞍马,赐妃冠服。濒行,赐宴奉天门,再赐玉带、仪仗、鞍马、黄金百、白金五百、钞四十万贯、钱二千六百贯、锦绮纱罗三百匹、帛千匹、浑金文绮二、金织通袖膝襕二。妃及子侄陪臣以下,宴赐有差。礼官饯于龙江驿,复赐宴龙潭驿。十年夏,其侄入谢。及辞归,命中官甘泉偕往,旋又入贡。

十二年,王子母干撒于的儿沙来朝,告其父讣。即命袭封,赐金币。嗣后,或连岁,或间岁入贡以为常。

十七年,王率妻子陪臣来朝谢恩。及辞归,诉暹罗见侵状。帝为赐敕谕暹罗,暹罗乃奉诏。二十二年,西里麻哈剌以父没嗣位,率妻子陪臣来朝。

宣德六年遣使者来言:"暹罗谋侵本国,王欲入朝,惧为所阻,欲奏闻,无能书者,令臣三人附苏门答剌贡舟入诉。"帝命附郑和舟归国,因令和赍敕谕暹罗,责以辑睦邻封,毋违朝命。初,三人至,无贡物,礼官言例不当赏。帝曰:"远人越数万里来诉不平,岂可无赐。遂赐袭衣、彩币,如贡使例。

八年,王率妻子陪臣来朝。抵南京,天已寒,命俟春和北上,别遣人赍敕劳赐王及妃。洎入朝,宴赉如礼。及还,有司为治舟。王复遣其弟贡驼马方物。时英宗已嗣位,而王犹在广东。赐敕奖王,命守臣送还国。因遣古里、真腊等十一国使臣,附载偕还。

正统十年,其使者请赐王息力八密息瓦儿丢八沙护国敕书及蟒服、伞盖,以镇服国人。又言:"王欲亲诣阙下,从人多,乞赐一巨舟,以便远涉。"帝悉从之。

景泰六年,速鲁檀无答佛哪沙贡马及方物,请封为王。诏给事中王晖往。已，复入贡，言所赐冠带毁于火。命制皮弁服、红罗常服及犀带纱帽予之。

天顺三年，王子苏丹芒速沙遣使入贡，命给事中陈嘉猷等往封之。越二年，礼官言："嘉猷等浮海二日，至乌猪洋，遇飓风，舟坏，飘六日至清澜守御所获救。敕书无失，诸赐物悉沾水。乞重给，令使臣复往。"从之。

成化十年，给事中陈峻册封占城王，遇安南兵据占城不得入，以所赍物至满剌加，谕其王入贡。其使者至，帝喜，赐敕嘉奖。十七年九月，贡使言："成化五年，贡使还，飘抵安南境，多被杀，余黥为奴，幼者加宫刑。今已据占城地，又欲吞本国。本国以皆为王臣，未敢与战。"适安南贡使亦至，满剌加使臣请与廷辩。兵部言事属既往，不足深较。帝乃因安南使还，敕责其王，并谕满剌加，安南复侵陵，即整兵待战。寻遣给事中林荣、行人黄乾亨册封王子马哈木沙为王。二人溺死，赠官赐祭，予荫，恤其家，余敕有司海滨招魂祭，亦恤其家。复遣给事中张晟、行人左辅往。晟卒于广东，命守臣择一官为辅副，以终封事。

正德三年，使臣端亚智等入贡。其通事亚刘，本江西万安人萧明举，负罪逃入其国，赂大通事王永、序班张字，谋往浡泥索宝。而礼部吏侯永等亦受赂，伪为符印，扰邮传。还至广东，明举与端亚智辈争言，遂与同事彭万春等劫杀之，尽取其财物。事觉，逮入京。明举凌迟，万春等斩，王永减死罚米三百石，与张字、侯永并戍边，尚书白钺以下皆议罚。刘瑾因此罪江西人，减其解额五十名，仕者不得任京职。

后佛郎机强，举兵侵夺其地，王苏端妈末出奔，遣使告难。时世宗嗣位，敕责佛郎机，令还其故土。谕暹罗诸国王以救灾恤邻之义，迄无应者，满剌加竟为所灭。时佛郎机亦遣使朝贡请封，抵广东，守臣以其国素不列《王会》，羁其使以闻。诏予方物之直遣归，后改名麻六甲云。

满剌加所贡物有玛瑙、珍珠、玳瑁、珊瑚树、鹤顶、金母鹤顶、琐服、白苾布、西洋布、撒哈剌、犀角、象牙、黑熊、黑猿、白麂、火鸡、鹦鹉、片脑、蔷薇露、苏合油、栀子花、乌爹泥、沉香、速香、金银香、阿魏之属。

有山出泉流为溪，土人淘沙取锡煎成块曰斗锡。田瘠少收，民皆淘沙捕鱼为业。气候朝热暮寒。男女椎髻，身体黝黑，间有白者，唐人种也。俗淳厚，市道颇平。自为佛郎机所破，其风顿殊。商舶稀至，多直诣苏门答剌。然必取道其国，率被邀劫，海路几断。其自贩于中国者，则直达广东香山澳，接迹不绝云。

苏门答剌，在满剌加之西。顺风九昼夜可至。或言即汉条枝，唐波斯、大食二国地，西洋要会也。

成祖初，遣使以即位诏谕其国。永乐二年遣副使闻良辅、行人宁善赐其酋织金文绮、绒锦、纱罗，招徕之。中官尹庆使爪哇，便道复使其国。三年，郑和下西洋，复有赐。和未至，其酋宰奴里阿必丁，已遣使随庆入朝，贡方物。诏封为苏门答剌国王，赐印诰、彩币、袭衣。遂比年入贡，终成祖世不绝。郑和凡三使其国。

先是，其王之父与邻国花面王战，中矢死。王子年幼，王妻号于众曰："孰能为我报仇者，我以为夫，与共国事。"有渔翁闻之，率国人往击，馘其王而还。王妻遂与之合，称为老王。既而王子年长，潜与部领谋，杀老王而袭其位。老王弟苏干剌逃山中，连年率众侵扰。十三年，和复至其国，苏干剌以颁赐不及己，怒，统数万人邀击。和勒部卒及国人御之，大破贼众，追至南渤利国，俘以归。其王遣使入谢。

宣德元年遣使入贺。五年，帝以外番贡使多不至，遣和及王景弘遍历诸国，颁诏曰："朕恭膺天命，祗承太祖高皇帝、太宗文皇帝、仁宗昭皇帝大统，君临万邦，体祖宗之至仁，普辑宁于庶类。已大赦天下，纪元宣德。尔诸蕃国，远在海外，未有闻知。兹遣太监郑和、王景弘等赍诏往谕，其各敬天道，抚人民，共享太平之福。"凡历二十余国，苏门答剌与焉。明年遣使入贡者再。八年贡麒麟。

　　九年，王弟哈利之汉来朝，卒于京。帝悯之，赠鸿胪少卿，赐诰，有司治丧葬，置守冢户。时景弘再使其国，王遣弟哈尼者罕随入朝。明年至，言王老不能治事，请传位于子。乃封其子阿卜赛亦的为国王，自是贡使渐稀。

　　成化二十二年，其使者至广东，有司验无印信勘合，乃藏其表于库，却还其使。别遣番人输贡物京师，稍有给赐。自后贡使不至。

　　迨万历间，国两易姓。其时为王者，人奴也。奴之主为国大臣，握兵柄。奴桀黠，主使牧象，象肥。俾监鱼税，日以大鱼奉其主。主大喜，俾给事左右。一日随主入朝，见王尊严若神，主鞠躬惟谨，出谓主曰："主何恭之甚？"主曰："彼王也，焉敢抗。"曰："主第不欲王尔，欲之，主即王矣。"主诧，叱退之。他日又进曰："王左右侍卫少，主拥重兵出镇，必入辞，请以奴从。主言有机事，乞屏左右，王必不疑。奴乘间刺杀之，奉主为王，犹反掌耳。"主从之，奴果杀王，大呼曰："王不道，吾杀之。吾主即王矣。敢异议者，齿此刃！"众慑服不敢动，其主遂篡位，任奴为心腹，委以兵柄。未几，奴复杀主而代之。乃大为防卫，拓其宫，建六门，不得阑入，虽勋贵不得带刀上殿。出乘象，象驾亭而帷其外，如是者百余，俾人莫测王所在。

　　其国俗颇淳，出言柔媚，惟王好杀。岁杀十余人，取其血浴身，谓可除疾。贡物有宝石、玛瑙、水晶、石青、回回青、善马、犀牛、龙涎香、沉香、速香、木香、丁香、降真香、刀、弓、锡、锁服、胡椒、苏木、硫黄之属。货舶至，贸易称平。地本瘠，无麦有禾，禾一岁二稔。四方商贾辐辏。华人往者，以地远价高，获利倍他国。其气候朝如夏，暮如秋，夏有瘴气。妇人裸体，惟腰围一布。其他风俗类满剌加。篡杀后，易国名曰哑齐。

　　须文达那，洪武十六年，国王殊旦麻勒兀达盼遣使俺八儿来朝，贡马二匹，幼芯布十五匹，隔著布、入的力布各二匹，花满直地二，番绵绸直地二，兜罗绵二斤，撒剌八二个，幼赖革著一个，撒哈剌一个，及蔷薇水、沉香、降香、速香诸物。命赐王《大统历》、绮罗、宝钞，使臣袭衣。或言须文达那即苏门答剌，洪武时所更，然其贡物与王之名皆不同,无可考。

苏禄,地近浡泥、阇婆。洪武初,发兵侵浡泥,大获,以阇婆援兵至,乃还。

永乐十五年,其国东王巴都葛叭哈剌、西王麻哈剌叱葛剌麻丁、峒王妻叭都葛巴剌卜并率其家属头目凡三百四十余人,浮海朝贡,进金镂表文,献珍珠、宝石、玳瑁诸物。礼之若满剌加,寻并封为国王。赐印诰、袭衣、冠带及鞍马、仪仗器物,其从者亦赐冠带有差。居二十七日,三王辞归。各赐玉带一,黄金百,白金二千,罗锦文绮二百,帛三百,钞万锭,钱二千缗,金绣蟒龙、麒麟衣各一。东王次德州,卒于馆。帝遣官赐祭,命有司营葬,勒碑墓道,谥曰恭定,留妻妾傔从十人守墓,俟毕三年丧遣归。乃遣使赍敕谕其长子都马含曰:"尔父知尊中国,躬率家属陪臣,远涉海道,万里来朝。朕眷其诚恳,已锡王封,优加赐赉,遣官护归。舟次德州,遭疾殒殁。朕闻之,深为哀悼,已葬祭如礼。尔以嫡长,为国人所属,宜即继承,用绥藩服。今特封尔为苏禄国东王。尔尚益笃忠贞,敬承天道,以副眷怀,以继尔父之志。钦哉。"

十八年,西王遣使入贡。十九年,东王母遣王叔叭都加苏里来朝,贡大珠一,其重七两有奇。二十一年,东王妃还国,厚赐遣之。明年入贡,自后不复至。万历时,佛郎机屡攻之,城据山险,迄不能下。

其国,于古无所考。地瘠寡粟麦,民率食鱼虾,煮海为盐,酿蔗为酒,织竹为布。气候常热。有珠池,夜望之,光浮水面。土人以珠与华人市易,大者利数十倍。商舶将返,辄留数人为质,冀其再来。其旁近国名高药,出玳瑁。

西洋琐里,洪武二年命使臣刘叔勉以即位诏谕其国。三年平定沙漠,复遣使臣颁诏。其王别里提遣使奉金叶表,从叔勉献方物。赐文绮、纱罗诸物甚厚,并赐《大统历》。

成祖颁即位诏于海外诸国,西洋亦与焉。永乐元年命副使闻良辅、行人宁善使其国,赐绒锦、文绮、纱罗。已,复命中官马彬往使,赐如前。其王即遣使来贡,附载胡椒与民市。有司请征税,命勿征。二十一年偕古里、阿丹等十五国来贡。

琐里,近西洋琐里而差小。洪武三年,命使臣塔海帖木儿赍诏抚谕其国。五年,王卜纳的遣使奉表朝贡,并献其国土地山川图。帝顾中书省臣曰:"西洋诸国素称远蕃,涉海而来,难计岁月。其朝贡无论疏数,厚往薄来可也。"乃赐《大统历》及金织文绮、纱罗各四匹,使者亦赐币帛有差。

览邦,在西南海中。洪武九年,王昔里马哈剌札的剌札遣使奉表来贡。诏赐其王织金文绮、纱罗,使者宴赐如制。永乐、宣德中,尝附邻国朝贡。其地多沙砾,麻麦之外无他种。商贾鲜至。山坦迤无峰峦,水亦浅浊。俗好佛,勤赛祀。厥贡,孔雀、马、檀香、降香、胡椒、苏木。交易用钱。

淡巴,亦西南海中国。洪武十年,其王佛喝思罗遣使上表,贡方物,赐赉有差。其国,石城瓦屋。王乘舆,官跨马,有中国威仪。土衍水清,草木畅茂,畜产甚多。男女勤于耕织,市有贸易,野无寇盗,称乐土焉。厥贡,苾布、兜罗绵被、沉香、速香、檀香、胡椒。

百花,居西南海中。洪武十一年,其王剌丁剌者望沙遣使奉金叶表,贡白鹿、红猴、龟筒、玳瑁、孔雀、鹦鹉、哇哇倒挂鸟及胡椒、香、蜡诸物。诏赐王及使者绮、币、袭衣有差。国中气候恒燠,无霜雪,多奇花异卉,故名百花。民富饶,尚释教。

彭亨,在暹罗之西。洪武十一年,其王麻哈剌惹答饶遣使赍金叶表,贡番奴六人及方物,宴赍如礼。永乐九年,王巴剌密琐剌达罗息泥遣使入贡。十年,郑和使其国。十二年,复入贡。十四年,与古里、爪哇诸国偕贡,复令郑和报之。

其国,土田沃,气候常温,米粟饶足,煮海为盐,酿椰浆为酒。上下亲狎,无寇贼。然惑于鬼神,刻香木为像,杀人祭赛,以禳灾祈福。所贡有象牙、片脑、乳香、速香、檀香、胡椒、苏木之属。

至万历时,有柔佛国副王子娶彭亨王女,将婚,副王送子至彭亨,彭亨王置酒,亲戚毕会。婆罗国王子为彭亨王妹婿,举觞献副王,而手指有巨珠甚美,副王欲之,许以重贿。王子靳不予,副王怒,即归国发兵来攻。彭亨人出不意,不战自溃。王与婆罗王子奔金山。浡泥国王,王妃兄也,闻之,率众来援。副王乃大肆焚掠而去。当是时,国中鬼哭三日,人民半死。浡泥王迎其妹归,彭亨王随之,而命其长子摄国。已,王复位,次子素凶悍,遂毒杀其父,弑其兄自立。

那孤儿,在苏门答剌之西,壤相接。地狭,止千余家。男子皆以墨刺面为花兽之状,故又名花面国。猱头裸体,男女止单布围腰。然俗淳,田足稻禾,强不侵弱,富不骄贫,悉自耕而食,无寇盗。永乐中,郑和使其国。其酋长常入贡方物。

黎伐,在那孤儿之西。南大山,北大海,西接南渤利。居民三千家,推一人为主。隶苏门答剌,声音风俗多与之同。永乐中,尝随其使臣入贡。

南渤利,在苏门答剌之西。顺风三日夜可至。王及居民皆回回人,仅千余家。俗朴实,地少谷,人多食鱼虾。西北海中有山甚高大,曰帽山,其西复大海,名那没黎洋,西来洋船俱望此山为准。近山浅水内,生珊瑚树,高者三尺许。永乐十年,其王马哈麻沙,遣使附苏门答剌使入贡。赐其使袭衣,赐王印诰、锦绮、罗纱、彩币。遣郑和抚谕其国。终成祖时,比年入贡,其王子沙者罕亦遣使入贡。宣德五年,郑和遍赐诸国,南渤利亦与焉。

阿鲁，一名哑鲁，近满剌加。顺风三日夜可达。风俗、气候，大类苏门答剌。田瘠少收，盛艺芭蕉、椰子为食。男女皆裸体，以布围腰。永乐九年，王速鲁唐忽先遣使附古里诸国入贡。赐其使冠带、彩币、宝钞，其王亦有赐。十年，郑和使其国。十七年，王子段阿剌沙遣使入贡。十九年、二十一年，再入贡。宣德五年，郑和使诸蕃，亦有赐。其后贡使不至。

柔佛，近彭亨，一名乌丁礁林。永乐中，郑和遍历西洋，无柔佛名。或言和曾经东西竺山，今此山正在其地，疑即东西竺。万历间，其酋好构兵，邻国丁机宜、彭亨屡被其患。华人贩他国者多就之贸易，时或邀至其国。

国中覆茅为屋，列木为城，环以池。无事通商于外，有事则召募为兵，称强国焉。地不产谷，常易米于邻壤。男子薙发徒跣，佩刀，女子蓄发椎结，其酋则佩双刀。字用茭葦叶，以刀刺之。婚姻亦论门阀。王用金银为食器，群下则用磁。无匕箸。俗好持斋，见星方食。节序以四月为岁首。居丧，妇人薙发，男子则重薙，死者皆火葬。所产有犀、象、玳瑁、片脑、没药、血竭、锡、蜡、嘉文簟、木棉花、槟榔、海菜、窝燕、西国米、蠹吉柿之属。

始其国吉宁仁为大库，忠于王，为王所倚信。王弟以兄疏己，潜杀之。后出行堕马死，左右咸见吉宁仁为祟，自是家家祀之。

丁机宜，爪哇属国也，幅员甚狭，仅千余家。柔佛黠而雄，丁机宜与接壤，时被其患。后以厚币求婚，稍获宁处。其国以木为城。酋所居，旁列钟鼓楼，出入乘象，以十月为岁首。性好洁，酋所食啖，皆躬自割烹。民俗类爪哇，物产悉如柔佛。酒禁甚严，有常税。然大家皆不饮，维细民无籍者饮之，其曹偶咸非笑。婚者，男往女家持其门户，故生女胜男。丧用火葬。华人往商，交易甚平。自为柔佛所破，往者亦鲜。

巴剌西，去中国绝远。正德六年遣使臣沙地白入贡，言其国在南海，始奉王命来朝，舟行四年半，遭风飘至西澜海，舟坏，止存一小艇，又飘流八日，至得吉零国，居一年。至秘得，居八月。乃遵陆行，阅二十六日抵暹罗，以情告王，获赐日给，且赐妇女四人，居四年，迄今年五月始附番舶入广东，得达阙下。进金叶表，贡祖母绿一、珊瑚树、琉璃瓶、玻璃盏各四，及玛瑙珠、胡黑丹诸物。帝嘉其远来，赐赉有加。

佛郎机，近满剌加。正德中，据满剌加地，逐其王。十三年遣使臣加必丹末等贡方物，请封，始知其名。诏给方物之直，遣还。其人久留不去，剽劫行旅，至掠小儿为食。已而贪缘镇守中贵，许入京。武宗南巡，其使火者亚三因江彬侍帝左右。帝时学其语以为戏。其留怀远驿者，益掠买良民，筑室立寨，为久居计。

十五年，御史丘道隆言："满剌加乃敕封之国，而佛郎机敢并之，且啖我以利，邀求封贡，决不可许。宜却其使臣，明示顺逆，令还满剌加疆土，方许朝贡。倘执迷不悛，必檄告诸番，声罪致讨。"御史何鳌言："佛郎机最凶狡，兵械较诸番独精。前岁驾大舶突入广东会城，炮声殷地。留驿者违制交通，入都者桀骜争长。今听其往来贸易，势必争斗杀伤，南方之祸殆无纪极。祖宗朝贡有定期，防有常制，故来者不多。近因布政吴廷举谓缺上供香物，不问何年，来即取货。致番舶不绝于海澨，蛮人杂沓于州城。禁防既疏，水道益熟。此佛郎机所以乘机突至也。乞悉驱在澳番舶及番人潜居者，禁私通，严守备，庶一方获安。"疏下礼部，言："道隆先宰顺德，鳌即顺德人，故深晰利害。宜俟满剌加使臣至，廷诘佛郎机侵夺邻邦，扰乱内地之罪，奏请处置。其他悉如御史言。"报可。

亚三侍帝骄甚。从驾入都，居会同馆。见提督主事梁焯，不屈膝。焯怒，挞之。彬大诟曰："彼尝与天子嬉戏，肯跪汝小官邪？"明年，武宗崩，亚三下吏。自言本华人，为番人所使，乃伏法。绝其朝贡。其年七月，又以接济朝使为词，携土物求市。守臣请抽分如故事,诏复拒之。其将别都卢既以巨炮利兵肆掠满剌加诸国,横行海上。复率其属疏世利等驾五舟,击破巴西国。

嘉靖二年,遂寇新会之西草湾,指挥柯荣、百户王应恩御之。转战至稍州,向化人潘丁苟先登,众齐进,生擒别都卢、疏世利等四十二人,斩首三十五级,获其二舟。余贼复率三舟接战。应恩阵亡,贼亦败遁。官军得其炮,即名为佛郎机,副使汪铉进之朝。九年秋,铉累官右都御史,上言:“今塞上墩台城堡未尝不设,乃寇来辄遭蹂躏者,盖墩台止瞭望,城堡又无制远之具,故往往受困。汉用臣所进佛郎机,其小止二十斤以下,远可六百步者,则用之墩台。每墩用其一,以三人守之。其大至七十斤以上,远可五六里者,则用之城堡。每堡用其三,以十人守之。五里一墩,十里一堡,大小相依,远近相应,寇将无所容足,可坐收不战之功。”帝悦,即从之。火炮之有佛郎机自此始。然将士不善用,迄莫能制寇也。

初,广东文武官月俸多以番货代,至是货至者寡,有议复许佛郎机通市者。给事中王希文力争,乃定令,诸番贡不以时及勘合差失者,悉行禁止,由是番舶几绝。巡抚林富上言:“粤中公私诸费多资商税,番舶不至,则公私皆窘。今许佛郎机互市有四利。祖宗时诸番常贡外,原有抽分之法,稍取其余,足供御用,利一。两粤比岁用兵,库藏耗竭,籍以弃军饷,备不虞,利二。粤西素仰给粤东,小有征发,即措办不前,若番舶流通,则上下交济,利三。小民以懋迁为生,持一钱之货,即得展转贩易,衣食其中,利四。助国裕民,两有所赖,此因民之利而利之,非开利孔为民梯祸也。”从之。自是佛郎机得入香山澳为市,而其徒又越境商于福建,往来不绝。

至二十六年,朱纨为巡抚,严禁通番。其人无所获利,则整众犯漳、泉之月港、浯屿。副使柯乔等御却之。二十八年又犯诏安。官军迎击于走马溪,生擒贼首李光头等九十六人,余遁去。纨用便宜斩之,怨纨者御史陈九德遂劾其专擅。帝遣给事中杜汝祯往验,言此满剌加商人,岁招海滨无赖之徒,往来鬻贩,无僭号流劫事,纨擅自行诛,诚如御史所劾。纨遂被逮,自杀。盖不知满剌加即佛郎机也。

自纨死，海禁复弛，佛郎机遂纵横海上无所忌。而其市香山澳、壕镜者，至筑室建城，雄跨海畔，若一国然。将吏不肖者反视为外府矣。壕镜在香山县南虎跳门外。先是，暹罗、占城、爪哇、琉球、浮泥诸国互市，俱在广州，设市舶司领之。正德时，移于高州之电白县。嘉靖十四年，指挥黄庆纳贿，请于上官，移之壕镜，岁输课二万金，佛郎机遂得混入。高栋飞甍，栉比相望，闽、粤商人趋之若鹜。久之，其来益众。诸国人畏而避之，遂专为所据。四十四年伪称满剌加入贡。已，改称蒲都丽家。守臣以闻，下部议，言必佛郎机假托，乃却之。

万历中，破灭吕宋，尽擅闽、粤海上之利，势益炽。至三十四年，又于隔水青州建寺，高六七丈，闳敞奇闳，非中国所有。知县张大猷请毁其高埔，不果。明年，番禺举人卢廷龙会试入都，请尽逐澳中诸番，出居浪白外海，还我壕镜故地，当事不能用。番人既筑城，聚海外杂番，广通贸易，至万余人。吏其土者，皆畏惧莫敢诘，甚有利其宝货，佯禁而阴许之者。总督戴耀在事十三年，养成其患。番人又潜匿倭贼，敌杀官军。四十二年，总督张鸣冈檄番人驱倭出海，因上言："粤之有澳夷，犹疽之在背也。澳之有倭贼，犹虎之傅翼也。今一旦驱斥，不费一矢，此圣天子威德所致。惟是倭去而番尚存，有谓宜剿除者，有谓宜移之浪白外洋就船贸易者，顾兵难轻动。而壕镜在香山内地，官军环海而守，彼日食所需，咸仰于我，一怀异志，我即制其死命。若移之外洋，则巨海茫茫，奸宄安诘，制御安施。似不如申明约束，内不许一奸阑出，外不许一倭阑入，无启衅，无弛防，相安无患之为愈也。"部议从之。居三年，设参将于中路雍陌营，调千人戍之，防御渐密。天启元年，守臣虑其终为患，遣监司冯从龙等毁其所筑青州城，番亦不敢拒。

其时，大西洋人来中国，亦居此澳。盖番人本求市易，初无不轨谋，中朝疑之过甚，迄不许其朝贡，又无力以制之，故议者纷然。然终明之世，此番固未尝为变也。其人长身高鼻，猫睛鹰嘴，拳发赤须,好经商,恃强陵轹诸国,无所不往。后又称干系腊国,所产多犀象珠贝,衣服华洁,贵者冠,贱者笠,见尊长辄去之。初奉佛教,后奉天主教。市易但伸指示数,虽累千金不立约契,有事指天为誓,不相负。自灭满剌加、巴西、吕宋三国,海外诸蕃无敢与抗者。

和兰,又名红毛番,地近佛郎机。永乐、宣德时,郑和七下西洋,历诸番数十国,无所谓和兰者。其人深目长鼻,发眉须皆赤,足长尺二寸,顾伟倍常。

万历中,福建商人岁给引往贩大泥、吕宋及咬吧者,和兰人就诸国转贩,未敢窥中国也。自佛郎机市香山,据吕宋,和兰闻而慕之。二十九年驾大舰,携巨炮,直薄吕宋。吕宋人力拒之,则转薄香山澳。澳中人数诘问,言欲通贡市,不敢为寇。当事难之。税使李道即召其酋入城,游处一月,不敢闻于朝,乃遣还。澳中人虑其登陆,谨防御,始引去。

海澄人李锦及奸商潘秀、郭震,久居大泥,与和兰人习。语及中国事,锦曰:"若欲通贡市,无若漳州者。漳南有彭湖屿,去海远,诚夺而守之,贡市不难成也。"其酋麻韦郎曰:"守臣不许,奈何?"曰:"税使高寀嗜金银甚,若厚贿之,彼特疏上闻,天子必报可,守臣敢抗旨哉。"酋曰:"善。"锦乃代为大泥国王书,一移案,一移兵备副使,一移守将,俾秀、震赍以来。守将陶拱圣大骇,亟白当事,系秀于狱,震遂不敢入。初,秀与酋约,入闽有成议,当遣舟相闻,而酋卞急不能待,即驾二大舰,直抵彭湖。时三十二年之七月。汛兵已撤,如入无人之墟,遂伐木筑舍为久居计。锦亦潜入漳州侦探,诡言被获逃还,当事已廉知其状,并系狱。已而议遣二人谕其酋还国,许以自赎,且拘震与俱。三人既与酋成约,不欲自彰其失,第云"我国尚依违未定"。而当事所遣将校詹献忠赍檄往谕者,乃多携币帛、食物,觊其厚酬。海滨人又潜载货物往市,酋益观望不肯去。当事屡遣使谕之,见酋语辄不竞,愈为所慢。而寀已遣心腹周之范诣酋,说以三万金馈寀,即许贡市。酋喜与之盟已就矣,会总兵施德政,令都司沈有容将兵往谕。有容负胆智，大声论说，酋心折，乃曰："我从不闻此言。"其下人露刃相诘，有容无所慑，盛气与辨，酋乃悔悟，令之范还所赠金，止以哆啰哒、玻璃器及番刀、番酒馈寀，乞代奏通市。寀不敢应，而抚、按严禁奸民下海，犯者必诛，由是接济路穷，番人无所得食，十月末扬帆去。巡抚徐学聚劾秀、锦等罪，论死、遣戍有差。

　　然是时佛郎机横海上，红毛与争雄，复泛舟东来，攻破美洛居国，与佛郎机分地而守。后又侵夺台湾地，筑室耕田，久留不去，海上奸民，阑出货物与市。已，又出据彭湖，筑城设守，渐为求市计。守臣惧祸，说以毁城远徙，即许互市。番人从之，天启三年果毁其城，移舟去。巡抚商周祚以遵谕远徙上闻，然其据台湾自若也。已而互市不成，番人怨，复筑城彭湖，掠渔舟六百余艘，俾华人运土石助筑。寻犯厦门，官军御之，俘斩数十人，乃诡词求款。再许毁城远徙，而修筑如故。已又泊舟风柜仔，出没浯屿、白坑、东椗、莆头、古雷、洪屿、沙洲、甲洲间，要求互市。而海寇李旦复助之，滨海郡邑为戒严。

　　其年，巡抚南居益初至，谋讨之。上言："臣入境以来，闻番船五艘续至，与风柜仔船合，凡十有一艘，其势愈炽。有小校陈士瑛者，先遣往咬𠺕吧宣谕其王，至三角屿遇红毛船，言咬𠺕吧王已往阿南国，因与士瑛偕至大泥，谒其王。王言咬𠺕吧国主已大集战舰，议往彭湖求互市，若不见许，必至构兵。盖阿南即红毛番国，而咬𠺕吧、大泥与之合谋，必不可以理谕。为今日计，非用兵足不可。"因列上调兵饷方略，部议从之。四年正月遣将先夺镇海港而城之，且筑且战，番人乃退守风柜城。居益增兵往助，攻击数月，寇犹不退，乃大发兵，诸军齐进。寇势窘，两遣使求缓兵，容运米入舟即退去。诸将以穷寇莫追，许之，遂扬帆去。独渠帅高文律等十二人据高楼自守，诸将破擒之，献俘于朝。彭湖之警以息，而其据台湾者犹自若也。

　　崇祯中，为郑芝龙所破，不敢窥内地者数年，乃与香山佛郎机通好，私贸外洋。十年驾四舶，由虎跳门薄广州，声言求市。其酋招摇市上，奸民视之若金穴，盖大姓有为之主者。当道鉴壕镜事，议驱斥,或从中挠之。会总督张镜心初至,力持不可,乃遁去。已,为奸民李叶荣所诱,交通总兵陈谦为居停出入。事露,叶荣下吏。谦自请调用以避祸,为兵科凌义渠等所劾,坐逮讯。自是,奸民知事终不成,不复敢勾引,而番人犹据台湾自若。

其本国在西洋者,去中华绝还,华人未尝至。其所恃惟巨舟大炮。舟长三十丈,广六丈,厚二尺余,树五桅,后为三层楼。旁设小窗置铜炮。桅下置二丈巨铁炮,发之可洞裂石城,震数十里,世所称红夷炮,即其制也。然以舟大难转,或遇浅沙,即不能动。而其人又不善战,故往往挫衄。其所役使名乌鬼,入水不沉,走海面若平地。其柁后置照海镜,大径数尺,能照数百里。其人悉奉天主教。所产有金、银、琥珀、玛瑙、玻璃、天鹅绒、琐服、哆啰哒。国土既富,遇中国货物当意者,不惜厚资,故华人乐与为市。

明史卷三二六
列传第二一四

外国七

古里　柯枝　小葛兰　大葛兰

锡兰山　榜葛剌　沼纳朴儿

祖法儿　木骨都束　不剌哇　竹步

阿丹　剌撒　麻林　忽鲁谟斯

溜山　比剌　孙剌　南巫里　加异勒

甘巴里　急兰丹　沙里湾泥　底里

千里达　失剌比　古里班卒

剌泥　夏剌比　奇剌泥　窟察泥　舍剌斋

彭加那　八可意　乌沙剌踢　坎巴　阿哇　打回

白葛达　黑葛达　拂菻　意大里亚

　　古里，西洋大国，西滨大海，南距柯枝国，北距狼奴儿国，东七百里距坎巴国。自柯枝舟行三日可至，自锡兰山十日可至。诸蕃要会也。

　　永乐元年命中官尹庆奉诏抚谕其国，赍以彩币。其酋沙米的喜遣使从庆入朝。贡方物。三年达南京，封为国王，赐印诰及文绮诸物,遂比年入贡。郑和亦数使其国。十三年偕柯枝、南浡利、甘巴里、满剌加诸国入贡。十四年又偕爪哇、满剌加、占城、锡兰山、木骨都束、溜山、南浡利、不剌哇、阿丹、苏门答剌、麻林、剌撒、忽鲁谟斯、柯枝、南巫里、沙里湾泥、彭亨诸国入贡。是时,诸蕃使臣充斥于廷,以古里大国,序其使者于首。十七年偕满剌加十七国来贡。十九年又偕忽鲁谟斯等国入贡。二十一年,复偕忽鲁谟斯等国,遣使千二百人入贡。时帝方出塞,敕皇太子曰:“天时向寒,贡使即令礼官宴劳,给赐遣还。其以土物来市者,官酬其值。”

宣德八年,其王比里麻遣使偕苏门答剌等国使臣入贡。其使久留都下,正统元年乃命附爪哇贡舟西还。自是不复至。

其国,山多地瘠,有谷无麦。俗甚淳,行者让道,道不拾遗。人分五等,如柯枝,其敬浮屠、凿井灌佛亦如之。每旦,王及臣民取牛粪调水涂壁及地,又煅为灰抹额及股,谓为敬佛。国中半崇回教,建礼拜寺数十处。七日一礼,男女斋沐谢事。午时拜天于寺,未时乃散。王老不传子而传甥,无甥则传弟,无弟则传于国之有德者。国事皆决于二将领,以回回人为之。刑无鞭笞,轻者断手足,重者罚金珠,尤重者夷族没产。鞫狱不承,则置其手指沸汤中,三日不烂即免罪。免罪者,将领导以鼓乐,送还家,亲戚致贺。

富家多植椰子树至数千。其嫩者浆可饮,亦可酿酒,老者可作油、糖,亦可作饭。干可构屋,叶可代瓦,壳可制杯,穰可索绹,煅为灰可镶金。其他蔬果、畜产,多类中国。所贡物有宝石、珊瑚珠、琉璃瓶、琉璃枕、宝铁刀、佛郎双刃刀、金系腰、阿思模达涂儿气、龙涎香、苏合油、花毡单、伯兰布、苾布之属。

柯枝,或言即古盘盘国。宋、梁、隋、唐皆入贡。自小葛兰西北行,顺风一日夜可至。

永乐元年遣中官尹庆赍诏抚谕其国,赐以销金帐幔、织金文绮、彩帛及华盖。六年复命郑和使其国。九年,王可亦里遣使入贡。十年,郑和再使其国,连二岁入贡。其使者请赐印诰,封其国中之

山。帝遣郑和赍印赐其王,因撰碑文,命勒石山上。其词曰:

> 王化与天地流通,凡覆载之内,举纳于甄陶者,体造化之
> 仁也。盖天下无二理,生民无二心,忧戚喜乐之同情,安逸饱暖
> 之同欲,奚有间于遐迩哉。任君民之寄者,当尽子民之道。
> 《诗》云"邦畿千里,惟民所止,肇域彼四海"。《书》云"东渐于
> 海,西被于流沙,朔南暨声教,讫于四海"。朕君临天下,抚治华
> 夷,一视同仁,无间彼此。推古圣帝明王之道,以合乎天地之
> 心。还邦异域,咸使各得其所,闻风向化者,争恐后也。

> 柯枝国远在西南,距海之滨,出诸蕃国之外,慕中华而歆
> 德化久矣。命令之至,拳跽鼓舞,顺附如归,咸仰天而拜曰:"何
> 幸中国圣人之教,沾及于我!"乃数岁以来,国内丰穰,居有室
> 庐,食饱鱼鳖,衣足布帛,老者慈幼,少者敬长,熙熙然而乐,凌
> 厉争竞之习无有也。山无猛兽,溪绝恶鱼,海出奇珍,林产嘉
> 木,诸物繁盛,倍越寻常。暴风不兴,疾雨不作,札沴殄息,靡有
> 害灾。盖甚盛矣。朕揆德薄,何能如是,非其长民者之所致欤?
> 乃封可亦里为国王,赐以印章,俾抚治其民。并封其国中之山
> 为镇国之山,勒碑其上,垂示无穷。而系以铭曰:"截彼高山,作
> 镇海邦,吐烟出云,为下国洪庞。肃其烦歊,时其雨旸,祛彼氛
> 妖,作彼丰穰。靡灾靡沴,永庇斯疆,优游卒岁,室家胥庆。於
> 戏!山之崒兮,海之深矣,功此铭诗,相为终始。

自后,间岁入贡。

宣德五年,复遣郑和抚谕其国。八年,王可亦里遣使偕锡兰山
诸国来贡。正统元年,遣其使者附爪哇贡舶还国,并赐敕劳王。

王,琐里人,崇释教。佛座四旁皆水沟,复穿一井。每旦鸣钟鼓,
汲水灌佛,三浴之,始罗拜而退。

其国与锡兰山对峙,中通古里,东界大山,三面距海。俗颇淳。
筑室,以椰子树为材,取叶为苫以覆屋,风雨皆可蔽。

人分五等:一曰南昆,王族类;二曰回回,三曰哲地,皆富民;四
曰革全,皆牙侩;五曰木瓜。木瓜最贫,为人执贱役者。屋高不得过

三尺。衣上不得过脐，下不得过膝。途遇南昆、哲地人，辄伏地，俟其过乃起。

气候常热。一岁中，二三月时有少雨，国人皆治舍储食物以俟。五六月间大雨不止，街市成河，七月始晴，八月后不复雨，岁岁皆然。田瘠少收，诸谷皆产，独无麦。诸畜亦皆有，独无鹅与驴云。

小葛兰，其国与柯枝接境。自锡兰山西北行六昼夜可达。东大山，西大海，南北地窄，西洋小国也。永乐五年遣使附古里、苏门答剌入贡，赐其王锦绮、纱罗、鞍马诸物，其使者亦有赐。

王及群下皆琐里人，奉释教。重牛及他婚丧诸礼，多与锡兰同。俗淳。土薄，收获少，仰给榜葛剌。郑和尝使其国。厥贡惟珍珠伞、白棉布、胡椒。

又有大葛兰者，波涛湍悍，舟不可泊，故商人罕至。土黑坟，本宜谷麦，民懒事耕作，岁赖乌爹之米以足食。风俗、物产，多类小葛兰。

锡兰山，或云即古狼牙修。梁时曾通中国。自苏门答剌顺风十二昼夜可达。

永乐中，郑和使西洋至其地，其王亚烈苦奈儿欲害和，和觉，去之他国。王又不睦邻境，屡邀劫往来使臣，诸蕃皆苦之。及和归，复经其地，乃诱和至国中，发兵五万劫和，塞归路。和乃率步卒二千，由间道乘虚攻拔其城，生擒亚烈苦奈儿及妻子、头目，献俘于朝。廷臣诸行戮，帝悯其无知，并妻子皆释，且给以衣食。命择其族之贤者立之。有邪把乃那者，请俘囚咸称其贤，乃遣使赍印诰，封为王，其旧王亦遣归。自是海外诸蕃益服天子威德，贡使载道，王遂屡入贡。

宣德五年，郑和抚谕其国。八年，王不剌葛麻巴忽剌批遣使来贡。正统元年命附爪哇贡舶归，赐敕谕之。十年偕满剌加使者来贡。天顺三年，王葛力生夏剌昔利把交剌惹遣使来贡。嗣后不复至。

其国，地广人稠，货物多聚，亚于爪哇。东南海中有山三四座，总名曰翠蓝屿。大小七门，门皆可通舟。中一山尤高大，番名梭笃蛮山。其人皆巢居穴处，赤身髡发。相传释迦佛昔经此山，浴于水，或窃其袈裟，佛誓云："后有穿衣者，必烂其皮肉。"自是，寸布挂身辄发疮毒，故男女皆裸体。但纫木叶蔽其前后，或围以布，故又名裸形国。地不生谷，惟啖鱼虾及山芋、波罗密、芭蕉实之属。自此山西行七日，见鹦哥嘴山。又二三日抵佛堂山，即入锡兰国境。海边山石上有一足迹，长三尺许。故老云，佛从翠蓝屿来，践此，故足迹尚存。中有浅水，四时不乾，人皆手蘸拭目洗面，曰"佛水清净"。山下僧寺有释迦真身，侧卧床上。旁有佛牙及舍利，相传佛涅槃处也。其寝座以沉香为之，饰以诸色宝石，庄严甚。王所居侧有大山，高出云汉。其颠有巨人足迹，入石深二尺，长八尺余，云是盘古遗迹。此山产红雅姑、青雅姑、黄雅姑、昔刺泥、窟没蓝等诸色宝石。每大雨，冲流山下，土人竞拾之。海旁有浮沙，珠蚌聚其内，光彩激滟。王使人捞取，置之地，蚌烂而取其珠，故其国珠宝特富。

王，琐里国人。崇释教，重牛，日取牛粪烧灰涂其体，又调以水，遍涂地上，乃礼佛。手足直舒，腹贴于地以为敬，王及庶民皆如之。不食牛肉，止食其乳，死则瘗之，有杀牛者，罪至死。气候常热，米粟丰足，民富饶，然不喜啖饭。欲啖，则于暗处，不令人见。遍体皆毫毛，悉薙去，惟发不薙。所贡物有珠、珊瑚、宝石、水晶、撒哈剌、西洋布、乳香、木香、树香、檀香、没药、硫黄、藤竭、芦荟、乌木、胡椒、碗石、驯象之属。

榜葛剌，即汉身毒国，东汉曰天竺。其后中天竺贡于梁，南天竺贡于魏。唐亦分五天竺，又名五印度。宋仍名天竺。榜葛剌则东印度也。自苏门答剌顺风二十昼夜可至。

永乐六年，其王霭牙思丁遣使来朝，贡方物，宴赉有差。七年，其使凡再至，携从者二百三十余人。帝方招徕绝域，颁赐甚厚。自是比年入贡。十年，贡使将至，遣官宴之于镇江。既将事，使者告其王之丧。遣官往祭，封嗣子赛勿丁为王。十二年，嗣王遣使奉表来谢,贡麒麟及名马方物。礼官请表贺。帝勿许。明年遣侯显赍诏使其国,王与妃、大臣皆有赐。正统三年贡麒麟,百官表贺。明年又入贡。自是不复至。

其国,城大物阜。地池街市,聚货通商,繁华类中国。四时气候常如夏。土沃,一岁二稔,不待耔耘,俗淳庞,有文字,男女勤奋于耕织。容体皆黑,间有白者。王及官民皆回回人,丧祭冠婚,悉用其礼。男子皆薙发,裹以白布。衣从颈贯下,用布围之。历不置闰。刑有笞杖徒流数等。官司上下,亦有行移。医卜、阴阳、百工、技艺悉如中国,盖皆前世所流入也。

其王敬天朝。闻使者至,遣官具仪物,以千骑来迎。王宫高广,柱皆黄铜包饰,雕琢花兽。左右设长郎,内列明甲马队千余,外列巨人,明盔甲,执九剑弓矢,威仪甚壮。丹墀左右,设孔雀翎伞盖百余,又置象队百余于殿前。王饰八宝冠,箕踞殿上高座,横剑于膝。朝使入,令挂银杖者二人来导,五步一呼,至中则止;又挂金杖者二人,导如初。其王拜迎诏,叩头,手加额。开读受赐讫,设绒毯于殿,宴朝使;不饮酒,以蔷薇露和香蜜水饮之。赠使者金盔、金系腰、金瓶、金盆,其副则悉用银,从者皆有赠。厥贡,良马、金银琉璃器、青花白瓷、鹤顶、犀角、翠羽、鹦鹉、洗白苾布、兜罗绵、撒哈剌、糖霜、乳香、熟香、乌香、麻藤香、乌爹泥、紫胶、藤竭、乌木、苏木、胡椒、粗黄。

沼纳朴儿,其国在榜葛剌之西。或言即中印度,古所称佛国也。永乐十年遣使者赍敕抚谕其国,赐王亦不剌金绒锦、金织文绮、彩帛等物。十八年,榜葛剌使者诉其国王数举兵侵扰,诏中官侯显赍敕谕以睦邻保境之义,因赐之彩币;所过金刚宝座之地,亦有赐。然其王以去中国绝远,朝贡竟不至。

祖法儿,自古里西北放舟,顺风十昼夜可至。永乐十九年遣使偕阿丹、剌撒诸国入贡,命郑和赍玺书赐物报之。二十一年,贡使复至。宣德五年,和再使其国,其王阿里即遣使朝贡,八年达京师。正统元年还国,赐玺书奖王。

其国东南大海,西北重山,天时常若八九月。五谷、蔬果、诸畜咸备。人体颀硕。王及臣民悉奉回回教,婚丧亦遵其制。多建礼拜寺。遇礼拜日,市绝贸易,男女长幼皆沐浴更新衣,以蔷薇露或沉香油拭面,焚沉、檀、俺八儿诸香土炉,人立其上以薰衣,然后往拜。所过街市,香经时不散。天使至,诏书开读讫,其王遍谕国人,尽出乳香、血竭、芦荟、没药、苏合油、安息香诸物,与华人交易。乳香乃树脂。其树似榆而叶尖长,土人砍树取其脂为香。有驼鸡,颈长类鹤,足高三四尺,毛色若驼,行亦如之,常以充贡。

木骨都束,自小葛兰舟行二十昼夜可至。永乐十四年遣使与不剌哇、麻林诸国奉表朝贡,命郑和赍敕及币偕其使者往报之。后再入贡,复命和偕行,赐王及妃彩币。二十一年,贡使又至。比还,其王及妃更有赐。宣德五年,和复颁诏其国。

国滨海,山连地旷,硗瘠少收。岁常旱,或数年不雨。俗顽嚣,时操兵习射。地不产木。亦如忽鲁谟斯,垒石为屋,及用鱼腊以饲牛羊马驼云。

不剌哇,与木骨都束地接壤。自锡兰山别罗里南行,二十一昼夜可至。永乐十四年至二十一年,凡四入贡,并与木骨都束偕。郑和亦两使其国。宣德五年,和复往使。

其国,傍海而居,地广斥卤,少草木,亦垒石为屋。有盐池。但投树枝于中,已而取起,盐即凝其上。俗淳。田不可耕,蒜葱之外无他种,专捕鱼为食。所产有马哈兽,状如獐;花福禄,状如驴;及犀、象、骆驼、没药、乳香、龙涎香之类,常以充贡。

竹步,亦与木骨都束接壤。永乐中,尝入贡。其地户口不繁,风俗颇淳。郑和至其地。地亦无草木,垒石以居,岁多旱暵,皆与木骨都束同。所产有狮子、金钱豹、驼蹄鸡、龙涎香、乳香、金珀、胡椒之属。

阿丹，在古里之西，顺风二十二昼夜可至。永乐十四年遣使奉表贡方物。辞还，命郑和赍敕及彩币偕往赐之。自是，凡四入贡，天子亦厚加赐赍。宣德五年，海外诸番久缺贡，复命和赍敕宣谕。其王抹立克那思儿即遣使，来贡。八年至京师。正统元年始还。自后，天朝不复通使，远番贡使亦不至。前世梁、隋、唐时，并有丹丹国，或言即其地。

地膏腴，饶粟麦。人性强悍，有马步锐卒七八千人，邻邦畏之。王及国人悉奉回回教。气候常和，岁不置闰。其定时之法，以月为准，如今夜见新月，明日即为月朔。四季不定。自有阴阳家推算。其日为春首，即有花开；其日为秋初，即有叶落；及日月交食、风雨潮汐，皆能预测。

其王甚尊中国。闻和船至，躬率部领来迎。入国宣诏讫，遍谕其下，尽出珍宝互易。永乐十九年，中官周姓者往，市得猫睛，重二钱许，珊瑚树高二尺者数枝，又大珠、金珀、诸色雅姑异宝、麒麟、狮子、花猫、鹿、金钱豹、驼鸡、白鸠以归，他国所不及也。

蔬果、畜产咸备，独无鹅、豕二者。市肆有书籍。工人所制金首饰，绝胜诸蕃。所少惟无草木，其居亦皆垒石为之。麒麟前足高九尺，后六尺，颈长丈六尺有二，短角，牛尾，鹿身，食粟豆饼饵。狮子形似虎，黑黄色无斑，首大、口广、尾尖，声吼若雷，百兽见之皆伏地。

嘉靖时制方丘朝日坛玉爵，购红黄玉于天方、哈密诸蕃，不可得。有通事言此玉产于阿丹，去土鲁番西南二千里，其地两山对峙，自为雌雄，或自鸣，请如永乐、宣德故事，赍重贿往购。帝从部议，已之。

剌撒，自古里顺风二十昼夜可至。永乐十四年遣使来贡，命郑和报之。后凡三贡，皆与阿丹、不剌哇诸国偕。宣德五年，和复赍敕往使，竟不复贡。国傍海而居，气候常热，田瘠少收。俗淳，丧葬有礼。有事则祷鬼神。草木不生，久旱不雨。居室，悉与竹步诸国同。所产有乳香、龙涎香、千里驼之类。

麻林，去中国绝远。永乐十三年遣使贡麒麟。将至，礼部尚书吕震请表贺，帝曰："往儒臣进《五经四书大全》，请上表，朕许之，以此书有益于治也。麟之有无，何所损益，其已之。"已而麻林与诸蕃使者以麟及天马、神鹿诸物进，帝御奉天门受之。百僚稽首称贺，帝曰："此皇考厚德所致，亦赖卿等翊赞，故远人毕来。继自今，益宜秉德迪朕不逮。"十四年又贡方物。

忽鲁谟斯，西洋大国也。自古里西北行，二十五日可至。永乐十年，天子以西洋近国已航海贡琛，稽颡阙下，而远者犹未宾服，乃命郑和赍玺书往诸国，赐其王锦绮、彩帛、纱罗，妃及大臣皆有赐。王即遣陪臣已即丁奉金叶表，贡马及方物。十二年至京师。命礼官宴赐，酬以马直。比还，赐王及妃以下有差。自是，凡四贡。和亦再使。后朝使不往，其使亦不来。

宣德五年复遣和宣诏其国。其王赛弗丁乃遣使来贡。八年至京师，宴赐有加。正统元年附爪哇舟还国。嗣后遂绝。

其国居西海之极。自东南诸蛮邦及大西洋商舶、西域贾人，皆来贸易，故宝物填溢。气候有寒暑，春发葩，秋陨叶，有霜无雪，多露少雨。土瘠谷麦寡，然他方转输者多，故价殊贱。民富俗厚，或遭祸致贫，众皆遗以钱帛，共振助之。人多白皙丰伟，妇女出则以纱蔽面，市列廛肆，百物具备。惟禁酒，犯者罪至死。医卜、技艺，皆类中华。交易用银钱。书用回回字。王及臣下皆遵回教，婚丧悉用其礼。日斋戒沐浴，虔拜者五。地多碱，不产草木，牛羊马驼皆啖鱼腊。垒石为屋，有三四层者，寝处庖厕及待客之所，咸在其上。饶蔬果，有核桃、把聃、松子、石榴、葡萄、花红、万年枣之属。境内有大山，四面异色。一红盐石，凿以为器，盛食物不加盐，而味自和；一白土，可涂垣壁；一赤土、一黄王，皆适于用。所贡有狮子、麒麟、驼鸡、福禄、灵羊；常贡则大珠、宝石之类。

溜山，自锡兰山别罗里南去，顺风七昼夜可至；自苏门答剌过小帽山西南行，十昼夜可至。永乐十年，郑和往使其国。十四年，其王亦速福遣使来贡。自后三贡，并与忽鲁谟斯诸国偕。宣德五年，郑和复使其国，后竟不至。

其山居海中，有三石门，并可通舟。无城郭，倚山聚居。气候常热，土薄谷少，无麦，土人皆捕鱼，暴干以充食。王及群下尽回回人，婚丧诸礼，多类忽鲁谟斯。山下有八溜，或言外更有三千溜，舟或失风入其处，即沉溺。

又有国曰比剌，曰孙剌。郑和亦赍敕往赐。以去中华绝还，二国贡使竟不至。

南巫里，在西南海中。永乐三年遣使赍玺书、彩币抚谕其国。六年，郑和复往使。九年，其王遣使贡方物，与急兰丹、加异勒诸国偕来。赐其王金织文绮、金绣龙衣、销金帏幔及伞盖诸物，命礼官宴赐遣之。十四年再贡。命郑和与其使偕行，后不复至。

加异勒，西洋小国也。永乐六年遣郑和赍诏招谕，赐以锦绮、纱罗。九年，其酋长葛卜者麻遣使奉表，贡方物。命赐宴及冠带、彩币、宝钞。十年，和再使其国，后凡三入贡。宣德五年，和复使其国。八年又偕阿丹等十一国来贡。

甘巴里，亦西洋小国。永乐六年，郑和使其地，赐其王锦绮、纱罗。十三年遣使朝贡方物。十九年再贡，遣郑和报之。宣德五年，和复招谕其国。王兜哇剌札遣使来贡，八年抵京师。正统元年附爪哇舟还国，赐敕劳王。

其邻境有阿拨把丹、小阿兰二国,亦以六年命郑和赍敕招谕,赐亦同。

急兰丹,永乐九年,王麻哈剌查苦马儿遣使朝贡。十年命郑和赍敕奖其王,赍以锦绮、纱罗、彩帛。

沙里湾泥,永乐十四年遣使来献方物,命郑和赍币帛还赐之。

底里,永乐十年遣使奉玺书招谕其王马哈木,赐绒锦、金织文绮、彩帛诸物。其地与沼纳朴儿近,并赐其王亦不剌金。

千里达,永乐十六年遣使贡方物。赐其使冠带、纻丝、纱罗、彩帛及宝钞。比还,赐其王有加。

失剌比,永乐十六年遣使朝贡。赐其使冠带、金织文绮、袭衣、彩币、白金有差,其王亦优赐。

古里班卒,永乐中,尝入贡。其土瘠谷少,物产亦薄。气候不齐,夏多雨,雨即寒。

剌泥,永乐元年,其国中回回哈只马哈没奇剌泥等来贡方物,因携胡椒与民市。有司请征其税,帝曰:“征税以抑逐末之民,岂以为利。今远人慕义来,乃取其货,所得几何,而亏损国体多矣。其已之。”

剌泥而外,有数国:曰夏剌比,曰奇剌泥,曰窟察泥,曰舍剌齐,曰彭加那,曰八可意,曰乌沙剌踢,曰坎巴,曰阿哇,曰打回。永乐中,尝遣使朝贡。其国之风土、物产,无可稽。

白葛达,宣德元年遣其臣和者里一思入贡。其使臣言:“遭风破舟,贡物尽失,国主惓惓忠敬之忱,无由上达。此使臣之罪,惟圣天子恩贷,赐之冠带,俾得归见国主,知陪臣实诣阙廷,庶几免责。"帝许之,使附邻国贡舟还国,谕之曰:"仓卒失风,岂人力能制。归语尔主,朕嘉王之诚,不在物也。"宴赐悉如礼。及辞归,帝谓礼官曰:"天时渐寒,海道辽远,可赐路费及衣服。"其国,土地瘠薄,崇释教,市易用铁钱。

又有黑葛达,亦以宣德时来贡。国小民贫,尚佛畏刑。多牛羊,亦以铁铸钱。

拂菻,即汉大秦,桓帝时始通中国。晋及魏皆曰大秦,尝入贡。唐曰佛菻,宋仍之,亦数入贡。而《宋史》谓历代未尝朝贡,疑其非大秦也。

元末,其国人捏古伦入市中国,元亡不能归。太祖闻之,以洪武四年八月召见,命赍诏书还谕其王曰:"自有宋失驭,天绝其祀。元兴沙漠,入主中国百有余年,天厌其昏淫,亦用陨绝其命。中原扰乱十有八年,当群雄初起时,朕为淮右布衣,起义救民。荷天之灵,授以文武诸臣,东渡江左,练兵养士,十有四年。西平汉王陈友谅,东缚吴王张士诚,南平闽、粤,戡定巴蜀,北定幽燕,奠安方夏,复我中国之旧疆。朕为臣民推戴即皇帝位,定有天下之号曰大明,建元洪武,于今四年矣。凡四夷诸邦皆遣官告谕,惟尔拂菻隔越西海,未及报知。今遣尔国之民捏古伦赍诏往谕。朕虽未及古先哲王,俾万方怀德,然不可不使天下知朕平定四海之意,故兹诏告。"已而复命使臣普刺等,赍敕书、彩币招谕,其国乃遣使入贡。后不复至。

万历时,大西洋人至京师,言天主耶稣生于如德亚,即古大秦国也。其国自开辟以来六千年,史书所载,世代相嬗,及万事万物原始,无不详悉。谓为天主肇生人类之邦,言颇诞谩不可信。其物产、珍宝之盛,具见前史。

意大里亚,居大西洋中,自古不通中国。万历时,其国人利玛窦至京师，为《万国全图》，言天下有五大洲。第一曰亚细亚洲，中凡百余国，而中国居其一。第二曰欧罗巴洲，中凡七十余国，而意大里亚居其一。第三曰利未亚洲，亦百余国。第四曰亚墨利加洲，地更大，以境土相连，分为南北二洲。最后得墨瓦腊泥加洲为第五。而域中大地尽矣。其说荒渺莫考，然其国人充斥中土，则其地固有之，不可诬也。

大都欧罗巴诸国，悉奉天主耶稣教，而耶稣生于如德亚，其国在亚细亚洲之中，西行教于欧罗巴。其始生在汉哀帝元寿二年庚申，阅一千五百八十一年至万历九年，利玛窦始泛海九万里，抵广州之香山澳，其教遂沾染中土。至二十九年入京师，中官马堂以其方物进献，自称大西洋人。

礼部言："《会典》止有西洋琐里国，无大西洋，其真伪不可知。又寄居二十年方行进贡，则与远方慕义特来献琛者不同。且其所贡天主及天主母图，既属不经，而所携又有神仙骨诸物。夫既称神仙，自能飞升，安得有骨？则唐韩愈所谓凶秽之余，不宜入宫禁者也。况此等方物，未经臣部译验，径行进献，则内臣混进之非，与臣等溺职之罪，俱有不容辞者。及奉旨送部，乃不赴部审译，而私寓僧舍，臣等不知其何意。但诸番朝贡，例有回赐，其使臣必有宴赏，乞给赐冠带还国，勿令潜居两京，与中人交往，别生事端。"不报。八月又言："臣等议令利玛窦还国，候命五月，未赐纶音，毋怪乎远人之郁病而思归也。察其情词恳切，真有不愿尚方锡予，惟欲山楼野宿之意。譬之禽鹿久羁，愈思长林丰草，人情固然。乞速为颁赐，遣赴江西诸处，听其深山邃谷，寄迹怡老。"亦不报。

已而帝嘉其远来，假馆授粲，给赐优厚。公卿以下重其人，咸与晋接。玛窦安之，遂留居不去，以三十八年四月卒于京。赐葬西郭外。

其年十一月朔日食。历官推算多谬，朝议将修改。明年，五官正周子愚言："大西洋归化人庞迪我、熊三拔等深明历法。其所携历书，有中国载籍所未及者。当令译上，以资采择。"礼部侍郎翁正春等因请仿洪武初设回回历科之例,令迪我等同测验。从之。

自玛窦入中国后,其徒来益众。有王丰肃者,居南京,专以天主教惑众,士大夫及里巷小民,间为所诱。礼部郎中徐如珂恶之。其徒又自夸风土人物远胜中华,如珂乃召两人,授以笔劄,令各书所记忆。悉舛谬不相合,乃倡议驱斥。四十四年,与侍郎沈㴶、给事中晏文辉等合疏斥其邪说惑众,且疑其为佛郎机假托,乞急行驱逐。礼科给事中余懋孳亦言:"自利玛窦东来,而中国复有天主之教。乃留都王丰肃、阳玛诺等,煽惑群众不下万人,朔望朝拜动以千计。夫通番、左道并有禁。今公然夜聚晓散,一如白莲、无为诸教。且往来壕镜,与澳中诸番通谋,而所司不为遣斥,国家禁令安在?"帝纳其言,至十二月令丰肃及迪我等俱遣赴广东,听还本国。命下久之,迁延不行,所司亦不为督发。

四十六年四月,迪我等奏:"臣与先臣利玛窦等十余人,涉海九万里,观光上国,叨食大官十有七年。近南北参劾,议行屏斥。窃念臣等焚修学道,尊奉天主,岂有邪谋敢堕恶业。惟圣明垂怜,候风便还国。若寄居海屿,愈滋猜疑,乞并南都诸处陪臣,一体宽假。"不报,乃怏怏而去。丰肃寻变姓名,复入南京,行教如故,朝士莫参察也。

其国善制炮,视西洋更巨。既传入内地,华人多效之,而不能用。天启、崇祯间,东北用兵,数召澳中人入都,令将士学习,其人亦为尽力。

崇祯时,历法益疏舛,礼部尚书徐光启请令其徒罗雅谷、汤若望等,以其国新法相参较,开局纂修。报可。久之书成,即以崇祯元年戊辰为历元,名之曰《崇祯历》。书虽未颁行,其法视《大统历》为密,识者有取焉。

其国人东来者,大都聪明特达之士,意专行教,不求禄利。其所著书多华人所未道,故一时好异者咸尚之。而士大夫如徐光启、李之藻辈,首好其说,且为润色其文词,故其教骤兴。

时著声中土者,更有龙华民、毕方济、艾如略、邓玉函诸人。华民、方济、如略及熊三拔，皆意大里亚国人，玉函，热而玛尼国人，庞迪我，依西把尼亚国人，阳玛诺，波而都瓦尔国人，皆欧罗巴洲之国也。其所言风俗、物产多夸，且有《职方外纪》诸书在，不具述。

明史卷三二七
列传第二一五

外国八

鞑　靼

鞑靼，即蒙古，故元后也。太祖洪武元年，大将军徐达率师取元，元主自北平遁出塞，居开平，数遣其将也速等扰北边。明年，常遇春击败之，师进开平，俘宗王庆孙，平章鼎住。

时元主奔应昌，其将王保保据定西为边患。三年春，以徐达为大将军，使出西安捣定西；李文忠为左副将军，冯胜为右副将军，使出居庸捣应昌。文忠至兴和，擒平章竹贞，复大破元兵于骆驼山，遂趋应昌。未至，知元主已殂，进围其城，克之。获元主孙买的里八剌及其妃嫔、大臣，宝玉图籍。太子爱猷理达腊，独以数十骑遁去。而徐达亦大破王保保兵于沈儿峪口，走之。太祖封买的里八剌为崇礼侯，谥元主曰顺帝。于是故元诸将江文清等、王子失笃儿等，先后归附。独王保保拥太子爱猷识理达腊居和林，屡诏谕之，不从。

五年春，命大将军徐达、左副将军李文忠、征西将军冯胜率师三道征之。大将军达，由中路出雁门，战不利，守塞。胜军西次兰州。右副将军傅友德先进，转战至埽林山，胜等兵合，斩其平章不花，降上都驴等所部吏民八千三百余户，遂由亦集乃路至瓜、沙州，复连败之。文忠东出居庸至口温，元将弃营遁，乃率轻骑自胪朐河疾驰，进败蛮子哈剌章于土剌河，追及阿鲁浑河，又追及称海，获其官属子孙并军士家属千八百余人，送京师。达等寻召还。明年春，遣达、文忠等备西北边。元兵入犯武、朔，达遣陈德、郭子兴击破之。未几，达等复大破王保保兵于怀柔。时元兵先后犯白登、保德、河曲，辄为守将所败，独抚宁、瑞州被残，太祖乃徙其民于内地。

七年夏，都督蓝玉拔兴和。文忠亦遣裨将擒斩其长，而自以大军攻高州大石崖，克之，斩宗王、大臣朵朵失里等，至毡帽山斩鲁王，获其妃蒙哥秃。秋，太祖以故元太子流离沙漠，父子隔绝，未有后嗣，乃遣崇礼侯北归，以书谕之。又二年，其部下九住等寇西边，败去。

洪武十一年夏，故元太子爱猷识理达腊卒，太祖自为文，遣使吊祭。子脱古思贴木儿继立。其丞相驴儿、蛮子哈剌章，国公脱火赤，平章完者不花、乃儿不花，枢密知院爱足等，拥众于应昌、和林，时出没塞下。太祖屡赐尔书谕之，不从。十三年春，西平侯沐英师出灵州，渡黄河，历贺兰山，践流沙，擒脱火赤、爱足等于和林，尽以其部曲归。冬，完者不花亦就擒。明年春，徐达及副将军汤和、傅友德征乃儿不花，至河北，袭灰山，斩获甚众。

时王保保已先卒，诸巨魁多以次平定，或望风归附，独丞相纳哈出拥二十万众据金山，数窥伺辽。二十年春，命宋国公冯胜为大将军，率颍川侯傅友德、永昌侯蓝玉等，将兵二十万征之，还其先所获元将乃剌吾。胜军驻通州，遣蓝玉乘大雪袭庆州，克之。夏，师逾金山，临江侯陈镛失道，陷敌死。乃剌吾归，备以朝廷抚恤恩语其众，于是全国公观童来降。纳哈出因闻乃剌吾之言已心悸，复为大军所迫，乃阳使人至大将军营纳款，以觇兵势。胜遣玉往受降。使者见胜军还报，纳哈出仰天叹曰："天弗使吾有此众矣。"遂率数百骑诣玉纳降。已，将脱去，为郑国云常茂所伤，不得去。都督耿忠遂以众拥之见胜，胜重礼之，使忠与同寝食。先后降其部曲二十余万人，及闻纳哈出伤，由是击溃者四万人，获辎重畜马互百余里。胜班师，都督濮英以三千骑殿，为溃卒所邀袭，死之。秋，胜等表上纳哈出所部官属二百余人，将校三千三百余人，金银铜印一百颗，虎符牌面百二十五事，马二百九十余匹，称贺。太祖封纳哈出为海西侯，先后赐予甚厚，并授乃剌吾千户。

纳哈出既降，帝以故元遗寇终为边患，乃即军中拜蓝玉为大将军，唐胜、郭英副之，耿忠、孙恪为左、右参将，率师十五万往征之。冬，元将脱脱等降于玉。明年春，玉以大军由大宁至庆州，闻脱古思贴木儿在捕鱼儿海，从间道驰进，至百眼井哨不见敌，欲引还。定远侯王弼曰："吾等奉圣主威德，提十万余众，深入至此，无所得，何以复命？"玉乃穴地而爨，一夜驰至捕鱼儿海。黎明，去敌营八十里。时大风扬沙，昼晦，军行无知者，敌不设备。弼为前锋，直薄之，遂大破其军，斩太尉、蛮子数千人。脱古思贴木儿以其太子天保奴、知院捏怯来、丞相失烈门等数十骑遁去，获其次子地保奴及妃主五十余人、渠率三千、男女七万余，马驼牛羊十万，聚铠仗焚之。又破其将哈剌章营，尽降其众。于是漠北削平。捷奏至，太祖大悦，赐地保奴等钞币，命有司给供具。既有言玉私元主妃者，帝怒，妃惭惧自杀。地保奴出怨言，帝居之琉球。

脱古思贴木儿既遁，将依丞相咬住于和林，行至土剌河，为其下也速迭儿所袭，众复散，独与捏怯来等十六骑偕。适咬住来迎，欲共往依阔阔帖木儿，大雪不得发。也速迭儿兵猝至，缢杀之，并杀天保奴。于是捏怯来、失烈门等来降，置之全宁卫。未几，捏怯来为失烈门所袭杀，众溃，诏朵颜等卫招抚之，来降者益众。二十三年春，命颍国公傅友德等以北平兵从燕王，定远侯王弼等以山西兵从晋王，征咬住及乃儿不花、阿鲁帖木儿等。燕王出古北口，侦知乃儿不花营迤都，冒大雪驰进，去敌一碛，敌不知也。先遣指挥观童往，观童旧与乃儿不花善，一见相持泣。顷之，大军压其营，乃儿不花惊欲遁，观童止之，引见王，赐饮食慰谕遣还。乃儿不花喜过望，遂偕咬住等来降。久之，乃儿不花等以谋叛诛死，敌益衰。太祖亦封燕、晋诸王为边藩镇，更岁遣大将巡行塞下，督诸卫卒屯田，戒以持重，寇来辄败之。而敌自脱古思贴木儿后，部帅纷拏，五传至坤贴木儿，咸被弑，不复知帝号。有鬼力赤者篡立，称可汗，去国号，遂称鞑靼云。

　　成祖即位,遣使谕之通好,赐以银币并及其知院阿鲁台、丞相马儿哈咱等。时鬼力赤与瓦剌相仇杀,数往来塞下,帝敕边将各严兵备之。

　　永乐三年,头目埽胡儿、察罕达鲁花等先后来归。久之,阿鲁台杀鬼力赤,而迎元之后本雅失里于别失八里,立为可汗。

　　六年春,帝即以书谕本雅失里曰:"自元运既讫,顺帝后爱猷识理达腊至坤贴木儿凡六传,瞬息之间,未闻一人善终者。我皇考太祖高皇帝于元氏子孙,加意抚恤,来归者辄令北还,如遣脱古思帖木儿归,嗣为可汗,此南北人所共知。朕之心即皇考之心。兹元氏宗祧不绝如线,去就之机,祸福由分,尔宜审处之。"不听。

　　明年,获其部曲完者贴木儿等二十二人,帝因复使给事中郭骥赍书往。骥被杀,帝怒。秋,命淇国公邱福为大将军,武城侯王聪、同安侯火真副之,靖安侯王忠、安平侯李达为左、右参将,将精骑十万北讨,谕以毋失机,毋轻犯敌,一举未捷,俟再举。时本雅失里已为瓦剌所袭破,与阿鲁台徙居胪朐河。福率千骑先驰,遇游兵击破之。军未集,福乘胜渡河追敌,敌辄佯败引去。诸将以帝命止福,福不听。敌众奄至,围之,五将军皆没。帝益怒。

　　明年,帝自将五十万众出塞。本雅失里闻之惧,欲与阿鲁台俱西,阿鲁台不从,众溃散,君臣始各为部。本雅失里西奔,阿鲁台东奔。帝追及斡难河,本雅失里拒战。帝麾兵奋击,一呼败之。本雅失里弃辎重孳畜,以七骑遁。斡难河者,元太祖始兴地也。班师至静虏镇,遇阿鲁台,帝使谕之降。阿鲁台欲来,众不可,遂战。帝率精骑大呼冲击,矢下如注,阿鲁台坠马,遂大败,追奔百余里乃还。冬,阿鲁台使来贡马,帝纳之。

　　越二年,本雅失里为瓦剌马哈木等所杀。阿鲁台已数入贡,帝俱厚报之,并还其向所俘同产兄妹二人。至是,奏马哈木等杀其主,又擅立答里巴,愿输诚内附,请为故主复仇。天子义之,封为和宁王。自是,岁或一贡,或再贡,以为常。

　　十二年,帝征瓦剌。阿鲁台使部长以下来朝会。赐米五十石,干肉、酒糗、彩币有差。十四年，以战败瓦剌，使来献俘。十九年，阿鲁台贡使至边，要劫行旅，帝谕使戒戢之，由是骄蹇不至。

阿鲁台之内附，困于瓦剌，穷蹙而南，思假息塞外。帝纳而封之，母妻皆为王太夫人、王夫人，数年生聚，畜牧日以蕃盛，遂慢我使者，拘留之。其贡使归，多行劫掠，部落亦时来窥塞。二十年春，大入兴和。于是诏亲征之。阿鲁台闻大军出，惧，其母妻皆詈之曰："大明皇帝何负尔，而必为逆！"于是尽弃其辎重马畜于阔滦海侧，以其孥直北徙。帝命焚其辎重，收其马畜，遂班师。

明年秋，边将言阿鲁台将入寇。帝曰："彼意朕必不复出，当先驻塞下待之。"遂部分宁阳侯陈懋为先锋，至宿嵬山不见敌，遇王子也先土干率妻子部属来降。帝封为忠勇王，赐姓名曰金忠。忠勇王至京师，数请击敌自效。帝曰："姑待之。"

二十二年春，开平守将奏阿鲁台盗边，群臣劝帝如忠勇王言。帝复亲征，师次答兰纳木儿河，得谍者，知阿鲁台远遁。帝意亦厌兵，乃下诏暴阿鲁台罪恶，而宥其所部来降者，止勿杀。车驾还，崩于榆木川。未几，阿鲁台使来贡马，仁宗已登极，诏纳之。自是，岁修职贡如永乐时。

时阿鲁台数败于瓦剌，部曲离散。其属把的等先后来归，朝廷皆予官职，赐钞币，诏有司给供具。自后来归者，悉如例。阿鲁台日益蹙，乃率其属东走兀良哈，驻牧辽塞。诸将请出兵掩击之，帝不听。

宣德九年，阿鲁台复为脱脱不花所袭，妻子死，孳畜略尽，独与其子失捏干等徙居母纳山

察罕脑剌等处。未几，瓦剌脱欢袭杀阿鲁台及失捏干，于是阿鲁台子阿卜只俺及其孙妻速木答思等丧败无依，来乞内附。帝怜而抚之。

阿鲁台既死，其故所立阿台王子及所部朵儿只伯等复为脱脱不花所窘，窜居亦集乃路。外为纳款，而数入寇甘、凉。正统元年，将军陈懋败朵儿只伯于平川，追及苏武山，颇有斩获。二年冬，命督

都任礼为总兵官,蒋贵、赵安副之,尚书王骥督师,以便宜行事。明年夏,复败朵儿只伯等于石城。阿台与朵儿合,复败之兀鲁乃地,追及黑泉,又及之刁力沟,出沙漠千里,东西夹击,敌几尽,先后获其部长一百五十人。于是阿台、朵儿只伯等来归。

未几,脱脱不花捕阿台等杀之。脱脱不花者,故元后,鞑靼长也。瓦剌脱欢既击杀阿鳍台,悉收其部,兼并贤义、安乐二王之众,欲自立为可汗。众不可,乃立脱脱不花,以阿鲁台众属之,自为丞相,阳推奉之,实不承其号令。

脱欢死,子也先嗣,益桀骜自雄,诸部皆下之,脱脱不花具可汗名而已。脱脱不花岁来朝贡,天子皆厚报之,比诸蕃有加,书称之曰达达可汗,赐赍并及其妃。十四年秋,也先谋大举入寇,脱脱不花侵止之曰:“吾侪服食,多资大明,何忍为此。”也先不听,曰:“可汗不为,吾当自为。”遂分道,俾脱脱不花辽东,而自拥众从大同入。帝亲征之,驾于土木陷焉。景皇帝自监国即位,尊帝为太上皇帝。明年秋,上皇归自也先所。事载《瓦剌传》。

脱脱不花自上皇归后,修贡益勤。尝妻也先姊,生子,也先欲立之,不从。也先亦疑其与中国通,将害己,遂治兵相攻。也先杀脱脱不花,收其妻子孳畜,给诸部属,而自立为可汗。时景皇帝二年也。朝廷称也先为瓦剌可汗。

未几,为所部阿剌知院所杀。鞑靼部长孛来复攻破阿剌,求脱脱不花子麻儿可儿立之,号小王子。阿剌死。而孛来与其属毛里孩等皆雄视部中,于是鞑靼复炽。

景泰六年遣使入贡。英宗复辟,遣都督马政往赐故伯颜帖木儿妻币。孛来留之,而遣使入贺,欲献玺。帝敕之曰:“玺已非真,即真,亦秦不祥物耳,献否从尔便。第无留我使,以速尔祸。”时敌数寇威远诸卫,夏,定伯石彪败之于磨儿山。

天顺二年,孛来大举寇陕西,安远侯柳溥御之辄败,而饰小捷以闻。明年春,敌入安边营,石彪等破之,都督周贤、指挥李鉴战死。四年复寇榆林,彰武伯杨信拒却之。再入,败之于金鸡峪。未几,复大掠陕西诸边，廷臣请治各守将罪，帝宥之。五年春，寇入平虏城，诱指挥许颙等入伏，杀之。边报日亟，命侍郎白圭、都御史王竑往视师。秋，孛来求款，帝使詹升赍敕往谕。孛来遣使随升来贡，请改大同旧贡道，而由陕西兰县入，许之。未几，复纠其属毛里孩等入河西。明年春，圭遇敌于固原川，竑遇敌于红崖子川，皆破之。帝赐玺书奖励，敕孛来使臣，仍从大同入贡。

时麻儿可儿复与孛来相仇杀。麻儿可儿死，众共立马古可儿吉思，亦号小王子。自是，鞑靼部长益各专擅。小王子稀通中国，传世次，多莫可考。孛来等每岁入贡，数寇掠，往来塞下，以西攻瓦剌为辞，又数要劫三卫。七年冬，贡使及关，帝却之，以大学士李贤言乃止。八年春，御史陈选言：“鞑靼部落，孛来最强，又密招三卫诸番，相结屯住。去冬来朝，要我赏宴，窥我虚实，其犯边之情已露。而我边关守臣，因循怠慢，城堡不修，甲仗不利，军士不操习，甚至富者纳月钱而安闲，贫者迫饥寒而逃窜。边备废弛，缓急何恃。乞敕在边诸臣，痛革前弊。其镇守、备御等官，亦宜以时黜陟，庶能者知奋，怠者知警。至扼塞要害之处，或益官军，或设营堡，或用墩台，咸须处置得宜，岁遣大臣巡视，庶边防有备，寇氛可戢。”报闻。

成化元年春，孛来诱兀良哈九万骑入辽河，武安侯郑宏御却之。秋，散掠延绥。冬，复大入。命彰武伯杨信率山西兵，都御史项忠率陕西兵御之，少却。未几，复渡河曲，围黄甫川堡，官军力战，乃引去。

始，鞑靼之来也，或在辽东、宣府、大同，或在宁夏、庄浪、甘肃，去来无常，为患不久。景泰初，始犯延庆，然部落少，不敢深入。天顺间，有阿罗出者，率属潜入河套居之，遂逼近西边。河套，古朔方郡，唐张仁愿筑三受降城处也。地在黄河南，自宁夏至偏头关，延袤二千里，饶水草，外为东胜卫。东胜而外，土平衍，敌来，一骑不能隐，明初守之，后以旷绝内徙。至是，孛来与小王子、毛里孩等先后继至，掳中国人为向导，抄掠延绥无虚时，而边事以棘。

二年夏，大入延绥。帝命杨信充总兵官，都督赵胜为副，率京军及诸边卒二万人讨之。信先以议事赴阙，未至。敌散掠平凉，入灵州及固原，长驱寇静宁、隆德诸处。冬，复入延绥，参将汤允绩战死。

未几，诸部内争，孛来弑马可古儿吉思，毛里孩杀孛来，更立他可汗。斡罗出者复与毛里孩相仇杀，毛里孩遂杀其所立可汗，逐斡罗出，而遣使入贡。寻渡河掠大同。三年春，帝命抚宁侯朱永等征之。会毛里孩再乞通贡，而别部长孛鲁乃亦遣人来朝。帝许之，诏永等驻军塞上。

四年秋，给事中程万里上言：“毛里孩久不朝贡，窥伺边疆，其情叵测。然臣度其有可败者三。近我边地才二三日程，彼客我主，一也。兼并诸部，驰驱不息，既骄且疲，二也。比来散逐水草，部落四分，兵力不一，三也。宜选精兵二万，每三千人为一军。统以骁将，严其赏罚，使探毛里孩所在，潜师捣之，破之必矣。”帝壮之，而不能用。冬寇延绥。明年春再入，守将许宁等辄击败之。冬复纠三卫入寇，延绥、榆林大扰。

六年春，大同巡抚王越遣游击许宁击败之；杨信等亦大破之于胡柴沟。时孛鲁乃与斡罗出合别部孛加思兰、孛罗忽亦入据河套，为久居计。延绥告急，帝命永为将军，以王越参赞军务，使御敌。永至，数以捷闻，越等皆升赏，论功永世侯，而敌据套自如。

七年春，永上战守二策，廷议以粮匮马乏，难于进剿，请命边将慎守御以图万全。于是吏部侍郎叶盛巡边，偕延绥巡抚余子俊及越议筑边墙，设立台堡。冬，敌入塞，参将钱亮败绩，越等不能救。兵部尚书白圭请择遣大将军专事敌，会盛还，越亦赴京计事，乃集廷议，请大发兵搜套。帝以武靖侯越辅为将军，节制诸路，王越仍督师。敌大入延绥，辅不能御，遂召还，以宁晋伯刘聚代之，聚亦未有功。而毛里孩、孛鲁乃、斡罗出稍衰，满都鲁都入河套称可汗，孛加思兰为太师。

九年秋，满都鲁等与孛罗忽并寇韦州。王越侦知敌尽行，其老弱巢红盐池，乃与许宁及游击周玉率轻骑尽昼夜疾驰至，分薄其营，前后夹击，大破之。复邀击于韦州。满都鲁等败归，孳畜庐帐荡尽,妻孥皆丧亡,相顾悲哭去。自是,不复居河套,边患少弭;间盗边,弗敢大入,亦数遣使朝贡。

初,乪加思兰以女妻满都鲁,立为可汗。久之杀孛罗忽,并其众,益专恣。满都鲁部脱罗干、亦思马因谋杀之。寻满都鲁亦死,诸强酋相继略尽,边人稍得息肩。

时中官汪直怙恩用事,思以边功自树,王越、朱永附之。十六年春,边将上言,传闻敌将渡河,遽以永为将军。直与越督师至边,未及期,袭敌于威宁海子,大破之,又败之于大同。永晋公爵,予世袭,越封威宁伯,直增禄至三百石。未几诏以越代永总兵。于是亦思马因等益纠众盗边,延及辽塞。秋,敌三万骑寇大同,连营五十里,杀掠人畜数万。总兵许宁御之,兵败,以捷闻。敌既得利,长驱入顺圣川,散掠浑源、朔诸州。宣府巡抚秦纮总兵周玉力战却之。山西巡抚边镛,参将支玉等悉力捍御,敌去辄复来,迄成化末无宁岁。

亦思马因死,入寇者复称小王子,又有伯颜猛可王。弘治元年夏,小王子奉书求贡,自称大元大可汗。朝廷方务优容,许之。自是,与伯颜猛可王等屡入贡,渐往来套中,出没为寇。八年,北部亦卜剌因王等入套驻牧。于是小王子及脱罗干之子火筛相倚日强,为东西诸边患。其年,三入辽东,多杀掠。明年,宣、大、延绥诸境俱被残。

十一年秋,王越既节制诸边,乃率轻兵袭敌于贺兰山后,破之。明年,敌拥众入大同、宁夏境,游击王杲败绩,参将秦恭、副总兵马升逗留不进,皆论死。时平江伯陈锐为总兵,侍郎许进督师,久无功,被劾去,以保国公朱晖、侍郎史琳代之,太盐苗逵监军。

十三年冬,小王子复居河套。明年春,吏部侍郎王鏊上御敌八策:一曰定庙算,二曰重主将,三曰严法令,四曰恤边民,五曰广招募,六曰用间,七曰分兵,八曰出奇。帝命所司知之。时敌以八千骑东驻辽塞下,攻入长胜堡,杀掠殆尽。秋,晖等以五路之师夜袭敌于河套,斩首三级,驱孳畜千余归,赏甚厚。小王子以十万骑从花马池、盐池入,散掠固原、宁夏境,三辅震动,戕杀惨酷。

十五年以户部尚书秦纮总制陕西。夏,敌入辽东清河堡,至密云,旋西掠偏头关。秋,复以五千骑犯辽东长安堡,副总兵刘祥御之,斩首五十一级,敌乃退。明年,稍靖。

十七年春,敌上书请贡,许之,竟不至;仍入大同杀墩军,犯宣府及庄浪,守将卫勇、白玉等御却之。明年春,敌三万骑围灵州,复散掠内地,指挥仇钺、总兵李祥击走之。敌大举入寇宣府,总兵张俊御之,大败,裨将张雄、穆荣战殁。

武宗嗣位,复命晖、琳出御。冬,敌入镇夷所,指挥刘经死之。复自花马池毁垣入,掠隆德、静宁、会宁诸处,关中大扰,以杨一清为总制。时正德元年春也。

刘瑾用事,盐军皆阉人,一清不得职去,文贵、才宽相继受事。二年,敌入宁夏、庄浪及定辽后卫诸境,守将皆逮问。

四年,敌数寇大同。冬,才宽御敌于花马池,中伏死。总兵马昂与别部亦字来战于木瓜山,胜之,斩三百六十五级,获马畜六百余,军器二千九百余。

明年,北部亦卜剌与小王子仇杀。亦卜剌窜西海,阿尔秃斯与合,逼胁洮西属番,屡入寇。巡抚张翼、总兵王勋不能制,渐深入,边人苦之。八年夏,拥众来川,遣使诣翼所,乞边地驻牧修贡。翼哜以金帛,令远徙,亦卜剌遂西掠乌斯藏,据之。自是,洮、岷、松潘无宁岁。

小王子数入寇,杀掠尤惨。复以五万骑攻大同,趣朔州,掠马邑。帝命咸宁侯仇钺总兵御之,战于万全卫,斩三级,而所失亡十倍,以捷闻。明年秋,敌连营数十,寇宣、大塞,而别遣万骑掠怀安。总制丛兰告急,命太盐张永督宣、大、延绥兵,都督白玉为大将,协兰守御,京师戒严。已,敌逾怀安趣蔚州,至平房城南,兰等预置毒饭于田间如农家饷,而设伏以待。敌至,中毒,伏猝发,多死者。其年,小王子部长卜儿孩,以内难复奔据西海,出没寇西北边。

十一年秋,小王子以七万骑分道入,与总兵潘浩战于贾家湾。浩再战再败,裨将朱春、王唐死之。张永遇于老营坡,被创走居庸。敌遂犯宣府,凡攻破城堡二十,杀掠人畜数万。浩夺三官,诸将降罚有差。

十二年冬,小王子以五万骑自榆林入寇,围总兵王勋等于应州。帝幸阳和,亲部署,督诸将往援,殊死战,敌稍却。明日复来攻,自辰至酉,战百余合,敌引而西,追至平虏、朔州,值大风黑雾,昼晦,帝乃还,命宣捷于朝。是后岁犯边,然不敢大入。

嘉靖四年春,以万骑寇甘肃。总抹姜奭御之于苦水墩,斩其魁。明年犯大同及宣府,亦卜剌复驻牧贺兰山后,数扰边。明年春,小王子两寇宣府。参将王经、关山先后战死。秋,以数万骑犯宁夏塞,尚书王宪以总兵郑卿等败之,斩三百余级。明年春,掠山西。夏,入大同中路,参将李蓁御却之。冬,复寇大同,指挥赵源战死。

十一年春,小王子乞通贡,未得命,怒,遂拥十万骑入寇。总制唐龙请许之,帝不听。龙连战,颇有斩获。

时小王子最富强,控弦十余万,多畜货贝,稍厌兵,乃徙幕东方,称土蛮,分诸部落在西北边者甚众。曰吉囊、曰俺答者,于小王子为徙父行,据河套,雄黠喜兵,为诸部长,相率躏诸边。

十二年春,吉囊拥众屯套内,将犯延绥,边臣有备,乃突以五万骑渡河西,袭亦不剌、卜儿孩两部,大破之。卜儿孩为庄、宁边患久,亦郎骨、土鲁番诸蕃皆苦之,尝因属番帖木哥求贡市,朝廷未之许。至是唐龙以卜儿孩衰败远徙,西海获宁,请无更议款事。

吉囊等既破西海,旋窃入宣府永宁境,大掠而去。冬,犯镇远关,总兵王效、副总兵梁震败之于柳门,又追败之于蜂窝山,敌溺水死者甚众。明年春,寇大同。秋,复由花马池入犯,梁震及总兵刘文拒却之。

十五年夏,吉囊以十万众屯贺兰山,分兵寇凉州,副总兵王辅御之,斩五十七级。又入庄浪境,总兵姜奭遇之于分水岭,三战三胜之。又入延绥及宁夏边。冬,复犯大同,入掠宣、大塞,总制侍郎刘天和、总督尚书杨守礼及巡抚都御史楚书悉力御之。

十九年秋,书以总兵白爵等三败敌于黑万全右卫境,斩百余级。天和以总兵周尚文大破敌于水苑,斩吉囊子小十王。明年春,守礼以总兵李义御敌于镇朔堡,以总兵杨信御敌于甘肃,皆胜之。

秋,俺答及其属阿不孩遣使石天爵款大同塞,巡抚史道以闻,诏却之。以尚书樊继祖督宣、大兵,悬赏格购俺答、阿不孩首。遂大举内犯,俺答下石岭关,趣太原。吉囊由平虏卫入掠平定、寿阳诸处。总兵丁璋、游击周宇战死,诸将多获罪,继祖独蒙赏。

二十一年夏,敌复遣天爵求贡。大同巡抚龙大有诱缚之,上之朝,诡言用计擒获。帝悦,擢大有兵部侍郎,边臣升赏者数十人,磔天爵于市。敌怒,入寇,掠朔州,抵广武,由太原南下,沁、汾、襄垣、长子皆被残;复从忻、崞、代而北,屯祁县。参将张世忠力战,敌围之数重。自巳至申,所杀伤相当。已而世忠矢尽见杀,百户张宣、张臣俱死,敌遂从雁门故道去。秋,复入朔州。吉囊死,诸子狼台吉等散处河西,势既分,俺答犹盛,岁数扰延绥诸边。

二十三年冬,小王子自万全右卫入,至蔚州及完县。京师戒严。

二十四年秋,俺答犯延绥及大同,总兵张达拒却之。又犯鹁鸽峪,参将张凤、指挥刘钦、千户李瓒、生员王邦直等皆战死。会总督侍郎翁万达、总兵周尚文严兵备阳和,敌引去。明年夏,俺答复遣使诣大同塞,求贡,边卒杀之。秋,复来请,万达再疏以闻,帝不许。敌以十万骑西入保安,掠庆阳、环县而东,以万骑寇锦、义。总督三边侍郎曾铣率参将李珍等直捣敌巢于马梁山后,斩百余级,敌始退。

铣议复河套,大学士夏言主之。帝方向用言,令铣图上方略,以便宜从事。明年夏,万达复言:“敌自冬涉春屡求贡,词恭,似宜许。”不听,责万达罔渎。铣鸠兵缮塞,辄破敌。既而帝意中变,言与铣竟得罪,斩西市。敌益蓄忿思逞,廷臣不敢言复套事矣。

二十八年春,犯宣府滴水崖。把总指挥江瀚、董旸战死,全军覆,遂犯永宁、大同。总兵周尚文御之于曹家庄,大败之,斩其魁。会万达自怀来赴援,宣府总兵赵国忠闻警,亦率千骑追击,复连败之。是岁,犯西塞者五。

二十九年春,俺答移驻威宁海子。夏,犯大同,总兵张达、林椿死之。敌引去,传箭诸部大举。秋,循潮河川南下至古北口,都御史王汝孝率蓟镇兵御之。敌阳引满内向，而别遣精骑从间道溃墙入。汝孝兵溃，遂大掠怀柔，围顺义，抵通州，分兵四掠，焚湖渠马房。畿甸大震。

敌大众犯京师，大同总兵咸宁侯仇鸾、巡抚保定都御史杨守谦等，各以勤王兵至。帝拜鸾为大将军，使护诸军。鸾与守谦皆怯懦不敢战，兵部尚书丁汝夔惶扰不知所为，闭门守。敌焚掠三日夜，引去。帝诛汝夔及守谦。敌将出白羊口，鸾尾之。敌猝东返，鸾出不意，兵溃，死伤千余人。敌乃徐由古北口出塞。诸将收斩遗毙，得八十余级，以捷闻。

方俺答薄都城时，纵所掳马房内官杨增持书入城求贡。辅臣徐阶等谓当以计款之，谕令退屯塞外，因边臣以请。俺答归，遣子脱脱陈款。时鸾方用事，乃议开马市以中敌。兵部郎中杨继盛上疏争之，不得。明年春，以侍郎史道莅其事，给白金十万，开市大同，次及延、宁。叛人萧芹、吕明镇者，故以罪亡入敌，挟白莲邪教，与其党赵全、邱富、周原、乔源诸人导俺答为患。俺答市毕，旋入掠。边臣责之，以芹等为词。芹诡有术，能坠城。敌试之不验，遂缚芹及明镇，而全、富等竟匿不出。俺答复请以牛马易粟豆，求职役诰敕，又潜约河西诸部内犯，堕诸边垣。帝恶之，诏罢马市，召道还。自是，敌日寇掠西边，边人大困。

三十一年春，敌二千骑寇大同，指挥王恭御之于平川墩，战死。夏，东入辽塞，围百户常禄，指挥姚大谟、刘栋、刘启基等于三道沟，四人皆战没。备御指挥王相赴援，大战于寺儿山，杀伤相当，敌舍去。千户叶廷瑞率百人助相。明日，相襄创复邀敌于蜡黎山，殊死斗，矢竭，遂与麾下将士三百人皆死之。廷瑞被创死复苏，敌亦引退。其年，凡四犯大同，三犯辽阳，一犯宁夏。明年春，犯宣府及延绥。夏，犯甘肃及大同。守将御之辄败。秋，俺答复大举入寇，下浑源、灵丘、广昌，急攻插箭、浮图等峪。固原游击陈凤、宁夏游击朱玉率兵赴援，大战却之。敌分兵东犯蔚，西掠代、繁畤。已，驻郿、延二十日，延庆诸城屠掠几遍，乃移营中部，以瞯泾、原，会久雨乃去。时小王子亦乘隙为寇,犯宣府赤城。未几,俺答复以万骑入大同,纵掠至八角堡。巡抚赵时春御之,遇敌于大虫岭,总兵李涞战死,军覆,时春仅以身免。

三十三年春,入宣府紫沟堡。夏,复犯宁夏,大同总兵岳懋中伏死。秋,攻蓟镇墙,百道并进。警报日数十至,京师戒严。总督杨博悉力拒守,募死士夜砍其营,敌惊扰乃遁。明年数犯宣、蓟,参将赵倾葵、李光启、丁碧先后战死。朝廷再下赏格,购俺答首,赐万金,爵伯;获邱富、周原者三百金,授三品武阶。时富等在敌,招集亡命,居丰州,筑城自卫,构宫殿,垦水田,号曰板升。板升,华言屋也。赵全教敌,益习攻战事。俺答爱之甚,每入寇必置酒全所,问计。

三十五年夏,敌三万骑犯宣府。游击张纮迎战,败死。冬,掠大同边,继掠陕西环、庆诸处,守将孙朝、袁正等却之。其年,土蛮再犯辽东。

明年,敌以二万骑分掠大同边,杀守备唐天禄、把总汪渊。俺答弟老把都复拥众数万入河流口,犯永平及迁安,副总兵蒋承勋力战死。夏,突犯宣府马尾梁,参将祁勉战死。秋,复入大同右卫境,攻毁七十余堡,所杀掳甚众。冬,俺答子辛爱有妾曰桃松寨,私部目收令哥,惧诛来降。总督杨顺自诩为奇功,致之阙下。辛爱来索不得,乃纵掠大同诸墩堡,围右卫数匝。顺惧,乃诡言敌愿易我以赵全、邱富。本兵许论以为便,乃遣桃松寨夜逸出塞,绐之西走,阴告辛爱,辛爱执而戮之。敌狃知顺无能,围右卫益急,更分兵犯宣、蓟镇。西鄙震动,右卫烽火断绝者六阅月。大学士严嵩与许论议,欲弃右卫。帝不听,诏诸臣发兵措饷,而以兵部侍郎江东代顺。时故将尚表以馈饷入围城,悉力捍御,粟尽食牛马,彻屋为薪,士卒无变志。表时出兵突战,获俺答孙及婿与其部将各一人。会帝所遣侍郎江东及巡抚杨选、总兵张承勋等各严失进,围乃解。复掠永昌、凉州及宣府赤城,围甘州十四日始退。土蛮亦数寇辽东。

三十八年春,老把都、辛爱谋大举入犯,驻会州,使其谍诡称东下。总督王忬不能察,遽分兵而东,号令数易,敌遂乘间入蓟镇潘家口,怃得罪。夏,犯大同,转掠宣府东西二城,驻内地旬日,会久雨乃退。

三十九年,敌聚众喜峰口外,窥犯蓟镇。大同总兵刘汉出捣其帐于灰河,敌稍远徙。秋,汉复与参将王孟夏等捣丰州,擒斩一百五十人,焚板升略尽。是岁,寇大同、延绥、蓟、辽边无虚日。明年春,敌自河西踏冰入寇,守备王世臣、千户李虎战死。秋,犯宣府及居庸。冬,掠陕西、宁夏塞。已,复分兵而东,陷盖州。

四十一年夏,土蛮入抚顺,为总兵黑春所败。冬,复攻凤凰城,力战二日夜,死之。海、金杀掠尤甚。冬,俺答数犯山西、宁夏塞。延绥总兵赵岢分部锐卒,令裨将李希靖等东出神木堡,捣敌帐于半坡山,徐执中等西出定边营,击敌骑于莜麦湖,皆胜之,斩一百十九级。

四十二年春,敌入宣府滴水崖,刘汉却之。敌遂引而东,数犯辽塞。秋,总兵杨照败死。时蓟辽总督杨选因絷三卫长通罕,令其诸子更迭为质。通罕者,辛爱妻父也,冀以牵制辛爱,三卫皆怨。冬,大掠顺义、三河。诸将赵溱、孙膑战死,京师戒严。大同总兵姜应熊御之于密云,败之,敌退。诏诛选。明年,土蛮入辽东,都御史刘焘上诸将守御功,言海水暴涨,敌骑多没者。帝曰:“海若效灵。”下有司祭告,焘等皆有赏。冬,敌犯陕西,大掠板桥、响闸儿诸处。

四十四年春,犯辽东宁前小团山,参将线补衮、游击杨维藩死之。夏,犯肃州,总兵刘承业御之,再战皆捷。秋,俺答子黄台吉帅轻骑,自宣府洗马林突入,散掠内地。把总姜汝栋以锐卒二百伏暗庄堡,猝遇台吉,搏之。台吉堕马,为所部夺去。台吉受伤,越日始甦。明年,俺答屡犯东西诸塞。夏,清河守备郎得功扼之张能峪口,胜之。冬,大同参将崔世荣御敌于樊皮岭,及子大朝、大宾俱战死。时邱富死,赵全在敌中益用事,尊俺答为帝,治宫殿。期日上栋,忽大风,栋坠伤数人。俺答惧,不敢复居。兵部侍郎谭纶在蓟镇善治兵,全乃说俺答无轻犯蓟,大同兵弱,可以逞。

隆庆元年,俺答数犯山西。秋,复率众数万分三道入井坪、朔州、老营、偏头关诸处。边将不能御，遂长驱攻岢岚及汾州，破石州，杀知州王亮彩，屠其民，复大掠孝义、介休、平遥、文水、交城、太谷、隰州间，男女死者数万。事闻，诸边臣罚治有差。而三卫勾土蛮同时入寇，蓟镇、昌黎、抚宁、乐亭、卢龙，皆被蹂躏。游骑至滦河，京师震动，三日乃引去。诸将追之，敌出义院口。会大雾，迷失道，堕棒槌崖中，人马枕藉，死者颇众，诸将乃趋割其首。

二年，敌犯柴沟，守备韩尚忠战死。时兵部侍郎王崇古镇西边，总兵李成梁守辽东，数以兵邀击于塞外。敌知有备，入寇稍稀。

四年秋，黄台吉寇锦州，总兵王治道、参将郎得功以十余骑入敌死。冬，俺答有孙曰把汉那吉者，俺答第三子铁背台吉子也，幼孤，育于俺答妻所。既长，娶妇比吉。把汉复聘袄儿都司女，即俺答外孙女，貌美，俺答夺之。把汉恚，遂率其属阿力哥等十人来降。大同巡抚方逢时受之，以告总督王崇古。崇古上言："把汉来归，非拥众内附者比，宜给官爵，丰馆饩，饬舆马，以示俺答。俺答急，则使缚送板升诸叛人；不听，即胁诛把汉牵沮之；又不然，因而抚纳，如汉置属国居乌桓故事，使招其故部，徙近塞。俺答老且死，黄台吉立，则令把汉还，以其众与台吉抗，我按兵助之。"诏可，授把汉指挥使，阿力哥正千户。

俺答方西掠吐番，闻之亟引还，约诸部入犯，崇古檄诸道严兵御之。敌使来请命，崇古遣译者鲍崇德往，言朝廷待把汉甚厚，第能缚板升诸叛人赵全等，且送至，把汉即夕返矣。俺答大喜，屏人语曰："我不为乱，乱由全等。若天子幸封我为王，长北方诸部，孰敢为患。即死，吾孙当袭封，彼衣食中国，忍倍德乎？"乃益发使与崇德来乞封，且请输马，与中国铁锅、布帛互市，随执赵全、李自馨等数人来献。崇古乃以帝命遣把汉归，把汉犹恋恋，感泣再拜去。俺答得孙大喜，上表谢。

崇古因上言："朝廷若允俺答封贡，诸边有数年之安，可乘时修备。设敌背盟，吾以数年蓄养之财力，从事战守，愈于终岁奔命，自救不暇者矣。"复修八事以请。一，议封号官爵。诸部行辈，俺答为尊,宜锡以王号,给印信。其大枝如老把都、黄台吉及吉囊长子吉能等,俱宜授以都督。弟侄子孙如兀慎打儿汉等四十六枝,授以指挥。其俺答诸婿十余枝,授以千户。一,定贡额。每岁一入贡,俺答马十匹,使十人。老把都、吉能、黄台吉八匹,使四人。诸部长各以部落大小为差,大者四匹,小者二匹,使各二人。通计岁贡马不得过五百匹,使不得过百五十人。马分三等,上驷三十进御,余给价有差,老瘠者不入。其使,岁许六十人进京,余待境上。使还,听以马价市缯布诸物。给酬赏,其赏额视三卫及西蕃诸国。一,议贡期、贡道。以春月及万寿圣节四方来同之会,使人马匹及表文自大同左卫验入,给犒赏。驻边者,分送各城抚镇验赏。入京者,押送自居庸关入。一,立互市。其规如弘治初,北部三贡例。蕃以金、银、牛马、皮张、马尾等物,商贩以缎绸、布匹、釜锅等物。开市日,来者以三百人驻边外,我兵五百驻市场,期尽一月。市场,陕西三边有原立场堡,大同应于左卫北威远堡边外,宣府应于万全右卫、张家口边外,山西应于水泉营边外。一,议抚赏。守市兵人布二匹,部长缎二匹、绸二匹。以好至边者,酌来使大小,量加赏犒。一,议归降。通贡后,降者不分有罪无罪,免收纳。其华人被掳归正者,查别无窃盗,乃许入。一,审经权。一,戒狡饰。

　　疏入,下廷臣议。帝终从崇古言,诏封俺答为顺义王,赐红蟒衣一袭;昆都力哈、黄台吉授都督同知,各赐红狮子衣一袭、彩币四表里;宾兔台吉等十人,授指挥同知;那木儿台吉等十九人,授指挥佥事;打儿汉台吉等十八人,授正千户;阿拜台吉等十二人,授副千户;恰台吉等二人,授百户。昆都力哈,即老把都也。兵部采崇古议,定市令。秋市成,凡得马五百余匹,赐俺答等彩币有差。西部吉能及其侄切尽等亦请市,诏予市红山墩及清水营。市成,亦封吉能为都督同知。已而俺答请金字经及剌麻僧,诏给之。崇古复请玉印,诏予镀金银印。俺答老佞佛,复请于海南建寺,诏赐寺额仰华。俺答常远处青山,二子,曰宾兔,居松山,直兰州之北,曰丙兔,居西海,直河州之西,并求互市,多桀骜。俺答谕之,亦渐驯。

自是，约束诸部无入犯，岁来贡市，西塞以宁。而东部土蛮数拥众寇辽塞。总兵李成梁败之于卓山，斩五百八十余级，守备曹簠复败之于长胜堡。神宗即位，频年入犯。

万历六年，成梁率游击秦得倚等击敌于东昌堡，斩部长九人，余级八百八十四，总督梁梦龙以闻。帝大悦，祭告郊庙，御皇极门宣捷。

七年冬，土蛮四万骑入锦川营。梦龙、成梁及总兵戚继光等已预受大学士张居正方略，并力备御，敌始退。自是，敌数入，成梁等数败之，辄暂其巨魁，又时袭击于塞外，多所斩获。敌畏之，少戢，成梁遂以功封宁远伯。

俺答既就市，事朝廷甚谨。部下卒有掠夺边氓者，必罚治之，且稽首谢罪，朝廷亦厚加赏赉。十年春，俺答死，帝特赐祭七坛、彩锻十二表里、布百匹，示优恤。其妻哈屯率子黄台吉等，上表进马谢，复赐币布有差。封黄台吉为顺义王，改名乞庆哈。立三岁而死，朝廷给恤典如例。

十五年春，子撦力克嗣。其妻三娘子，故俺答所夺之外孙女而为妇者也，历配三王，主兵柄，为中国守边保塞，众畏服之，乃敕封为忠顺夫人，自宣大至甘肃不用兵者二十年。及撦力克西行远边，而套部庄秃赖等据水塘，卜失兔、火落赤等据莽剌、捏工两川，数犯甘、凉、洮、岷、西宁间。他部落亡虑数十种，出没塞下，顺逆不常。帝恶之，十九年诏并停撦力克市赏。已而撦力克叩边输服，率众东归，犹庄秃赖、卜失兔等寇抄如故。其年冬，别部明安、土昧分犯榆林边，总兵杜桐御之，斩获五百人，杀明安。

二十年，宁夏叛将哱拜等勾卜失兔、庄秃赖等，大举入寇，总兵李如松击败之。二十二年，延绥巡抚李春光奏："套部纳款已久，自明安被戮而寇恨深，西夏党逆而贡市绝，延镇连年多事。今东西各部皆乞款，而卜失兔挟私叵测，边长兵寡，制御为难。宜察敌情，审时势。敌入犯则血战，偶或小失，应宽吏议。倘敌真心效顺，相机议抚，不可忘战备也。"帝命兵部传饬各边。秋，卜失兔入固原，游击史见战死。延绥总兵麻贵御之,阅月始退。全陕震动。其年,东部炒花犯镇武堡,总兵董一元与战,大破之。明年春,松部宰僧等犯陕西,总督叶梦熊督却之。秋,海部永邵卜犯西宁,总督三边李汶檄参将达云、游击白泽暨马其撒、卜尔加诸属番,设伏邀击,大败之,斩六百八十三级。捷闻,帝大悦,且以属番效命,追叙前总制郑雒功,赏赉并及雒。

二十四年春,总督李汶以劲兵分三道出塞,袭卜失兔营,共斩四百九级,获马畜器械数千。火落赤部众复窥伺洮州,败遣参将周国柱等击之于莽剌川脑,斩一百三十六级。秋,著力兔、阿赤兔、火落赤等合谋犯西边,炒花亦拥众犯广宁,守将皆严兵却之。二十五年秋,海部寇甘镇,官军击走之。冬,炒花纠土蛮诸部寇辽东,杀掠无算。明年夏,复寇辽东,总兵李如松远出捣巢,死之。冬,汶等分道出袭火落赤等于松山,走之,复其地。

二十七年诏复擂力克市赏。时汶等筑松山,诸部纷叛,延、宁守臣共击之,杀获甲首几三千。明年,著力兔、宰僧、庄秃赖等乞通款,不许。边臣王见宾等复为请,诏复套部贡市。

三十一年,海部数入陕西塞,兵备副使李自实,总兵萧如薰、达云等,击走之。三十三年夏,东部宰赛诱杀庆云堡守御熊钥,诏革其市赏。

三十五年夏,总督徐三畏言:"河套之部与河东之部不同。东部事统于一,约誓定,历三十年不变。套部分四十二枝,各相雄长,卜失兔徒建空名于上。西则火落赤最狡,要挟最无厌;中则摆言太以父明安之死,无岁不犯;东则沙计争为盐市,与炒花朋逼。西陲抢攘非一日矣。然众虽号十万,分为四十二枝,多者不过二三千骑,少者一二千骑耳。宜分其非势,纳其款,俾先顺者获赏,后至者拒剿。仍须主战以张国威。"时已许宰赛及火落赤诸部复贡市矣。

未几,擂力克死,未有嗣,忠顺夫人率所部仍效贡职。西部银定、歹青数拥众犯东西边。延绥部猛克什力亦以挟赏故,常沿边抄掠。卜失兔欲婚于忠顺,忠顺拒之。其所部素囊台吉、五路台吉等,各不相下,封号久未定。四十一年,卜失兔始婚于忠顺,东、西诸部长皆具状为请封。忠顺夫人旋卒,诏封卜失兔为顺义王,而以把汉比吉素效恭顺,封忠义夫人。卜失兔为撦力克孙,袭封时,已少衰,所制止山、大二镇外十二部。其部长五路、素囊及兀慎台吉等,兵力皆与顺义埒。朝廷因宣大总督涂宗浚言,各予升赏如例。

其年,炒花纠虎墩兔三犯辽东。虎墩兔者,居插汉儿地,亦曰插汉儿王子,元裔也。其祖打来孙始驻牧宣塞外,俺答方强,惧为所并,乃徙帐于辽,收福余杂部,数入掠蓟西,四传至虎墩兔,遂益盛。明年夏,炒花复合宰赛、暖兔以三万骑入掠,至平房、大宁。既求抚赏,许之。

四十二年,猛克什力寇怀远及保宁。延绥总兵官秉忠等破之,斩二百二十一级。明年,插部数犯辽东。已,掠义州,攻陷大安堡,兵民死者甚众。

四十四年,总兵杜文焕数破套部猛克什力等于延绥边,火落赤、摆言太及吉能、切尽、歹青、沙计东西诸部皆惧,先后来请贡市。

四十六年,我大清兵起,略抚顺及开原,插部乘隙拥众挟赏。西部阿晕妻满旦,亦以万骑自石塘路入,掠蓟镇白马关及高家、冯家诸堡。游击朱万良御之,被围。羽书日数十至,中外戒严。顷之,满旦亦叩关乞通贡。

四十七年,大清兵灭宰赛及北关金台什、布羊古等。金台什孙女为虎墩兔妇,于是蓟辽总督文球、巡抚周永春等以利啖之,俾联结炒花诸部,以捍大清兵,给白金四千。明年,为泰昌元年,加赏至四万。虎乃扬言助中国,邀索无厌。

天启元年秋,吉能犯延绥边,榆林总兵杜文焕击败之。明年春,复大掠延安黄花峪,深入六百里,杀掠居民数万。三年春,银定纠众再掠西边,官军击败之。明年春,复谋入故巢,犯松山,为守臣冯任等所败。夏,遂纠海西古六台吉等犯甘肃,总兵董继舒击之,斩三百余级。其年,歹青以领赏哗于边,边人格杀之。歹青,虎墩兔近属也,边臣议岁给偿命银一万三千有奇,而虎怏怏,益思飏去。未几,大清兵袭破炒花，所部皆散亡，半归于插汉。时卜失兔益衰，号令不行于诸部，部长干儿骂等岁数犯延绥诸边。七庆台吉及敖目比吉、毛乞炭比吉等，亦各拥众往来窥伺塞下。

崇祯元年，虎墩兔攻哈剌嗔及白言台吉、卜失兔诸部，皆破之，遂乘胜入犯宣、大塞。秋，帝御平台，召总督王象乾，询以方略，象乾对言："御插之道，宜令其自相攻。今卜失兔西走套内，白台吉挺身免，而哈唰嗔所部多被掳，不足用。永邵卜最强，约三十万人，合卜失兔所部并联络朵颜三十六家及哈剌嗔余众，可以御插汉。然与其构之，不如抚而用之。"帝曰："插汉意不受抚，奈何？"对曰："当从容笼络。"帝曰："如不款何？"象乾复密奏，帝善之，命往与督师袁崇焕共计。象乾至边，与崇焕议合，皆言西靖而东自宁，虎不款，而东西并急，因定岁予插金八万一千两，以示羁縻。

大同巡抚，张宋衡上言："插来宣、大驻新城去，大同仅二百里，三阅月未敢近前，饥饿穷乏，插与我等耳。插恃抚金为命，两年不得，资用已竭，食尽马乏，暴骨成莽。插之望款不啻望岁，而我遗之金缯、牛羊、茶果、米谷无算，是我适中其欲也。插匊然悖慢，耳目不忍睹闻，方急款尚如是。使插士马丰饱，其凭陵狂逞，可胜道哉。"象乾言："款局垂成而复梦之，既示插以不信，亦非所以为国谋。"疏入，帝是象乾议，诏宗衡毋得异同。

明年秋，虎复拥众至延绥红水滩，乞增赏未遂，即纵掠塞外，总兵吴自勉御却之。既而东附大清兵攻龙门。未几，为大清兵所击。六年夏，插汉闻大清兵至，尽驱部众渡河远遁。是时，鞑靼诸部先后归附于大清。明年，大清兵遂大会诸部于兀苏河南冈，颁军律焉。而虎已卒，乃追至上都城，尽俘插汉妻孥部众。

其后，套部岁入宁夏、甘、凉境，巡抚陈奇瑜、总兵马世龙、督师洪承畴等辄击败之。套部干儿骂，亦为总兵尤世禄所斩。迄明世，边陲无宁，致中原盗贼蜂起。当事者狃与俺答等贡市之便，见插之恣于东也，谓岁捐金钱数十万，冀苟安旦夕，且觊收之为用，而卒不得。迨其后也，明未亡，而插先毙，诸部皆折入于大清。国计愈困，边事愈棘，朝议愈纷，明亦遂不可为矣。

鞑靼地，东至兀良哈，西至瓦剌，当洪、永、宣世，国家全盛，颇受戎索，然畔服亦靡常。正统后，边备废地，声灵不振。诸部长多以雄杰之姿，恃其暴强，迭出与中夏抗。边境之祸，遂与明终始云。

明史卷三二八

列传第二一六

外国九

瓦剌　朵颜　福余　泰宁

　　瓦剌，蒙古部落也，在鞑靼西。元亡，其强臣猛可帖木儿据之。死，众分为三，其渠曰马哈木，曰太平，曰把秃孛罗。

　　成祖即位，遣使往告。永乐初，复数使镇抚答哈帖木儿等谕之，并赐马哈木等文绮有差。六年冬，马哈木等遣暖答失等随亦剌思来朝贡马，仍请封。明年夏，封马哈木为特进金紫光禄大夫，顺宁王；太平为特进金紫光禄大夫，贤义王；把秃孛罗为特进金紫光禄大夫，安乐王；赐印诰。暖答失等宴赉如例。

　　八年春，瓦剌复贡马谢恩。自是，岁一入贡。

　　时元主本雅失里偕其属阿鲁台居漠北，马哈木乃以兵袭破之。八年，帝既自将击破本雅失里及阿鲁台兵，马哈木上言请得早为灭寇计。十年，马哈木遂攻杀本雅失里。复上言欲献故元传国玺，虑阿鲁台来邀，请中国除之；脱脱不花子在中国，请遣还；部属多从战有劳，请加赏赉；又瓦剌士马强，请予军器。帝曰：“瓦剌骄矣，然不足较。”赉其使而遣之。明年，马哈木留敕使不遣，复请以甘肃、宁夏归附鞑靼者多其所亲，请给还。帝怒，命中官海童切责之。冬，马哈木等拥兵饮马河，将入犯，而扬言袭阿鲁台。开平守将以闻，帝诏亲征。明年夏，驻跸忽兰忽失温。三部埽境来战，帝麾安远侯柳升、武安侯郑亨等先尝之，而亲率铁骑弛击，大破之，斩王子十余人，部众数千级。追奔，度两高山，至土剌河。马哈木等脱身遁，乃班师。明年春，马哈木等贡马谢罪，且还前所留使，词卑。帝曰："瓦剌故不足较。"受其献，馆其使者。明年，瓦剌与阿鲁台战，败走。未几，马哈木死，海童归言，瓦剌拒命由顺宁，顺宁死，贤义、安乐皆可抚。帝因复使海童往劳太平、把秃孛罗。

十六年春，海童偕瓦剌贡使来。马哈木子脱欢请袭爵，帝封为顺宁王。而海童及都督苏火耳灰等以彩币往赐太平、把秃孛罗及弟昂克，别遣使祭故顺宁王。自是，瓦剌复奉贡。

二十年，瓦剌侵掠哈密，朝廷责之，遣使谢罪。二十二年冬，瓦剌部属赛因打力来降，命为所镇抚，赐彩币、袭衣、鞍马，仍令有司给供具。自后来归者悉如例。

宣德元年，太平死，子捏烈忽嗣。时脱欢与阿鲁台战，败之，遁母纳山、察罕脑剌间。宣德九年，脱欢袭杀阿鲁台，遣使来告，且请献玉玺。帝赐敕曰："王杀阿鲁台，见王克复世仇，甚善。顾王言玉玺，传世久近，殊不在此。王得之，王用之可也。"仍赐纻丝五十表里。

正统元年冬，成国公朱勇言："近瓦剌脱欢以兵迫逐鞑靼朵儿只伯，恐吞并之，日益强大。乞敕各边广储积，以备不虞。"帝嘉纳之。未几，脱欢内杀其贤义、安乐两王，尽有其众，欲自称可汗，众不可，乃共立脱脱不花，以先所并阿鲁台众归之。自为丞相，居漠北，哈剌嗔等部俱属焉。已，袭破朵儿只伯，复胁诱朵颜诸卫，窥伺塞下。

四年，脱欢死，子也先嗣，称太师淮王。于是北部皆服属也先，脱脱不花具空名，不复相制。每入贡，主臣并使，朝廷亦两敕答之；赐赍甚厚，并及其妻子、部长。故事，瓦使不过五十人。利朝廷爵赏，岁增至二千余人。屡敕，不奉约。使往来多行杀掠，又挟他部与俱，邀索中国贵重难得之物。稍不餍，辄造衅端，物赐财物亦岁增。也先攻破哈密，执王及王母，既而归之。又结婚沙州、赤斤蒙古诸卫，破兀良哈，胁朝鲜。边将知必大为寇，屡疏闻，止敕戒防御而已。

十一年冬，也先攻兀良哈，遣使抵大同乞粮，并请见守备太监郭敬。帝敕敬毋见，毋予粮。明年，复致书宣府守将杨洪。洪以闻，敕洪礼其使，报之。顷之，其部众有来归者，言也先谋入寇，脱脱不花止之，也先不听，寻约诸番共背中国。帝诏问，不报。时朝使至瓦剌，也先等有所请乞，无不许。瓦剌使来，更增至三千人，复虚其数以冒廪饩。礼部按实予之，所请又仅得五之一，也先大愧怒。

十四年七月，遂诱胁诸番，分道大举入寇。脱脱不花以兀良哈寇辽东，阿剌知院寇宣府，围赤城，又遣别骑寇甘州，也先自寇大同。参将吴浩战死猫儿庄，羽书踵至。太监王振挟帝亲征，群臣伏阙争，不得。大同守将西宁侯宋瑛、武进伯朱冕、都督石亨等与也先战阳和，太监郭敬监军，诸将悉为所制，失律，军尽覆。瑛、冕死，敬伏草中免，亨奔还。车驾次大同，连日风雨甚，又军中常夜惊，人恟惧，郭敬密言于振，始旋师。车驾还次宣府，敌众袭军后。恭顺侯吴克忠拒之，败殁。成国公朱勇、永顺伯薛绶以四万人继往，至鹞儿岭，伏发，尽陷。次日，至土木。诸臣议入保怀来，振顾辎重遽止，也先遂追及。土木地高，掘井二丈不得水，汲道已为敌据，众渴，敌骑益增。明日，敌见大军止不行，伪退，振遽令移营而南。军方动，也先集骑四面冲之，士卒争先走，行列大乱。敌跳阵而入，六军大溃，死伤数十万。英国公张辅，驸马都尉井源，尚书邝野、王佐，侍郎曹鼐、丁铉等五十余人死之，振亦死。帝蒙尘，中官喜宁从。也先闻车驾至，错愕未之信，及见，致礼甚恭，奉帝居其弟伯颜帖木儿营，以先所掠校尉袁彬来侍。也先将谋逆，会大雷雨震死也先所乘马，复见帝寝幄有异瑞，乃止。也先拥帝至大同城，索金币，都督郭登与白金三万。登复谋夺驾入城，帝沮之不果，也先遂拥帝北行。

九月，郕王自监国即皇帝位，尊帝为太上皇帝。也先诡称奉上皇还，由大同、阳和抵紫荆关，攻入之，直前犯京师。兵部尚书于谦督武清伯石亨、都督孙镗等御之。也先邀大臣出迎上皇，未果。亨等与战，数败之。也先夜走，自良乡至紫荆，大掠而出。都督杨洪复大破其余众于居庸,也先仍以上皇北行。也先夜常于御幄上,遥见赤光奕奕若龙蟠,大惊异。也先又欲以妹进上皇,上皇却之,益敬服,时时杀羊马置酒为寿,稽首行君臣礼。

景泰元年,也先复奉上皇至大同,郭登不纳,仍谋欲夺上皇,也先觉之,引去。初,也先有轻中国心,及犯京师,见中国兵强,城池固,始大沮。会中国已诱诛贼奄喜宁,失其间谍,而脱脱不花、阿剌知院复遣使与朝廷和,皆撤所部归,也先亦决意息兵。秋,帝遣侍郎李实、少卿罗绮、指挥马政等赍玺书往谕脱脱不花及也先。而脱脱不花、也先所遣皮儿马黑麻等已至,帝因复使都御史杨善、侍郎赵荣率指挥、千户等往。也先语实,两国利速和,迎使夕至,大驾朝发,但当遣一二大臣来。实归,善等至,致奉迎上皇意。也先曰:"上皇归,当仍作天子邪?"善曰:"天位已定,不再更。"也先引善见上皇,遂设宴饯上皇行。也先席地弹琵琶,妻妾奉酒,顾善曰:"都御史坐。"善不敢坐,上皇曰:"太师著坐,便坐。"善承旨坐,即起,周旋其间。也先顾善曰:"有礼。"伯颜等亦各设饯毕,也先筑土台,坐上皇台上,率妻妾部长罗拜其下,各献器用、饮食物。上皇行,也先与部从皆送约半日程,也先、伯颜乃下马伏地恸哭曰:"皇帝行矣,何时复得相见!"良久乃去,仍遣其头目七十人送至京。

上皇归后,瓦剌岁来贡,上皇所亦别有献。于是帝意欲绝瓦剌,不复遣使往。也先以为请,尚书王直、金濂、胡淡等相继言,绝之且起衅。帝曰:"遣使,有前事,适以滋衅耳。曩瓦剌入寇时,岂无使邪?"因敕也先曰:"前者使往,小人言语短长,遂致失好。朕今不复遣,而太师请之,甚无益。"

也先与脱脱不花内相猜。脱脱不花妻,也先姊也,也先欲立其姊子为太子,不从。也先亦疑其通中国,将谋己,遂治兵相攻。脱脱不花败走,也先追杀之,执其妻子,以其人畜给诸部属;遂乘胜迫胁诸蕃,东及建州、兀良哈,西及赤斤蒙古、哈密。

三年冬,遣使来贺明年正旦,尚书王直等复请答使报之。下兵部议,兵部尚书于谦言:"臣职司马,知战而已,行人事非所敢闻。"

诏仍毋遣使。明年冬,也先自立为可汗,以其次子为太师,来朝,书称大元田盛大可汗,末曰添元元年。田盛,犹言天圣也。报书称曰瓦剌可汗。未几,也先复逼徙朵颜所部于黄河母纳地。也先恃强,曰益骄,荒于酒色。

六年,阿剌知院攻也先,杀之。鞑靼部孛来复杀阿剌,夺也先母妻并其玉玺。也先诸子火儿忽答等徙居干赶河,弟伯都王、侄兀忽纳等往依哈密。伯都王,哈密王母之弟也。英宗复辟三年,哈密为请封,诏授伯都王都督金事,兀忽纳指挥金事。自也先死,瓦剌衰,部属分散,其承袭代次不可考。

天顺中,瓦剌阿失帖木儿屡遣使入贡,朝廷以其为也先孙,循例厚赉之。又搽力克者,常与孛来仇杀。又拜亦撒哈者,常偕哈密来朝。其长曰克舍,颇强,数纠鞑靼小王子入寇。克舍死,养罕王称雄,拥精兵数万,克舍弟阿沙为太师。成化二十三年,养罕王谋犯边,哈密罕慎来告。养罕不利去,憾哈密,兵还掠其大土剌。

弘治初,瓦剌中称太师者一曰火儿忽力,一曰火儿古倒温,皆遣使朝贡。土鲁番据哈密,都御史许进以金帛厚啖二部,令以兵击走之。其部长卜六王者,屯驻把思阔。正德十三年,土鲁番犯肃州。守臣陈九畴因遗卜六王彩币,使乘虚袭破土鲁番三城,杀掳以万计。土鲁番畏逼,与之和。嘉靖九年,复以议婚相仇隙。土鲁番益强,瓦剌数困败,又所部辄自残,多归中国,哈密复乘间侵掠。卜六王不支,亦求内附。朝廷不许,遣出关,不知所终。

朵颜、福余、泰宁,高皇帝所置三卫也。其地为兀良哈,在黑龙江南,渔阳塞北。汉鲜卑、唐吐谷浑、宋契丹,皆其地也。元为大宁路北境。

高皇帝有天下,东蕃辽王、惠宁王、朵颜元帅府相率乞内附。遂即古会州地,置大宁都司营州诸卫,封子权为宁王使镇焉。已,数为鞑靼所抄。洪武二十二年置泰宁、朵颜、福余三卫指挥使司,俾其头目各自领其众,以为声援。自大宁前抵喜峰口,近宣府,曰朵颜;自锦、义历广宁至辽河，曰泰宁；自黄泥洼逾沈阳、铁岭至开原，曰福余。独朵颜地险而强。久之皆叛去。

成祖从燕起靖难，患宁王蹑其后，自永平攻大宁，入之。谋胁宁王，因厚赂三卫说之来。成祖行，宁王饯诸郊，三卫从，一呼皆起，遂拥宁王西入关。成祖复选其三千人为奇兵，从战。天下既定，徙宁王南昌，徙行都司于保定，遂尽割大宁地界三卫，以偿前劳。

帝践阼初，遣百户裴牙失里等往告。永乐元年复使指挥萧尚都赍敕谕之。明年夏，头目脱儿火察等二百九十四人随尚都来朝贡马。命脱儿火察为左军都督府都督佥事，哈儿兀歹为都指挥同知，掌朵颜卫事；安出及土不申俱为都指挥佥事，掌福余卫事；忽剌班胡为都指挥佥事，掌泰宁卫事；余三百五十七人，各授指挥、千百户等官。赐诰印、冠带及白金、钞币、袭衣。自是，三卫朝贡不绝。三年冬，命来朝头目阿散为泰宁卫掌卫事、都指挥佥事，其朵儿朵卧等，各升赏有差。

四年冬，三卫饥，请以马易米。帝命有司，第其马之高下，各倍价给之。久之，阴附鞑靼掠边戍，复假市马来窥伺。帝下诏切责，令其以马赎罪。十二年春，纳马三千于辽东，帝敕守将王真，一马各予布四匹。已，复叛附阿鲁台。二十年，帝亲征阿鲁台还，击之，大败其众于屈烈河，斩馘无算，来降者释勿杀。

仁宗嗣位，诏三卫许自新。洪熙元年，安出奏其印为寇所夺，请更给，许之。冬，三卫头目阿者秃来归，授千户，赐钞币、袭衣、鞍马，仍命有司给供具。自后来归者，悉如例。

宣宗初，三卫掠永平、山海间，帝将亲讨之，三卫头目皆谢罪入贡，抚纳之如初。七年更给泰宁卫印。秋，以朵颜头目哈剌哈孙、福余头目安出、泰宁头目脱火赤等，恭事朝廷久加赐织金彩币表里有差。

正统间，屡寇辽东、大同、延安境。独石守备杨洪击败之，擒其头目朵栾帖木儿。未几，复附瓦剌也先，泰宁拙赤妻也先以女，皆阴为之耳目。入贡辄易名，且互用其印，又东合建州兵入广宁前屯。帝恶其反覆，九年春，命成国公朱勇偕恭顺侯吴克忠出喜峰，兴安伯徐亨出界岭，都督马亮出刘家口，都督陈怀出古北，各将精兵万人，分剿之。勇等捕其扰边者致阙下，并夺回所掠人畜。

拙赤等拘肥河卫使人，杀之。肥河卫头目别里格与战于格鲁坤迭连，拙赤大败。瓦剌复分道截杀，建州亦出兵攻之，三卫大困。

十二年春，总兵曹义、参将胡源、都督焦礼等分巡东边，值三卫入寇，击之，斩三十二级，擒七十余人。其年，瓦剌赛刊王复击杀朵颜乃儿不花，大掠以去。也先继至，朵颜、泰宁皆不支，乞降，福余独走避脑温江，三卫益衰。畏瓦剌强，不敢背，仍岁来致贡，止以利中国赐赉；又心衔边将剿杀，故常潜图报复。

十四年夏，大同参将石亨等，复击其盗边者于箭溪谷山，擒斩五十人，三卫益怨。秋，导瓦剌大入，英宗遂以是役北狩。

景泰初，朝廷仍遣使抚谕。三卫受也先旨，数以非时入贡，多遣使往来伺察中国。既而也先虐使之，复逼徙朵颜所部于黄河母纳地，三卫皆不堪，遂阴输瓦剌情于中国，请得近边屯驻。旧制，三卫每岁三贡，其贡使俱从喜峰口验入，有急报则许进永平。时三卫使有自独石及万全右卫来者。边臣以为言，敕止之。天顺中，尝乘间掠诸边，复窃通鞑靼字来，每为之乡导。所遣使与字来使臣偕见。中国待鞑靼厚，请加赏不得，大忿，遂益与字来相结。

成化元年，头目朵罗干等以兵从字来，大入辽河。已，复西附毛里孩，东合海西兵，数入塞。又时独出没广宁、义州间。九年，辽东总兵欧信以偏将韩斌等败之于兴中，追及麦州，斩六十二级，获马畜器械几数千。其年，喜峰守将吴广以贪贿失三卫心，三卫入犯，广下狱死。明年复掠开原，庆云参将周俊击退之。

十四年诏复三卫马市。初，国家设辽东马市三，一城东，一广宁，皆以待三卫。正统间，以其部众屡叛，罢之。会鞑靼满都鲁暴强，侵掠三卫，三卫头目皆走避塞下。数饥困，请复马市再四，不许。至是巡抚陈钺为帝言，始许之。满都鲁死，亦思马因主兵柄，三卫复数为所窘。

　　二十二年,鞑靼别部那孩拥三万众入大宁、金山,涉老河,攻杀三卫头目伯颜等,掠去人畜以万计。三卫乃相率携老弱,走匿边圈。边臣刘潝以闻,诏予刍粮恤之。

　　弘治初,常盗掠古北、开原境,守臣张玉、总兵李杲等以计诱斩其来市者三百人,遂北结脱罗干,请为复仇,数寇广宁、宁远诸处。时海西尚古者,以不得通贡叛中国,数以兵阻诸蕃入贡,诸蕃并衔之。朝廷旋许尚古纳款,抚宁猛克帖木儿等皆以尚古为辞,入寇辽阳,杀掠甚众。鞑靼小王子屡掠三卫,三卫因各叩关输罪,朝廷许之,然阳为恭顺而已。

　　朵颜都督花当者,恃险而骄,数请增贡加赏,不许。正德十年,花当子把儿孙以千骑毁鲇鱼关,入马兰谷大掠,参将陈乾战死;复以五百骑入板场谷,千骑入神山岭,又千余骑入水开洞。事闻,命副总兵桂勇御之。花当退去,屯驻红罗山,匿把儿孙,使其子打哈等入朝请罪,诏释不问。十三年,帝巡幸至大喜峰口,将征三卫头目。使悉诣关下宴劳,不果。

　　当把儿孙犯边时,朝廷诏削其职。把儿孙死,其子伯革入贡。嘉靖九年,诏予伯革父爵,而打哈自以花当子不得职,怒,遂先后掠冷口、擦崖、喜峰间。参将袁继勋等失于防御,皆逮治。十七年春,指挥徐颙诱杀泰宁部九人,其头目把当亥,率众寇大清堡,总兵马永击斩之。其属把孙以朵颜部众复入,镇守少监王永与战,败绩。二十二年冬,攻围墓田谷,杀守备陈舜,副总兵王继祖等赴援,击斩三十余级。其年,诏罢旧设三卫马市,并新设木市亦罢之。秋,三卫复导鞭靼寇辽州,入沙河堡,守将张景福战死。

　　三卫之迭犯也,实朵颜部哈舟儿、陈通事为之。二人者,俱中国人,被掳遂为三卫用。二十九年,鞑靼俺答谋犯畿东,舟儿为指潮河川路。俺答移兵白庙,近古北,舟儿诈言敌已退,边备缓,俺答遂由鸽子洞、曹榆沟入,直犯畿甸。已,俺答请开马市,舟儿复往来诱阻之。三十年,蓟辽总督何栋购捕至京,伏诛。

　　朵颜通罕者,俺答子辛爱妻父也。四十二年,古北哨卒出关,为

朵颜所扑杀。俄通罕叩关索赏,副总兵胡镇伏兵执之。总督杨选将
为牵制辛爱计,乃拘縶通罕,令其诸子更迭为质。三卫恨甚,遂导俺
答入掠顺义及三河,选得罪。

万历初,朵颜长昂益强,挟赏不遂,数纠众入掠,截诸蕃贡道。
十二年秋,复导土蛮,以四千骑分掠三山、三道沟、锦川诸处。守臣
李松请急剿长昂等,朝议不从,仅革其月赏。未几,复以千骑犯刘家
口,官军御之,杀伤相当。于是长昂益跋扈自恣,东勾土蛮,西结婚
白洪大,以扰诸边。十七年合鞑靼东西二部寇辽东,总兵李成梁逐
之,官军大败,歼八百人。又二年大掠独石路。二十二年复拥众犯
中后所,攻入小屯台,副总兵赵梦麟、秦得倚等力战却之。明年潜入
喜峰口,官军擒其头目小郎儿。

二十九年,长昂与董狐狸等皆纳款,请复宁前木市,许之。三十
四年冬,复纠鞑靼班不什、白言台吉等,以万骑迫山海关,总兵姜显
谟击走之。长昂复以三千骑窥义院界,边将有备,乃引去。旋诣喜
峰,自言班、白入寇,已不预知。守臣具以闻,诏长昂复贡市,颁给抚
赏如例。

长昂死,诸子稍衰,三卫皆靖。崇祯初,与插汉战于早落兀素,
胜之,杀获万计,以捷告。未几,皆服属于大清云。

明史卷三二九
列传第二一七

西域一

哈密卫　柳城　火州　土鲁番

哈密,东去嘉峪关一千六百里,汉伊吾卢地。明帝置宜禾都尉,领屯田。唐为伊州。宋入于回纥。元末以威武王纳忽里镇之,寻改为肃王。卒,弟安克帖木儿嗣。

洪武中,太祖既定畏兀儿地,置安定等卫,渐逼哈密。安克帖木儿惧,将纳款。

成祖初,遣官招谕之,许其以马市易,即遣使来朝,贡马百九十匹。永乐元年十一月至京,帝喜,赐赍有加,命有司给直,收其马四千七百四十匹,择良者十匹入内厩,余以给守边骑士。

明年六月复贡,请封,乃封为忠顺王,赐金印,复贡马谢恩。已而迤北可汗鬼力赤毒死之,其国人以病卒闻。三年二月遣官赐祭,以其兄子脱脱为王,赐玉带。脱脱自幼俘入中国,帝拔之奴隶中,俾列宿卫,欲令嗣爵。恐其国不从,遣官问之,不敢违,请还主其众。因赐其祖母及母彩币,旋遣使贡马谢恩。

四年春,甘肃总兵官宋晟奏,脱脱为祖母所逐。帝怒,敕责其头目曰:"脱脱朝廷所立,即有过,不奏而擅逐之,是慢朝廷也。老人昏耄,头目亦不知朝廷耶?即迎归,善匡辅,俾孝事祖母。"由是脱脱得还,祖母及头目各遣使谢罪。三月立哈密卫,以其头目马哈麻火者等为指挥千百户等官,又以周安为忠顺王长史,刘行为纪善,辅导。冬,授头目十九人为都指挥等官。

明年,宋晟奏,头目陆十等作乱,已诛,虑他变,请兵防御。帝命晟发兵应之,而以安克帖木儿妻子往依鬼力赤,恐诱贼侵哈密,敕晟谨备。晟卒,以何福代,又敕福开诚抚忠顺。会头目请设把总一人理国政,帝敕福曰:"置把总,是增一王也;政令不一,下安适从。"寝其议。自是,比岁朝贡,悉加优赐,其使臣皆增秩授官。

帝眷脱脱特厚,而脱脱顾凌侮朝使,沈湎昏聩,不恤国事,其下买柱等交谏不从。帝闻之怒,八年十一月遣官赐敕戒谕之。未至,而脱脱以暴疾卒。讣闻,遣官赐祭。擢都指挥同知哈剌哈纳为都督金事,镇守其地,赐敕及白金、彩币。且封脱脱从弟兔力帖木儿为忠义王,赐印诰、玉带,世守哈密。十年,贡马谢恩,自是修贡惟谨,故王祖母亦数奉贡。

十七年,帝以朝使往来西域者,忠义王致礼延接,命中官赍绮帛劳之,赐其母妻金珠冠服、彩币,及其部下头目。其使臣及境内回回寻贡马三千五百余匹及貂皮诸物,诏赐钞三万二千锭、绮百、帛一千。二十一年贡驼三百三十、马千匹。

仁宗践阼,诏谕其国。洪熙元年再入贡,贺即位。仁宗崩,宣宗继统,其王兔力帖木儿亦卒,使来告哀。

宣德元年遣官赐祭,命故王脱脱子卜答失里嗣忠顺王,且以登极肆赦,命其国中亦赦,复贡马谢恩。明年遣弟北斗奴等来朝,贡驼马方物。授北斗奴都督金事,因命中官谕王,遣故忠义王弟脱欢帖木儿赴京。三年,以卜答失里年幼,命脱欢帖木儿嗣忠义王,同理国事。自是,二王并贡,岁或三四至,奏求婚娶礼币,命悉予之。

正统二年,脱欢帖木儿卒,封其子脱脱塔木儿为忠义王,未几卒。已而忠顺王亦卒,封其子倒瓦答失里为忠顺王。五年遣使三贡,廷议以为烦,定令每年一贡。

初,成祖之封忠顺王也,以哈密为西域要道,欲其迎护朝使,统领诸番,为西陲屏蔽。而其王率庸懦,又其地种落杂居。一曰回回,一曰畏兀儿,一曰哈剌灰,其头目不相统属,王莫能节制。众心离涣,国势渐衰。及倒瓦答失里立,都督皮剌纳潜通瓦剌猛可卜花等,谋杀王,不克。王父在时,纳沙州叛亡百余家,屡敕王令还,止遣其半,其贡使又数辱驿吏卒,呵叱通事,当四方贡使大宴日,恶言诟詈,天子不加罪,但令慎择使臣,以是益无忌。其地,北瓦剌,西土鲁番,东沙州、罕东、赤斤诸卫,悉与构怨。由是邻国交侵。罕东兵抵城外,掠人畜去。沙州、赤斤先后兵侵,皆大获。瓦剌酋也先,王母弩温答失里弟也,亦遣兵围哈密城,杀头目,俘男妇,掠牛马驼不可胜计,取王母及妻北还,胁王往见,王惧不敢往,数遣使告难。敕令诸部修好,迄不从,惟王母妻获还。

十年,也先复取王母妻及弟,并撒马儿罕贡使百余人掠之,又数趣王往见。王外顺朝命,实惧也先。十三年夏,亲诣瓦剌,居数月方还;而遣使诳天子,谓守朝命不敢往。天子为赐敕褒嘉。已,知其诈,严旨诘责,然其王迄不能自振。会也先方东犯,不复还故土,以是哈密获少安。

景泰三年遣其臣捏列沙朝贡,请授官。先是,使臣至京必加恩命。是时于谦掌中枢,言哈密世受国恩,乃敢交通瓦剌。今虽归款,心犹谲诈。若加官秩,赏出无名。乃止。终景泰世,使臣无授官者。

天顺元年,倒瓦答失里卒,弟卜列革遣使告哀,即封为忠顺王。时都指挥马云使西域,闻迤北酋乜加思兰梗道,不敢进。会哈密王报道已通,云乃行,至哈密。而贼兵实未退,且谋劫朝使。帝疑王与贼通,遣使切责。

四年,王卒,无子,母弩温答失里主国事。初,也先被诛,其弟伯都王及从子兀忽纳走居哈密。王母为上书乞恩,授伯都王都督金事,兀忽纳指挥金事。自卜列革之亡,亲属无可继,命国人议当袭者。头目阿只等言,脱欢帖木儿,外孙把塔木儿官都督同知,可继。王母谓臣不可继君,而安定王阿儿察与忠顺王同祖,为请袭封。七年冬,奏上,礼官言:"乜加思兰见哈密无主,谋据其地,势危急,乞从其请。"帝命都指挥贺玉往。至西宁逗留不进,哈密使臣苦儿鲁海牙请先行,又不许。帝逮玉下吏,改命都指挥李珍,而敕安定、罕东护使臣偕往。阿儿察以哈密多难,力辞不行,珍乃返。

哈密素衰微,又妇人主国,众益离散。虬加思兰乘隙袭破其城,大肆杀掠,王母率亲属部落走苦峪,犹数遣使朝贡,且告难。朝廷不能援,但敕其国人速议当继者而已。其国以残破故,来者日众。

成化元年,礼官姚夔等言:"哈密贡马二百匹,而使人乃二百六十人。以中国有限之财,供外番无益之费,非策。"帝下廷臣议,定岁一入贡,不得过二百人,制可。

明年,兵部言王母避苦峪久,今贼兵已退,宜令还故土,从之。已而贡使言其地饥寒,男妇二百余人随来丐食,不能归国。命人给米六斗、布二匹,遣之。

初,国人请立把塔木儿,以王母不肯,无王者八年。至是头目交章请,词极哀。乃擢把塔木儿为右都督,摄行国王事,赐之诰印。五年,王母陈老病乞药物,帝即赐之。寻与瓦剌、土鲁番遣使三百余人来贡,边臣以闻。廷议贡有定期,今前使未回后使又至,且瓦剌强寇,今乃与哈密偕;非哈密挟其势以邀利,即瓦剌假其事以窥边。帝乃却其献,令边臣宴赍,遣还。贡使坚不受赐,必欲亲诣阙下,乃命遣十之一赴京。

八年,把塔木儿子罕慎,以父卒请嗣职。帝许之,而不命其主国事,国中政令无所出。土鲁番速檀阿力,乘机袭破其城,执王母,夺金印,以忠顺王孙女为妾,据守其地。九年四月,事闻,命边臣谨戒备,敕罕东、赤斤诸卫协力战守。寻遣都督同知李文、右通政刘文赴甘肃经略。抵肃州,遣锦衣千户马俊奉敕往谕。时阿力留其妹婿牙兰守哈密,而己携王母,金印已返土鲁番。俊至,谕以朝命,抗词不逊,羁俊月余。一日,牙兰忽至,言大兵三万即日西来,阿力乃宴劳俊等,舁王母出见。王母惧不敢言,夜潜遣人来云:"为我奏天子,速发兵救哈密。"文等以闻,遂檄都督罕慎及赤斤、罕东也克力诸部集兵进讨。十年冬,兵至卜隆吉儿川,谍报阿力集众抗拒,且结别部谋掠罕东、赤斤二卫。文等不敢进,令二卫还守本土,罕慎及也克力、畏兀儿之众退居苦峪，文等亦引还肃州。帝乃命罕慎权主国事，因其请给米布，且赐以谷种。文等无功而还。

土鲁番久据哈密，朝命边臣筑苦峪城，移哈密卫于其地。十八年春，罕慎纠罕东、赤斤二卫，得兵一千三百人，与己所部共万人，夜袭哈密城破之，牙兰遁走；乘势连复八城，遂还居故土。巡抚王朝远以闻，帝喜，赐敕奖励，并奖二卫。朝远请封罕慎为王，且言鲁番亦革心向化，与罕慎议和，宜乘时安抚，取还王孙女及金印，俾随王母共掌国事，哈密国人亦乞封罕慎。廷议不从，乃进左都督，赍白金百两、彩币十表裹，特敕奖劳，将士升赏有差。

弘治元年从其国人请，封罕慎为忠顺王。土鲁番阿力已死，而其子阿黑麻嗣为速檀，伪与罕慎结婚，诱而杀之，仍令牙兰据其地。哈密都指挥阿木郎来奔求救，廷臣请谕土鲁番贡使，令复还侵地，并敕赤斤、罕东，共图兴复。明年，哈密旧部绰卜都等，率众攻牙兰，杀其弟，夺其叛臣者盼卜等人畜以归。事闻，进秩加赏。先是，罕慎遣使来贡，未还而遭难，其弟奄克孛剌率部众逃之边方，翰命以赐罕慎者还赐其弟。阿黑麻之去哈密也，止留六十人佐牙兰。阿木郎觇其单弱，请边臣调赤斤、罕东兵，夜袭破其城，牙兰遁去，斩获甚多，有诏奖赍。

当是时，阿黑麻桀傲甚，自以地远中国，屡抗天子命。及破哈密，贡使频至，朝廷仍善待之，由是益轻中国。帝乃薄其赐赍，或拘留使臣，却其贡物，敕责令悔罪。已，访获忠顺王族孙陕巴，将辅立之。阿墨麻渐警惧，三年遣使叩关，愿献还哈密及金印，释其拘留使臣。天子纳其贡，仍留前使者。明年，果以城印来归，乃从马文升言，还其所拘使臣。文升又言：“番人重种类，且素服蒙古，哈密故有回回、畏兀儿、哈剌灰三种，北山又有小列秃，乜克力相侵逼，非得蒙古后裔镇之不可。今安定王族人陕巴，乃故忠义王脱脱近属从孙，可主哈密。”天子以为然，而诸番亦共奏陕巴当立。五年春立陕巴为忠顺王，赐印诰、冠服及守城戎器，擢阿木郎都督佥事，与都督同知奄克孛剌共辅之。

　　已而诸番索陕巴犒赐不得，皆怨。阿木郎又引乜克力人掠土鲁番牛马，阿黑麻怒，六年春潜兵夜袭哈密，杀其人百余，逃及降者各半。陕巴与阿木郎据大土剌以守。大土剌，华言大土台也。围三日不下。阿木郎急调乜克力，瓦剌二部兵来援，俱败去。乃执陕巴，擒阿木郎支解之。牙兰复据守，并移书边臣诉阿木郎罪。时土鲁番先后贡使皆未还。边臣以其书不逊，且僭称可汗，乞命将遣兵先剿除牙兰，然后直抵土鲁番，馘阿黑麻之首，取还陕巴。否则降敕严责，令还陕巴，乃宥其罪。廷议从后策，令守臣拘贡使，纵数人还。赍敕晓示祸福。帝如其请，命廷推大臣赴甘肃经略。

　　初，哈密变闻，邱浚谓马文升曰：“西陲事重，须公一行。”文升曰：“国家有事，臣子义不辞难。然番人嗜利，不善骑射，自古未有西域能为中国患者，徐当靖之。”浚复以为言，文升请行。廷臣佥言北寇强，本兵未可远出，乃推兵部右侍郎张海、都督同知缑谦二人。帝赐敕指授二人，而二人皆庸才，但遣土鲁番人归谕其主，令献还侵地，驻甘州待之。明年，阿黑麻遣使叩关求贡，诡言愿还陕巴及哈密，乞朝廷亦还其使者。海等以闻，请再降敕宣谕。廷议言，先已降敕，今若再降，有伤国体，宜令海等自遣人往谕。不从命，则仍留前使，且尽驱新使出关，永不许贡，仍与守臣檄罕东、赤斤诸部兵，直捣哈密，袭斩牙兰。如无机可乘，则封嘉峪关，毋纳其使。陕巴虽封王，其还与否，于中国无损益，宜别择贤者代之。帝以陕巴既与中国无损益，则哈密城池已破，如献还，当若何处之。廷臣复言，陕巴乃安定王千奔之侄，忠顺王之孙，向之封王，欲令镇抚一方尔。今被虏，孱弱可知，即使复还，势难复立。宜革其王爵，居之甘州，犒赍安定王，谕以不复立之故。令都督奄克孛剌总理哈密事，与回回都督写亦虎仙，哈剌灰都督拜迓力迷失等，分领三种番人以辅之。且修浚苦峪城堑，凡番人散处甘、凉者，令悉还其地，给以牛具口粮。若陕巴未还，不必索取，我不急陕巴，彼将自还也。帝悉如其言，敕谕海等。海等见敕书将弃陕巴，甚喜，即逐其贡使，闭嘉峪关，缮修苦峪城，令流寓番人归其地，拜疏还朝。八年正月至京，言官交章劾其经略无功,并下吏贬秩,而哈密终不还。

文升锐意谋兴复,用许进巡抚甘肃以图之。进偕大将刘宁等潜师夜袭,牙兰逸去,斩其遗卒,抚降余众而还。自明初以来,官军无涉其地者,诸番始知畏,阿黑麻亦欲还陕巴。然哈密屡破,遗民入居者且暮虞寇。阿黑麻果复来攻,固守不下,讫散去。诸人自以穷窘难守,尽焚室庐,走肃州求济。边臣以闻,诏赐牛具、谷种,并发流寓三种番人及哈密之寄居赤斤者,尽赴苦峪及瓜、沙州,俾自耕牧,以图兴复。

时哈密无王,奄克孛剌为之长。十年遣其党写亦虎仙等来贡,给币帛五千酬其值,使臣犹久留,大肆咆然。礼官徐琼等极论其罪,乃驱之去。时诸番以朝廷闭关绝贡不得入,咸怨阿黑麻,阿黑麻悔,送还陕巴及哈密之众,乞通贡如故。廷议谓无番文不可骤许,必令具文乃从其请。陕巴前议废,今使暂居甘州,俟众头目俱归心,然后修复哈密城堑,令复旧业。帝悉从之。冬,起王越总制三边军务兼经理哈密。十一年秋,越言哈密不可弃,陕巴亦不可废,宜仍其旧封,令先还哈密,量给修城、筑室之费,犒赐三种番人及赤斤、罕东、小列秃、乜克力诸部,以奖前劳,且责后效。帝亦报可。自是,哈密复安,土鲁番亦修贡惟谨。

奄克孛剌者,罕慎弟也,与陕巴不相能。当事患之,令陕巴娶罕慎女,与之结好。陕巴嗜酒搭赴,失众心,部下阿孛剌等咸怨。十七年春,阴构阿黑麻迎其幼子真帖木儿主哈密。陕巴惧,挈家走苦峪。奄克孛剌与写亦虎仙在肃州,边臣以二人为番众所服,令还辅陕巴,与百户董杰偕行。杰有胆略。既抵哈密,阿勃剌与其党五人约夜以兵来劫。杰知之,与奄克孛剌等谋,召阿孛剌等计事,立斩之,其下遂不敢叛。乃命陕巴还哈密,真帖木儿还土鲁番。真帖木儿年十三,其母即罕慎女也,闻父已死,兄满速儿嗣为速檀与诸弟相仇杀,惧不敢归,愿倚奄克孛剌,早:"吾外祖也。"边臣虑与陕巴隙,居之甘州。十八年冬,陕巴卒,其子拜牙即自称速檀,命封为忠顺王。

正德三年,写亦虎仙入贡,不与通事偕行,自携边臣文牒投进。

大通事王永怒，疏请究治，写酋亦奏永需求。永供奉豹房，恃宠恣横。诏勿究治，两戒谕之。写酋自是益轻朝廷，潜怀异志。

初，拜牙即嗣职，满速儿与通和，且遣使求真帖木儿，边臣言与之便。枢臣谓土鲁番稔恶久，今见我扶植哈密，声势渐张，乃卑词求贡，以还弟为名。我留其弟，正合古人质其亲爱之意，不可遽遣。帝从之。六年始命写亦虎仙偕都督满哈剌三送之西还，至哈密，奄克孛剌欲止之，二人不可。护至土鲁番，遂以国情输满速儿，且诱拜牙即叛。拜牙即素昏愚，性又淫暴，心怵属部害己，而满速儿又甘言诱之，即欲偕奄克孛剌同往，不从，奔肃州。八年秋，拜牙即弃城叛入土鲁番。满速儿遣火者他只丁据哈密，又遣火者马黑木赴甘肃，言拜牙即不能守国，满速儿遣将代守，乞犒赐。

九年四月，事闻，命都御史彭泽往经略。泽未至，贼遣兵分掠苦峪、沙州，声言予我金币万，即归城印。泽抵甘州，谓番人嗜利，可因而款也。遣通事马骥谕令还侵地及王，当予重赏。满速儿伪许之，泽即畀币帛二千及白金酒器一具。十一年五月，拜疏言："臣遣通事往宣国威，要以重赏，其酋悔过效顺，即以金印及哈密城付之。满哈剌三、写亦虎仙二人召还他只丁，并还所夺赤斤卫印。惟忠顺王在他所，未还。请录效劳人役功，赐臣骸骨归田里。"帝即令还朝。忠顺王迄不返，他只丁亦不肯退，复要重赏，始以城来归。

明年五月，甘肃巡抚李昆上言："得满速儿牒，谓拜牙即不可复位，即还故土，已失人心，乞别立安定王千奔后裔。此言良然。如必欲其复国，乞敕满速儿兄弟送还，仍厚赐缯帛，冀其效顺。"廷议："经略西陲已逾三载，而忠顺迄无还期，宜兴师绝贡，不可遂其要求，损我威重。但城印归，国体具在，宜敕责满速儿背负国恩，求取无厌。仍量赐其兄弟，令其速归忠顺。不从，则闭关绝贡，严兵为备。"从之。

初，写亦虎仙与满速儿深相结，故首倡逆谋。已而有隙，满速儿欲杀之，大惧，求他只丁为解，许赂币千五百匹，期至肃州界之，且唆之入寇，曰肃州可得也。满速儿喜，令与其婿马黑木俱入贡，以觇虚实,且征其赂。边臣以同来火者撒者儿,乃火者他只丁弟,惧为变,并其党虎都写亦羁之甘州,而督写亦虎仙出关,惧不肯去。他只丁闻其弟被拘,怒,复又夺哈密城,请满速儿移居之,分兵胁据沙州,拥众入寇,至兔儿坝。游击芮宁与参将蒋存礼、都指挥黄荣、王琼各率兵往御。宁先抵沙子坝,遇贼。贼悉众围宁,而分兵缀诸将,宁所部七百人皆战没。贼薄肃州城,索所许币。副使陈九畴固守,且先绝其内应,贼知事泄,虑援兵至,大掠而去。

十二年正月,羽书闻,廷议复命彭泽总制军务,偕中官张永、都督郤永率师西征。贼远至瓜州,副总兵郑廉合奄克孛剌兵,击败之,斩七十九级。贼乃遁去,又与瓦剌相攻,力不敌,移书求款,泽等乃罢行。

先是,写亦虎仙与子米儿马黑木、婿火者马黑木及其党失拜烟答,俱以内应系狱,失拜烟答被捶死。及事平,械写亦虎仙赴京,下刑部狱,其子仍系甘州。失拜烟答子米儿马黑麻者,写亦虎仙侄婿也,以入贡在京,探知王琼欲倾彭泽,突入长安门讼父冤,下锦衣狱。会兵部、法司请行甘肃讯报,琼欲因此兴大狱,奏遣科道二人往勘。明年,勘至,于泽无所坐。琼怒,劾泽欺罔辱国,斥为民。坐昆、九畴激变,逮下吏,并获重谴。明年,写亦虎仙亦减死,遂夤缘钱宁,与其婿得侍帝左右。帝悦之,赐国姓,授锦衣指挥,扈驾南征。

满速儿犯边后,屡求通贡,不得。十五年归先所掠将卒及忠顺王家属,复求贡。廷议许之,而王迄不还。巡按御史潘仿力言贡不当许,不听。明年,世宗嗣位,杨廷和以写亦虎仙稔中国情实,归必为边患,于遣诏中数其罪,并其子婿伏诛,而用陈九畴为甘肃巡抚。

时满速儿比岁来贡,朝廷待之若故,亦不复问忠顺王事。嘉靖三年秋,拥二万骑围肃州,分兵犯甘州。九畴及总兵官姜奭等力战败之,斩他只丁,贼乃却去。事闻,命兵部尚书金献民西讨,抵兰州,贼已久退,乃引还。九畴因力言贼不可抚,乞闭关绝贡,专固边防,可之。明年秋,贼复犯肃州,分兵围参将云冒,而以大众抵南山。九畴时已解职,他将援兵至,贼始遁。

当是时,番屡犯边城,当局者无能振国威,为边疆复仇雪耻,而一二新进用事者反借以修怨。由是,封疆之狱起。百户王邦奇者,素憾杨廷和、彭泽,六年春,上言:"今哈密失国,番贼内侵,由泽赂番求和,廷和论杀写亦虎仙所致。诛此两人,庶哈密可复,边境无虞。"桂萼、张璁辈欲藉此兴大狱,斥廷和、泽为民,尽置其子弟亲党于理,有自杀者。复遣给事、锦衣官往按。番酋牙兰言非敢获罪天朝,所以犯边,由冤杀写亦虎仙、失拜烟答二人故。今愿献还城印赎前罪。事下兵部,尚书王时中等言:"番酋乞贡数四,先已下总制尚书王宪,因其贡使镂责。所请当不妥,第其词出牙兰,非真求贡之文,或诈以款我。若果悔罪,必先归城印及所掠人畜,械送首恶,稽首关门,方可听许。"帝纳之。萼以前狱未竟,必欲重兴大狱,请留质牙兰,遣译者谕其主还侵地。而与礼、兵二部尚书方献夫、王时中等协议,为挑激之词,言番人上书者四辈,皆委咎前吏,虽词多诋饰,亦事发有因。宜遣官严核激变虚实,用服其心,其他具如前议。九畴报捷时,言满速儿、牙兰已毙炮石下,二人实未死。帝固疑之。览萼等议,益疑边臣欺罔,手诏数百言,切责九畴,欲置之死,而戒首辅杨一清勿党庇,遂遣官逮九畴。尚书金献民、侍郎李昆以下,坐累者四十余人。

七年正月,九畴逮至下狱。萼等必欲杀之,并株连廷和、泽。刑部尚书胡世宁力救,帝稍悟,免死戍边,泽、献民等皆落职。番酋气益骄,而萼又荐王琼督三边,尽释还九畴所系番使,许之通贡。番酋迄不悔罪,侮玩如故。时以牙兰获罪其主,率部帐来归,边臣受之。满速儿怒,其部下虎力纳咱儿引瓦剌二千余骑犯肃州,至老鹳堡,值撒马儿罕贡使在堡中,贼呼与语,游击彭浚急引兵击之。贼言欲问信通和,浚不听,进战,破之。贼遁走赤斤,使人持番文求贡,委罪瓦剌,词多悖谩。琼希时贵指,必欲议抚,因言番人且悔,宜原情赦罪,以罢兵息民,并上浚及副使赵载功状。章下兵部。

初,胡世宁之救陈九畴也,欲弃哈密不守,言:"拜牙即久归土鲁番,即还故土,亦其臣属,其他族裔无可继者。回回一种,早已归之。哈剌灰、畏兀儿二族逃附肃州已久，不可驱之出关。然则哈密将安兴复哉？纵得忠顺嫡派，畀之金印，助之兵食，谁与为守。不过一二年，复为所夺，益彼富强，辱我皇命，徒使再得城印，为后日要挟之地。乞圣明熟筹，如先朝和宁交址故事，置哈密勿问。如其不侵扰，则许之通贡。否则，闭关绝之，庶不以外番疲中国。"詹事霍韬力驳其非。至是，世宁改掌兵部，上言："番酋变诈多端，欲取我肃州，则渐置奸回于内地。事觉，则多纵反间，倾我辅臣。乃者许之朝贡，使方入关，而贼兵已至，河西几危。此闭关与通贡，利害较然。今琼等既言贼薄我城堡，缚我士卒，声言大举，以恐吓天朝，而又言贼方惧悔，宜仍许通贡，何自相抵牾。霍韬又以贼无印信番文为疑，臣谓即有印信，亦安足据。第毋堕其术中，以间我忠臣，弛我边备，斯可矣。牙兰本我属番，为彼掠去，今束身来归，事属反正，宜即抚而用之。招彼携贰，益我藩篱。至于兴复哈密，臣等窃以为非中国所急也。夫哈密三立三绝，今其王已为贼用，民尽流亡。借使更立他种，彼强则入寇，弱则从贼，难保为不侵不叛之臣。故臣以为立之无益，适令番酋挟为奸利耳。乞赐琼玺书，令会同甘肃守臣，遣番使归谕满速儿，诘以入寇状。倘委为不知，则令械送虎力纳咱儿。或事出瓦剌，则缚其人以自赎。否则羁其使臣，发兵往讨，庶威信并行，贼知敛戢。更敕琼为国忠谋，力求善后之策，以通番纳贡为权宜，足食固圉为久计，封疆幸甚。"疏入，帝深然之，命琼熟计详处，毋轻信番言。

至明年，甘肃巡抚唐泽亦以哈密未易兴复，请专图自治之策。琼善之，据以上闻，帝报可。自是置哈密不问，土鲁番许之通贡，西陲藉以息肩。而哈密后为失拜烟答子米儿马黑木所有，服属土鲁番，朝廷犹令其比岁一贡，异于诸番，迄隆庆、万历朝，犹入贡不绝，然非忠顺王苗裔矣。

柳城，一名鲁陈，又名柳陈城，即后汉柳中地，西域长史所治。唐置柳中县。西去火州七十里，东去哈密千里。经一大川，道旁多骸骨,相传有鬼魅,行旅早暮失侣多迷死。出大川,渡流沙,在火山下,有城屹然广二三里,即柳城也。四面皆田园,流水环绕,树木阴翳。土宜种麦豆麻,有桃李枣瓜胡芦之属。而葡萄最多,小而甘,无核,名锁子葡萄。畜有牛羊马驼。节候常和。土人纯朴,男子椎结,妇人蒙皂布,其语音类畏兀儿。

永乐四年,刘帖木儿使别失八里,因命赍彩币赐柳城酋长。明年,其万户瓦赤剌即遣使来贡。七年,傅安自西域还,其酋复遣使随入贡。帝即命安赍绮帛报之。十一年夏,遣使随白阿儿忻台入贡。冬,万户观音奴再遣使随安入贡。二十年与哈密共贡羊二千。

宣德五年,头目阿黑把失来贡。正统五年、十三年并入贡。自后不复至。

柳城密尔火州、土鲁番,凡天朝遣使及其酋长入贡,多与之偕。后土鲁番强,二国并并为所灭。

火州,又名哈剌,在柳城西七十里,土鲁番东三十里,即汉车师前王地。隋时为高昌国。唐太宗灭高昌,以其地为西州。宋时回鹘居之,尝入贡。元名火州,与安定、曲先诸卫统号畏兀儿,置达鲁花赤监治之。

永乐四年五月,命鸿胪丞刘帖木儿护别失八里使者归,因赍彩币赐其王子哈散。明年遣使贡玉璞方物。使臣言,回回行贾京师者,甘、凉军士多私送出境,泄漏边务。帝命御史往按,且敕总兵官宋晟严束之。七年遣使偕哈烈、撒马儿罕来贡。十一年夏,都指挥白阿儿忻台遣使偕俺的干、失剌思等九国来贡。秋,命陈诚、李暹等以玺书、文绮、纱罗、布帛往劳。十三年冬,遣使随诚来贡。自是久不至。正统十三年复贡,后遂绝。

其地多山,青红若火,故名火州。气候热。五谷、畜产与柳城同。城方十余里,僧寺多于民居。东有荒城,即高昌国都,汉戊己校尉所治。西北连别失八里。国小,不能自立,后为土鲁番所并。

土鲁番,在火州西百里,去哈密千余里,嘉峪关二千六百里。汉车师前王地。隋高昌国。唐灭高昌,置西州及交河县,此则交河县安乐城也。宋复名高昌,为回鹘所据,尝入贡。元设万户府。

永乐四年遣官使别失八里,道其地,以彩币赐之。其万户赛因帖木儿遣使贡玉璞,明年达京师。六年,其国番僧清来率徒法泉等朝贡。天子欲令化导番俗,即授为灌顶慈慧圆智普通国师,徒七人并为土鲁番僧纲司官,赐赍甚厚。由是其徒来者不绝,贡名马、海青及他物。天子亦数遣官奖劳之。

二十年,其酋尹吉儿察与哈密共贡马千三百匹,赐赍有加。已而尹吉儿察为别失八里酋歪思所逐,走归京师。天子悯之,命为都督佥事,遣还故土。尹吉儿察德中国,洪熙元年躬率部落来朝。宣德元年亦如之。天子待之甚厚,还国病卒。三年,其子满哥帖木儿来朝。已而都督锁恪弟猛哥帖木儿来朝,命为指挥佥事。五年,都指挥佥事也先帖木儿来朝。正统六年,朝议土鲁番久失贡,因米昔儿使臣还,令赍钞币赐其酋巴剌麻儿。明年遣使入贡。

初,其地介于阗、别失八里诸大国间,势甚微弱。后侵掠火州、柳城,皆为所并,国日强,其酋也密力火者遂僭称王。以景泰三年,偕其妻及部下头目各遣使入贡。天顺三年复贡,其使臣进秩者二十有四人。先后命指挥白全、都指挥桑斌等使其国。

成化元年,礼官姚夔等定议,土鲁番三年或五年一贡,贡不得过十人。五年遣使来贡,其酋阿力自称速檀,奏求海青、鞍马、蟒服、彩币、器用。礼官言物多违禁,不可尽从,命赐彩币、布帛。明年复贡,奏求忽拨思筝、鼓罗、鞊镫、高丽布诸物。廷议不许。

时土鲁番愈强,而哈密以无主削弱,阿力欲并之。九年春,袭破其城,执王母,夺金印,分兵守之而去。朝廷命李文等经略,无功而还。阿力修贡如故,一岁中,使来者三,朝廷仍善待之,未尝一语严诘。贡使益傲,求驯象。兵部言象以备仪卫,礼有进献,无求索,乃却其请。使臣复言,已得哈密城池及瓦剌奄檀王人马一万,又收捕曲先并亦思渴头目倒剌火只,乞朝廷遣使通道,往来和好。帝曰:

"迤西道无阻,不须遣官。阿力果诚心修贡,朝廷不计前衔,仍以礼待。"使臣复言赤斤诸卫,素与有仇,乞遣将士护行,且谓阿力虽得哈密,止以物产充贡,愿质使臣家属于边,赐敕归谕其王,献还城印。帝从其护行之请,而赐敕谕阿力献王母及城印,即和好如初。使臣还,复遣他使再入贡,而不还哈密。

十二年八月,甘州守臣言,番使谓王母已死,城印俱存,俟朝廷往谕即献还。帝已却其贡使,复俾入京。时大臣专务姑息,致遐方小丑无顾忌。

十四年,阿力死,其子阿黑麻嗣为速檀,遣使来贡。十八年,哈密都督罕慎潜师捣哈密,克之。贼将牙兰遁走。阿黑麻颇惧。朝议罕慎有功,将立为王。阿黑麻闻之,怒曰:"罕慎非忠顺族,安得立!"乃伪与结婚。

弘治元年躬至哈密城下,诱罕慎盟,执杀之,复据其城,而遣使入贡;称与罕慎缔姻,乞赐蟒服及九龙浑金滕襕诸物。使至甘州,而罕慎之变已闻,朝廷亦不罪,但令还谕其主,归我侵地。番贼知中国易与,不奉命,复遣使来贡。礼官议薄其赏,拘使臣,番贼稍惧。

三年春,偕撒马儿罕贡狮子,愿献还城印,朝廷亦还其使臣。礼官请却勿纳,帝不从。及使还,命内官张苻护行,谕内阁草敕。阁臣刘吉等言:"阿黑麻背负天恩,杀我所立罕慎,宜遣大将直捣巢穴,灭其种类,始足雪中国之愤。或不即讨,亦当如古帝王封玉门关,绝其贡使,犹不失大体。今宠其使臣,厚加优待,又遣中使伴送,此何理哉!陛下事遵成宪,乃无故召番人入大内看戏狮子,大赍御品,夸耀而出。都下闻之,咸为骇叹,谓祖宗以来,从无此事。奈何屈万乘之尊,为奇兽之玩,俾异言异服之人,杂沓清严之地。况使臣满剌土儿即罕慎外舅,忘主事仇,逆天无道。而阿黑麻聚集人马,谋犯肃州,名虽奉贡,意实叵测。兵部议羁其使臣,正合事宜。若不停张苻之行,彼使臣还国,阿黑麻必谓中土帝王可通情希宠,大臣谋国,天子不听,其奈我何。长番贼之志,损天朝之威,莫甚于此。"疏入,帝止苻行,而问阁臣兴师、绝贡二事。吉等以时势未能,但请薄其赐费。因言饲狮日用二羊，十岁则七千二百羊矣，守狮日役校尉五十人，一岁则一万八千人矣。若绝其喂养，听其自毙，传之千载，实为美谈。帝不能用。

秋，又遣使从海道贡狮子，朝命却之，其使乃潜诣京师。礼官请治沿途有司罪，仍却其使，从之。当是时，中外乂安，大臣马文升、耿裕辈，咸知国体，于贡使多所裁损，阿黑麻稍知中国有人。四年秋，遣使再贡狮子，愿还金印，及所据十一城。边臣以闻，许之，果以城印来归。明年封陕巴为忠顺王，纳之哈密，厚赐阿黑麻使臣，先所拘者尽释还。

六年春，其前使二十七人还，未出境，后使三十九人犹在京师，阿黑麻复袭陷哈密，执陕巴以去。帝命侍郎张海等经略，优待其使，俾得进见。礼官耿裕等谏曰："朝廷驭外番，宜惜大体。番使自去年入都，久不宣召，今春三月以来，宣召至再，且赐币帛羊酒。正当谩书投入之时，小人何知，将谓朝廷恩礼视昔有加，乃畏我而然。事干国体，不可不慎。况此贼倔强无礼，久蓄不庭之心。所遣使臣，必其亲信腹心，乃令出入禁掖，略无防闲。万一奸宄窥伺，潜逞逆谋，虽悔何及。今其使写亦满速儿等宴赉已竣，犹不肯行，曰恐朝廷复宣召。夫不宝远物，则远人格。狮本野兽，不足为奇，何至上烦銮舆，屡加临视，致荒徼小丑，得观圣颜，藉为口实。"疏入，帝即遣还。张海等抵甘肃，遵朝议，却其贡物，羁前后使臣一百七十二人于边，闭嘉峪关，永绝贡道。而巡抚许进等，又潜兵直捣哈密，走牙兰，阿黑麻渐惧。其邻邦不获贡，胥怨阿黑麻。十年冬，送还陕巴，款关求贡，廷议许之。十二年，其使再求，命前使安置广东者悉释还。

十七年，阿黑麻死，诸子争立，相仇杀。已而长子满速儿嗣为速檀，修贡如故。明年，忠顺王陕巴卒，子拜牙即袭，昏愚失道，国内益乱。而满速儿桀黠变诈逾于父，复有吞哈密之志。

正德四年，其弟真帖木儿在甘州，贡使乞放还。朝议不许，乃以甘州守臣奏送还。还即以边情告其兄，共谋为逆。九年诱拜牙即叛，复据哈密。朝廷遣彭泽经略，赎还城印。其部下他只丁复据之，且导满速儿犯肃州。自是，哈密不可复得，而患且中于甘肃。会中朝大臣自相倾陷，番酋觇知之，益肆谗构，贼腹心得侍天子，中国体大虚，贼气焰益盛。

十五年复许通贡。甘肃巡按潘仿言："番贼犯顺，杀戮剽掠，惨不可胜言。今虽悔罪，果足赎前日万一乎？数年以来，虽尝闭关，未能问罪。今彼以困急求通，且将窥我意向，探我虚实，缓我后图，诱我重利。不于此时稍正其罪，将益启轻慢之心，招反覆之衅，非所以尊中国驭外番也。况彼番文执难从之词，示敢拒之状，当悔罪求通之日，为侮慢不恭之语，其变诈已见。若曰来者不拒，驭戎之常，尽略彼事之非，纳求和之使，必将叨冒恩礼，饱餍赏饩，和市私贩，满载而归。所欲既足，骄志复萌，少不慊心，动则藉口，反复之衅，且在目前。叛则未尝加罪，而反获钞掠之利，来则未必见拒，而更有赐赉之荣，何惮不为。臣谓宜乘窘迫之时，聊为慑伏之计，虽纳其悔过之词，姑阻其来贡之使，降敕责其犯顺，仍索归还未尽之人。其番文可疑者，详加诘问，使彼知中国尊严，天威难犯，庶几反侧不萌，归服可久。"时王琼力主款议，不纳其言。

明年，世宗立，贼腹心写亦虎仙伏诛，失所恃，再谋犯边。嘉靖三年寇肃州，掠甘州，四年复寇肃州，皆失利去。于是卑词求贡。会璁、萼等起封疆之狱，遂阴庇满速儿再许之贡，议已定。贼党牙兰者，本曲先人，幼为番掠，长而黠健，阿力以妹妻之，握兵用事，久为西陲患，至是获罪其主，七年夏，率所部二千人来降。有帖木儿哥土巴者，俱沙州番族，土鲁番役属之，岁征妇女牛马，不胜侵暴，亦率其族屡数千帐来归。边臣悉处之内地。

满速儿怒，使其部下虎力纳咱儿引瓦剌寇肃州，不胜，则复遣使求贡。总督王琼请许之，詹事霍韬言："番人攻陷哈密以来，议者或请通贡，或请绝贡，圣谕必有悔罪番文然后许。今王琼译进之文，皆其部下小丑之语，无印信足凭。我遽许之，恐戎心益骄，后难驾驭。可虞者一。哈密城池虽称献还，然无实据，何以兴复。或者遂有弃置不问之议，彼愈得志，必且劫我罕东，诱我赤斤，掠我瓜、沙，外连瓦剌,内扰河西,而边警无时息矣。可虞者二。牙兰为番酋腹心,拥众来奔,而彼云不知所向,安知非诈降以诱我。他日犯边,曰纳我叛臣也。我不归彼叛臣,彼不归我哈密。自是西陲益多事,而哈密终无兴复之期。可虞者三。牙兰之来,日给廪饩,所费实多,犹曰羁縻之策不获已也。倘番酋拥众叩关,索彼叛人,将予之耶,抑拒之耶?又或牙兰包藏祸心,构变于内,内外协应,何以御之?可虞者四。或曰今陕西饥困,甘肃孤危,哈密可弃也。臣则曰,保哈密所以保甘、陕也,保甘肃所以保陕西也。若以哈密难守即弃哈密,然则甘肃难守亦弃甘肃乎?昔文皇之立哈密也,因元遗孽力能自立,因而立之。彼假其名,我享其利。今忠顺之嗣三绝矣,天之所废,孰能兴之。今于诸夷中,求其雄杰能守哈密者,即畀金印,俾和辑诸番,为我藩蔽,斯可矣,必求忠顺之裔而立焉,多见其固也。"

疏入,帝嘉其留心边计,下兵部确议。尚书胡世宁等力言牙兰不可弃,哈密不必兴复,请专图自治之策,帝深纳其言。自是番酋许通贡,而哈密城印及忠顺王存亡置不复问,河西稍获休息,而满速儿桀傲益甚矣。

十二年遣臣奏三事。一,请追治巡抚陈九畴罪。一,请遣官议和。一,请还叛人牙兰。词多悖慢,朝廷不能罪,但戒以修职贡无妄言。然自写亦虎仙诛,他只丁阵殁,牙兰又降,失其所倚赖,势亦渐孤,部下各自雄长,称王入贡者多至十五人,政权亦不一。

十五年,甘肃巡抚赵载陈边事,言:"番酋屡服屡叛,我抚之太厚,信之太深,愈长其奸狡。今后入犯,宜戮其使臣,徙其从人于两粤,闭关拒绝。即彼悔罪,亦但许奉贡,不得辄还从人。彼内有所牵,外有所畏,自不敢轻犯。"帝颇采其言。

二十四年,满速儿死,长子沙嗣为速檀,其弟马黑麻亦称速檀,分据哈密。已而兄弟仇杀,马黑麻乃结婚瓦剌以抗其兄,且垦田沙州,谋入犯。其部下来告,马黑麻乃叩关求贡,复求内地安置。边臣谕止之,乃还故土,与兄同处。总督张珩以闻,诏许其入贡。二十六年定令五岁一贡。其后贡期如令,而来使益多。逮世宗末年,番文至二百四十八道。朝廷重违其情,咸为给赐。

隆庆四年,马黑麻嗣兄职,遣使谢恩。其弟琐非等三人,亦各称速檀,遣使来贡。礼官请裁其犒赐,许附马黑麻随从之数,可之。迄万历朝,奉贡不绝。

明史卷三三〇
列传第二一八

西域二

西番诸卫 西宁河州洮州岷州等番族诸卫
安定卫　阿端卫　曲先卫
赤斤蒙古卫　沙州卫　罕东卫
罕东佐卫　哈梅里

　　西番，即西羌，族种最多，自陕西历四川、云南西徼外皆是。其散处河、湟、洮、岷间者，为中国患尤剧。汉赵充国、张奂、段颎，唐哥舒翰，宋王韶之所经营，皆此地也。元封驸马章古为宁濮郡王，镇西宁，于河州设吐番宣慰司，以洮、岷、黎、雅诸州隶之，统治番众。

　　洪武二年，太祖定陕西，即遣官赍诏招谕，其酋长皆观望。复遣员外郎许允德招之，乃多听命。明年五月，吐番宣慰使何锁南普等以元所授金银牌印宣敕来上，会邓愈克河州，遂诣军前降。其镇西武靖王卜纳剌亦以吐番诸部来纳款。冬，何锁南普等入朝贡马及方物。帝喜，赐袭衣。四年正月设河州卫，命为指挥同知，予世袭。知院朵儿只、汪家奴并为指挥佥事。设千户所八，百户所七，皆命其酋长为之。卜纳剌等亦至京师，为靖南卫指挥同知，其侪桑加朵儿只为高昌卫指挥同知，皆带刀侍卫。自是，番酋日至。寻以降人马梅、汪瓦儿并为河州卫指挥佥事。又遣西宁州同知李喃哥等招抚其酋长,至者亦悉授官。乃改西宁州为卫,以喃哥为指挥。

帝以西番产马,与之互市,马至渐多。而其所用之货与中国异,自更钞法后,马至者少,患之。八年五月命中官赵成赍罗绮、绫绢并巴茶往河州市之,马稍集,率厚其值以偿。成又宣谕德意,番人感悦,相率诣阙谢恩。山后归德等州西番诸部落,皆以马来市。

十二年,洮州十八族番酋三副使等叛,据纳麟七站之地。命征西将军沐英等讨之,又命李文忠往筹军事。英等至洮州旧城,寇遁去,追斩其魁数人,尽获畜产。遂于东笼山南川,度地筑城置戍,遣使来奏。帝报曰:"洮州,西番门户,筑城戍守,扼其咽喉。"遂置洮州卫,以指挥聂纬、陈晖等六人守之。已,文忠等言,官军守洮州,饷艰民劳。帝降敕谕之曰:"洮州西控番戎,东蔽湟、陇,汉、唐以来备边要地。今番寇既斥,弃之不守,数年后番人将复为患。虑小费而忘大虞,岂良策哉。所获牛羊,分给将士,亦足充两年军食。其如敕行之。"文忠等乃不敢违。

秋,何锁南普及镇抚刘温各携家属来朝。谕中书省臣曰:"何锁南普自归附以来,信义甚坚。前遣使乌斯藏,远涉万里,及归,所言皆称朕意。今以家属来朝,宜加礼待。"乃赐米、麦各三十石,刘温三之一。

英等进击番寇,大破之,尽擒其魁,俘斩数万人,获马牛羊数十万。自是,群番震慑,不敢为寇。

十六年,青海酋长史剌巴等七人来归,赐文绮、宝钞。时岷州亦设卫,番人岁以马易茶,马日蕃息。二十五年又命中官而聂至河州,召必里诸番族,以敕谕之。争出马以献,得万三百余匹,给茶三十余万觔。命以马畀河南、山东、陕西骑士。帝以诸卫将士有擅索番人马者,遣官赍金、铜信符敕谕,往赐凉州、甘州、肃州、永昌、山丹、临洮、巩昌、西宁、洮州、河州、岷州诸番族。谕之曰:"往者朝廷有所需,必酬以茶货,未许私征。近闻边将无状,多假朝命扰害,俾尔等不获宁居。今特制金、铜信符颁给,遇有征发,必比对相符始行,否则伪,械至京,罪之。"自是,需求遂绝。

初,西宁番僧三剌为书招降罕东诸部,又建佛刹于碾白南川,以居其众,至是来朝贡马,请敕护持,赐寺额。帝从所请,赐额曰瞿昙寺。立西宁僧纲司,以三剌为都纲司。又立河州番、汉二僧纲司,并以番僧为之,纪以符契。自是,其徒争建寺,帝辄锡以嘉名,且赐敕护持。番僧来者日众。

永乐时,诸卫僧戒行精勤者,多授剌麻、禅师、灌顶国师之号,有加至大国师、西天佛子者,悉给以印诰,许之世袭,且令岁一朝贡,由是诸僧及诸卫土官辐辏京师。其他族种,如西宁十三族、岷州十八族、洮州十八族之属,大者数千人,少者数百,亦许岁一奉贡,优以宴赉。西番之势益分,其力益弱,西陲之患亦益寡。

宣德元年,以协讨安定、曲先功,加国师吒思巴领占等五人为大国师,给诰命、银印,秩正四品,加剌麻著星等六人为禅师,给敕命、银印,秩正六品。

正统五年,敕陕西镇守都督郑铭、都御史陈镒曰:"得奏,言河州番民领占等先因避罪,逃居结河里,招集徒党,占耕土田,不注籍纳赋,又藏匿逃亡,剽劫行旅,欲发兵讨之。朕念番性顽梗,且所犯在赦前,若遽加师旅,恐累及无辜。宜使人抚谕,令散遣徒党,还所掠牛羊,兵即勿进,否则加兵未晚。尔等其审之。"番人果输服。七年再敕铭及都御史王翱等曰:"得镇守河州都指挥刘永奏:往岁阿尔官等六族三千余人,列营归德城下,声言交易,后乃钞掠屯军,大肆焚戮。而著亦匪族番人屡于暖泉亭诸处,潜为寇盗。指挥张瑀擒获二人,止责偿所盗马,纵之使去。论法,瑀及永皆当究治,今姑令戴罪。尔等即遣官偕三司堂上亲诣其寨,晓以利害,令还归所掠,许其自新,不悛,则进讨。盖驭戎之道,抚绥为先,抚之不纵,然后用兵。尔等宜体此意。"番人亦输服。

成化三年,陕西副使郑安言:"进贡番僧,自乌斯藏来者不过三之一,余皆洮、岷寺僧,诡名冒贡。进一羸马,辄获厚直,得所赐币帛,制为战袍,以拒官军。本以羁縻之,而益致寇掠,是虚国帑而赍盗粮也。"章下礼部,会廷臣议,请行陕西文武诸臣,计定贡期、人数及存留起送之额以闻,报可。已而奏上,诸自乌斯藏来者皆由四川入,不得径赴洮、岷,遂著为例。明年冬,洮州番寇拥众掠铁城、后川二寨,指挥张翰等率兵御之,败去,获所掠人口以归。

五年,巡按江孟纶言:"岷州番寇纵横,村堡为虚。顷令指挥后泰与其弟通反覆开示,生番忍藏、占藏等三十余族酋长百六十余人,熟番栗林等二十四族酋长九十一人,转相告语,悔过来归,且还被掠人畜,愿供徭赋。杀牛告天,誓不再犯。已令副使李玘从宜赏劳,宣示朝廷恩威,皆欢跃而去。惟熟番绿园一族怙恶不服。"兵部言:"番性无常,朝抚夕叛,未可弛备。请谕边臣,向化者加意抚绥,犯顺者克期剿灭。"帝纳其言。

八年,礼官言:"洮、岷诸卫,送各族番人赴京,多至四千二百余人,应赏彩币人二表里,帛如之,钞二十九万八千有奇,马值尚在其外。考正统、天顺间,各番贡使不过三五百人。成化初,因洮、岷诸处滥以熟番作生番冒送,已定例,生番三年一贡,大族四五人,小族一二人赴京,余悉遣还。成化六年,副使邓本瑞妄自招徕,又复冒送,臣部已重申约束。今副使吴玘等不能严饬武备,专事通番,以纾近患。乞降敕切责,务遵前令。"帝亦如其言。

西宁即古湟中,其西四百里有青海,又曰西海,水草丰美。番人环居之,专务畜牧,日益繁滋,素号乐土。正德四年,蒙古部酋亦不剌、阿尔秃厮获罪其主,拥众西奔。瞯知青海饶富,袭而据之,大肆焚掠。番人失其地,多远徙。其留者不能自存,反为所役属。自是甘肃西宁始有海寇之患。九年,总制彭泽集诸道军,将捣其巢。寇诇知之,由河州渡黄河,奔四川,出松潘、茂州境,直走乌斯藏。及大军引还,则仍返海上,惟阿尔秃厮遁去。

嘉靖二年,尚书金献民西征,议遣官招抚,许为藩臣,如先朝设安定、曲先诸卫故事。兵部行总制杨一清计度,一清意在征讨,言寇精骑不过二三千,余皆胁从番人,然怨之入骨,时欲报仇,可用为间谋,大举剿绝。议未定,王宪、王琼相继来代,皆以兵寡饷诎,议竟不行。

八年,洮、岷诸番数犯临洮、巩昌,内地骚动。枢臣李承勋言:"番为海寇所侵,日益内徙。倘二寇交通,何以善后。昔赵充国不战而服羌,段颎杀羌百万而内地虚耗,两者相去远矣。乞广先帝之明,专充国之任,制置方略,悉听琼便宜从事。"琼乃集众议,且剿且抚。先遣总兵官刘文、游击彭械分布士马。明年二月,自固原进至洮、岷,遣人开示祸福。洮州东路木舍等三十一族,西路答禄失等十三族,岷州西宁沟等十五族,皆听抚,给白旗犒赐遣归。惟岷州东路若笼族、西路板尔等十五族及岷州刺即等五族,恃险不服。乃分兵先攻若笼、板尔二族,覆其巢,刺即诸族震慑乞降。凡斩首三百六十余级,抚定七十余族,乃班师。自是,洮、岷获宁,而西宁仍苦寇患。

十一年,甘肃巡抚赵载等言:"亦不刺据海上已二十余年,其党卜儿孩独倾心向化,求帖木哥等属番来纳款。宜因而抚之,或俾之纳马,或令其遣质,或授官给印,建立卫所,为我藩篱,于计为便。"疏甫上,会河套酋吉囊引众西掠,大破亦不刺营,收其部落大半而去,惟卜儿孩一枝敛众自保。由是西宁亦获休息,而纳款之议竟寝。及唐龙为总制,寇南掠松潘。龙虑其回巢与诸番及他部勾结为患,奏行甘肃守臣,缮兵积粟,为殄灭计。及龙去,事亦不行。

二十年正月,卜儿孩献金牌、良马求款。兵部言:"寇果输诚通贡,诚西陲大利。乃止献马及金牌,未有如往岁遣子入侍、酋长入朝之请,未可遽许。宜令督抚臣侦察情实,并条制驭之策以闻。"报可。会寇势渐衰,番人亦渐复业,其议复寝。

二十四年设岷州,隶巩昌府。岷西临极边,番汉杂处。洪武时,改土番十六族为十六里,设卫治之,俾稍供徭役。自设州之后,征发繁重,人日困敝。且番人恋世官,而流官又不乐居,遥寄治他所。越十余年,督抚合疏言不便,乃设卫如故。

时北部俺答猖獗,岁掠宣、大诸镇。又羡青海富饶,三十八年携子宾兔,丙兔等数万众,袭据其地。卜儿孩审走,遂纵掠诸番。已,引去,留宾兔据松山,丙兔据青海,西宁亦被其患。隆庆中,俺答受封顺义王,修贡惟谨,二子亦敛戢。

　　时乌斯藏僧有称活佛者,诸部多奉其教。丙兔乃以焚修为名,请建寺青海及嘉峪关外,为久居计。廷臣多言不可许,礼官言:"彼已采木兴工,而令改建于他所,势所不能,莫若因而许之,以鼓其善心,而杜其关外之请。况中国之御戎,惟在边关之有备。戎之顺逆,亦不在一寺之远近。"帝许之。丙兔既得请,又近胁番人,使通道松潘以迎活佛。四川守臣惧逼,乞令俺答约束其子,毋扰邻境。俺答言,丙兔止因甘肃不许开市,宁夏又道远艰难,虽有禁令,不能尽制。宣大总督方逢时亦言开市为便。帝以责陕西督抚,督抚不敢违。

　　万历二年冬,许丙兔市于甘肃,宾兔市于庄浪,岁一次。既而寺成,赐额仰华。

　　先是,亦不剌之据青海,边臣犹以外寇视之。至是以俺答故,竟视若属番。诸酋亦以父受王封,不敢大为边患,而洮州之变乃起。初,洮州番人以河州奸民负其物货,入掠内地,他族亦乘机为乱。奸民以告河州参将陈堂,堂曰:"此洮州番也,何与我事。"洮州参将刘世英曰:"彼犯河州,非我失事。"由是二将有隙。总督石茂华闻之,令二人及兰州参将徐勋、岷州守备朱宪、旧洮州守备史经各引兵压其境,晓以利害。番人惧,即还所掠人畜。世英谓首恶未擒,不可遽已,遂剿破之,镣伤及焚死者无算。军律,吹铜角乃退兵。堂挟前憾,不待角声而去,诸部亦多引去。宪、经方深入搜捕,邻番见其势孤,围而杀之。事闻,帝震怒,褫堂、世英职,切责茂华等。茂华乃集诸军分道进讨,斩首百四十余级,焚死者九百余人,获孳畜数十群。诸番震恐远徙,来降者七十一族,斩送首恶四人,生缚以献者二人,输马牛羊二百六十。稽首谢罪,誓不再犯,师乃还。

　　自丙兔据青海,有切尽台吉者,河套酋吉能从子,俺答从孙也,从之而西。屡掠番人不得志,邀俺答往助。俺答雅欲侵瓦剌,乃假迎活佛名,拥众西行。疏请授丙兔都督,赐金印,且开茶市。部议不许,但稍给以茶。俺答既抵瓦剌,战败而还。乃移书甘肃守臣,乞假道赴乌斯藏。守臣不能拒,遂越甘肃而南,会诸酋于海上。番人益遭蹂躏,多窜徙。八年春,始以活佛言东还,而切尽弟火落赤及俺答庶兄子永邵卜，遂留居青海不去。八月，丙兔率众掠番并内地人畜，诏绝其市赏。俺答闻之，驰书切责。乃尽还所掠，执献为恶者六人，自罚牛羊七百。帝嘉其父恭顺，赍之银币，即以牛羊赐其部人，为恶者付之自治，仍许贡市，俺答益感德。而火落赤侵掠番族不休，守臣橄切尽台吉约束之，亦引罪输服。及俺答卒，传至孙扯力克，势轻，不能制诸酋。

十六年九月，永邵卜部众有阑入西宁者，副总兵李奎方被酒，跃马而前。部众控鞍欲诉，奎拔刀斫之，众遂射奎死。部卒驰救之，亦多死。守臣不能讨，遣使诘责，但献首恶，还人畜而止。以故无所惮，愈肆侵盗。时丙兔及切尽台吉亦皆死，丙兔子真相移驻莽剌川，火落赤移驻捏工川，逼近西宁，日蚕食番族。番不能支，则折而为寇用。扯力克又西行助之，势益炽。十八年六月入旧洮州，副总兵李联芳率三千人御之，尽覆。七月复深入，大掠河州、临洮、渭源。总兵官刘承嗣与游击孟孝臣各将一军御之，皆败绩，游击李芳等死焉，西陲大震。

事闻，命尚书郑洛出经略。洛前督宣、大军，抚顺义王及忠顺夫人有恩。遣使趣扯力克东归，而大布招番之令，来者率善遇之，自是归附者不绝。火、真二酋自知罪重，又闻套酋卜失兔来助，大败于水泉口，扯力克复将还巢，始惧。徙帐去，留其党可卜兔等于莽剌川。明年，总兵官尤继先破走之。洛更进兵青海，焚仰华寺，逐其余众而还。番人复业者至八万余人，西陲暂获休息。已，复聚于青海。

二十三年增设临洮总兵官，以刘綎任之。未几，永邵卜诸部犯南川，参将达云大破之。已，连火、真二酋犯西川，云又击破之。明年，诸酋复掠番族，将窥内地。綎部将周国柱御之莽剌川，又大破之。二十七年纠叛苗犯洮、岷，总兵官萧如薰等败之，斩番人二百五十余级，寇八十二级，抚降番族五千余人。三十四年复入镇番黑古城，为总兵官柴国柱所败。自是屡入钞掠，不能大得志。

时为陕西患者，有三大寇：一河套，一松山，一青海。青海土最沃，且有番人屏蔽，故患犹不甚剧。崇祯十一年，李自成屡为官军击败,自洮州轶出番地。诸将穷追,复奔入塞内,番族亦遭蹂躏。十五年,西宁番族作乱,总兵官马炉督诸将五道进剿,斩首七百有奇,抚降三十八族而还。明年冬,李自成遣将陷甘州,独西宁不下。贼将辛恩忠攻破之,遂进掠青海。诸酋多降附,而明室亦亡。

番有生熟二种。生番犷悍难制。熟番纳马中茶,颇柔服,后浸通生番为内地患。自青海为寇所据,番不堪剥敛,私馈皮币曰手信,岁时加馈曰添巴,或反为向导,交通无忌。而中国市马亦鲜至,盖已失捍外卫内之初意矣。

原夫太祖甫定关中,即法汉武创河西四郡隔绝羌、胡之意,建重镇于甘肃,以北拒蒙古,南捍诸番,俾不得相合。又遣西宁等四卫土官与汉官参治,令之世守。且多置茶课司,番人得以马易茶。而部族之长,亦许其岁时朝贡,自通名号于天子。彼势既分,又动于利,不敢为恶。即小有蠢动,边将以偏师制之,靡不应时底定。自边臣失防,北寇得越境阑入,与番族交通,西陲遂多事。然究其时之所患,终在寇而不在番,故议者以太祖制驭为善。

安定卫,距甘州西南一千五百里。汉为婼羌,唐为吐蕃地,元封宗室卜烟帖木儿为宁王镇之。其地本名撒里畏兀儿,广袤千里,东近罕东,北迄沙州,南接西番。居无城郭,以毡帐为庐舍。产多驼马牛羊。

洪武三年遣使持诏招谕。七年六月,卜烟帖木儿使其府尉麻答儿等来朝,贡铠甲刀剑诸物。太祖喜,宴赉其使者,遣官厚赉其王,而分其地为阿端、阿真、苦先、帖里四部,各锡以印。明年正月,其王遣傅卜颜不花来贡,上元所授金、银字牌,请置安定、阿端二卫,从之。乃封卜烟帖木儿为安定王,以其部人沙剌等为指挥。

九年命前广东参政郑九成等使其地,赉王及其部人衣币。明年,王为沙剌所弑,王子板咱失里复仇,诛沙剌。沙剌部将得复杀王子,部内大乱。番将朵儿只巴叛走沙漠,经安定,大肆杀掠,夺其印去,其众益衰。二十五年,蓝玉西征,徇阿真川。土酋司徒哈昝等惧,逃匿山谷不敢出。及肃王之国甘州,遣僧谒王,乞授官以安部众。王为奏请,帝许之。二十九年命行人陈诚至其地,复立安定卫。其酋长哈孩虎都鲁等五十八人悉授指挥、千百户等官。诚还。酋长随之入朝,贡马谢恩。帝厚赉之,复命中官赍银币往赐。

永乐元年遣官赍敕抚谕撒里诸部。明年,安定头目多来朝,擢千户三即等三人为指挥佥事,余授官有差,并赐本卫指挥同知哈三等银币。未几,指挥朵儿只束来朝,愿纳差发马五百匹,命河州卫指挥康寿往受之。寿言:"罕东、必里诸卫纳马,其直皆河州军民运茶与之。今安定辽还,运茶甚难,乞给以布帛。"帝曰:"诸番市马用茶,已著为例。今姑从所请,后仍给茶。"于是定制,上马给布帛各二匹,以下递减。三年,哈三等遣使来贡,奏举头目撒力加藏卜等为指挥等官,且请岁纳挚畜什一,并从之。四年徙驻苦儿丁之地。

初,安定王之被杀也,其子撒儿只失加为其兄所杀,部众溃散,子亦攀丹流寓灵藏。十一年五月率众入朝,自陈家难,乞授职。帝念其祖率先归附,令袭封安定王,赐印诰。自是朝贡不辍。

二十二年,中官乔来喜、邓诚使乌斯藏,次毕力术江黄羊川。安定指挥哈三孙散哥及曲先指挥散即思等率众邀劫之,杀朝使,尽夺驼马币物而去。仁宗大怒,敕都指挥李英偕康寿等讨之。英等率西宁诸卫军及隆奔国师贾失儿监藏等十二番族之众,深入追贼,贼远遁。英等逾昆仑山西行数百里,抵雅令阔之地,遇安定贼,击败之,斩首四百八十余级,生擒七十余人,获驼马牛十四万有奇。曲先闻风远窜,追之不及而还。英以此封会宁伯,寿等皆进秩。大军既旋,指挥哈三等惧罪,不敢还故地。

宣德元年,帝遣官招谕之,复业者七百余人。帝并赐彩币表里,以安其反侧。三年春,赐安定及曲先卫指挥等官五十三人诰命。

初,大军之讨贼也,安定指挥桑哥与罕东卫军同奉调从征。罕东违令不至,其所辖板纳族瞰桑哥军远出,尽掠其部内庐帐畜产。事闻,降敕切责,令速归所掠,违命则发兵进讨。已,进桑哥都指挥佥事。

正统元年遣官赍敕谕安定王及桑哥曰："我祖宗时，乐等顺天命，尊朝廷，输诚效力，始终不替，朝廷恩赉亦久而弗渝。肆朕嗣位，尔等复遵朝命，约束部下，良用尔嘉。兹特遣官往谕朕意，赐以币帛。宜益顺天心，笃忠诚，保境睦邻，永享太平之福。"三年，桑哥卒，其子那南奔嗣职。九年，那南奔率众掠曲先人畜。朝廷遣官谕还之，不奉命，反劫其行李。帝怒，敕责安定王追理。王既奉命，又陈词乞怜。帝乃宥之，谕以保国睦邻之义。十一年冬，亦攀丹卒，子领占干些儿袭。时王年幼，叔父指挥同知辍思泰巴佐理国事，其同侪多不相下。王遣之入朝，奏请量加一秩，乃擢都指挥佥事。历景泰、天顺、成化三朝，频入贡。

弘治三年，领占干些儿卒，子千奔袭。赐赉粮、麻布，谕祭其父。先是，哈密忠顺王卒，无子。廷议安定王与之同祖，遣官择一人为其后，安定王不许。至是，访求陕巴于安定，册为忠顺王，命千奔遣送其家属。千奔怒曰："陕巴不应嗣王爵，爵应归绰尔加。"绰尔加者，千奔弟也。且邀厚赏。兵部言："陕巴实忠顺王之孙，素为国人所服。前哈密无主，遣使取应立者，绰尔加自知力弱不肯往。今事定之后，乃尔反覆，所言不可从。"陕巴迄得立。然千奔以立非己意，后哈密数被寇，竟不应援。十七年率众侵沙州，大掠而去。正德时，蒙古大酋亦不剌、阿尔秃厮侵据青海，纵掠邻境。安定遂残破，部众散亡。

阿端卫，在撒里畏兀儿之地，洪武八年置。后为朵儿只巴残破，其卫遂废。永乐四年冬，酋长小薛忽鲁札等来朝，贡方物，请复置卫设官，从之，即授小薛等为指挥佥事。

洪熙时，曲先酋散即思邀劫朝使，胁阿端指挥锁鲁丹偕行。已，大军出征，锁鲁丹惧，率部众远窜，失其印。宣德初遣使招抚，锁鲁丹犹不敢归，依曲先杂处。六年春，西宁都督史昭言："曲先卫真只罕等本别一部，因其父助散即思为逆，窜处毕力术江。其地当乌斯藏孔道，恐复为乱，宜讨之。"帝敕昭曰："残寇穷迫，无地自容，宜遣人宥其罪，令复故业。"于是真只罕率所部还居帖儿谷旧地。明年正月入朝，天子喜，授指挥同知，令掌卫事，以指挥佥事卜答兀副之。真只罕因言："阿端故城在回回境，去帖儿谷尚一月程，朝贡艰，乞移本土为便。"天子从其请，仍给以印，赐玺书抚慰之。迄正统朝，数入贡，后不知所终。

其时西域地亦有名阿端者，贡道从哈密入，与此为两地云。

曲先卫，东接安定，在肃州西南。古西戎，汉西羌，唐吐蕃，元设曲先答林元帅府。

洪武时，酋长入贡。命设曲先卫，官其人为指挥。后遭朵儿只巴之乱，部众窜亡，并入安定卫，居阿真之地。永乐四年，安定指挥哈三、散即思、三即等奏："安定、曲先本二卫，后合为一。比遭吐番把秃侵扰，不获宁居。乞仍分为二，复先朝旧制。"从之。即令三即为指挥使，掌卫事，散即思副之。又从其请，徙治药王淮之地。自是屡入贡。

洪熙时，散即思偕安定部酋劫杀朝使。已，大军往讨，散即思率众远遁，不敢还故土。宣德初，天子赦其罪，遣都指挥陈通等往招抚，复业者四万二千余帐。乃遣指挥失剌罕等入朝谢罪，贡驼马，待之如初，寻擢散即思都指挥同知，其僚属悉进官，给以诰命。

五年六月，朝使自西域还，言散即思数率部众邀劫往来贡使，梗塞道途。天子怒，命都督史昭为大将，率左右参将赵安、王彧及中官王安、王瑾，督西宁诸卫军及安定、罕东之众，往征之。昭等兵至其地，散即思先遁，其党脱脱不花等迎敌。诸将纵兵击之，杀伤甚众，生擒脱脱不花及男妇三百四十余人，获驼马牛羊三十四万有奇。自是西番震慑。散即思素狡悍，天子宥其罪，仍怙恶不悛。至是人畜多损失，乃悔惧。明年四月遣其弟副千户坚都等四人贡马请罪。复待之如初，令还居故地并归其俘。

七年，其指挥那那罕言："往者安定之兵从讨曲先，臣二女、四弟及指挥桑哥等家属被掠者五百人。今散即思已蒙赦宥，而臣等亲属犹未还，望圣明垂怜。"天子得奏恻然，语大臣曰："朕常以用兵为戒,正恐滥及无辜。彼不自言,何由知之。"即敕安定王亦攀丹等,悉归所掠。其年,散即思卒,命其子都立嗣职,赐敕勉之。十年擢那那罕都指挥佥事,其僚属进职者八十九人。正统七年遣使贡玉石。成化时,土鲁番强,被其侵掠。

弘治中,安定王子陕巴居曲先。廷议哈密无主,迎为忠顺王。正德七年,蒙古酋阿尔秃厮亦不剌窜居青海,曲先为所蹂躏,部族窜徙,其卫遂亡。

明初设安定、阿端、曲先、罕东、赤斤、沙州诸卫,给之金牌,令岁以马易茶,谓之差发。沙州、赤斤隶肃州,余悉隶西宁。时甘州西南尽皆番族,受边臣羁络,惟北面防寇。后诸卫尽亡,亦不剌据青海,土鲁番复据哈密,逼处关外。诸卫迁徙之众又环列甘肃肘腋,犷悍难驯。于是河西外防大寇,内防诸番,兵事日亟。

赤斤蒙古卫。出嘉峪关西行二十里曰大草滩,又三十里曰黑山儿,又七十里曰回回墓,墓西四十里曰骟马城,并设墩台,置瞭卒。城西八十里即赤斤蒙古。汉敦煌郡地,晋属晋昌郡,唐属瓜州,元如之,属沙州路。

洪武十三年,都督濮英西讨,次白城,获蒙古平章忽都帖木儿。进至赤斤站,获豳王亦怜真及其部曲千四百人,金印一。师还,复为蒙古部人所据。

永乐二年九月,有塔力尼者,自称丞相苦术子。率所部男妇五百余人,自哈剌脱之地来归。诏设赤斤蒙古所,以塔力尼为千户,赐诰印、彩币、袭衣。八年,回回哈剌马牙叛于肃州,约塔力尼为援。拒不应,而率部下擒贼六人以献。天子闻之喜,诏改千户所为卫,擢塔力尼指挥佥事,其部下授官者三人。明年遣使贡马。又明年以匿叛贼老的罕,将讨之。用侍讲杨荣言,止兵勿进,而赐敕诘责,塔力尼即擒老的罕来献。天子嘉之,进秩指挥同知,赐赍甚厚。久之卒,子且旺失加袭,修贡如制,进指挥使。宣德二年再进都指挥同知,其僚属亦多进秩。

正统元年，其部下指挥可儿即掠西域阿端贡物，杀使臣二十一人。赐敕切责，令还所掠。寻与蒙古脱欢帖木儿、猛哥不花战，胜之，使来献捷，进都指挥使。五年，朝使往来哈密者，且旺失加具糇粮、骒马护送，擢都督金事。明年，天子闻其部下时往沙州寇掠，或冒沙州名，邀劫西域贡使，遣敕切责。

时瓦剌兵强，数侵掠邻境。且旺失加惧，欲徙居肃州。天子闻而谕止之，令有警驰报边将。八年，瓦剌酋也先遣使送马及酒，欲娶且旺失加女为子妇，娶沙州困即来女为弟妇。二人不欲，并奏遵奉朝命，不敢擅婚。天子以瓦剌方强，其礼意不可却，谕令各从其愿，并以此意谕也先，而二人终不欲。明年，且旺失加称老不治事。诏授其子阿速都督金事，代之。也先复遣使求婚，且请亲人往受其币物。阿速虞其诈，拒不从，而遣人乞徙善地。天子谕以土地不可弃，令奖率头目图自强。又以其饥困，令边臣给之粟，所以抚恤者甚至。

先是，苦术娶西番女，生塔力尼；又娶蒙古女，生都指挥琐合者、革古者二人。各分所部为三，凡西番人居左帐，属塔力尼，蒙古人居右帐，属琐合者，而自领中帐。后苦术卒，诸子来归，并授官。至是阿速势盛，欲兼并右帐，屡相仇杀。琐合者不能支，诉于边将，欲以所部内属。帝虑其部人不愿内徙，仍遣琐合者还甘肃，而令礼往取其孥。十三年，边将护哈密使臣至苦峪。赤斤都指挥总儿加陆等率众围其城，声言报怨。官军出击之，获总儿加陆，已而逃去。事闻，敕责阿速，令缚献犯者。

景泰二年，也先复遣使持书求婚。会阿速他往，其僚属以其书来上。兵部尚书于谦言：“赤斤诸卫久为我藩篱，也先无故招降结亲，意在撤我屏蔽。宜令边臣整兵慎防，并敕阿速悉力捍御，有警驰报，发兵应援。”从之。五年，也先益图兼并，遣使赍印授阿速，胁令臣服。阿速不从，报之边臣。会也先被杀，获已。

天顺元年，都指挥马云使西域，命赐阿速彩币，俾护送往还。寻进秩左都督。成化二年卒，子瓦撒塔儿请袭，即以父官授之。其部下指挥敢班数侵盗边境，边将诱致之，送京师。天子数其罪，赐赍遣还。六年，其部人以瓦撒塔儿幼弱，其叔父乞巴等二人为部族信服，乞命为都督，理卫事。瓦撒塔儿亦上书，乞予一职，协守边方。帝从其请，并授指挥佥事。明年，瓦撒塔儿卒，子赏卜塔儿嗣为左都督。

九年，土鲁番陷哈密，遣使三人，以书招都督佥事昆藏同叛。昆藏不从，杀其使，以其书来献。天子嘉之，遣使赐赉，且令发兵攻讨。昆藏以力不足，请发官军数千为助。朝议委都督李文等计度。已，文等进征，昆藏果以兵来会。会文等顿军不进，其兵亦还。

十年，赏卜塔儿以千骑入肃州境，将与阿年族番人仇杀。边臣既谕却之，兵部请遣人责以大义，有仇则赴诉边吏，不得擅相侵掠，从之。十四年，其部人言赏卜塔儿幼不更事，指挥佥事加定得众心，乞迁一秩，俾总卫事。赏卜塔儿亦署名推让。而罕东酋长复合词奏举，且云两卫番人，待此以靖。帝纳其言，擢加定指挥佥事，暂掌印务。时土鲁番犹据哈密。哈密都督罕慎结赤斤为援，复其城，有诏褒赏。

十九年，邻番野乜克力来侵，大肆杀掠，赤斤遂残破。其酋长诉于边臣，给之粟。又命缮治其城，令流移者复业，赤斤自是不振。然弘治中，阿木郎破哈密，犹用其兵。后许进西征，亦以兵来助。正德八年，土鲁番遣将据哈密，遂大掠赤斤，夺其印而去。及彭泽经略，始以印来归。已，番贼犯肃州与中国为难。赤斤当其冲，益遭蹂躏。部众不能自存，尽内徙肃州之南山，其城遂空。

嘉靖七年，总督王琼抚安诸郡，核赤斤之众仅千余人。乃授赏卜塔儿子锁南束为都督，统其部帐。

沙州卫。自赤斤蒙古西行二百里曰苦峪，自苦峪南折而西百九十里曰瓜州，自瓜州而西四百四十里始达沙州。汉敦煌郡西域之境，玉门、阳关并相距不远。后魏始置沙州，唐因之，后没于吐蕃。宣宗时，张义潮以州内附，置归义军，授节度使。宋入于西夏，元为沙州路。

洪武二十四年，蒙古王子阿鲁哥失里遣国公抹台阿巴赤、司徒苦儿兰等来朝，贡马及璞玉。永乐二年，酋长困即来、买住率众来归。命置沙州卫，授二人指挥使，赐印诰、冠带、袭衣。已而其部下赤纳来附，授都指挥佥事。五年夏，敕甘肃总兵官宋晟曰："闻赤纳本买住部曲，今官居其上，高下失伦，已擢买住为都指挥同知。自今宜详为审定，毋或失序。"八年擢困即来都指挥佥事，其僚属进秩者二十人。买住卒，困即来掌卫事，朝贡不绝。二十二年，瓦剌贤义王太平部下来贡，中道为贼所梗，困即来遣人卫送至京。帝嘉之，赍以彩币，寻进秩都督佥事。

洪熙元年，亦力把里及撒马儿罕先后入贡，道经哈密地，并为沙州贼邀劫。宣宗怒，命肃州守将费瓛剿之。宣德元年，困即来以岁荒人困，遣使贷谷种百石，秋成还官。帝曰："番人即吾人，何贷为。"命即予之。寻遣中官张福使其地，赉彩币。七年又奏旱灾，敕于肃州授粮五百石。已而哈烈贡使言，道经沙州，为赤斤指挥革古者等剽掠。部议赤斤之人远至沙州为盗，罪不可贷。帝令困即来察之，敕曰："彼既为盗，不可复容，宜驱还本土，再犯不宥。"

九年遣使奏罕东及西番数肆侵侮，掠取人畜，不获安居，乞徙察罕旧城耕牧。帝遣敕止之曰："尔居沙州三十余年，户口滋息，畜牧富饶，皆朝廷之力。往年哈密尝奏尔侵扰，今外侮亦自取。但当循分守职，保境睦邻，自无外患。何必东迁西徙，徒取劳瘁。"又敕罕东、西番，果侵夺人畜，速还之。明年又为哈密所侵，且惧瓦剌见逼，不能自立。乃率部众二百余人走附塞下，陈饥窘状。诏边臣发粟济之，且令议所处置。边臣请移之苦峪，从之。自是不复还沙州，但遥领其众而已。

正统元年，西域阿端遣使来贡，为罕东头目可儿即及西番野人剽敚。困即来奉命往追还其贡物，帝嘉之，擢都督同知。四年，其部下都指挥阿赤不花等一百三十余家亡入哈密。困即来奉诏索之，不予。朝命忠顺还之，又不予。会遣使册封其新王，即令使人索还所逃之户。而哈密仅还都指挥桑哥失力等八十四家，余仍不遣。时罕东都指挥班麻思结久驻牧沙州不去，赤斤都指挥革古者亦纳其叛亡。困即来屡诉于朝,朝廷亦数遣敕诘责,诸部多不奉命。四年八月令人侦瓦剌、哈密事,具得其实以闻。帝喜,降敕奖励,厚赐之。明年遣使入贡,又报迤北边事,进其使臣二人官。初,困即来之去沙州也,朝廷命边将缮治苦峪城,率戍卒助之。六年冬,城成,入朝谢恩,贡驼马,宴赐遣还。七年率众侵哈密,获其人畜以归。

九年,困即来卒,长子喃哥率其弟克俄罗领占来朝。授喃哥都督佥事,其弟都指挥使,赐敕戒谕。既还,其兄弟乖争,部众携贰。甘肃镇将任礼等欲乘其窘乏,迁之塞内。而喃哥亦来言,欲居肃州之小钵和寺。礼等遂以十一年秋,令都指挥毛哈剌等,偕喃哥先赴沙州,抚谕其众,而亲率兵随其后。比至,喃哥意中变,阴持两端,其部下多欲奔瓦剌。礼等进兵迫之,遂收其全部入塞,居之甘州,凡二百余户,千二百三十余人,沙州遂空。帝以其迫之而来,情不可测,令礼熟计其便。然自是安居内地,迄无后患。而沙州为罕东酋班麻思结所有。独喃哥弟锁南奔不从徙,窜入瓦剌,也先封之为祁王。礼侦知其在罕东,掩袭获之。廷臣请正法,帝念其父兄恭顺,免死,徙东昌。

先是,太宗置哈密、沙州、赤斤、罕东四卫于嘉峪关外,屏蔽西陲。至是,沙州先废,而诸卫亦渐不能自立,肃州遂多事。

罕东卫,在赤斤蒙古南,嘉峪关西南,汉敦煌郡地也。洪武二十五年,凉国公蓝玉追逃寇祁者孙至罕东地,其部众多窜徙。西宁三剌为书招之,遂相继来归。三十年,酋锁南吉剌思遣使入贡,诏置罕东卫,授指挥佥事。

永乐元年偕其兄答力袭入朝,进指挥使。授答力袭指挥同知,并赐冠带、钞币。自是数入贡。十年,安定卫奏罕东数为盗,掠去民户三百,复纠西番阻截关隘。帝降敕切责,令还所掠。十六年命中官邓诚使其地。

洪熙元年遣使以即位谕其指挥同知绰儿加,赐白金、文绮。时官军征曲先贼,罕东指挥使却里加从征有功,擢都指挥佥事,赐诰世袭。其指挥那那奏,所属番民千五百,例纳差发马二百五十匹,其人多逃居赤斤,乞招抚复业。帝即命招之,并免所负之马。宣德元年论从征曲先功,擢绰儿加都指挥同知。初,大军之讨曲先也,安定部内及罕东密罗族人悉惊窜。事定,诏指挥陈通等往招。于是罕东复业者二千四百余帐,男妇万七千三百余人,安定部人亦还卫。

正统四年,罕东、安定合众侵西番申藏族,掠其马牛杂畜以万计。其僧诉于边将,言畜产一空,岁办差发马无从出。帝切责二卫,数其残忍暴横、违国法、毒邻境之罪,令悉归所掠。又谕僧不限旧制,随所有入贡。明年冬,绰儿加偕班麻思结共侵哈密,获老稚百人、马百匹,牛羊无算。忠顺王遣使索之,不予。帝闻,复赐敕戒谕。然番人以剽掠为性,天子即有言,亦不能尽从也。六年夏,绰儿加来贡马,宴赉还。九年卒,子赏卜儿加嗣职,奏乞斋粮、茶布,命悉予之。十一年进都指挥使。

成化九年,土鲁番陷哈密。都督李文西征,罕东以兵来助。后都督罕慎复哈密,亦藉其兵,赐敕奖赉。十八年,其部下掠番族,有侵入河清堡者。都指挥梅琛勒兵追之,夺还男妇五十余人,马牛杂畜四千五百有奇。边臣请讨其罪,部臣难之。帝曰:"罕东方听调协取哈密,未有携贰之形,奈何因小故遽加以兵。宜谕令悔过,不服,则耀兵威之。"二十二年,边臣言:"比遣官往哈密,与土鲁番使臣家属四百人偕行。道经罕东,为都督把麻奔等掠去,朝使仅免,乞讨之。"帝命遣人往谕,如番人例议和,还所掠物,不从则进兵。

弘治中,土鲁番复据哈密。兵部马文升议直捣其城,召指挥杨翥计之。翥言罕东有间道,不旬日可达哈密,宜出贼不意,从此进兵。文升曰:"如若言,发罕东兵三千前行,我师三千后继,各持数日干粮,兼程袭之,若何?"翥称善。文升以属巡抚许进,进遣人谕罕东如前策。会罕东失期不至,官军仍由大路进,贼得遁去。十二年,其部人侵西宁隆奔族,掠去印诰及人畜。兵部请敕都督,宣谕其下,毋匿所掠物,尽归其主,违命则都督自讨,从之。

时土鲁番日强,数侵掠邻境,诸部皆不能支。正德中,蒙古大酋入青海，罕东亦遭蹂躏，其众亦衰。后土鲁番复陷哈密，直犯肃州。罕东复残破，相率求内徙，其城遂弃不守。嘉靖时，总督王琼安辑诸部，移罕东都指挥枝丹部落于甘州。

罕东佐卫，在沙州卫故城，宪宗时始建。初，罕东部人奄章与种族不相能，数仇杀，乃率其众逃居沙州境。朝廷即许其耕牧，岁纳马于肃州。后部落日蕃，益不受罕东统属。至其子班麻思结，洪熙时从讨曲先有功，赏未之及。宣德七年自陈于朝，即命为罕东卫指挥使，赐敕奖赉。然犹居沙州，不还本卫。十年进都指挥使佥事。

正统四年，沙州卫都督困即来以班麻思结侵居其地，乞遣还。天子如其言，赐敕宣谕，班麻思结不奉命。时赤斤卫指挥锁合者因杀人遁入沙州地，班麻思结纳之。锁合者又令其子往乌斯藏取毒药，将攻赤斤。赤斤都督且旺失加以为言，天子即敕谕班麻思结睦邻保境，无启衅端。久之，沙州全部悉内徙，思结遂尽有其地。十四年，甘肃镇臣任礼等奏，班麻思结潜与瓦剌也先通好，近又与哈密构兵，宜令还居本卫。天子再赐敕宣谕，亦不奉命。寻进秩都指挥使。历景泰、天顺朝，朝贡不废。

成化中，班麻思结卒，孙只克嗣职，部众益盛。其时，土鲁番强，侵据哈密。只克与之接境，患其逼己，欲自为一卫。十五年九月奏请如罕东、赤斤例，立卫赐印，捍御西陲。兵部言：“近土鲁番吞噬哈密，罕东诸卫各不自保，西鄙为之不宁。而赤斤、罕东、苦峪又各怀嫌隙，不相救援。倘沙州更无人统理，势必为强敌所并，边方愈多事。宜如所请，即于沙州故城置罕东左卫，令只克仍以都指挥使统治。”从之。二十一年，甘肃守臣言：“北寇屡犯沙州，杀掠人畜。又值岁饥，人思流窜。已发粟五百石，令布种，仍乞人给月粮振之。其酋只克有斩级功，亦乞并叙。”乃擢只克都督佥事，余报可。

弘治七年，指挥王永言：“先朝建哈密卫，当西域要冲。诸番入贡至此，必令少憩以馆谷之，或遭他寇剽掠，则人马可以接护，柔远之道可谓至矣。今土鲁番据其地，久而不退。闻罕东左卫居哈密之南，仅三日程，野乜克力居哈密东北，仅二日程，是皆唇齿之地，利害共之。去岁秋，土鲁番遣人至只克所，胁令归附，只克不从。又杀野乜克力头目，其部人咸思报怨。宜旌劳二部，令并力合攻，永除厥患，亦以寇攻寇一策也。"章下兵部，不能用。十七年，瓦剌及安定部人大掠沙州人畜。只克不能自存，叩嘉峪关求济。天子既振给之，复谕二部解仇息争，不得构兵召衅。

正德四年，只克部内番族有劫掠邻境者，守臣将剿之。兵部言："西戎强悍，汉、唐以来不能制。我朝建哈密、赤斤、罕东诸卫，授官赐敕，犬牙相制，不惟断匈奴右臂，亦以壮西土藩篱。今番人相攻，于我何预，而遽欲兵之。宜敕都督只克，晓谕诸族，悔过息兵。"报可。

只克卒，子乞台嗣。十一年，土鲁番复据哈密，以兵胁乞台降附，遂犯肃州。左卫不克自立，相率徙肃州塞内。守臣不能拒，因抚纳之。

乞台卒，子日羔嗣。十六年秋入朝，乞赏赉。礼官劾其越例，且投疏不由通政司，请治馆伴者罪，从之。

乞台既内徙，其部下帖木哥、土巴二人仍居沙州，服属土鲁番，岁输妇女、牛马。会番酋征求苛急，二人怨。嘉靖七年夏，率部族五千四百人来归，沙州遂为土鲁番所有。

哈梅里，地近甘肃，元诸王兀纳失里居之。洪武十三年，都督濮英练兵西凉，请出师略地，开哈梅里之路以通商旅。太祖赐玺书曰："略地之请，听尔便宜。然将以谋为本，尔慎毋忽。"英遂进兵。兀纳失里惧，遣使纳款。明年五月遣回回阿老丁来朝贡马。诏赐文绮，遣往畏吾儿之地，招谕诸番。二十三年，帝闻兀纳失里与别部仇杀，谕甘肃都督宋晟等严兵备之。明年遣使请于延安、绥德、平凉、宁夏以马互市。帝曰："番人黠而多诈。互市之求，安知非觇我。中国利其马而不虞其害，所丧必多。宜勿听。自今至者，悉送京师。"

时西域回纥来贡者，多为哈梅里所遏。有从他道来者，又遣兵

邀杀之。帝闻之怒。八月命都督金事刘真偕宋晟督兵讨之。真等
由凉州西出,乘夜直抵城下,四面围之。其知院岳山夜槌城降。黎
明,兀纳失里驱马三百余匹,突围而出。官军争取其马,兀纳失里率
家属随马后遁去。真等攻破其城,斩豳王别儿怯帖木儿、国公省阿
桑尔只等,一千四百人,获王子别列怯部属千七百三十人,金银印
各一,马六百三十匹。二十五年遣使贡马骡请罪。帝纳之,赐白金、
文绮。

明史卷三三一
列传第二一九

西域三

乌斯藏大宝法王　大乘法王
大慈法王　阐化王　赞善王
护教王　阐教王　辅教王
西天阿难功德国　西天尼八剌国
朵甘乌斯藏行都指挥使司
长河西鱼通宁远宣慰司
董卜韩胡宣慰司

　　乌斯藏，在云南西徼外，去云南丽江府千余里，四川马湖府千五百余里，陕西西宁卫五千余里。其地多僧，无城郭。群居大土台上，不食肉娶妻，无刑罚，亦无兵革，鲜疾病。佛书甚多，楞伽经至万卷。其土台外，僧有食肉娶妻者。元世祖尊八思巴为大宝法王，锡玉印，既没，赐号"皇天之下一人之上宣文辅治大圣至德普觉真智佐国如意大宝法王西天佛子大元帝师。"自是，其徒嗣者咸称帝师。

　　洪武初，太祖惩唐世吐番之乱，思制御之。惟因其俗尚，用僧徒化导为善，乃遣使广行招谕。又遣陕西行省员外郎许允德使其地，令举元故官赴京授职。于是乌斯藏摄帝师喃加巴藏卜先遣使朝贡。

五年十二月至京。帝喜，赐红绮禅衣及鞋帽钱物。明年二月躬自入朝，上所举故官六十人。帝悉授以职，改摄帝师为炽盛佛宝国师，仍锡玉印及彩币表里各二十。玉人制印成，帝视玉未美，令更制，其崇敬如此。暨辞还，命河州卫遣官赍敕偕行，招谕诸番之未附者。冬，元帝师之后锁南坚巴藏卜、元国公哥列思监藏巴藏卜并遣使乞玉印。廷臣言已尝给赐，不宜复予，乃以文绮赐之。

七年夏，佛宝国师遣其徒来贡。秋，元帝师八思巴之后，公哥监藏巴藏卜及乌斯藏僧答力麻八刺遣使来朝，请封号。诏授帝师后人为圆智妙觉弘教大国师，乌斯藏僧为灌顶国师，并赐玉印。佛宝国师复遣其徒来贡，上所举土官五十八人，亦皆授职。九年，答力麻八刺遣使来贡。十一年复贡，奏举故官十六人为宣慰、招讨等官，亦皆报允。十四年复贡。

其时喃加巴藏卜已卒，有僧哈立麻者，国人以其有道术，称之为尚师。成祖为燕王时，知其名。永乐元年命司礼少监侯显、僧智光赍书币往征。其僧先遣人来贡，而躬随使者入朝。四年冬将至，命驸马都尉沐昕往迎之。既至，帝延见于奉天殿，明日宴华盖殿，赐黄金百，白金千，钞二万，彩币四十五表里，法器、茵褥、鞍马、香果、茶米诸物毕备。其从者亦有赐。明年春，赐仪仗、银瓜、牙仗、骨朵、鱿灯、纱灯、香合、拂子各二，手炉六，伞盖一，银交椅、银足踏、银杌、银盆、银罐、青圆扇、红圆扇、拜褥、帐幄各一，幡幢四十有八，鞍马二，散马四。

帝将荐福于高帝后，命建普度大斋于灵谷寺七日。帝躬自行香。于是卿云、甘露、青鸟、白象之属，连日毕见。帝大悦，侍臣多献赋颂。事竣，复赐黄金百，白金千，宝钞二千，彩币表里百二十，马九。其徒灌顶圆通善慧大国师答师巴罗葛罗思等，亦加优赐。遂封哈立麻为万行具足十方最胜圆觉妙智慧善普应佑国演教如来大宝法王西天大善自在佛，领天下释教，赐印诰及金、银、钞、彩币、织金珠袈裟、金银器、鞍马。命其徒孛隆逋瓦桑儿加领真为灌顶圆修净慧大国师，高日瓦禅伯为灌顶通悟弘济大国师，果栾罗葛罗监藏巴里藏卜为灌顶弘智净戒大国师，并赐印诰、银钞、彩币。已，命哈立麻赴五台山建大斋，再为高帝后荐福，赐予优厚。六年四月辞归，复赐金币、佛像，命中官护行。自是，迄正统末，入贡者八。已，法王卒，久不奉贡。弘治八年，王葛哩麻巴始遣使来贡。十二年两贡，礼官以一岁再贡非制，请裁其赐赉，从之。

正德元年来贡。十年复来贡。时帝惑近习言，谓乌斯藏僧有能知三生者，国人称之为活佛，欣然欲见之。考永、宣间陈诚、侯显入番故事，命中官刘允乘传往迎。阁臣梁储等言："西番之教，邪妄不经。我祖宗朝虽尝遣使，盖因天下初定，藉以化导愚顽，镇抚荒服，非信其教而崇奉之也。承平之后，累朝列圣止因其来朝而赏赉之，未尝轻辱命使，远涉其地。今忽遣近侍往送幢幡，朝野闻之，莫不骇愕。而允奏乞盐引至数万，动拨马船至百艘，又许其便宜处置钱物，势必携带私盐，骚扰邮传，为官民患。今蜀中大盗初平，疮痍未起。在官已无余积，必至苛敛军民，铤而走险，盗将复发。况自天全六番出境，涉数万之程，历数岁之久，道途绝无邮置，人马安从供顿。脱中途遇寇，何以御之？亏中国之体，纳外番之侮，无一可者。所赍敕书，臣等不敢撰拟。"帝不听。礼部尚书毛纪、六科给事中叶相、十三道御史周伦等并切谏，亦不听。

允行，以珠琲为幛幡，黄金为供具，赐其僧金印，犒赏以钜万计，内库黄金为之罄尽。敕允往返以十年为期，所携茶盐以数十万计。允至临清，漕艘为之阻滞。入峡江，舟大难进，易以艞艒，相连二百余里。及抵成都，日支官廪百石，蔬菜银百两，锦官驿不足，取傍近数十驿供之。治入番器物，估值二十万。守臣力争，减至十三万。工人杂造，夜以继日。居岁余，始率将校十人、士千人以行，越两月入其地。所谓活佛者，恐中国诱害之，匿不出见。将士怒，欲胁以威。番人夜袭之，夺宝货、器械以去。将校死者二人，卒数百人，伤者半之。允乘善马疾走，仅免。返成都，戒部下弗言，而以空函驰奏，至则武宗已崩。世宗召允还，下吏治罪。

嘉靖中，法王犹数入贡，迄神宗朝不绝。时有僧锁南坚错者，能知已往未来事，称活佛，顺义王俺答亦崇信之。万历七年，以迎活佛为名，西侵瓦剌，为所败。此僧戒以好杀，劝之东还。俺答亦劝此僧通中国，乃自甘州遗书张居正，自称释迦摩尼比邱，求通贡，馈以仪物。居正不敢受，闻之于帝。帝命受之，而许其贡。由是，中国亦知有活佛。此僧有异术能服人，诸番莫不从其教，即大宝法王及阐化诸王，亦皆俯首称弟子。自是西方止知奉此僧，诸番王徒拥虚位，不复能施其号令矣。

大乘法王者，乌斯藏僧昆泽思巴也，其徒亦称为尚师。永乐时，成祖既封哈立麻，又闻昆泽思巴有道术，命中官赍玺书银币征之。其僧先遣人贡舍利、佛像，遂偕使者入朝。十一年二月至京，帝即延见，赐藏经、银钞、彩币、鞍马、茶果诸物，封为万行圆融妙法最胜真如慧智弘慈广济护国演教正觉大乘法王西天上善金刚普应大光明佛，领天下释教，赐印诰、袈裟、幡幢、鞍马、伞器诸物，礼之亚于大宝法王。明年辞归，赐加于前，命中官护行。后数入贡，帝亦先后命中官乔来喜、杨三保赍赐佛像、法器、袈裟、禅衣、绒锦、彩币诸物。洪熙、宣德间并来贡。

成化四年，其王完卜遣使来贡。礼官言无法王印文，且从洮州入，非制，宜减其赐物。使者言，所居去乌斯藏二十余程，涉五年方达京师，且所进马多，乞给全赐，乃命量增。十七年来贡。

弘治元年，其王桑加瓦遣使来贡。故事，法王卒，其徒自相继承，不由朝命。三年，辅教王遣使奉贡，奏举大乘法王袭职。帝但纳其贡，赐赍遣还，不命袭职。

正德五年遣其徒绰吉我些儿等，从河州卫入贡。礼官以其非贡道，请减其赏，并治指挥徐经罪，从之。已，绰吉我些儿有宠于帝，亦封大德法王。十年，僧完卜锁南坚参巴尔藏卜遣使来贡，乞袭大乘法王。礼官失于稽考，竟许之。嘉靖十五年偕辅教、阐教诸王来贡，使者至四千余人。帝以人数逾额，减其赏，并治四川三司官滥送之罪。

初,成祖封阐化等五王,各有分地,惟二法王以游僧不常厥居,故其贡期不在三年之列。然终明世,奉贡不绝去。

大慈法王,名释迦也失,亦乌斯藏僧称为尚师者也。永乐中,既封二法王,其徒争欲见天子邀恩宠,于是来者趾相接。释迦也失亦以十二年入朝,礼亚大乘法王。明年命为妙觉圆通慈慧普应辅国显教灌顶弘善西天佛子大国师,赐之印诰。十四年辞归,赐佛经、佛像、法仗、僧衣、绮帛、金银器,且御制赞词赐之,其徒益以为荣。明年遣使来贡。十七年命中官杨三保赍佛像、衣币往赐。二十一年复来贡。宣德九年入朝,帝留之京师,命成国公朱勇、礼部尚书胡濙持节,册封为万行妙明真如上胜清净般若弘照普慧辅国显教至善大慈法王西天正觉如来自在大圆通佛。

宣宗崩,英宗嗣位,礼官先奏汰番僧六百九十人,正统元年复以为请。命大慈法王及西天佛子如故,余遣还,不愿者减酒馔廪饩,自是辇下稍清。西天佛子者,能仁寺僧智光也,本山东庆云人。洪武、永乐中,数奉使西国。成祖赐号国师,仁宗加号圆融妙慧净弘济辅国光范演教灌顶广善大国师,赐金印、冠服、金银器。至是复加西天佛子。

初,太祖招徕番僧,本藉以化愚俗,弭边患,授国师、大国师者不过四五人。至成祖兼崇其教,自阐化等五王及二法王外,授西天佛子者二,灌顶大国师者九,灌顶国师者十有八,其他禅师、僧官不可悉数。其徒交错于道,外扰邮传,内耗大官,公私骚然,帝不恤也。然至者犹即遣还。及宣宗时则久留京师,耗费益甚。英宗初年,虽多遣斥,其后加封号者亦不少。景泰中,封番僧沙加为弘慈大善法王,班卓儿藏卜为灌顶大国师。英宗复辟,务反景帝之政,降法王为大国师,大国师为国师。

成化初,宪宗复好番僧,至者日众。劄巴坚参、劄实巴、领占竹等,以秘密教得幸,并封法王。其次为西天佛子,他授大国师、国师、禅师者不可胜纪。四方奸民投为弟子,辄得食大官,每岁耗费巨万。

廷臣屡以为言，悉拒不听。孝宗践阼，清汰番僧，法王、佛子以下，皆递降，驱还本土，夺其印诰，由是辇下复清。

弘治六年，帝惑近习言，命取领占竹等诣京。言官交章力谏，事乃寝。十三年命为故西天佛子著肌领占建塔。工部尚书徐贯等言，此僧无益于国，营墓足矣，不当建塔，不从。寻命那卜坚参三人为灌顶大国师。帝崩，礼官请黜异教，三人并降禅师。

既而武宗蛊惑侫幸，复取领占竹至京，命为灌顶大国师，以先所降禅师三人为国师。帝好习番语，引入豹房，由是番僧复盛。封那卜坚参及劄巴藏卜为法王，那卜领占及绰即罗竹为西天佛子。已，封领占班丹为大庆法王，给番僧度牒三千，听其自度。或言，大庆法王，即帝自号也。

绰吉我些儿者，乌斯藏使臣，留豹房有宠，封大德法王。乞令其徒二人为正副使，还居本土，如大乘法王例入贡，且为二人请国师诰命，入蕃设茶。礼礼刘春等执不可，帝不听。春等复言："乌斯藏远在西方，性极顽犷。虽设四王抚化，而其来贡必为节制。若令赍茶以往，赐之诰命，彼或假上旨以诱诸番，妄有所干请。从之则非法，不从则生衅，害不可胜言。"帝乃罢设茶敕，而予之诰命。帝时益好异教，常服其服，诵习其经，演法内厂。绰吉我些儿辈出入豹房，与权倖杂处，气焰灼然。及二人乘传归，所过驿骚，公私咸被其患。

世宗立，复汰番僧，法王以下悉被斥。后世宗崇道教，益黜浮屠，自是番僧鲜至中国者。

阐化王者，乌斯藏僧也。初，洪武五年，河州卫言："乌斯藏怕木竹巴之地，有僧曰章阳沙加监藏，元时封灌顶国师，为番人推服。今朵甘酋赏竹监藏与管兀儿构兵，若遣此僧抚谕，朵甘必内附。"帝如其言，仍封灌顶国师，遣使赐玉印、彩币。明年，其僧使酋长锁南藏卜贡佛像、佛书、舍利。是时方命佛宝国师招谕番人，于是怕木竹巴僧等自称辇卜阁，遣使进表及方物。帝厚赐之。辇卜阁者，其地首僧之称也。八年正月设怕木竹巴万户府，以番酋为之。已而章阳沙加卒，授其徒锁南扎思巴噫监藏卜为灌顶国师。二十一年上表称病，举弟吉剌思巴监藏巴藏卜自代，遂授灌顶国师。自是三年一贡。

成祖嗣位，遣僧智光往赐。永乐元年遣使入贡。四年封为灌顶国师阐化王，赐螭纽玉印，白金五百两，绮衣三袭，锦帛五十匹，巴茶二百斤。明年命与护教、赞善二王，必力工瓦国师及必里、朵甘、陇答诸卫，川藏诸族，复置驿站，通道往来。十一年，中官杨三保使乌斯藏还，其王遣从子剳结等随之入贡。明年复命三保使其地，令与阐教、护教、赞善三王及川卜、川藏等共修驿站，诸未复者尽复之。自是道路毕通，使臣往还数万里，无虞寇盗矣。其后贡益频数。帝嘉其诚，复命三保赍佛像、法器、袈裟、禅衣及绒锦、彩币往劳之。已，又命中官戴兴往赐彩币。

宣德二年命中官侯显往赐绒锦、彩币。其贡使尝殴杀驿官子，帝以其无知，遣还，敕王戒饬而已。九年，贡使归，以赐物易茶。至临洮，有司没入之，羁其使，请命。诏释之，还其茶。

正统五年，王卒。遣禅师二人为正副使，封其从子吉剌思巴永耐监藏巴藏卜为阐化王。使臣私市茶彩数万，令有司运致。礼官请禁之，帝念其远人，但令自僦舟车。已，王卒，以桑儿结坚昝巴藏卜嗣。

成化元年，礼部言：“宣、正间，诸贡不过三四十人，景泰时十倍，天顺间百倍。今贡使方至，乞敕谕阐化王，令如洪武旧制，三年一贡。”从之。五年，王卒，命其子公葛列思巴中奈领占坚参巴儿藏卜嗣。遣僧进贡，还至西宁，留寺中不去，又冒名入贡，隐匿所赐玺书、币物。王使其下三人来趣，其僧闭之室中，刳二人目。一人逸，诉于都指挥孙鉴。鉴捕置之狱，受其徒贿，而复以闻。下四川巡按鞫治，坐僧四人死，鉴将逮治，会赦悉免。

十七年以长河西诸番多假番王名朝贡，命给阐化、赞善、阐教、辅教四王敕书勘合，以防奸伪。二十二年遣使四百六十人来贡，守臣遵新例，但纳一百五十人。礼官以使者已入境。难固拒，请顺其情概纳之，为后日两贡之数，从之。

弘治八年遣僧来贡，还至扬州广陵驿，遇大乘法王贡使，相与杀牲纵酒，三日不去。见他使舟至，则以石投之，不容近陆。知府唐恺诣驿呼其舟子戒之，诸僧持兵仗呼噪拥而入。恺走避，隶卒力格斗乃免，为所伤者甚众。事闻，命治通事及伴送者罪，遣人谕王令自治其使者。其时王卒，子班阿吉江东剳巴请袭，命番僧二人为正副使往封。比至，新王亦死，其子阿往剳失剳巴坚参即欲受封，二人不得已授之，遂具谢恩仪物，并献其父所领勘合印章为左验。至四川，守臣劾其擅封，逮治论斩，减死戍边，副使以下悉宥。

正德三年，礼官以贡使逾额，令为后年应贡之数。嘉靖三年僧辅教王及大小三十六番请入贡。礼官以诸番不具地名、族氏，令守臣核实以闻。四十三年，阐化诸王遣使入贡请封。礼官循故事，遣番僧二十二人为正副使，序班朱廷对监之。至中途大骚扰，不受廷对约束，廷对还白其状。礼官请自后封番王，即以诰敕付使者赍还，或下守臣，择近边僧人赍赐。封诸藏之不遣京寺番僧，自此始也。番人素以入贡为利，虽屡申约束，而来者日增。隆庆三年再定令阐化、阐教、辅教三王，俱三岁一贡，贡使各千人，半全赏，半减赏。全赏者遣八人赴京，余留边上。遂为定例。

万历七年，贡使言阐化王长子札释藏卜乞嗣职，如其请。久之卒，其子请袭。神宗许之，而制书但称阐化王。用阁臣沈一贯言，加称乌斯藏怕木竹巴灌顶国师阐化王。其后奉贡不替。所贡物有画佛、铜佛、铜塔、珊瑚、犀角、氆氇、左髻毛缨、足力麻、铁力麻、刀剑、明甲胄之属，诸王所贡亦如之。

赞善王者，灵藏僧也。其地在四川徼外，视乌斯藏为近。成祖践阼，命僧智光往使。永乐四年，其僧著思巴儿监藏遣使入贡，命为灌顶国师。明年封赞善王，国师如故，赐金印、诰命。十七年，中官杨三保往使。洪熙元年，王卒，从子喃葛监藏袭。宣德二年，中官侯显往使。正统五年奏称年老，请以长子班丹监剉代。帝不从其请，而授其子为都指挥使。

初,入贡无定期,自永乐迄正统,或间岁一来,或一岁再至。而历朝遣使往赐者,金币、宝钞、佛像、法器、袈裟、禅服,不一而足。至成化元年始定三岁一贡之例。

三年命塔儿把坚粲袭封。故事,封番王诰敕及币帛遣官赍赐,至是西陲多事,礼官乞付使者赍回,从之。

五年,四川都司言,赞善诸王不遵定制,遣使率各寺番僧百三十二种入贡,且无番王印文,今止留十余人守贡物,余已遣还。礼官言:"番地广远,番王亦多,若遵例并时入贡,则内郡疲供亿。莫若令诸王于应贡之岁,各具印文,取次而来。今贡使已至,难拂其情。乞许作明年应贡之数。"报可。

十八年,礼官言:"番王三岁一贡,贡使百五十人,定制也。近赞善王连贡者再,已遣四百十三人。今请封请袭,又遣千五百五十人,违制宜却。乞许其请封袭者,以三百人为后来两贡之数,余悉遣还。"亦报可。遂封喃葛坚粲巴藏卜为赞善王。弘治十六年卒,命其弟端竹坚昝嗣。嘉靖后犹入贡如制。

护教王者,名宗巴干即南哥巴藏卜,馆觉僧也。成祖初,僧智光使其地。永乐四年遣使入贡,诏授灌顶国师,赐之诰。明年遣使入谢,封为护教王,赐金印、诰命,国师如故。遂频岁入贡。十二年卒,命其从子干些儿吉剌思巴藏卜嗣。洪熙、宣德中并入贡。已而卒,无嗣,其爵遂绝。

阐教王者,必力工瓦僧也。成祖初,僧智光赍敕入番,其国师端竹监藏遣使入贡。永乐元年至京,帝喜,宴赍遣还。四年又贡,帝优赐,并赐其国师大板的达、律师锁南藏卜衣币。十一年乃加号灌顶慈慧净戒大国师,又封其僧领真巴儿吉监藏为阐教王,赐印诰、彩币。后比年一贡。杨三保、戴兴、侯显之使,皆赍金币、佛像、法器赐焉。

宣德五年,王卒,命其子绰儿加监巴领占嗣。久之卒,命其子领占叭儿结坚参嗣。成化四年从礼官言,申三岁一贡之制。明年,王卒,命其子领占坚参叭儿藏卜袭。二十年,帝遣番僧班著儿赍玺书勘合往赐。其僧惮行,至半道,伪为王印信、番文复命,诏逮治。

正德十三年遣番僧领占剳巴等封其新王。剳巴等乞马快船三十艘载食盐,为入番买路之资。户科、户部并疏争,不听。剳巴等在途科索无厌,至吕梁,殴管洪主事李瑜几毙,恣横如此。迄嘉靖世,阐教王修贡不辍。

辅教王者,思达藏僧也。其地视乌斯藏尤远。成祖即位,命僧智光持诏招谕,赐以银币。永乐十一年封其僧南渴烈思巴为辅教王,赐诰印、彩币,数通贡使。杨三保、侯显皆往赐其国,与诸法王等。景泰七年,使来贡,自陈年老,乞令其子葛喃坚粲巴藏卜代。帝从之,封为辅教王,赐诰敕、金印,彩币、袈裟、法器。以灌顶国师葛藏、右觉义桑加巴充正、副使往封。至四川,多雇牛马,任载私物。礼官请治其罪,英宗方复辟,命收其敕书,减供应之半。

成化五年,王卒,命其子喃葛剳失坚参叭藏卜嗣。六年申旧制,三年一贡,多不过百五十人,由四川雅州入。国师以下不许贡。弘治十二年,辅教等四王及长河西宣慰司并时入贡,使者至二千八百余人。礼官以供费不赀,请敕四川守臣遵制遣送,违者却还,从之。历正德、嘉靖世,奉贡不绝。

西天阿难功德国,西方番国也。洪武七年,王卜哈鲁遣其讲主必尼西来朝,贡方物及解毒药石。诏赐文绮、禅衣及布帛诸物。后不复至。

又有和林国师朵儿只怯烈失思巴藏卜,亦遣其讲主汝奴汪叔来朝,献铜佛、舍利、白哈丹布及元所授玉印一、玉图书一、银印四、铜印五、金字牌三,命宴赉遣还。明年,国师入朝,又献佛像、舍利、马二匹,赐文绮、禅衣。和林,即元太祖故都,在极北,非西番,其国师则番僧。与功德国同时来贡,后亦不复至。

尼八剌国,在诸藏之西,去中国绝远。其王皆僧为之。洪武十七年,太祖命僧智光赍玺书、彩币往,并使其邻境地涌塔国。智光精释典,负才辨,宣扬天子德意。其王马达纳罗摩遣使随入朝,贡金塔、佛经及名马方物。二十年达京师。帝喜,赐银印、玉图书、诰敕、符验及幡幢、彩币。二十三年再贡,加赐玉图书、红罗伞。终太祖时,数岁一贡。成祖复命智光使其国。永乐七年遣使来贡。十一年命杨三保赍玺书、银币赐其嗣王沙的新葛及地涌塔王可般。明年遣使来贡。封沙的新葛为尼八剌国王,赐诰及镀金银印。十六年遣使来贡,命中官邓诚赍玺书、锦绮、纱罗往报之。所经罕东、灵藏、必力工瓦、乌斯藏及野蓝卜纳,皆有赐。宣德二年又遣中官侯显赐其王绒锦、纻丝,地涌塔王如之。自后,贡使不复至。

又有速睹嵩者,亦西方之国。永乐三年遣行人连迪等赍敕往招,赐银钞、彩币。其酋以道远不至。

朵甘,在四川徼外,南与乌斯藏邻,唐吐蕃地。元置宣慰司、招讨司、元帅府、万户府,分统其众。

洪武二年,太祖定陕西,即遣官赍诏招抚。又遣员外郎许允德谕其酋长,举元故官赴京。摄帝师喃加巴藏卜及故国公南哥思丹八亦监藏等,于六年春入朝,上所举六十人名。帝喜,置指挥使司二,曰朵甘,曰乌斯藏,宣慰司二,元帅府一,招讨司四,万户府十三,千户所四,即以所举官任之。廷臣言,来朝者授职,不来者宜弗予。帝曰:"吾以诚心待人。彼不诚,曲在彼矣。万里来朝,俟其再请,岂不负远人归向之心。"遂皆授之。降诏曰:"我国家受天明命,统御万方,恩抚善良,武威不服。凡在幅员之内,咸推一视之仁。乃者摄帝师喃加巴藏卜率所举故国公、司徒、宣慰、招讨、元帅、万户诸人,自远入朝。朕嘉其识天命,不劳师旅,共效职方之贡。已授国师及故国公等,为指挥同知等官,皆给诰印。自今为官者务遵朝廷法,抚安一方。僧务敦化导之诚,率民为善,共享太平,永绥福祉,岂不休哉。"并宴赉遣还。初,元尊番僧为帝师,授其徒国公等秩,故降者袭旧号。

锁南兀即尔者归朝,授朵甘卫指挥金事。以元司徒银印来上,命进指挥同知。已而朵甘宣慰赏竹监藏举首领可为指挥、宣慰、万户、千户者二十二人。诏从其请,铸分司印予之。乃改朵甘、乌斯藏二卫为行都指挥使司,以锁南兀即尔为朵甘都指挥同知,管招兀即尔为乌斯藏都指挥同知,并赐银印。又设西安行都指挥使司于河州,兼辖二都司。已,佛宝国师锁南兀即尔等遣使来朝,奏举故官赏竹监藏等五十六人。命增置朵甘思宣慰司及招讨等司。招讨司六:曰朵甘思,曰朵甘陇答,曰朵甘丹,曰朵甘仓溏,曰朵甘川,曰磨儿勘。万户府四:曰沙儿可,曰乃竹,曰罗思端,曰列思麻。千户所十七。以赏竹监藏为朵甘都指挥同知,余授职有差。自是,诸番修贡惟谨。

八年置俄力思军民元帅府。寻置陇答卫指挥使司。十八年以班竹儿藏卜为乌斯藏都指挥使。乃更定品秩,自都指挥以下皆令世袭。未几,又改乌斯藏俺不罗卫为行都指挥使司。二十六年,西番思曩日等族遣使贡马,命赐金铜信符、文绮、袭衣,许之朝贡。

永乐元年改必里千户所为卫,后置乌斯藏牛儿宋寨行都指挥使司,又置上邛部卫,皆以番人官之。十八年,帝以西番悉入职方,其最远白勒等百余寨犹未归附,遣使往招,亦多入贡。帝以番俗惟僧言是听,乃宠以国师诸美号,赐诰印,令岁朝。由是诸番僧来者日多,迄宣德朝,礼之益厚。九年命中官宋成等赍玺书、赐物使其地,敕都督赵安率兵送之毕力术江。

正统初,以供费不赀,稍为裁损。时有番长移书松潘守将赵得,言欲入朝,为生番阻遏,乞遣兵开道。诏令得遣使招生番,相率朝贡者八百二十九寨,悉赐赍遣归。天顺四年,四川三司言:"比奉敕书,番僧朝贡入京者不得过十人,余留境上候赏。今蜀地灾伤,若悉留之,动经数月,有司困于供亿。宜如正统间制,宴待遣还。"报可。

成化三年,阿昔洞诸族土官言:"西番大小二姓为恶,杀之不惧。惟国师、剌麻劝化,则革心信服。"乃进禅师远丹藏卜为国师都纲子瑞为禅师,以化导之。六年申诸番三岁一贡之例,国师以下不许贡,于是贡使渐希。

初,太祖以西番地广,人犷悍,欲分其势而杀其力,使不为边患,故来者辄授官。又以其地皆食肉,倚中国茶为命,故设茶课司于天全六番,令以马市,而入贡者又优以茶布。诸番恋贡市之利,且欲保世官,不敢为变。迨成祖,益封法王及大国师、西天佛子等,俾转相化导,以共尊中国,以故西陲宴然,终明世无番寇之患。

长河西鱼通宁远宣慰司,在四川徼外,地通乌斯藏,唐为吐蕃。元时置碉门、鱼通、黎、雅、长河西、宁远六安抚司,隶吐蕃宣慰司。

洪武时,其地打煎炉、长河西土官元右丞剌瓦蒙遣其理问高惟善来朝,贡方物,宴赉遣还。十六年,复遣惟善及从子万户若剌来贡。命置长河西等处军民安抚司,以剌瓦蒙为安抚使,赐文绮四十八匹,钞二百锭,授惟善礼部主事。二十年遣惟善招抚长河西、鱼通、宁远诸处,明年还朝,言:

安边之道,在治屯守,而兼恩威。屯守既坚,虽远而有功;恩威未备,虽近而无益。今鱼通、九枝疆土及岩州、杂道二长官司,东邻碉门、黎、雅,西接长河西。自唐时吐蕃强盛,宁远、安靖、岩州汉民,往往为彼驱入九枝、鱼通,防守汉边。元初设二万户府,仍与盘陀、仁阳置立寨栅,边民戍守。其后各枝率众攻仁阳等栅。及川蜀兵起,乘势侵陵雅、卬、嘉等州。洪武十年始随碉门土酋归附。岩州、杂道二长官司自国朝设,迨今十有余年,官民仍旧不相统摄。盖无统制之司,恣其猖獗,因袭旧弊故也。其近而已附者如此,远而未附者何由而臣服之。且岩州、宁远等处,乃古之州治。苟拨兵戍守,就筑城堡,开垦山田,使近者向化而先附,远者畏威而来归,西域无事则供我徭役,有事则使之先驱。抚之既久,则皆为我用。如臣之说,其便有六。

通乌斯藏、朵甘,镇抚长河西,可拓地四百余里,得番民二千余户。非惟黎、雅保障，蜀亦永无西顾忧。一也。

番民所处老思冈之地，土瘠人繁，专务贸贩碉门乌茶、蜀之细布，博易羌货，以赡其生。若于岩州立市，则此辈衣食皆仰给于我，焉敢为非。二也。

以长河西、伯思东、巴猎等八千户为外番掎角，其势必固。然后招徕还者，如其不来，使八千户近为内应，远为向导，此所谓以蛮攻蛮，诚制边之善道。三也。

天全六番招讨司八乡之民，宜悉蠲其徭役，专令蒸造乌茶，运至岩州，置仓收贮，以易番马。比之雅州易马，其利倍之。且于打煎炉原易马处相去甚近，而价增于彼，则番民如蚁之慕膻，归市必众。四也。

岩州既立仓易马，则番民运茶出境，倍收其税，其余物货至者必多。又鱼通、九枝蛮民所种水陆之田，递年无征。若令岁输租米，并令军士开垦大渡河两岸荒田，亦可供给戍守官军。五也。

碉门至岩州道路，宜令缮修开拓，以便往来人马。仍量地里远近，均立邮传，与黎、雅烽火相应。庶可以防遏乱略，边境无虞。六也。

帝从之。

后建昌酋月鲁帖木儿叛，长河西诸酋阴附之，失朝贡，太祖怒。三十年春谓礼部臣曰："今天下一统，四方万国皆以时奉贡。如乌斯藏、尼八剌国其地极远，犹三岁一朝。惟打煎炉长河西土酋外附月鲁帖木儿、贾哈剌，不臣中国。兴师讨之，烽刃之下，死者必众。宜遣人谕其酋。若听命来觐，一以恩待，不悛则发兵三十万，声罪徂征。"礼官以帝意为文驰谕之。其酋惧，即遣使入贡谢罪。天子赦之，为置长河西鱼通宁远宣慰司，以其酋为宣慰使，自是修贡不绝。初，鱼通及宁远、长河西，本各为部，至是始合为一。

永乐十三年，贡使言："西番无他土产，惟以马易茶。近年禁约，生理实艰，乞仍许开中。"从之。二十一年，宣慰使喃哩等二十四人来朝贡马。正统二年，喃哩啐卒，子加八僧嗣。成化四年申诸番三岁一贡之令，惟长河西仍比岁一贡。六年颁定二年或三年一贡之例，贡使不得过百人。十七年，礼官言：“乌斯藏在长河西之西，长河西在松潘、越巂之南，壤地相接，易于混淆。乌斯藏诸番王例三岁一贡，彼以道险来少，而长河西番僧往往诈为诸王文牒，入贡冒赏。请给诸番王及长河西、董卜韩胡敕书勘合，边臣审验，方许进入，庶免诈伪之弊。或道阻，不许补贡。”从之。十九年，其部内灌顶国师遣僧徒来贡至千八百人，守臣劾其违制。诏止纳五百人，余悉遣还。二十二年，礼官言：“长河西以黎州大渡河寇发，连岁失贡，至是补进三贡。定制，道梗者不得再补。但今贡物已至，宜顺其情纳之，而量减赐赉。”报可。

弘治十二年，礼官言：“长河西及乌斯藏诸番，一时并贡，使者至二千八百余人。乞谕守臣无滥送。”亦报可。然其后来者愈多，卒不能却。嘉靖三年定令不得过一千人。隆庆三年定五百人全赏、遣八人赴京之制，如阐教诸王。其贡物则珊瑚、氆氇之属，悉准《阐化王传》所载。诸番贡皆如之。

董卜韩胡宣慰司，在四川威州之西，其南与天全六番接。永乐九年，酋长南葛遣使奉表入朝，贡方物。因言答隆蒙、碉门二招讨侵掠邻境，阻遏道路，请讨之。帝不欲用兵，降敕慰谕，使比年一贡，赐金印、冠带。

正统三年奏年老，乞以子克罗俄坚粲代，从之。凶狡不循礼法。七年乞封王，赐金印，帝不许。命进秩镇国将军、都指挥同知，掌宣慰司事，给之诰命。益恃强，数与杂谷安抚及别思寨安抚饶略构怨。十年八月移牒四川守臣，谓：“别思寨本父南葛故地，分畀饶略父者。后饶略受事，私奏于朝，获设安抚司。迄乃伪为宣慰司印，自称宣慰使，纠合杂谷诸番，将侵噬己地。已拘执饶略，追出伪印，用番俗法剜去两目。谨以状闻。”守臣上其事。帝遣使赍敕责其专擅，令与使臣推择饶略族人为安抚，仍辖其地，且送还饶略，养之终身。

　　十三年十月，四川巡按张洪等奏："近接董卜宣慰文牒言：杂谷故安抚阿隰小妻毒杀其夫及子，又贿威州千户唐泰诬己谋叛。今备物进贡，欲从铜门山西开山通道，乞官军于日驻迓之。"臣等窃以杂谷内联威州、保县，外邻董卜韩胡。杂谷力弱，欲抗董卜，实倚重于威、保。董卜势强，欲通威、保，却受阻于杂谷，以此仇杀，素不相能。铜门及日驻诸寨，乃杂谷、威、保要害地。董卜欺杂谷妻寡子弱，瞰我军远征麓川，假进贡之名，欲别开道路，意在吞灭杂谷，构陷唐泰。所请不可许。"乃下都御史寇深等计度，其议迄不行。

　　时董卜比岁入贡，所遣僧徒强悍不法，多携私物，强索舟车，骚扰道途，詈辱长吏。天子闻而恶之，景泰元年赐敕切责。寻侵夺杂谷及达思蛮长官司地，掠其人畜，守臣不能制。三年二月朝议奖其入贡勤诚，进秩都指挥使，令还二司侵地及所掠人民。其酋即奉命，惟旧维州之地尚为所据。俄馈四川巡抚李匡银罴、金珀，求御制大诰、周易、尚书、毛诗、小学、方舆胜览、成都记诸书。匡闻之于朝，因言："唐时吐蕃求《毛诗》、《春秋》。于休烈谓，予之以书，命名知权谋，愈生变诈，非中国之利。裴光廷谓，吐蕃久叛新服，因其有请，赐以《诗》、《书》，俾渐陶声教，化流无外。休烈徒知书有权略变诈，不知忠信礼义皆从书出。明皇从之。今兹所求，臣以为予之便。不然彼因贡使市之书肆，甚不为难。惟《方舆胜览》、《成都记》，形胜关塞所具，不可概予。"帝如其言。寻以其还侵地，赐敕奖励。

　　六年，兵部尚书于谦等奏其僭称蛮王，窥伺巴、蜀，所上奏章语多不逊，且招集群番，大治戎器，悖逆日彰，不可不虑，宜敕守臣预为戒备，从之。

　　克罗俄坚粲死，子刴思坚粲藏卜遣使来贡，命为都指挥同知，掌宣慰司事。天顺元年遣使入贡，乞封王。命如其父官，进秩都指挥使，仍掌宣慰司事。

　　成化五年，四川三司奏："保县僻处极边，永乐五年特设杂谷安抚司，令抚辑旧维州诸处蛮塞。后与董卜构兵，维州诸地俱为侵夺，贡道阻绝。今杂谷恢复故疆，将遣使来贡，不知贡期，未敢擅遣。"帝从礼官言,许以三年为期。四年申诸番三年一贡之例,惟董卜许比年一贡。

六年,劄巴坚粲藏卜卒,子绰吾结言千嗣为都指挥佥使。弘治三年卒,子日墨劄思巴旺丹巴藏卜遣国师贡珊瑚树、氆氇、甲胄诸物,请嗣父职,许之,赐诰命、敕书、彩币。九年卒,子喃呆请袭,亦遣国师贡方物,诏授以父官。卒,子容中短竹袭。嘉靖二年再定令贡使不得过千人,其所隶别思寨及加渴瓦寺别贡。隆庆二年,董卜及别思寨贡使多至千七百余人,命予半赏,遣八人赴京,为定制。迄万历后,朝贡不替。

明史卷三三二
列传第二二〇

西域四

撒马儿罕　沙鹿海牙　达失干

赛蓝　养夷　渴石　迭里迷

卜花儿　别失八里　哈烈　俺都淮

八答黑商　于阗　失剌思　俺的干

哈实哈儿　亦思弗罕　火剌札

吃力麻儿　白松虎儿　答儿密

纳失者罕　敏真　日落　米昔儿

黑娄　讨来思　阿速　沙哈鲁

天方　默德那　坤城

哈三等二十九部附　　鲁迷

　　撒马儿罕,即汉罽宾地,隋曰漕国,唐复名罽宾,皆通中国。元太祖荡平西域,尽以诸王、驸马为之君长,易前代国名以蒙古语,始有撒马儿罕之名。去嘉峪关九千六百里。元末为之王者,驸马帖木儿也。

　　洪武中,太祖欲通西域,屡遣使招谕,而遐方君长未有至者。二十年九月，帖木儿首遣回回满剌哈非思等来朝，贡马十五，驼二。诏宴其使，赐白金十有八锭。自是频岁贡马驼。二十五年兼贡绒六匹，青梭幅九匹，红绿撒哈剌各二匹及镔铁刀剑、甲胄诸物。而其国中回回又自驱马抵凉州互市。帝不许，令赴京鬻之。元时回回遍天下，及是居甘肃者尚多，诏守臣悉遣之，于是归撒马儿罕者千二百余人。

二十七年八月，帖木儿贡马二百。其表曰："恭惟大明大皇帝受天明命，统一四海，仁德洪布，恩养庶类，万国欣仰。咸知上天欲平治天下，特命皇帝出膺运数，为亿兆之主。光明广大，昭若天镜，无有远近，咸照临之。臣帖木儿僻在万里之外，恭闻圣德宽大，超越万古。自古所无之福，皇帝皆有之。所未服之国，皇帝皆服之。远方绝域，昏昧之地，皆清明之。老者无不安乐，少者无不长遂，善者无不蒙福，恶者无不知惧。今又特蒙施恩远国，凡商贾之来中国者，使观览都邑、城池，富贵雄壮，如出昏暗之中，忽睹天日，何幸如之。又承敕书恩抚劳问，使站驿相通，道路无壅，远国之人咸得其济。钦仰圣心，如照世之杯，使臣心中豁然光明。臣国中部落，闻兹德音，欢舞感戴。臣无以报恩，惟仰天祝颂圣寿福禄，如天地永永无极。"照世杯者，其国旧传有杯光明洞彻，照之可知世事，故云。帝得表，嘉其有文。明年命给事中傅安等赍玺书、币帛报之。其贡马，一岁再至，以千计，并赐宝钞偿之。

成祖践阼，遣使敕谕其国。永乐三年，傅安等尚未还，而朝廷闻帖木儿假道别失八里率兵东，敕甘肃总兵官宋晟儆备。五年六月，安等还。初，安至其国被留，朝贡亦绝。寻令人导安遍历诸国数万里，以夸其国广大。至是帖木儿死，其孙哈里嗣，乃遣使臣虎歹达等送安还，贡方物。帝厚赉其使，遣指挥白阿儿忻台等往祭故王，而赐新王及部落银币。其头目沙里奴儿丁等亦贡驼马。命安等赐其王彩币，与贡使偕行。七年，安等还，王遣使随入贡。自后，或比年，或间一岁，或三岁辄入贡。十三年遣使随李达、陈诚等等入贡。暨辞归，命诚及中官鲁安偕往，赐其头目兀鲁伯等白银、彩币。其国复遣使随诚入贡。十八年复命诚及中官郭敬赍敕及彩币报之。宣德五年秋、冬，头目兀鲁伯米儿咱等遣使再入贡。七年遣中官李贵等赍文绮、罗锦赐其国。

正统四年贡良马，色玄，蹄额皆白。帝爱之，命图其像，赐名瑞搦，赏赍有加。十年十月书谕其王兀鲁伯曲烈干曰：“王远处西陲，恪修职贡，良足嘉尚。使回，特赐王及王妻子彩币表里，示朕优待之意。”别敕赐金玉器、龙首杖、细马鞍及诸色织金文绮，官其使臣为指挥佥事。

景泰七年贡马驼、玉石。礼官言：“旧制给赏太重。今正、副使应给一等、二等赏物者如旧时。三等人给彩缎四表里，绢三匹，织金纻丝衣一袭。其随行镇抚、舍人以下，递减有差。所进阿鲁骨马每匹彩缎四表里、绢八匹，驼三表里、绢十匹，达达马不分等第，每匹纻丝一匹、绢八匹、折钞绢一匹，中等马如之，下等者亦递减有差。”制可。又言：“所贡玉石，堪用者止二十四块，六十八斤，余五千九百余斤不适于用，宜令自鬻。而彼坚欲进献，请每五斤赐绢一匹。”亦可之。已而使臣还，赐王卜撒因文绮、器物。天顺元年命都指挥马云等使西域，敕奖其锁鲁檀毋撒，赐彩币，令护朝使往还。锁鲁檀者，君长之称，犹蒙古可汗也。七年复命指挥詹升等使其国。

成化中，其锁鲁檀阿黑麻三入贡。十九年偕亦思罕酋长贡二狮，至肃州，其使者奏请大臣往迎。职方郎中陆容言：“此无用之物，在郊庙不可为牺牲，在乘舆不可被骖服，宜勿受。”礼官周洪谟等亦言往迎非礼，帝卒遣中使迎之。狮日啖生羊二，醋、酐、蜜酪各二瓶。养狮者，光禄日给酒馔。帝既厚加赐赍，而其使者怕六湾以为轻，援永乐间例为请。礼官议从正统四年例，加彩币五表里。使者复以为轻，乃加正、副使各二表里，从者半之，命中官韦洛、鸿胪署丞海滨送之还。其使者不由故道赴广东，又多买良家女为妻妾，洛等不为禁止。久之，洛上疏委罪于滨，滨坐下吏。其使者请泛海至满剌加市狻猊以献，市舶中官韦眷主之，布政使陈选力陈不可，乃已。

弘治二年，其使由满剌加至广东，贡狮子、鹦鹉诸物，守臣以

闻。礼官耿裕等言："南海非西域贡道,请却之。"礼科给事中韩鼎等
亦言："狰狞之兽,狎玩非宜,且骚扰道路,从费不赀,不可受。"帝
曰："珍禽奇兽,朕不受献,况来非正道,其即却还。守臣违制宜罪,
姑贷之。"礼官又言："海道固不可开,然不宜绝之已甚,请薄犒其
使,量以绮帛赐其王。"制可。明年又偕土鲁番贡狮子及哈剌、虎剌
诸兽,由甘肃入。镇守中官傅德、总兵官周玉等先图形奏闻,即遣入
驰驿起送。独巡按御史陈瑶论其糜费烦扰,请勿纳。礼官议如其言,
量给犒赏,且言："圣明在御,屡却贡献,德等不能奉行德意,请罪
之。"帝曰："贡使既至,不必却回,可但遣一二人诣京。狮子诸物,每
兽日给一羊,不得妄费。德等贷勿治。"后至十二年始来贡。明年复
至。而正德中犹数至。

　　嘉靖二年,贡使又至。礼官言："诸国使臣在途者迁延隔岁,在
京者伺候同赏,光禄、邮传供费不赀,宜示以期约。"因列上禁制数
事,从之。十二年偕天方、土鲁番入贡,称王者至百余人。礼官夏言
等论其非,请敕阁臣议所答。张孚敬等言："西域诸王,疑出本国封
授,或部落自相尊称。先年亦有至三四十人者,即据所称答之。若
骤议裁革,恐人情觖望,乞更敕礼、兵二部详议。"于是言及枢臣王
宪等谓："西域称王者,止土鲁番、天方、撒马儿罕。如日落诸国,称
名虽多,朝贡绝少。弘正间,土鲁番十三入贡,正德间,天方四入贡,
称王者率一人,多不过三人,余但称头目而已。至嘉靖二年、八年,
天方多至六七人,土鲁番至十一二人,撒马儿罕至二十七人。孚敬
等言三四十人者,并数三国尔。今土鲁番十五王,天方二十七王,撒
马儿罕五十三王,实前此所未有。弘治时回赐敕书,止称一王。若
循撒马儿罕往岁故事,类答王号,人与一敕,非所以尊中国制外蕃
也。盖帝王之驭外蕃,固不拒其来,亦必限以制。其或名号僭差,言
词侮慢,则必正以大义,责其无礼。今谓本国所封,何以不见故牒;
谓部落自号,何以达之天朝。我概给以敕,而彼即据敕恣意往来,恐
益扰邮传,费供亿,殚府库以实溪壑,非计之得也。"帝纳其言,国止
给一敕,且加诘让,示以国无二王之义。然诸番迄不从,十五年入贡

复如故。甘肃巡抚赵载奏："诸国称王者至一百五十余人，皆非本朝封爵，宜令改正，且定贡使名数。通事宜用汉人，毋专用色目人，致交通生衅。"部议从之。二十六年入贡，甘肃巡抚杨博请重定朝贡事宜，礼官复列数事行之。后入贡，迄万历中不绝。盖番人善贾，贪中华互市，既入境，则一切饮食、道途之资，皆取之有司，虽定五年一贡，迄不肯遵，天朝亦莫能难也。

其国东西三千余里，地宽平，土壤膏腴。王所居城，广十余里，民居稠密。西南诸蕃之货皆聚于此，号为富饶。城东北有土屋，为拜天之所，规制精巧，柱皆青石，雕为花文，中设讲经之堂。用泥金书经，裹以羊皮。俗禁酒。人物秀美，工巧过于哈烈，而风俗、土产多与之同。其旁近东有沙鹿海牙、达失干、赛蓝、养夷，西有渴石、迭里迷诸部落，皆役属焉。

沙鹿海牙，西去撒马儿罕五百余里。城居小冈上，西北临河。河名火站，水势冲急，架浮梁以渡，亦有小舟。南近山，人多依崖谷而居。园林广茂。西有大沙洲，可二百里。无水，间有之，咸不可饮。牛马误饮之，辄死。地生臭草，高尺余，叶如盖，煮其液成膏，即阿魏。又有小草，高一二尺，丛生，秋深露凝，食之如蜜，煮为糖，番名达郎古宾。

永乐间，李达、陈诚使其地，其酋即遣使奉贡。宣德七年命中官李贵赍敕谕其酋，赐金织文绮、彩币。

达失干，西去撒马儿罕七百余里。城居平原，周二里。外多园林，饶果木。土宜五谷。民居稠密。李达、陈诚、李贵之使，与沙鹿海牙同。

赛蓝，在达失干之东，西去撒马儿罕千余里。有城郭，周二三里。四面平旷，居人繁庶。五谷茂殖，亦饶果木。夏秋间，草中生黑小蜘蛛。人被螫，遍体痛不可耐，必以薄荷枝扫痛处，又用羊肝擦

之，诵经一昼夜，痛方止，体肤尽蜕。六畜被伤者多死。凡止宿，必
择近水地避之。元太祖时，都元帅薛塔剌海从征赛蓝诸国，以炮立
功，即此地也。陈诚、李暹之使，与诸国同。

养夷，在赛蓝东三百六十里。城居乱山间。东北有大溪，西流
入巨川。行百里，多荒城。盖其地介别失八里、蒙古部落之间，数被
侵扰。以故人民散亡，止戍卒数百人居孤城，破庐颓垣，萧然榛莽。
永乐时，陈诚至其地。

渴石，在撒马儿罕西南三百六十里。城居大村，周十余里。宫
室壮丽，堂以玉石为柱，墙壁窗牖尽饰金碧，缀琉璃。其先，撒马儿
罕酋长驸马帖木儿居之。城外皆水田。东南近山，多园林。西行十
余里，饶奇木。又西三百里，大山屹立，中有石峡，两崖如斧劈。行
二三里出峡口，有石门，色似铁，路通东西，番人号为铁门关，设兵
守之。或言元太祖至东印度铁门关，遇一角兽，能人言，即此地也。

迭里迷，在撒马儿罕西南，去哈烈二千余里。有新旧二城，相去
十余里，其酋长居新城。城内外居民仅数百家，畜牧蕃息。城在阿
术河东，多鱼。河东地隶撒马儿罕，西多芦林，产狮子。陈诚、李达
尝使其地。

卜花儿，在撒马儿罕西北七百余里。城居平川，周十余里，户万
计。市里繁华，号为富庶。地卑下，节序尝温，宜五谷桑麻，多丝绵
布帛，六畜亦饶。

永乐十三年，陈诚自西域还，所经哈烈、撒马儿罕、别失八里、
俺都淮、八答黑商、迭里迷、沙鹿海牙、赛蓝、渴石、养夷、火州、柳
城、土鲁番、盐泽、哈密、达失干、卜花儿凡十七国，悉详其山川、人
物、风俗，为使《西域记》以献，以故中国得考焉。宣德七年命李达抚
谕西域，卜花儿亦与焉。

别失八里，西域大国也。南接于阗，北连瓦剌，西抵撒马儿罕，东抵火州，东南距嘉峪关三千七百里。或曰焉耆，或曰龟兹。元世祖时设宣慰司，寻改为元帅府，其后以诸王镇之。

洪武中，蓝玉征沙漠，至捕鱼儿海，获撒马儿罕商人数百。太祖遣官送之还，道经别失八里。其王黑的儿火者，即遣千户哈马力丁等来朝，贡马及海青，以二十四年七月达京师。帝喜，赐王彩币十表里，其使者皆有赐。九月命主事宽彻、御史韩敬、评事唐钲命使西域。以书谕黑的儿火者曰：“朕观普天之下，后土之上，有国者莫知其几。虽限山隔海，风殊俗异，然好恶之情，血气之类，未尝异也。皇天眷祐，惟一视之。故受天命为天下主者，上奉天道，一视同仁，俾巨细诸国，殊方异类之君民，咸跻乎仁寿。而友邦远国，顺天事大，以保国安民，皇天监之，亦克昌焉。曩者我中国宋君，奢纵怠荒，奸臣乱政。天监否德，于是命元世祖肇基朔漠，入统中华，生民赖以安靖七十余年。至于后嗣，不修国政，任用非人，致纪纲尽弛，强凌弱，众暴寡，民生嗟怨，上达于天。天用是革其命，属之于朕。朕躬握乾符，以主黔黎。凡诸乱雄擅声教违朕命者，兵偃之，顺朕命者，德抚之。是以三十年间，诸夏奠安，外蕃宾服。惟元臣蛮子哈剌章等尚率残众，生衅寇边，兴师致讨，势不容已。兵至捕鱼儿海，故元诸王、驸马率其部属来降。有撒马儿罕数百人以贸易来者，朕命官护归已三年矣。使者还，王即遣使来贡，朕甚嘉之。王其益坚事大之诚，通好往来，使命不绝，岂不保封国于悠久乎。特遣官劳嘉，其悉朕意。”彻等既至，王以其无厚赐，拘留之。敬、钲二人得还。

三十年正月复遣官赍书谕之曰：“朕即位以来，西方诸商来我中国互市者，边将未尝阻绝。朕复敕吏民善遇之，由是商人获利，疆场无扰，是我中华大有惠于尔国也。前遣宽彻等往尔诸国通好，何故至今不返？吾于诸国，未尝拘留一人，而尔顾拘留吾使，岂理也哉！是以近年回回入境者，亦令于中国互市，待彻归放还。后诸人言有父母妻子，吾念其至情，悉纵遣之。今复使使谕尔，俾知朝廷恩意,毋梗塞道路,致启兵端。《书》曰:'怨不在大,亦不在小。惠不惠,懋不懋。'尔其惠且懋哉。"彻乃得还。

成祖即位之冬,遣官赍玺书彩币使其国。未几,黑的儿火者卒,子沙迷查干嗣。永乐二年遣使贡玉璞、名马,宴赍有加。时哈密忠顺王安克帖木儿为可汗鬼力赤毒死,沙迷查干率师讨之。帝嘉其义,遣使赍以彩币,令与嗣忠顺王脱脱敦睦。四年夏来贡,命鸿胪寺丞刘帖木儿赍敕币劳赐,与其使者偕行。秋、冬暨明年夏,三入贡,因言撒马儿罕本其先世故地,请以兵复之。命中官把太、李达及刘帖木儿赍敕戒以审度而行,毋轻举,因赐之彩币。六年,太等还,言沙迷查干已卒,弟马哈麻嗣。帝即命太等往祭,并赐其新王。

八年以朝使往撒马儿罕者,马哈麻待之厚,遣使赍彩币赐之。明年贡名马、文豹,命给事中傅安送其使还,赍金织文绮。时瓦剌使者言马哈麻将袭其部落,因谕以顺天保境之义。十一年,贡使将至甘肃,命所司宴劳,且敕总兵官李彬善遇之。明年冬,有自西域还者,言马哈麻母及弟相继卒。帝愍之,命安赍敕慰问,赍以彩币。已而马哈麻亦卒,无子,从子纳黑失只罕嗣。十四年春,使来告丧。命安及中官李达吊祭,即封其嗣子为王,赍文绮、弓刀、甲胄,其母亦有赐。明年遣使来贡,言将嫁女撒马儿罕,请以马市妆奁。命中官李信等以绮、帛各五百匹助之。十六年,贡使速哥言其王为从弟歪思所弑,而自立,徙其部落西去,更国号曰亦力把里。帝以番俗不足治,授速哥为都督佥事。而遣中官杨忠等赐歪思弓刀、甲胄及文绮、彩币,其头目忽歹达等七十余人并有赐。自是,奉贡不绝。

宣德元年,帝嘉其尊事朝廷,遣使赐之钞币。明年入贡,授其正、副使为指挥千户,赐诰命、冠带,自后使臣多授官。三年贡驼马,命指挥昌英等赍玺书、彩币报之。时歪思连岁贡,而其母锁鲁檀哈敦亦连三岁来贡。歪思卒,子也先不花嗣。正统元年遣使来朝,贡方物,后亦频入贡。故王歪思之婿卜赛因,亦遣使来贡。十年,也先不花卒,也密力虎者嗣。明年贡马驼方物,命以彩币赐王及王母。景泰三年贡玉石三千八百斤,礼官言其不堪用,诏悉收之,每二斤赐帛一匹。天顺元年命千于志敬等以复辟谕其王，且赐彩币。成化元年，礼官姚夔等定西域朝贡期，令亦力把里三岁、五岁一贡，使者不得过十人，自是朝贡遂稀。

其国无城郭宫室，随水草畜牧。人性犷悍，君臣上下无体统。饮食衣服多与瓦剌同。地极寒，深山穷谷，六月亦飞雪。

哈烈，一名黑鲁，在撒马儿罕西南三千里，去嘉峪关万二千余里，西域大国也。元驸马帖木儿既君撒马儿罕，又遣其子沙哈鲁据哈烈。

洪武时，撒马儿罕及别失八里咸朝贡，哈烈道远不至。二十五年遣官诏谕其王，赐文绮、彩币，犹不至。二十八年遣给事中傅安、郭骥等携士卒千五百人往，为撒马儿罕所留，不得达。三十年又遣北平按察使陈德文等往，亦久不还。

成祖践阼，遣官赍玺书彩币赐其王，犹不报命。永乐五年，安等还。德文遍历诸国，说其酋长入贡，皆以道远无至者，亦于是年始还。德文，保昌人，彩诸方风俗作为歌诗以献。帝嘉之，擢金都御史。明年复遣安赍书币往哈烈，其酋沙哈鲁把都儿遣使随安朝贡。七年达京师，复命赍赐物偕其使往报。明年，其酋遣使朝贡。

撒马儿罕酋哈里者，哈烈酋兄子也，二人不相能，数构兵。帝因其使臣还，命都指挥白阿儿忻台赍敕谕之曰："天生民而立之君，俾各遂其生。朕统御天下，一视同仁，无间遐迩，屡尝遣使谕尔。尔能虔修职贡，抚辑人民，安于西徼，朕甚嘉之。比闻尔与从子哈里构兵相仇，朕为恻然。一家之亲，恩爱相厚，足制外侮。亲者尚尔乖戾，疏者安得协和。自今宜休兵息民，保全骨肉，共享太平之福。"因赐彩币表里，并敕谕哈里罢兵，亦赐彩币。

白阿儿忻台既奉使，遍诣撒马儿罕、失剌思、俺的干、俺都淮、土鲁番、火州、柳城、哈实哈儿诸国，赐之币帛，谕令入朝。诸酋长咸喜，各遣使偕哈烈使臣贡狮子、西马、文豹诸物。十一年达京师。帝喜，御殿受之，犒赐有加。自是，诸国使并至，皆序哈烈于首。及归，命中官李达、吏部员外郎陈诚,户部主事李暹指挥金哈蓝伯等送之,就赉玺书、文绮、纱罗,布帛诸物,分赐其酋。十三年达等还,哈烈诸国复遣使偕来,贡文豹、西马及他方物。明年再贡,及还。命陈诚赍书币报之,所过州县皆宴饯。十五年遣使陈诚等来贡。明年复贡。命李达等报如初。十八年偕于阗、八答黑商来贡。二十年复偕于阗来贡。

宣德二年,其头目打剌罕亦不剌来朝,贡马。自仁宗不勤远略,宣宗承之,久不遣使绝域,故其贡使亦稀至。七年复命中官李贵通西域,敕谕哈烈酋沙哈鲁曰:“昔朕皇祖太宗文皇帝临御之日,尔等尊事朝廷,遣使贡献,始终如一。今朕恭膺天命,即皇帝位,主宰万方,纪元宣德。小大政务,悉体皇祖奉天恤民,一视同仁之心。前遣使臣赍书币往赐,道阻而回。今已开通,特命内臣往谕朕意。其益顺天心,永笃诚好,相与还往,同为一家,俾商旅通行,各遂所愿,不亦美乎。”因赐以文绮、罗锦。贵等未至,其贡使法虎儿丁已抵京师,卒于馆。命官致祭,有司营葬。寻复遣使随贵贡驼马、玉石。明年春,使者归。复命贵护送,赐其王及头目彩币。是年秋及正统三年并来贡。

英宗幼冲,大臣务休息,不欲疲中国以事外蕃,故远方通贡者甚少。至天顺元年,复议通西域。大臣莫敢言,独忠义卫吏张昭抗疏切谏,事乃止。七年,帝以中夏乂安,而远蕃朝贡不至,分遣武臣赍玺书、彩币往谕。于是都指挥海荣、指挥马全往哈烈。然自是来者颇稀,即哈烈亦不以时贡。

嘉靖二十六年,甘肃巡抚杨博言:“西域入贡人多,宜为限制。”礼官言:“祖宗故事,惟哈密每年一贡,贡三百人,送十一赴京,余留关内,有司供给。他若哈烈、哈三、土鲁番、天方、撒马儿罕诸国,道经哈密者,或三年、五年一贡,止送三五十人,其存留赏赉如哈密例。顷来滥放入京,宜敕边臣恪遵此例,滥放者罪之。”制可。然是时哈烈已久不至,嗣后朝贡遂绝。

其国在西域最强大。王所居城,方十余里。垒石为屋,平方若高台,不用梁柱瓦甓,中敞,虚空数十间。牖牖门扉,悉雕刻花纹,绘以金碧。地铺毡罽,无君臣、上下、男女,相聚皆席地趺坐。国人称其王曰锁鲁檀,犹言君长也。男髡首缠以白布,妇女亦白布蒙首,仅露双目。上下相呼皆以名。相见止稍屈身,初见则屈一足三跪,男女皆然。食无匕箸,有瓷器。以葡萄酿酒。交易用银钱,大小三等,不禁私铸。惟输税于酋长,用印记,无印者禁不用。市易皆征税十二。不知斗斛,只设权衡。无官府,但有管事者,名曰刀完。亦无刑法,即杀人亦止罚钱。以姊妹为妻妾。居丧止百日,不用棺,以布裹尸而葬。常于墓间设祭,不祭祖宗,亦不祭鬼神,惟重拜天之礼。无干支朔望,每七日为一转,周而复始。岁以二月、十月为把斋月,昼不饮食,至夜乃食,周月始茹荤。城中筑大土室,中置一铜器,周围数丈,上刻文字如古鼎状。游学者皆聚此,若中国太学然。有善走者,日可三百里,有急使,传箭走报。俗尚侈靡,用度无节。

土沃饶,节候多暖少雨。土产白盐、铜铁、金银、琉璃、珊瑚、琥珀、珠翠之属。多育蚕,善为纨绮。木有桑、榆、柳、槐、松、桧,果有桃、杏、李、梨、葡萄、石榴,谷有粟、麦、麻、菽,兽有狮、豹、马、驼、牛、羊、鸡、犬。狮生于阿术河芦林中,初生目闭,七日始开。土人于目闭时取之,调习其性,稍长则不可驯矣。其旁近俺都淮、八答黑商,并隶其国。

俺都淮,在哈烈西北千三百里,东南去撒马儿罕亦如之。城居大村,周十余里。地平衍无险,田土膏腴,民物繁庶,称乐土。自永乐八年至十四年偕哈烈通贡,后不复至。

八答黑商,在俺都淮东北。城周十余里。地广无险阻,山川明秀,人物朴茂。浮屠数区,壮丽如王居。西洋、西域诸贾多贩鬻其地,故民俗富饶。初为哈烈酋沙哈鲁之子所据。永乐六年命内官把太、李达赐其酋敕书、彩币,并及哈实哈儿、葛忒郎诸部,谕以往来通商之意,皆即奉命。自是,东西万里行旅无滞。十二年,陈诚使其国。

十八年遣使来贡,命诚及内官郭敬赍书币往报。天顺五年,其王马哈麻遣使来贡。明年复贡。命名臣阿卜都剌袭父职,为指挥同知。

于阗,古国名,自汉迄宋皆通中国。永乐四年遣使来明朝,贡方物。使臣辞归,命指挥神忠毋撒等赍玺书偕行,赐其酋织金文绮。其酋打鲁哇亦不剌金遣使者贡玉璞,命指挥尚衡等赍书币往劳。十八年偕哈烈、八答黑商诸国贡马,命参政陈诚、中官郭敬等报以彩币。二十年贡美玉,赐来有加。二十二年贡马及方物。时仁宗初践阼,即宴赉遣还。

先是,永乐时,成祖欲远方万国无不臣服,故西域之使岁岁不绝。诸蕃贪中国财币,且利市易,络绎道途。商人率伪称贡使,为携马、驼、玉石,声言进献。既入关,则一切舟车水陆、晨昏饮馔之费,悉取之有司。邮传困供亿,军民疲转输。比西归,辄缘道迟留,多市货物。东西数千里间,骚然繁费,公私上下罔不怨咨。廷臣莫为言,天下亦莫之恤也。至是,给事中黄骥极陈其害。仁宗感其言,召礼官吕震责让之。自是,不复使西域,贡使亦渐稀。

于阗自古为大国,隋、唐间并戎卢、扜弥、渠勒、皮山诸国,其地益大。南距葱岭二百余里,东北去嘉峪关六千三百里。大略葱岭以南,撒马儿罕最大;以北,于阗最大。元末时,其主暗弱,邻国交侵。人民仅万计,悉避居山谷,生理萧条。永乐中,西域惮天子威灵,咸修职贡,不敢擅相攻,于阗始获休息。渐行贾诸蕃,复致富庶。桑麻黍禾,宛然中土。其国东有白玉河,西有绿玉河,又西有黑玉河,源皆出昆仑山。土人夜视月光盛处,入水采之,必得美玉。其邻国亦多窃取来献。迄万历朝,于阗亦间入贡。

失剌思,近撒马儿罕。永乐十一年遣使偕哈烈、俺的干、哈实哈儿等八国,随白阿儿忻台入贡方物,命李达、陈诚等赍敕偕其使往劳。十三年冬,其酋亦不剌金遣使随达等朝贡,天子方北巡。至明年夏始辞还,复命诚偕中官鲁安赍敕及白金、彩缎、纱罗、布帛赐其酋。十七年使偕亦思弗罕诸部贡狮子、文豹、名马，辞还。复命安等送之，赐其酋绒锦、文绮、纱罗、玉系腰、磁器诸物。时车驾频岁北征，乏马，遣官多赍彩币、磁器，市之失剌思及撒马儿罕诸国。其酋即遣使贡马，以二十一年八月谒帝于宣府之行宫。厚赐之，遣还京师，其人遂久留内地不去。仁宗嗣位，趣之还，乃辞去。

宣德二年贡驼马方物，授其使臣阿力为都指挥佥事，赐诰命、冠带。嗣后久不贡。成化十九年与黑娄、撒马儿罕、把丹沙诸国共贡狮子，诏加优赉。弘治五年，哈密忠顺王陕巴袭封归国，与邻境野乜克力酋结婚。失剌思酋念其贫，偕旁国亦不剌因之酋，率其平章锁和卜台、知院满可，各遣人请颁赐财物，助之成婚。朝议义之，厚赐陕巴，并赐二国及其平章、知院彩币。嘉靖三年与旁近三十二部并遣使贡马及方物。其使者各乞蟒衣、膝襕、磁器、布帛。天子不能却，量予之。自是，贡使亦不至。

俺的干，西域小部落。元太祖尽平西域，封子弟为王镇之，其小者则设官置戍，同于内地。元亡，各自割据，不相统属。洪武、永乐间，数遣人招谕，稍稍来贡。地大者称国，小者只称地面。迄宣德朝，效臣职，奉表笺、稽首阙下者，多至七八十部。而俺的干，则永乐十一年与哈烈并贡者也。追十四年，鲁安等使哈烈、失剌思诸国，复便道赐其酋长文绮。然地小不能常贡，后竟不至。

哈实哈儿，亦西域小部落。永乐六年，把太、李达等赍敕往赐，即奉命。十一年遣使随白阿儿忻台入朝，贡方物。宣德时亦来朝贡。天顺七年命指挥刘福、普贤使其地。其贡使亦不能常至。

亦思弗罕，地近俺的干。永乐十四年使俺都淮、撒马儿罕者道经其地，赐其酋文绮诸物。十七年偕邻国失剌思共贡狮、豹、西马，赉白金、钞币。使臣辞还，命鲁安等送之。有马哈木者，愿留京师。从其请。成化十九年与撒马儿罕遣共贡狮子、名马、番刀、兜罗、锁幅诸物,赐赍有加。

先是,宣德六年,有亦思把罕使臣迷儿阿力朝贡,或云即亦思弗罕。

火剌札,国微弱。四围皆山,鲜草木。水流曲折,亦无鱼虾。城仅里许,悉土屋,酋所居亦卑陋。俗敬僧。永乐十四年遣使朝贡,命所经地皆礼待。弘治五年,其地回回怕鲁湾等由海道贡玻璃、玛瑙诸物。孝宗不纳,赐道里费遣还。

吃力麻儿,永乐中遣使来贡,惟兽皮、鸟羽、罽褐。其俗喜射猎,不事耕农。西南傍海,东北林莽深密,多猛兽、毒虫。有逵巷,无市肆,交易用铁钱。

白松虎儿,旧名速麻里儿。尝有白虎出松林中,不伤人,亦不食他兽,旬日后不复见。国人异之,称为神虎,曰此西方白虎所降精也,因改国名。其地无大山,亦不生树木,无毒虫、猛兽之害,然物产甚薄。永乐中尝入贡。

答儿密,服属撒马儿罕。居海中,地不百里,人不满千家。无城郭,上下皆居板屋。知耕植,有毛褐、布缕、马驼、牛羊。刑止箠朴。交易兼用银钱。永乐中遣使朝贡,赐《大统历》及文绮、药、茶诸物。

纳失者罕,东去失剌思数日程,皆舟行。城东平原,饶水草,宜畜牧。马有数种,最小者高不过三尺。俗重僧,所至必供饮食。然好气健斗,斗不胜者,众嗤之。永乐中遣使朝贡。使臣还,历河北,转关中,抵甘肃,有司皆置宴。

敏真城,永乐中来贡。其国地广,多高山。日中为市,诸货骈集,贵中国磁、漆器。产异香、驼、马。

日落国，永乐中来贡。弘治元年，其王亦思罕答儿鲁密帖里牙复贡。命名臣奏求纻、丝、夏布、磁器，诏皆予之。

米昔儿，一名密思儿。永乐中遣使朝贡。既宴赍，命五日一给酒馔、果饵，所经地皆置宴。正统六年，王锁鲁檀阿失剌福复来贡。礼官言："其地极远，未有赐例。昔撒马儿罕初贡时，赐予过优，今宜稍损。赐王彩币十表里，纱、罗各三匹，白氎丝布、白将乐布各五匹，洗白布二十匹，王妻及使臣递减。"从之。自后不复至。

黑娄，近撒马儿罕，世为婚姻。其地山川、草木、禽兽皆黑，男女亦然。宣德七年遣使来朝，贡方物。正统二年，其王沙哈鲁锁鲁檀遣指挥哈只马黑麻奉贡。命赍敕及金织纻丝、彩绢归赐其王。六年复来贡。景泰四年偕邻境三十一部男妇百余人，贡马二百四十有七，骡十二，驴十，驼七，及玉石、硇砂、镔铁刀诸物。天顺七年，王母塞亦遣指挥佥事马黑麻舍儿班等奉贡。赐彩币表里、纻丝、袭衣，擢其使臣为指挥同知，从者七人俱为所镇抚。成化十九年与失剌思、撒马儿罕、把丹沙共贡狮子。

把丹沙之长亦称锁鲁檀马黑麻，景泰七年尝入贡，至是复偕至。弘治三年又与天方诸国贡驼、马、玉石。

讨来思，地小，周径不百里。城近山。山下有水，赤色，望之如火。俗佞佛。妇人主家柄。产牛羊马驼，有布缕毛褐。土宜穄麦，无稻。交易用钱。宣德六年入贡。明年命中官李贵赍玺书奖劳，赐文绮、彩帛。以地小不能常贡。

阿速，近天方、撒马儿罕，幅员甚广。城倚山面川。川南流入海，有鱼盐之利。土宜耕牧。敬佛畏神，好施恶斗。物产富，寒暄适节，人无饥寒，夜鲜寇盗，雅称乐土。永乐十七年，其酋牙忽沙遣使贡马及方物,宴赉如制。以地远不能常贡。天顺七年命都指挥白全等使其国,竟不复再贡。

沙哈鲁,在阿速西海岛中。永乐中遣七十七人来贡,日给酒馔、果饵,异于他国。其地山川环抱,饶畜产,人性朴直,耻斗好佛。王及臣僚处城中,庶人悉处城外。海产奇物,西域贾人以轻值市之,其国人不能识。

天方,古筠冲地,一名天堂,又曰默伽。水道自忽鲁谟斯四十日始至,自古里西南行,三月始至。其贡使多从陆道入嘉峪关。

宣德五年,郑和使西洋,分遣其侪诣古里。闻古里遣人往天方,因使人赍货物附其舟偕行。往返经岁,市奇珍异宝及麒麟、狮子、驼鸡以归。其国王亦遣陪臣随朝使来贡。宣宗喜,赐赉有加。正统元年始命附爪哇贡舟还,赐币及敕奖其王。六年,王遣子赛亦得阿力与使臣赛亦得哈三以珍宝来贡。陆行至哈剌,遇贼,杀使臣,伤其子右手,尽劫贡物以去,命守臣察治之。

成化二十三年,其国中回回阿力以兄纳的游中土四十余载,欲往云南访求。乃携宝物钜万,至满剌加,附行人左辅舟,将入京进贡。抵广东,为市舶中官韦眷侵克。阿力怨,赴京自诉。礼官请估其贡物,酬其值,许访兄于云南。时眷惧罪,先已夤缘于内。帝乃责阿力为间谍,假贡行奸,令广东守臣逐还,阿力乃号泣而去。弘治三年,其王速檀阿黑麻遣使偕撒马儿罕、土鲁番贡马、驼、玉石。

正德初,帝从御马太监谷大用言,令甘肃守臣访求诸番骒马、骟马,番命名云善马出天方。守臣因请谕诸番贡使,传达其王,俾以入贡。兵部尚书刘宇希中官指,议令守臣善择使者与通事,亲诣诸番晓谕,从之。十三年,王写亦把剌克遣使贡马、驼、梭幅、珊瑚、宝石、鱼牙刀诸物,诏赐蟒龙金织衣及麝香、金银器。

嘉靖四年,其王亦麻都儿等遣使贡马、驼、方物。礼官言:"西人来贡,陕西行都司稽留半年以上始为具奏。所进玉石悉粗恶,而使

臣所私货皆良。乞下按臣廉问,自今毋得多携玉石,烦扰道途。其
贡物不堪者,治都司官罪。"从之。明年,其国额麻都抗等八王各遣
使贡玉石,主客郎中陈九川简退其粗恶者,使臣怨。通事胡士绅亦
憾九川,因诈为使臣奏,词诬九川盗玉,坐下诏狱拷讯。尚书席书、
给事中解一贯等谕救,不听,竟戍边。

十一年遣命名偕土鲁番、撒马儿罕、哈密诸国来贡,称王者三
十七人。礼官言:"旧制,惟哈密与朵颜三卫比岁一贡,贡不过三百
人。三卫地近,尽许入都。哈密则十遣其二,余留待于边。若西域
则越在万里,素非属国,难视三卫贡期,而所遣使人倍逾恒数。番文
至二百余通,皆以索取叛人牙木兰为词。窃恐托词窥伺,以觇朝廷
处分。边臣不遵明例,概行起送,有乖法体。乞下督抚诸臣,遇诸番
人入贡,分别存留起送,不得概遣入京。且严饬边吏,毋避祸目前,
贻患异日,贪纳款之虚名,忘御边之实策。"帝可其奏。

故事,诸番贡物至,边臣验上其籍,礼官为按籍给赐。籍所不
载,许自行贸易。贡使既竣,即有余货,责令携归。愿入官者,礼官
奏闻,给钞。正德末,黠番猾胥交关罔利,始有贸易余货令市侩评
值、官给绢钞之例。至是,天方及土鲁番使臣,其籍余玉石、锉刀诸
货,固求准贡物给赏。礼官不得已,以正德间例为请,许之。

番使多贾人,来辄挟重赀与中国市。边吏嗜贿,侵克多端,类取
偿于公家。或不当其直,则咆哮不止。是岁,贡使皆黠悍,既习知中
国情,且憾边吏之侵克也,屡诉之,礼官却不问。镇守甘肃中官陈浩
者,当番使入贡时,令家奴王洪多索名马、玉石诸物,使臣憾之。一
日,遇洪于衢,即执诣官以证实其事。礼官言事关国体,须大有处
分,以服远人之心。乃命三法司、锦衣卫及给事中各遣官一员赴甘
肃按治,洪迄获罪。

十七年复贡,其使臣请游览中土。礼官疑有狡心,以非故事格
之。二十二年偕撒马儿罕、土鲁番、哈密、鲁迷诸国贡马及方物。后
五六年一贡,迄万历中不绝。

天方于西域为大国,四时常似夏,无雨雹霜雪,惟露最浓,草木

皆资之长养。土沃，饶粟、麦、黑黍。人皆颀硕。男子削发，以布缠之。妇女则编发盖头，不露其面。相传回回设教之祖曰马哈麻者，首于此地行教，死即葬焉。墓顶常有光，日夜不熄。后人遵其教，久而不衰，故人皆向善。国无苛扰，亦无刑罚，上下安和，寇贼不作，西土称为乐国。俗禁酒。有礼拜寺，月初生，其王及臣民咸拜天，号呼称扬以为礼。寺分四方，每方九十间，共三百六十间，皆白玉为柱，黄甘玉为地。其堂以五色石砌成，四方平顶。内用沉香大木为梁凡五，又以黄金为阁。堂中垣墉，悉以蔷薇露、龙涎香和土为之。守门以二黑狮。堂左有司马仪墓，其国称为圣人冢。土悉宝石，围墙则黄甘玉。两旁有诸祖师传法之堂，亦以石筑成，俱极其壮丽。其崇奉回回教如此。

瓜果诸畜，咸如中国。西瓜、甘瓜有一人不能举者，桃有重四五斤者，鸡、鸭有重十余斤者，皆诸番所无也。马哈麻墓后有一井，水清而甘。泛海者必汲以行，遇飓风取水洒之即息。当郑和使西洋时，传其风物如此。其后称王者至二三十人，其俗亦渐不如初矣。

默德那，回回祖国也，地近天方。宣德时，其酋长遣使偕天方使臣来贡，后不复至。相传，其初国王谟罕穆德生而神灵，尽臣服西域诸国，诸国尊为别谙抚尔，犹言天使也。国中有经三十本，凡三千六百余段。其书旁行，兼篆、草、楷三体，西洋诸国皆用之。其教以事天为主，而无像设。每日西向虔拜。每岁斋戒一月，沐浴更衣，居必易常处。隋开皇中，其国撒哈八撒阿的干葛思始传其教入中国。迄元世，其人遍于四方，皆守教不替。

国中城池、宫室、市肆、田园，大类中土。有阴阳、星历、医药、音乐诸技。其织文、制器尤巧。寒暑应候，民殷物繁，五谷六畜咸备。俗重杀，不食猪肉。尝以白布蒙头，虽适他邦，亦不易其俗。

坤城，西域回回种。宣德五年，其使臣者马力丁等来朝，贡驼马。时有开中之令，使者即输米一万六千七百石于京仓中盐。及辞还，愿以所纳米献官。帝曰："回人善营利，虽名朝贡，实图贸易，可酬以值。"于是予帛四十匹、布倍之。其后亦尝贡。

自成祖以武定天下，欲威制万方，遣使四出招徕。由是西域大小诸国莫不稽颡称臣，献琛恐后。又北穷沙漠，南极溟海，东西抵日出没之处，凡舟车可至者，无所不届。自是，殊方异域鸟言侏㒧之使，辐辏阙廷。岁时颁赐，库藏为虚。而四方奇珍异宝、名禽殊兽进献上方者，亦日增月益。盖兼汉、唐之盛而有之，百王所莫并也。余威及于后嗣，宣德、正统朝犹多重译而至。然仁宗不务远略，践阼之初，即撤西洋取宝之船，停松花江造舟之役，召西域使臣还京，敕之归国，不欲疲中土以奉远人。宣德继之，虽间一遣使，寻亦停止，以故边隅获休息焉。

今彩故牍尝奉贡通名天朝者，曰哈三，曰哈烈儿，曰沙的蛮，曰哈的兰，曰扫兰，曰乜克力，曰把力黑，曰俺力麻，曰脱忽麻，曰察力失，曰干失，曰卜哈剌，曰怕剌，曰你沙兀儿，曰克失迷儿，曰帖必力思，曰火坛，曰火占，曰苦先，曰牙昔，曰牙儿干，曰戎，曰白，曰兀伦，曰阿端，曰邪思城，曰舍黑，曰摆音，曰克皀，计二十九部。以疆域褊小，止称地面。与哈烈、哈实哈儿、赛蓝、亦力把力、失剌思、沙鹿海牙、阿速、把丹皆由哈密入嘉峪关，或三年、五年一贡，入京者不得过三十五人。其不由哈密者，更有乞儿、麻米儿、哈兰可脱、虮蜡烛、也的干、剌竹、亦不剌、因格失、迷乞儿、吉思羽奴、思哈辛十一地面，亦尝通贡。

鲁迷，去中国绝还。嘉靖三年遣使贡狮子、西牛。给事中郑一鹏言："鲁迷非尝贡之邦，狮子非可育之兽，请却之，以光圣德。"礼官席书等言："鲁迷不列《王会》，其真伪不可知。近土鲁番数侵甘肃，而边吏于鲁迷册内，察有土鲁番之人。其狡诈明甚，请遣之出关，治所获间谍罪。"帝竟纳之，而令边臣察治。

五年冬，复以二物来贡。既颁赐，其使臣言，长途跋涉，费至二万二千余金，请加赐。御史张禄言："华夷异方，人物异性，留人养畜,不惟违物,抑且拂人。况养狮日用二羊,养西牛日用果饵。兽相食与食人食,圣贤皆恶之。又调御人役,日需供亿。以光禄有限之财,充人兽无益之费,殊为拂经。乞返其人,却其物,薄其赏,明中国圣人不贵异物之意。"不纳。乃从礼官言,如弘治撒马儿罕例益之。二十二年偕天方诸国贡马及方物,明年还至甘州。会迤北贼入寇,总兵官杨信令贡使九十余人往御,死者九人。帝闻,褫信职,命有司棺敛归其丧。二十七年、三十三年并入贡。其贡物有珊瑚、琥珀、金刚钻、花瓷器、锁服、撒哈剌帐、羚羊角、西狗皮、舍列狲皮、铁角皮之属。